www.ingramcontent.com/pod-product-compliance
Lightning Source LLC
Chambersburg PA
CBHW081416160426
42813CB00086B/1141
9781951948092

ספר
חזרה ברורה

על דיני חושן משפט
ע"פ הסדר של הקשו"ע

סימן ס"ב - ס"ז
סימן קע"ט - קצ"א

חזרה מקיפה כולל דברי
שו"ע סמ"ע ש"ך וט"ז
פתחי תשובה ורעק"א
והרבה מדברי גדולי האחרונים
רובו ככולו בלשונם
מסודר באופן המועיל לזכרון

כשנוגע למעשה צריך לעיין וללמוד במקור הדין

ספר זה
ספר חזרה ברורה על הלכות איסור והיתר שביורה דעה
ספר חזרה ברורה על הלכות היום יומיים שביורה דעה
ספרי חזרה ברורה על כל ו' חלקי משנה ברורה: ג' כרכים
ספר הלכתא ברורה על מסכת שבת
ספר הלכתא ברורה על מסכת פסחים
ספר הלכתא ברורה על מסכת סוכה
ספר הלכתא ברורה על מסכת ר"ה ויומא
ספר הלכתא ברורה על מסכת תענית מגילה וחנוכה
ספר הלכתא ברורה על מסכת תענית ביצה ומו"ק
ניתן להשיג ע"י www.chazarahmp3.com

©

כל הזכויות שמורות
אהרן זליקוביץ
תש"פ/תשפ"ד
1139 East 12th St.
Brooklyn, NY 11230
718 - 646 - 1243
info@chazarahmp3.com

ביד"צ שע"י העדה החרדית שליט"א

בית דין צדק
לכל מקהלות האשכנזים
שע"י "העדה החרדית"
פעיה"ק ירושלם תובב"א
רח' שטראוס 26/א

BETH DIN TZEDEK
OF THE ORTHODOX
JEWISH COMMUNITY
26\A STRAUSS ST.
JERUSALEM

ת.ד. 5006 P.O.B   טל. TEL 02-6236550   פאקס FAX 02-6221317

ב"ה

הסכמת הביד"צ שליט"א

נודע בשערים המצוינים בהלכה גודל ענין החזרה והשינון לדעת את הדרך ילכון בה ואת המעשה אשר יעשון בפרט בהלכתא רברבתא כהלכות שבת וכדו' אשר לפעמים נצרך להם ואין פנאי לחפש מקורו בספר, וע"כ באו ונחזיק טובה להאי גברא יקירא הרה"ג ר' אהרן זליקוביץ שליט"א מעיר נ"י, אשר ערך ספר "חזרה ברורה" לפי סדר המשנה ברורה לחזור ולשנן הלכות שבת תחומין ועירובין שבמשנ"ב חלק ג' וד'.

והנה עבר על הספר ידידינו הגאון רבי חיים יוסף בלויא שליט"א מו"צ פעיה"ק רב שכו' פאג"י ומרבני ועד השחיטה דעדתינו, ומעיד כי הספר בנוי לתלפיות לתועלת ללומדים לשינון וחזרה, ע"כ אף ידינו תכון עמו לחלקו ביעקב ולהפיצו בישראל, והרוצים לידע את המעשה אשר יעשון עליהם לעיין בפנים הספר משנה ברורה ובהלכה, וכידוע מפי הפוסקים שאין לסמוך על ספרי הקיצורים ללא לימוד מקור הדברים בעיון כדת של תורה.

מי יתן וחפץ ה' בידיו של המחבר יצליח להגדיל תורה ולהאדירה מתוך שמחה ונחת וברכת ה' מלא, עדי נזכה לביאת גוא"צ אשר אליו מייחלים עינינו בקרוב הימים בב"א.

וע"ז באעה"ח ביום ז"ך לחודש תמוז - בין המצרים יהיה לששון ולשמחה - תשע"ה לפ"ק הביד"צ דפעיה"ק ת"ו

נאם
יצחק טוביה ווייס – גאב"ד

נאם
משה שטרנבוך – ראב"ד

נאם
אברהם יצחק אולמאן

נאם
נפתלי ה' פרנקל

הרה"ג רב עזריאל אוירבאך שליט"א

בס"ד

הרב עזריאל אוירבאך
רב בית הכנסת "חניכי הישיבות", בית וגן
רח' הפסגה 53, בית וגן, ירושלים

Rabbi Azriel Auerbach
Rabbi of "Chaniche Hayeshivot"
53 Hapisga St., Bayit Vegan, Jerusalem

בס"ד

ראיתי את הספר "חזרה ברורה" הנועד לאלו אשר כבר
עסקו בעיון בשו"ע ובס' משנה ברורה - לקיים ושננתם
ובפרט בדבר הלכה בעניני או"ח אשר יום יום ידרושון
לדעת את הדרך ילכו בה, והנה המחבר עשה עבודה
יפה ומתוקנת ערוך ומסודר במעשה אומן לשם שינון הלכה
בבחינת נר לרגלי דבריך ואור לנתיבתי.
וברכה להמשך זיכוי הרבים להחדרת ההלכה היום
יומית מתוך הרחבת הדעת.

עזריאל אוירבאך

בס"ד

ראיתי את הספר "חזרה ברורה" הנועד לאלו אשר כבר עסקו בעיון בשו"ע ובס' משנה ברורה - לקיים ושננתם ובפרט בדבר הלכה בעניני או"ח אשר יום יום ידרושון לדעת את הדרך ילכו בה, והנה המחבר עשה עבודה יפה ומתוקנת ערוך ומסודר במעשה אומן לשם שינון הלכה בבחינת נר לרגלי דבריך ואור לנתיבתי.

וברכה להמשך זיכוי הרבים להחדרת ההלכה היום יומית מתוך הרחבת הדעת.

עזריאל אוירבאך

הרה"ג רב ישראל גנס שליט"א

הרב ישראל גנס
רח' פנים מאירות 2
קרית מטרסדורף, ירושלים 94423

בס"ד א' אלול תשע"ב

ראיתי את הספר חזרה ברורה אשר הפליא לעשות
האברך היקר הרב אהרן זליקוביץ שליט"א.
בספר הזה יש עמל רב, יגיעה רבה, סדר נפלא, ובעיקר תועלת
גדולה ללימוד המשנה ברורה שיוכלו לזכור את דבריו, הן המ"ב
הן הבה"ל והן השעה"צ.
ולא נצרכה אלא לברכה שיוסיף המחבר תת תנובה לזכות הרבים
בעוד ספרים מועילים.

הכו"ח לכבוד התורה ועמליה פה עיה"ק ירושלים תובב"א

ישראל גנס

בס"ד א' אלול תשע"ב

ראיתי את הספר "חזרה ברורה" אשר הפליא לעשות האברך היקר הרב אהרן זליקוביץ שליט"א. בספר הזה יש עמל רב, יגיעה רבה, סדר נפלא, ובעיקר תועלת גדולה ללימוד המשנה ברורה שיוכלו לזכור את דבריו, הן המ"ב הן הבה"ל והן השעה"צ. ולא נצרכה אלא לברכה שיוסיף המחבר תת תנובה לזכות הרבים בעוד ספרים מועילים.

הכו"ח לכבוד התורה ועמליה פה עיה"ק ירושלים תובב"א
ישראל גנס

קיבלנו בעד ספר "חזרה ברורה" על משנה ברורה

הרה"ג רב שמואל פירסט שליט"א

Rabbi Shmuel Fuerst
6100 North Drake Avenue
Chicago, Illinois 60659
(773) 539-4241
Fax (773) 539-1208

בס"ד

הרב שמואל פירסט
דיין ומו"ץ אגודת ישראל
שיקאגא, אילינאי

ה' מנחם אב תשע"ב

ראיתי הספר "חזרה ברורה" שחיברו הר"ר אהרן זליקוביץ שליט"א
שכתוב בתוכו כל דברי המחבר והרמ"א וכמעט כל דברי המ"ב ושע"צ
וב"ה והכל ערוך בסדר נאה. והתועלת מהספר יהי' להלומדי המ"ב
שיוכלו לחזור על ספר מ"ב באופן קל להבין אותו על בוריו
ובודאי ספר הנ"ל יהי' תועלת גדולה להרבה לומדי משנה ברורה שיהא להם
קל לחזור על דבריו כדי שיהיו בקיאין בדבריו ועי"ז יזכו לשמור ולעשות
ולקיים את דבר הלכה.
יהי רצון שיזכה המחבר שיתקבל הספר "חזרה ברורה" לפני כל הלומדים
הלכות אלו ויזכה לסיים כל שאר חלקים של המ"ב, ויזכה לשבת באהלה של
תורה כל ימי חייו.

הכו"ח לכבוד התורה,
בידידות,
שמואל פירסט

ה' מנחם אב תשע"ב

ראיתי הספר "חזרה ברורה" שחיברו הר"ר אהרן זליקוביץ שליט"א שכתוב בתוכו כל דברי המחבר והרמ"א וכמעט כל דברי המ"ב ושע"צ וב"ה, והכל ערוך בסדר נאה. והתועלת מהספר יהיה להלומדי המ"ב שיוכלו לחזור על ספר מ"ב באופן קל להבין אותה על בוריה.

ובודאי ספר הנ"ל יהיה תועלת גדולה להרבה לומדי משנה ברורה שיהא להם קל לחזור על דבריו כדי שיהיו בקיאין בדבריו ועי"ז יזכו לשמור ולעשות ולקיים את דבר הלכה.

יהי רצון שיזכה המחבר שיתקבל הספר "חזרה ברורה" לפני כל הלומדים הלכות אלו ויזכה לסיים כל שאר חלקים של המ"ב, ויזכה לשבת באהלה של תורה כל ימי חייו.

הכו"ח לכבוד התורה,
בידידות, שמואל פירסט

קיבלנו בעד ספר "חזרה ברורה" על משנה ברורה

הרה"ג רב שמואל פעלדער שליט"א

RABBI SHMUEL FELDER
BETH MEDRASH GOVOAH
LAKEWOOD N.J.08701

שמואל יצחק פעלדער
דיין ומו"ץ בית מדרש גבוה
לייקואוד נוי ושערזי

בעזהי"ת יום א' כ"א אייר תשע"ב לפ"ק

הן הובא לפני קונטרוס שחיברו ר' אהרן זליקוביץ שליט"א על משנה ברורה אשר בשם "חזרה ברורה" יקבנו המכיל בתוכו כל דברי המחבר והרמ"א ומ"ב, וגם תמצית דברי הביאור הלכה ושער הציון, הכל עורך בצורה מסודרת ומאירת עינים, באופן ששייך לחזור על ספר משנה ברורה עם תמצית בה"ל ושעה"צ באופן קל ובהיר בלא בלבול ועירבוביא.

ובודאי שיש בחיבור זה תועלת גדולה ללומדי משנה ברורה לחזור ולשנן הדברים בצורה מועילה ביותר למען תהיה תורתם בלבם ערוכה ושמורה להיות בקיאין בדבר הלכה ללמוד וללמד לשמור ולעשות ולקיים.

ועל כן אברך הרב המחבר שיזכה שיתקבלו הדברים באהבה ובשמחה לפני הלומדים ויזכה לחבר עוד חיבורים כזה ואחרים בתורה הקדושה ולשבת באהלה של תורה כל ימי חייו מתוך מנוחת הנפש והרחבת הדעת.

הכו"ח לכבוד התורה
שמואל יצחק פעלדער

קיבלנו בעד ספר "חזרה ברורה" על משנה ברורה

הרה"ג רב יחזקאל רוטה שליט"א

יחזקאל רוטה

אבדק"ק קארלסבורג
בארא פארק ברוקלין, נ.י. יע"א

RABBI Y. ROTH
1556-53RD STREET
BROOKLYN, N. Y. 11219
TEL:(718) 435-1502

להי"ו

תפארת שבנצח למב"י לסדר כללותיה ופרטותיה ודיקדוקיה מסיני תשע"ד לפ"ק

בימי הספירה שמסוגלים מאד ללמוד הלכה ברורה, כמבואר בתשו' המפורסמת לכ"ק זקיני זי"ע בשו"ת מראה יחזקאל סי' ק"ד בשם רבו הרה"ק מרימנאב זי"ע, שכל ההלכות שנשתכחו בימי אבלו של משה והחזירן עתניאל בן קנז כדאיתא בתמורה ט"ז, היתה בימי העומר, וע"כ מסוגל מאד בימים הקדושים הללו לעשות חזרה על הלימוד שלא ישתכח, וע"ז רומז לשון והחזירן מלשון חזרה, וע"כ מאד מתאים כעת לחזק את ידי הרב המופלג צמ"ס כמוהר"ר **אהרן זליקוביץ** שליט"א שאיתמחי מכבר לערוך חיבור **חזרה ברורה** על המ"ב או"ח, ונתעטר בהמלצות והסכמות מגדולי הרבנים שיחי', ועל של עכשיו באתי מה שהוציא עתה חדש מן הישן על הלכות או"ה שביו"ד, ובוודאי יועיל להלומדים לחזור על לימודם, ודבר גדול עשה בזה שיהי' מוכן ומזומן לפני הלומד הלכות שירוץ בהם בלי גימגום וחיפוש, ובזה יתרבה יודעי דת ודין לזכור הלכה המביא לידי מעשה, והמחבר יהי' נמנה בין מזכי הרבים להגדיל תורה ולהאדירה, ויזכה להמשיך בעבוה"ק על מי מנוחות מתוך הרחבה וכט"ס עדי שיתרומם קה"ת וישראל ב"ב אמן.

הכו"ח לחיזוק תוה"ק ולומדיה

הק' יחזקאל רוטה

יחזקאל רוטה

קיבלנו בעד ספר "חזרה ברורה" על יו"ד הלכות איסור והיתר

הקדמה

בעזה"י. תנא דבי אליהו: "כל השונה הלכות בכל יום מובטח לו שהוא בן עולם הבא, שנאמר 'הליכות עולם לו', אל תקרי הליכות אלא הלכות". **ובסוף** מס' בבא בתרא פ"י מ"ח שנינו: "אמר רבי ישמעאל הרוצה שיחכים יעסוק בדיני ממונות, שאין לך מקצוע בתורה גדול מהן, שהן כמעין הנובע". **וז"ל** שו"ע הגר"ז הל' ת"ת פ"ב ה"ט: "אך אדם כזה מאחר שאינו יכול ללמוד דברי תורה הרבה מאד, צריך שיהיה כל לימודו בלימוד המביא לידי מעשה, שהן הלכות הצריכות לכל אדם לידע אותן לקיים המצות כהלכתן וליזהר מליכשל באיסורים ח"ו, והם דברים שא"א לישאל תמיד לחכם המורה שבעיר, או שלא יהיה יודע לישאל ולהסתפק כלל אם לא ילמדם תחלה, דהיינו רוב או"ח כמעט כולו, ומיעוט יו"ד, ומעט באה"ע וחו"מ, כל הלכה ברורה בטעמה מהתלמוד ומפרשיו, כמו הרא"ש או הב"י לפחות, ולחזור עליהן לעולם. **וגם** מי שדעתו יפה שיוכל ללמוד ולזכור כל התורה שבע"פ, יש לו ללמוד ולחזור תחלה הלכות הללו הצריכות למעשה, כי יש להן דין קדימה על שאר כל ההלכות שאין צריך למעשה כל כך".

הנה כאשר נתבונן, נראה שבעו"ה מועטים האנשים הקובעים לימודם בשו"ע חושן משפט, ואפילו מהלומדים, שהרי הוא כמעין הנובע, והלוואי ללמוד או"ח והחלקים הנוגעים ביו"ד. אך למרות זאת, הרי יש בהם הלכות שנצרכים לחיי היומיום ואנו צריכים לידע אותם. **וב"ה** שזכינו לספר "קיצור שולחן ערוך" שמביא כל ההלכות שעולות יום-יום ובינהן אלה של חו"מ. אולם הרי אליה וקוץ בה, שמכיון שהפורמט הוא כ"כ בקיצור, אינו עולה על הדעת שהציבור של לומדים ירכשו כל ידיעותיהם בהני הלכות רק באופן שטחי כזה. **ולכן** כדי למלאות חסרון זה, סדרתי את כל ההלכות הנמצאים בספר קשו"ע, שעוסקים בדיני ממונות שבחו"מ ויו"ד, (ואגב כללתי גם הל' נדרים ושבועות, והל' צער בעלי חיים וסירוס), ותחת כל הלכה של הקשו"ע הבאתי את כל אותם הסעיפים של השו"ע שהם המקורות שלה, יחד עם הנושאי כלים וקצת מדברי האחרונים. וסמכתי עצמי בזה על המראה מקומות של ה"מצודת ציון" שמביא כל המקורות של הקשו"ע. **ואני** מקוה שחיבור זה יביא תועלת בעה"י לאפשר הלימוד בהלכות אלה ביותר עיון, ולהשתמש בו כעין מפתח להגיע ע"י לידיעה מעמיקה יותר בהל' חו"מ.

גם בספר זה סדרתי את דברי השו"ע והנושאי כלים משולבים זה בזה (כפי שעשיתי בס"ד בספר "חזרה ברורה" על משנה ברורה ויו"ד) כך שניתן לקרוא את כל הענין ברציפות, כדי להקל על הלומד. **והגם** שקצרתי דברי הנושאי כלים כשהם מדברים על ענינים צדדיים, וכשהם מביאים ראיות ארוכות מהסוגיות, אבל לא כל כך כמו הבאר היטב, רק יותר בהרחבה כדי לכלול בתוכו עיקר הסברות והדיונים, וגם כללתי בתוכו דברי רעק"א והפתחי תשובה ועוד אחרונים.

וזאת למודעי שדברי השו"ע והרמ"א וסידורם לא שונו על ידי בשום אופן. גם דברי הנושאי כלים הובאו בדרך כלל כלשונם ממש ללא שום שינוי, מלבד במקומות מועטים בלבד, שבהם נאלצתי לשנות מעט מחמת מה שלקטתי דבריהם מאמצע הענין ולמען הסדר הטוב.

כדי שלא יצטרך ללומד, לבדוק בכל הלכה האם הוא מדברי מהשו"ע או הרמ"א או הש"ך או הט"ז, הבאתי את דבריהם בצורת "פונטים" שונים: דברי השו"ע המחבר הובאו באותיות גדולות ברורות ב"פונט" זה: **מחבר**. ודברי הרמ"א הובאו באותיות כתב רש"י גדולות וברורות ב"פונט" זה: **רמ"א**. הציטוטים מהש"ך והנקה"כ נעשו באותיות רגילות ב"פונט" זה: ש"ך. את דברי הט"ז הכנסתי לסוגריים מרובעים ב"פונט" זה: [ט"ז]. ואת דברי הסמ"ע בסוגריים אחרים ב"פונט" זה: {סמ"ע}. ואת הפתחי תשובה הצגתי בסוגריים עגולים וב"פונט" שונה: (פתחי תשובה). ורעק"א, ושאר אחרונים והוספות שהוספתי, הודפסו ‹באופן זה›.

יתן ה' שספר זה יהיה לתועלת הרבים להגדיל תורה ולהאדירה, שנוכל להיות בקיאים בדבר ה' זו הלכה, ללמוד וללמד לשמור ולעשות ולקיים, ושלא אכשל ח"ו בדבר הלכה, ושאזכה להיות ממזכי הרבים, ולראות בבנין בית המקדש בב"א.

מפתח הלכות

סימן סב – הלכות משא ומתן 1
סימן סג – אסור להונות בדברים ולגנוב דעת הבריות 16
סימן סד – שלא לעשות סחורה בדבר האסור 19
סימן סה – הלכות רבית 20
סימן סו – הלכות עיסקא 53
סימן סז – הלכות נדרים ושבועות 61
סימן קעט – הלכות הלואה 73
סימן קפ – הלכות שמיטת כספים 87
סימן קפא – הלכות טוען ונטען ועדות 96
סימן קפב – הלכות גניבה וגזילה 130
סימן קפג – הלכות נזקי ממון 148
סימן קפד – הלכות נזקי הגוף 153
סימן קפה – הלכות שאלה ושכירות 163
סימן קפו – הלכות לא תחסום 169
סימן קפז – הלכות אבידה ומציאה 171
סימן קפח – הלכות פקדון 187
סימן קפט – הלכות פריקה וטעינה 193
סימן קצ – הלכות שמירת הגוף ובל תשחית 197
סימן קצא – איסור צער בעלי חיים ואיסור סירוס 200

מפתח ע"פ סימני השו"ע

§ או"ח §

הלכות בית הכנסת
סימן קנו ס"א • קפא סי"ז

הלכות שבת
סימן שיב ס"ט • קפג ס"ה

§ אבה"ע §

הלכות פריה ורביה
סימן ה סי"א • קצא ס"ה
סימן ה סי"ב • קצא ס"ה
סי' ה סי"ד • קצא ס"א, ס"ו

§ יו"ד §

מאכלי עובדי כוכבים
סי' קיז ס"א • סד ס"א - ס"ד

הלכות רבית
סימן קנט ס"ב • סה ס"ל
סימן קס ס"א • סה ס"א
סימן קס ס"ד • סה ס"ד
סימן קס ס"ה • סה ס"ה
סימן קס ס"ו • סה ס"ו
סימן קס ס"ז • סה ס"ח
סימן קס ס"ט • סה ס"ז
סימן קס סי"א • סה ס"ט
סימן קס סי"ב • סה ס"ט
סימן קס סכ"ג • סה ס"י
סימן קסא ס"ב • סה ס"ב
סימן קסא ס"ה • סה ס"ב
סימן קסב ס"א • סה סי"א
סימן קסב ס"ב • סה סי"א
סימן קסג ס"א • סה סי"א
סימן קסה ס"א • סה סי"א
סימן קסו ס"ב • סה ס"ג
סימן קסט סי"ג • סה סכ"ה
סימן קסט סי"ו • סה סכ"ו
סימן קסט סי"ח • סה סי"ז
סי' קסט סכ"א • סה סכ"ח
סימן קסט סכ"ו • סה סכ"ו
סימן קע ס"א • סה סכ"ד
סימן קע ס"ב • סה סכ"ד
סימן קעב ס"א • סה סי"ב
סימן קעב ס"ב • סה סי"ב
סימן קעג ס"ג • סה סי"ד
סימן קעג סט"ו • סה סי"ח
סימן קעג סט"ז • סה ס"כ
סימן קעג סי"ח • סה ס"ט
סי' קעה ס"א • סה סט"ז-י"ז
סימן קעה ס"ד • סה סט"ז
סימן קעו ס"ו • סה סי"ז
סימן קעו ס"ו(1) • סה סכ"א
סימן קעו ס"ו(2) • סה סכ"ג
סימן קעו ס"ח • סה סכ"ב
סימן קעז ס"א • סו ס"א
סימן קעז ס"ב • סו ס"א
סימן קעז ס"ג • סו ס"א
סימן קעז ס"ו • סו ס"י
סימן קעז סי"ח • סו ס"י
סימן קעז סכ"ד • סו ס"ט

הלכות נדרים
סימן רג ס"א • סז ס"א
סימן רג ס"ג • סז ס"א
סימן רג ס"ד • סז ס"ג
סימן רג ס"ה • סז ס"ג
סימן רג ס"ו • סז ס"ד
סימן רג ס"ז • סז ס"ה
סימן רי ס"א • סז ס"ו
סימן רי ס"ב • סז ס"ח
סימן ריד ס"א • סז ס"א
סימן רכח ס"ח • סז ס"ב
סימן רל ס"א • סז ס"ב
סימן רלג ס"א • סז ס"ט
סימן רלד ס"א • סז ס"א
סימן רלד ס"ב • סז ס"א
סימן רלד סכ"א • סז ס"י
סימן רלד סכ"ד • סז ס"י
סימן רלד סל"ז • סז ס"י
סימן רלד ס"מא • סז ס"י
סימן רלד סנ"ה • סז סי"א
סימן רלד סנ"ט • סז סי"א

הלכות צדקה
סימן רמח ס"ד • קפב סי"ד
סימן רמח ס"ו • קפב סי"ד

§ חו"מ §

הלכות דיינים
סימן ב ס"א • קפד ס"י
סימן ד ס"א • קפא ס"ט
סי' ז סי"א • קפא ס"י, סי"א
סי' ח סי"א • קפא ס"י, סי"א
סימן ט ס"א • קפא ס"י
סימן יב ס"ב • קפא ס"ח
סימן יב ס"ו • קפא ס"ד
סימן יז ס"ה • קפא ס"ה
סי' כו ס"א • קפא ס"א, ס"ב
סי' כו ס"ב • קפא ס"ג
סימן כח ס"א • קפא סי"ב-י"ג
סימן כח ס"ג • קפא סי"ט
סימן כח סי"ב • קפא ס"כ
סימן כח סי"ד • קפא ס"כ

הלכות עדות
סימן לג ס"י • קפא סכ"א
סימן לד ס"א • קפא סכ"ב
סימן לד ס"ב • קפא סכ"ב
סימן לד סכ"ד • קפא סכ"ב
סימן לו ס"א • קפא סכ"ב
סימן לו סי"ח • קפא סי"ד
סימן לו ס"א • קפא סט"ו

הלכות הלואה
סימן מא ס"א • קעט ס"י
סימן נז ס"א • קעט סי"א
סימן סז ס"א • קפ ס"א
סימן סז ס"ב(1) • קפ ס"ב
סימן סז ס"ב(2) • קפ ס"ג
סימן סז ס"ג • קפ ס"ב
סימן סז ס"ה • קפ ס"ה
סימן סז ס"ו • קפ ס"ו
סימן סז ס"ז • קפ ס"ו
סימן סז ס"ח • קפ ס"ח
סימן סז ס"ט • קפ ס"ח
סימן סז ס"י • קפ ס"א
סימן סז סי"ב • קפ ס"ג
סימן סז סי"ד • קפ ס"י

סימן סז סט"ו • קפ סי"א
סימן סז סי"ז • קפ ס"ב
סימן סז סי"ח • קפ סט"ו
סימן סז ס"כ • קפ סט"ו
סימן סז סכ"ב • קפ סט"ו
סימן סז סכ"ל • קפ סי"ג
סימן סז סל"א • קפ סט"ו
סימן סז סל"ו • קפ סי"ד
סימן ע ס"א • קעט ס"ג
סימן עב ס"א • קעט ס"ז
סימן עב ס"ב • קעט סי"ב
סימן עג ס"א • קעט ס"ג

הלכות טוען ונטען
סימן עה סי"א • קעט סי"ד
סימן פז ס"כ • קפא סי"ח

הלכות גביית מלוה
סי' צז ס"א • קעט ס"א, ס"ב
סימן צז ס"ב • קעט ס"ד
סימן צז ס"ג • קעט ס"ה
סימן צז ס"ד • קעט ס"ו
סימן צז ס"נ • קעט ס"ח

הלכות הרשאה
סימן קכג סט"ו • קפא סט"ז
סימן קכה ס"א • קעט סט"ו

הלכות חזקת מטלטלין
סימן קלו ס"ב • קפב סי"ב

הלכות נזקי שכנים
סימן קנה ס"ד • קפג ס"ז
סימן קנה ס"ה • קפג ס"ז
סימן קנה ס"ז • קפג ס"ז
סי' קנה סט"ו • קפד ס"ד-ה'

הלכות מצרנות
סימן קעה ס"א • סב סי"ח
סימן קעה ס"נ • סב סי"ח

הלכות שלוחין
סימן קפג ס"א • סב סי"ב
סימן קפג ס"ב • סב סי"ב
סימן קפג ס"ג • סב סי"ד

מפתח ע"פ סימני השו"ע

הלכות מקח וממכר

סימן רא ס"א • סב סט"ו

סימן רד ס"ד • סב סט"ו

סימן רד ס"ז • סב סט"ז

סימן רד ס"ח • סב סי"ז

סימן רד סי"א • סב סט"ז

הלכות אונאה ומקח טעות

סימן רכז ס"א • סב ס"א

סימן רכז סט"ז • סב ס"ב

סימן רכז סכ"ז • סב ס"ג

סימן רכז סל"ה • סב ס"ב

סימן רכז סל"ו • סב ס"ב

סימן רכח ס"א • סג ס"א

סימן רכח ס"ג • סג ס"א

סימן רכח ס"ד • סג ס"ב

סימן רכח ס"ה • סג ס"ג

סימן רכח ס"ו • סג ס"ד

סימן רכח ס"ט • סב ס"ד

סימן רכח ס"י • סב ס"ה

סימן רכח סי"א • סב ס"ה

סימן רכח סי"ח • סב ס"ו

סימן רלא ס"א • סב ס"ז

סימן רלא ס"ב • סב סי"א

סימן רלא ס"ג • סב סי"ב

סימן רלא ס"ח • סב ס"י

סימן רלא סי"ט • סב ס"ז, קפב ס"ז

סימן רלז ס"א • סב סי"ג

הלכות אבידה ומציאה

סימן רנט ס"א • קפז ס"א

סימן רנט ס"ה • קפז ס"ב

סימן רנט ס"ז • קפז ס"ב

סימן רס ס"ו • קפב סט"ו

סימן רס ס"ט • קפז ס"ג

סימן רס ס"י • קפז ס"ג

סימן רסג ס"א • קפז ס"ד

סימן רסג ס"ב • קפז ס"ד

סימן רסג ס"ג • קפז ס"ד

סי' רסז ס"א-כ"ז • קפז ס"ה

הלכות פריקה וטעינה

סימן רעב ס"א • קפט ס"א

סימן רעב ס"ד • קפט ס"ב

סימן רעב ס"ו • קפט ס"ג

סימן רעב ס"ח • קפט ס"ד

סימן רעב ס"ט • קפט ס"ד

סימן רעב סי"א • קפט ס"ה

סימן רעב סי"ב • קפט ס"ו

הלכות פקדון

סימן רצא סי"ד • קפח ס"ג

סימן רצא סכ"ו • קפח ס"ד

סימן רצב ס"א • קפח ס"ב

סימן רצב ס"ז • קפח ס"א

הלכות שוכר

סימן שז ס"ד • קפה ס"א

סימן שז ס"ז • קפה ס"ז

הלכות שכירות פועלים

סימן שלז סי"ט • קפה ס"ו

סימן שלז ס"כ • קפה ס"ו

סימן שלח ס"ב • קפו ס"א

סימן שלח ס"ג • קפו ס"א

סימן שלח ס"ה • קפו ס"ב

סימן שלח ס"ו • קפו ס"ג

סימן שלח ס"ז • קפו ס"ד

סימן שלט ס"א • קפה ס"ב

סימן שלט ס"ג • קפה ס"ב

סימן שלט ס"ד • קפה ס"ב

סימן שלט ס"ה • קפה ס"ב

סימן שלט ס"ו • קפה ס"ג

סימן שלט ס"ט • קפה ס"ד

סימן שלט ס"י • קפה ס"ד

הלכות שאלה

סימן שמב ס"א • קפה ס"א

הלכות גניבה

סימן שמח ס"א • קפב ס"ג

סי' שמח ס"ב • קפב ס"א-ב'

סימן שנו ס"א • קפב ס"ח

סימן שנח ס"א • קפב סי"א

סימן שנח ס"ב • קפב סי"א

סימן שנח ס"ג • קפב סי"א

סימן שנח ס"ה • קפב סי"א

הלכות גזילה

סי' שנט ס"א • קפב ס"א-ב'

סימן שנט ס"ח • קפב ס"ד

סימן שנט ס"י • קפב ס"ה

סימן שנט סי"א • קפב ס"ה

סימן שנט סי"ב • קפב ס"ה

סימן שס ס"א • קפב ס"ו

סימן שס ס"ה • קפב ס"ו

סימן שס ס"ו • קפב ס"ו

סימן שסב ס"א • קפב ס"ו

סימן שסו ס"ב • קפב ס"ז

סימן שסז ס"א • קפב ס"ו

סימן שסז ס"ב • קפב ס"ו

סימן שסז ס"ג • קפב ס"ו

סימן שסז ס"ד • קפב ס"ו

סימן שסט ס"א • קפב ס"ח

סימן שסט ס"ב • קפב ס"ט

סימן שסט ס"ג • קפב ס"י

סימן שסט ס"ד • קפב ס"י

הלכות נזיקין

סימן שעח ס"א • קפג ס"א

סימן שעח ס"ה • קפג ס"ו

הלכות מאבד ממון חבירו בידים ומוסר ומלשין

סימן שפח ס"ט • קפג ס"ד

סימן שפח סי"ב • קפד ס"ט

הלכות נזקי ממון

סימן תט ס"ג • קצ ס"ב

סימן תיז ס"א • קפד ס"ג-ה'

הלכות חובל בחבירו

סימן תכ ס"א • קפד ס"א

סימן תכ סל"ב • קפד ס"ו

סימן תכא סי"ג • קפד ס"א

סימן תכב ס"א • קפד ס"ז

סימן תכה ס"א • קפד ס"ט

סימן תכה ס"ב • קפד סי"א

הלכות שמירת נפש

סימן תכו ס"א • קפד ס"ח

סימן תכז ס"א • קצ ס"א

סימן תכז ס"ב • קצ ס"א

סימן תכז ס"ג • קצ ס"א

סימן תכז ס"ד • קצ ס"א

סימן תכז ס"ה • קצ ס"א

סימן תכז ס"ו • קצ ס"א

סימן תכז ס"ז • קצ ס"א

סימן תכז ס"ח • קצ ס"ב

סימן תכז ס"ט • קצ ס"ב

סימן תכז ס"י • קצ ס"ב

§ סימן סב – הלכות משא ומתן. ובו י"ח סעיפים §

סעיף א – צריך ליזהר מאד שלא להונות את חבירו, וכל המאנה את חבירו, בין שהמוכר מאנה את הלוקח, בין שהלוקח מאנה את המוכר, עובר בלאו, שנאמר: וכי תמכרו ממכר לעמיתך או קנה מיד עמיתך אל תונו איש את אחיו. **והיא** השאלה הראשונה ששואלין את האדם בשעה שמכניסין אותו לדין, נשאת ונתת באמונה.

סימן רכז ס"א - אסור להונות את חבירו, בין במקחו בין בממכרו; ואיזה מהם שאינה, בין לוקח בין מוכר, עובר בלאו.

{**דכתיב** וכי תמכרו ממכר לעמיתך או קנה מיד עמיתך לא תונו איש את אחיו. ולאו זה בכלל גזילה הוא, (פי' שדומה ללאו דלא תגזול, דמשום דניתן להשבון אין לוקין עליו – ב"י, וכמו שאין לוקין על לאו דגזילה משום דניתן להשבון, כדכתיב והשיב את הגזילה, כך אין לוקין על לאו זה, דג"כ ניתן להשבון את האונאה, טור}, (שהוא בכלל השב תשיב דגזילה שחייב להחזירו – לבוש).

(**ושתי** מיני אונאות יש, האחת אונאה בגוף הסחורה עצמה, שמוכר אותה בחזקת סחורה טובה ממקום פלוני, ובאמת היא סחורה ממקום אחר או שמקולקלת קצת, ואין ניכר להקונה, או שמוכרה בחזקת חדשה והיא ישנה, והרבה פרטים ממין זה יתבאר בסימן רכ"ח, **ואם** המוכר אינו בקי, והלוקח מבין שסחורה זו הרבה יותר טובה מכפי שמדמה המוכר, צריך להגיד לו, **ובאונאה** כזו יש איסור אף שאינו מאנהו במקח, וכ"ש כשיש גם אונאה בהמקח, **ובאונאה** זו אין חילוק בין חנוני לבעה"ב המוכר. **ואונאה** השנית אונאה במקח אף שאין אונאה בעצם הסחורה, כשהחנוני יודע שסחורה זו נמכרת עתה בכל החנויות במקח כך וכך ולא יותר, והלוקח הזה אינו בקי ונטל ממנו ביוקר מכפי המקח הקבוע, **וכן** להיפך אם המוכר אינו בקי, והלוקח יודע שבטעות וחסרון ידיעה מוכר לו בפחות מהמקח הקבוע, צריך להגיד לו, ואם לאו עובר בלאו, **ולכן** אמרו חז"ל דבעה"ב המוכר אין לו אונאה במקח כשמכר יותר משויו, מפני שאין ברצונו למכור אא"כ יתנו לו יותר משויו, ויתבאר בסימן זה – ערוה"ש).

סעיף ב – כשם שיש איסור אונאה במשא ומתן, כך יש איסור אונאה בשכירות ובקבלנות ובחילוף מטבע.

סימן רכז סל"ה - השוכר את הכלים או את הבהמה, יש להם אונאה, שהשכירות מכירה בת יומא היא; ואם יש בה אונאה שתות או יותר, בין שנתאנה שוכר בין שנתאנה משכיר, הרי זה מחזיר אונאה.

{**בתרומת** הדשן כתב, בשכר פועל עם סוס ונתאנה יותר משתות, דמה שמגיע על הסוס יש בו אונאה, וכמ"ש מור"ם לעיל סעיף ל"ג, וכתב שם דא"א לחזור בו, ואפילו אם יש בו יותר משתות, מאחר שכבר נעשית המלאכה, ע"ש. **ונראה** דהכא נמי מיירי בכה"ג, משו"ה כתב, או יותר כו' מחזיר אונאה, ולא כתב דביותר מבטל השכירות לגמרי אם ירצה, כדין מקח כיון דשכירות ליומא ממכר הוא}, (**ואם** עדיין לא נעשתה המלאכה, בטלה השכירות ביותר משתות, כדין ביטול מקח – ערוה"ש).

ואפילו לאחר זמן מרובה – {ולא נתנו בזה שיעור בכדי שיראה לתגר או לקרוביו, דדוקא בקנין מטלטלין שהן בידו, שייך בהו לומר דהו"ל להראותן, ומדלא הראה אמרינן מחל, ואין דרך כן בשכירות, כ"כ המגיד משנה ע"ש. (וכן המשכיר אין דרכו לחקור בשכירות אם נתאנה – ערוה"ש). **ובפרישה חילקתי**, דבשכירות כיון דאינה משתלמת אלא לבסוף, אין מדרכו להראותו עד לעת תשלומין, וכבר עבר זמן מרובה, **תו לא חלקו**}.

סימן רכז סל"ו - הקבלן יש לו אונאה – (דאע"ג דאמרינן לעיל סעיף ל"ג, דשוכר חבירו כו' אין בו אונאה, הני מילי שכיר יום דדמי לעבד דגופו קנוי, ומטעם זה יכול לחזור בו, מדכתיב גביה כי לי בני ישראל עבדים וגו' ולא עבדים לעבדים, וכל זמן שאינו חוזר דומה לעבד כנעני ואין בו אונאה, **אבל** קבלן אינו נקרא עבד, דבדידיה קטרח, ומטעם זה אינו יכול לחזור בו, לפיכך יש לו אונאה – לבוש).

כיצד, כגון שקבל עליו לארוג בגד זה בעשרה זוזים, או לתפור חלוק זה בשני זוזים, הרי יש לו אונאה, וכל אחד משניהם, בין קבלן

בין בעל הבגד, חוזר לעולם – {נראה דר"ל כל אחד משניהן שנתאנה חוזר לעולם, ואפילו בעל הבגד שבידו הבגד, ולא אמרינן דאינו יכול לחזור אלא כדי שיראנו לבני אדם כדין לוקח שנתאנה, דבשכירות שאני וכנ"ל, **אבל** המאנה ודאי אינו יכול לחזור בו מיד שנתרצה המתאנה שלא לחזור בו, כדין לוקח ומוכר הנ"ל, ובמיימוני ובטור סיים בהדיא בזה, חוזר לעולם כמוכר}.

סימן רכז סט"ז - יש אונאה במטבעות עד שתות – {קמ"ל בזה, דאע"ג דכי תמכרו ממכר כתיב, ובמטבע אין כאן מקח וממכר כל כך, קמ"ל}. ‹דדבר הנקנה מיד ליד הוא – לבוש›.

כיצד, הרי שהיה דינר זהב בכ"ד דינר כסף, וצרפה בעשרים דינר או בכ"ח, הרי זה מחזיר האונאה; היה יתר על זה, בטל הצירוף; פחות מכאן, מחילה – ‹היינו בזהב שאין מצד המלכות מקח קבוע עליו, ויש חשובה יותר מחברתה, והשולחנים מחליפים אותה לפי חשיבותה ולפי הזמן, **אבל** כשיש מצד המלכות מקח קבוע עליו, שדינר זהב הוא כ"ד דינרי כסף, אפי' אינהו באחד מהם, חוזר, דהוי כדבר שבמנין והאיש הזה לא ידע, אא"כ ידע ומחיל, נה"מ – ערוה"ש›.

וכן אם היה הסלע חסרה שתות, והיו מוציאים הסלעים במנין ולא במשקל, מחזיר האונאה – ‹ודע שזה שנתבאר בסלע שחסרה כדי אונאה צריך להחזיר האונאה, אינו אלא כשיש מקום שיוצאת בפחות כזה, אבל בלא"ה אין שייך חזרת אונאה, ואסור לקיימה – ערוה"ש. ואין לך מקח טעות גדול מזה – נה"מ›, **שאם היו מוציאים במשקל, אפילו בכל שהוא, חוזר** – {לקמן ריש סימן רל"ב כתבו הטור והמחבר, דכל המוכר לחבירו דבר במדה או במשקל או במנין, אפילו בכל שהוא **מחזיר אונאה**}. ‹וזה שנתבאר שם דגם דבר שבמנין חוזר, היינו שאינהו במנין הסלעים וכיוצא בזה, שהיה צריך ליתן לו י' חתיכות ונתן לו תשע – ערוה"ש›.

הגה: וי"א דשיעור אונאה במטבע, אחד מי"ב – {טעמו, כיון דמעות להוצאה ניתנו, ואין בני אדם לוקחים מידו כשהיא חסירה כו', משו"ה דקדקו ואמרו דלא הוה מחילה עד שלא יהא באונאתן אחד מי"ב, ופלוגתא דתנאי בזה בפרק הזהב}, **ופחות מזה הוי מחילה, יתר על זה בטול מקח. וכל זמן דהוי מחילה, מותר להוציאו לכתחילה ביפה, כמו שנתבאר סעיף ו'.**

סעיף ג – הנושא ונותן באמונה אינו חושש לאונאה. כיצד, חפץ זה בכך וכך לקחתיו, כך אני רוצה להשתכר בו, אף על פי שהוא נתאנה בלקיחתו, וכל המתאנה אינו רשאי להונות אחרים בשביל זה, מכל מקום זה מותר, שהרי זה כמפרש שלא יסמוך על שווי המקח אלא על הדמים שנתן הוא בעדו.

סימן רכז סכ"ז - הנושא ונותן באמונה, אין לו עליו אונאה. כיצד, חפץ זה בכך וכך לקחתיו כך וכך אני משתכר בו, אין לו עליו אונאה – ‹והטעם, שהרי לא סמך זה משעה ראשונה על שיווי המקח, אלא על הדמים שלקח זה, לפיכך אפילו נודע שנתאנה בו הלוקח ראשון, צריך זה ליקחו כמו שקנאו, דאדעתא דהכי משכו ליתן לו כמו שקנאו – לבוש›. **וה"ה** אם נתאנה מוכר, כגון ששוה יותר.

{**הטור** הוסיף עוד וכתב ז"ל, **יש מפרשים דאפילו לא אמר לו בכך וכך לקחתיו, אלא אמר לו תן לי חפץ זה כמו שקנית אותו, ואני מאמינך במה שתאמר שקנית אותו, ואוסיף לך כך וכך לריוח, אין בו אונאה, שאפילו נתאנה בו לוקח ראשון, צריך ליקח כמו שקנאו, דאדעתא דהכי משכו,** ליתן לו כמו שקנאו, עכ"ל. **והמחבר** השמיט להאי יש מפרשים, ולטעמו אזיל שגם בב"י כתב, דבכלל דבריו הראשונים הוא, **ואני** כתבתי שם, דחידושו בזה היש מפרשים, דאף דלא ידע בשעת משיכה בכמה קנהו דלימחל, אפ"ה אין בו אונאה, כיון דאמר בהדיא שמאמינו לו ויתן לו בעדו כל מה שנתן הוא בעדו ועוד יתן לו ריוח מה, נמצא שמתחילה לא היתה כונתן על שיווי המקח}.

ונ"ל לדקדק מהש"ס דפ' הזהב, דבנושא ונותן באמונה, כשם שאין לו דין אונאה, כן דין ביטול מקח אין להם, מטעם זה, דהא בברייתא בש"ס בחד מחתה כלל האי דנושא ונותן באמונה, עם הנותן ע"מ שאין לך עלי אונאה, ועל שניהם תני אין להם אונאה, ובע"מ שאין כו' למאי דמסיק רבא במפרש, אפי' גבי [ביטול] מקח אין לו אונאה כמבואר בש"ס ובש"ע סכ"א, א"כ גם בנושא ונותן

באמונה כן הוא, דעל שניהם יחד אמר בש"ס אין לו דין אונאה, כן נ"ל ודו"ק, **ומ"מ** צריך להתיישב למעשה.

‹**ועיין** בתשובת שבות יעקב שכתב, דנראה פשוט בנושא ונותן באמונה ואח"כ נמצא מום במקח, יכול לחזור, דלא מצינו בש"ס ופוסקים רק דאין עליו אונאה, אבל מום שהוא מקח טעות חוזר, דאל"כ הו"ל לאשמועינן רבותא יותר כו', ‹**דלא** האמינו רק על המקח וסבר וקביל, ולא על מום, ואדרבא עיקר הנאמנות הוא שמאמינו שהסחורה טובה, ולכן אינו מקפיד על המקח – ערוה"ש, **וכל** זה דלא היה יכול להבחין זה בשעת המקח כו').

‹**ועיין** בתשו' הרדב"ז, בראובן שקנה סחורה בפני שמעון, וא"ל שמעון אתן לך ריוח דינר ותננה לי, ונתנה לו, אם יש עליו אונאה, אי דמיא לנושא ונותן באמונה או לא. **והשיב**, אין לו עליו אונאה, ומכ"ש הוא, אם הוא סומך על אמונתו של זה, לא יסמוך על מה שראו עיניו... והכא נמי לא סמך על שווי הסחורה אלא על מה שראו עיניו שנתן ראובן בפניו, ולפיכך אין לו עליו אונאה, עכ"ל).

‹**ראובן** שמכר לשמעון, ונתאנה ראובן באופן שאם היה תובעו לשמעון היה המקח נתבטל, אך בתוך כך מכר שמעון ללוי בלא אונאה, אין א' מהם יכול לבטל המקח בטענה שהרי בע"כ ראובן יבטלו, דמ"מ כל זמן שראובן אינו מבטל אין להם רשות לבטל המקח, דשמא ראובן יוותר על אונאתו – ערוה"ש.

‹**וממה** שנתבאר למדנו, דאותם הקאמיסנירן היושבים במקומות הגדולים, וקונים סחורות בעד החנונים מערי המדינה, ונוטלים ריוח ידוע כמו שנים או שלש למאה, אין עליהם טענת אונאה, דזהו ממש נושא ונותן באמנה, דהחנוני מאמינו שנתן בעד הסחורה כך וכך, ונותן לו בעד טרחתו ריוח ידוע, **ואפי'** הסחורה שקנה הקאמיסנער קודם שהודיעו החנוני לקנות בעדו, מ"מ אין להחנוני עליו טענת אונאה, כיון שמאמינו שכך עולה לו, וכך וכך צריך להרויח, **וכ"ש** כששלח לו רשימה לקנות בעדו, דאינו אלא שלוחו, ואע"ג דאדרבא בשליח יש אונאה אף בכל שהוא, מ"מ בזה לא שייך דין זה, דהא החנוני יודע שהסוחרים הגדולים אין מקבלין סחורה בחזרה, וע"מ כן שלח לו לקנות בעדו, **ולפיכך** נ"ל עוד דאפי' נמצא מום בסתר, באופן שהקאמיסניר לא היה באפשרי לראות, כגון בחתיכה סחורה שנחסר מהמדה, או שבאמצע הסחורה לא טובה או רקבון וכדומה, אין לו להחנוני טענה עליו, דידוע שהסחורה מונחת בכריכה, ואין הסוחר מניח לפורקה ולראותה ע"פ כולה, ומה היה לו לעשות, וכל חנוני סבר וקביל, דא"א באופן אחר, **ורק** מום שבגלוי כמו סחורה מפורקת, אם נמצא מום, אחריותו עליו, **וכן** סחורה המוכנת אצל הקאמיסניר קודם ששלח לו החנוני שישלח לו, אם נמצא מום או חסרון, האחריות עליו, **וכן** אם הקאמיסנער יודע שבהסחורה המוכנת אצלו יש אונאה בהמקחים, אסור לו למכור להחנוני באמנה, ויש בזה אונאה. **ודע** שאחד מהגדולים בדור שלפנינו האריך לסתור כל דברי הפוסקים בזה, ולדעתו להרמב"ם ז"ל יש אונאה בקאמיסנירן, וזה שאמרו חז"ל דבאמנה אין אונאה, זהו בהריוח שמרויח הוא, ולא באונאה בעצם הסחורה, **ולא** נתקבלו דבריו גם בחייו, וכן דנין כל בתי דינין, שאין על הקאמיסנער טענת אונאה במקח. **ואין** חילוק בנושא ונותן באמנה, בין סוחר או חנוני קבוע, למוכר באקראי, ודין אחד להם – ערוה"ש.

סעיף ד – מי שיש לו איזה דבר למכור, אסור לו ליפותו כדי לרמות בו, כגון להשקות בהמה מי סובין שמנפחים וזוקפין שערותיה כדי שתראה שמנה, או לצבוע כלים ישנים כדי שיתראו כחדשים, וכל כיוצא בזה.

סימן רכח ס"ט - אין מפרכסין לא אדם ולא בהמה ולא כלים, כגון לצבוע זקן עבד העומד למכור כדי שיראה כבחור – {פי' זקן של עבד סבא שהוא לבן, וצבעו שחור כדי שיהא נראה כבחור, ונקט זקן, משום דמעשה כך היה בגמרא סוף פ' הזהב ז"ל, ההוא עבדא סבא דצבעיה לרישיה ולדיקניה כו', ואע"ג דשם קאמר ג"כ דצבע לראשו, כאן לא נקט ראש משום דאפשר לכסויי לשערות ראשו, משא"כ זקן שהוא בגלוי. **ויש** גורסין עבד זקן, פי', לעבד שהוא זקן, ואיירי שצבע גם לראשו}.

ולהשקות הבהמה מי סובין שמנפחין וזוקפין שערותיה כדי שתראה שמינה; וכן אין מקרדין (פירוש קרוד במגרדת או מסרקת ששניו דקים) ולא מקרצפין (פי' קרצוף מגרדת או מסרק ששניו עבים) אותה כדי לזקוף שערותיה; ולצבוע כלים ישנים כדי שיראו כחדשים – {ז"ל הטור, ואין השבח שמשביחין בצבע, כמו העילוי שמעלה אותם בדמים, אבל חדשים מותר לצבוען כדי ליפותם, שבלא"ה הן חדשים וטובים, עכ"ל}.

ואין נופחין בקרבים כדי שיראו שמנים ורחבים, ואין שורין הבשר במים כדי שיראה לבן ושמן – {והיינו דוקא במקום שאין המנהג כן, אבל אם המנהג של הקצבים לשרותו כדי שיראה לבן, מותר, דאין מאנה בו, דהרי הכל יודעין דדרך הקצבים לשרותו}. ‹וכן כל חפץ ישן אסור לתקנו שיתראה כחדש ולמכרו בחדש, אבל חפץ חדש מותר לנקותו וליפותו, וזהו דרך התגרים – ערוה"ש›.

סעיף ה – וכן אסור לערב מעט פירות רעים בהרבה פירות יפים, כדי למכרם בחזקת יפים, או לערב משקה רעה ביפה, **ואם** היה טעמו ניכר מותר לערב, כי הלוקח ירגיש.

סימן רכח ס"י - אין מערבין מעט פירות רעים בהרבה פירות יפים, כדי למכרם בחזקת יפים, אפילו חדשים בחדשים – {ר"ל אפי' אין בהן רעות כלל, אלא כל שהן משתי שדות מסתמא אחד רע מחבירו הוא, **וה"ק**, אין מערבין מעט פירות רעים בהרבה פירות יפים, ומהאי טעמא אפילו חדשים בחדשים משתי שדות נמי לא יערב, דא"א שלא יהיה האחד טוב מחבירו, **ולא** התירו לעשות כן כי אם בתגר, מפני שהכל יודעין שדרכו בכך לערב יחד, וכמ"ש הטור והמחבר בסמוך סעיף ט"ז}.

ואצ"ל (חדשים בישנים) – ‹שהישנים טובים יותר לאכילה›, **(ואפי') (טור) ישנים עם חדשים, אפילו הישנים ביוקר מחדשים, מפני שהלוקח רוצה לישנן** – ‹והישנים אינם ראויים ליישן – לבוש›.

{**מור"ם** הגיה דברי המחבר על פי דברי הטור דכתב בשיטה זו, ודברי המחבר הן כדברי הרמב"ם, והרמב"ם נמשך אחר דברי הרי"ף, וגירסתם היתה כן בברייתא, דסתם הקונה בשוק ניחא בחדשים כדי לישנן, ואף שהישנים יקרים לפעמים מחמת שטובים יותר לאכילה, וכן הוא בהדיא ברי"ף ורמב"ם}. ‹**ולדבריהם** חדשים בישנים מותר. **אבל** גירסת רש"י וספרים שלנו הוא להיפך, ואצ"ל חדשים בישנים. ורש"י כתב, אבל להיפך ישנים בחדשים שפיר דמי. **אבל** הרא"ש והטור כתבו, דאפילו ישנים בחדשים אסור מפני שרוצה ליישנן, וכן משמע במתני' דלא אשכח היתרא אלא ביין, וז"ש בהגה ואצ"ל חדשים בישנים ואפי' ישנים כו' - גר"א›.

סימן רכח סי"א - ביין התירו לערב קשה ברך, בין הגיתות בלבד, מפני שמשביחהו. (וכ"ש רך בקשה, דשרי) (טור וב"י בשם הרא"ש).

{**ז"ל** הטור, אע"פ שהרך טוב יותר לשתות מהקשה, וגם דמיו יקרים, לפי שכשנותן בין הגיתות מעט קשה ברך, הוא משביחו ומתקיים יותר, אבל שלא בין הגיתות לא, והרך מותר לערבו בקשה לעולם, עכ"ל. **ופי'** לעולם, אפילו שלא בין הגיתות, כיון שהוא טוב יותר לשתות ומשביחו, וכ"כ הרא"ש, **אבל** רש"י חולק על זה, וס"ל דהרך אסור לערב בקשה, ומשו"ה אפשר שלא כתבו המחבר. **ומור"ם** שהגיהו, וכסברת הרא"ש והטור, היה לו לכתוב ג"כ תיבת "לעולם". וצ"ל דס"ל דממילא משמע, דמהיכי תיתי לחלק בעירב רך בקשה}.

‹**עיין** בתשו' חות יאיר, שכתב דנראה לו להלכה דדוקא בקנה ממנו סתם מותר לערב, משא"כ אם מכר חביות מיוחדים, וכ"ש אם התנה על יין רך, דאינו רשאי לערב›.

ואם היה טעמו ניכר, מותר לערב בכל מקום, שכל (דבר) הניכר טעמו מרגיש הלוקח, ולפיכך מותר לערב אותו לעולם – ‹ודוקא שנרגש גם בראייתו, דאל"כ מאין ידע הלוקח שנתערב בו הקשה שיצטרך לטעום אותו, דהרי לא בכל מקום טועמין – ערוה"ש›.

סעיף ו – מותר לחנוני לחלק קליות ואגוזים לתינוקות, כדי להרגילם שיקנו ממנו, וכן יכול למכור בזול יותר מהשער, כדי שיקנו ממנו, ואין בני השוק יכולין לעכב עליו.

סימן רכח סי"ח - מותר לחנוני לחלק קליות ואגוזים לתינוקות, כדי להרגילם שיקנו ממנו – {קמ"ל שאין שאר החנונים יכולין למחות בידו}. ‹**דרשות** ביד כל אחד לעשות איזה השתדלות לפדיון, כמו שמבקש מאנשים שיקחו ממנו, **אבל** מחנותו של אחר אין לקרות שום קונה, ועובר בלא תסיג גבול – ערוה"ש›.

וכן יכול למכור בזול יותר מהשער, כדי שיקנו ממנו, ואין בני השוק יכולים לעכב עליו – {קמ"ל דאין בני העיר יכולין למחות בידו לאמר שמקלקל **ומיזל השער**}. ‹דאדרבה תבא עליו ברכה שמוזיל את השער – לבוש›. ‹**אמנם** נ"ל דזהו רק בתבואה, מפני שע"י זה שימכור בזול גם האחרים ימכרו בזול, ומתוך זה ימכרו בעלי

האוצרות בזול, אבל לזלזל במכירת סחורה איסור גמור הוא, ומתוך כך מקולקל דרך המסחר, ומאבדין מעות אחרים, וכן מצאתי לאחד מהגדולים שכתב כן, **וגם** לעשות איזה הערמה שיפדה יותר, משמע קצת מגמרא שאסור, ואינו מותר לעשות רק דבר שגם האחר יכול לעשות כן – ערוה"ש.

(וע"ל סימן קנ"ו סעיף כ').

סעיף ז – המודד או שוקל חסר לחברו, או אפילו לעובד כוכבים, עובר בלאו, שנאמר: לא תעשו עול במדה במשקל ובמשורה, **ועונש** המדות והמשקלות קשה מאד, שאי אפשר למודד או לשוקל שקר לשוב בתשובה הגונה, שאינו יודע מה ולמי ישיב, ואף שיעשה צרכי רבים, אין זאת תשובה הגונה.

סימן רלא ס"א - המודד או שוקל חסר לחבירו, או אפילו לעובד כוכבים, עובר בלאו דלא תעשו עול במדה במשקל ובמשורה.

או אפילו לעכו"ם – {אע"ג דלענין אונאה כתבו הטור והמחבר בסימן רכ"ז דאינו עובר עליה בגוי, שאני אונאה דכתיב ביה עמיתך, וגם לית ביה משום גזל כיון דראה מה שקנה, משא"כ מדה, דעל הימנותו סמך ליתן לו מדה שלימה}. (**ועיין** בב"ח שכתב דלהרמב"ם איסורו מדאורייתא, אבל להטור איסורו במדה ומשקל אינו אלא דרבנן. **ועיין** בספר ארעא דרבנן, שכתב דהכנה"ג חולק על הב"ח, וס"ל דגם הטור אית ליה דהוי דאורייתא, ע"ש).

סימן רלא סי"ט - עונש המדות והמשקלות קשה מאד, שאי אפשר למודד או לשוקל שקר לשוב בתשובה הגונה.

{**פי'** משום דא"א להשיבו לבעלים, כיון דלא יוכל לידע למי מדד וכמה פעמים מדד להן, ואף דיש לו תשובה קצת במאי דיכול לעשות בו צרכי רבים, וכמו שאמרו בגזלנים ובמלוה בריבית דאינן יודעין ממי גזלו וממי לקחו ריבית, מ"מ אין זה תשובה הגונה, משא"כ בשאר עבירות אפילו גדולות כעריות ועבודה זרה, דהן חטאים בינו ובין המקום יתברך, יש להן תשובה בחרטה ובוידוי ובסיגופים}.

והרי הוא ככופר ביציאת מצרים – {דגבי מדות הוזכר יציאת מצרים, אני ה' אשר הוצאתי אתכם מארץ מצרים וגו', לומר שהכופר במצות המדות הרי הוא ככופר ביציאת מצרים – לבוש}. {**מפני** דכל המעוות במדות, הוא מסתיר דרכו שלא יביטו בו בני אדם, ומהקב"ה אינו מתירא, בסברו שאין השגחה מהש"י על מעשה בני אדם, וכל הכופר בהשגחה כופר ביציאת מצרים, ששם נתברר גודל השגחה שנגלה עלינו הש"י בכל אותות ומופתים שעשה למצרים}. (**ושכביכול** אין ביכלתו ית' לפרנסו בכשרות – ערוה"ש).

סעיף ח – כתיב: לא יהיה לך בכיסך אבן ואבן גדולה וקטנה, לא יהיה לך בביתך איפה ואיפה גדולה וקטנה, אבן שלמה וצדק יהיה לך איפה שלמה וצדק יהיה לך וגו', ותיבת "בכיסך" וכן תיבת "בביתך" נראין לכאורה כמיותרין, ודרשו רבותינו זכרונם לברכה, "לא יהיה לך בכיסך" ממון, מה טעם משום "אבן ואבן", "לא יהיה לך בביתך" צרכיך, מה טעם משום "איפה ואיפה". **אבל** "אבן שלמה וצדק" אם יהיה בביתך, "יהיה לך" ממון, וכן "איפה שלמה וצדק" אם יהיו בביתך, "יהיו לך" צרכיך. **עוד** אמרו רבותינו זכרונם לברכה, מה יעשה אדם ויתעשר, ישא ויתן באמונה, ויבקש רחמים ממי שהעושר שלו, שנאמר: לי הכסף ולי הזהב.

סעיף ט – צריך למדוד ולשקול בעין יפה, שיהיה עודף על המדה, שנאמר: איפה שלמה וצדק יהיה לך, מה תלמוד לומר "וצדק", אמרה תורה צדק משלך ותן לו.

{**וצריך** למדוד בעין יפה שיהיה עודף על המדה, שנאמר: איפה שלימה וצדק יהיה לך, מה ת"ל וצדק, אמרה תורה צדק משלך ותן לו – הגר"ז. **ועיין** בשו"ע סימן רלא סי"ד לכל הפרטים, וכיון דהקשו"ע לא נחית לזה, לא הבאנו אותם}.

סעיף י – צריך למדוד כמנהג המדינה ולא ישנה כלל, מקום שנהגו לגדוש לא ימחוק, אפילו ברצון הלוקח שפיחת לו מדמים, ומקום שנהגו למחוק לא יגדוש, אפי' ברצון המוכר שמוסיף לו דמים, כי התורה הקפידה על עוות המדות, פן תצא תקלה ע"י זה, שיראה הרואה שמודדין כך וידמה לו שכך היא מידת העיר, וימדוד כן לאחר שאינו יודע גם כן את המנהג, ויטעהו.

סימן רל"א ס"ח - במקום שנהגו למוד בדקה, לא ימדוד בגסה, אפילו אם יתן ג' גסות בשביל ד' דקות; וכן במקום שנהגו למוד בגסה לא ימדוד בדקה.

{פי' דקה כגון לוג, וגסה כגון קב, וכשמודד בדקה היה להלוקח עודף מעט לכל לוג, ‹ואפילו במקום שמוחקים נמי›, דא"א לצמצם, משא"כ כשימדוד לו בקב, דלא יהיה לו אלא עודף אחד לששה לוגין, דרע ללוקח, ובהיפך הוא רע להמוכר, ‹כלומר עצה טובה למוכר שלא ימדוד בדקה ויפסיד את עצמו – לבוש›, כן פירש רשב"ם, **ולשון** הטור לא משמע לי כן, אלא גסה ודקה ר"ל בשניהן סאה או קב, והיינו שאחד גדול יותר שתות מהשניה דמותר להוסיף כדלקמן סעיף ט"ו, ואמר שמקום שנהגו למדוד סאה קטנה, לא ימדוד בהגדולה, או איפכא, אע"פ שרוצה לנכות לו או להוסיף לפי ערך}.

ובמקום שנהגו לגדוש, לא ימחוק, אפילו אם ירצה לתת לו שלשה מחוקות בשביל שנים גדושות – {דכן השיעור, דגודש הוא תילתא מלבר מהמדה}, **ואפילו במקום שמוכרים סאה גדושה בג' דינרים, ואמר ליה: תן לי סאה מחוקה בב' דינרים** – {כיון דהגודש הוא שיעור שליש}, **אסור; וכן במקום שנהגו למחוק, אין לגדוש** – {וטעם האיסור לכל הני, הוא משום דילפינן בגמרא מקרא, דצריכין ליזהר בכל דבר שיכולין לבוא על ידו לידי טעות ורמאות, ואם במקום שנהגו לגדוש, לא ימחק הוא, אף שלא יהיה הפסד בזה להלוקח שיתן לו ג' בעד ב', מ"מ חיישינן שהרואה יראה שמודד לו מחוק וסובר שמודדין בעיר הזאת במדה מחוקה, ויקנה ע"י מדה מחוקה כשער הגדוש, וכן איפכא יהיה טעות למוכר}. ‹והא ליכא למימר דבלא מחיל מיירי, דההוא מלא תעשה עול נפקא, שגוזל את שלו בידים – לבוש›.

סעיף יא – חייבים ראשי הקהלה להעמיד ממונים שיהיו מחזרים על החניות, וכל מי שנמצא אתו מדה חסרה או משקל חסר או מאזנים מקולקלים, רשאים להכותו ולקנסו כנראה בעיניהם.

סימן רל"א ס"ב - חייבים ב"ד להעמיד ממונים שיהיו מחזרים על החניות, וכל מי שנמצא אתו מדה חסרה או משקל חסר או מאזנים מקולקלים, רשאים להכותו ולקנסו כאשר יראה לבית דין – ‹מדכתיב "יהיה לך" יתירה, דרשו שיהיה לך אגרדמין, פירוש ממונים על המדות – לבוש›.

סעיף יב – אסור לאדם להשהות מדה חסרה בביתו או בחנותו, אע"פ שאינו מודד בה. ואם שוהה עובר בלאו, שנאמר: לא יהיה לך בכיסך אבן ואבן גדולה וקטנה, לא יהיה לך בביתך איפה ואיפה גדולה וקטנה. **ואפילו** לעשות את המדה עביט למי רגלים אסור, שמא יבא מי שאינו יודע וימדוד בה. **ואם** יש מנהג בעיר שאין מודדין אלא במדה הרשומה ברושם הידוע, וזו אינה רשומה, מותר להשהותה.

סימן רל"א ס"ג - אסור לאדם להשהות מדה חסרה (בביתו) אפילו שאינו מודד בה, ואפילו לעשות עביט של מי רגלים, שמא יבא מי שאינו יודע וימדוד בה. ואם יש מנהג בעיר שאין מודדים אלא במדה הרשומה ברושם הידוע – ‹כמו רושם המלכות›, **וזו אינה רשומה, מותר להשהותה** – ‹דאינה מדה כלל אלא כלי בעלמא, אמנם אם לפרקים מודדים גם בה, אסור להשהותה – ערוה"ש›.

{סמ"ע} [ט"ז] ‹רעק"א או ש"א או הוספת הסבר› (פת"ש)

סעיף יג - המחזר אחר דבר לקנותו או לשכרו, בין קרקע בין מטלטלים, בין מעובד כוכבים בין מישראל, וכבר השוו על הדמים, וקודם שגמרו את הקנין בא אחר וקנאו או שכרו, נקרא רשע. **אבל** אם עדיין לא השוו על הדמים, אלא שהמוכר רוצה בכך והקונה רוצה בפחות, מותר לאחר לקנותו. **ואסור** להשיג גבול רעהו בשכירות בתים וכדומה מעובד כוכבים.

סימן רלז ס"א - המחזיר אחר דבר לקנותו או לשכרו, בין קרקע בין מטלטלים, ובא אחר וקנאו, נקרא רשע - {ומכריזין עליו בבית הכנסת שעשה מעשה רשע כזה}, **וה"ה לרוצה להשכיר עצמו אצל אחר** - «ובא אחר והקדימו, שנקרא רשע - לבוש».

‹נ"ב במשנה למלך כתב, דלא מצינו דיקרא רשע במי ששכר בית ובא אחר ולקחה - רעק"א›.

‹י"א דמהפך בדבר ובא אחר ונטלו, ובא שלישי ונטלו מהשני, דלא מקרי השלישי רשע, אפי' כשעשה במזיד - ערוה"ש›.

(**כתב** בספר ארעא דרבנן וז"ל, נסתפקנו אי הוי דבר תורה, או מדברי סופרים נמי רשע מיקרי. **ומצאתי** למור"ם בחו"מ סימן ל"ד ס"ד כתב, המגביה ידו על חבירו להכותו, פסול לעדות מדרבנן, משמע דס"ל דמדברי סופרים נמי רשע מיקרי ודוק, עכ"ל. **ואיני** יודע למה לא זכר דברי הסמ"ע שם שכתב, אף על פי שהוא איסור דאורייתא מ"מ מאחר שאין בו מלקות כו', ע"ש וצ"ע. **ועיין** בתשובת מהרי"ט, מבואר דנקרא רשע מדברי קבלה, שכתב שם וז"ל, והא דאמרינן עני המהפך כו' דנקרא רשע, לא איתפרש היכא אשכחן דנקרא רשע, נהי דעבריינא מיקרי, דכל דעבר אדרבנן שרי למיקרי עבריינא, אבל רשע מנ"ל כו', **ונראה** משום הא דאמרינן סוף פרק הנשרפין, ואת אשת רעהו לא טמא, שלא ירד לאומנות חבירו, וכתיב בתריה צדקת הצדיק עליו תהיה ורשעת הרשע עליו תהיה, אלמא רשע מיקרי בחדא מהנך, **ואף** על גב דיורד לאומנות חמיר טפי משום דפסיק לחיותיה, מ"מ התם בשל הפקר מיירי, ומהפך בחררה של שכירות שוה הוא לנכנס לאומנות של הפקר כדמוכח מדברי התוספות, ותרווייהו רשע מיקרי, עכ"ל. **ועיין** בתשובת חתם סופר שהביאו, וכתב עליו ודפח"ח, והאריך שם בביאור דבריו במ"ש כדמוכח מדברי התוספות ע"ש).

(**ועיין** באר היטב מ"ש, והריטב"א הביא משם ר"ת דכל מקום שאמרו חכמים דנקרא רשע, מחייבין אותו להחזיר המקח, **והוא** ז"ל חולק עליו כו'. **ועיין** בנ"י פרק חזקת הבתים בסוגיא דגוי מכי מטא זוזי לידיה אסתליק ליה, שכתב ג"כ וז"ל, והעלו האחרונים ז"ל דבמקום שנקרא רשע מ"מ אין מחייבין אותו ב"ד להחזיר, מדאמרינן פרק האומר בקדושין דף נ"ט זבוני לא מזבנינא כו', שלא כדברי ר"ת שפי' שמחייבין, עכ"ל. **גם** בתשובת מהרי"ק כ"כ בפשיטות ע"ש, וכן פסק בתשובת מהרש"ל וכתב שם בזה"ל, ותמה אני אם יצא דבר זה מפי ר"ת ז"ל, שאלמלי נשתכחה תורה מישראל החזירה בפלפולו וישגה בזה, וגם אני לא מצאתי רמז בכל הפוסקים שום צד הו"א לחזור המקח אלא לקרותו רשע כו', והאריך בזה ע"ש, וכן הסכים בתשובת משאת בנימין ע"ש. **ועיין** בתשו' חמדת שלמה שהזכיר דברי מהרש"ל ומשאת בנימין הנ"ל, והסכים עמהם דאין בו דין חזרה כלל, רק שמכריזין שעשה מעשה רשע כדי להכלימו שלא יעשה כזאת, **וכתב** דאפשר יש ביד ב"ד לענשו עונש אחר דרך קנס כדי שלא יעשה כזאת, אבל המקח קנה לגמרי כו').

(**וכתב** עוד דבשוגג דלא ידע, פשוט דאין עליו שום דין כלל, ומה שאמר ר' יצחק לר' אבא, השתא נמי ניתבה ניהליה מר, הוא רק למדת חסידות. **וע"ש** עוד שכתב וז"ל, ולענ"ד יש מקום ספק היכא דהיה מזיד, אף אם מחזיר המקח אם מתוקן בזה המעשה רשע שעשה, וכדאיתא בב"מ דף כ"ו נטלה לפני יאוש ע"מ לגוזלה, עובר בכולן, ואף על גב דהחזירה לאחר יאוש, מתנה בעלמא הוא דיהיב ליה, **ועיין** בחו"מ סימן רנ"ט ס"א, דכל היכא דאין בו דין חזרה, אין האיסור מתוקן בהחזרה, אם לא שעושה כן דרך תשובה וחרטה, **אבל** אם אינו עושה כן רק להנצל מן ההכלמה שיכריזו עליו ברבים, אין בזה די השב, כיון שלא ניתן להשבון ומתנה בעלמא הוא דיהיב, עכ"ל ע"ש).

וי"א שאם בא לזכות בהפקר או לקבל מתנה מאחר, ובא אחר וקדמו, אינו נקרא רשע, כיון שאינו דבר המצוי לו במקום אחר - {משא"כ כשבא לקנות דבר, דיכול להשתדל לקנותו גם במקום אחר, אף שיהיה לו טירחא בזה}. ‹נ"ב המהרי"ט כתב, אף אם הא' רוצה ליתן אח"כ מעות להשני לקנות שדה במקום אחר,

{תמורת המציאה, ועדיין אינו מסכים, אע"פ דעכשיו אינו לו הפסד}, אינו נקרא רשע, כיון דנחית בהיתר - רעק"א.

(והקונה קרקע על מצר חבירו, אף על פי שאין בה משום דינא דבר מצרא, יכול בעל מצר (לקדמו) לקנותה, ולא מקרי רשע, דהוי כמציאה) - {דניחא ליה לאדם להיות שדותיו זה אצל זה, וטוב לכמה ענינים} **(ב"י בשם מרדכי)** - {המרדכי כתב דין זה בקונה שדה מגוי, דלית ביה משום דינא דבר מצרא, כמ"ש בסימן קע"ה סל"ח, **ומור"ם** ז"ל סתם הדברים וכתב והקונה קרקע כו' אף על פי שאין בו משום דינא דבר מצרא כו', וטעמו, מפני שיש עוד כמה ענינים דלית ביה משום דינא דבר מצרא, כמ"ש הטור והמחבר שם בסימן קע"ה, וגם קנה מגוי בכללו. **וכתבתי** זה לאפוקי ממה שראיתי שמגיהין בדברי מור"ם תיבת "מגוי", וטעות הוא בידם}.

‹**בתשובת** הראנ"ח הביא תשובת מהר"ם, שכתב על ראובן שהיה מחזיר לקנות קרקע מגוי אצל שמעון, וקדם שמעון וקנה, שאין לשמעון דין רשע, משום דמיהר להבריח הארי מעליו, ושמא בין כך ובין כך היה מוכרה לגוי אחר, **אולם** אם היה ראובן עומד לקנותה, מקרי שמעון רשע, כיון דגם ראובן היה מסלק הארי ממנו, עיין שם - רעק"א. ‹**לכאורה** ר"ל אפי' אליבא דסברא שניה דלקמן דאין היתר במציאה, אפ"ה לא מיקרי רשע אא"כ היה ראובן עומד לקנותה›.

(וכן אם קונה דבר אחד, ובא חבירו ויוכל לקנותו בזול שאינו מוצא לקנותו כך במקום אחר, הוי כמו מציאה, ויכול לקנותו כל זמן שלא זכה בו הקונה) - אבל הרמב"ן כתב, ואפי' לקח בפחות מכדי דמיו, הואיל ומכר הוא, אין לחלק, ‹דלא פלוג רבנן במכר ואסור לקנות - ערוה"ש›.

ויש אומרים דלא שנא - {ס"ל דאף במתנה והפקר נקרא רשע, דכיון דזה כבר בא ליקחנו ולקבלו, ה"ז השני כנוטל במה שכבר זכה בו הראשון. **ועיין** פרישה, שם כתבתי טעם שתי הדעות, דמר מדמה זה לפאה שהיא הפקר ובא אחד ונפל עליה, דתנן דהרשות להשני לבוא ולדחותו ממנו כל זמן שלא נטלו בידו, **ומר** מחלק דשאני פאה דכל עניים מהדרים אחריה לזכות בה, משא"כ דבר הפקר ומתנה דבא לפרקים, ואין יודעים שימצא שיהדרו אחריה}.

הגה: וסברא הראשונה נראה עיקר. ואפילו לסברא זו דוקא בעני, אבל בעשיר לא - {פי', לסברא זו האחרונה דס"ל דאפילו במציאה והפקר וכיוצא בזה נקרא רשע, מודים דאם זה הבא לזכות או לקנות תחילה הוי עשיר, ובא אחר ליטול מלפניו, הן דבר הפקר או שאר דברים הנקנים במתנה, אינו נקרא רשע בכך, כיון דעדיין לא זכה בה לגמרי, ויכול להשתדל ענין כזה ממקום אחר, אלא שצריך להוציא עליה דמים, אין בכך כלום כיון דעשיר הוא}, **אם לא (בדבר) שאינו מצוי** - {שהוא דבר שאין העשיר יכול להשתדל אפילו בדמים}, **דאז אפילו בעשיר מקרי רשע** - {דבזה העשיר שוה לעני}. **ועיין לעיל סימן קנ"ו סעיף ה'.**

וכל זה לא מיירי אלא כשכבר פסקו הדמים שביניהם, ואין מחוסרין אלא הקנין; אבל אם מחוסרין עדיין הפסיקה, שהמוכר רוצה בכך והקונה רוצה יותר בזול, מותר לאחר לקנותו, בין אם המוכר עובד כוכבים או ישראל - {פי', לא מבעיא אם המוכר ישראל, שתקנת המוכר ישראל היא בכך, דאל"כ יפסיד המוכר, דמיד שיבוא ישראל אחד לקנותו ויפסוק עליו פחות משויו, יצטרך המוכר ליתן לו, דאין אחר רשאי לקנותו, אלא אפילו המוכר גוי, כ"כ המרדכי והביאו ד"מ, ע"ש}. ‹**דלעולם** חשו רבנן יותר לפסידא דמוכר, וע"כ לאו בכה"ג מיירי, וא"כ ה"ה במוכר עכו"ם - גר"א›.

(**עיין** בפרישה שכתב וז"ל, ועתה נוהגין לפסוק על כיוצא בזה שהיא הסגת גבול, **ולכאורה** נראה לחלק, דכשבא אחד לקנות דבר מהשני ומחולקים בפיסוק הדמים, זה אומר קחהו בששה, וזה אומר תנהו דרך משל בארבעה, ומתעסקים בפיסוקו זה להוסיף וזה לגרוע, ולולא שבא השלישי היו משוים נפשם, זה מיקרי ג"כ הסגת גבול, **והא** דאמרו שאינו נקרא הסגת גבול עד שיהיו מושוים בפיסוק, היינו כשהלוקח הלך מהמוכר ואמר לא אתן יותר מזה, עכ"ל. **ואיני** יודע למה לא הזכיר מזה בסמ"ע).

‹**וזהו** בעניני מסחר אקראי, אבל בשוק שהרבה קונים והרבה מוכרים נמצאים תמיד, כשאחד עומד על המקח אסור לאחר לילך על מקח זה כל זמן שהראשון עומד עליו, אף כשלא פסק המקח עדיין, וכן המנהג בהרבה מקומות, שכשאחד עומד בשוק לקנות דבר, לא יסיגנו אחר, ומנהג יפה הוא

{סמ"ע} [ט"ז] ‹רעק"א או ש"א או הוספת הסבר› (פת"ש)

מדינא, וראוים לברכה, ובפרישה כתב שבימיו פסקו בזה שהוא הסגת גבול - ערוה"ש.

ויש מי שכתב שהוא חרם ר"ג שלא להסיג גבול בשכירות בתים מן עכו"ם, והוא הדין במקום שנהגו לשכור ההלואה מן העובד כוכבים - ‹ושכרה א', לא ישיג לו אחר גבולו - לבוש› **(מהר"ם פאדו"ה).**

‹**נ"ב** בכל בו בתקנת ר"ג כתב וז"ל, גם מהתקנת שלא לשכור בית מגוי שדר בו חבירו בלא רשותו, עד מלאת לו שנה אחר יציאתו. **אמר** הדר לגוי שכרהו לי בפחות ממה ששכרה מכבר, ולא הוזלו הבתים בשכירתם, ולא אמר אמתלא למה רוצה לפחות בשכירות, ובא אחר ושכרה בשומא שנה שעברה או ביותר, אין בזה תקנת החרם, עכ"ל - רעק"א. ‹**נ"ב** ומשכנתא מעכו"ם יש לו דין שכירות, ומכלל התקנה - רעק"א.

‹**עיין** בתשובת חתם סופר שכתב, דמלשון רמ"א משמע לכאורה דלא ברירא כולי האי שיש חרם רגמ"ה שלא לשכור דירתו של חבירו מהאינו יהודי, דכתב בלשון יש מי שכתב, **אולם** ראיתי בתקנת רגמ"ה שבסוף תשובת מהר"ם בר ברוך דפוס פראג, כתב תקנה שלא לשכור בית גוי שדר בו ישראל עד מלאות לו שנה אחר שיצא ישראל מהבית, וא"כ מ"ש רמ"א יש מי שכתב, צ"ע, כי אין ספק וחולק על זה. **אך** נ"ל דקאי אמה שהוסיף, וה"ה במקום שנהגו לשכור ההלואה, שזה כתבו מהר"ם פדוואה מסברא דנפשיה, דמה לי הלואה וחנות ומה לי דירה, ובאמת יש לחלק כו'›.

‹**וע"ש** עוד אודות חד גברא ששכר כפרים מהשר, ובתוכם כפר אחד שדר והוחזק בו יהודי אחר, ודחאו מביתו וחזקתו, ועמדו לפני בד"צ ויצא פסק דין שיחוש לנפשו מלהלכד במצודה, וע"כ עליו החיוב שיחזור להשכיר זה הכפר ליהודי זה באותן דמים שהחזיק מהשר, וגם שיהיה לו כל יפוי כח כמקדם, **והנה** זה לא שמע לקול מלחשים, ולא רצה להשכיר אלא בסך עצום יותר, ובתנאי שלא ימכור יי"ש להדרים תחת כפרים ששכר הוא שלא להפסידו, **ואחר** שראה זה היהודי צרתו, וא"א לו לזוז ממקום חיותו, התרצה גם לזה, אך בתחילה מסר מודעא, ושוב עשה עמו קאנטראקט כרצון של זה הגבר אלם בביטול כל המודעות, **ועתה** בהגיע זמן לפרוע שכירות של חצי שנה, גילה לו שמסר מודעא ונתעצמו בדין כו'. **והשיב** כי יפה דקדקו הבד"צ בלשונם בפסק דין שלהם שיחוש לנפשו מלהלכד במצודה כו', משמע שלא פסקו אלא דיני איסור והיתר, שיחוש לנפשו מחומרת חרם רבינו גרשום ועשה זאת והנצל, **אבל** לא פסקו שלא הועיל קנינו מהשר שיהיה כנכסי מדבר, וממילא ישאר לישראל ראשון, כי פשוט שרבינו גרשום לא הפקיר נכסיה ולא ביטל קנין, אלא החרים שלא לעשות כו'. **והאריך** לבאר דלא שייך בזה לבטל קנינו מהשר מטעם אי עביד לא מהני. **ומסיק** וכתב, דאפילו לא היה משכיר כלום והיה מחזיק לעצמו, אין יכול להוציא מידו, כי שכירותו מהשר שכירות מעליא היא, רק דעביד איסורא וחרם כרוך על עקבו, **ומכ"ש** השתא שהשכירו לישראל קמא שלא להוציאו מביתו, רק שלא בא לתקן עותתו והשכירו ביותר, לא שייך לומר אמר רחמנא לא תעביד, דלא אמר רחמנא לא תקח יותר, אלא לא תשכור, ועבר אתמול ושכר, והיום אינו עובר כלום אלא שאינו מנתק לאו דידיה, **ואילו** היה לנו רשות היו מכין אותו עד שתצא נפשו לאמר קיים מצוה שעליך, ומשום כן לא יזדקק שום ב"ד להוציא מיד השוכר יתר על שכירתו, כדי שלא לסייע ידי עוברי עבירה, **אבל** העבריין יטעון אם לא יתן לי המותר אינני מניחו כלל בבית, כי הבית שלי הוא ואדעתא דמותר השכרתיו, אף על פי שהוא באיסור, ואי לא לא, ואין כאן ענין למסירת מודעא כו', רק ה' יתן בלבו לשוב וירחמהו ויתהפך חרם לרח"ם, עכ"ד ע"ש›.

סעיף יד - הנותן מעות לחברו לקנות לו קרקע או מטלטלין, והלך השליח וקנה את החפץ במעותיו בשביל עצמו, הרי זה רמאי. **ואם** קנאו ממעות של המשלח, מחויב ליתנו לו, אף על פי שקנאו לעצמו.

סימן קפג ס"א - הנותן מעות לשלוחו לקנות לו סחורה ידועה, ולא לקחה, אין לו עליו אלא תרעומת - {האי סחורה ידועה, לאו דוקא שא"ל קנה לי בגד פלוני מאיש פלוני בפרטות, אלא שא"ל קנה לי בגד, ואפילו בכה"ג יש עליו תרעומות, ונקרא רמאי בשקנאו לעצמו, **מיהו** גם כשא"ל בהדיא קנה בגד פלוני מאיש פלוני, אין לו עליו אלא תרעומות}. [**נראה** לי דלענין שיקרא רמאי להלן סעיף ב', אינו אלא בייחד לו שם סחורה הידוע,

וכדאיתא ריש פ"ג דקדושין, דרבה בר בר חנה שאמר לרב זיל זבנה לי להאי ארעא כו', וכן כתב הר"ן, וז"ל, אבל בקרקע מיוחד כיון שנהג בו מנהג רמאות כו', ‹והוא לשון הרמ"א לקמן›, וכן מוכח כל הסוגיא דהתם גבי אשה, שייחד לו אשה פלונית, **אלא** לענין תרעומות מ"מ מצי א"ל הפסדתני שהייתי נותן לאחר לקנות. **ונקט** רבינו הטור סחורה ידועה בשביל הסיפא, סעיף ב', דהוא רמאי, והמחבר נמשך אחר לשון רבינו}.

‹**וכל זה** כשהיה שליח בחנם, או שקבל השליחות לזמן, דהוי כפועל ויכול לחזור בו, **אבל** בשליחות בשכר ובקבלנות ששלחו לקנות סחורה ביריד או ביום השוק, דלאחר מכאן נתייקרה הסחורה ועבר ולא קנה, חייב להשלים לו מניעת הריוח כפי שהרויחו שארי סוחרים, נה"מ, **ודוקא** כשנתן לו מעות – ערוה"ש›.

ואם ידוע שלקח (במעות המשלח), מוציא ממנו בעל כרחו.

סימן קפג ס"ב - הנותן מעות לחבירו לקנות לו קרקע או מטלטלים, והניח מעות חבירו אצלו והלך וקנה לעצמו במעותיו - {פי', במעות של עצמו דהיינו של השליח}, **מה שעשה עשוי והרי הוא מכלל הרמאים.**

ואם היה יודע שזה המוכר אוהב אותו ומכבדו ומוכר לו ואינו מוכר למשלחו, הרי זה מותר לקנות לעצמו, והוא שיודיענו - ‹והוא יעשה מה שאפשר לו לעשות – לבוש›.

{**לשון** "היה יודע", ולא כתב ואם נודע לו, משמע שיודע זה משעה ראשונה שא"ל לקנותו לו, ומשו"ה אמר שמחויב להודיעו מיד, כדי שלא יסמוך עליו זה, **ואפילו** בכה"ג אם מפחד שמא יאמר לו אל תקנה עד שאשלח ואשתדל שימכרו לי, וביני ביני יקדמנו אחר, מותר לקנותו בלי הודעתו מיד, ‹היינו הדין שכתוב בשו"ע להלן›, **רק** שיודיעו אח"כ מילתא בטעמא. **אבל** לשון הטור אינו משמע כן, מדכתב ואם המוכר אינו מתרצה, ולדינא נראה דמודים זה לזה}.

[מ"ש הסמ"ע דקאי משעה שאמר לו לקנות, תמוה, דשם בגמרא איתא דרבין אזיל לקדושי אשה לבריה, וכן במעשה דרבה בר בר חנה, כולם מבוארים דלכתחילה לא היו יודעים עד שבאו לשם, אלא אשעת המקח קאי].

ואינו מוכר למשלחו כו' - הוא ל' הרמב"ם, וכ"כ הטור, אבל אם המוכר אינו מתרצה למכרה למשלח כו', וכן משמע מפירש"י, ‹**ונראה** מדברי רש"י, דדוקא היכא שלא יוכל לקנות למשלח, הוא דלא הוי רמאי, אבל אם היה יכול לקנות למשלח, אע"פ שהשכנים לא היו נוהגים בו כבוד אח"כ והיה מצטער, מ"מ רמאי הוי›, **אבל** רבינו ירוחם כתב, ודוקא שראוי לשליח יותר ממשלח, כגון שהיתה בקעת אלמים ומתייראים משליח ולא ממשלח, ‹ומשמע מדבריו שמפרש באגא דאלמי, ואם יקנה אותה רבה בר בר חנה לא נהיגי ביה כבוד ויצערוהו – ב"י, **ונ"ל** דגם דינו אמת.

ואם מפחד שמא יבא אחר ויקדמנו לקנות, הרי זה קונה לעצמו ואחר כך מודיעו - {כדי להוציא נפשו מהחשד, וגם כדי שלא יסמוך ע"ז}.

הגה: קנאה סתם במעותיו, יכול לומר אחר כך: לעצמי קניתי; ודוקא בקרקע סתם, אבל בקרקע מיוחד - ‹שיחדה המשלח ואמר לך קנה קרקע זו›, **הואיל והוא מנהג רמאות** - ‹אם יקנה לעצמו וקנה סתם, אפילו במעות עצמו›, **ודאי מעיקרא קנאה למשלח, ולא יוכל לחזור בו** - ‹לומר לעצמי קניתי, אפילו אם יאמר שישבע על כך שדעתו כן היתה, אין צריכין להאמין לו, דאוקמינן אחזקה דשארית ישראל לא יעשו עולה, ודאי למשלחו קנאה, והרי כבר זכה לו בו ולא יוכל לחזור בו – לבוש. ‹**אפילו** יש לו מיגו, נה"מ, אא"כ אמר בפני עדים לעצמי אני קונה – ערוה"ש›.

קנאה בא' מדרכי הקנאה בלא מעות, זכה המשלח, ואפי' מכרס השליח, אינו כלום - ‹אא"כ לא רצה המוכר למכור אותה להמשלח, רק להשליח, או שהשליח עקר לשליחותו בפני עדים קודם הקנייה – ערוה"ש›.

‹**ועיין** ש"ך שכתב בשם רבינו ירוחם, דאם קנה ראובן במעותיו קרקע, ומתכוין לקנות לשמעון ולא הודיע להמוכר, אף שנתכוין שיהיה זה במתנה לשמעון, לא קנה שמעון אם לא שהודיע למוכר, **ודוקא** כשאמר לו שמעון זיל זבין לי, אז קנה שמעון, משום דכמאן דאוזפינהו דמי – נה"מ›.

סימן קפג ס"ג - שליח שקנה לעצמו במעות המשלח, אע"פ שזקפן עליו במלוה, המקח של משלח - {פי', שחושב בנפשו, מעות הללו שנתן לי המשלח אקנה לי בהן לעצמי, ויהיו בידי מעותיו

בתורת הלואה, ואשלם לו היום או מחר}, **ויש** עדים, ולשון הרב מגומגם.

הגה: מיהו אם אמר השליח לפני עדים שחוזר בשליחותו י"א דקנה לעצמו - {דאין לך שליחות **יד גדול מזה**}. ‹נ"ב במשנה למלך כתב, עיין בספר פני משה, דנראה מדבריו דאם ידע המוכר שהוא שליח, דקנה המשלח לכו"ע, ואף שאמר השליח בפני עדים שרוצה השליח לקנות לעצמו - רעק"א›.

וי"א דבכל ענין הוא של המשלה - {החולקים ס"ל דגם בשולח יד לא קנה לנפשו כי אם כששינה, **דא"ל המשלח לקנות לו חיטין, והוא קנה לנפשו שעורים, דאז קנאו בהשינוי**. ‹וכשלא אמר לעצמי אני קונה, אף על פי ששינה, אם רצה המשלח מעכב לעצמו, דכל עוות בשליחות, אם הפסיד הפסיד לעצמו, ואם הרויח שייך למשלח - ערוה"ש›.

[**נראה** דהכי קיי"ל, **ונראה טעמם, דמסתמא אומרים דודאי לא חזר בו, וניחא ליה דליקו בהימנותיה**]. ‹**וכן** העלה לדינא בתשובת משכנות יעקב. **אולם** מ"ש הט"ז וטעמם, נראה דמסתמא אמרינן דודאי לא חזר בו כו', **כתב** הוא ז"ל שדבריו צ"ע, דאין זה טעם הרמב"ם ז"ל ודעימיה, ואף שאומר בפירוש בפני עדים שזוקף עליו במלוה, אפ"ה הוי של המשלח, שאין יכולת בידו לקנות לעצמו במעות של המשלח›.

‹**עיין** בתשו' נודע ביהודה שכתב על נידון דידיה וז"ל, מ"ש הדיין מהר"מ לחייב להקצין ר' וואלף, מצד שאם ידוע שקנה במעות המשלח מוציא ממנו בעל כרחו כו', **אין** ממש בדברים אלו, חדא דזהו כשידוע בעדים, אבל אם אין כאן ידיעה שקנה במעות המשלח רק הודאת פיו, והוא עצמו הפה שאמר ששלח בהם יד וקנה בהם לעצמו, פשוט הדבר שלדעת הסוברים בסימן קפ"ג סעיף ג' בהגה, שאם אמר כן בפני עדים מהני, גם כאן נאמן, שהפה שאסר הוא הפה שהתיר, **ועוד**, מאי מעות המשלח שייך כאן, ואף שמבואר שם סעיף ב' בהג"ה שאם קנה בלא מעות כלל רק בשאר דרכי הקנייה ג"כ זכה המשלח, היינו בקרקע המיוחד שמיירי שם, אבל בקרקע סתם לא, ואדלעיל מיניה קאי דמיירי בקרקע המיוחד, וזה פשוט, עכ"ל. **ומדבריו** מבואר דלא ס"ל כהט"ז, שהכריע לחלוטין כדעה השניה דבכל ענין הוא של המשלח, רק ס"ל דהוא ספיקא דדינא, ולכן מספק אי אפשר לחייב את הקצין הנ"ל שהוא מוחזק›.

סעיף טו - מי שנתן אפילו רק מקצת דמים על המקח, או שרשם על המקח סימן בפני המוכר, או שאמר לו המוכר: רשום מקחך, אע"פ שהוא בענין שלא קנה בזה, מ"מ כל החוזר בו, בין הלוקח בין המוכר, לא עשה מעשה ישראל, וחייב לקבל "מי שפרע", דהיינו שאוררין בבית דין ואומרים: מי שפרע מאנשי דור המבול, ומאנשי דור הפלגה, ומאנשי סדום ועמורה, וממצרים שטבעו בים, הוא יפרע ממי שאינו עומד בדיבורו.

סימן רא ס"א - מכר לו בדברים בלבד, ופסקו הדמים - {דבלא פיסוק דמים לא סמכה דעת שניהן, כי שמא לא ישוו יחד בדמי שוויו, ואפילו משיכה לא מהניא ביה}, **ורשם הלוקח רושם על המקח כדי שיהיה לו סימן ידוע שהוא שלו, אף על פי שלא נתן לו מהדמים כלום, כל החוזר בו אחר שרשם מקבל מי שפרע.**

{**דין** מי שפרע נתבאר בטור ובדברי המחבר בסימן ר"ד, ולעיל בסימן קצ"ט, במי שנתן דמי הקנין ולא עשה עדיין משיכה או הגבהה או שאר דברים שקונים על ידם מטלטלין קנין גמור, וה"נ האי רושם התחלת הקנין הוא ולא נגמר עדיין קנינו לגמרי, משו"ה אין עליו אלא קללת מי שפרע}.

ואם מנהג המדינה הוא שיקנה הרושם - {או שאר עניני קנין}, **קנין גמור, נקנה המקח ואין אחד מהם יכול לחזור בו, וחייב זה ליתן הדמים** - {דאז הולכין אחר המנהג, דמנהג עוקר הלכה בדברים שבממון}. **והוא שרשם בפני המוכר, או שאמר ליה המוכר: רשום מקחך** - {נראה, דאפילו אמר לו סתם זיל קני, והלך ורשמו אפילו שלא בפניו, אם דרך אותו מקום לקנות ברשימה, קנה בזה, ולא אמרינן שדעת המוכר הוה שיקנה דוקא בקנין גמור}.

‹**ולכאורה** מוכח מהקשו"ע, דהבין דלא רק לקנין גמור צריך להיות "בפני המוכר או שאמר לו המוכר רשום מקחך", אלא גם למי שפרע צריך לזה, ובכמה נוסחאות של הקשו"ע מלים אלה נמצאות בסוגריים›.

בב"ח פסק דדוקא בקנין מטלטלין איכא קנין סיטומתא ותקיעת כף, אבל לא בקרקעות, ודקדק כן מל' הטור ע"ש, וצ"ע לדינא, גם לפי מ"ש הסמ"ע ס"ק ו' לכאורה נראה דלא כהב"ח, ודוק, וז"ל מהרש"ל, ומסתמא ה"ה לענין שכירות הבית וקנין הבית, באתרא דנהגו לקנות במפתח קנה, דאזלינן בתר מנהגא, עכ"ל, וע"ש, ונראה דהיכא דנהגו גם בקרקעות להדיא, אפשר דגם הב"ח מודה בזה, והב"ח גילה לנו מנהגנו עכשיו, ועיין בתשו' רמ"א נראה כמ"ש ודוק.

‹עיין בנתיבות המשפט שכתב, דסיטומתא הוא רק קנין דרבנן, דהא קנין דרבנן ודאי דלא גרע ממנהג שנהגו הסוחרים, ואפ"ה לא חשבינן אותו רק לקנין דרבנן לענין קדושין כמבואר בפוסקים, ע"ש. אולם בתשובת חתם סופר אין דעתו כן, וכתב דנ"ל דזהו קנין דאורייתא ממש, ועדיף מקנינים שתיקנו רבנן שלא ברצון הסוחרים, ורק מטעם הפקר ב"ד נגעו ביה, שיש פוסקים דס"ל דהמקדש אשה בקנין כזה אינו אלא קידושי רבנן, עיין בית שמואל אה"ע סי' כ"ח, אבל סיטומתא ומנהג שנהגו כן מעצמם ורצונם, הוא קנין דאורייתא לפע"ד לענין חמץ ובכור וקדושי אשה, ובתשובה שו"ת הרשב"א מיוחסת לרמב"ן כתב להדיא דקנין ממנהג הוא דאורייתא ופוטר מבכורה, עכ"ד. ובתשו' אחרת הביא דברי הגאון נה"מ הנזכר, דפשיטא ליה דסיטומתא לא הוי אלא קנין דרבנן, דלא עדיף מקנינים דרבנן, והוא ז"ל כתב עליו, ולפע"ד לא דמי להדדי, ועכ"פ בנידון שלפנינו בדבר השאלה שם בעסק בכור, לו ישקל סברת הגאון הנ"ל עם סברתי, הוה ספק ספיקא, ספק אולי סיטומתא קונה מן התורה, ואת"ל מדרבנן, אולי קנין דרבנן מהני לדאורייתא. ועוד, כיון דמשמע מלשון השאלה דהאנד שלאק קונה מדינא דמלכותא באתרא דהשואל, ודינא דמלכותא בזה הוא מן התורה בלי ספק כו', ע"ש. ועיין מה שכתבתי בפת"ש ליו"ד סימן ש"כ סק"ד›.

סימן רד ס"ד - כיצד מקבל מי שפרע, אוררין אותו בב"ד - {"אותו" לאו דוקא הוא, דהא מסיק, ואומרים "ממי" שאינו עומד בדיבורו, ולא בא כאן אלא לומר שאוררין על זה, ולאפוקי ממ"ד שאודועי מודעינן מילט לא לייטינן}, **ואומרים: מי שפרע מאנשי דור המבול ומאנשי דור הפלגה ומאנשי סדום ועמורה וממצרים שטבעו בים, הוא יפרע ממי שאינו עומד בדבורו** - {ס"ל להרמב"ם שאין מקללין לנוכח, אלא מטילין הקללה בפני זה החוזר בסתם על כל מי שאינו עומד בדיבורו, והוא שמע וידע שגם עליו קאי}. **וכן** פסק הב"ח ודלא כהרא"ש.

{**נקט** הני, משום דבהני נתפרסם השגחת השי"ת על מעשים הרעים דבני אדם, ופרע להן בפומבי לפי מעשיהן, ומשו"ה נמי אמרו וממצרים שטבעו בים, מפני שטביעה בים סוף היה גדול שבניסים ובדרך ההשגחיי, שבדבר שזדו להשליך בני ישראל לים בא עליהן}. ‹**ועוד** דפיו דיבר שוא, כמו אלו אשר פיהם וגו', מהרש"א, **ועוד** דשכר מצוה ועונש עבירה בהאי עלמא ליכא, והרבה מבני אדם שאין חוששין לעונשי עוה"ב, וכל מעיינם רק בהבלי העוה"ז, לכך אומרים לו מי שפרע מאלו בעוה"ז, כן יפרע ממך בעוה"ז, ומזה אולי יתחרט ויקיים דברו - ערוה"ש›.

(וי"א שאומרים לו: הוא יפרע ממך אם אינך עומד בדיבורך) (טור בשם הרא"ש) - {דאומרים לו הוא יפרע "ממך" לנוכח}.

(וי"א שאומרים לו ברבים) - ‹אולי יחזור מן החזרה ויקיים מאמרו - לבוש›. ‹**ואין** המנהג כן, וגם אין מקללין לנוכח, אלא בבית הב"ד מקללין אותו בין שיש שם רבים או לא - ערוה"ש›.

סעיף טז - וראוי לו לאדם לעמוד בדיבורו, שאפילו לא נתן עדיין מעות, ולא רשם את הדבר ולא נגמר הקנין, אם השוו על המחיר, אין לשום אחד מהם לחזור. **ומי** שחוזר, בין הלוקח ובין המוכר, הרי זה ממחוסרי אמנה, ואין רוח חכמים נוחה הימנו, כי ראוי לאיש ישראל לעמוד בדיבורו, כמו שנאמר: שארית ישראל לא יעשו עולה ולא ידברו כזב. **וירא** שמים יש לו לקיים אפילו מחשבת לבו, שאם חשב וגמר בלבו למכור לו בסכום זה, והלה לא ידע ממחשבתו, והוסיף לו על סכום זה, לא יקח ממנו כי אם סכום זה שגמר בלבו, לקיים מה שנאמר: ודובר אמת בלבבו. **וכן** הלוקח שגמר בלבו לקנות בסכום כך וכך, אין לו לחזור בו. **וכן** כל כיוצא בזה

בשאר דברים שבין אדם לחברו, יש לו לקיים מחשבות לבו, אם גמר בלבו לעשות איזה טובה ויש בידו לעשותה. **אבל** צרכי עצמו כל שאין בהם סרך מצוה, א"צ לקיים אפילו מוצא שפתיו.

סימן רד ס"ז - הנושא ונותן בדברים בלבד, הרי זה ראוי לו לעמוד בדבורו, אע"פ שלא לקח מהדמים כלום, ולא רשם ולא הניח משכון - {דרשו רבותינו ז"ל אמה שכתוב הין צדק, שיהא הן שלך צדק}. ‹**כמו** שכתוב שארית ישראל לא יעשו עולה ולא ידברו כזב וגו' - גר"ז›.

{**ואפילו** נתיקר השער ס"ל להרמב"ם והמחבר דלא יחזור בו, משום הכי כתבו סתמא, ‹**דכיון** דבאיש אמונים הוי דברים גמר ענין, מה לו לשינוי מקח, ורבינו הרמ"א בסי"א הכריע כדעה זו - ערוה"ש. ועיין בסמוך›.

וכל החוזר בו, בין לוקח בין מוכר, אף על פי שאינו חייב לקבל מי שפרע, ה"ז ממחוסרי אמנה, ואין רוח חכמים נוחה הימנו - {פי', אין נחת רוח לחכמי ישראל במעשיו של זה, ואין דעתם נוחה "הימנו", פירוש בשבילו}.

סימן רד סי"א - ראובן שהיה חייב לשמעון מנה, ואמר שמעון לראובן: מטלטל זה אמכור לך במנה, ונתן לו ראובן המנה, יכול שמעון לומר: מנה זה אני גובה בחובי והחפץ לא אתן לך, ואינו במי שפרע - ‹דכדי להוציא מעותי עשיתי והשטיתי בך - לבוש›. **אבל אם אמר ליה ראובן: הא לך עוד מנה ותן לי החפץ, צריך ליתן או יקבל מי שפרע.**

הגה: אע"פ שבדברים בלא מעות יכול לחזור בו וא"צ לקבל עליו מי שפרע, מ"מ ראוי לאדם לעמוד בדיבורו אף על פי שלא עשה שום קנין, רק דברים בעלמא, וכל החוזר בו, בין לוקח בין מוכר אין רוח חכמים נוחה הימנו - {ומור"ם חזר וכתב דין זה, ונמשך אחר לשון הטור, ולא שם לבו שכבר כתבו המחבר בס"ז, והמחבר אזל בשיטת סדר דברי הרמב"ם}.

והני מילי בחד תרעא, אבל בתרי תרעי אין זה ממחוסרי אמנה - {ס"ל להרא"ש והטור, דאם חוזר בו המוכר משום יוקרא, והלוקח משום זולא, לית לן בה}, ‹**ולא** דמי למעות דצריך החוזר לקבל מי שפרע אף בהוזל או הוקר, זהו מפני שמעות הויין מדאורייתא קנין גמור, אבל דברים בעלמא אין צריך לקיים במקום שיש לו הפסד משינוי המקח, ואין זה מחוסר אמנה, דהא לא הבטיח לו בעת שהיה מקח כזה - ערוה"ש›.

וכל האומר לתת לחבירו מתנה מועטת ולא נתנה לו, הרי זה ממחוסרי אמנה. וע"ל סי' רמ"ט.

וי"א דאפילו בתרי תרעי אסור לחזור, ואם חזר בו יש בו משום מחוסר אמנה; וכן נראה עיקר - ובב"ח נסתפק בזה לדינא מאחר דבירושלמי מפורש כהרז"ה והרא"ש. ‹**ונראה** דמדינא ודאי אין בזה משום מחוסרי אמנה, רק ממידת חסידות - ערוה"ש›.

‹**וירא** שמים יש לו לקיים אפילו מחשבות לבו, שאם חשב וגמר בלבו למכור לו בסכום זה, והלה לא ידע ממחשבתו והוסיף לו על סכום זה, לא יקח ממנו כי אם סכום זה שגמר בלבו, לקיים מה שכתוב ודובר אמת בלבבו. **וכן** הלוקח שגמר בלבו לקנות בסכום כך וכך, אין לו לחזור בו. **וכן** כל כיוצא בזה בשאר דברים שבין אדם לחבירו, יש לו לקיים מחשבות לבו, אם גמר בלבו לעשות איזו טובה לחבירו ויש בידו לעשותה, **אבל** צרכי עצמו כל שאין בהם סרך מצוה, אינו צריך לקיים אפילו מוצא שפתיו - הגר"ז›.

סעיף יז – וכן מי שאומר לחברו ליתן לו איזה מתנה קטנה, שזה סמך דעתו שבודאי יתן לו, אם חזר ולא נתן לו, הרי זה ממחוסרי אמנה, **אבל** מתנה מרובה אין בה חסרון אמנה, שהרי זה לא סמך דעתו על זה. **ומ"מ** בשעה שהוא אומר ליתן לו, צריך להיות בדעה גמורה, ולא יהא בדעתו לשנות, כי לדבר א' בפה וא' בלב אסור מן התורה, שנאמר איפת צדק והין צדק יהיה לכם, מה ת"ל "הין צדק" והלא הין בכלל איפה היא, אלא שיהא "הן" שלך "ולאו" שלך

צדק. **וכל** זאת לעשיר, אבל האומר ליתן לעני, בין מתנה מועטת בין מתנה מרובה, אינו יכול לחזור בו מן הדין, מפני שנעשה כמו נדר, ואפילו גמר בלבו ליתן, צריך לקיים מחשבתו.

סימן רד ס"ח - וכן מי שאומר לחבירו ליתן לו מתנה, ולא נתן, הרי זה ממחוסרי אמנה. במה דברים אמורים, במתנה מועטת, שהרי סמכה דעתו של מקבל כשהבטיחו - ‹נ"ב ומ"מ אם מת, נראה דאין מוטל איורשים ליתן לו המתנה – רעק"א›.

אבל במתנה מרובה אין בה חסרון אמנה, שהרי לא האמין זה שיתן לו דברים אלו עד שיקנה אותו בדברים שהם נקנים בהם.

‹**ומ"מ** בשעה שאומר לו ליתן לו, צריך לומר בדעת גמורה, ולא יהא בדעתו לשנות, כי לדבר אחד בפה ואחד בלב אסור מן התורה, שנאמר איפת צדק והין צדק יהיה, מה תלמוד לומר הין צדק, והלא הין בכלל איפה, אלא שיהא הן שלך צדק ולאו שלך צדק – הגר"ז›.

‹**ואם** המקבל הוא עני והבטיח לו בתורת צדקה, אפילו במתנה מרובה אינו יכול לחזור בו, כמו שיתבאר כעין זה בסימן רמ"ג, ועי' יו"ד סימן רנ"ה, באה"ג – ערוה"ש›.

‹**וכן** אם רבים אמרו ליחיד ליתן לו מתנה, יש מי שאומר דנקראים מחוסרי אמנה כשחוזרים בהם, אפילו אם היא מתנה מרובה, ואפילו אינו עני, דברבים מקרי מחוסרי אמנה אף בדבר גדול, מפני שהמקבל סמך על דבריהם שבודאי יקיימו, ועוד דעל כל יחיד לא יגיע מתנה מרובה, סמ"ע. **ויש** מי שמשמע מדבריו שאין יכולים לחזור בהם כלל, דברבים הוי דברים כקנין גמור, הגר"א, וצ"ע לדינא – ערוה"ש›.

סעיף יח – הרוצה למכור קרקע או בית, ובאו שנים, כל אחד אומר: אני אקח בדמים אלו, ואין אחד מהם בעל המצר, אם היה אחד מהם מיושבי עירו והשני מעיר אחרת, בן עירו קודם. **היו** שניהם מיושבי עירו ואחד מהם שכנו, שכנו קודם. **ואם** השני הוא חברו הרגיל עמו ושכנו אינו רגיל עמו כלל, חברו קודם. **היה** אחד מהם חברו ואחד מהם קרובו, חברו קודם, שנאמר טוב שכן קרוב מאח רחוק. **אבל** לשאר כל אדם קרובו קודם, חוץ מתלמיד חכם שקודם ואפילו לשכנו וחברו הרגיל אצלו. **אבל** אם היה אחד מהם בעל המצר, הוא קודם לכולם, ואפילו לאחר שמכרו לאחר, יכול בעל המצר ליתן את הדמים להלוקח ולסלק אותו, ואפילו הלוקח הוא תלמיד חכם ושכן וקרוב למוכר, והמצרן הוא עם הארץ ורחוק מן המוכר, המצרן קודם ומסלק את הלוקח. **וכל** קדימות אלו מצות חכמים הם, לקיים מה שנאמר: ועשית הישר והטוב בעיני ה'.

סימן קעה ס"נ - כל הרוצה למכור קרקע, ובאו שנים, כל אחד מהם אומר: אני אקח בדמים אלו, ואין אחד מהם בעל המצר, אם היה האחד מיושבי העיר והאחד משכני השדה, שכן העיר קודם - ‹שזה ג"כ טוב וישר הוא, לחבר אהבה ואחוה ליושבים עמו בעיר אחת שהם תדיר יחד – לבוש›.

{**לשון הגמרא והטור, שכני העיר ושכני השדה כו'. וזה משמע שהאחד דר אצלו בעיר סמוך לו, והשני יש לו שדות אצל זה המוכר, אלא שאינו מצרן לזה השדה שמוכר עתה, אלא אצל שדות אחרות. ולשון המיימוני והמחבר משמע, שאפילו אינו דר אצלו בעיר סמוך ממש, אלא דר עמו בעיר, והשני אינו דר בעיר כלל, ג"כ שכן העיר מיקרי**}. ‹וכן יש לפסוק, דגם הטור אפשר דמודה לזה – ערוה"ש›.

שכן ותלמיד חכם, תלמיד חכם קודם - ‹אפילו אינו בן עיר – ערוה"ש. משום כבוד תורתו›. **קרוב ות"ח, ת"ח קודם; שכן וקרוב, שכן קודם** - ‹דטוב שכן קרוב – לבוש›.

קדם אחד מהן וקנה, זכה, ואין חבירו שראוי לקדם לו יכול לסלקו, הואיל ואין אחד מהם בעל המצר - ‹דכ"ז לכתחלה לקיים עצת חז"ל המדריכים את האדם בדרך טובה ונכוחה, ונפש טובה עושה כן, כי זהו ג"כ דרך הישר והטוב, אבל אם קדם אחד מהם וקנה, זכה, ואין חבירו שראוי ליקדם לו מסלקו – ערוה"ש›.

{**הב"י וד"מ כתבו בשם העיטור, דתלמיד חכם מסלק להשכן, וכ"כ הגהות, וצ"ע למה השמיט דעתן בעל השו"ע**}.

הגה: י"א דלא מקרי שכן אלא אם הוא חבירו הרגיל עמו, אבל מה שדר אצלו אינו כלום - {וכ"כ הטור לקמן בסי' רנ"ג בסעיף מ"ו ז"ל, כמה אנשים דרים זה אצל זה ואין להן שייכות ביחד, אלא שכן ר"ל חבירו ורגיל עמו במשא ומתן}, **ויש מי שחולק (רש"י ותוס' בהמקבל)** - צ"ע דלא ראיתי מי שחולק, ומה שנרשם בצדו רש"י פ' המקבל, ליתא. {**ג"ז** כתב בימי חורפו - הגה}. ‹**דיש** שתמה, שהרי הדבר מבואר ברש"י שם דשכני העיר, היינו שדרים אצלו בדירה. **ולק"מ** דכונת הש"ך, דודאי בהא דשכני עיר ושכני שדה, הרי גם שכני שדה הכונה שיש לו שדה סמוך לשדהו, א"כ ה"נ אם דר סמוך לביתו הוי שכן, **אבל** בהא דשכן וקרוב, דתליא בחביבות דעת, אי שכן מקריב דעתיה לגביה טפי מקרוב, בזה י"ל דגם רש"י מודה דדוקא מי שרגיל עמו, דאל"כ ודאי קרוב קודם - מהרש"ם. ‹**והעיקר** כדעה ראשונה, ש"ך, וכ"כ הרמ"א בסוף סי' רנ"ג - ערוה"ש.

‹**מבואר** מקשו"ע {ומקורו מהגר"ז}, ד"מה שדר אצלו אינו כלום", היינו רק כלפי מעלה של קרוב, {דעסיק בו השו"ע, וה"ה כלפי מעלה של חבירו הרגיל עמו, דעסיק בו הקשו"ע}, **אבל** עדיין יש לו הקדימה של שכנו כלפי השני שהוא גם מיושבי עירו, ורק שאינו שכנו או חבירו או קרובו, וכסברת מהרש"ם.

סימן קעה ס"ו - המוכר קרקעו לאחר, בין שמכרה הוא בין שמכר שלוחו בין שמכרו בית דין, יש לחבירו שהוא בצד המצר שלו ליתן דמים ללוקח ולסלק אותו - ‹ואסמכוה אקרא דועשית הישר והטוב בעיני ד', שחפץ השם יתברך שבני אדם יעשו זה עם זה ישר וטוב, ואין לך ישר וטוב מזה, כיון שהמוכר אין לו היזק שיהא המצרן קודם לכל אדם, **ואלמוה** חכמים לדין זה, שאף אם מכר לאחר, אין מכירתו כלום, וצריך ליתנה לבעל המצר, **ויותר** מזה אמרו חז"ל, דזה הלוקח נחשב כשלוחו של המצרן לכל דבר - ערוה"ש.

ואפי' הלוקח ת"ח ושכן וקרוב למוכר, והמצרן ע"ה ורחוק מן המוכר, המצרן קודם ומסלק את הלוקח. הגה: ואפילו אם אומר המוכר: קודם שאמכור למצרן לא אמכור כלל, אפ"ה קנה המצרן בעל כרחו של מוכר - {משמע שם בתשובת מיימון, דאם תלה הקנין בכך תחילה, ואח"כ בא המצרן לסלק, הדרא ארעא למריה אם ירצה}. ‹אבל אם לא התנה בפירוש, י"ל דהוי דברים שבלב ואינם דברים, דכיון דמן הדין יש מצרנות, הוה כאלו מכר לשלוחו של המצרן - ערוה"ש.

{**והיינו** דוקא בדלית ליה פסידא למוכר במכירתו להמצרן, שהוא רוצה לקנותו בכל ענין כמו הלוקח, דאל"כ אין זה בכלל עשיית הטוב והישר. **ואפילו** בדלית ליה פסידא לא תיקנו דין מצרנות על המוכר, אלא על הלוקח שימשוך ידו מקנייתו, וממילא יצטרך המוכר למכור לזה המצרן, וכמ"ש הטור והמחבר כל זה בסמוך מסעיף כ"ג והלאה, ע"ש}. ‹דעל הלוקח מוטל עיקר הישר והטוב, דהרי יכול לקנות במקום אחר - ערוה"ש.

וזה הלוקח הרחוק חשוב כשלוחו לכל דבר, ועדי הקנין של לוקח יכתבו שטר בשם המצרן, ואין צריכים קנין אחר; וכן אם הוקרה, צריך ליתנה לו כמו שקנאה; ואם הוזלה צריך ליקח אותה כמי שקנאה, אם חפץ בה - {דזה פשוט דאין הלוקח יכול לכפות להמצרן שיצטרך לחזור ולקנותו ממנו, הן שהוזלו או לא הוזלו}.

ואם תיקן בה והשביחה, הו"ל כיורד ברשות ושמין לו וידו על העליונה; ואי בתר דתבעיה (השביחה), הו"ל כיורד שלא ברשות - ‹דכיון שתבעו סלקיה משליחותו, ולא היה לו לעשות בלתי רשותו›, **ואם עקר ממנה נטיעות או קלקל, מנכה לו מן הדמים מה שקלקל, ואפילו קלקל קודם שיבוא המצרן** - {לסלקו, ‹דכיון דהוא כשלוחו, יכול לומר לו לתקוני שדרתיך ולא לעוותי - ערוה"ש›, **ולא** דמי לפירות שאכל קודם שבא המצרן שכתב אחר זה, דהתם לא קלקל השדה, והשדה עומדת לאכול פירותיה למי שהשדה בידו, **משא"כ** זה שקלקל משויה, ואין המצרן צריך ליתן לו טפי מדמי שויה}.

ואם אכל פירות, אותם שאכל אחר שבא והביא מעות לסלקו, צריך לשלם; ושאכל קודם, אינו צריך לשלם.

ואם לוה הלוקח קודם שבא המצרן, אין שיעבוד הבע"ח חל עליו, ואינו טורף מהמצרן - {אפי' אם כבר נתן המצרן מעותיו להלוקח, וכ"ש כשעדיין המעות ביד המצרן, דאז אין פסידא לבעל חוב, דיכול ליקח דמי הלואתו מהמצרן מהדמים שהכין ליתן להלוקח}.

§ סימן סג – אסור להונות בדברים ולגנוב דעת הבריות. ובו ה' סעיפים §

סעיף א – כשם שאונאה אסורה במקח וממכר, כך אסורה אונאה בדברים, שנאמר: ולא תונו איש את עמיתו ויראת מאלהיך, זו אונאת דברים. **וגדולה** אונאת דברים מאונאת ממון, שזה ניתן להשבון וזה לא ניתן להשבון, זה בממונו וזה בגופו, והצועק על אונאת דברים נענה מיד. **וצריך** ליזהר ביותר מאונאת אשתו, שלא לצערה בדברים, לפי שהאשה רכה בטבע, ועל צער מעט היא בוכה, והשם יתברך מקפיד על הדמעות, ושערי דמעות לא ננעלו.

סימן רכח ס"א - כשם שאונאה במקח וממכר, כך אונאה בדברים

– {דילפינן לה מדכתיב: ולא תונו איש את עמיתו ויראת מאלקיך, דאי לאונאות ממון כבר כתיב: וכי תמכרו ממכר לעמיתך או קנה אל תונו כו', **וכתיב** ביה ויראת מאלקיך, לפי שהן דברים הנמסרים ללב אם כונתו להונות}.

וגדולה אונאת דברים מאונאת ממון, שזה ניתן להשבון וזה לא ניתן להשבון, זה בגופו וזה בממונו; והצועק על אונאת דברים נענה מיד

– ‹שנפרעין מהמאנה בעוה"ז – ערוה"ש›. {**ילפינן** לה בגמרא מדכתיב: הנה ה' נצב על חומת אנך ובידו אנך, ואנך הוא לשון אונאה, ומדכתיב נצב על אנך, משמע שמוכן לשמוע, ומדכתיב ובידו אנך, משמע שאינו ניתן להמתין ולישא עוונה, אלא כביכול תפשו העבירה דהאונאה בידו לענוש עליה מיד, **ומזה** אמרו שם: כל השערים ננעלו חוץ משערי אונאה}.

הגה: וי"א דאין מצווין על אונאת דברים אלא ליראי השם

– {דדרשו מדכתיב: לא תונו איש את עמיתו, **עם שאתך בתורה ובמצוות**}. ‹דאין מצווין על אונאת דברים שלא לאנותו רק למי שאינו בעל עבירות, אבל לרשע מותר לאנות בדברים, דשמא ע"י זה ישוב בתשובה, ולכן אם כוונתו לשמים לאנותו לרשע בדברים כדי שישוב בתשובה, יכול לעשות כן – ערוה"ש›.

ומי שמאנה את עצמו, מותר להוניהו – {בנ"י בסוף פרק הזהב כתב דכן איתא במדרש, וסיים בו, דזה אינו קרוי עמיתך, עכ"ל. **ושמעתי** מפרשין דר"ל, אם אחד מאנה אותך, ג"כ אתה מותר להונהו, ו"עצמו" דכתב, ר"ל עצמו של זה שמתיר לו המדרש לחזור להונהו. **ואינו** נ"ל, דלשון "עצמו" אינו משמע כן, דהל"ל מי שמאנה אותך. **ועוד**, מאי איריא עצמו ואותו, אפילו מאנה לאחרים ג"כ אתה מותר להונו. **אלא** נראה לי דר"ל שמזלזל בכבוד עצמו ונפשו, על כזה לא הזהירה התורה, וגם אחרים מותרים להונהו ולזלזל בכבודו. **ולכאורה** נראה דהטעם הוא משום דאיש כזה אינו ירא שמים, וכן משמע קצת בנ"י, דכתב שם לפני זה ג"כ הדין דמי שאינו ירא שמים אינו מוזהר עליו. **אבל** לא נראה לי, דאם כן לא הוה ליה לכתוב סתם שאינו קרוי עמיתך, אלא הל"ל שאינו בתורה ובמצוות. **אלא** נראה דכונת המדרש היא כפשוטו, כיון דאין דרך בני אדם להונות אדם את עצמו, משו"ה אינו נקרא עמיתך, שאינו מכלל בני הישוב והדרך ארץ, ומשום הכי נמי סתם כאן מור"ם. ‹וכן מי שמאנה את עצמו, שהולך בדרך לא טוב, וסובר שהולך בדרך הישר, מותר לאנותו, שאדם כזה אינו מכלל הישוב ודרך ארץ – ערוה"ש›. **ובעיר** שושן עירבב הדברים וכתב ז"ל, וי"א דאין מוזהרין אלא על מי שהוא ירא אלקים, שנאמר: לא תונו איש את עמיתו, ופירוש עמיתו, עם שאתך בתורה ובמצוות, אבל אם אינו ירא אלקים הרי הוא מאנה את עצמו, ומותר להוניהו ג"כ, עכ"ל. **נראה** דפירש ג"כ למור"ם כן דחדא קאמר, **וזה** אינו, ולפי דברי עיר שושן תלה תניא בדלא תניא}.

סימן רכח ס"ג - צריך ליזהר ביותר באונאת אשתו, לפי שדמעתה מצוייה.

{**גמרא** פרק הזהב דף נ"ט, ור"ל לפי שהאשה רכה בטבע, ועל צער מעט היא בוכה, והשם יתברך מקפיד על הדמעות, **ומייתי** שם עלה בגמרא מימרא דאמר: אף על פי ששערי תפילה ננעלו, שערי דמעות לא ננעלו, שנאמר: שמעה תפילתי ה' ושועתי האזינה אל דמעתי אל תחרש, **ופירש** רש"י, אף על פי דרישא דקרא לשון בקשה הוא, מ"מ מ"ש: אל תחרש, לשון עתיד הוא, והכי קאמר, בזאת אני בוטח שאין מדרכך לשתוק ולהחריש על הדמעות, **דאל** תחרש ואל תעשה ואל תתן, כולן משמשין לשון בקשה ולשון עתיד, כמו "אל יתן למוט" הרי לשון בקשה, "ולא תתן לי מאומה" הוא לשון עתיד, ע"ש}.

‹וכ"ש שצריך האדם ליזהר באונאת יתומים ואלמנות, שאין קץ להענשו – ערוה"ש›.

{סמ"ע} [ט"ז] ‹רעק"א או ש"א או הוספת הסבר› (פת"ש)

17 סימן סג – אסור להונות בדברים ולגנוב דעת הבריות
סעיף ב–סעיף ה

סעיף ב – כיצד הוא אונאת דברים, לא יאמר לחברו, בכמה אתה רוצה ליתן חפץ זה, והוא אינו רוצה לקנותו. **היה** אחד מבקש לקנות תבואה, לא יאמר לו, לך אצל פלוני, והוא יודע שאין לו למכור, **אם** היה חברו בעל תשובה לא יאמרו לו, זכור מעשיך הראשונים. **אם** באו יסורים על חברו רחמנא ליצלן, לא יאמר לו כדרך שאמרו חברי איוב לאיוב, הלא יראתך כסלתך זכר נא מי הוא נקי אבד (והם שאמרו לו כן, מפני שהיה מעוות כלפי השגחת השם יתברך ומדותיו). **אם** שאלו מאתו איזה דבר חכמה, לא יאמר למי שאינו יודע אותה חכמה, מה אתה תשיב בדבר הזה, וכן כל כיוצא בדברים אלו שהם צער הלב.

סימן רכח ס"ד - כיצד הוא אונאת דברים; לא יאמר: בכמה אתה רוצה ליתן חפץ זה, והוא אינו רוצה לקנותו; היו חמרים מבקשים לקנות תבואה, לא יאמר להם: לכו אצל פלוני, והוא יודע שאין לו למכור – «ויתבזה, ואף אם הוא עשיר שלא יתבזה, מ"מ החמרים יתביישו, וכן כל כיוצא בזה, וזהו אונאה במסחר – ערוה"ש».

אם היה חבירו בעל תשובה, לא יאמר לו: זכור מעשיך הראשונים; אם היה בן גרים, לא יאמר לו: זכור מעשי אבותיך – «אם היה מבזויי משפחה, לא יאמר לו זכור משפחתך השפלה, **אם** היה מכוער או בעל מום או שאר חסרון בו או באשתו וזרעו או באבותיו, לא יאמר לו כמה מכוער אתה, או ראה מומך או חסרונך או חסרון אשתך וחסרון זרעך וחסרון אבותיך – ערוה"ש».

אם היו יסורין באים עליו, לא יאמר לו כדרך שאמרו חביריו לאיוב: הלא יראתך כסלתך זכר נא מי הוא נקי אבד – {והם שאמרו לו כן, מפני שהיה איוב מטיח דברים כלפי השגחת השם יתברך ומדותיו}.

אם נשאלה שאלה על דבר חכמה, לא יאמר למי שאינו יודע אותה חכמה: מה תשיב בדבר זה, וכן כל כיוצא בדברים אלו – «וזהו אונאה בעניני הנפש – ערוה"ש».

סעיף ג – מי שיש לו כינוי לגנאי, אף על פי שהוא רגיל באותו כינוי, ואינו מתבייש בו, אם זה כוונתו לביישו, אסור לקרותו בכינוי זה, משום אונאת דברים.

סימן רכח ס"ה - יזהר שלא לכנות שם רע לחבירו, אף על פי שהוא רגיל באותו כנוי, אם כוונתו לביישו, אסור – «וכך אמרו חז"ל: המלבין פני חבירו ברבים, כאלו שופך דמים – ערוה"ש».

סעיף ד – אסור לגנוב דעת הבריות (פירוש לרמות בדברים, אף על פי שאין בו חסרון ממון), אפילו דעת עובד כוכבים, לכן אסור למכור לו בשר נבלה בחזקת שחוטה. **אם** מוכר איזה דבר שיש בו מום, אף על פי שהדבר שוה כמו שהוא מוכרו לו, מכל מקום צריך להודיע להלוקח את המום. (**ובמתנה** ליכא משום גניבת דעת).

סעיף ה – לא יבקש מחבירו שיאכל אצלו, כשהוא יודע שלא יאכל, **לא** יתן לו מתנה כשהוא יודע שלא יקבל, **וכן** כל כיוצא בזה, שהוא א' בפה וא' בלב, יראה לחברו שהוא מכבדו, ואין כוונתו שלמה, אסור, **אלא** יהא תמיד פיו ולבו שוים, וינהוג בשפת אמת ורוח נכון ולב טהור.

רמב"ם פ"ב מהל' דעות ה"ו - אסור לאדם להנהיג עצמו בדברי חלקות ופיתוי, ולא יהיה אחד בפה ואחד בלב, אלא תוכו כברו, והענין שבלב הוא הדבר שבפה. ואסור לגנוב דעת הבריות ואפילו דעת הנכרי; כיצד, לא ימכור לנכרי בשר נבילה במקום בשר שחוטה, ולא מנעל של מתה במקום מנעל של שחוטה, ולא יסרהב בחבירו שיאכל אצלו והוא יודע שאינו אוכל, ולא ירבה לו בתקרובת והוא יודע שאינו מקבל, ולא יפתח לו חביות שהוא צריך לפותחן למוכרן, כדי לפתותו שבשביל כבודו פתח, וכן כל כיוצא בו; ואפילו מלה אחת של

פיתוי ושל גניבת דעת אסור, אלא שפת אמת ורוח נכון ולב טהור מכל עמל והוות.

סימן רכח ס"ו - אסור לרמות בני אדם במקח וממכר או לגנוב דעתם, כגון אם יש מום במקחו צריך להודיעו ללוקח - {פי', אע"פ שאין בו אונאת ממון, מ"מ היה לו להודיעו, והוא דומה לגניבת דעת דאסור אע"פ שאין בו חסרון ממון}.

אף אם הוא עובד כוכבים, לא ימכור לו בשר נבילה בחזקת שחוטה - ‹ואדרבא בגוי יש עוד חילול ה' - ערוה"ש›.

ואף לגנוב דעת הבריות בדברים, שמראה שעושה בשבילו, ואינו עושה, אסור; כיצד, לא יסרהב (בחבירו) - {פי', לא יפציר בו}, **שיסעוד עמו, והוא יודע שאינו סועד; ולא ירבה לו בתקרובת, והוא יודע שאינו מקבל** - {מלשון לא יסהרב, ולא ירבה לו בתקרובת, דקדקתי בפרישה, דדוקא בכה"ג להפציר בו ולהרבות שלא כנהוג הוא דאסור, **אבל** לדבר לו פעם אחת ושתים בוא אכול עמי, מותר, כי אדרבה אם לא ידבר עמו כן יתבזה חבירו, דהרואים שנכנס ויוצא ואינו מכבדו לומר לו בוא ואכול עמי, יאמרו שהוא מפני שפלותו, כי אין הכל יודעין שנמנע לומר כן מפני שיודע שאינו סועד, וק"ל}.

ולא יפתח חביות הפתוחות לחנוני, וזה סובר שפתחם בשבילו, אלא צריך להודיעו שלא פתחם בשבילו - {לשון הגמרא חולין צ"ד ע"א הוא, חביות המכורות לחנוני, פירש רש"י, כל חביותיהן מגופות היו, וכשבא אדם חשוב אצלו, פותח אותו להשקותו יין חזק, ואם מכר חבית שלימה לחנוני והיא עדיין אצלו, לא יפתחנה לאורח הבא, מפני שגונב דעתו להחזיק לו טובה חנם, דקסבר זה הפסד גדול נפסד על ידו, שהרי חבית זו תשאר חסירה ויתקלקל יינו, וזה ימסרנה מיד לחנוני שמכרה לו. **ושם** בגמרא מסיק, ואם היה האורח חביב עליו, דבלא"ה היה פותח לו, מותר, והב"י הביאו, ותמה על הטור שהשמיטו. **ולשון** הטור והמחבר שכתבו, לא יפתח חביות הפתוחין, משמע דהחביות כבר נפתחו בשביל החנוני, וזה הבע"ה מראה נפשו לפני האורח כאילו עתה פתחו בשבילו, וזה ג"כ אסור, ולא אמרינן איהו דאטעיה נפשיה, דהיה לו לראות שפתוחות היו כבר, **ואפשר** שגירסתן היתה כן בגמרא, "הפתוחות" ולא "המכורות", והכי מסתבר, דמסתמא אין החנוני קונה יין אא"כ טועמו תחילה}.

ואם הוא דבר דאיבעי ליה לאסוקי אדעתיה שאינו עושה בשבילו, ומטעה עצמו שסובר שעושה בשבילו לכבודו, כגון שפגע בחבירו בדרך וסבור זה שיצא לקראתו לכבודו, אין צריך להודיעו.

‹אין במתנה משום גניבת דעת - ש"ך יו"ד סימן קיז ס"ק י"ג›.

‹**הטעם**, משום דבמתנה דלא יהיב דמי, אינו מחזיק לו טובה יותר בשביל החשיבות העודפת בכשרה מבטרפה, כי אם בשביל המתנה עצמה מחזיק לו טובה, **משא"כ** במכירה, שמעלה לו בדמים בשביל חשיבותה שהיא של כשרה - פרישה סימן קיז ס"ק ד'›.

סימן סד – שלא לעשות סחורה בדבר האסור

§ סימן סד – שלא לעשות סחורה בדבר האסור. ובו ד' סעיפים §

סעיף א - כל דבר שאסור מן התורה באכילה, אף על פי שמותר בהנאה, אם הוא דבר המיוחד למאכל, אסור לעשות בו סחורה או להלוות עליו, **ואפילו** לקנותו להאכילו לפועלו אינו יהודי, אסור. **אבל** דבר שאינו עומד לאכילה, כגון סוסים וחמורים, מותר לעשות בהם סחורה. **וחלב** גם כן מותר בסחורה, שהרי נאמר בו: יעשה לכל מלאכה.

יו"ד סימן קיז ס"א - כל דבר שאסור מן התורה, אף על פי שמותר בהנאה, אם הוא דבר המיוחד למאכל אסור לעשות בו סחורה, (או להלוות עליו, ואפילו לקנותו להאכילו לפועליו עובדי כוכבים אסור); חוץ מן החלב, שהרי נאמר בו: יעשה לכל מלאכה.

‹כל דבר שאסור מן התורה, אף על פי שמותר בהנאה, אם הוא דבר המיוחד לאכילה, אסור לעשות בו סחורה, או להלוות עליו. (ודעת כל הפוסקים דאסור מה"ת). **ובק"ק** ווילנא נתפרץ הדבר שאנשים ריקים נושאים ונותנים בעופות וחיות טמאות, וחבירי רבו עלי והעלימו עין מזה, כי לדעתם בודאי לא ישמעו להם, ומוטב שיהיו שוגגין, ובאמת אי בדידי לבד הדבר תלוי, הייתי מוחה בידם וע"כ ישמעו, אך מה אעשה. **ועל** כל פנים בכל מקום ומקום ראוי לכל מורה צדק להשגיח על זה ולמחות ביד המורדים והפושעים שלא יביאו לקהילתו, ואז ממילא יתבטל גם כאן. **ולקנות** כדי להאכיל לפועליו, יש אוסרין, והמנהג פשוט לקנות לצורך פועליו. **ולקנות** לגדלן לצורך פועלים, לכולי עלמא אסור. **אך** השוכרים כפרים מן השר ובכלל זה חזירים, עיין ט"ז שמלמד זכות עליהם. **אבל** מותר לקנות ולמכור סוסים וחמורים העומדים למלאכה. **וחלב** אף על גב שעומד לאכילה מותר לעשות בו משא ומתן, שהרי בפירוש התירה התורה יעשה לכל מלאכה. **ולכן** שלא כדין עושים החנונים שעושים סחורה בדגים טמאים – חכ"א.

סעיף ב - אם נזדמן לאדם באקראי דבר אסור, כגון שצד דגים ועלה במצודתו דג טמא, וכן מי שנזדמנה לו נבלה וטרפה בביתו, מותר למכרם כיון שלא נתכוין לכך, וצריך למכרו מיד, ולא ימתין עד שתהא שמנה אצלו. **ויכול** למכרם גם על ידי שליח, אף על פי שהשליח ירויח בו, אבל לא שיקנה השליח לחלוטין, דאם כן הוי אצלו סחורה.

יו"ד סימן קיז ס"א - ואם נזדמנו לצייד חיה ועוף ודגים טמאים, (וכן מי שנזדמנה לו נבלה וטריפה בביתו), מותר למכרם, ובלבד שלא יתכוין לכך. הגה: וצריך למכרה מיד, ולא ימתין עד שתהא שמינה אצלו - ‹ואם נזדמנה לו טריפות, או שהוא צייד וצד דגים טמאים ולא נתכוין לכך, מותר למוכרם, בין ע"י עצמו ובין ע"י שלוחו, **אבל** אסור לישראל אחר לקנות ממנו כדי למכור לעכו"ם ולהרויח בו, דגם זה נקרא סחורה, **ונראה** לי דבתורת שליחות מותר לישראל זה למכור טריפות של חבירו, ואף אם ירויח בו, ובלבד שלא יקנה מן הישראל לחלוטין, דאז אינו שלוחו. **ואפילו** בנזדמן לו, אסור לגדלן עד שיהיו שמנים, אלא צריך למכרם מיד – חכ"א.

סעיף ג - וכן מותר לגבות בחובו דברים טמאים, וימכרם מיד, דאסור להשהותן כדי להשתכר בהם, אבל מותר להשהותן בכדי שלא יפסיד מן הקרן.

יו"ד סימן קיז ס"א - וכן מותר לגבות דברים טמאים, בחובו, מן העובדי כוכבים, דהוי כמציל מידם - ‹וכן מותר לגבות בחובו ולמכור מיד, ואפילו חזירים, ואסור לשהותן להשתכר בהם, אבל מותר לשהותן בכדי שלא יפסיד מן הקרן. **עכו"ם** שהביא דורון לישראל דברים טמאים, מותר לקבלן, דאי לאו דהוי ליה הנאה מיניה לא יהיב ליה, והו"ל כמציל מידם – חכ"א.
ואסור למכור לעכו"ם נבלה בחזקת כשרה.

סעיף ד - דבר שאין איסורו אלא מדרבנן, כגון גבינות של נכרי, מותר לעשות בו סחורה.

יו"ד סימן קיז ס"א - וכל דבר שאין איסורו אלא מדבריהם, מותר לעשות בו סחורה - ‹דבר שאין איסורו אלא מדרבנן כגון גבינות של עכו"ם, מותר לעשות בו סחורה, **חוץ** מסתם יינם, דיש אומרים דהוא אסור בהנאה, וכבר בארנו בהלכות יין נסך, דאין מוחין ביד המקילין – חכ"א.

סעיף א

§ סימן סה – הלכות רבית, ובו ל' סעיפים §

סעיף א – לפי שנפשו של אדם בטבעו חומד ומתאוה אל הממון, וקרוב יותר שיהא אדם נכשל באיסור ריבית מבשאר איסורין שבממון, כי בגזל ואונאה וכדומה הרי זה משגיח על עצמו שלא יהא נגזל ושלא יתאנה, וגם זה שהוא רוצה לגזול או להונות את חברו, לפעמים הוא נמנע מחמת בושה או מחמת יראה, **משא"כ** ברבית, כי הלוה נותן לו ברצונו הטוב והוא שמח, כי מצא מקום ללוות על כל פנים ברבית, וגם המלוה חושב בדעתו כי הרי הוא עושה טובה גדולה עם הלוה, שיוכל להרויח בממון זה כפלי כפלים יותר מן הריבית, ולכן נקל מאוד שיהא אדם נתפתה ח"ו מן היצר הרע להיות נכשל באיסור זה, **ע"כ** החמירה תורתנו הקדושה מאד באיסור זה, והרבה לאוין נאמרו בו: **המלוה** עובר בששה לאוין, ולא יקום בתחיית המתים, שנאמר: בנשך נתן ותרבית לקח וחיה לא יחיה, **הלוה** עובר בשלשה לאוין, **הסופר** והעדים והערב עוברים כל אחד בלאו אחד, **וכן** הסרסור שהיה ביניהם, או שסייע לאחד מהם, כגון שהורה מקום להלוה ללוות, או שהורה מקום להמלוה להלוות, גם כן עובר בלאו אחד.

סימן קס ס"א- צריך ליזהר ברבית, וכמה לאוין נאמרו בו – ‹המלוה עובר בו' לאוין: את כספך לא תתן בנשך; ובמרבית לא תתן; לא תהיה לו כנושה; אל תקח מאתו נשך; ולא תשימון; לפני עור›, **ואפי' הלוה הנותנו** – ‹והלוה עובר בב': לא תשיך; לפני עור. **וה"מ** כתב דבנוסחא שלפנינו בסוגיא הלוה עובר משום לא תשיך; ולאחיך לא תשיך. **ובמשנה** למלך כתב, ומוהר"ש בתשו' מסתפק, אם הלוה עובר משעת הלואה או משעת נתינה דוקא, עי"ש – רעק"א›, **והערב והעדים עוברים** – ‹בלא תשימון עליו נשך, ולפני עור, בענין שאלולי הם לא היה מלוה אותו – חכ"א. **וצ"ע** אמאי הכא לא חשיב הקשו"ע לפני עור, וכתב רק לאו אחד›.

(**עיין** בתשו' מהרא"ש שנסתפק אם זהו דוקא במלוה בשטר, אבל בע"פ אין העדים עוברים משום ולא תשימון, או אפילו במלוה ע"פ, ע"ש, **ובש"ג** פרק איזהו נשך כתב בפשיטות, דאפי' במלוה ע"פ עוברים, ע"ש).

כתב בהג' דרישה בשם הסמ"ג, דגם הסופר עובר, ע"כ, וכ"כ הרמב"ם, והוא מוסכם מכל הפוסקים. **וכתב** עוד הרמב"ם שם, אסור להתעסק בין לוה ומלוה ברבית, וכל מי שיהיה סרסור בין שניהם או שסייע א' מהן, עובר משום לפני עור וגו'.

הגה: ואין חילוק בין אם מלוה לעני או לעשיר. וכא דלוה עובר, דוקא ברבית דאורייתא; אבל ברבית דרבנן אינו עובר אלא משום לפני עור וגו' – ‹דלא רמו רבנן איסורא כי אם במלוה – חוו"ד›. (**עיין** בחוו"ד שכתב, דה"ה העדים אין עוברים ברבית דרבנן רק משום לפני עור, ע"ש).

(**עיין** במשנה למלך שכתב בשם הרב בעל פני משה, דהיכא דלוה חזי דהמלוה מוזיף הני דמים לישראל אחרינא, ליכא משום לפני עור, כדאיתא פ"ק דע"ז, דמושיט כוס יין לנזיר לא מחייב משום לפני עור אלא בדקאי בתרי עברי דנהרא, אבל בלא"ה לא. **והוא** ז"ל חלק עליו, דלא דמי לנזיר, דשם אם לא היה מושיט זה הכוס לא היה נעשה כלל האיסור לפני עור, אבל גבי רבית דאם לא לוה זה היה הלוה האחר עובר אלפני עור, בשביל זה לא נפטר מלפני עור, **ועוד** דהכא אסור, דאפשר שהלוה האחר יחזור בו ולא ילוה, ונמצא דאיהו מכשיל למלוה, עכ"ד. **והנה** לדעת התוס' והרא"ש ור"ן רפ"ק דשבת, דאף בנזיר בחד עברא דנהרא אסור מדרבנן כיון דמחויב להפרישו, ע"ש, ה"ה הכא, אף אי נימא דדמי ממש לנזיר, מ"מ אסור לכתחילה, **ואף** די"ל דהכא ברבית דרבנן הוי גזירה לגזרה, מ"מ מאחר דהם תלו הטעם כיון שמחוייב להפרישו, והא מילתא פשיטא דאף באיסור דרבנן מחוייב להפרישו, וכמו שהוכחתי לקמן סימן ש"ג. **אמנם** במומר כה"ג, אי נימא דדמי ממש לנזיר, מותר אף לכתחילה לפמ"ש הש"ך שם סק"ו, דכו"ע מודים בישראל מומר לע"ז כיון דאין מחויב להפרישו, ע"ש. **ונראה** לכאורה דאם אותו ישראל אחר שרוצה ללוות ג"כ, הוא מפני פקוח נפש או לצורך מצוה וכדומה, אין איסור ללוה זה אפי' לכתחילה, ‹לכאורה היינו דוקא כשהמלוה מומר וכנ"ל›, דבכה"ג גם לדעת המל"מ ליכא לפני עור, דהא דמי ממש לנזיר, דאם לא לוה זה לא

{סמ"ע} [ט"ז] ‹רעק"א או ש"א או הוספת הסבר› (פת"ש)

היה נעשה כלל האיסור לפני עור, דהא מפני פ"נ ולצורך מצוה מותר ללות ברבית, כדלקמן סכ"ה, **וגם** מש"כ המל"מ שמא יחזור בו לא שייך הכא, דנראה דלא חיישינן לזה רק היכא שהלוה האחר היה עושה איסור, שקרוב הדבר שיחזור בו כי לא יחפוץ לעשות רשע, וראיה ברורה לזה מתוס' חגיגה דף י"ג ע"ב בד"ה אין מוסרין, והביאו המל"מ שם ע"ש ודו"ק, **אלא** דמטעם אחר יש לאסור, שלא יהיה הגורם לבטל פקוח נפש וצורך מצוה, וכל זה פשוט).

סעיף ב – מי שנכשל ולקח ריבית מחויב להחזירו, (**מלבד** ריבית מוקדמת ורבית מאוחרת דלקמן סעיף ו').

סימן קסא ס"ב - אבק רבית, אינה יוצאה בדיינים - ‹אם הלוה נתן האבק רבית לשליח דהמלוה, י"ל דאין שליח לדבר עבירה, ולא זכה המלוה, ויכול הלוה לומר שיחזור לו, מהרי"ט. **ואם** נשבע לפרוע לו הרבית דרבנן, עיין ב"י סוס"י ק"ס בשם תשובת הרשב"א, דחייב לפרוע, אבל בתשו' הר"ן לא כתב כן – רעק"א›.

‹**דוקא** ריבית דאורייתא יוצאה בדיינים, אבל ריבית דרבנן אינה יוצאה בדיינים, שלא החמירו כל כך. **ואיזה** ריבית דאורייתא: כך אמרו חז"ל [ב"מ סג ע"ב] כללא דמילתא כל אגר נטר ליה אסור, פירוש שבשביל המתנת מעותיו הוא נותן לו שכר, בין שבא לו החוב דרך הלואה או דרך מקח וממכר או דרך שכירות, כמו שיתבאר בעזה"י, והוא נותן לו יותר מחמת שממתין לו, הרי זה ריבית ואסור, **אבל** אין ריבית מן התורה אלא אגר נטר שנותן לו מחמת הלואה, שכן משמע לשון נשך כסף וגו', מדכתיב מרבה הונו בנשך ותרבית וגו', **וכן** בהלוהו על חצרו וא"ל על מנת שידור בו חנם או ישכירהו לו בפחות, **אבל** אגר נטר שהוא נותן לו דרך מקח וממכר ושכירות, זהו הנקרא אבק ריבית, ואינו אסור אלא מדרבנן, ואינו יוצא בדיינין, וה"ה כל אבק ריבית שיתבאר לפנינו בעזה"י אינה יוצאה בדיינין – לבוש›.

ואם בא לצאת ידי שמים, חייב להחזיר - ‹וע"כ צ"ל דגם הקשו"ע ר"ל שמחיב להחזירו לצאת י"ש, וצ"ע אמאי לא כתב כן›. (**עיין** בתשובת רדב"ז, שפסק כדעת הפוסקים, דגם לצאת י"ש א"צ להחזיר).

(**עיין** בתשובת בית יעקב שכתב, בכל הדינים הנזכרים בש"ס ופוסקים דפטור מדיני אדם וחייב לצאת י"ש, היכא שהוא משלם משום שסבר שחייב בדיני אדם, ואינו חושש לצאת י"ש, ואומר בפירוש שמשלם משום זה שסובר שחייב בדיני אדם, אסור לחבירו לקבלם, ואפילו אם מחזיר לו סתמא, צריך להודיע שהוא פטור מדיני אדם, ע"ש).

(מלבד רבית מוקדמת ומאוחרת, אפילו לצאת ידי שמים אינו חייב להחזיר) – ‹שהוא קל – לבוש›.

סימן קסא ס"ה - רבית דאורייתא שהוא בדרך הלואה בדבר קצוב, יוצאה בדיינים – **[נראה דוקא אם תבעו, וראיה מדברי רש"י פרק הרבית (דף ס"א) וז"ל: וכופין אותו ב"ד להחזירו אם תבעו בחייו, עכ"ל, ומזה כתבתי בחו"מ סי' ט', באחד שטען אין לו לשלם, ולא נמצא לו ממון רק מה שלקח אחד כבר ממנו רבית קצוצה, והנושה בא לקחת זה הרבית בשביל הלוה, דאין הדין עמו, דכיון שאין כאן תביעה מן הלוה, אין שום כפייה מהב"ד על המקבל הרבית להחזירו. ועוד ראיה, דהא אמרינן כאן דאין הבית דין יורדין לנכסיו, רק שהיו כופין אותו לקיים מצות עשה וחי אחיך עמך, כמו שכתב ב"י בשם נימוקי יוסף, וכאן אין שייך זה, דהא כשנוציא הרבית לא יבוא לחיותו של לוה].**

‹**ועיין** בתשו' פנים מאירות שחולק עליו בזה, ע"ש. **ועיין** בשאילת יעב"ץ, שהביא דגם הכנה"ג חולק על הט"ז, והוא ז"ל כתב דלדעתו דינו של הט"ז אמת עכ"פ במחל לו כבר, דהא מחילה מועלת אחר שכבר נתן הרבית, ואפי' לא פירש מחילתו, רק מעשיו מוכיחים שכבר מחל לו פעם א', מחילה א"צ קנין, ושוב אינו יכול לחזור בו אף לכשירצה, כ"ש באינו רוצה כל עיקר כנדון דידן, **מיהו** אם אחר שנתחייב זה לראובן נתן רבית קצוצה לשמעון, או שעדיין לא מחל לו על הרבית שכבר נתן, אפי' קודם שנתחייב לזה, אין מחילתו מחילה אח"כ. **אמנם** היכא דקדמה נתינת רבית לחובו של זה, ואמר הלוה דמחיל ליה מקמי הכי, אע"ג דליכא עדים וראיה או הוכחה גמורה, מהימן, אפי' בדאיכא עדים על נתינת הרבית, **אם** לא היכא דאיכא למיחש לקנוניא, אית ליה עליו חרם סתם. **וכתב** עוד, לענין בע"ח של זה המלוה שלקח הרבית, אם גובה מהרבית קצוצה מאחר ששתק הנותן ולא תבע, נראה דסתמא מחילה הוי וגבי מיניה כל כמה דלא תבע, **וכי** הדר קתבע שיילינן ליה אמאי שתק עד האידנא, וכי יהיב אמתלא מעליא, שפיר, **ואי** לא משבעינן ליה דלא מחל מעיקרא, **וה"ה** אם

אמר המקבל בעינא למיעבד תשובה ולהחזיר הרבית, ודאי מצי לאפקועי מידי שעבוד בע"ח, **מיהו** לא שקיל האיך אלא בשבועה, דהוה ליה מוציא מן המשועבדים, ע"ש).

שהיו כופין ומכין אותו עד שתצא נפשו - כדין שאר מצות עשה, דכתיב וחי אחיך עמך. **אבל אין בית דין יורדין לנכסיו** - ‹להגבותו ללוה אם אינו בפנינו, דבזה עדיין אינו מתקיים וחי אחיך וגו', כיון שאין הוא עצמו כאן לכופו לקיים העשה – לבוש›.

נראה דאם כבר החזיר הרבית על פי ב"ד או מעצמו, ואח"כ חזר ותפס משל לוה בעד הרבית, יורדין לנכסיו, דהא הו"ל גזל, **וכן** אם מתחלה לקח רבית קצוצה בע"כ של לוה, נ"ל. **יותר** רבותא הל"ל, דאף באבק רבית, אם לקח בע"כ דלוה, ב"ד יורדים לנכסיו ומוציאים ממנו – רעק"א›.

וכן בהלוהו על חצרו ואמר לו: על מנת שידור בו חנם או שישכרנו לו בפחות, וכיוצא בו.

סעיף ג – אפילו לא פסק עמו את הריבית בשעת הלואה, אלא שהלוה לו בחנם עד זמן פלוני, או שמכר לו איזה סחורה בהקפה עד זמן פלוני, או שחייב לו בענין אחר לשלם לו, יהיה מאיזה ענין שיהיה, ובהגיע זמן הפרעון פוסק לו איזה דבר בשביל שירחיב לו את הזמן, גם זאת היא ריבית.

סימן קסו ס"ב - אמר ליה: הלוני ודור בחצירי, אי קיימא לאגרא הוי רבית קצוצה - ‹דהא ממונא חסריה וצריך להעלות לו שכר – לבוש›.

‹**ואם** אמר הלוני ודור בחצרי בדינר, אף דשוה יותר, מ"מ לא הוי רבית קצוצה, דאין אונאה לקרקעות. **אא"כ** אמר חצרי שנשכרת בד', תדור אתה בדינר א', כ"כ ב"י בשם תשו' רשב"א. **ולפמ"ש** בהגהת שו"ע חו"מ סימן רכ"ז סכ"ט, ביתר מפלגא יש אונאה לקרקעות, י"ל דבכה"ג הוי רבית קצוצה – רעק"א›.

ואי לא קיימא לאגרא הוי אבק רבית - ודעת הרמב"ם, דבאומר הלוני ‹כציור המחבר›, אפילו בלא קיימא לאגרא הוי רבית קצוצה. ‹**אפי'** בסתם כשאמר הלויני ודור בחצירי, הוי רבית קצוצה, דאי באמר בפירוש דור בשכר הלואה, זה כתב הרמ"א בהדיא דהוי רבית קצוצה – חוו"ד›. **וכתב** ב"י, דטעמו, דכיון דהתנה עמו, הוי כאילו שוכרו מעכשיו, וכתבו הגמי"י שכן דעת הסמ"ג והראב"ד וכ"כ בעה"ת שזהו דעת הרי"ף והרמב"ם, **ותימה** למה השמיט המחבר דעתו, **ולענין** דינא נ"ל דספיקא דדינא הוא והמוציא מחבירו עליו הראיה.

הגה: ודוקא בסתם, אבל אם אמר לו: דור בחצרי בשכר הלואה, אפילו לא קיימא לאגרא הוי כרבית קצוצה, דמאחר שאמר לו: בשכר מעותיך, הוה ליה כאלו השכירו לו עכשיו - ‹דדוקא שאמר לו בזה הלשון [הלויני סתם], שזה הלשון יכילנא נמי לפרושי דתרי מילי נינהו ומילי מילי קאמר, והכי קאמר במטו מינך הלויני מעות, ועוד אני אומר לך דור בחצירי חנם אם תרצה ואף על פי שלא תלויני, ולכך מקילין ביה בלא קיימא לאגרא לומר שאינו אלא אבק ריבית. **אבל** אם אמר לו בפירוש הלווני ודור בחצירי בשכר הלואתך, אפילו לא קיימא לאגרא הוי ריבית קצוצה ויוצא בדיינים, דהואיל ואמר לו בשכר הלואתך, הרי עכשיו שוויה קיימא לאגרא והשכירו לו עכשיו, אף על גב שמעולם לא היה דרכו להשכירו, עכשיו השכירו – לבוש›.

ואם הלוהו ואחר זמן תבע חובו, ואמר לו הלוה: דור בחצרי, יש אומרים שאינו אלא אבק רבית - דלא הוי רבית קצוצה אלא כשקוצץ בשעת הלואה, מדכתיב לא תתן.

וי"א שהוא רבית קצוצה - וכן הוא הסכמת רוב הפוסקים. **והוא שיאמר לו כן בשעה שמרויח לו זמן** - ‹דהוי כמו שעת הלואה – לבוש›.

אבל אם כבר הרויח לו זמן, ובא בתוך הזמן ואמר: דור בחצרי בשביל מעותיך שהן בטילות אצלי, אסור, טור, **ומשמע** דלא הוי אלא אבק רבית, כמו שהוכחתי בספרי, דלא כהגהת דרישה שכתב דהוי רבית קצוצה.

‹**ואם** היה המעות אצלו בפקדון, ואח"כ נתן לו רשות להוציאם, וקצץ לו רבית, מקרי שעת נתינה, דההוצאה מרשות לרשות מקרי נתינה, תשו' אורים גדולים – רעק"א›.

הגה: והוא הדין בכל רבית שבא לאדם דלא קצץ מתחלה, יש מחלוקת זו אם הוא אבק רבית או קצוצה.

{סמ"ע} [ט"ז] ‹רעק"א או ש"א או הוספת הסבר› (פת"ש)

סעיף ד – אפילו אם הלוה נותן לו יותר מדעתו בשעת הפרעון, שלא התנה עמו, ואינו אומר שנותנו לו בשביל ריבית, גם כן אסור.

סימן קס ס"ד - אפילו אם הלוה נותן לו יותר מדעתו בשעת הפרעון, שלא התנה עמו, ואינו אומר שנותנו לו יותר בשביל רבית, אסור.

הקשה בפרישה, דבחו"מ סי' רל"ב אמרינן, דמי שלקח מעות מחברו ומצא בו יתרון, בכדי שאין הדעת טועה, א"צ להחזירו, **וי"ל** דהתם קאי אמכר ולא בהלואה, עכ"ל. **אבל** קשה, דהמחבר כתב שם דה"ה בהלואה דינא הכי. **ונ"ל** דבחו"מ מיירי בגוונא דלא מחזי כרבית, כגון שהיה המעות בידו דרך מכר, ומ"ש הט"ו שם בין בהלואה, ר"ל בהלואה שהלוה מצא יתרון, א"נ בפרעון הלואה ובגוונא דליכא למיחש לרבית, וכדלקמן סי' קס"ו וקס"ט וקע"ז, ודוכתי טובא.

(עיין בחוו"ד שכתב, דדוקא לכתחילה אסור לקבל כשיותן לו יותר, אבל כשכבר קיבל ומצא יתרון, א"צ להחזיר, ובהכי לא קשיא מחו"מ סימן רל"ב, ע"ש).

(ומיהו אם לא היו המעות בידו דרך הלואה, רק דרך מכר, מותר בכה"ג) - שנותנו לו סתם ואינו אומר בשכר מעותיו **(ב"י בשם תלמידי רשב"א)** – (בב"י בשם תלמידי הרשב"א, הני מילי בהלואה, אבל הכא דדרך מכר הוא, כל שלא הזכיר לו בשכר מעותיו, שרי, דאזולי קמוזיל גביה, עכ"ל. **נ"ל** דהיינו כעין עובדא דהש"ס, דלקח ממנו בדרך פסיקה, ובשעת פרעון הפירות נתן לו פירות יותר, אבל אם נתחייב לו ממון, אין חילוק בין אם נתחייב לו בדרך הלואה או מכח מכר, כל שפורע לו יותר אסור, **ומלישנא** דהש"ך לא משמע כן, ודו"ק – רעק"א.

סעיף ה – אפילו אומר לו הלוה בשעת נתינת הריבית שהוא נותנו לו במתנה, גם כן אסור לקבלו ממנו. **אבל** אם כבר לקח ממנו ריבית, והמלוה עושה תשובה ורוצה להחזירו להלוה, והוא מוחל לו, מותר.

סימן קס ס"ה - אפילו אם אמר ליה בשעת לקיחת הרבית: אני נותנו לך במתנה, אסור לקבלו ממנו - ואפילו ברבית דרבנן. (שכל ריבית שבעולם מחילה היא, אבל התורה לא מחלה ואסרה מחילה זו, לפיכך אין המחילה מועלת כלום ואסור לקבלו ממנו – לבוש). **אבל אם לקח ממנו רבית וצריך להחזירו לו, מועלת מחילה לפטרו** - ואפי' ברבית דאורייתא, **כמו בכל גזל.**

(**עיין** בשאלת יעב"ץ, שכתב דדוקא מחילה בפירוש מהני, אבל שתיקה לחוד לא מהני, דדלמא גברא אלמא הוא וסבר למחר מוקמינא ליה בדינא, או אמתלא אחרת היה לו בהמתנת תביעתו, ע"ש).

(מתנה על מנת להחזיר, כרבית, אסור) – (לקבלה ממנו – לבוש).

(**עיין** בשו"ת תשובה מאהבה, אודות שנשאל באחד שאומר לחבירו הנני נותן לך מנה במתנה גמורה מעכשיו ולעולם, ע"מ שתתן לי אחר ל' יום ק"כ, היש בזה חשש רבית דאורייתא או דרבנן או הערמת רבית. **וכל** מש"כ בפוסקים, היינו שהיא מלוה גמורה, והתנאי היה על הרבית לתת לו דרך מתנה, משא"כ בזה שאין כאן מלוה ולא זכרון הלואה כלל, **והשיב** על זה באריכות, ודעתו נוטה שאין בזה רבית דאורייתא או דרבנן, רק הערמת רבית או מחזי כרבית, **ושוב** חזר החכם השואל והאריך לבאר, דיש כאן איסור תורה ורבית קצוצה היוצא בדיינים, ובעל המחבר הודה לו, והביא לזה עוד ראיות, ע"ש. **וכתב** בספר כנה"ג שסידר למי שרצה לעלות לא"י, והיה רוצה להניח קרן שיתפרנס ממנו כל ימי חייו, שיתן המעות לפלוני במתנה, ופלוני יהא מתחייב לתת לו כך וכך לשנה כל ימי חייו אם מעט ואם הרבה, ואם ימות הנותן, תיכף ישארו הנכסים למקבל, ואם יאריך ימים, חייב המקבל לשלוח לו כל ימיו הסך שקצבו ביניהם, ולרווחא דמילתא עשה שיתן המעות במתנה גמורה למקבל בלי שום תנאי, ואח"כ יתחייב המקבל לשלם לו סך כך לשנה, עב"ד. **ועיין** בשאלת יעב"ץ שפקפק על היתר זה, דמ"מ הוי רבית, ולפחות הערמת רבית, כל מה שמקבל יותר מהקרן אם האריך ימים הנותן, ע"ש).

סעיף ו – אסור להקדים את הריבית או לאחר אותו. כיצד, היה ראובן רוצה ללוות משמעון מעות, ומקדים ושולח לו מתנה, ופירש לו בשביל שילוהו, או שהיה מתנה מרובה, דמסתמא הוי כאלו פירש לו שהיא בשביל שילוהו, זהו ריבית מוקדמת. **לוה** ממנו והחזיר לו מעותיו, והיה שולח לו מתנה בשביל מעותיו שהיו בטלות אצלו, זהו רבית מאוחרת.

סימן קס ס"ו - אסור להקדים הרבית או לאחר אותו. כיצד, נתן עיניו ללוות ממנו והיה משגר לו דורון, (ופירש בשביל שילוהו) - ‹נלע"ד דזהו דוקא בשולח לו דרך מתנה, ומבקש ממנו שילוהו בשביל זה, (ואומר אם תרצה תלוני לכשאצטרך), והוא דרך שוחד בעלמא. **אבל** אם התנה ע"מ שילוהו, א"כ אם אינו מלוה, צריך להחזיר, ובשעת הלואה הוי כנותן לו, ודומה כאומר חוב שאצלי מחול לך בתנאי שתלויני, דהוי כאומר אם תלויני החוב מחול לך, דהוי רבית קצוצה כמ"ש בב"י, כנלע"ד – רעק"א›.

וכתב בית יוסף, דצ"ע בפירש לו, אי הוי רבית קצוצה או אבק רבית, ומביאו ד"מ, והעט"ז כתב דהוי אבק רבית ואינה יוצאת בדיינים, וכן נראה עיקר. ‹**הב"י** מסתפק רק לדעת הפוסקים דמוקדמת ומאוחרת אף בסתם אסור, א"כ י"ל דבפירש הוי רבית קצוצה, **אבל** למש"כ ההג"ה כאן להלכה, דמאוחרת אסור רק בפירש, אין כאן מקום להסתפק – רעק"א›.

(או שהוא מתנה מרובה דמסתמא הוי כאילו פירש לו) – ‹שאין דרך לשלוח מתנה מרובה אא"כ רוצה ליהנות ממנו שילוה לו – לבוש›, **בשביל שילוהו, זו היא רבית מוקדמת** - אבל מתנה מועטת בסתמא מותר, דלא דמי לדלעיל ס"ד, דבסתם אסור, דהתם בשעת פרעון הוא, [**והכא שאני שהוא קודם להלואה**], הרא"ש ותלמידי רשב"א.

ומשמע דהיכא דהלוה מתכוין לשם רבית, אפילו בסתם אסור, וכ"כ בעה"ת ומביאו ב"י וד"מ. ‹**באמת** דעת בעה"ת משמע, דאף באינו מתכוין אסור, דהא כתב אם רגיל לשלוח לו דורון שרי, והוא שלא יתכוין לכך, הרי דבאינו רגיל, אפי' בלא מתכוין אסור, וכ"כ המ"ל. **ואולם** זהו רק למאי דס"ל לבעה"ת כהרמב"ם, דאפי' בסתם אסור וכמ"ש הב"י, **אבל** לשיטת הרא"ש והטור דסתם הרמ"א כוותייהו להלכה, דאינו אסור אלא במפרש, אין נ"מ מכל זה, דבודאי אפי' במתכוין מותר, אלא במתנה מרובה כיון דמוכחא מלתא הוי כפירש. **ודברי** הש"ך כאן דמשמע דכתב כן להלכה, דבמתכוין אסור, צ"ע – רעק"א›.

וכתב ב"י, דוקא סמוך קצת להלואה, אבל במופלגת הרבה אין לחוש כלל, ואפי' מתנה מרובה נמי שרי, כל שהוא סתם, **ונראה** דבפירש, אפי' מועטת אסור, אפילו מופלגת הרבה.

עוד כתב ב"י בשם הגהת אשר"י ורמב"ם, דאפילו בסתם אסור כשלא היה רגיל מקודם, ע"כ, **וכתב** בהגהת דרישה בשם מהרש"ל, דכל מה שידוע שבלאו הכי לא היה עושה לו כלל, הוי כמתנה מרובה ואסור, עד כאן, **ונראה** לי, דהכל לפי הענין ולפי מה שניכר בדעת משלח, ועל פי זה יש לומר דלא פליגי הפוסקים.

כתב ב"י, דאפשר אפילו היה רגיל מקודם במתנה מרובה, אסור, משום דהוי מילתא דפרהסיא, דדמי לדירת חצירו ושימוש בעבדיו דלקמן סעיף ז', ומביאו בהגהת דרישה.

לוה ממנו והחזיר לו מעותיו, והיה משגר לו דורון בשביל מעותיו שהיו בטלות אצלו – ‹דפירש בשביל מעותיך שהיו בטלות אצלי, או מתנה מרובה אפילו לא פירש›, **זו היא רבית מאוחרת** – ‹אבל במתנה מועטת ובסתם שלא פירש, מותר – לבוש›. **ואם עבר ועשה כן, ה"ז אבק רבית** – ‹ומ"מ קיל יותר, דבאבק רבית חייב לצאת ידי שמים להדוריה ללוה, משא"כ במוקדמת ומאוחרת כדלקמן – רעק"א›.

סעיף ז – אם אחד מלוה מעותיו לחבירו על זמן מה, כדי שיחזור זה וילוהו פעם אחרת סך יותר לזמן כזה, או סך כזה לזמן ארוך יותר, זה רבית גמור. **ואם** מלוה לו על מנת שילוה לו פעם אחרת סך כזה לזמן כזה, יש אומרים שגם כן אסור, ויש אומרים דמותר, ויש להחמיר. **אך** אם לא התנו כן, אלא שהוא מלוה לו ברצונו פעם אחרת, אף על פי שאינו עושה כן אלא מחמת שזה גם כן כבר הלוהו, בזה יש להקל.

סימן קס ס"ט - לא יעשה מלאכה לחבירו, על מנת שחבירו יעשה עמו אח"כ מלאכה שהיא יותר כבדה; ואפילו לעשות עמו אותה מלאכה עצמה, אסור אם הוא בזמן שהיא יותר כבדה, כגון שזה מנכש (פי' תולש העשבים הרעים מתוך הטובים) עמו בגריד, וזה מנכש עמו ברביעה.

הגה: ואם אחד מלוה מעות לחבירו על זמן מה, כדי שיחזור וילוהו פעם אחרת כזמן הראשון, יש אומרים שאסור, ולא דמי לעושה עמו מלאכה וחוזר ועושה עמו, דגבי הלוואה שכר הלוואה הוא נוטל - כלומר דהתם השני חייב לראשון דינר בשכרו, ומה לי פורע במעות ומה לי פורע בניכוש, **אבל** בהלוואה לא נתחייב הלוה למלוה כלום אלא מעות הלואה, ומה לי שנותן שכר או שמלוה לו פעם אחרת.

‹**ואם** עשה כן וחזר והלוה לו, ואמר שעושה כן לתשלום הרבית שקצץ לו לחזור ולהלות, י"ל דהוי כמו כל רבית קצוצה, וצריך ליתן לו כפי השומא כמה שוה זה להיות מעות בידו כך וכך זמן, **וצריך** לשלם זה מהריוח שהרויח במעותיו של זה, [**לא** מובן לכאורה, דאף שלא הרויח כלום, עכ"פ הרי המתנת מעות שוה כסף סך הריבית, משום הספק דהיה לו בשעה שלוה שירויח מזה, וצ"ע לשון זה – אג"מ], **דהתורה** לא אסרה רק במלוה מדעתו, אבל זה אין דעתו כלל להלות לו רק בדרך תשלומי רבית, ואין שם הלואה עלה, והוי כשולח יד במעות שבידו, דמותר לקבל הרבית, כמ"ש במשל"מ, וצל"ע לדינא – רעק"א›.

‹**ואם** עושה כן מעצמו לחזור ולהלוותו, ואינו עושה כן אלא בשביל שהלוהו מתחילה, הרי זה אסור מדברי סופרים משום רבית מאוחרת – הגר"ז›.

וי"א דמותר אם אינו מלוה לו לזמן ארוך יותר ממה שהלוהו – ‹ס"ל דאינו אסור אלא דוקא דאיכא תוספת בדבר נשך או תרבית, משא"כ כה"ג. **אבל** סברא ראשונה עיקר, דהא אפילו דיבור אסור, **וכל** זה שלא היה עושה לו בלא"ה – גר"א›. **(ועיין לקמן סימן קע"ז).**

‹**ולענין** הלכה בשל תורה הלך אחר המחמיר, ובשל סופרים הלך אחר המיקל, והמחמיר תע"ב – הגר"ז›.

סעיף ח – צריך המלוה ליזהר שלא ליהנות מן הלוה שלא מדעתו, כל זמן שמעותיו בידו, אפילו בדבר שהיה עושה לו אף אם לא הלוהו, שכיון שנהנה שלא ברשותו, נראה שסומך עליו שבשביל מעותיו שבידו ימחול לו, **אבל** אם נהנה ממנו מדעתו, מותר בדבר שהיה עושה לו אף אם לא הלוהו, **ובלבד** שלא יהא דבר של פרהסיא.

סימן קס ס"ז - צריך המלוה ליזהר מליהנות מהלוה שלא מדעתו, כל זמן שמעותיו בידו, אפילו בדבר שהיה עושה לו אף אם לא הלווהו - שכיון שנהנה ממנו בלא רשותו, נראה שסומך עליו שבשביל מעותיו שבידו יסבול לו. **אבל אם נהנה ממנו מדעתו, מותר בדבר שהיה עושה לו אף אם לא הלווהו** – ‹אמנם ללמוד הלוה עם המלוה תורה בחנם או עם בנו של המלוה, שמנהגינו שהאב משלם שכר ללמוד עם בנו, לא ילמוד הלוה עמו בחנם, אם לא היה רגיל בזה ללמוד עמו בחנם קודם שהלוהו – לבוש›. **ובלבד שלא יהא דבר של פרהסיא, כגון לדור בחצרו ולהשתמש בעבדיו.**

סעיף ט – אם לא היה הלוה רגיל להקדים להמלוה שלום בפעם אחרת, אסור להקדים לו, ואסור לכבדו באיזה כיבוד בבית הכנסת או במקום אחר, אם לא היה רגיל כן גם בפעם אחרת, וכן שאר ריבית דברים בעלמא אסור, שנאמר: נשך כל דבר אשר ישך, אפילו דיבור אסור. **וכן** המלוה מוזהר על רבית דברים, כגון אם אומר להלוה, הודיעני אם יבא פלוני ממקום פלוני, אע"פ שאינו מטריחו אלא באמירה בעלמא, אם לא היה רגיל עמו בזה קודם לכן, ועתה סומך על הלואתו לצוות עליו מפני שהוא נכנע לו, הרי זה ריבית. **ואם** תאמר והא כתיב: עבד לוה לאיש מלוה, זהו אינו אלא לענין אם נפל ביניהם דין ודברים, ואומר המלוה נלך לבית דין הגדול לדון שם, והלוה אומר לדון כאן, מחויב הלוה לילך כמו שרוצה המלוה, והמלוה אינו מחויב ללכת לב"ד הגדול שבמקום אחר, משום שנאמר: עבד לוה לאיש מלוה.

סימן קס סי"א - אם לא היה רגיל להקדים לו שלום, אסור להקדים לו - ‹דכתיב כל דבר אשר ישך, משמע אפילו דיבור ישוך – לבוש›.

{**וכתב** עוד מהרש"ל, מי שלוה מחבירו אינו רשאי לכבדו במצוה, כגון לקרותו לס"ת או לקנות לו גלילה, אע"פ שהוא יודע בעצמו שבלאו הלואה נמי עביד ליה, אפ"ה מאחר שאוושא מלתא, דומא לבית ועבד דאסור, אם לא שידוע לכל שלא מחמת הלואה קא עביד, וע"ש - ש"ך סי' קסו ס"ק א'}. ‹**אפי'** כשרגיל צריך להיות אסור משום דהוא בפרהסיא, ודלא כהקשו"ע, ודלמא רגיל הוי כידוע לכל›.

סימן קס סי"ב - לא יאמר לו: הודיעני אם בא איש פלוני ממקום פלוני – [פי' שבזה שמצוה עליו והוא נכנע לו, הוה רבית דברים].

‹**ולא** נאמר עבד לוה לאיש מלוה, אלא לענין שאם המלוה אומר נלך לבית דין הגדול לדון שם, והלוה אומר לדון כאן, כופין את הלוה לילך אחר המלוה לילך לבית דין הגדול, והלוה אינו יכול לכוף את המלוה לילך אחריו לבית דין הגדול, משום שנאמר עבד לוה לאיש מלוה – הגר"ז›.

הגה: וכן שאר רבית דברים בעלמא, אסור; ואפילו לטובת הנאה בעלמא, כמו שיתבאר בסוף הסימן - ‹עיין בשאלית יעב"ץ שכתב, דאדם חשוב אסור לקבל מתנה ממי שהלוהו בעודו בעל חובו, כיון דקיי"ל באשה כה"ג מקודשת, ש"מ דין ממון יש בו, דהו"ל כמתן מעות, כ"ש לענין רבית דלא בעינן מעות, שאפילו רבית דברים אסור. **ומה** נקרא אדם חשוב לענין זה, היינו כל שאינו מקבל מתנה משום אדם זולת זה, אם נזהר במעות צריך להיות נזהר במעות, ואם אינו מקבל כל דבר אפילו מנות של מאכל ומשקה, צריך הוא ליזהר גם כאן בכל›.

אסור לקדש אשה בהנאת מלוה, כגון שהיא חייבת לו, ומרויח לה הזמן כדי שתתקדש לו (גמרא פ"ק דקדושין).

סעיף י – אפילו טובת הנאה שאינו ממון, אסור להמלוה ליהנות מן הלוה, כגון שאם המלוה הוא בעל מלאכה, והלוה הזה אין דרכו ליתן לו מלאכה בפעם אחרת, רק עתה מחמת שהלוהו רוצה לתת לו מלאכתו, אסור.

סימן קס סכ"ג - המלוה מעות על מנת שכל מלאכה שתבא לידו יתן אותה למלוה לעשותה, אסור - כלומר שהמלוה הוא בעל מלאכה, והלוה אינו בעל מלאכה, אלא שנותן לאיזה בעל מלאכה אם צריך לשום מלאכה, אסור להלוות לו ע"מ שכל מלאכה שתבא לידו ליתנם לבעל מלאכה, יתנם למלוה, ‹וה"ז ריבית דרבנן – לבוש›. **הגה: ולמ"ד טובת הנאה הוי ממון, מיקרי רבית קצוצה (כך דקדק הב"י מלשון הרא"ש), מאחר שהתנו מתחלה בו כך.**

[הב"י כ"כ ולמדו מדברי הרא"ש שכתב, כהן שהלוה את ישראל ע"מ שיתן לו תרומות ומעשרות, למ"ד טובת הנאה אינה ממון, לא מפקינן, משמע דלכו"ע איסורא מיהו איתא, אלא דרבית קצוצה לא הוה אלא למ"ד טובת הנאה ממון, עכ"ל. **ואילולי** פה קדוש הייתי אומר דהיתר גמור הוא, וראייה ברורה מדברי התלמוד הובא בשו"ע סימן קע"ב סעיף ד', דאם אמר המלוה ללוה אם תמכור קרקע שלך לא תמכור אלא לי בשוויה, ועל מנת כן אני מלוה לך, דמותר, והיינו ממש הך דהכא. **אין** זה ראיה,

דהתם הוא מתחלה אצלו במשכנתא, וגם התם לא הוי טובת הנאה, שהרי הוא נותן ממון בקרקע זו, אבל הכא אי לא מזדמן ליה מלאכה לא משתכר מידי - נקה"כ. [**ונראה** לענ"ד דאין ראיה מדברי הרא"ש דהביא ב"י לדין זה, דשאני התם שטובה רבה היא לכהן שמקבל בחנם התרומה, וע"כ שייך שפיר מצד הנותן טובת הנאה, שהוא נותן לו אותה טובת הנאה בשביל ההלואה, **משא"כ** כאן במלאכה ומכירת קרקע שלאו בחנם באה לידו, על כן אין שם טובת הנאה על הנותן בזה לענין רבית. **ואין** להקשות דיהיה אסור מדאיתא בחו"מ ריש סימן ש"ו, דאומן מקרי שומר שכר, בההיא הנאה שנותן לו לתקן ליטול שכר, זה אינו, דאף על פי שיש למלוה הנאה זו, אין זה חשיב לחסרון בשום דבר ללוה, דיפול עליו שם רבית, דאל"כ גם בההיא דסימן קע"ב יהיה אסור, דהא מקח השוה, הוא הנאה ללוקח ולמוכר, כדאיתא לקמן סי' רכ"ז סעיף א', זבינא מציעא כו', אלא פשוט דמ"מ אין שייכות רבית בשביל זה, הכי נמי בדין זה, וצ"ע בזה].

ואפילו לא התנו מתחלה, אם אינו רגיל לעשות בלאו הכי, אסור; וכן כל טובת הנאה. אבל אם כל אחד מחזיק טובה לחבירו, לפעמים הלוה למלוה ופעמים להיפך - (במידי שהוא שכיח ומצוי - לבוש), **שרי.**

סעיף יא – אסור להלוות לאחד סאה תבואה, שיחזור לו אחר כך סאה תבואה, אפילו מין במינה, כי שמא תתייקר בנתיים התבואה, ונמצא זה מחזיר יותר ממה שלוה, **אך** יעשנו דמים, שאם תתייקר התבואה לא יתן לו רק הדמים. **ואם** יש ללוה אפילו רק מעט ממין זה, מותר ללוות אפילו כמה כורין. **וכן** אם יש לו לאותו מין שער קבוע בשוק, מותר ללוות אע"פ שאין ללוה כלום מזה המין. **וכל** זה מין במינו, אבל מין בשאינו מינו, כגון להלוות סאה חיטין בסאה דוחן, אסור בכל ענין, אע"פ שהן בשער אחד ויש לו דוחן. **ובדבר** קטן שאין הדרך להקפיד ביוקרא וזולא, מותר בכל ענין, ולכן מותרת אשה להלוות ככר לחם לחברתה.

סימן קסב ס"א - אסור ללוות סאה בסאה, אפילו לא קצב לו זמן לפרעון - הלואת סאה בסאה הוא מדרבנן, והלכך אינה יוצאה בדיינים.

וכן כל דבר, חוץ ממטבע כסף - (שאין שייך בה יוקר או זול, אלא בפירות או דברים שלוקחים בעדה, והמטבע כדקאי קאי), **היוצא אז בהוצאה** - לאפוקי אם אינו יוצא אז, אע"פ שהיתה יוצאת מקודם, כגון מטבע שנפסל אסור. (**ודוקא** של כסף, אבל דינר זהב יש לו דין פרי, שאסור ללות דינר זהב בדינר זהב, מפני שדרכו להוזיל ולהוקיר כמו פרי, ושמא אותו ששוה בשעת הלואה כ"ד דינרי כסף, יהיה שוה בשעת פרעון כ"ה. **ומטבע** של נחשת כגון פרוטות, לעולם נקראו פרי, אפילו יוצאות בהוצאה – לבוש).

דשמא יתייקרו ונמצא שנותן לו יותר ממה שהלוהו; אם לא שיעשנו דמים, שאם יתייקרו יתן לו אותם הדמים - (עיין בתשובת בית אפרים שכתב, דע"כ לא שרינן אלא בהתנה בפירוש שיפרע לו מעות, **אבל** אם התנה שהברירה ביד המלוה לקחת חטים או מעות, אין התנאי מועיל, ואדרבה מגרע גרע, שאם הוזלו אח"כ החטים ונותן לו מעות כפי שהיה שוה בשעת הלואה, הוי רבית קצוצה, כיון שהתנה בתחלה, ע"ש שהאריך בזה).

ואם לא עשהו דמים, ונתייקרו, נותן לו הדמים שהיו שוים בשעת הלוואה; ואם הוזלו, נותן לו הסאה שהלוהו - (עיין בתשובת בית אפרים שם שהאריך להוכיח, דדוקא חטים הוא דנוטל, אבל אסור ליתן לו דמים שהיה שוה בשעת הלואה רק בהוקרו, אבל בהוזלו לא, משום איסור רבית, דלא כספר מחנה אפרים שנסתפק בזה).

[**ואם הוא דרך מקח, דהיינו שמוכר סאה, וישלם לו בזמן קצוב סאה אחרת תחתיה,** דהוה קרוב לשכר ולהפסד, דאז אפילו בהלואה אין כאן איסור אלא מדרבנן, ממילא כשהוא דרך מקח מותר לגמרי].

הגה: יש מי שכתב דבזמן הזה מטבע של זהב דינו ככסף, ולוין זהוב בזהוב, וכן נוהגין להקל ואין למחות בידם, כי יש להם על מי שיסמוכו. (פסקי מהרא"י) - כלומר אפילו מאן דאוסר בזמן

הש"ס להלות דינר זהב בדינר זהב, היינו משום דבזמנם היו המטבע כסף טובים וחשובים ‹ודק› מעט נחשת היה בהן, והיה הדינר זהב נחשב פירי לגבייהו, משא"כ בזה"ז דהמטבעות כסף רובן נחשת, שם, **מיהו** כתב שם בשם התוספות, דלעולם דינר זהב יש לו דין מטבע כסף, ע"ש, ‹ואפי' כשהמטבעות כסף טובות מאד ורובן מכסף ומעט תערובת נחשת, והיינו לפי סברתו הראשונה שם שהביא הט"ז בסמוך›, וכ"כ ב"י בשם תשובות הרשב"א, דינר זה שהוא מטבע היוצא, ודאי מותר, דאיהו מטבע, ולאו איהו דאייקר וזול אלא הפירות, ובהדיא גרסינן כו' ע"ש, ועיין בחו"מ סי' ר"ג ס"ג וד'.

[**הטעם**, דבזמנינו רוב בני אדם יש להם מטלטלין ברשותם דשוה זהב, ואם היו רוצים למכרם בזול יכולים למכרם, והוה כלוה סאה בסאה ויש לו, ואפי' אין לו רק זהב אחד יוכל ללוות עליו כמה זהובים, **אבל** גבי סאה בסאה לא מהני מטלטלין רק מזומנים, דאין דרך לקנות פירות רק במזומנים, אבל דרך הוא למכור מטלטלין בעבור זהובים, וכן כתוב בפסקי מהרא"י]. ‹**ולפ"ז** אם היה לו מעות, מותר ללות לו סאה בסאה, וצ"ע דלא משמע כן מהפוסקים – באה"ט›.

‹**קשה** לי {על סברת מהרא"י שמביא הט"ז}, הא למאי דקיי"ל דתלוי הכל ביצא השער דמותר, דאף באין לו מעות מותר ללות סאה בסאה, ובלא יצא השער אף דיש לו מעות אסור, וא"כ הכא בדינרי זהב, אם יצא השער פשיטא דמותר, ובלא יצא השער, אף דמדמינן מטלטלים לגבי זהב, כמו מעות לגבי פירי, הא בלא יצא השער לא מהני יש לו מעות, וא"כ הך סברא לא קיימא לדינא, זולת הטעם האחר שכתב המחבר {מהרא"י} שהביא הש"ך – רעק"א›.

יש מי שאומר דמותר ללוות ככר לחם בככר לחם, כמטבע של כסף – ‹מפני שהוא מצוי מאד, ואף על פי שאין לזה יש לזה, ועוד› **דמאחר דדבר מועט הוא, לא קפדי בני אדם להדדי בזה** – ‹על הפרש דבר מועט שבין זה לזה – לבוש›. **וכן נוהגין להקל.**

סימן קסב ס"ב - אם יש לו מעט מאותו המין, אפילו אין המפתח בידו, לוה עליו כמה סאין לפרוע סאה בסאה - אפילו כולו ביחד, ואצ"ל קני בזה אחר זה, דבשביל כל סאה וסאה שלוה אנו רואין הסאה שלו כאלו היא נחלטת מיד למלוה, ואם מתייקר ברשותו מתייקר, טור והפוסקים. **אבל** מעות אפי' בכדי שיכול ליקח כל אותו המין, אסור, כן הסכמת הפוסקים וכ"כ ב"י.

כתב ב"י, ואין צריך שיהא דעתו להקנות כנגד אותו המעט, דא"כ בעם הארץ דלא ידע, ליתסר, אלא עיקר טעמא, משום דכיון דמדרבנן הוא, בטעמא כל דהו אקילו ביה. **והב"ח** כתב, דדוקא שיהא דעתו לכך, דאל"כ נתכוין א' מהן לשם רבית ואסור, **ונ"ל** דאף לדבריו היינו לכתחלה, אבל אם לוה והיה לו מעט מאותו המין, אף על פי שלא היה דעתו לכך, שרי וחייב לשלם, וכן משמע לכאורה מדברי הרא"ש וט"ו בסעיף ה.

[**ואין** להקשות ממה שכתב הרמב"ם, וב"י מביאו וכ"פ בסמוך סעיף ג', היה לאותו המין שער בשוק וידוע לשניהם, משמע דידיעת שניהם בעינן, וכמ"ש בב"י]. **עיין** בש"ך ס"ג דלא קשה מידי - נקה"כ. [**שאני** התם דלא שייך לומר שנקנו לו למלוה, דהא של אחרים הם, דהיינו אנשי השוק, וא"כ אין היתר אלא שידעו שיש שער בשוק, **משא"כ** ביש לו, די"ל דחכמים הקילו, כן נ"ל נכון לפי דעת הב"י. **ומו"ח** ז"ל כתב לחלוק על הב"י, דבעינן ידיעת שניהם גם ביש לו, כמו שצריך בשער שבשוק, ול"נ כמו שכתבתי נכון וברור, ומ"מ נראה, שבאם רוצה להלות חטין בחטין מכח היתר דיש לו, ודאי לכתחלה צריך שידעו שניהם שיש היתר, וכן בהיתר דשער שבשוק, אלא דחילוק יש ביניהם באם לוה ולא ידע מן ההיתר, דבהיתר מצד יש לו מותר, כיון שנקנה לו על פי חכמים, ובהיתר מצד שער שבשוק, אסור ליתן לו החטים אם נתייקרו, כן נראה לענ"ד עיקר להלכה].

ואם אין לו כלום מאותו המין, יתן לו המלוה מעט מאותו המין או ילוהו לו, ואחר כך ילוה לו כמה סאין (די"ע דלא כתלמידי רשב"א)

- והב"ח פסק כתלמידי רשב"א, דדוקא בנותן לו במתנה או מקנה לו, מותר אחר כך ללוות ממנו, אבל בהלואה, כיון דתחלת ההלואה להוצאה ניתנה, אסור, ע"ש, וכן העט"ז השמיט הך דילוהו כו'.

[**וכתב** על זה ‹הב"י› דלא נראה לו, **דאע"ג** דלהוצאה ניתנה לו, ילוה עליה, שהרי כל חטים שביד האדם להוצאה עומדים, ואפ"ה לוה עליהם, עכ"ל. **והנראה** לענ"ד דס"ל לתלמידי רשב"א, ודאי אם הלוה לו כבר סאה,

ופסק בדרך היתר, ודאי יכול להלות עליה אפילו כמה סאין, כיון שיש לו כבר סאה ברשותו, ולא אסרי אלא אם בא עכשיו לעשות היתר שיוכל להלות, בזה אין היתר אלא שיתן לו סאה אחת במתנה, ונמצא דקרינן שפיר יש לו על אותה סאה, אבל אם רוצה להלות לו עכשיו כדי שיוכל על ידי זה להלות הרבה סאין, זה לא יועיל, דכל עיקר ההיתר מחמת יש לו הוא, דיכול להחזיק זה הסאה לשלמה לו אח"כ במה שילוה לו, וזה אינו שייך כאן, דהא אותו סאה גופה ניתנה להוצאה, ויחזיר לו אחרת תחתיה ולא יחזירנה בעין, אם כן אין כאן לומר שתהיה אותה סאה במקום תשלומין על אחרת, ומש"ה כתב הרשב"א בתשובה הביאה ב"י בסמוך וז"ל, וכדי לעשות בהיתר נותן סאה אחת חטים לקהל כו׳, ולא כתב ילוה, וכן סמ"ק וכל בו נקטו היתר נתינה ולא הלואה, מטעם שאמרנו, ועל כן כתב רשב"א גופיה הבאתיו ריש סי׳ קס"ג סעיף א׳, דאם היתה לו כבר הלואה, מועלת להלות אח"כ הרבה, והיינו בדרך שכתבתי תחלה, שהיתה נעשית שלא לשם היתר עכשיו, אלא היתה בהיתר בפני עצמה, כן נראה לענ"ד]. **כבר** קדמו הב"ח בזה - נקה"כ.

הגה: היה ללוה מעט מאותו המין פקדון ביד אחר, הרי זה כאילו היה בידו; אבל אם אחרים חייבים לו, לא מקרי יש לו; וכן אם יש לו במקום אחר ואין למלוה דרך לשם.

לוה שאמר שיש לו מעט מזה המין, יוכל המלוה להלוות לו ואינו צריך ראיה לדבריו.

כא דמותר להלוות לו כשיש לו מאותו המין, היינו סתם; אבל אם המלוה מתנה שאם יתייקרו חטים ישלם לו חטים, ואם יוזלו יתן לו מעות דמי שוויין כשער של עכשיו, אסור, דהוי קרוב לשכר ורחוק להפסד.

סימן קסב ס"ג - היה לאותו מין שער בשוק, קבוע וידוע לשניהם, מותר ללוות סאה בסאה - אפי׳ אין מעות ללוה, כדעת ר"י ורוב הפוסקים וכן פסקו ב"י וב"ח. [הטעם, כיון דשכיחי למזבן, דמי לאומר הלויני עד שיבוא בני. וכתב הרא"ש, אפי׳ אין לו מעות כלל ללוה, הוה היתר זה, דיכול לקנות מן השוק באשראי או ללות מחבירו, והיינו דוקא סאה בסאה, אבל אם הלוהו מעות, אסור אף על פי שיש שער בשוק, כיון שאין לו ‹הפירות›, כמו שיתבאר בסימן קס"ג ‹ס"א›. **וכתב** עוד, דאם יצא השער במקום אחד, אף על פי שבמקומות שסביבותיו לא יצא, סומכים על מקום ההוא].

כתב ב"י, דסגי כשידעו דיצא השער, אף על פי שלא ידעו בכמה יצא. **וכתב** עוד, אבל מתשובת הרא"ש שבסוף סי׳ זה משמע, דלא בעי ידיעה כלל, שהרי לא הצריך אלא שיברר שיצא השער, או שהיה ללוה סאה אחת, ואילו ידיעת השער לא נזכר כלל בדבריו, ע"כ. ‹**לכאורה** המחבר בשו"ע חזר מדבריו שבב"י, דהרי העתיק כאן בס"ג דברי הרמב"ם, ובסוף סימן זה דברי הרא"ש אלו – רעק"א›. **והב"ח** כתב, דהתם מיירי שמלוה טוען שהיה לו ידיעה שיצא השער. **ולי** נראה, דאע"ג דלכתחלה אין להלות עד שידע שיצא השער, מכל מקום אם לוה ויצא השער, אף על גב דלא ידע, מכל מקום הרי לא נעשה כאן איסור בהלואה זו, וחייב לשלם לו.

הגה: וע"ל סימן קע"ה איזה מקרי שער קבוע. והא דיכול ללוות על שער שבשוק, היינו דהלוה יכול לפרוע לו אימת שירצה; אבל אם התנה שלא יקבל פרעון עד שעת היוקר, אסור - ‹דהוי קרוב לשכר ורחוק להפסד – לבוש›.

אימת שירצה - ואז שרי אפילו בקבע לו זמן, ‹לטובת הלוה, שאין המלוה יכול לכופו בינתיים וכדלקמן›, כן הסכמת הפוסקים והאחרונים, ודלא כהרמב"ם. **וכתב** הרא"ש, מיהו באומר לא אקבל הפרעון קודם הזמן, אסור ללוות על שער שבשוק, אבל אם יש לו חטין, אפי׳ בהא אין לאסור, ע"כ, ומביאו ב"י וד"מ, **ומשמע** מדבריו שם להדיא, דאפילו אינו אומר לא אקבל הפרעון עד שעת היוקר, אלא אומר לא אקבל עד הזמן, אף על פי שאין ידוע שיתייקר השער אז, אסור, משום דדמי להלויני כור חטים עד הגורן, **ולפ"ז** מש"כ הרב עד שעת היוקר, הוא לאו דוקא, אלא לישנא דסמ"ק וכל בו נקט, אי נמי אשמועינן דהיכא דנתייקר השער, אין חייב לשלם לו, **ונ"ל** דהיכא דקבע לו זמן מחמת שיש לחוש שיוזל אחר ההלואה קודם הזמן, אסור לכו"ע בקבע לו זמן, אף בלא אמר ליה לא אקבל עד זמן הפרעון, **דהא** הפוסקים

לא השיגו על הרמב"ם אלא מטעם שקביעת הזמן היא לתועלת הלוה, שאין המלוה יכול לכופו בינתיים, אבל אם בא לפרוע תוך זמנו, פורע.

סימן קסב ס"ה - הגה: לא התירו ללוות כשיש לו, אלא סאה חטים בסאה חטים, אבל סאה חטין בסאה דוחן - וה"ה לכל שאר ב' מינים, **אסור אעפ"י שכן בשער אחד ויש לו דוחן** - כתב הט"ז אפי' יצא שער של שניהם, דאע"ג דאמרינן לעיל ס"ג דביצא השער של חטים לבדו מותר, הכא שמלוה על דוחן גרע טפי כו', **וכן** משמע בבעה"ת, דכתב וראיה מדתנן לא יאמר אדם לחבירו נכוש עמי ואעדור עמך, שהרי ניכוש ועידור כמי שיש לו הן, והם עכשיו בשער אחד, ואפ"ה אסור, כיון שהם שתי מלאכות ופעמים שאינן שוות ואסור, ע"כ.

[**ולא** תקשה ממ"ש בסי' קס"ג ס"ב, תן לי חטין שאני רוצה למכור וליקח יין, דשרי ביש לו, דהתם מכירה, ודרך מכירה כן הוא, למכור כדי להרויח בו אח"כ, משא"כ בהלואה, שאסור להרויח בפרעון הלואתו].

סעיף יב – המלוה מעות על משכון בית או שדה, או מקום בבית הכנסת, והמלוה יקח את הפירות מהמשכון, צריך להיות בנכייתא, דהיינו שינכה לו מן החוב דבר קצוב לכל שנה, שזהו יהיה השכירות שנותן המלוה, ואפילו השכירות שוה יותר ממה שקצבו ביניהם, מותר, **אבל** לא יחזיר המלוה וישכירו להלוה עצמו. **ועוד** יש בענין משכנתא הרבה חילוקי דינים, ואין לעשות כי אם ע"פ שאלת חכם.

סימן קעב ס"א - המלוה את חבירו, ומשכן לו בית או שדה על מנת שיאכל פירותיו כל ימי המשכונא, אם היא כמשכנתא דסורא, דהיינו שמשכנה לו לשנים ידועות, וכותב: במשלם שנין אילין תיפוק ארעא בלא כסף, אפילו מרחיב הזמן הרבה, שאין מגיע לכל שנה אלא דבר מועט, כגון שהלוהו מנה והתנה עמו שאחר עשר שנים - וה"ה יותר, **תחזור קרקע זו לבעליו חנם, והיה שכר אותה קרקע שוה אלף דינרים בכל שנה, מותר, שאין זה אלא כמי ששכר בפחות.**

‹**והטעם** בב"י בשם הרמב"ן, שבמשכנתא דסורא אין אחריות המלוה עליו, ואם שטפה נהר אינו נוטל כלום אלא פירות שעושה, ואינו יכול לכופו לפרוע חובו, לא מזו ולא משאר נכסים, **משא"כ** במשכנתא סתם, שהאחריות עליו, ואם רצה תובע חובו ממנו, ואם שטפה נהר גובה משאר נכסים, ט"ז. **והש"ך** כ', דמשמע טעם ההיתר הוא בשביל שכותב כך בשטר, ולפ"ז אפילו יש כח ביד המלוה לגבות חובו כשירצה, מותר, **מיהו** דעת המחבר נראה דלעולם בעינן שלא יהא כח בידו לגבות מחובו כלום – באה"ט.›

וכן אם התנה בעל הקרקע עמו, שבכל זמן שירצה הלוה לסלקו שיביא לו מעות ויחשוב לו עשר בכל שנה, ויסלקו מהשדה או מהבית, והוא יחזיר לו שאר דמים ויסתלק, מותר - כלומר לא מיבעי שדה שפעמים אינו עושה פירות, ונכנס בספק שמא לא יעשה פירות, אלא אפילו בית וחצר, שפירותיהן דהיינו הדירה מצויה תדיר, מותר, דלפעמים נמי יש קלקול בבית כדלקמן בהג"ה, **שמאחר שאין כח ביד המלוה לגבות מחובו כלום ולהחזיר הקרקע ללוה, אינו אלא שכירות** - כלומר אפי' התנה הלוה שיוכל לסלקו כו', וכ"ש לא התנה דשרי.

הגה: וי"א דאפילו בלא משכנתא דסורא יש היתר ללוות; כיצד, אם הלוה לזמן קצוב, כך וכך שנים, אם הלוה יוכל לסלקו תוך הזמן ומנכה לו כל שנה ושנה אפילו דבר מועט - אפי' פחות מכדי שיעור שדה אחוזה, שהוא לזרע חומר שעורים סלע ופונדיון לשנה, **דזהו מקרי משכנתא בנכייתא, שרי; ואם לא מנכה ליה כלום, אסור והוי אבק רבית. ואם אין הלוה יכול לסלקו תוך הזמן, אפילו בלא נכייתא שרי.**

וי"א דאין חלוק בין אתרא דמסלקי ובין אתרא דלא מסלקי, אלא בשניהם בנכייתא שרי, בלא נכייתא אסור - אינו מדוקדק, דודאי יש חילוק לי"א אלו בין אתרא דמסלקי לאתרא דלא מסלקי, בלא נכייתא, דבמסלקי הוי רבית קצוצה, ובלא מסלקי הוי אבק רבית, כדאיתא בדבריהם להדיא, **אלא** כיון דסוף סוף איסורא איכא, לא ירד הרב לחלק בכך, **ומשמע** להדיא דלשתי סברות אלו, אפילו יש כח ביד המלוה לגבות חובו, שרי, כיון דהוה בנכייתא, ועל פי זה הוא גם כן המנהג.

ויש לילך בדבר זה אחר המנהג; ובמדינות אלו נוהגים היתר במשכנתא בנכייתא, אפילו יכול לסלק - ‹לאפוקי שיטת הראב"ד, דס"ל דלא הותר בנכייתא אלא באתרא דלא מסלקי, **וקצת** צ"ע דכתב הרמ"א כן בלא להזכיר דברי הראב"ד תחילה - דברי סופרים›.

ואין חילוק בזה בין שדה לבית או שאר מטלטלין, דבכל מידי בנכייתא שרי.

ויש מתירין להלוות על ספרים או מקומות בבהכ"נ ולישב עליהם אפילו בלא נכייתא, דהוי לצורך מלוה, ומותר ללוות ברבית לצורך מלוה (תשובת מהרי"ל והאגודה) - עיין בתשו' מהרי"ל, שם משמע דאפילו ברבית קצוצה יש להתיר, דמדמי ליה למעות של יתומים, **ולפי** מאי דמסיק שם לאסור מעות של יתומים ברבית קצוצה, וכ"כ הרב לעיל סימן ק"ס סי"ח, ה"ה הכא, וכ"כ מהרש"ל. **וטוב להחמיר לעשות בנכייתא.**

כתב בסמ"ע בחו"מ סי' ע"ב ס"ק ה', דצ"ע דהא ראבי"ה במרדכי סוף פרק אלו מציאות אוסר גם בספרים בלא נכייתא, [**צ"ע** דלמה סמך רמ"א על דעה זו, כיון דבחו"מ סימן ע"ב ובב"י מחודשים י"א מביא תשובת רשב"א דרבית קצוצה היא, וכן במרדכי ס"פ אלו מציאות אוסר בלא נכייתא, ולכל הפחות היה לו להביא בשם י"א להחמיר], **ולק"מ**, דכ"ז לא נעלם מעיני הרב, שהרי כתב בד"מ וז"ל, במרדכי, אם הלוה לו על ספרים אסור ללמוד בהן ואפי' התנה עמו, מיהו בנכייתא שרי, ובפרק איזהו נשך כתב, דלרש"י דבית וחצר אסור בנכייתא, ה"ה בספרים אסור אפי' בנכייתא, משמע דלר"ת דמתיר, ה"ה בספרים... עכ"ל ד"מ, **הרי** שלא נעלם מהרב דעת ראבי"ה וסייעתו שאוסרים גם בספרים בלא נכייתא, וע"פ דבריהם כתב: וטוב להחמיר לעשות בנכייתא וק"ל.

וכל זה לא מיירי אלא כשאחריות המשכונות על המלוה, אבל כשהלוה כותב לו אחריות על שאר נכסיו - שאם יפול הבית או ישרף, מיד יפרע משאר נכסיו, טור, **ולא יוכל להגיע למלוה שום הפסד, אסור** - ואע"ג די"ל שלא יצטרך לבית ולא ימצא לו שוכרים, משום האי טעמא לחוד לא נתיר, דאין טעם זה אלא סניף לשאר טעמים כגון שריפה ונפילה.

אין ר"ל ‹"כשאחריות המשכונות על המלוה"›, כשיאבדו המשכנות לא יתחייב הלוה לשלם חובו, דהא משמע מדברי ה"ה בשם הרמב"ן, דאפילו גובה משאר נכסיו מותר, **אלא** ר"ל לאפוקי כשכותב לו אחריות על שאר נכסיו, דאז כשיתקלקל המשכון מיד יש לו משכון אחר, **אבל** כשלא כתב לו אחריות על נכסיו, אף על פי שאם יתקלקלו המשכנות גובה משאר נכסיו, מ"מ כיון שאין לו מיד משכון אחר, שרי.

[לענין הלכה אבק רבית הוא, ואפי' יהיה הדבר ספק, מ"מ אין כח לומר רבית קצוצה היא ולהוציא ממון].

ובכל מקום דהמשכנתא הוי אבק רבית, אם בא הלוה לנכות למלוה הפירות שאכל, לא מנכינן ליה - וכ"ש אכל טפי משיעור החוב, שאין מוציאין ממנו, **דהואיל והמשכנתא הוי ברשות המלוה ולוה עליה מתחלה, אילו מנכין ליה מחובו, הוי כאילו מוציאין האבק רבית ממנו בדיינים** - כלומר דלא דמי לדלעיל סי' קס"ז ס"ג, דהכא המשכנתא היא בתחלה ברשות המלוה שלוה עליה.

מיהו אם אמר לו: לא בעינא דתיכול עוד פירותי בריבית, אם אכלן אח"כ, אפילו באתרא דלא מסלקי, מנכין לו פירות שאכל אח"כ - ‹שכיון שזה מוחה עליו שלא יאכל, גזל הוא. **ואם** צריך שיאמר זה דוקא בב"ד או לא, כתב ב"י ב' דעות בזה. **ומשמע** דוקא היכא דהוי אבק ריבית, הוא דמנכינן ליה היכא דמיחה, אבל היכא דאפילו אבק רבית נמי לא הוי, כגון בנכייתא באתרא דמסלקי, כיון דשרי, אע"ג דמיחה, לא מנכינן ליה עד דמייתי זוזי. **ובאתרא** דלא מסלקי ובנכייתא, ושלים זמניה וזה אוכל אחר

זמנו בנכייתא כמו שהיה אוכל בתחלה, זה מותר, אע"ג דלא כתב ליה: אכול בנכייתא כל זמן שתמשוך זו בידך, כ"כ הב"י בשם הרשב"א. **וכתב** הש"ך, ואין להקשות ממ"ש המחבר בחו"מ סי' ע"ד ס"ג, חוב דמשכונו דקאכיל מיניה פירות באתרא דלא מסלקי, אם רצה אינו מקבל המעות קודם הזמן, אלא א"כ מניח לו הפירות לאכול, וסתם הרב כדבריו, **דהתם** ה"ק, דמחייב להניח לו לאכול בשומא, ומנכינן ליה דמי כולי פירי כמה דשיימי ליה ב"ד, **מיהו** דעת הראב"ד שהביא הב"י, דקודם זמן הסילוק אינו יכול למחות, ולא מנכינן ליה, כיון דהוא באתרא דלא מסלקי, **ונראה** לי דספיקא דדינא הוא והמע"ה, עכ"ל – באה"ט. ‹**לענ"ד** הראב"ד מיירי בענין דליכא איסור רבית, אבל היכא דהוי אבק רבית, כגון בלא נכייתא, י"ל דגם הראב"ד מודה דיכול למחות בידו, ודו"ק – רעק"א›.

סימן קעג ס"ב - משכונא זו - דסורא, אבל משכונא אחרת אסור אפי' אדם אחר שכרה, **אם בא המלוה לחזור ולהשכירה ללוה בדבר קצוב לשנה, יש אוסרין, ויש מתירין.**

ואם אדם אחר שכרה מהמלוה, יכול הוא לשכרה ממנו - ‹כת הלבוש, מיהו נ"ל שצריך שלא יתנה בכך בשעת ההלואה. **וכ"ז** במשכנתא דסורא, אבל משכונא אחרת אפי' אם אדם אחר שכרה אסור, ואם התנה כן הוי רבית קצוצה, ודלא כהלבוש, וגם הט"ז השיג על הלבוש ע"ש. **וכתב** רבינו ירוחם, ואותן המקומות שנותנין מעות על הבתים במשכונא, ובעה"ב דר בו בשלו, ואין המלוה מחזיק לעולם בבית, ואדם אחד מתחייב למלוה בדבר קצוב בכל שנה, כתב מורי הרד"א דאם אותו שמחייב עצמו עושה כן מדעת עצמו, מותר, אבל אם עשה בשליחות הלוה, אסור והוי רבית קצוצה לכו"ע – באה"ט›.

הגה: ועיין לעיל סימן קס"ד; גם נתבאר לעיל אם אכל המלוה הפירות לאחר זמן המשכנתא.

סעיף יג – דבר שיש לו שער ידוע, אסור למכרו ביותר מן השער, מפני שממתין לו את המעות, **אבל** דבר שאין לו שער ידוע, אע"פ שאם היה נותן לו עתה את המעות, היה נותנו לו בפחות, ובשביל שהוא ממתין את המעות מוכר לו קצת ביותר, מותר, **ובלבד** שלא יעלהו הרבה (דהיינו שתות או יותר) עד שניכר לכל שבשביל המתנת המעות הוא מעלהו, **וגם** אם לא מעלהו הרבה, אלא שהוא מפרש ואומר, אם תתן לי מיד את המעות, הרי לך בעשרה, ואם בהקפה תתן לי, אחד עשר, אסור. **וכן** אם הקונה קונה את הסחורה ביוקר כדי למכרה מיד ולהפסיד, בשביל שיהיה המעות בידו איזה זמן, גם כן אסור.

סימן קעג ס"א - מכר לחבירו דבר ששוה י' זהובים בי"ב, בשביל שממתין לו, אסור. אפי' אם המוכר עשיר וא"צ למעות, ולא היתה הסחורה נפסדת אצלו - ומוכר לו דבר שעתיד להתייקר כמו שיהיה בשעת היוקר, דהשתא אין ריוח לעשיר בזה הקנין, דאי לא קנאו זה, היה משהה אותה בידו עד שעת היוקר, אפ"ה אסור, כיון שאם היה מעות ללוקח היה קונה כשער של עכשיו, והשתא בשכר המתנת המעות לוקח כיוקרא דלקמיה, ש"ס, [**ונראה פשוט,** דאע"פ שהלוקח רוצה להניחו עד שעת היוקר, דאסור, דעכ"פ בשעה שהוא נוטלו ממנו נוטלו באיסור].

במה דברים אמורים, בדבר שיש לו שער ידוע או דבר ששומתו ידוע, כמו פלפל או שעוה - וכתב ה"ה ובעל התרומות, דבקרקע כיון דאין אונאה לקרקעות, וגם אין כיוצא בו נמכר בשוק, כל שהוא דרך מקח וממכר שאינו נראה כרבית, מותר, **אא"כ** פירש בפירוש אם מעכשיו בכך וכך, אם לזמן פלוני בכך וכך, שאז אסור אפילו לא החזיק הלוקח עדיין בקרקע, וכן לכל דבר שאין לו קצבה ואונאה, ומבואר ב"י וד"מ.

אבל טלית וכיוצא בו שאין לו שער ידוע ואין שומתו ידוע, מותר למכרו ביוקר לפרוע לזמן פלוני - ‹ודוקא אם הוא מתנה בענין שהוא השער של אותו זמן הפרעון ברוב השנים, אבל ביותר מזה אסור, ב"י בשם בעה"ת – רעק"א›, **ובלבד שלא יאמר לו בפירוש: אם תתן לי מיד הרי הוא לך בעשרה זהובים, ואם לזמן פלוני בי"ב** - וכתב בהע"ת בשם ר"ת, דכל שלא אמר ליה אם תתן מעכשיו כו', אלא א"ל סתם: באייר תתן לי כשער של אייר, בין שיהיה אותו זמן

{סמ"ע} [ט"ז] ‹רעק"א או ש"א או הוספת הסבר› (פת"ש)

יוקר או זול, מותר, אע"פ שדרכן להתייקר באייר, ומביאו ב"י, **ומשמע** דאפי' יש להן עכשיו שער ידוע, מותר.

וכתב הרמב"ם, שאם עבר ומכר באם מעכשיו בכך וכך כו', הרי זה אבק ריבית, וכתב ב"י, דכיון שאינו אלא דרך מכר, אינו אלא מדרבנן. ‹**וכשיתבענו** בדין אינו חייב ליתן לו אלא מה שהיה שוה בשעת המכר, {ר"ל דאם לא היה שוה אלא צ', אף על פי שאמר אם לזמן פלוני בק', מ"מ אינו חייב ליתן לו יותר מצ'}, או יחזיר ממכרו מיד אם היה קיים, עכ"ל. **ועיין** במשל"מ, דאם המוכר מתרצה שיחזיק הלוקח במקחו כשער שבשעת המכר, אין יכול הלוקח לחזור ממקחו, **אך** אם המוכר אינו מתרצה בזה, יכול להכריח ללוקח להחזיר לו מקחו אם הוא בעין, **ואף** מיד בתוך הזמן יכול המוכר להכריחו להחזיר לו מקחו, **ובכה"ג** בתובעו תוך זמנו, אף אם המוכר מתרצה שיחזיק במקחו ויתן לו כשער שעת מכירה, מ"מ יכול הלוקח לחזור ממקחו, דלא קנה רק על דעת לשלם אח"כ, ע"ש. **ובעיקר** דברי הרמב"ם דאו יחזיר ממכרו, דמשמע דהמוכר יכול להכריחו להחזיר לו מקחו, דמצי אומר לא מכרתי על דעת לקבל בפחות, נחלקו בזה תלמידי הרשב"א, שכתבו דלא בטלא זביני, אלא קיימא בין על לוקח בין על מוכר, ע"ש. **ומ"מ** אפשר {דדוקא} באמר אם מעכשיו, דכבר גלה דעתו למכור בסך ההוא, אבל בלא אמר אם מעכשיו, היכי דאסור, כגון ביצא שער, בזה י"ל דיכול המוכר לחזור. **ואולם** מדברי הסמ"ע מבואר דס"ל דגם בזה אינו יכול לחזור – רעק"א›.

(**עיין** בתשובת חתם סופר שנשאל מת"ח אחד, היות פעם אחת הסכים ליקח יי"ש מאת חותנו, ובעת ההיא בא סוחר א' ליקח יי"ש מחמיו, ואמר להת"ח הנ"ל שיקח הוא היי"ש מחמיו, והוא יקחנו מאתו בהמתנה ביוקר, וכן נעשה ולקח הסוחר ממנו היי"ש, וגם לקח עוד מחותנו במזומנים, ובהגיע זמן פרעון פרע חובו, אך הת"ח יודע שהאיש הקונה מכר היי"ש בפחות ממה שקנאו, שהיה צריך למעות, ונמצא שקנה ביוקר בשביל המתנת המעות, אך לא יצא שום שער ידוע מיי"ש, וגם אין שומתו ידוע, ועתה לבו נוקפו מחשש איסור אבק רבית עכ"פ, **וכתב** הנה יש כאן ב' חששות. א' מפאת תחלת הקנין, דאע"ג דהיינו טרשא דר"נ, ‹דטרשא שרי היכא דלא קץ›, דנהיגין להתיר, מ"מ כד אתי עובדא קמיה דרלב"ח, בראובן שאמר לשמעון קח לך צמר מלוי במעותיך, ותנהו לי בהמתנה בריוח כך וכך, והיה נראה להרב מו"ה ברוך להתיר, דהיינו טרשא דר"נ, וחלק עליו הרלב"ח ואוסר, דכיון דשמעון לאו בר קונה צמר הוא, רק להמציא מעות לראובן, והו"ל כמפרש ואסור, ע"ש, וה"נ הרי הקונה א"ל שיקח היי"ש מחותנו והוא יקנהו ממנו בהמתנה, ואסור לרלב"ח הנ"ל. **חששא** ב' מפאת סוף הקנין, שמכר בפחות והפסיד מקרנו, וכבר כתב הרב ב"י בבד"ה סי' זה בשם הריטב"א, דלא התיר ר"נ אלא מי שמוכר לחנוני או לתגר כו', אבל הנוהגים ליקח טרשות למכרו לאלתר בפחות, לכו"ע אסור, ע"ש, **והאריך** בזה והעלה דנדון דידן היתר גמור הוא, דנדון דידן לא דמי כלל להא דרלב"ח, דהתם גברא דביני וביני אינו סוחר מהצמר, ואין לו עסק בה, אבל הכא הלא גם בלא"ה כבר רצה הת"ח ליקח יי"ש. **וגם** להא דריטב"א לא דמי, שכלל דברי הריטב"א אינם אלא לאפוקי מי שאינו תגר באותה סחורה, ומעיקרא אינו לוקח בהקפה אלא למכור מיד בבת אחת בזול כדי להמציא לו מעות, דזה אסור אפילו לא אמר הלוני, ואפילו מוכר לאחר לא לאותו בעל דבר עצמו, **אבל** תגר שכוונתו לסחור בסחורה זו, ושוב אפילו מיד ביומו נזדמנה לו סחורה בזול יותר, ומוכר הסחורה ההיא בפחות להמציא לו מעות לסחורה השניה, אין בכך כלום, **ונידון** דידן הא חזינן דהאי גברא תגר הוא באותה סחורה, דהרי קנה ג"כ מחותנו במזומנים, אלא שלקח גם ממנו בהקפה, וחזר ומכרו בפחות משום שהיה צריך למעות, ולא הוי מצי לאצור סחורתו עד יום מועד, אבל אין מוכח מתוכו שעל דעת רבית עשה כן, שריא בלי ספק).

ויש מי שאומר שאפילו אינו מפרש בהדיא, אין היתר אלא במעלהו מעט, אבל אם מעלהו הרבה עד שניכר לכל שבשביל המתנת המעות הוא מעלהו, הוה ליה כמפרש ואסור - ועיין בתשו' מהר"ל ב"ח סי' ע'. ‹היינו דשם מבואר דשוה ה' בו' מותר, אבל יותר אסור – רעק"א›.

הגה: דבר הנמכר בעשרה ולפעמים כשבאים שרים לעיר נמכר בי"ב, אם רגילות ברוב פעמים שבאין השרים לעיר, מותר למכרו בי"ב – [פי' בהמתנה].

(**ועיין** בתשובת בית אפרים, אם מותר לתת לשולחני מטבע שאינה של אותה מדינה, והשולחני יתן א"ן ווייזונ"ג ללייפסיק לשלם שם ביריד הסמוך במטבע שנותנים עליהם עודף מה, **וכתב** דבכה"ג אף אם היה השולחני מתחייב לשלם לו באותו מקום, שרי, דהני

מטבעות של מדינה אחרת אין דינם כמטבע היוצא, ואין בהם דין אונאה, ודמי לקרקע, ועוד דאין שומתן ידוע, **וא"כ** מותר לתת לאחד מטבע קאראנט, ע"מ שיתן לו לאחר זמן באותו מקום מטבע נקרא פערציגער, אף על גב דהני חשיבי טפי, **ובפרט** אם מתחייב לשלם ביריד אשר במקום אחר, דבכה"ג אף בדבר ששומתו ידוע כמו פלפל ושעוה, שרי, שאין הרבית ניכר כלל, דהא י"ל דאוסופי קא מוסיף ליה בהאי הנאה שזה מקבל עליו לקבל מעותיו חוץ למקומו, שהיה צריך זה להביאו לביתו, ויש בזה טורח והוצאה ואחריות הדרך, וכ"כ בתשובת מים רבים. **וכתב** עוד, שהוא רגיל להורות בהלואה לזמן, והמלוה נותן איזה מטבע, והפרעון הוא במטבע אחרת החשובה יותר כפי שער שבשוק, לכתוב בשט"ח נתינת המלוה כמות שהיא על צד היתר עיסקא, ולהתנות שאם ישלם המטבע פלוני נפטר הלוה מהעיסקא, **לפי** שהענין נעשה דרך הלואה והפרעון הוא במקום הלואה, **משא"כ** בנידון דידן שנעשה דרך מקח וממכר, גם המחבר מודה דשרי, ע"ש).

סעיף יד – מי שיש שטר חוב על חברו, מותר למכרו לאחר בפחות, ואפילו קודם זמן הפרעון, ויכתוב המוכר להלוקח, אני מוכר לך שטר זה, וקני לך איהו וכל שעבודיה, וצריך שיהא האחריות על הלוקח, **רק** אחריות שבא מחמת המוכר, כגון שהשטר פרוע וכדומה, יכול להיות על המוכר. **וכשם** שיכול למכור את השטר לאחר בפחות, כמו כן יכול למכרו גם להלוה בעצמו.

סימן קעג ס"ד - מי שיש לו שטר חוב על חבירו, או מלוה על פה, מותר למכרם לאחר בפחות, ואפילו לא הגיע זמן הפרעון, ואין בו משום רבית - כתב הגהת אשר"י, דבעינן שהמלוה יסלק מן החוב ויזכה בו הקונה במעמד ג', ואם יש לו שטר עליו, ימסרנו לקונה, ויכתוב לו: קני לך איהו וכל שעבודיה, **ואם** הלוה הוא עובד כוכבים, ואמר המוכר להקונה אני מוחל לעובד כוכבים כל מה שחייב לי, ולא אודיענו, ובטח בי ואתננו לך, ולא אזכה בו לעצמי אלא לצרכך, ומעכשיו אני פטור ממך, מותר.

ובלבד שיהא אחריות השטר והמלוה על הלוקח – [דאל"כ אין כאן מכר אלא הלואה, ויש כאן רבית מה שקבל יותר], **משמע** אפי' לא מקבל עליו רק אחריות הדמים שקבל מהלוקח, אסור, ואין חילוק בין מוכר מקצת חובו למוכר כל חובו, **כגון אם יעני הלוה שלא יהיה לו ממה לפרוע, שלא יחזור על המוכר; אבל אחריות שבא מחמת המוכר, כגון שנמצא פרוע או שטרפו בעל חוב מוקדם, א"צ שיהיה על הלוקח** - כתב ב"י בשם תשובת הרשב"א, דה"ה אם קבל עליו המוכר אחריות שאם לא יוכל לגבות מחמת גזרת המלך, מותר, ‹וקרוב הדבר דאפי' אחריות הרבית שרי, הרשב"א – רעק"א›.

ואם יש ביד המוכר משכון של הלוה, מותר למכרו ללוקח. וכן מותר שיבטיחנו הלוה בערבות או במשכון – ‹דלא נאסר קבלת אחריות אלא כשהמוכר מקבל על עצמו להבטיח לו חובו, משום דאין כאן מכר, אבל כשיבטיחנו הלוה בערבים או במשכונות, אין בכך כלום – ב"י›.

ואם עבר וקבל עליו המוכר אחריות, תנאו קיים - ‹דלא גרע מוכר שט"ח ממוכר שאר דבר שחייב באחריותו›, **ואם אינו יכול לקבל חובו** – ‹ויחזיר הוא על המוכר›, **מחזיר לו מעותיו** – [דהוה כשטר שיש בו רבית, שגובה את הקרן], ‹דאין צריך המוכר להחזיר לו רק המעות שקבל ממנו, לא כל החוב, שזה ודאי הוי ריבית›, **ואם יש בו ריוח, יהיה למוכר** – ‹דאם אח"כ יגבנו המוכר אפילו כל החוב, הרי הוא שלו ואין ללוקח עליו כלום – לבוש›.

וכשם שיכול למכרו לאחר בפחות, כך יכול למכרו ללוה בעצמו.

הגה: אסור לאדם לומר לחבירו: הא לך עשרה דינרין ופטרני ממה שאני חייב י"ב דינרין לפלוני, אף על גב דאפשר שיפטור עצמו בי' דינרין - דדוקא כה"ג דלעיל, שהלוה נותן למלוה עצמו פחות ממה שחייב לו לפטור מחובו, זהו שרי, דהוי כלוקח ממנו,

{סמ"ע} [ט"ז] ‹רעק"א או ש"א או הוספת הסבר› (פת"ש)

אבל הלוה אסור ליתן לאחר פחות מחובו כדי שישלם הוא למלוה חובו כשיגיע זמן, דזה הוי רבית גמור.

ודוקא שחייב י"ב דינרין, אבל אם אינו חייב אלא שהמלך יטיל עליו אומנות עם שאר בני מדינתו בעד י"ב דינרין, אם אומר: שקול עלי לאומנות, אסור – [פי' הרמב"ן, שנותן לו עכשיו מאתים זהובים שיכנס תחתיו לאומנות המלך, שהיא עליו בשוה ג' מאות זהובים, אסור, דמשום דמקדים לו המעות פורע בשבילו יותר]. **אבל אם אומר: מלטני מן האומנות, מותר, דלמא יפייס אותו בפחות** – [דהוי ליה כנותן מעות לחבירו שיציל אותו מן האונס, דהא אין כאן חוב עליו, רק אונס מן המלך, **משא"כ** ברישא שיש חוב עליו, וזה מקבל עליו לפרעו, ואינו מקבל מן הלוה רק פחות מאותו חוב, הוה רבית, אף על פי שאפשר שיוכל לפטור עצמו מן המלוה ג"כ בפחות, מ"מ עיקר החוב הוא חל עליו מעכשיו]. ‹**והטעם**, דרישא הוי כעושה אותו שליח לסלק כל חובו, משא"כ באומר מלטני, הוי כשוכרו לפייס המלך במה שיוכל ואפילו בפחות – חוו"ד›.

‹**עיין** בתשובת שמש צדקה על פתקים שקורין ציטולי באנקר"י, שלשעבר היו עוברים בין הסוחרים בכל עסקי ממון במעות מדודים בעין, ואחר זמן התחילו הפתקים ההם לרדת, עד שכל שמי שבא להחליפה פוחתין לו עד ד' למאה, ואין עוברים בין התגרים אלא לערך צ"ו או צ"ז למאה, אם הנותן לחבירו מאה זהובים מאלו הפתקים כדי שישלם לו אחר זמן מאה זהובים במעות בעין, אם יש איסור רבית בדבר, **וצדד** מתחלה לומר שאין בדבר חשש איסור, דהני פתקים הוי שטרי חוב, ומבואר בחו"מ סי' ס"ו דהמוכר שט"ח לגבותו אין בו דין אונאה, אפילו שוה דינר באלף, **ושוב** דחה זה והעלה שיש בזה איסור רבית, אך אם הוא רבית קצוצה או אבק רבית תלוי במחלוקת. **וע"ש** עוד בתשובה מבן המחבר, על דברי גדול אחד שצדד בהיתר מכירת הפתקים הנ"ל, והרבה להשיב עליו, והעלה כפסק אביו ז"ל›.

‹**והני** באנקינאטע אין להם דין שטרות, רק דין מטבע, **דשטרות** אימעט משום שאינו עומד אלא לראיה, ולא מיחשב גופו ממון, דאפי' על עשיר היותר גדול, ואפי' על המלך בימי עשרו, אשר בודאי יהיה עובר לסוחר לכל אדם, מ"מ אינו אלא מפני הראיה שבו, שיודעים שזה הוא אדם בטוח, אבל אין גופו ממון, שאם ירצה שלא ליקחו מי יכוף על זה, **משא"כ** מטבע הוי גופו ממון, ואין חילוק אם יהיה זהב או כסף או נייר, ואין לומר בזה שאינו עומד אלא לראיה שבו, דהרי קמן שכמה פעמים העם מסופקים בגירעון כסף, וטוב היה להם שלא למכור אותם, וע"כ צריכים למכור מפני אימת המלכות כי כן יסד, נמצא הראיה שלו אינו שוה להם, רק הגזירה היא המקיימת טבען בעולם, ולפי"ז אין ספק, דהני באנק"א המה כסף גמור – חת"ס›.

סעיף טו – ובאופן זה יכולין להועיל, כגון ראובן שצריך למעות בניסן, הולך אצל שמעון, ושמעון נותן לו שטר חוב על עצמו שהוא חייב לפרוע לו מאה זהובים בחדש תשרי, (וכנגד זה נותן גם ראובן שטר חוב כזה לשמעון, שהוא חייב לפרוע לו מאה זהובים בתשרי, כדי שיהא שמעון בטוח), והולך ראובן ומוכר את השטר חוב שיש לו על שמעון ללוי עתה בניסן בעד תשעים זהובים, (**ומכ"ש** שאם יש לשמעון שטר חוב על יהודה, אשר זמן הפרעון הוא לאחר זמן, שהוא יכול למכרו לראובן בהקפה עד הזמן, וראובן יתן לו שטר חוב על זאת, ושוב ימכור ראובן את השטר חוב הזה בעד כמה שיוכל), **אבל** אם ראובן יכתוב שטר חוב על עצמו למכרו לשמעון, אפילו על ידי שליח, אסור.

‹**ולפי** זה יש היתר בראובן שרוצה ללוות משמעון ברבית, שיבקש ראובן מלוי שיתן לו שטר חוב שלו מסך מאה ועשרים זהובים, וראובן יתן ללוי שטר חוב שלו מסך כזה, וראובן מוכר שטר חוב של לוי לשמעון בעד מאה, אף שיצטרך ליתן אח"כ מאה ועשרים, מותר דהוי כמוכר שטר חוב בפחות – חוו"ד סימן קעג ס"ד. ‹**ואם** אין לו שטר חוב, יכול לפייס לחבירו שיתן לו שטר חוב עליו, או מה שיש לו על אחר, וימכרנה בפחות, **אבל** אסור למכור שטר חוב בחתימת ידו אפילו על ידי שליח, והוי ריבית קצוצה – חכמת אדם כלל קמג›.

סעיף טז – אסור לקנות תבואה או שאר דבר בהקדמת מעות, ושיתן לו את התבואה לאחר זמן, דחיישינן שמא בנתיים תתייקר התבואה אחר כך בזמן שיתן לו את התבואה, נמצא הלוקח נוטל יותר משיעור מעותיו בשביל שהקדים את המעות. **אבל** אם יש להמוכר גם עתה כל התבואה שהוא מוכר, אע"פ שלא יתננה להלוקח עד לאחר זמן, מותר, כי מה שיש להאדם יכול למכור אפילו בזול הרבה כרצונו. **ואפילו** התבואה לא נגמרה עדיין לגמרי כראוי, אלא שצריכה עוד מלאכה אחת או שתי מלאכות, נחשב כאלו היא גמורה ומותר, **אבל** אם מחוסרת עוד שלש מלאכות, אסור.

סימן קעה ס"א - אין פוסקין על הפירות על שער של עיירות, מפני שאינו קבוע - שזה מוזיל גביה בשביל הקדמת המעות, ומקבל עליו שאם יתיקר יתן לו בזול כמו שהן עכשיו.

סימן קעה ס"ד - אם היה למוכר מאותו המין, אעפ"י שעדיין לא נגמרה מלאכתו, מותר לפסוק עליו - דכיון שיש לו, יכול למכור סחורתו בזול, והרי נקנה מיד ללוקח, ואפילו מכר אח"כ המוכר מה שהיה {בידו}, חייב ליתן להלוקח כפי מה שהוא שוה בשעת פסיקה, וק"ל, ‹דכיון שיש לו, יכול הוא להוזיל גביה כמו שירצה, שכל אדם יכול למכור פירותיו בזול ומי ימחה בידו – לבוש›, **עד כדי השיעור שיש לו** – [ולא סגי כאן אם יש לו מעט מאותו מין, דדוקא בהלואת סאה בסאה הקילו בזה, וכמ"ש בסי' קע"ג ס"ו, ‹דהא נותן לו יותר משויה, ולא שרי אלא דרך מקח וממכר, הלכך צריך שיהיה לו כל דמי הדינר בביתו›, דלא כדעת רמ"א שם, וכן מוכח גם כאן], **אע"פ שעדיין לא יצא השער.**

והוא שלא יהא מחוסר אלא מלאכה אחת או שתים - אפילו אין בידו לגמרו אלא בידי שמים,

אבל אם מחוסר שלשה מלאכות, אסור - אפילו בידו לגמרו, טור. ‹**דכמי** שאין לו דמיין, הואיל ומחוסרין כל כך מלאכות – לבוש›. ‹**ודוקא** לענין פוסק על פירות להתחייב עצמו ליתן אפי' מן השוק, וכיון דאותן פירות שיש לו לא דמי לפירות שבשוק בחסרון שלש מלאכות, חשיבי כאין לו ואסור לפסוק, **אבל** בקונה דבר ידוע בחסרון שלש מלאכות, באופן שהמוכר מחוייב לעשות אותן השלש מלאכות, לא הוי כדבר שלא בא לעולם, דהא אפי' קונה דקל לפירותיו מהני – חוו"ד›.

וכתב הטור בשם ר"י דכיון שחסר תיקון קצת, לא חשבינן ליה כמו בידו, בענין שיכול לפסוק שוה ה' בד', אבל חשבינן ליה כמו השער הזול שבשערים, ‹שיכול להוזיל לו רק כפי השער הזול שבשערים›, **אבל** דבר שהוא בידו ואינו חסר שום תיקון, יכול לפסוק אפי' שוה ה' בד', ע"כ, וע"ל סימן קע"ג ס"ז.

סעיף יז – ואם הוקבע השער לתבואה, יכול לקנות בהקדמת מעות כפי השער, אף על פי שאין להמוכר כלום, שהרי אפילו תתייקר אח"כ התבואה, אין הלוקח מרויח במה שהקדים את המעות, כיון שהיה יכול לקנות אז תבואה במעותיו בשער זה, **ומאחר** שפסק בהיתר, אע"פ שנתיקרה אח"כ התבואה בשעת הפרעון, ואינו רוצה לתת לו את התבואה שפסק עליה, יכול לשומה על סחורה אחרת שיתן לו, או שיתן לו מעות כשווי של עתה.

סימן קעה ס"א - אין פוסקין על הפירות על שער של עיירות, מפני שאינו קבוע - שזה מוזיל גביה בשביל הקדמת המעות, ומקבל עליו שאם יתיקר יתן לו בזול כמו שהן עכשיו.

אבל פוסקים על שער שבמדינה – [פי' עיר גדולה], **שהוא קבוע. ומשיצא השער של מדינה, מותר להקדים מעות לחבירו ולפסוק עמו שיתן לו אותם פירות כל השנה, כשיעור מעותיו כפי אותו השער, אפילו אם יתייקרו ואפילו אם אין למוכר פירות** - אף על פי שאין לזה יש לזה, ואין כאן רבית, שיכול הלוקח לומר: אם היה מעותי בידי הייתי יכול לקנות בשוק כשער של עכשיו, והוי כאלו המוכר קנה אותם ללוקח וזכה בהם ללוקח, ואף על פי שנתייקרו, ברשות לוקח נתייקרו. [**ואע"ג** דלא משך, כיון דהוי דרך מקח וממכר, לא גזרו בהו רבנן].

ואם יצא השער בכרך א', אע"פ שכל העיירות הסמוכים לה אין להם שער, פוסקים על שער של אותה כרך, ש"ס ופוסקים, **וכתב** ב"י, מיהו נ"ל דוקא כשהן מסתפקות ממנה, אבל אם אינן מסתפקות ממנה, אף על פי שהן סמוכות לה, לא אזלינן בתרה, אלא בתר שער מקום שמסתפקין ממנה, **ונ"ל** דאם מסתפקין עיירות הסמוכות להן מעיר זו, ואין בעיר זו שער קבוע, ‹אסור, דהוי כעיר זו עצמה שאין בה שער, **ואם** מסתפקין בהרבה עיירות›, הולכים אחר העיר היותר גדולה שמסתפקין ממנה, ע"כ, ומביאו ד"מ. ‹מוגה ע"פ הדרכי תשובה, **והביא** שם מעצי הלבונה: ואם אין שער קבוע בהגדולה, אף שהאחרת שמסתפקין ג"כ ממנה יש שער קבוע, הולכין אחר הגדולה בין להקל ובין להחמיר›.

הגה: וי"א דפוסקין על שער של עיירות. ויש להקל באיסור דרבנן - כלומר דכיון דדרך מקח וממכר הוא אינו אלא מדרבנן, וכן הלואת סאה בסאה לעיל סימן קס"ב אינו אלא מדרבנן, והיינו דכתב הרב שם ס"ג, וע"ל סימן קע"ה איזו מיקרי שער קבוע.

‹**עיין** בתשובות חות יאיר שכתב, דהפסיקה על השער משיצא השער או שיש לו, צריך שיהא במנהג מדת השער שעליו יצא הפסיקה, כגון שפוסק עמו ליתן לו יין, ויצא השער לפויד"ר, שהוא שש או"ם, בכך וכך, וזה נותן לו דמי כמה פויד"ר תיכף שיתן לו כל השנה יין עד כדי דמים שקיבל, צריך שיתן לו בכל פעם אחד פויד"ר לפחות, **משא"כ** אם הקונה מתנה ליקח ממנו או"ם או"ם, דאין דרך למוכרו בערך דמים של פויד"ר מפני הטורח, אסור. **וכתב** עוד, דצ"ע אם מקרי יצא השער אם ידוע בכמה נמכר פויד"ר יין מן הגת, שהרי זה נותן לו יין צלול, **כ"ש** אם לא יצא השער רק ליין הנמדד בהבאה מן הכרמים עם חרצנים וזגים, **רק** די"ל דשיעור הפחת בזה ידוע וקבוע, ע"ש›.

סימן קעה ס"ו - הפוסק על הפירות ונתייקרו בשעת הפרעון, יכול לשום הפירות שנפסק עליהן במעות, וליתן לו פירות אחרות, אבל מעות אינו יכול ליתן – ‹שזה מיחזי כריבית, שזה לא נתן לו כל כך מעות, וזה יצטרך לתת מעות יותר – לבוש›.

ויש מי שאומר שיכול ליתן מעות – ‹דמה לי הן מה לי דמיהן, שהרי זה הוא חייב לתת לו חטין, והחטין יש לו כך וכך שער בשוק עכשיו, ואם היה נותן לו חטין היה יכול למוכרן מיד בשוק בעד אלו המעות, ולמה נטריח המוכר לעשות שומא וליקח פירות אחרות, וזה יחזור וימכור גם הפירות האחרות בעד אלו הדמים, מה לנו לכל הטרחות הללו, הואיל ולא על ידי הלואה באו רק על ידי מכר, הקילו בהן מטעמא דמה לי הן מה לי דמיהן – לבוש›.

‹**תמיהני** על המחבר שכתב דיעה ראשונה בסתם, ודיעה השניה דאף מעות יכול ליתן, בשם יש אומרים, משמע דדיעה הראשונה עיקר, ואיך עזב דרכו שפוסק בכל מקום כשיטת הרי"ף והרמב"ם נגד הרא"ש, וכאן נראה דהרי"ף והרמב"ם ס"ל דאף מעות יכול ליתן, **וכ"כ** הסמ"ג דבפרק הגוזל מוכח לר' ינאי שרי למישקל אף הדמים. וכן מצאתי לרב האי גאון בספר המקח שער, דאף המעות מותר לקבל, וכ"כ בספר אסיפת זקנים בשם ר"ח, **הרי** שרב האי גאון ור"ח שדבריהם דברי קבלה ס"ל דמותר לקבל אף מעות, וכן הביא האסיפת זקנים שם בשם הריטב"א וכ"כ הנמוקי יוסף בשם הרא"ה, וכ"כ המרדכי, וכ"כ הבעל התרומות והריב"ש, **וא"כ** כיון שכל הראשונים הסכימו לשיטת התוס' בשם ר"ת, דאף מעות יכול לקבל, יש להקל באבק ריבית דרבנן, וכמו שכתב הרב בס"א בהגה, כן נראה לפענ"ד – קונטרוס שער דעה (בסוף ספר שער משפט)›.

הגה: ויכול לפסוק על שער שבשוק על פירות האחרות, כאילו נותן לו מעות עכשיו; ודוקא שלא שם הפירות הראשונים על מעות, רק אומר: כך וכך סאה חטין יש לי אצלך, תן לי בהם כך וכך יין או שאר דבר – ‹שזה גם כן מצוי שמחליפים פירות בפירות›. **אבל אם שם אותו על דמים, שאמר: כך וכך הם דמי החטין תן לי בהם יין, אסור** - אפי' יצא השער, אלא א"כ יש לו יין, כדלעיל ר"ס קס"ג, **דהוי כאילו הלוה לו מעות, דאין פוסקין עליהן כשאין המעות בעין אלא כשיש לו, כמו שנתבאר סימן קס"ג** – ‹דהא כל מה שאנו מתירין לפסוק, אין אנו מתירין אלא מטעמא שיוכל זה לקנות פירות אלו שפסק עליהן בשוק מיד, בעד אלו המעות שזה נותן לו, וכאן פריטי אין כאן נסכא אין כאן, כמו בהלואה דלעיל סימן קס"ג – לבוש›.

‹**עיין** בספר אשל אברהם להגאון מהר"א ברודא ז"ל ובס' פני יהושע שערערו על פסק זה, והעלו הוראה להתיר›.

סעיף יח - מי שיש לו סחורה שנמכרת כאן בזול ובמקום אחר ביוקר, ואמר לו חברו, תנה לי סחורה זאת ואוליכנה למקום היוקר, ואמכרנה שם, ואעשה צרכי במעות עד זמן פלוני, ואפרענה לך כפי מה שהיה שוה שם, לאחר נכיון ההוצאה שעלו על הסחורה, **אם** האחריות בהליכה היה על הלוקח אסור, ואם האחריות על המוכר מותר, והוא שיתן להלוקח איזה דבר בשביל טרחו.

סימן קעג סט"ו - מי שיש לו סחורה שנמכרת כאן בזול ובמקום אחר ביוקר, וא"ל חבירו במקום הזול: תנה לי ואוליכנה למקום היוקר – [בגמרא איתא בהדיא, אע"פ שגם המוכר עצמו היה לו ג"כ דעה להוליכם לשם], **ואמכרנה שם ואעשה צרכי במעות עד זמן פלוני, ואפרענה לך כפי מה ששוה שם, אם האחריות בהליכה על הלוקח, אסור** - ‹שכיון שקיבל עליו הלוקח אחריות, נעשית עליו הלואה מיד במקום הזול כפי מה ששוה שם, ומה שמוסיף לו לפורעה כבמקום היוקר, בשביל המתנת המעות הוא – לבוש›, **ואם האחריות על המוכר, מותר** – [דלא מתחלת ההלואה עד שעה שימכרנה, וכל מה שימכרנה ביוקר, הרי היא של בעלים הראשונים].

‹אם אחריות בהליכה על הלוקח, אסור – **ולא** דמי להָהיא דלעיל (קע"ג ס"א בקשו"ע סי"ג, בש"ך סק"ה, שמביא שם מבעה"ת, דכל שלא אמר ליה אם תתן מעכשיו וכו', אלא אמר ליה סתם: באייר תתן לי כשער של אייר, בין שיהיה אותו זמן יוקר או זול, מותר, אע"פ שדרכן להתייקר באייר, ואפי' יש להן עכשיו שער ידוע), **כיון** דבמקומו אין השער משתנה – רעק"א›.

והוא שיתן לו שכר טרחו על הולכתה למקום היוקר – [כ"כ התוס' והרא"ש, מטעם דאל"כ הרי הוא טורח לו בהליכה בשביל הלואה שאח"כ, ‹והוה ליה טרחו ריבית מוקדמת - לבוש›. **והביא** ב"י דעת המ"מ והמרדכי בשם א"ז, דאינו צריך ליתן לו שכר טרחו, **וכתב** ב"י טעמא, דאינו מתנה עמו שילוה לו, אלא מעצמו נוטלן ומשתמש בהם, ע"כ אין כאן איסור רבית, דגמילות חסד הוא שטורח לו, **ולענ"ד** נראה דבזה לא יצאנו עדיין מאיסור רבית, אלא טעמא, דהלוקח טרח בשביל עצמו כדי שיגיע מעות לידו, ואין זה שכר הלואה, אלא הוא טורח לעצמו ומשתדל לו מן הפירות מעות, ואע"ג דגם להמוכר יש הנאה מזה, אין זה אוסר במידי, כיון שגם להלוקח יש הנאה, וזה פשוט לקמן סי' קע"ז, דלא איכפת לן בצירוף הנאת שניהם, **והגע עצמך**, דאטו יש איסור במי שמלוה לחבירו איזה חפץ שיש לחבירו למכור, וקוצץ עמו באיזה סך ישלם לו אם לא יחזירנו בעין, וזה הלך ומכרו ומשלם לו אח"כ סך שקצץ עמו, וכי נאמר שיש בזה רבית במה שטרח במכירתו, פשיטא שכל מה שטרח לא טרח אלא בשבילו, **ופסק** הב"י כאן כדעת התוספות והרא"ש, שצריך ליתן לו שכר טירחא, **ואיני** כדאי להכריע, אלא דנראה לי פשוט דהאי שכר טירחא אינה טפי מאותה שנזכר בסימן קע"ז, דאפי' בדבר מועט סגי, **ואע"ג** שבב"י כתב מכח דברי הרא"ש שזכרתי דבעינן שיהא שכרו משלם, **לענין** הלכה לא בעינן כך, מאחר שגדולים אחרים פוסקים דלא בעינן לה כלל, ומסתבר כוותייהו, לכל הפחות נסמוך עלייהו בזה, וכן משמע כאן בשו"ע, שלא כתב אלא סתם שכר טירחא]. **בב"י** משמע דבעי למיתן ליה שכר עמלו ומזונו משלם.

ואם המוכר אדם חשוב, שפוטרין ללוקח המכס בשבילו – [פי' בחזרתו, דאל"כ מה הנאה יש לו], **אין צריך לתת לו שכר טרחו.**

סעיף יט - מותר להלוות לחברו מאה דינרין שיקנה בהם סחורה על היריד, ובשובם לביתם יתן לו הלוה מאה ועשרים דינרין בעדה, ובלבד שיקבל המלוה את הסחורה ויוליכנה לביתו ויהיה אחריות הדרך על המלוה, דהוי כמו שיש לו חלק בריוח הסחורה הואיל ומקבל עליו אחריות.

סימן קעג סי"ח - להלוות דינר זהב השוה כ' דינרים על אחריות ספינה ההולכת מעבר לים, ושיתן לו בשובה כ"ד דינרים, אסור – [פי' שהמלוה מקבל עליו אחריות המעות כל ימי המשך מהלך

הספינה, אפ"ה אסור, דהא זוזי יהיב וזוזי שקיל, ולא הדרא הני זוזי בעינייהו, והוי כמו שכירות מעות ריש סימן קע"ו, דלא יצא מידי הלואה, והוי אבק רבית, **ואם** לא קיבל עליו האחריות, הוי רבית קצוצה, כ"כ ריב"ש, וכ"כ רמ"א בריש סי' קע"ו בשכירות מעות, לחלק בין קבלת אחריות או לאו לענין אבק רבית, **ובלבוש** כתב כאן דאפילו אם קבל עליו אחריות הוה רבית קצוצה, ושגגה היא, דלא עיין בגוף הדין גם בדברי עצמו ר"ס קע"ו].

ומה שנוהגין לתת עשרים ליטרין למי שיבטיח מאה ליטרין שיש לו בספינה, ‹שאם תטבע הספינה יחזיר לו מאה ליטרין – לבוש›, זו דרך אחרת, לפי שאין כאן הלואה, אלא כעין מכר, שמקבל עליו אחריות מעות האחר בעד סך ההוא שנותן לו זה, ואפי' יקדימו לו עתה הכ' ליטרין, אין חשש בזה, ריב"ש.

הגה: ויש מתירין להלוות לאחד י"ב דינרין ושיקנה בהם סחורה על היריד ושיתן למלוה בשובו לביתו י"ג דינרין, ובלבד שיקבל המלוה הסחורה ויוליכנה לביתו ויהיה אחריות הדרך על המלוה, דהוי כמו שיש לו חלק בריוח הסחורה, הואיל ומקבל עליו אחריות; וכן נהגו בימי רש"י להקל (בנימין זאב) – [גמגום חזינא כאן, דמשמע מלשון זה, שיש מתירין אלו חולקין עם הריב"ש דלעיל, ולא נראה כן, דבד"מ העתיק זה מתשובת בנימין זאב וז"ל, על שנהגו במלכות זו שנותנין ביריד של קלוני"א י"ב דינרין, ומקבלין בוורמיז"א או במגענצ"א כשחוזרים י"ג דינרין, ושאל רבינו את רש"י, וא"ל אינו שרי אא"כ יקבל המלוה הסחורה שהלוה קונה אותה באותו כסף, ויוליכנה המלוה או שלוחו באחריותו של מלוה עד מקום שיקבל שם המעות, ויתן לו י"ג דינרין, אבל בלא"ה אסור, עכ"ל. ונ"ל פשוט שגם הריב"ש מודה בזה, דכאן אין שום הלואה, אלא מכר גמור, שהמלוה זוכה שם בההיא סחורה, ובבואו לביתו מן היריד חוזר ומוכרה לו, **אבל** בדין הריב"ש דקודם זה, פשיטא דאסור לכו"ע, שהרי הלואה יש שם, רק דהו"א להתיר מכח האחריות, ועל זה פסק דאסור, זהו נראה לי ברור ופשוט]. **לא** קשה מידי, כמ"ש בש"ך לעיל (בסעיף ט"ז) - נקה"כ. ‹דגם המחבר מודה בזה - באה"ט›.

סעיף כ – ראובן שהולך למקום שקונים סחורה בזול, יכול שמעון לומר לו, הבא לי סחורה משם ואני אתן לך ריוח כך וכך, ובלבד שתהא אחריות הסחורה על ראובן עד שהוא מוסרה לשמעון.

סימן קעג סט"ז - היו החטים במדינה ד' סאין בסלע, ובכפרים שש בסלע, מותר ליתן סלע לתגר - ‹להתעסק בהן זמן קבוע›, **כדי שיביא שש סאין מהכפר לזמן פלוני** - שאם לא היו מתנין ליתן לזמן פלוני, אין כאן הלואה, אלא שליחות הוא, ואפי' היו רוצים לטרוח וגם לקבל עליהם, מה בכך, כיון דליכא הלואה, ב"י ופרישה, **והוא שיהיו באחריות לוקח** – [פי' הנותן המעות להתגר], **אם נגנבו או נאבדו בדרך** - ‹שאז בשעה שהוא לוקח התבואה במקום הזול לשם נותן המעות, הוי כפורעו אז, והרי אין כאן שום ריבית והוספה לנותן המעות, ומה שהיו אחריות המעות עד הנה על החמרים, היינו משום שהיה הלואה אצלו להתעסק בהם, ומכאן ואילך מתחיל זמן הפירעון בלי שום תוספת, ואחריות על המלוה. **אבל אם** היו גם אחריות ההבאה על החמרים, הוי גם התבואה ברשותם, ולא היה כאן פרעון עד הבאת התבואה למקום היוקר, והוא נותנה לו כשער הזול, זה היה ודאי אסור - לבוש›.

[אמרינן בגמרא דניחא לתגר דמגלין ליה תרעא, פי' עי"ז יהיה ניכר שהוא סוחר, ומכירין אותו ונותנין לו בהקפה פעם אחר, א"נ דמוזלי גבייהו, פי' כששומעין שזה אינו משתכר, מוזלי גבייהו יותר, כדי שירויח ולא ימשוך ידיו מלהרגיל אצלם. **וכתבו התוס'** אע"פ שאחריות בהבאה על נותן המעות, מ"מ אי לאו הני טעמי היה אסור, כיון שהאחריות בהליכה עליהם, ונהנין מהמעות בקניית סחורה לשם מכאן, וע"כ הם טורחים בחזרה בשכר הלואה דבהליכה, **ולפ"ז** נראה אם נותן לו שכר טירחא על ההבאה, שרי, והוא פשוט לענ"ד].

ואדם חשוב אסור לעשות זה - ‹שצריך לדקדק במעשיו, שמא ילמדו ממנו להקל בריבית, כי יחשבו זה לריבית, ואע"פ שטועין, יבואו להקל בריבית גמור ויתלו

מחבר **רמ"א** ש"ך ונקה"כ

עצמן בזה - לבוש›. **וכשמקבל** עליו אחריות ונותן לו ג"כ שכר טרחו, אפי' אדם חשוב שרי.

ובמיני סחורה אסור לכל אדם, לפי שאין מיני סחורה מצוים כפירות - [דדוקא בתבואה יש להנהו תרי טעמי שזכרנו, דתבואה מידי דשכיחא, דאזלי ואתו אותן סוחרים כל שעה, משא"כ בשאר סחורות, דמי שמוכר עכשיו אינו מוכר למחר].

הגה: ויש מתירין בפירות, אפילו אחריות הדרך על התגר המביאם, ובלבד שיתן לו שכר טרחו ועמלו - אין כאן מחלוקת, דגם הרמב"ם והמחבר מודים לזה, כדמשמע בהרב המגיד וב"י, אלא דמיירי באינו נותן לו שכר טרחו, וכן לקמן סעיף י"ח, ‹לעיל בקשו"ע סי"ט›, שכתב הרב ויש מתירין, אינם חולקים אסברא ראשונה, וכה"ג בדוכתא טובי.

[**והטעם** מפורש בנמ"י ובריב"ש, דאע"ג דהיה ראוי לאסור, שמשקבל את המעות ‹הוו הלואה›, ואילו צריך להוציאם היה מוציא אותם, ולפיכך הוא מקבל עליו אחריות הדרך בחזרה עם הפירות והוא נותן לו בחזרתו בשער הזול, ‹ושכר הלואה שקלי - שם נמ"י›, **אלא** דאפ"ה מותר דלאו שכר הלואה הוא, דאע"פ שנשתמש במעות בהליכה, הרי הוא כשולחני שהפקידו אצלו ושם הוא פורעה, ‹שאז מתחיל גם כן הפרעון בשעת לקיחת התבואה במקום הזול, שהרי מיד מתחיל שכר טרחן - לבוש›, **אלא** הא דעבדי הכי משום הני תרתי טעמי דלעיל, מגלו להו תרעא ומוזלי גבייהו, ואינם אלא שלוחים שלו, אלא ששומר יכול לקבל עליו להיות כשואל, על כן מקבל עליו אחריות הסחורה בחזרה, ע"כ. **ואין** להקשות בכאן על מ"ש בסעיף ט"ו ‹קשו"ע סי"ח›, דאפילו אם נותן לו שכר טרחו אין היתר אלא אם האחריות על המוכר, ואע"ג דגם שם איכא למימר דמגלו להו תרעא כמו שהעתקתי שם בשם הטור, דא"ל לכשאמכור תיכף אפרע לך, והיינו שרוצה להראות עצמו, ואפ"ה אסור, **התם** קאי אסחורות דאין שם גילוי תרעא באמת. **ועוד** נראה דדוקא גבי לוקח פירות אמרינן הני תרי טעמי דלעיל, שיש למוכר תועלת ע"י שקונה סחורות לזה הלוקח, דע"י שיראו מעות בידו יקפצו רבים עליו, על כן הנאה זו היא לו במקום שמקבל אחריות עליו, **אבל** לעיל במוכר אין לו תועלת ללוקח מאנשים שיקנו, דכל הבא לקנות אין לו שום דאגה, שיכול לקנות בהרבה מקומות, ואין צריך להחניף לשום אדם, ובריש פרק איזהו נשך אמרינן, זוזי דאינשי עבדי סרסורתא, פי' ול"צ לשום סרסור, כי החמרים בעצמן מוליכין התבואה לבעל המעות, ע"ש, נמצא שאין הנאה ללוקח בזה, על כן צריך המוכר לקבל עליו האחריות].

‹**הגם** דהמצודת דוד מביא סעיף ט"ז למקור להקשו"ע, אין לו שייכות בעצם, רק דשניהם עוסקים בציור שהולך למקום שמוכרים בזול. **ולא** מצאתי כעת מקור בהפוסקים לדין זה דהקשו"ע, אבל בפשטות הקשו"ע הביא אותו משום דדומה לסעיפים הקודמים, דהיכי דמקבל עליו אחריות, אינו נחשב להלואה כלפי השני, **והכא** נמי, אי היה באחריות שמעון בדרך חזרה, נמצא דראובן הלוה לשמעון מעות הלקיחה, ושמעון נותן לו ריוח כך וכך בתורה ריבית, אבל כיון שהיה באחריות ראובן כל הדרך, נמצא דלא היה הלואה כלל›.

סעיף כא - מותר להרבות שכר הקרקע. כיצד, השכיר לו את החצר ואמר לו קודם שהחזיק בו: אם תתן לי את השכירות מיד, הרי הוא לך בעשרה זהובים לשנה, ואם תשלם לי בכל חדש, תתן לי בעד כל חדש זהוב אחד, מותר. **והטעם** בזה, משום דמצד הדין שכירות אינה משתלמת אלא לבסוף, הלכך כאשר לוקח ממנו זהוב בכל חודש, דהוי ליה שנים עשר זהובים, אין זאת שכר המתנת המעות, שהרי אינו מחויב לשלם לו במוקדם, ומה שאמר לו: אם תתן לי מיד הרי היא לך בעשרה, אז היה מוחל לו שני זהובים, לפי שמקדים לו לשלם קודם זמן הפרעון, וזאת מותר.

סימן קעו ס"ו - מותר להרבות בשכר הקרקע. כיצד, השכיר לו את החצר וא"ל קודם שהחזיק בו: אם מעכשיו אתה נותן לי, הרי היא לך בעשרה סלעים בכל שנה, ואם תתן שכר חדש בחדש, הרי הוא בסלע בכל חדש, הרי זה מותר - לפי ששכירות אינה משתלמת אלא לבסוף, הלכך כי שקיל מיניה סלע בחודש דה"ל י"ב סלעים, אין זה שכר המתנת מעות, שהרי לא נתחייב לו

לשלם שכירות עד סוף החודש, והאי דא"ל אם מעכשיו תתן לי הרי לך בי' סלעים, אי הוה מקדים ליה הוה מחיל ליה מדמי השכירות ומוגיר לו בפחות משויה, ש"ס ורש"י. **וכיוצא בזה בשכר האדם גם כן מותר.**

[וכ' ב"י בשם הגהת מיימוני בשם ר"ש בן אברהם בעל התוס', דאין היתר רק אם נכנס תיכף לתוך קרקע, דאל"ה הוה אגר נטר. **וכתב** ד"מ, **אמנם** במ"מ כתב בשם הרשב"א, דאע"ג דאינו דר מיד בחצר, שרי, הואיל ובשכירות קרקע זוכה בה מיד, משא"כ בשכירות פועל, ‹קשו"ע סכ"ב›, הואיל ופועל אינו משתעבד מהשתא, עכ"ל]. **ומשמע** דמסקנת הדרכי משה כהרשב"א, ולא כהגהות מיימוניות בשם ר"ש בן אברהם בעל התוספות, דטעמא דמסתבר הוא, דדוקא בפועל שאין גופו קנוי לו, שהרי יכול לחזור בו, **משא"כ** בחצר שמיד נקנה לו גוף החצר, ומה לי שדר בו או לא, הרי יכול לעשות בו מעתה מה שירצה - נקה"כ.

הגה: אבל אם כבר החזיק בו לשכור לו בי' סלעים לשנה - כלומר שהחזיק ונתחייב לתת לו מעכשיו השכירות י' סלעים לשנה, **אסור לומר לו: תתן כל חדש סלע א', ואני אמתין לך המעות; וכל שכן אם כבר נתחייב לו השכירות** - דהיינו שהגיע הזמן פרעון של סוף השנה, וממתין לו, **ונותן לו דבר בהמתנת המעות, דאסור** - ומבואר כאן דאין חילוק בין מעות שכירות למעות הלואה, לעולם כל אגר נטר ליה אסור וכ"כ בד"מ וכן דעת ב"י, ולא כהב"ח.

[**נראה** פשוט דזה הוה רבית קצוצה, ואפילו בחלוקה הראשונה שכבר החזיק כו', נסתפק ב"י אי הוה רבית קצוצה, אבל בזה נראה דמודה דהוה רבית קצוצה]. **עיין** בב"י דלא משמע כן, דנסתפק כיון דלא בא על ידי הלואה - נקה"כ.

סעיף כב – ודוקא בשכירות קרקע מותר להרבות בענין זה, מפני שהקרקע נקנית לו מיד, אבל להרבות בשכירות פועל, אסור בענין זה, **דהיינו** שאם שוכר את האדם שיעשה לו מלאכתו לאחר זמן, ומקדים לו שכרו היום קודם שנכנס למלאכה, ובשביל זה יעשה לו את המלאכה בפחות מן הראוי, זאת אסור, דכיון דהפועל אינו משתעבד מהשתא, הוי ליה כמו הלואה, **אך** אם הפועל נכנס למלאכתו מיד, אע"פ שלא יגמור את המלאכה עד לאחר ימים הרבה, מותר להקדים לו שכרו בשביל שיעשה בזול, דכיון שיתחיל מיד במלאכה, הוי ליה שכירות ולא הלואה.

סימן קעו ס"ח - השוכר את הפועל בימות החורף, לעשות עמו בימות הקיץ בדינר ליום, ומקדים לו שכרו מעתה, ושכרו שוה בימות הקיץ סלע ליום, אסור.

‹**מפני** שנראה כאילו מלוה לו מעות מהיום כדי שיוזדלזל בשכרו. **ולא** דמי למקדים שכרו דלעיל בקרקע, שאומר אם מעכשיו תתן לי מעות בעד עשרה, ומכל חדש סלע, **דהתם** הוא זוכה בקרקע מיד זכייה גמורה, אפילו אינו רוצה לדור בה מיד, וקנה בשכירות הקרקע בזול, אבל הכא במאי זכה, אינו אלא כהלואה, ומוזיל גביה משום הקדמת ההלואה – לבוש›.

אבל אם אמר לו: עשה עמי מלאכה מהיום ועד זמן פלוני בדינר ביום, מותר, דכיון שמתחיל לעשות עמו מעתה – ‹ונמשכת עד אותו היום, הכל מלאכה אחת היא מעתה›, **אינו נראה כנוטל שכר מעותיו שמקדים לו** – ‹אלא הוי כשאר שכירות שאינה משתלמת אלא לבסוף, ומותר להזדלזל בהקדמתו – לבוש›.

‹**קשה** לי, לפי דעת הרמ"א שפסק בסימן קע"ג ס"ז, דבדבר שאין שומתו ידוע מותר להקדים מעות ולקנות בזול, והוא דין המבואר בסימן קע"ג ס"א {קשו"ע סי"ג}, שמותר באין שומתו ידוע, **ובטרשא** מבואר בדברי הש"ך שם, דבדבר שאין בו אונאה מותר אפילו בשומתו ידוע ע"ש, ופועל הוא דבר שאין בו אונאה. **אכן** לפי מה שכתבתי שם, דהרב אינו מתיר רק במקום שמוכר לו דבר ידוע ואין חיוב על גופו, יש לומר דפועל דמי לחוב על גופו – חוו"ד›.

סעיף כג - מותר להרבות בנדונית חתנים, כגון שפסק נדוניא לבתו, והתנה עם חתנו שכל שנה שיניח אצלו את הנדוניא, יתן לו כך וכך שכר, מותר, שאין זה אלא כמוסיף לו נדוניא, וכאלו אמר לו: אני נותן לך מתנה כך וכך לזמן פלוני, ואם לא אתן לך לזמן פלוני, עוד אני מוסיף לך כך וכך, דמותר. **ודוקא** כשהתנו כן מיד בשעת כתיבת התנאים, דכיון דעד עתה לא היה עליו שום חיוב, אם כן הכל הוא חיוב אחד, **אבל** אם בשעת כתיבת התנאים נתחייב בסתם סך נדוניא, ובשעת החתונה רוצים להתפשר לתת לו דבר מה בשביל הרחבת הזמן, אסור, וצריכין לעשות בדרך היתר.

סימן קעו ס"ו - מותר להרבות בנדונית חתנים, כגון שנדר נדוניא לבתו, והתנה עם חתנו שכל שנה שיניח לו הנדוניא אצלו יתן לו כך וכך שכר, מותר, שאין זה אלא כמוסיף לו נדוניא; ודוקא כשהתנו כן קודם הנשואין, אבל לא אח"כ, דהוי אגר נטר. ועיין לקמן סימן קע"ז - סעיף ט"ו.

[וה"ה בכל מה שאדם מתחייב עתה לחבירו מתנה, שאם לא יפרע מכאן עד יום פלוני, שיהא מוסיף על כל ליטרא ד' פשיטים בחודש, כ"כ ב"י בס"ס קס"א בשם ריב"ש בשם רשב"א. ונ"ל דמש"כ כאן שצריך שיהיה התנאי קודם הנישואין, היינו בפעם הראשון שמתקשר עצמו נגד חתנו ליתן לו נדוניא, דהיינו בשעת כתיבת התנאים לחתן, כיון דעד אותו פעם אין שום חיוב עליו, ואי בעי לא יהיב ליה מידי, הוה גם הרבית בכלל המתנה ההיא, **אבל** אם בתנאים לא נכתב רק חיוב הנדן, ובשעת החתונה שמסלק הנדוניא כותב לו שיתן לו רווחים, אין מועיל היתר זה, הואיל ובפעם ההיא יש חיוב עליו לתת לו סך הנדן, ואי לא יהיב ליה חייב ליתן קנס הנכתב בתנאים, ממילא הוה כחוב דעלמא, וצריך לעשות היתר על הרווחים, ובלבוש כתב ג"כ, שאם נתפשרו כן אחר החופה, הוה רבית גמור, שהרי אחר החופה מיד נעשה עליו כמלוה, וגם קודם החופה טוב לעשות הכל קרן, ויכתוב שאבי הכלה חייב ליתן להחתן כך בשנה הראשונה וכך בשנה השניה כו'], ‹כדי ליזהר מדיין טועה, שירצה לדמות גם דבר זה לשטר שכתוב בו קרן וריבית, ולא ירצה לגבות הקרן - לבוש›.

‹**משמע** שמפרש הט"ז כן ברמ"א, שכוונתו דוקא בפעם הראשון כהט"ז, אבל דחוק זה ברמ"א, ולא היה לו לרמ"א לכתוב קודם הנישואין, אלא לכתוב ודוקא כשהתנו כן תיכף אבל לא אח"כ, **אלמא** דהרמ"א סובר דאף כשהתנו תנאי השכר כשיניח אצלו אף אחר שהתנו הנדוניא, נמי מותר אם היה זה קודם הנישואין, דלא כהט"ז, **משום** דקודם הנישואין עדיין לא נתחייב ליתן, אלא כשיהיו הנישואין, ולכן הוא כנותן מתנה, וצ"ל דאף שאין יכול לחזור ממה שנתחייב באם יהיו הנישואין, ונמצא שמה שמוסיף לו כשלא ישלם בזמנו בעד המתנת הזמן הוא ריבית לכאורה, הוא מטעם דיכול עכ"פ שלא לעשות הנישואין, דע"ז אין מועיל שום קנין, דאינו יכול לישאנה בע"כ, ורק שאסור מצד החרם וגם יצטרך לשלם קנס, שזה לא נחשב כחייב לו כבר הנדוניא, כיון שמדיני ממון אינו מחוייב ואפשר שיתבטל החיוב, ולכן יכול להוסיף נדוניא באם לא יתבע שישלם לו מה שנתחייב לשלם באם הנישואין קודם החופה - אג"מ יו"ד ח"ב סימן ס"ו ד"ה ואף הרמ"א›.

‹**ומה** שמביא מדברי הלבוש ראיה לדבריו, הרי אדרבה הם סתירה לדבריו, שהרי איירי להדיא שהיתה פסוקה תחלה בשעת קישור, ואח"כ בעת נשואין נתרצו לתנאי זה שיתן לו רבית, וג"כ היתר גמור הוא - שו"ת גור אריה יהודא›.

סעיף כד - ישראל שלוה מעכו"ם בריבית, וישראל אחר יהיה ערב, אם הוא בענין שאין העכו"ם יכול לתבוע תחלה אלא את הלוה, ואך כשלא יהיה אפשר לגבות מן הלוה אז יכול לתבוע מן הערב, מותר, **אבל** אם הוא בענין שהעובד כוכבים יכול לתבוע תחלה את הערב, אם כן הוי כאלו הערב לוה מן העכו"ם והלוה לישראל הלוה ואסור. **וכן** עכו"ם שלוה מישראל בריבית, וישראל אחר הוא ערב, אם הוא בענין שאין המלוה יכול לתבוע תחלה אלא את העכו"ם הלוה, ואך כאשר לא ימצא אצל העכו"ם הלוה אז יגבה מן הערב, מותר, **אבל** אם הוא בענין שיכול לתבוע תחלה גם את הערב, אם כן הערב הוא כמו לוה ואסור. **ואם** הישראל ערב רק בעד הקרן ולא בעד הריבית, מותר.

סימן קע ס"א - ישראל שלוה מעות מעובד כוכבים ברבית, אסור לישראל אחר להיות לו ערב, שכיון שבדיניהם תובע הערב תחלה, נמצא הערב תובע את ישראל ברבית שהערב חייב בה לעובד כוכבים - ‹אם זקף העובד כוכבים המלוה את הרבית על הישראל, מותר לישראל אחר להיות אח"כ ערב, אפי' שלוף דוץ, כיון דזקף הוי כקרן ואין כאן רבית כלל, כנ"ל ממשמעות הפוסקים, וכ"כ ריא"ז פא"נ, עכ"ל מהריק"ש, **ובתשובת** כרם שלמה כתב, דבתשובת משפט צדק הביא חולקים בזה - רעק"א›.

לפיכך אם קבל עליו העובד כוכבים שלא יתבע את הערב תחלה - עד שיתבע הלוה תחלה ולא ימצא לגבות ממנו, או שיהא אלם ואין ב"ד יכולים להוציא ממנו, או שאינו בא לדין כגון שברח וכה"ג, כל שהוא ערב כעין ערב דעלמא, **הרי זה מותר** - לא מיבעיא הלוהו ק' בק"נ, אלא אפילו התנה עמו לתת לו כך וכך רבית לחודש.

הגה: והאידנא מסתמא הוי כאלו קבל עליו הכי, דסתם ערבות כך הוא; ודוקא במקום שהמנהג כך שתובעין הלוה תחלה.

וי"א שאינו אסור אלא בערב שלוף דוץ (פי' ערב שמנקה את הלוה מדין המלוה, כשלוף דוץ שהוא מין עשב שמיבשין אותו ורוחצין בו את הידים להעביר הזוהמא) דהיינו שאין דין המלוה עם הלוה כלל, שהוא יכול לדחותו אצל הערב.

הגה: ואם עבר ונעשה ערב בעדו, צריך לשלם כל הפסד המגיע לו על ידו, אבל אינו צריך לתת הרבית שנותן בשבילו, דאין אומרים ליתן רבית; ואי כבר פרע לו הרבית, אין מוציאין מידו, דלא גרע מאבק רבית - ‹הט"ז חולק על רמ"א בזה, ופסק דאפי' אם כבר פרע הרבית מוציאין מידו, אבל אין כן דעת הש"ך - באה"ט. **ועיין** עוד בט"ז שמביא עוד ציורים ודינים באריכות›.

מבואר מב"י, דבערב שלוף דוץ, אפי' כבר פרע לו הרבית מוציאין מידו, שלא כדעת הרב, **ובד"מ** והב"ח מיקל עוד ופסק כהר"י קרקוז"א, דאינו אסור אלא לכתחלה, אבל בדיעבד יש לו כל ההפסד, כיון דמחמתיה קפסיד, ואין בזה משום רבית אפילו בערב שלוף דוץ, **ודעת** כל הפוסקים אינו כן, **ונלפע"ד** דהר"י קרקוז"א גופיה לא הקיל בזה אלא בערב קבלן, אבל לא בערב שלוף דוץ, ע"ש.

סימן קע ס"ב - וכן עובד כוכבים שלוה מישראל ברבית, אסור לישראל להיות לו ערב - [כי בדיניהם הלוה דוחה את המלוה על הערב, שממנו יתבע החוב, ואם כן הוה כאלו הלוה ישראל לערב, והערב מלוה ללוה].

ואפי' אינו ערב שלוף דוץ אסור, משום דנמצא שממונו של מלוה מתרבה אצל הקבלן, ואשתכח דישראל מישראל קא שקיל רבית, ‹ונראה לי דבזה הוי ריבית קצוצה - חכ"א›, **אבל** לעיל ס"א בישראל הלוה מעובד כוכבים, אע"פ שממונו של מלוה מתרבה אצל הקבלן, לית לן בה, דהא העובד כוכבים קא שקיל הרבית, ושרי לדעת הי"א שאינו אסור אלא בשלוף דוץ.

הגה: אלא אם התנה עם העכו"ם שכל זמן שיש לו לפרוע לא ידחנו אצל הערב, אז שרי לקבל הקרן והרבית מישראל אם לא יפרע העכו"ם.

ואם הישראל ערב לו בעד הקרן ולא בעד הרבית, אלא יש לו ליקח הרבית מן העובד כוכבים; או להיפך, שערב לו בעד הרבית ולא בעד הקרן, מותר – ‹כתב הט"ז דצ"ע דעת רמ"א בזה, דמשמע אפי' באיסור כגון שלוף דוץ, {כפי הש"ך, ודלא כהט"ז}, ולפי הנראה שזה אסור, והאריך בראיות והוכחות ע"ש, עיין מה שהשיג עליו הנה"כ – באה"ט›. ‹**ומותר** אפי' בערב שלוף דוץ, דאפי' את"ל דהישראל הוא הלוה ומלוה לישראל, הא אינו מקבל מן הישראל אלא הקרן, ואף שהעכו"ם נותן הריבית, הרי זה כאומר לחבירו הילך זוז והלוה לפלוני, או הלויני ופלוני יתן לך ריבית – חכ"א›, ‹וזה אפילו גבי ישראל מותר, **ואם** לא ערב אלא בעד הריבית, והגוי הוא הנקרא הלוה, למה לא יתן הישראל הריבית בעדו, אין כאן איסור כלל אפילו גבי ישראל, וכ"ש שיחזור ויקחנו מן הגוי, אע"פ שזה היה אסור לגבי ישראל – לבוש›.

ודוקא שהעובד כוכבים לוקח המעות מיד המלוה, אבל אם ישראל ערב ולקחן מידו – ‹שישראל הערב נוטל המעות מיד המלוה›, **אע"פ שעושה בשביל העובד כוכבים, אסור** – ‹שכיון שהוא נטל המעות מיד המלוה, אע"פ שנותנן לגוי, מיחזי כאילו היה הוא הלוה, ואיך יתן אחר כך הריבית – לבוש›. ‹**אפילו** ערב סתם, אפילו בעד הריבית לבד – חכ"א›. ‹**כתב** הש"ך דבזה אפילו לא נעשה ערב כלל, אסור, דכיון שאין שליחות לעובד כוכבים, א"כ אין הישראל הלוקח המעות אלא לוה, וכיון דלוקח המעות מיד ישראל, אסור, **ומ"מ** נראה הא דאסור כשלוקח ישראל המעות אפילו אינו ערב רק בעד הקרן, היינו כשנותן הישראל אח"כ הרבית, אבל אם העובד כוכבים נותן הרבית, שרי – באה"ט›.

ודוקא בלא משכון, אבל אם נותן לו משכון של עובד כוכבים בעד הקרן, יכול לערב לו בעד הרבית, דעיקר הלואה על המשכון, אף על גב דהוא נטלן מיד ישראל המלוה, וכאלו הלוה ליד עובד כוכבים דמי – ‹אבל כשערב לו גם כן בעד הקרן, אסור, ש"ך – חכ"א›.

‹**ואם** אמר לו הישראל למלוה: כל זמן שמעותיך ביד העכו"ם אני נותן לך דינר בחודש, ולא תוכל לכופו לשלם לך, אפילו נטל הגוי המעות מיד המלוה, ואפילו לא ערב הישראל רק בעד הריבית, אסור להיות אפילו ערב סתם בעד העכו"ם אם הלוה בלא משכון, שהרי גם אחריות הקרן הוא על הישראל, שכל זמן שאינו מסלק לו הקרן, צריך ליתן לו ריבית, ט"ז וש"ך – חכ"א›

ואם היה לישראל משכון מעובד כוכבים, או ערב עובד כוכבים, ובא ישראל וא"ל למלוה שיחזור לעובד כוכבים משכון שלו או שיפטור ערב העובד כוכבים, והוא ערב לו, צריך לשלם לו כל הקרן והרבית שעלה עליו עד אותו היום, אבל לא הרבית שיעלה עליו מכאן ואילך – ‹שכל מה שעלה עליו עד אותו יום נעשה הכל קרן, ואינו נקרא ערב אלא בעד הקרן, אבל מה שיתרבה מכאן ואילך, עליו מתרבה›. **אם לא שהמשכון היה שוה יותר, דאז צריך להעלות לו רבית עד כדי דמיו של המשכון, או להחזיר לו משכונו** – ‹שהרי על פיו נתנו לעכו"ם, והוא ערב בעד כל המשכון›. **ואם זקף העובד כוכבים הקרן עם הרבית, אז אפילו מה שיעלה עליו אח"כ הוי כקרן** – ‹עד כדי הזקיפה›, **וצריך לשלם לו הכל** – ‹עד כדי הזקיפה›, **אפילו לא היה המשכון שוה, או אפילו לא היה לו משכון כלל, אלא פטר ערב עובד כוכבים שהיה לו** – ‹דכיון דהכל נחשב כקרן, הרי לא נעשה ערב אלא בעד הקרן, ואין כאן ריבית – חכ"א›.

‹**ואם** היה משכון ואמר שיחזיר לו המשכון, או שפטר את הלוה, שאמר לו מעתה לא יהיה לי עסק עמך רק עם הערב, אפילו לא קנו מידו, צריך לשלם, כיון דעל פיו החזיר המשכון או שפטר את הלוה, הוי ליה כערב בשעת מתן מעות, **אבל** בפטר הערב, כיון שיש לו עדיין עסק עם הלוה, יש לומר דהוי כערב שלא בשעת מתן מעות וצריך קנין, עיין ש"ך דהניח בצ"ע, **והיינו** דוקא בערב סתם, אבל ערב שלוף דוץ, דהיינו ערב קבלן, דינו כלוה עצמו, והרי זה כאילו פטר הלוה עצמו, ש"ך – חכ"א›.

‹**יש** אריכות גדול בסימן זה בהנושאי כלים, ומפני חומר הענין פירשנו בעיקר ע"פ החכ"א, ע"ש ויוסף לקח›.

סעיף כה - עובד כוכבים שאמר לישראל, לוה בשבילי מעות בריבית מישראל על משכון זה, או אפילו אינו נותן לו משכון אלא שטר חוב, והמלוה סומך את עצמו רק על המשכון, או על השטר של עובד כוכבים, ועל השליח אין שום אחריות, מותר, **ואפילו** אם הישראל השליח מביא את הריבית להמלוה, מותר לקבלו, ובלבד שהמלוה יגמור זאת בדעתו, שכל אחריות המשכון והמעות בין בהבאה בין בחזרה הכל על אחריותו, ועל השליח לא יהיה שום אחריות.

סימן קסט סי"ג - עכו"ם שאמר לישראל: לוה לי מעות מישראל ברבית על משכוני, מותר למלוה ליקח הרבית מיד ישראל השליח - אע"פ שאין שליחות לעכו"ם, ‹דהא לכו"ע אין שליחות לגוי לקולא›, **דנעשה** שלוחו של המלוה להוליך מעותיו לעכו"ם ולהביא לו משכונו, **ואפילו** אם פדאו השליח במעותיו ונתן למלוה קרן ורבית, מותר, שלא אסרה תורה אלא רבית הבא מיד לוה למלוה, וזה לאו לוה הוא אלא שליח בעלמא, טור, ‹וקנה המלוה המשכון של הגוי במעות שהלוה עליו, והוי כאילו מוכרו עתה לזה הישראל שפדאהו – לבוש›.

כתב ב"י, דמדברי נ"י והר"ן נראה, דה"ה בלא משכון נמי שרי כשאין אחריות המלוה על זה השליח, כגון שהודיעו שהעובד כוכבים פלוני הוא שלוה ממנו, או שהעמידו אצל העובד כוכבים ונפטר השליח בכך, ע"כ, וכן כתב עוד בשם בה"ת, **וכתב** דה"ה כשיאמר לו כמה שתקח מן העובד כוכבים תן לי, מותר, ואם אינו מאמינו, נשבע לו שלא נתן לו העובד כוכבים יותר ויפטור, **אבל** אם א"ל כל זמן שמעותי ביד עובד כוכבים אתה נותן לי דינר בחודש, אסור, עד כאן ומביאה ד"מ וע"ש.

והוא שיאמר המלוה לשליח: אתה תהיה שלוחי להביא לי המשכון מיד העובד כוכבים, באחריותי, ולהוליך לו המעות על אחריותי - ‹כדי שלא יהא שום אחריות על ישראל השליח, שאם היה שום אחריות על ישראל, השליח הוה כאילו הוא הלוה - לבוש›. **לכאורה** משמע דכל שלא עשה כן אסור ליקח הרבית, אבל הב"ח כתב דהיינו דוקא לכתחלה, כדי לצאת מידי ספק איסור דאורייתא, **אבל** ודאי אם לא עשה כן, לא הוי רבית מן הסתם, שהרי אין כאן אלא ספקא, שמא נעשה שלוחו של עובד כוכבים, וסתמא דעתו להיתרא, ואמרינן דנעשה שלוחו של ישראל שני, ויכול ליטול הרבית אם נותן לו מדעתו, או כשהמשכון עדיין בידו, **ולכך** אפי' במניח לו משכונו ואומר זה המשכון של עובד כוכבים, או שא"ל אני מזכהו לך תחתיו דעובד כוכבים, נמי שרי, **ולאו** דוקא זכיה, שהרי אין זכיה לעובד כוכבים, אלא כלומר בדרך שיזכה בו העובד כוכבים, כגון שהוא מודה שהוא של עובד כוכבים עכ"ד, ‹אפילו אם באמת אינו של עכו"ם, הודאת בעל דין כמאה עדים – חכ"א›. **וכתב** ב"י בשם הג"א דאם הישראל כופר שלא זכהו לו, ישבע המלוה שכדבריו, ויפטר להחזיר לו המשכון כל זמן שלא יפרע לו הרבית.

הגה: ואם נתן העובד כוכבים המשכון לישראל קודם שהלוה הישראל השני, אפילו היה אחריות המשכון על השליח, מותר, רק שיהיה אחריות המעות - ‹הבאת המעות ליד הגוי› **על המלוה** - כלומר דוקא היכא שהמלוה מסר המעות ליד השליח להלוות לעובד כוכבים וליטול ממנו המשכון, דנעשה שלוחו של מלוה מיד, צריך המלוה לקבל אחריות המשכון, **אבל** היכא שעדיין לא נעשה שלוחו של ישראל, כגון שהעובד כוכבים נותן משכון לישראל שילוה לו מעות מישראל, והישראל הביא המשכון תחלה מן העובד כוכבים בלא שליחות המלוה, א"צ לחזור ולהביאו לעובד כוכבים כדי לקבל המלוה אחריות עליו, ד"מ.

וכן בשעת פדיה תהא שלוחי להביא לי מעותי מן העובד כוכבים, ויהיו באחריותי מיד כשיצאו מיד העובד כוכבים, וכן תהיה שלוחי להחזיר לו המשכון.

ואם אינו מאמינו, יאמר כך בלבו ואינו צריך להודיעו, או יתנה עמו שלא יהא נאמן לומר נאנס או נאבד, אלא בעדים.

ואם עשה כן, ובשעת פדיה אומר השליח: לא אמרתי לך אמת תחלה, אלא שלי הוא, יאמר המלוה: איני מאמינך, אלא לדבריך

הראשונים אני מאמין - «שאיני רוצה להחזיקך ברשע שאתה תעבור על לאו דלא תשיך, כי אין אתה חשוד בעיני כן - לבוש», **אבל חושש אני לדבריך ואיני רוצה לקבל ממך המעות, וכשיבא העובד כוכבים ויתן לי המעות אתן לו משכונו** - ומשמע דאפי' שבועה א"צ.

ואפילו אם ירצה לישבע, אינו נאמן - כתב ב"י בשם תשובה אשכנזית, דוקא אם כשהלוהו מסר המשכון לידו, דקנה כי תפיס ליה כו', «כי היכי דלהוי אידך המוציא מחבירו עליו הראיה - ב"י», **ואפילו עדים מעידים שהוא של ישראל, לא מהני, כיון שהודה תחלה שאינו שלו** - דאדם נאמן על עצמו יותר ממאה עדים, **ומהרש"ל** חלק ע"ז וכתב, דהיכא דמברר בעדים שהוא שלו, אסור, ולא שייך בכה"ג לומר הודאת בע"ד כמאה עדים דמי, ע"ש טעמו. **הגה: וכל שכן דשבועת לוה לא מהני** - «הרמ"א קמ"ל בזה, דאם קפץ הלוה ונשבע לא מהני, וגם קמ"ל דאפי' הלוה מוחזק, לא מהני שבועתו - דרכי תשובה».

וכתב עוד מהרש"ל, דהיכא שאשתו השכינתה המשכנות, אף על פי שהיא נושאת ונותנת בתוך הבית בכל הענינים, ואומרת שהיה של עובד כוכבים, צריך להחזיר לו המשכנות אם מברר שהם שלו לכו"ע. **וכן** אם «השליח» אינו יכול לברר, וטוען שהוא «המלוה» בעצמו יודע שהמשכנות שלו, צריך «המלוה» לישבע שאינו יודע ע"ש.

«**ואם** הוא כופר שלא אמר כן מתחלה, ישבע ויפטר, ולא יחזור לו המשכון לעולם עד שיבא הגוי ויפדנו, ואם לא יבא הגוי, ימכרנו והוא שלו אפי' שוה הרבה - לבוש». «וכללא הוא, דאם הלוה מכחיש למלוה, צריך המלוה לישבע, **אבל** אם אינו מכחישו, אלא שאומר לו לא אמרתי לך האמת, א"צ המלוה לישבע, אלא שאומר לדבריך הראשונים אני מאמין - חכ"א».

אמנם אם נודע הדבר שכן הוא האמת, אסור ליקח ממנו הרבית - כלומר אם נודע למלוה בבירור שכן הוא האמת, אף על פי שמן הדין אין ביד ב"ד לכופו שלא יקח רבית, שיאמר: איני מאמין לשום אדם רק לדברי הלוה, מ"מ אסור לו ליקח הרבית, כיון שידוע לו שהוא של הישראל. **והמערים לעשות כן** - ללוות בשם עובד כוכבים ואמר שלי, **נקרא רשע.**

וכל זה לא מיירי אלא במלוה על המשכון - וה"ה בלא משכון, אם ידוע שהלוה לעובד כוכבים כדלעיל, לאפוקי באומר לא הלויתי לעובד כוכבים כו', **אבל אם נתן לו מעות להלוות לעובד כוכבים על רבית, ואח"כ אמר הלוקח: לא הלויתי לעובד כוכבים, אבל לקחתי לצורך עצמי, הלוקח נאמן שלצורך עצמו לקחם; ואם העדו שהוא משקר, יחרים עליו שכדבריו כן הוא** - הואיל וטוענו שמא, **ואם** טוען המלוה ברי שהוא יודע שהלוה אותם לעובד כוכבים ברבית, ישבע המקבל שבועת היסת ופטור, וכ"כ העט"ז ופשוט הוא, **והעושה כן נקרא רשע (תשובת רשב"א)** - ק"ק דלא כתב הרשב"א אלא שיצא מכלל שארית ישראל לא יעשו עולה, אבל לא נקרא רשע, ואף על גב דלעיל נקרא רשע, שאני התם שאומר מתחלה בפירוש שמלוה לעובד כוכבים, וק"ל.

סעיף כו – וכן ישראל שנתן משכון או שטר חוב לישראל חברו, שילוה בשבילו על זה מעות בריבית מעובד כוכבים, אם העובד כוכבים אינו סומך רק על המשכון או על השטר, ועל השליח אין שום אחריות, מותר. **וכן** אם הישראל הלוה תחלה לישראל חברו על משכון, ואחר כך אמר להמלוה, לוה מעות מעובד כוכבים בריבית על משכון זה, ועלי לשלם הקרן והריבית, אם העובד כוכבים סומך עצמו על המשכון לבד, מותר.

סימן קסט סי"ז - ישראל שאמר לחבירו: לוה לי מעות מהעובד כוכבים ברבית, אם נתן לו משכון ללות עליו, אם אחריות העובד כוכבים על המשכון בלבד ולא על השליח כלל - היינו לומר שלא יתבענו מדין לוה, ולדעת הר"ן אף מדין ערב קבלן צריך שלא יתבענו, «זה תמוה, הא גם להר"ן מותר לישראל להיות קבלן בעד ישראל שלוה מעכו"ם - רעק"א», «ובלא"ה אסור, שא"כ הוה ליה השליח כהלוה מן

הגוי וחזר והלוה לישראל בריבית› **מותר לשליח ליקח הרבית** – ‹מיד הישראל הלוה› **וליתנו לעובד כוכבים** – ‹לפי שהוא שלוחו של ישראל, וכל מה שלוקח ונותן אינו עושה אלא בשליחותו של זה, ואינו לא לוה ולא ערב – לבוש›.

והטור לא הזכיר שיהא אחריות העובד כוכבים על המשכון לבד, אלא כתב סתמא שהעובד כוכבים סומך על משכונו, **ונ"ל** דמיירי שהמשכון הוא טוב, דאז מסתמא הוא סומך על המשכון לבד ולא על השליח, **והר"ן** ומחבר מיירי כשאין המשכון טוב כ"כ, ולפיכך כתב בב"י דצריך שיאמר לו איני משתעבד לך כלל, ולא יהא אחריותך אלא על המשכון הזה, נ"ל.

ואם לא נתן לו משכון, אסור – ‹שהגוי אין לו עסק אלא עם הישראל שהלוה לו, והוא חוזר ומלוה לישראל ששלחו, ומקבל ממנו ריבית› **אלא אם כן אמר לו: לוה לי מעות ברבית מהעובד כוכבים על שמי, והאמינו העובד כוכבים והוא סומך על הלוה ולא על השליח** – ‹ויקבל עליו שאין לו שום תביעה על השליח, לא משום לוה ולא משום ערב – לבוש›. **הגה: ועיין לקמן סימן ק"ע אם מותר לשליח להיות ערב.**

יש אומרים דמנהיגי הקהל מותרין ללוות מן העובד כוכבים ברבית לצורך הקהל, אף על גב דהוו כשלוחי הקהל, ואף על גב דאחריות עליהם וחוזרין ולוקחין מן הקהל, שרי, דהוי כאפוטרופוס של יתומים דשרי בכהאי גוונא – [וטעם רמ"א להתיר כאן, דלא חשיב ליה כרבית קצוצה, וכיון דהוא לצורך מצוה, הוי ליה כאפוטרופוס של יתום, **ועוד** נראה דהעובד כוכבים שמלוה יודע שההלואה היא לצורך הקהל, והבטחתו על כל הקהל באם לא יהיה מאלו לשלם], **וכן נהגו להקל, אף על גב דאין כאן היתר ברור** – ‹שהרי הם עוברים על לא תשוך נגד הקהל, והקהל עוברים על לא תשיך נגדם, כי מה להם לקהל שהם נותנים ריבית לגוים, אלא שנהגו כן›. **ומ"מ אסור אח"כ ליקח מקלת הפרעון ממקלת הקהל, שילוו לצורך הקהל** – ‹במקום אחר›, **ולנכות להם אח"כ** – ‹בזמן גביית חוב זה›, **יותר ממה שהלוו, כי הרבית עולה על האחרים** – [פי' אותו הרבית שהפורעים מרויחים הוא חל על האחרים להשלימו], **והוי כאילו לוו זה מזה ברבית** – ‹קצוצה לצורך האחרים – לבוש›.

סימן קסט סכ"ו - משכון שביד ישראל מישראל חבירו – ‹שהשכין אצלו בלא ריבית›, **וא"ל הלוה: לך ומשכנו לעובד כוכבים ברבית, ועלי לפרוע קרן ורבית, מותר** – ‹וחייב הוא לפדות המשכון ולפרוע הקרן והריבית. **ולא** אמרינן שהמלוה הראשון לוה מגוי בריבית וחוזר ומלוה לישראל זה בריבית מכאן ואילך, **שאין** זה אלא שלוחו להיפרע חובו ממעות הללו, וכל היכא שימצא זה משכונו יפדנו – לבוש›.

נ"ל דמיירי בענין שהעובד כוכבים סומך על המשכון לבד שהוא טוב, או שאומר לעובד כוכבים איני משתעבד לך כלל, אלא יהא אחריותך על המשכון לבד, **הא** לא"ה לא עדיף מאילו נתן משכון להשכינו אצל עובד כוכבים ברבית, דאסור.

סעיף כז – ישראל שהלוה לעובד כוכבים על משכון בריבית כך וכך לחדש, ואחר כך בא הישראל לחברו שהוא ילוה לו את המעות על משכון זה, ושהוא יטול את הריבית שיעלו מהיום עד הפרעון, מותר. **אבל** אם הישראל הראשון כבר זקף את הקרן עם הריבית לכל זמן ההלואה, הרי הכל היא כקרן של ישראל, ואסור ללוות על משכון זה מישראל חברו בריבית, דהוי כאלו נתן את הריבית מכיסו.

סימן קסט סי"ח - משכונו של עכו"ם ביד ישראל, והביאו לישראל חבירו שילוה ‹לו› **עליו, וכשיבא העכו"ם לפדותו, שיקח הוא הרבית שעלה עליו עד אותו היום, והשני יקח הרבית שיעלה עליו מאותו היום והלאה, מותר, ובלבד שיאמר לו: הריני מוכר לך כל כח וזכות ושעבוד שיש לי על משכון זה, ואין לי עסק עמך ולא לך עמי** – ‹שאם לא יאמר כן, ישאר המשכון

בכח המלוה הראשון, והשני הוא מלוה מעותיו לראשון בריבית מהיום והלאה, אבל בכה"ג הוי מכר ואין כאן ריבית – לבוש›.

‹**ומטעם** זה שהוא כמוכרו לו, נ"ל שמותר לישראל להשכין משכון של גוי אצל ישראל אחר אפי' ביותר ממה שהוא ממושכן אצלו, והריבית לא יהיה יותר רק מה שהגוי נותן לו, **ולא** אמרינן דהוי ליה כמו שקצב עמו הגוי ביוקר והישראל ילוונו בזול, ומה שנותן לו הראשון לשני יותר ממה שיגיע בערך ריבית של הישראל על מה שהלוה הוא לגוי, הוא ריבית על מה שהלוה לעצמו, **אלא** אמרינן מכר כל המשכון לשני, והשני נוטל כל הריבית מהגוי, ומה שהלוה לזה יותר, הלוה לו בחנם בלא ריבית, נ"ל – לבוש›. ‹**והט"ז** חולק עליו ומביא ראיה מן הש"ס שמוכח דלא כהלבוש, וסוף דבריו שנ"ל דרבית קצוצה היא ויוצאה בדיינים, ואין חולקין כבוד לרב, וישתקע היתר זה ולא יעשה כן בישראל. **ובנה"כ** מסכים לדברי הלבוש, וכתב שהוא פשוט להתיר וכן המנהג, ע"ש – באה"ט›.

ואם לאחר זמן רצה שני לחזור וליטול מהראשון קרן ורבית להחזיר לו משכונו – ‹אע"פ שאין הגוי פודהו עדיין›, **מותר** – ‹מפני שהוא כאילו חוזר ומכרו לו – לבוש›.

הגה: וי"א דאפילו אינו מוכרו לו – ‹שלא אמר לו כן שימכרנו לו בפירוש›, **ולא אמר לו: אני מסולק ממך, אלא חוזר ומשכנו אצלו סתמא** – ‹רק שאמר לו משכון זה עומד אצלי מהגוי, כך וכך תלוה לי עליו, כך וכך תקבל הריבית מהיום והלאה – לבוש›, **שרי, דוודאי מכוין להיתירא וכמאן דא"ל דמי.**

ואם בא הראשון לפדות המשכון, ואין השני רוצה להחזיר לו המשכון, הרשות בידו, דהוי לגמרי שלו, דהוי כאלו מכרו לו בהדיא עד שיבא העובד כוכבים לפדותו – ‹דהא בלא"ה הוו עבדי איסורא, ובודאי להתירא כוונו, ואין צריך ליתנו לו עד שיבא הגוי לפדותו›. **וכן המנהג פשוט; ואם התנו מתחלה שצריך לחזור וליתן לו כשבא לפדותו, הכל כפי תנאם** – ‹שגם במכר יוכל להתנות כך – לבוש›. **ואפשר דאפילו מסתמא הוי כאלו התנו בכך, הואיל והמנהג כך.**

‹**הנה** הט"ז והש"ך מתמיהים על דין זה, כיון דהתנו מתחלה שצריך לחזור וליתנו לו, וכן היכא שמחויב להחזיר מצד המנהג, דהוי כהתנה בפירוש, א"כ אין זה מכר, ואסור ליקח ממנו רבית, כמ"ש הרב לקמן ר"ס קע"ד – באה"ט›.

‹**אם** המשכון ברשות הישראל לגמרי, כגון שהעכו"ם אמר לו מעכשיו יהיה שלך, או שרואה שבדעת העכו"ם שלא לפדותו עוד, או במקום שהמנהג שאחר זמן קצוב רשות למלוה למכור, וכיון שהמשכון שייך לישראל, צריך שיאמר המלוה לישראל השני: הנני מוכר לך כל זכות ושיעבוד שיש לי על משכון זה, ואין לי עסק עמך ולא לך עלי, ואם אחר כך נתרצה השני שיחזור הראשון ויטול המשכון, מותר ליקח ממנו הקרן והריבית שעלה ברשותו, **אבל** אינו יכול לכופו להחזיר לו, כיון שכבר מכר לו מכירה גמורה, וגם אסור להתנות עמו שיהיה מחויב להחזיר לו, דאם כן אין כאן מכירה כלל. **אבל** אם המשכון אינו שייך לגמרי לישראל, אלא שממושכן בידו, מותר לזה ללוות עליו סתם, ולהתנות עמו שכשירצה יחזיר לו המשכון, דכיון דהמשכון שייך לעכו"ם, ועיקר סמיכת הישראל השני הוא על המשכון, אם כן הריבית שנוטל הוא נוטל רק ממשכון של העכו"ם, ש"ך ס"ק נ"ז. **ומכל** מקום ראוי לכל בעל נפש שלא יתנה עמו שמחויב להחזיר לו, רק שיהיה מרצון המלוה השני לחזור ולפדותו, אם פודה בלא דעת העכו"ם, ט"ז סוף ס"ק כ"ו – חכ"א›.

ומותר ללוה לקוץ עם ישראל השני בפחות – ‹ממה שנותן לו הגוי›, **אע"פ שהעובד כוכבים נותן לו יותר** – ‹דעל מנת כן מוכרו לו›, **או שיוכל לומר: אני אקח חלק ברבית הבא מן העכו"ם כל שבוע** – ‹דלא גרע הוא מן הסרסור שיכול להתנות כך בשכרו – לבוש›.

גם אם ירצו הלוה והמלוה שלא ליקח המלוה השני המשכון לידו, רק יניחנו ביד הלוה הזה שהלוה עליו לעובד כוכבים, שרי – ‹אבל צריך שיקנהו לו›, **ובלבד שיהיה המשכון מכאן ואילך באחריות המלוה השני** – ‹שהרי הוא שלו ולקחו ממנו בתורת מקח, וביד הראשון הוא בתורת פקדון – לבוש›.

ואם התנו זה עם זה שהמלוה הראשון לעובד כוכבים, שהוא הלוה עכשיו מישראל השני, יתחייב באחריותו, הרשות בידם – ‹שהוא אינו כלוה נגד המלוה השני, אלא כשומר ונפקד – לבוש›, **דהא מתנה שומר חנם להיות כשואל.**

{סמ"ע} [ט"ז] ‹רעק"א או ש"א או הוספת הסבר› (פת"ש)

וי"א דאפילו להקנות הלוה אלו המשכונות למלוה השני אינו צריך, אלא מיד שהמלוה השני נותן לו מעות ההלואה - ‹למלוה הראשון›, **קנוי לו המשכון בכל מקום שהוא, דדבר תורה מעות קונות; ואע"ג דמדרבנן בעי משיכה, מ"מ כהאי גוונא יש לסמוך על דבר תורה** - ‹שאינו אלא לתיקון האיסור, ולא לקנין חלוטין, אוקמינן אדאורייתא. **ועוד** שלא תקנו משיכה אלא בדבר המצוי, וזה דבר שאינו מצוי הוא›. **מיהו טוב שיקנה לו על ידי אחר** - ‹לרווחא דמילתא - לבוש›.

ונאמן הלוה - ‹שהוא המלוה הראשון› **לומר** - ‹למלוה השני›, **שיש לו משכון מעובד כוכבים** - ‹והוא מקנה אותם לו כדי שילוהו›, **ואין צריך להביא ראיה לדבריו, ויוכל המלוה** - ‹השני› **להלוות לו** - ‹על פיו, דאחזוקי אינשי ברשיעי לא מחזקינן, שהרי גם הלוה מוזהר שלא ליתן ריבית - לבוש›, **אם לא שאינו מוחזק בכך, דאז ודאי משקר. כך הם עיקר הדברים בדינים אלו, אע"פ שיש קצת מפקפקים בהיתרות אלו, כבר פשט המנהג להקל, ואין למחות ביד העושים כנזכר, כי דינא הוא.**

וכל זה לא מיירי אלא כשלא זקף הישראל שלוה לעובד כוכבים קרן עם רבית - ‹אלא שהשכין הגוי המשכון אצל המלוה הראשון בריבית קצוב לכל שבוע ושבוע כנהוג›, **אבל אם כבר זקף הישראל** - ‹המלוה הראשון› **על העובד כוכבים קרן ורבית ביחד, כגון שחשב עמו רבית שיעלה עליו עד שנה וחשבו הכל ביחד** - ‹ונתחייב לו סתם סך קצוב כך וכך›, **מעתה הרי הכל כאילו הוא קרן של ישראל** - ‹הראשון›, **בין שהלוה על המשכון או בלא משכון, אסור ללוות על זה מישראל חבירו ושיעלה לו רבית מן החוב** - ‹מהיום והלאה› **כל זמן שהלואה גביה, דהוי כאילו נותן לו הרבית מכיסו** - ‹שבזקיפה הראשונה שיש לו אצל הגוי נעשית הכל קרן שלו›, **אך ימכרנו לו סתם** - ‹בלי שום תנאי בזול בפחות ממה שיש לו עליו, ויאמין לחבירו›, **וכשרוצה לחזור ליקח חובו, יחזור ויקנהו ממנו מעט יותר ממה שמכרו לו כפי ערך הרבית שהיה ראוי לעלות עליו; ואסור להתנות מתחלה בכך, אלא יקנה לו החוב בקנין גמור, ואח"כ יחזור הקונה ויבטיחנו בדברים אמתיים שכשיהיו לו מעות יחזור וימכרנו לו בדרך הנזכר** - ‹אף על פי שיזכיר לו כך וכך סך קצוב יותר מעט, דרך דיבור בעלמא, אבל להתנות עמו כך בתנאי גמור, הרי זה אסור, **רק** כדי לתקן שיהיה המלוה הראשון בטוח מזה שיחזירנו לו, יכול הלוקח השני להבטיחו בדברים אמתיים על אמונתו, שכשיהיו לו מעות שיחזור וימכרנו לו בדרך הנזכר במעט יותר, **אי** נמי אם ארצה אחזירנו לך, ואיחשב בדאי אם לא אחזירנו לך, ולא תצטרך לתובעני לדין בשביל כך, כי על פי הדין לא אתחייב ליתן לך, שהדיין לא יפסוק לי ריבית, ולא יכפני להחזיר המשכון שהוא אצלי במקח גמור - לבוש›.

ובחובות של אשראי - ‹שיש לו על הגוי, אין אדם יכול להקנותו לחבירו בשום אחד מהקנינים, אפילו בקנין ואגב קרקע ומעמד שלשתם, כולם אין מועילין בגוי, שאין הגוי משתעבד בכך, כיצד יעשה אם רוצה למוכרו לישראל חבירו›, **צריך שיאמר לו: אתה תפטור העובד כוכבים בכך וכך מכל וכל, ובכך וכך אני קונה ממך כל מה שאני יכול להוציא מיד העובד כוכבים** - ‹צריך לסלק עצמו מן החוב מכל וכל, וימחול המוכר ללוקח את הכל, וכך יאמר לו: כשתתן לי סך כך וכך, אני מוחל ופוטר לך את הגוי מכל וכל, ולא יהיה לי עוד עסק עם הגוי בחוב זה, ובכך ובכך יהא לך קנוי, וכל מה שתוכל להוציא מיד הגוי הרי הוא שלך ואני מוחלו לך, שאז כל מה שזה יוציא מן הגוי לא יוכל המוכר לחזור להוציאו ממנו, שכבר מחלו לו הכל. **ואם** ירצה הלוקח, צריך המוכר ללכת עמו אל הגוי הבעל חוב וערביו, ויאמר להם: החוב שאתם חייבים לי תדרו לחבירי זה, וכשתדרו לו תיפטרו ממני, ומאז והלאה לא יהא שום אחריות על המוכר אפילו על הקרן לבדו, שזה הוה קרוב לשכר ורחוק להפסד, **ואם** לא עשה כן, אסור לקחת הריבית, רק ישאר הריבית למוכר - לבוש›.

‹כל הסעיף פירשנו ע"פ הלבוש מחמת אריכות הענינים›.

(וע"ל סימן קע"ג בדין מכירת חובות).

מחבר **רמ"א** ש"ך ונקה"כ

סעיף כח - מעותיו של ישראל מופקדים ביד עובד כוכבים, והלוה אותם לישראל בריבית, אם היו באחריות העובד כוכבים, שאם יאבד החוב יתחייב הוא לשלם במעותיו, מותר, ואם אינו באחריות העובד כוכבים, אסור. **ולכן** במקום שיש קבוצות מעות (קופות חסכון) וכדומה, שיש לישראל חלקים (מניות) שמה, וישראלים לוים משם בריבית, אף על פי שהממונים המה עובדי כוכבים, מ"מ נראה לי דאיסור גמור הוא. **ולכן** אסור ליתן לשם מעות (כי שמא ילוה ישראל שאינו הגון), וכן אסור ללוות משם, כי שמא נתן לשם ישראל שאינו הגון.

סימן קסט סכ"א - מעותיו של ישראל מופקדים ביד עכו"ם, והלוה אותם לישראל ברבית - ‹ורוצה ליתן הריבית לישראל המפקיד - לבוש›, **אם היו באחריות העכו"ם** - [פי' לענין שאם יאבדו החובות, יפרעם הוא לישראל כדין כל לוה, אבל לא סגי שיקבל עליו אחריות כשומרין, אפי' כשואל], ואפי' חייב עצמו מאונסים לכשיאבדו, כל זמן שיעמדו בעין, אסור, [הואיל ולא נעשה עליהם לוה מעתה, ב"י בשם ספר התרומות], **מותר ליקח הרבית** - ‹ישראל המפקיד, שכיון שהם באחריות הגוי, חשובין כשלו, ומה שנותן הריבית לבעל המעות, אינו אלא כמתנה בעלמא - לבוש›. **ואם היו באחריות ישראל, אסור** - [והוי רבית קצוצה].

(ואם הלוה אותן שלא מדעת ישראל, מסתמא הם באחריות עובד כוכבים, ושרי) - ‹ישראל שנתן מעות לעובד כוכבים בעסקו להתעסק בהם למחצית שכר, והלוה מהם העובד כוכבים לישראל ברבית, אף על פי שבעל המעות יודע כשנתנם לישראל, מ"מ שרי, תשו' מהרי"ט - רעק"א›, ‹**דכיון** דהני זוזי משתעבד לנכרי המקבל למחצית השכר, ואפילו כי ידע לא מצי מעכב מלהלות, שהוא רוצה להשתכר באשר ימצא, וכי קעביד אדעתא דנפשיה קעביד - שם בתשו' מהרי"ט›.

סעיף כט - שותפין שצריכין ללוות מעות בריבית מעובד כוכבים, יעשו שאלת חכם איך לעשות.

[**עוד** ראיתי להזכיר דבר אחד שרבים מהמון עם נוגעים בו, דהיינו בשני שותפים שנוטל אחד מהם מעות מעובד כוכבים ברבית לצורך השותפות, ונותן הרבית מהשותפות והריוח חולקין, שזהו רבית קצוצה, שהעובד כוכבים אינו מכיר אלא אותו שלוה ממנו, **ואין** זה דומה למה שכתב רמ"א לעיל סי' זה קסט סעיף י"ז {קשו"ע סכ"ו} לענין נאמני הקהל, דהתם מותר מפני שהוא לצורך מצוה, ועיין מש"כ עוד שם, מה שאין שייך לכאן, **ואפילו** לדעת רמ"א דבערב לא הוה רק אבק רבית, כאן שאני, דזה הוא עיקר הלוה, והשני הוה כלוה מישראל שלקח המעות מן העובד כוכבים, **אלא** צריכים שניהם ללוות מעובד כוכבים, דהיינו שיחתמו שניהם על השטר, **אבל** אם לוה האחד מישראל בעיסקא, ונותנו לשותפות, שפיר יוכל ליתן הריוח מן השותפות, דבדרך שהוא מקבלו בעיסקא כך הוא נותנו לשותפות בעיסקא, **ובנוטל** מן העובד כוכבים שזכרתי נראה לחלק, דאם שותף אחד העוסק בשותפות הוא נוטל מעות מעובד כוכבים על רבית, ומניחו לעסק השותפות, יוכל תחילה למלאות הפרעון במה שצריך לתת רבית לעובד כוכבים, והמותר יחלוקו, כי לא נעשה כאן הלואה מעולם, **אלא** הריוח וההפסד מגיע לאותו סך ממון של ההלואה, והרבית שנותן לעובד כוכבים הוא בכלל ההפסד, **או** ממעט חלק בריוח, **אבל** אם אחד מניח לחבירו ממון, וחבירו מתעסק בשותפות לחוד, וזה המניח הממון נטל ממון מעובד כוכבים על רבית לצורך השותפות, אין לו ליטול מהשותפות לפרעון הרבית, כיון שהוא אינו מתעסק אלא חבירו, לא יוכל לומר שהרבית ממעט חלק בריוח, אלא הוי ליה כאילו מניח מכיסו אותו סך לצורך השותפות, כן נראה לענ"ד – סימן ק"ע ס"ג].

‹**עוד** כתב, בשותפין, שצריך שיחתמו שניהם על השטר, **ונראה** שמ"מ ברצה מזה גובה ורצה מזה גובה, אסור לכתחלה, **ואם** פרע האחד הכל, אין צריך חבירו ליתן לו הרבית שפרע, כמבואר בהג"ה. **וכתב** עוד לחלק במקבל עיסקא בין שהמקבל לוה לצורך השותפות, ובין לוה הנותן, **ולכאורה** תמוהין, דהא אף כשהמקבל לוה, הוי כלוה מקצת לשותפו, דהא הריוח וההיזק מהחצי הוא להנותן, **ונראה** דמיירי שהמקבל לוה שלא בידיעת שותפו, דאז לא נשתעבד הנותן לשלם מביתו, ומ"מ נוטל ריוח, דאפילו נשא ונתן במעות עצמו או במעות אחרים, מחוייב ליתן חלק לחבירו, כמבואר בסימן קע"ז סעיף כ"ט,

{סמ"ע} [ט"ז] ‹רעק"א או ש"א או הוספת הסבר› (פת"ש)

וכאן שלוה לצורך שותפות, ונתכוין לזכות לשותפו בהריוח, בכל גוונא נוטל חבירו חלקו, **והא** דמחוייב למלאות ההיזק ממכון השותפות, היינו משום דשותף המוציא הוצאות כיורד ברשות דמי, ונוטל הוצאה שיעור שבח כמבואר בחו"מ סימן קע"ח ס"ג, **והכא** נמי הרבית שנותן לצורך טובת השותפות, הוי כמוציא הוצאות, דמה לי אם שוכר פועלים לצורך השותפות או שוכר מעות לצורך השותפות, ונוטל הוצאה כשיעור השבח שהשביח המעות, וכיון שאין צריך לשלם לא מקרן השותפות ולא מביתו, רק מהשבח שהשביח, לא נעשה לוה כלל, **משא"כ** המקבל שחייב לשלם מביתו כל הסך שקיבל מהנותן, דודאי הנותן הודיעו שהמעות הללו לוה ברבית לצורך השותפות, **דאם** לא הודיעו ונתן סתם המעות להתעסק, ודאי דא"צ המקבל ליתן הרבית. **ולפי** זה כשהמקבל לוה בידיעת הנותן, שאז חייב לשלם מביתו, אסור – חוו"ד סי' ק"ע.

‹**ואפי'** שני שותפים שלוה א' מהם מעות מנכרי ברבית לצורך השותפות, ונותן הרבית מן השותפות, אסור, (אפי' שניהם חתומים בשט"ח, אם הנכרי יכול לתבוע כל המעות מזה שלוה ממנו מדין ערבות). **אא"כ** התעסק והרויח במעות אלו, יכול ליטול הרבית מן הריוח תחלה ליתן לנכרי, ואח"כ יחלקו הריוח הנשאר, כי הרבית נחשבת להפסד מן הריוח לשניהם. **בד"א** כששניהם מתעסקים בשותפות, אבל אם אחד נתן מעות לחבירו להתעסק בהן למחצית שכר, ולוה הנותן מעות מנכרי ברבית, אינו רשאי לחשוב הרבית להפסד מן הריוח – הגר"ז.

סעיף ל – מומר אסור ללוות ממנו בריבית, וגם להלוות לו בריבית יש להחמיר.

סימן קנט ס"ב - מומר מותר להלוותו ברבית – [דהא אין אתה מצווה להחיותו. **ואין להקשות הא עובר על לפני עור, דהמומר עושה איסור בנתינת הרבית, תירץ בסה"ת, דאף הוא אינו עושה איסור בנתינת הרבית, דהא דישראל נאסר בנתינת הרבית, הוא מדכתיב ולאחיך לא תשיך, פירושו, אתה הלוה לא תעשה איסור שאחיך ישוך אותך, והמומר שאין המלוה מוזהר עליו ליקח ממנו, ממילא גם הוא אינו מוזהר מלתת רבית].**

ואסור ללוות ממנו ברבית - משום לא תשיך, ומשום לפני עור לא תתן מכשול. [**שהרי הוא עושה איסור במה שלוקח ממך, א"כ שייך בנותנו משום לא תשיך לאחיך, דאעפ"י שחטא ישראל הוא. ובטור כתב והנותנו לו עובר משום לפני עור וגו', והכוונה, דגם על זה עובר, ונקט האי לאו, לפי שגם עיקר הלאו אפי' בישראל מישראל, דהיינו לא תשיך, הוא טעמו שלא יגרום חטא למלוה כמו שזכרנו].**

‹**למ"ש** הרמב"ן דמותר להלוותו, דלא מקרי אחיך כיון דמורידים אותו, אלא דהמומר מוזהר שלא ליקח רבית ממנו, א"כ הלוה שנותן רבית למומר אינו עובר רק משום לפני עור. **אבל** לדעת הטור דההיתר להלוותו, כיון דלא מצווים להחיותו, בזה הלוה עובר ג"כ משום לא תשיך, **וכן** נ"מ לדינא להלוות למסור ברבית, דלהרמב"ן אסור, דמקרי אחיך, דמה שמורידין אותו הוא רק מטעם דהו"ל רודף, **ולדעת** הטור י"ל דמותר, דהא מ"מ לא קרינן ביה וחי אחיך עמך – רעק"א.

הגה: וים מחמירין אף במומר להלוותו; וטוב להחמיר אם אפשר להשמט ממנו - (עיין בתשובת תפארת צבי, שכתב דעכ"פ ודאי דאסור להלוות לו בלא רבית, וכן מוכח לשון רמ"א, שכתב אם יכול להשמט, אבל בלא רבית אסור, רק לא ילוה כלל. **וכתב** עוד, דצ"ע באבק רבית אם אסור למומר, דאפשר לא גזרו כולי האי, **אך** לפי דברי הרמב"ן שכתב דהוי אחיך, (עיין לעיל ברעק"א וצ"ע), יש לאסור, ע"ש).

ובמומר להכעיס שלא יצא מן הכלל, אעפ"י שהוא היה מן המורידין וכדלעיל סימן קנ"ח, מ"מ יש להחמיר בו טפי ממומר שיצא מן הכלל, ואין להלוות לו ברבית, ב"ח, (וז"ל: דדוקא באותן משומדין שיוצאין מן הכלל, שכופרין בעיקר ומיטמעין בין הגוים, דומיא דכותאי, התם הוא דהסכימו רוב רבותינו שמותר להלוותן ברבית, **אבל** משומד שאינו יוצא מן הכלל, ולא כפר בעיקר, אלא שהוא משומד לדבר אחד, כגון אוכל נבלות להכעיס, ויש לו אשה ישראלית ובנים נוהגים דת משה וישראל, התם חיישינן לחומרא ואסור להלוות לו ברבית, **דאע"פ** דאין אנו מצווין להחיותו, דלאו אחיך קרינן ביה, מ"מ לא גרע ממסור לחד מ"ד (ב"ק קי"ט) דגופו שרי וממונו אסור, דילמא נפקא מיניה זרעא מעליא דהוי ישראל גמור, **משא"כ** במשומדין שיוצאין מן הכלל ונטמעו בין הגוים, דלא אמרינן דילמא נפק מיניה זרעא מעליא, אפילו אשתו ישראלית עמו, כל שכן מן הגויה, **ואעפ"י** שאין דבריו מוכרחים, גם בתשו' הגאונים דפוס פראג מצאתי, שאלה מהו להלוות ברבית למומרים, תשו' הרי"ף אומר שמעתי מרבותי, אם הוא מומר דשביק

היתרא ואכיל איסורא, אז הוא מותר, אבל במומר לתיאבון אסור, עכ"ל, **מ"מ** יש להחמיר.

(**בתשו'** תפארת צבי כתב, אף להפוסקים המחמירים במומר לעבודת כוכבים דאסור להלוות לו ברבית, דהוי אחיך, מ"מ אם לקח ממנו רבית לא יחזיר, דאף אם עבר על הלאו, בזה לא קיים העשה וחי אחיך, דאינו מוזהר ע"ז, **וכן** במומר להכעיס, אף דשייך דאית ליה זרעא מעליא, לא יחזיר, ושרי לעכב לדידיה, **אולם** נסתפקתי אם לקח רבית מישראל, ואח"כ נעשה הלוה מומר לעבודת כוכבים, אם יחזור לתקן הלאו הראשון שכבר עבר, או דלמא בזה לא יתוקן הלאו, דהרי אינו מצווה עתה להחיותו, ע"ש שלא העלה בזה דבר ברור והניח בצ"ע).

סעיף א

§ סימן סו – הלכות עיסקא, ובו י"ב סעיפים §

סעיף א – הנותן לחברו מעות שיתעסק בו, והריוח יהיה לחצאין, וגם ההפסד יהיה על שניהם בשוה, זהו נקרא עיסקא ואסור, מפני כי החצי ממעות אלו היא מלוה ביד המקבל, שהרי היא באחריות שלו והוא נוטל את הריוח, וגם ההפסד עליו, והחצי הוא פקדון אצלו, שהרי היא באחריות הנותן והוא לוקח את הריוח מחצי זה, וגם ההפסד מחצי זה עליו, והמקבל שהוא מתעסק וטורח בחצי הפקדון שהוא שייך להנותן, זהו רק מפני שנותן לו את החצי בהלואה, והוי ריבית ואסור. **ויש** היתר לזה, אם הנותן נותן להמקבל איזה שכר בשביל העמל והטורח שהוא מתעסק בחלקו, ויש לקצוץ או שיתן לו מיד בשעת נתינת המעות שכרו, ודי אפילו בדבר מועט.

סימן קעז ס"ב - הנותן מעות לחבירו בתורת עיסקא, דהיינו שחצי האחריות על הנותן וחצי על המקבל, אסור - ‹מדרבנן – חכ"א›, **שכל עיסקא פלגא מלוה ופלגא פקדון, ונמצא שטורח בחלק הפקדון בשביל חלק המלוה.**

לפיכך צריך לו ליתן שכר טרחו שבכל יום ויום מימי השותפות כפועל בטל של אותה מלאכה שבטל ממנה - ‹כתב הש"ך, ולא כל שכרו, אלא רואין אדם שבטל ואין לו שום מלאכה, כמה היה רוצה ליקח להתעסק בזה העסק, ואפילו אם היה לו מלאכה שנותנין עליה שכר טוב ומתבטל ממנה, אין אומדים כמה היה רוצה ליקח ליבטל ממלאכתו ולהתעסק בזה העסק, שלא היה לוקח אלא הרבה, אלא אומדין באדם בטל, טור. **אבל** הב"י מפרש דאומדין כמה רוצה ליטול פועל א' כדי לבטל ממלאכתו לגמרי, ובין שנותנים לו מלאכה קלה או כבדה שיעורו שוה, {דשמין כמה בעל מלאכה רוצה להיות יושב ובטל – חוו"ד}. **ויש** פוסקים מפרשים, שמשערין לו במלאכתו הראשונה כמו שהוא מרויח בשעת הבטלה, כגון שהוא חייט ודרכו לתפור בגד בסלע בפרוס הרגל שהמלאכה מרובה, ובשאר הימים תופרו בפחות מסלע, וכך הוא נוטל עכשיו בשכרו. **ורש"י** ושאר פוסקים מפרשים, שאם היה עושה מתחלה מלאכה כבדה ומרויח בה הרבה, וזו היא קלה, אומדים כמה יניח משכרו לעשות מלאכה זו. **והט"ז** כתב, דפי' הטור ופי' הב"י שניהם אמת, דע"כ לפי פי' ב"י דאמרינן כמה רוצה ליטול פועל אחד כדי ליבטל ממלאכתו לגמרי, הניחא לבעל מלאכה ידענא שיעור שכר טירחא בזה, אבל מה נעשה באדם בטל לגמרי שמקבל עיסקא איך נשער שכר טרחו, ע"כ צריך לשער כפי מה שאדם רוצה לעשות עסק זה כשהוא בטל, עכ"ל – באה"ט. **ובעל** מלאכה שמין כמה היה רוצה ליטול שישב בטל ממלאכתו הראשונה, ועכ"פ שיהיה לא פחות מכפי שומא של אדם בטל – חוו"ד›.

‹**בד"א** שצריך לתת לו בכל יום ויום כפועל בטל, כשאין לו למתעסק שום עסק אחר עם העיסקא הזה, כגון שהושיבו בחנות, שצריך זה לישב בחנות כל היום ואינו יכול להתעסק בשום אומנות אחר, שהמושיב חבירו בחנות אסור לעסוק באומנותו, לפי שאין עיניו על החנות בשעה שהוא עוסק באומנותו, דהו"ל גביה כשכיר יום בעד הלואתו, וצריך לתת לו שכירות הרבה שלא יהא מחזי כריבית מחמת העיסקא – לבוש›.

ואם היה לו עסק אחר כל שהוא להתעסק בו עם מעותיו של זה – ‹כגון רועה שיש לו בהמות בפני עצמו, ולוקח אחרות בעסקא, שאין צריך לטרוח יותר הרבה בשביל העסקא, דגביל לתורך גביל לתוראי, וכל כיוצא בזה שאינו כ"כ כמשועבד לנותן העסקא – לבוש›, **אינו צריך להעלות לו שכר של כל יום, אלא אפילו העלה לו דינר בכל ימי השותפות, דיו, ואם פחתו או הותירו יהיה לאמצע בשוה** – ‹ואפילו דינר לאלף, ואפילו העסק אחר אינו ממין זה העסק, שרי, כל שאינו מבטל מעסקיו מפני מעותיו של זה, ש"ך – באה"ט›.

וכן אם א"ל: כל הריוח יהיה לך שלישו או עשיריתו בשכרך – ‹מקודם, והמותר נחלק בשוה, אע"ג שהוא ספק אתי ספק לא אתי – לבוש›, **הואיל ויש לו עסק אחר הרי זה מותר, ואם הפסידו יפסיד מחצה** – ‹פי' הריוח נחלוק בשוה, אלא שבשכר טרחך אני נותן לך שליש מכל הריוח מותרות, שרי הואיל ויש לו עסק אחר. **משמע** אבל אם אין לו עסק אחר אסור, אלא צריך ליתן להמקבל ב' שלישי הריוח, ובהפסד לא משלם רק

שליש, כיון שלא פסק עמו תחלה, {כדמבואר בשו"ע ס"ד}. **וכתב** ש"ך, אבל להפוסקים שהבאתי לקמן, דאם הלוקח מקבל שני שלישי הריוח, אפי' משלם לו חצי ההפסד מותר, {ודלא כהשו"ע שם}, א"כ אפי' אין לו עסק אחר שרי, {דהא גם הכא נוטל סך הכל שני שליש הריוח, שליש כל הריוח, למשל ב' דינרים משש, ועוד חצי הריוח, עוד ב' דינרים מארבע, סך הכל ד' דינרים משש}. **והב"ח** כתב, דאף אם פסק עמו בדינר מתחלה, לא מהני אא"כ כשהמקבל מרוצה למה שפסק, דאל"כ מאי מהני פסיקה דידיה – באה"ט.

ואם היה המתעסק אריסו והיה לו עסק אחר – ‹אצל אריסות›, **אינו צריך להעלות לו שכר אחר כלל, שהאריס משועבד הוא לבעל השדה** – ‹לכל צרכו – לבוש›.

הגה: וצריך להיות כל אחריות פלגא הפקדון על הנותן אפילו אחריות דאונסין, ודלא כיש מקילין ומתירין במקבלת אחריות – ‹שאין המתעסק עליו אלא כשומר חנם, ואין לו עליו שום אחריות על המקבל בחלק הפקדון רק על הפשיעה, אבל שאר אחריות של הפקדון בין דאונסין בין דגניבה ואבידה יהיה הכל על הנותן, **ואם** נותן לו עליו שכר כדינו הנאמר, הרי המקבל עליו כשומר שכר להתחייב בגניבה ואבידה, ולא באונסין – לבוש›.

‹**ולא** דמי לדלעיל סימן קע"ג סי"ג, דמותר לקבל עליו אחריות החומץ, דהתם מכר הוא, ב"ח. **וכתב** הש"ך, דמשמע דגם בעיסקא דשייך ביה יוקרא וזולא, צריך לקבל כל האחריות, וכ"ש בנותן לו מעות למחצית שכר, {דלא שייך יוקרא וזולא}, דבהא אפי' המקילים {דלא צריך לקבל כל האחריות אם מקבל היוקרא וזולא}, מודים. **וכתבו** הגהמ"יי אע"פ שנותן עסקא לחבירו על תנאי שיטול המתעסק ג' חלקים מהריוח, ובעל המעות רביעית, מ"מ הוי חצי מלוה וחצי פקדון, ומה שהמתעסק נוטל יותר בריוח, הוי שכר טירחא, עכ"ל – באה"ט›.

סימן קעז ס"ג - בד"א - דכשאין לו עסק אחר צריך ליתן לו כפועל בטל, שלא פסק כו', **כשלא פסק עמו בתחלת העסק, אלא נתן לו למחצית שכר, אבל אם פסק עמו בתחלת העסק שכר טרחו בדבר ידוע, ואפילו בדינר, מותר. הגה: וכל זה כשאחד נותן המעות, אבל אם כל אחד נותן מעות, אפי' אחד מתעסק לבד, אין כאן עיסקא אלא הוי כשותפות בעלמא** - וחולקים הריוח והפסד באיזה ענין שירצו, ואין חוששין משום רבית.

סעיף ב – יכולין להתנות שלא יהא המקבל נאמן לומר שהפסיד מן הקרן, כי אם על פי עדים כשרים, ועל הריוח לא יהא נאמן כי אם בשבועה.

ואם המלוה אינו מאמין ללוה על ההפסד בקרן או בריוח, אזי יכתוב בשטר העיסקא שאין הלוה נאמן בהפסד הקרן כי אם ע"פ עדים כשרים מפורסמים, ‹**ואם** לא יברר בעדים, יתחייב לשלם כל ההפסד מן הקרן, ואף שהנותן הוא רחוק להפסד, מותר, כיון שאם יוכל לברר בעדים יהיה קרוב גם להפסד כמו לשכר – הגר"ז›, [**שבבירור יש לו בידו הקרן, רק שרוצה לפטור עצמו בטענת הפסד, על זה יאמר איני מאמינך כי אם על פי עדים המיוחדים**], **ועל** הריוח לא יהא נאמן כי אם בשבועה חמורה כרצון בעל השטר, **דלא** כאותן שנהגו לכתוב בשטר שגם בריוח לא יהא נאמן כי אם בעדים, שזהו רבית גמור, [**דספק מתחילתו אם יהיה שם ריוח כלל**], ‹אין לו לומר לו איני מאמינך – הגר"ז›, **כן** כתב העט"ז עיין שם שהאריך בזה ובכמה דינים, ‹וז"ל: בשלמא על הקרן שהלוה לו, כשיגיע הזמן אם יאמר הלוה הפסדתי מן הקרן, יאמר המלוה ברי לי שסך כך וכך יש לי בידך, ואם תאמר כבר הפסדתי, פסלת עצמך שלא תהא נאמן אפילו בשבועה שהפסדת, לכן או הביא לי אותם העדים או תן לי מעותי שאני טוען ברי שהם לי בידך, **ואף** את"ל שאמת הוא כמו שתאמר שהפסדת, כבר מחלת לי ההפסד, והבטחתני לתת לי מעותי הנפסדים בדרך מתנה אם לא יהיו לך עדים פלוני ופלוני על ההפסד, ומתנה כזו לא מצינו שאסרה התורה. **אבל** על הריבית איך יעלה על לב שום בר דעת שיטעון המלוה כן, שאף אם הלוה פסל את עצמו משבועה על זה, וגם פסל כל העדים שבעולם חוץ מפלוני ופלוני, מ"מ המלוה לא יוכל לטעון ברי לי שהרווחת כך וכך, רק שמא הרווחת, ועתה אם האמת הוא שלא הרויח הלוה, הרי הלוה והמלוה שניהם עוברים איסור דאורייתא, הלוה עובר ודאי איסור דאורייתא, והמלוה ספק איסור דאורייתא, שהלוה יודע בודאי שלא הרויח, וכשנותן הכל עובר ודאי על לאו דלא תשיך, אלא שהב"ד מכריחין אותו לעבור עליו לשלם, והמלוה נכנס בספק ריבית דאורייתא, דשמא לא הרויח הלוה והוא

{סמ"ע} [ט"ז] ‹רעק"א או ש"א או הוספת הסבר› (פת"ש)

מקבל ריבית קצוצה, ולא עוד אלא שמכשיל גם הדיינים שצריכים לפסוק לו שישלם לו על פי השטר, ועובר הוא והם על לפני עור וגו', **מאי** אית לך למימר, יאמר המלוה אף אם לא הרויח כבר מחל לי הלוה והבטיחני לתתו לי במתנה אפי' לא ירויח, זהו עיקר הריבית שאסרה התורה מתנה ומחילה כזו. **על** כן אני אומר שהשטרות הנזכרים הם המכשילים את הרבים לעבור על כמה לאוין הלוה והמלוה והערב והעדים והדיינים, ראה טעות המכשול הגדול היוצא מזה, וכן כתב הב"ח, **ומשמע** דוקא הכא שהוא בשטר עיסקא, אבל בהלואה ממש דהוי רבית דאורייתא, אסור להתנות גם על הקרן שלא יהא נאמן כי אם ע"פ ב' עדים כשרים, כדלקמן סי' קע"ז ס"ק י"ז - סימן קס"ז ס"ק א'.

סעיף ג - גם יכולים להתנות שהברירה הוא ביד המקבל, שאם ירצה לתת להנותן כך וכך בעד החלק הריוח שלו, יהא הרשות בידו, וכל מותר הריוח ישאר לו. **ודרך** זה הוא נכון, כי מסתמא המקבל לא ירצה לישבע, ויתן לנותן כפי מה שיקצבו ביניהם, וזהו היתר עיסקא הנהוג בינינו. **ואפילו** אם המקבל יודע אחר כך בעצמו שלא הרויח או אפילו אם הפסיד, יכול ליתן להנותן את הקרן עם הריוח שקצבו ביניהם, ואין כאן שום איסור, דכיון שיש עליו חיוב שבועה, יכול לפטור את עצמו בממונו מן השבועה.

‹**יכולין** להתנות, שאם ירצה המקבל ליתן לו סך קצוב למאה כפי שיתפשרו, יהיה המקבל פטור משבועה, ואף אם ירויח יותר יהיה הכל להמקבל, **אך** כשיטעון זה שאינו מגיע לחלקו כפי מה שנתפשר עמו, או שאינו מגיע לו ריוח, אזי יהיה נאמן בשבועה, **ומכל** מקום צריך ליתן לו שכר טרחו, ואין לחשוב זה לשכר טרחו, דמאן יימר שיגיע על חלקו יותר ריוח ממה שנתפשר עמו - חכ"א כלל קמב ס"ז.

סעיף ד - אבל שיקנה המקבל את חלק הריוח של הנותן בכך וכך, שיהיה מחויב לתת אח"כ כך וכך בכל אופן, זהו אסור, אלא צריך שתהיה להמקבל הברירה.

סימן קעז ס"ו - נתן מעות לעיסקא למחצית שכר וקצץ בדבר ידוע - ‹אפילו אם מוזיל גביה מאד›, **אפי' אם כל האחריות על הנותן** - ‹בין דגניבה ואבידה בין דאונסין - לבוש›, **אסור** - ‹כתב הט"ז נ"ל פי' דבר זה, דאסור למקבל עסקא לומר לנותן העסקא למחצית שכר, שקונה ממנו חלק בריוח שהוא על ספק עדיין מה יהיה, והוא יכניס עצמו בספק, ויתן לו דבר קצוב עבור זה, {שזה נראה כריבית קצוצה, ויבואו להלוות זה לזה סתם בריבית קצוצה בלא קבלת אחריות - לבוש}, **אבל** איפכא שהנותן קונה הספק מן המקבל בדבר קצוב, ודאי מותר - באה"ט›.

‹**אבל** אם נותן איזה סך בעיסקא לחבירו שיעסוק וירויח, ואם ירויח יתן דבר קצוב לנותן, ואם לא ירויח לא יתן כלום, אין בזה איסור, וכן הוא מעשה בכל יום בכל הקהלות שעושין ממרנו"ת, וכותבים עליהם שהוא שטר עיסקא בסך פלוני קרן וריוח ע"צ היתר סך פלוני, ואין פקפוק ונדנוד איסור נשמע ע"ז, רק שאחריות ההפסד צריך שיהיה על שניהם, עכ"ל - באה"ט›.

‹**לפי** שאינו נראה כמלוה ברבית במה שקוצץ עמו שיתן לו דבר קצוב, הואיל ולא יתננו לו מביתו אם לא ירויח כלום, אלא שמוכר לו המקבל חצי הריוח שלו בעד שמוחל לו הנותן את העודף על דבר קצוב שקצץ עמו אם יהיה עודף, ומכירה זו שהמקבל מוכר חלקו להנותן אינה נראית כהלואה ברבית, כמו מכירת הנותן חלקו להמקבל בעד דבר קצוב וידוע שיתן לו, שהיא דומה כאלו הוא מלוה ברבית. **ויש** חולקין על זה, וחוששין משום רבית גמורה של תורה כל שקוצץ לו דבר קצוב אף שחצי הריוח לא יהיה כל כך, אבל המנהג פשוט במדינות אלו להקל בזה - הגר"ז›.

הגה: וי"א דאם מקבל עליו כל האחריות - ‹פי' בין דאונסים בין דגנבה ואבדה - באה"ט›, **מותר בכל רבית דרבנן, כגון נותן בעיסקא** - [פי' שמתנה עמו שיתן לו דבר קצוב בין ירויח או לא ירויח], **או בשאר רבית דרבנן** - ‹דהוי תרתי דרבנן, עיקר הריבית דרבנן אפילו אם היה הלואה, וגם קבלת האחריות אין בו איסור אלא דרבנן, וכיון דאיכא תרתי אזלינן לקולא ושרינן - לבוש›.

אבל ברבית קצוצה - ‹פי' שאין שם עסקא רק הלואה›, **לא מהני אם המלוה מקבל עליו כל האחריות** - ‹וכתב הש"ך דדין זה צ"ע, דמשמע מכל הפוסקים דאפילו ברבית דאורייתא שרי כשמקבל עליו כל האחריות, ע"ש שמאריך בזה›, **אבל אם לא מקבל עליו כל האחריות, רק קצתן** - ‹כלומר דאונסים לבד או דגנבה ואבדה לבד - באה"ט›, **אפילו בדרבנן אסור. ויש להקל ברבית דרבנן כסברא זאת.**

סעיף ה – נתן לו עיסקא על זמן, ונתעכב אצלו המעות גם אחר זמן הפרעון, צריך המתעסק ליתן לו ריוח גם בעד הזמן שאחר כך, כי מסתמא נשאר בידו על תנאי הראשון. **ומכל** מקום טוב יותר לכתוב תיכף בתוך השטר עיסקא, שאם ישאר המעות אצל המקבל לאחר הזמן, יהיה גם כן בתנאי זה.

[מי שעושה עם חבירו עיסקא בהיתר עד זמן פלוני, ואחר אותו הזמן נשאר המעות בידו כבראשונה בלי עשיית היתר מחדש, אין המקבל יכול לומר איני נותן לך ריוח אחר הזמן הנ"ל, כיון דמתחילה בא לידו המעות בהיתר, ודאי נמשך גם אחר הזמן – סימן קעז ס"ק י"ד].

‹וכ"כ הסמ"ע בקונטרסו, וסיים שם וז"ל: מיהו אם כלה הזמן ועסק בלא תנאי, והפסיד, צ"ע אם צריך הנותן לקבל חצי ההפסד כבראשונה כמו בריוח, או נאמר דשאני ריוח דמסתמא זה שעסק עם מעות חבירו בלא רשות, כוונתו ליתן לו חצי הריוח, אבל בהפסד יאמר הנותן מה לי כוונתך, כיון שלא ברשות עסקת ההפסד לנפשך, וכדין שליח ששינה והפסיד, והכי מסתברא וצ"ע, עכ"ל – שער דעה›.

‹**ועיין** בס' לבושי שרד שכתב, די"א שאין המקבל חייב ליתן לו, אלא אם רוצה ליתן אין בו איסור רבית, וא"כ הוי ספיקא דדינא, ואין מוציאין מהלוה, ואם תפס המלוה לא מפקינן מיניה. **ויש** להודיע להסופרים שיפרשו בשט"ח בידיעת הלוה, שגם אם יעבור זמן פרעון יהיה מחוייב ליתן לו, ע"ש›.

סעיף ו – נוסח שטר עיסקא: מודה אני חתום מטה שקבלתי לידי מאת ר' ראובן הורוויץ מאונגוואר סך מאה זהובים בתורת עיסקא לחצי שנה מיום דלמטה, והתחייבתי את עצמי שכל סחורה טובה שתהא נראה בעיני, שהיא היותר קרובה להרויח בה, מחויב אני לקנות בעד סך הנזכר לעיל והם קודמין למעותי, וכל הריוח שיתן ה' לידי מאותה סחורה, יהיה המחצה לי והמחצה לר' ראובן הנזכר לעיל, וכן ח"ו להפסד, הוא חלק כחלק. ומיד לאחר כלות חצי שנה מיום שלמטה, אני מחויב להחזיר לר' ראובן הנזכר לעיל את הקרן וגם חצי ריוח שלו, ולא יהא לי נאמנות לומר הפסדתי, אלא על פי שני עדים כשרים, ועל הריוח לא אהא נאמן רק בשבועה. ואולם תנאי היה בינינו, שאם ארצה ליתן לו בעד חלק ריוח שלו עשרה זהובים, אזי אין לו עלי שום תביעה, כי המותר שייך לי לבד, אפילו יבורר שהיה הרבה ריוח, וכל דין תורת נאמנות לבעל השטר אף לאחר זמן פרעון, וכל זמן שלא אחזיר את המעות הנזכר לעיל, הם בידי בעיסקא באופן הנזכר לעיל. וקבלתי שכר עמלי. אונגוואר, כ"ח שבט, תרל"א לפ"ק. בפנינו עדים: שמעון אייזענשטיין. לוי בלוישטיין. יהודה הויכבערגער.

סעיף ז – אם השעה דחוקה ואי אפשר להם לכתוב שטר עיסקא, יכולין להתנות כל הדברים הנזכרים לעיל בעל פה.

סעיף ח – אם מקדים מעות על סחורה, יכתבו שטר היתר עיסקא בענין זה: מודה אני חתום מטה, שקבלתי מאת ר' ראובן וויינשטאק מאונגוואר סך מאה זהובים להתעסק במעות זה, במאשין שאני מחזיק בכפר זאהאן, עד ראש חדש ניסן הבא עלינו לטובה, והריוח שיעלה לערך מעות אלו לאחר נכיון כל ההוצאות, יהיה מחצה שלי ומחצה לר' ראובן הנזכר לעיל, וכן ח"ו ההפסד יהיה חלק כחלק. ומיד בראש חדש ניסן הבא עלינו לטובה, אני מחויב להחזיר לר' ראובן הנזכר לעיל את הקרן עם חלק ריוח שלו, ולא אהא נאמן לומר הפסדתי אלא בבירור על פי שני עדים כשרים, ועל הריוח לא אהא נאמן כי אם בשבועה. אך זאת הותנה בינינו, שאם ארצה בראש חודש ניסן הבא עלינו לטובה, ליתן לר' ראובן הנזכר לעיל בעד הקרן וגם בעד חלק הריוח שלו סך חמש מאות שפיריטוס, אזי אין לו עלי עוד שום תביעה יותר, וכל דין תורת נאמנות לבעל השטר אף לאחר זמן פרעון. וקבלתי שכר עמלי. אונגוואר, י"א תשרי, תרל"א, לפ"ק. בפנינו עדים: שמעון בלומענטהאל. לוי בלוישטיין. יהודה הלוי טויב.

סעיף ט - אם הנותן רוצה שהמקבל יתן לו שטר חוב פשוט ואמיץ כחק המדינה, בכדי שאם המקבל יסרב מלפרוע או ימות, יהא לו נקל לגבות מעותיו על ידי ערכאות, אלא שבעל פה הם מתנים שהמעות האלה הן בתורת עיסקא, לא מהני. **ואפילו** השטר אינו אלא על הקרן לבד, דכיון שהנותן יכול לגבות כל המעות בשטר חוב שבידו, אפילו אם יהיה הפסד ברור, אסור. **ואפילו** אם המקבל מאמין להנותן והוא אדם חסיד, מ"מ לא מהני. **ואפילו** אם המקבל נותן להנותן גם שטר עיסקא, שכתוב בו כי המעות שנכתב בשטר חוב הוא בתורת עיסקא, גם כן לא מהני, דאיכא למיחש שמא הנותן או יורשיו יעלימו אחר כך את השטר עיסקא ויגבו בשטר חוב. **ואין** היתר לזה אלא שישלישו את השטר עיסקא ביד שליש, או שהנותן יחתום את עצמו על השטר עיסקא, ויהא מונח ביד המקבל, או שיכתבו על השטר חוב שהוא על פי אופן המבואר בשטר עיסקא, או לכל הפחות ייחדו עדים שהשטר חוב הוא בתורת עיסקא, ובכל אופנים אלו אפילו אם נכלל בשטר חוב הקרן עם הריוח, שפיר דמי.

סימן קעז סכ"ד - הנותן עסקא לחבירו, לא יצרף הריוח עם הקרן ויעשה כולו קרן - אפילו שיכתוב בלשון עיסקא אסור, דרישה, **דשמא לא יהיה כל כך ריוח, ונמצא נוטל ממנו רבית** – [פי' שלא יכתוב בשטר בלשון זה: ראובן קיבל משמעון סך פלוני, והיינו הקרן עם הריוח, דבזה אנו יכולים לומר שבדרך עיסקא קיבלם, מ"מ יש איסור מצד שזקף הריוח לקרן, ואפשר שלא יהיה כ"כ ריוח].

והקשה עוד בדרישה, דהא בלא"ה אסור משום שקצץ, וכדלעיל ס"ו, ‹קשו"ע ס"ד›, **ולי** נראה דשאני התם דקצץ בדבר ידוע אף אם לא יהיה ריוח, משא"כ הכא.

כתב בבדק הבית בשם הריטב"א, דמסתברא אם מניח שטר ביד שליש, תו ליכא למיחש למידי ושרי.

וכן לא יתן לו מעות בתורת עיסקא או שותפות ויכתוב אותם מלוה - אפילו הקרן לחוד, **שמא ימות ונמצא השטר ביד היורש, וגובה בו את הרבית** - ‹ור"ל דחיישינן שמא יהיה הפסד גם בקרן בתחילת העסק, וכיון שנמצא השטר ביד היורש ויגבה בו הקרן משלם, נמצא גובה בו את הריבית, דכיון דע"י השטר בטוחין הן היורשים בקרן לאחר מותו, הו"ל קרוב לשכר ורחוק להפסד – שו"ת ב"ח›. ‹**ואפילו** נותן לו גם כן שטר עיסקא, ואפילו מבטיחו שנותן לו נאמנות, שאם יפסיד או לא ירויח יהיה נאמן, ואפילו היה המלוה חסיד גדול, אסור, שמא ימות ויבוא השטר לידי יורשין, ואינם יודעין מזה התנאי, או שיכחישו ויעלימו השטר עיסקא – חכ"א›.

וכתב הב"ח דאע"ג דאין לגבות הריוח ממנו בע"כ, מ"מ אם המקבל רוצה לקיים התנאי שהתנה עמו בע"פ, יכול לקבל ממנו, כיון שנתן לו בתורת עיסקא, **ואם** התנה עמו בע"פ בפני עדים, חשבינן כאלו מפורש העיסקא בשטר, ומוציאין ממנו בע"כ, עכ"ד.

(**ועיין** בדגמ"ר שכתב, דדברי הב"ח כאן שכתב אם המקבל רוצה כו', סתרי לדבריו בחו"מ כו', **ומסיק**: לכן נלע"ד, דהיכא שכתב רק הקרן, ועל העיסקא התנה בע"פ, לא אסור אלא לעשות כן בתחלה, אבל עבר ועשה, לא מיבעיא שמותר לקבל אם הלוה נותן מרצון טוב, אלא שאפילו חייב הלוה ליתן חצי הריוח כפי התנאי, ע"ש. **והנה** פעם אחת נזדמנתי עם כבוד ידידי הרב החריף המופלג מוהר"ר שמואל נר"ו דיין מצויין דקהלתנו, הראני בכתביו שהשיג על דברי דגמ"ר הנ"ל, והעלה דאיסור גמור הוא ליקח רבית אם כתב בשטר רק הקרן, אפילו אם הלוה רוצה ליתן לו).

‹**ואסור** אא"כ השלישו השטר עיסקא, או שיתנו בפני עדים שהשטר חוב הוא רק בתורת עיסקא, כ"כ הש"ך בשם הב"ח, **ומט"ז** משמע דלא מהני, וכן משמע בריטב"א, שכתב דאם השלישו השטר מותר, משמע אבל עדים לא מהני, דשמא ימותו העדים ויגבו היורשים, **ולעת** הצורך יש לסמוך על הב"ח וש"ך בריבית דרבנן, או שיכתבו על הוועקסיל שהוא על פי אופן המבואר בשטר עיסקא. **ובדיעבד** נראה לי דכיון דבאמת זה היה מתנה עמו על פי היתר, מותר לו ליתן הריוח, **אבל** המלוה אם כוונתו היה באמת שאם יהיה הפסד יעלים השטר עיסקא ויתבענו עם השטר חוב או הוועקסיל, אסור לו ליקח ריבית, **אבל** אם כוונתו גם כן באמת היה לו להאמין, מותר לו לקבל בדיעבד – חכ"א›.

סעיף י – שטר עיסקא לא מהני להתיר, אלא אם האמת כן הוא שהוא נוטל את המעות לעשות בו איזה עסק, אבל אם אינו נוטל את המעות לצורך עסק, אלא לפרוע איזה חוב וכדומה, אז לא מהני שטר עיסקא כיון שהוא שקר. **אבל** יכולין לעשות באופן זה, כגון ראובן שהוא צריך למעות, ויש לו איזה סחורה אפילו במקום אחר, יכול למכרה לשמעון אפילו בזול גדול, ובתנאי שהברירה ביד ראובן, שאם לא ימסרנה לידי שמעון עד יום פלוני, יתן לו בעדה כך וכך (שיהיה לשמעון ריוח כראוי), ושמעון יתן לראובן את המעות, ויעשו קנין סודר לקיום המקח, דהיינו ששמעון הלוקח יתן קצת מבגדו לראובן שיתפוס בו, ובזה הוא קונה את הסחורה של ראובן, ואפילו שלא בפני עדים, והסחורה היא באחריותו של שמעון הקונה.

סימן קעז סי"ח - המוכר סחורה לחבירו בס' זהובים שקבל מיד, והתנה לתתה לו לחצי שנה, ואם יעבור על זה שיתן בעבורה ק' זהובים, וקנו מידו - ‹בענין דלא הוי אסמכתא, כמ"ש בחו"מ סימן ר"ז, והכא כו"ע מודו דמותר כיון דהוא דרך קנס›, **והגיע הזמן ולא נתן, חייב ליתן הק' זהובים** - ‹כיון דהוא דרך קנס, אפי' הערמת רבית ליכא, עכ"ל הש"ך – באה"ט›, **והוא שכשפסק על הסחורה ההיא יצא השער וקנה כפי השער, או היתה לו הסחורה ההיא** - ‹הריב"ש בתשובה›.

‹**וכתב** הב"ח דוקא כשהתנה שיתן בעבורה לאותו זמן תיכף מאה זהובים, **אבל** אם היה התנאי שאם לא יתן לו הסחורה לחצי שנה, יתן לו עבורה אחר כלות השנה מאה זהובים, רבית גמור הוא. **והש"ך** כתב שאינו מוכרח, רק אם התנה בפירוש, שאם לא יתן לו לחצי שנה, יתן לו מאה זהובים ככלות השנה, והמלוה מחוייב להמתין עד כלות השנה, בהא מסתברא דרבית גמור הוא, ולית דין צריך בשש, וכן נוטה דעת הט"ז ע"ש – באה"ט. ‹**והוא** תמוה, דהא גם הב"ח כוונתו שהמלוה מחויב להמתין לו עד כלות השנה. **ונראה** דטעות סופר הוא {בהש"ך} וכצ"ל, דהיתר גמור הוא, ור"ל דהריב"ש לא אמר רק שהחיוב חל על מקח, ומכל מקום אם עשו שימתין לו הקנס, היתר גמור הוא – חוו"ד›.

[**וכתוב** בלבוש למצוא תקנה למלוין בשטרות, **שיכתוב לו שחייב הלוה למלוה סחורה שיש לו עכשיו בביתו, ומוכרה לו בזול, שהרי כל אדם יש לו רשות שימכור סחורתו בזול אפילו שוה מאתים במאה, שיעמידנה למלוה בזמן פלוני, ואם יעבור על זה, חייב לשלם לו בסך הרבה אפי' יותר מכפל ממה שנתן לו, שזה היתר גמור, והוא שידע שהאמת כן הוא שיש לו ללוה אותה הסחורה בביתו באותו פעם**, ‹והודאה לשקר אינה מועלת כלום, שאף שמועלת בדיני ממונות, שאם אדם מודה שהמעות שבביתו הן של חבירו, זכה בהן חבירו בהודאה זו, אף שידוע שאינן של חבירו, מ"מ להתיר איסור אין הודאת שקר מועלת כלום – הגר"ז›, **ויקנה לו הסחורה בקנין מיד שעושה על החוב**, עכ"ל, **והוא מדברי ריב"ש הביאו בשו"ע בסימן קע"ז סעיף י"ח – סימן קסז ס"ק א'].**

‹**ומ"מ** נראה לי תמוה היתר זה, דהא מבואר בסימן קע"ד ס"א, דאם אמר לכשיהיו לי מעות אחזיר לך, דהוי רבית קצוצה, ואפילו אם רק המנהג הוא להחזיר ע"ש, ומאי שנא אם מוכר לו ואומר לכשיהיו לי דמים אחזיר לך יותר מהסך שקבלתי, דרבית קצוצה היא, והכא נמי כיון שאינו יכול לכופו לעולם על קיום המקח, רק על הרבית, רבית קצוצה היא. **ולא** דמי לסימן קע"ז סעיף י"ח דיכול להתנות כן, דשאני התם דיכול לכופו על קיום המקח, דאין הקנס מבטל הקנין כמבואר בחו"מ סימן י"ב ס"ט, **משא"כ** הכא דעיקר כוונתם רק על הרבית, תדע דהא לפעמים קיום המקח טוב יותר לפני המלוה מהרבית, ואפילו הכי אינו כופהו, וגם המנהג כך שאינו יכול לכופו, נראה ודאי דדמי לסימן קע"ד דהוי רבית קצוצה – חוו"ד שם›.

‹**וכל** דרכי היתר הללו, הן בעיסקא, שהמקבל אינו מוציא המעות ביציאותיו, אלא מתעסק בהן ומרויח. **ויש** דרך אחרת להתיר להוציא המעות ביציאותיו, רק שיהיה לו סחורה בעד כל סך המעות שנותן לו, ומוכרה לו בין בשויה בין בפחות משויה בעד מעות הללו, ומקנה אותו לו בקנין סודר, בתנאי שאם לא יתננה לו לזמן פלוני, יתחייב בקנין סודר זה מעכשיו לפרוע בעדה אפילו עד הכפל משויה לזמן פלוני. **וכן** אם אין לו סחורה זו, אלא שנקבע השער בעיר עליה, בענין שמותר להקדים עליה מעות לקבלה אחר כך כשער הזה, כמו שנתבאר למעלה, מותר גם כן להתנות עמו ולקנות ממנו בקנין סודר, שאם לא יתננה לו לזמן פלוני, יתחייב מעכשיו לפרוע לו לזמן פלוני עד הכפל משויה. **שכל** שהקדמת המעות על הסחורה הוא בהיתר גמור על דרך שנתבאר למעלה, שוב אין בזה משום רבית במה שפורע בעדה אפילו עד הכפל לזמן פלוני בשביל שלא נתנה לו בזמן שקבע לו, כי

אין זה שכר המתנת הפרעון, אלא קנס הוא שקנס את עצמו, ומיד שעבר הזמן ולא נתנה לו, ברגע ההוא נתחייב בקנס כולו, לפיכך אין דומה כלל לרבית, שהיא ריבוי ממון שמתרבה בהמשך הזמן שבעליו ממתינים אותו. **ואף** שאמר לו לפרוע הקנס לזמן אחר רחוק מזה, זו היא הרחבה שהרחיב לו זמן פריעת הקנס, אבל חיובו חל מיד ברגע שעבר זמן נתינת הסחורה, שאף אם המוכר רוצה ליתן הסחורה או להחזיר לו מעותיו, לא נפטר מקנס. **וכיון** שפרעון זה הוא דרך קנס, אין לחוש במה שפורע לו במעות, כמו שחששו בזה בשאר כל מקדים מעות על הסחורה ולא נתנה לו אחר כך, שאסור לפרעו בעדה במעות, כמו שנתבאר למעלה, וכאן מותר הואיל והוא דרך קנס. **ולהאומרים** שכל קנס יש בו משום אסמכתא אף שקנו ממנו בקנין סודר, אלא אם כן קנו ממנו בבית דין חשוב, וכן עיקר כמ"ש בחו"מ סימן ר"ז, גם כאן צריך לקנות ממנו בבית דין חשוב, או שכתוב בשטר שקנו ממנו בבית דין חשוב, שזה מועיל אף שלא היו שם בית דין כלל, רק שקנו ממנו בקנין סודר בפועל ממש, כמ"ש שם. **וצריך** להזהיר זה לרבים שטועים בזה, ואין קונין בקנין סודר כלל, וגובין בשטרות אלו שלא כדין. **ויש** חולקין על היתר זה שבדרך קנס {הב"ח לעיל}, ואומרים שאינו מועיל אם קובע לו זמן פרעון המעות בדרך קנס אחר זמן נתינת הסחורה, **אלא** אם כן המלוה שהוא הלוקח אינו מחויב להמתין כלל הקרן שהן המעות שנתן על הסחורה אחר שעבר זמן נתינתה, אלא יכול לתבען מיד שעבר זמן נתינת הסחורה, וכשיפרענו המוכר מעותיו מיד, אף על פי כן לא יפטר מהקנס לזמן שקבע לו לפרעו לו, שנמצא הלוקח אין לו ריוח כלל במה שממתין לו מעותיו לזמן פרעון הקנס. **אבל** אם הוא מחוייב להמתין הקרן לזמן פרעון הקנס, שעל מנת כן נתחייב בקנס זה, ואם לא ימתין לו הקרן לזמן ההוא, יפטור מהקנס, הרי זו רבית גמורה, שנוטל שכר בעד המתנת המעות, ואף שנוטלו בדרך קנס, הרי היה נפטר המוכר ממנו אם לא היה ממתין לו הקרן. **וכל** ירא שמים יחוש לדבריהם להחמיר באיסור רבית החמורה, אף שנהגו במקצת מקומות להקל כסברא הראשונה – הגר"ז.

סעיף יא – וכן ראובן שהיה חייב לשמעון מעות, ובהגיע זמן הפרעון אין לו מעות לראובן, והתפשר ששמעון ימתין לו איזה זמן, בזה גם כן אין תקנה בשטר עיסקא, **אלא** שראובן ימכור לשמעון איזה סחורה שיש לו באופן הנזכר לעיל, ושמעון יחזיר לו את השטר חוב שהיה לו עליו מכבר, וראובן יתן לו שטר על הסחורה אשר קנה מאתו באופן הנזכר לעיל.

[**ונ"ל** ברור שאין להיתר זה מקום רק אם לא אמר תחלה הלויני מעות, אלא תיכף אמר כך: הנה יש לי סחורה אמכרנה לך בזול, ואם לא אעמידנה לך לזמן פלוני, אתן לך סך כך וכך, **אבל** אמר תחלה הלויני מנה, ואח"כ עושה עמו היתר זה, אסור, **דכן** מצינו בסי' קס"ג ס"ג: אמר ליה הלויני מנה, א"ל מנה אין לי חטין במנה יש לי כו', דאסור מאחר שאמר ליה תחילה הלויני, **ע"כ** אין לסמוך על זה אם אמר ליה תחילה הלויני מעות, כיון דמתחלה בא עמו בדרך הלואת מעות, והוא משלם ליה מעות ונותן לו יותר ממה שלקח ממנו, **ואין** לעשות היתר כשאמר ליה מתחלה הלויני מעות, **אלא** שאח"כ מוכר לו סחורה מה שיש לו בזול בלי שום תנאי, ואחר שעה חוזר ומוכר לו על דרך הנזכר בסי' קע"ד ס"ב, **וזה** דוקא שיש לו כל הסחורה שמוכר, ולא די במעט כמו שהוא בהלואה, כמו שזכרנו בסימן קס"ג ס"א – סימן קסז ס"ק א'].

ולי נראה דלא דמי לסי' קס"ג, דהתם לאיזה צורך הוא מוכר לו החטין, שהרי חוזר ולוקחן ממנו, הרי יש כאן הערמת רבית, דלוקחן ממנו בזול בשביל מעות שנותן לו, שהרי אינו צריך לחטין, **אבל** הכא אע"ג דאמר ליה הלוני, מ"מ י"ל דהמלוה אינו רוצה להלות, אלא צריך המעות לקנות בו סחורה, וכשזה מוכרו לו בפחות אין איסור כשיש לו, שהרי רשאי אדם למכור סחורותיו בפחות כשיש לו, ואין כאן הערמת רבית כיון שהסחורה היא מתחלה של המוכר, ודו"ק - נקה"כ שם.

כתב המרדכי פרק החובל, שאם הלוה ראובן לשמעון מעות לזמן קצוב, ואחר הזמן אמר המלוה ללוה: יהיו בידך למחצית שכר, המתעסק חייב באונסין כמו שהיה חייב מתחלה - ש"ך סימן קע"ז ס"ק ט"ו. ‹**נראה** דדוקא אם אמר כן על העסקים שכבר הן תחת ידי המקבל, והוא מטעם דמלוה לא קנה. **ואם** קנו בקנין סודר על זה מהמקבל על העסקים שתחת ידו, מהני – חוו"ד שם ס"ק ו'›.

סעיף יב – ישראל שנתן לחבירו בהמה לגדלה, ושיחלקו אחר כך בריוח, דינו כמו שנתן לו מעות בעיסקא.

סימן קעז ס"א - אין מקבלים צאן ברזל מישראל – [פרש"י במשנה, מפני שרוב המקבלים היו נוהגים כן בצאן, נקרא צאן ברזל], **דהיינו שמקבל ממנו מאה צאן, ויהיו הגזות והולדות והחלב לאמצע לשליש או לרביע, עד שנה או עד שנתים כמו שהתנו ביניהם, ואם מתו הצאן, הרי המקבל משלם דמיהם, הרי זה אסור** - והוי אבק רבית. **ולא** מהני כשנותן לו שכרו כפועל בטל כדלקמן ס"ב, דהכא כוליה מלוה היא. **שהרי בעל הצאן קרוב לריוח ורחוק להפסד** – ‹ומיד ששם אותם בדמים נעשו עליו כמלוה, ונמצא הריוח שנותן לו הוא ריבית – לבוש›.

ותוספות בשם ר"ת מפרשים ‹צאן ברזל›, דהיינו שפוסק דמים על הצאן, וגם פסק דמי השבח, וקבל עליו לתת בכל שנה דבר קצוב בין יהיה שם שבח בין לא יהיה, דחשבינן ליה כאלו יצאה מרשות בעלים, והוי רבית קצוצה, **וכתב** ב"י דכו"ע מודים בזה לדינא.

וכתב בעה"ת בשם הראב"ד, אפי' יהיב ליה שיעור פלגא קרנא בתורת רבית, מחשבינן ליה כקרנא, ולא משלם אלא פלגא אחרינא, וקרעינן לשטרא, ולא אמרינן בכי הא סלוקי בלא זוזי אפוקי הוא, דלא אמרינן הכי אלא במשכנתא.

לפיכך אם קבל עליו בעל הצאן, שאם הוקרו או הוזלו או נטרפו הרי הן ברשותו, הרי זה מותר; וכן כל כיוצא בזה; וכן הדין במקבל עליו סחורה בענין זה.

הגה: וכל זה לא מיירי אלא כשיש למקבל ריוח, אבל אם אין לו ריוח כלל במה שמקבל, אין כאן הלואה כלל - אלא שליחותיה דבעל הסחורה קא עביד, **ואפילו קבל עליו כל האחריות, שרי, דהא מותר לשומר חנם לקבל עליו להיות כשואל.**

§ סימן סז – הלכות נדרים ושבועות, ובו י"א סעיפים §

סעיף א - אל תהי רגיל בנדרים. **כל** הנודר כאלו בונה במה בשעת איסור הבמות, והמקיימו כאלו הקריב עליו קרבן, שחייב משום שחוטי חוץ, כי טוב יותר שישאל על נדרו ויתירו לו. **והני** מילי בשאר נדרים, אבל נדרי הקדש מצוה לקיימם, שנאמר: נדרי לה' אשלם, ולא ישאל עליהם אלא בשעת הדחק.

סימן רג ס"א - אל תהי רגיל בנדרים. כל הנודר, אף ע"פ שמקיימו, נקרא רשע ונקרא חוטא – [פי' כיון שאינו מבקש להתירו].

[והאי דנקרא רשע, הוא דברי שמואל בנדרים (דף כ"ב),

והאי דנקרא חוטא, הוא ברייתא (דף ע"ז), והטור הביא שניהם. וקשה, למה חזרה הברייתא דהוה חוטא, והא אפי' רשע הוה, ואע"פ דיליף לה מפסוק: וכי תחדל לנדור לא יהיה בך חטא, קשה אקרא גופיה כן, דהא גם שמואל יליף מקרא דהוה רשע, וכ"ש שקשה על השו"ע שהביא בלשון זה נקרא רשע ונקרא חוטא, למה הזכיר כלל חוטא כיון שעשאו רשע, ונ"ל דיש חילוק בדבר, דאם יש לו פתח להתיר ואינו מתיר, נקרא רשע, **ואם** לא מצא פתח עדיין, כדאשכחן בדף כ"ג, דרבנן הוי מצערי מאוד בשביל ר"ש בר רבי שלא מצאו לו פתח, וע"ז אמר דמ"מ נקרא חוטא כל זמן שנדרו עליו, כנ"ל נכון].

סימן רג ס"ג - הנודר, כאילו בונה במה בשעת איסור הבמות; והמקיימו, כאילו הקריב עליה קרבן, שטוב יותר שישאל על נדרו.

‹**וטעמא** דמילתא שהמשילו שניהם זה לזה, הוא מפני שהם דומין, שהנודר מעלה על דעתו דמצוה קעביד, שחושב בדעתו כיון שמצינו בתורה שאסרה עלינו הרבה דברים, שמע מינה דניחא ליה לקודשא בריך הוא שיאסור האדם על נפשו כמה דברים, ואומר אם כן כל המרבה לאסור על עצמו אפילו דברים המותרים הרי זה משובח, ולכך הוא נודר ואוסר דבר על עצמו, וכן הבונה במה בחוץ להקריב עליה קרבן, חושב בדעתו דמצוה קעביד, שכיון שצוה הקדוש ברוך הוא להקריב קרבנות בפנים, הוא רוצה להוסיף עליהם להקריב קרבנות אפילו בחוץ, **לכך** אמרו ז"ל שזה טועה הוא, דהא חזינן שהתורה צוותה עלינו הרבה מצות להביא כמה קרבנות בפנים, ואעפ"כ אסרה עלינו לבנות במה להקריב עליה קרבן בחוץ, **הכא** נמי נהי דרחמנא אסרה עלינו כמה דברים, כי מוסיף איהו לאסור על עצמו יותר ממה שאסרה התורה, פשע, ועל דרך אמרם ז"ל גם כן במקום אחר [ירושלמי נדרים פ"ט ה"א]: לא דייך במה שאסרה התורה, אלא שאתה אוסר עליך דברים אחרים. **והמקיימו**, כלומר שאינו נשאל עליו, הרי הוא כאילו הקריב על אותה במה קרבן וחייב משום שחוטי חוץ, **הכי** נמי אין קיום נדרו רצוי לפניו יתברך, אלא טוב לו יותר שישאל עליו, שמא לא יוכל לקיימו כראוי ויבא לידי מכשול – לבוש›.

והני מילי בשאר נדרים, אבל נדרי הקדש מצוה לקיימן; ולא ישאל עליהם אלא מדוחק.

(וכן אם נשבע על איזה דבר, לא ישאל עליו אלא מדוחק) – [הטעם, שיש גאונים ס"ל דלשבועה אין מועיל התרה], ‹דבשבועה כתיב לא ינקה, כדאיתא בטור וב"י סי' ר"ל – באה"ט›. ‹**אך** מ"מ קיי"ל להלכה, דנשאלין גם על השבועות, כמ"ש שם – ערוה"ש›.

סעיף ב - וכן יתרחק מן השבועה. **אבל** אם עבר ונשבע על איזה דבר, לא ישאל עליו, אלא יעמוד בשבועתו אף על פי שהוא מצטער, שנאמר: נשבע להרע ולא ימיר, וכתיב אחריו: עושה אלה לא ימוט לעולם, **ואין** נשאלין על השבועה אלא בשעת הדחק.

רמב"ם פי"ב מהל' שבועות הי"ב - אף על פי שמותר להשאל על השבועה כמו שבארנו, ואין בזה דופי, ומי שלבו נוקפו בדבר זה אינו אלא שמץ מינות, אעפ"כ ראוי להזהר בדבר זה, ואין נזקקין להתיר אלא מפני דבר מצוה או מפני צורך גדול; וטובה גדולה היא לאדם שלא ישבע כלל, ואם עבר ונשבע, שיצטער ויעמוד בשבועתו, שנאמר: נשבע

להרע ולא ימיר, וכתוב אחריו: עושה אלה לא ימוט לעולם.

הגהת הראב"ד: ואם עבר ונשבע שילטער ויעמוד.

א"א דוקא בשבועה, ושנשבע להרע לעצמו; אבל נודר בנדר אפילו להרע לעצמו, מצוה להתירו, שהרי אמרו: הנודר כאילו בנה במה והמקיימו כאילו הקריב עליו קרבן – ‹ואפשר שגם זה דעת רבינו, שהרי לא כתב כן אלא בשבועה, וצריך טעם למה נשתנה נדר משבועה בזה – כסף משנה›. **והדבר** פשוט לענ"ד, דאיכא לאחמורי בשבועות יותר מנדרים, דהא איכא מ"ד דנדרים מתירין בזמן הזה, ולא שבועות דעונשם מרובה – לחם משנה›.

סימן רל ס"א - מתירין שבועות ונדרים, אפילו נשבע בהזכרת השם. (כן נהגו על פי ש"ס ופוסקים עיין בית יוסף).

כתב בתשובת מהר"מ מינץ: ומ"מ מתי שיבא לידי כה"ג להתיר להמון עם הפרוצים בנדרים, אני משים עליהם להתענות בה"ב וכה"ג, לפי האדם ולפי הנדר, וכן ליתן מעות לדבר מצוה זהוב או כהאי גוונא לפי עשרו, כדי שלא יזלזלו בנדרים, שאומר מאי אכפת לי אם אשבע כל מה שארצה, אלך אצל חכם ויתיר לי, וכן שמעתי מרבותי, עכ"ל, וכן נכון לעשות. ‹**וזהו** רק בנדר בשם או בספרי קדש או בשבועה, אבל סתם נדר, כמו מי שנדר להתענות וכיוצא בזה, ואח"כ אין ביכולתו וקשה עליו להתענות, מתירין לו מיד בלא שום דבר – ערוה"ש›.

הגה: ומ"מ לא ישאל עליו לכתחלה, אלא מדוחק - או לצורך מצוה. ‹שהגאונים היו מחמירים הרבה בזמנם בשבועות – ברכי יוסף›. **ועיין לעיל סימן ר"ג** – ‹שמשמע דוקא נדרי הקדש או שבועה דוקא לא ישאל עליהם אלא מדוחק, אבל שאר נדרים, מצוה לשאול עליהם, כדאמרינן שם בסימן ר"ג הנ"ל, כל הנודר כאלו בנה במה וכל המקיים כאלו הקריב קרבן וכו', ע"ש – בית הילל›.

כל נדר שיש בהתרתו נדנוד עבירה – ‹אפילו שחוק וקוביא – בית הילל›, **אין להתירו.**

י"א כל מי שנשבע שלא לעשות איזה דבר, כגון שנשבע שלא למכור חפץ פלוני, ועבר ומכרו, אין במכירתו כלום, הואיל ועבר על שבועתו (במרדכי) – [הטעם כההיא דפ"ק דתמורה, כל מאי דאמר רחמנא לא תעביד אי עביד לא מהני מידי, וכבר נתבאר דלא קים לן הכי בחו"מ סי' ר"ח בדברינו, ולעיל בי"ד סי' רכ"ח סל"ה]. **ובחו"מ** סי' ר"ח כתב הרב בסתם, דמכירתו מכירה, והסמ"ע שם פסק כהי"א דהכא, ע"ש שהאריך, **אבל** הב"ח שם פסק דספיקא דדינא הוי והמע"ה, וכן עיקר, לפי שגם מתשובת הרא"ש נראה שחולק ע"ז, שכתב דהא דאמר רבא בריש תמורה דאי עביד לא מהני, היינו במצות שאי אפשר לבטלן, ככל הנהו דמייתי התם, אונס שגירש ותורם מן הרעה על היפה כו', אבל התקנה וחרם וכה"ג שאפשר לבטלו, בהא מודה רבא דמהני כו'.

‹**ובחו"מ** סי' ר"ח פסק דהמקח קיים ע"ש, ובאמת יש מחלוקת הפוסקים בזה, **ורבינו** הרמ"א אינו סותר את עצמו, דודאי לדינא ס"ל דהמקח קיים, אלא דכאן דמיירי בחומר נדרים ושבועות, לכן הביא דעת י"א אלו, **ואולי** דכוונתו כן הוא, דודאי אם הקונה אינו רוצה להניח מקחו, דמקיימינן המקח, אך אם הקונה אינו חושש בביטולו, קנסינן ליה למוכר שמכר באיסור ומבטלינן המקח, וזהו שכתב אין במכירתו כלום, כשהקונה אינו חושש בקיומו, **ושם** כתבנו עוד כוונה בדבריו שבכאן, והכי פירושו, אין במכירתו כלום עד שישאל על שבועתו, ע"ש – ערוה"ש›.

(**עיין** בתשובת נו"ב שכתב, דע"כ לא קאמר המרדכי אלא בנשבע לחלוטין שלא למכור דבר זה, שאז א"א בשום אופן שימכור כי אם שיעבור על השבועה, הרי גוף המקח נעשה באיסור, **אבל** אם נשבע שלא למכור כי אם בידיעת פלוני, ועבר ומכר עד שלא שאל את פלוני, א"כ המקח היה יכול להיות בהיתר, רק מה שעשה בלי ידיעת פלוני עשה הוא איסור, והרי זה דומה לשוחט בשבת ויוה"כ כו', ע"ש).

סעיף ג – צריך ליזהר שלא ידור שום דבר, ואפילו לצדקה אין טוב לידור, אלא אם יש לו בידו מה שהוא רוצה ליתן, יתן מיד, ואם אין לו, ימתין עד שיהיה לו ויתן בלא נדר. **ואם** פוסקים צדקה וצריך לפסוק עמהם, יאמר בפירוש שהוא פוסק בלי נדר, וכן כשמזכירין נשמות שנודרין לצדקה, יש לומר בלי נדר. **אם** הוא בעת צרה, מותר לו לנדור.

סימן רג ס"ד - צריך ליזהר שלא ידור שום דבר, ואפילו צדקה אין טוב לידור; אלא אם ישנו בידו, יתן מיד; ואם לאו, לא ידור עד שיהיה לו – [פי' דס"ד דכל שאין לו, מ"מ יקבל עליו אם יהיה לו, **כדאשכחן** בתענית, כההיא דגזרו גזרה, וגזרו שלא לישב בתענית, וקבלו עליהם בנדר כשיהיה אפשר להם להתענות יתענו, וילפוה מדניאל, שנאמר: מיום אשר נתת את לבך להתענות כו', א"כ הכא נמי נימא הכי, קמ"ל דאינו כן, ולא ידור, אלא ימתין עד שיהיה לו, ואז יתן בלא נדר, והכי מסיק ב"י לעיקר, דבשעה שיהיה לו, אין צריך כלל לנדור, ומו"ח ז"ל פירש הלשון: לא ידור עד שיהיה לו, כלומר שלא יעשה נדר אם יהיה לו כו', ולשון "עד" אינו מיושב לפירושו].

ואם פוסקים צדקה וצריך לפסוק עמהם – ‹עתה דוקא, לבלי יהא כפורש מן הצבור – ערוה"ש›.

יאמר: בלא נדר - ר"ל שיאמר בפירוש בלא נדר אבל אין פירושו שיפסוק סתם, ולא יאמר שהוא עושה משום נדר, דאף אם פוסק סתם, הוה נדר.

סימן רג ס"ה - בעת צרה מותר לנדור - ‹וכ"כ רבותינו בעלי התוס' בריש חולין, וז"ל: וא"ת והא כתיב: וידר יעקב נדר, וביונה כתיב: אשר נדרתי אשלמה, וי"ל דבשעת צרה שרי, כדאמרינן במדרש: וידר יעקב נדר לאמר, לאמר לדורות שיהיו נודרים בעת צרה, עכ"ל. **ומדברי** רבותינו אלה משמע דרק מותר לנדור, ולא מצוה, אבל במדרש ויצא איתא, כתיב: אשר פצו שפתי ודבר פי בצר לי, שנדר מצוה בעת צרתו, מהו לאמר, לאמר לדורות כדי שיהיו נודרים בעת צרתן, עכ"ל, ומשמע דמצוה איכא לנדור בעת צרה, ובפסקי תוס' כתוב לשון מצוה, ע"ש. **אך** באמת הכל אחד, דכיון דמותר לנדור, א"כ כשם שמצוה להתפלל לד' בעת צרה, כמו כן מצוה לנדור, אך אין זה מצוה וחובה כשארי מצות, וכדאמרינן בעלמא: מצוה לגבי חובה רשות קרי לה – ערוה"ש›.

סעיף ד – אם דעתו לקבוע לו איזה לימוד בתורה או לעשות איזה מצוה, והוא ירא פן יתרשל אח"כ, או שהוא מתירא פן יסיתהו היצר לעשות איזה איסור, או למנעו מלעשות איזה מצוה, מותר לו לזרוזי נפשיה בנדר או בשבועה. דאמר רב: מנין שנשבעין לקיים את המצוה לזרז את עצמו, אע"פ שהוא מושבע ועומד מהר סיני, שנאמר: נשבעתי ואקיימה לשמור משפטי צדקך. **ואפילו** אם לא אמר בלשון נדר או שבועה, אלא בדיבור בעלמא, הוי נדר, ומחויב לקיים. **ולכן** צריך האדם ליזהר כשהוא אומר שיעשה איזה דבר מצוה, שיאמר "בלי נדר". **וטוב** שירגיל האדם את עצמו כן אפילו באמרו לעשות דבר רשות, כדי שלא יכשל ח"ו בעון נדרים.

סימן רג ס"ו - האומר: אשנה פרק זה, וירא שמא יתרשל בדבר, שרי ליה למנדר לזרוזי נפשיה - מיהו אפי' בדבור בעלמא שאומר: אשנה, הוי עליה חיוב נדר. ‹**ועיין** בתשובת שמש צדקה, אם זה דוקא במצוה שמקבל עליו לעשות, או גם בשב ואל תעשה הדין כן. **ול"נ** ברור כן, דזיל בתר טעמא – ערוה"ש›.

‹**השמיענו** השו"ע, דאע"ג דבאמירתו בלבד הוה נדר, מ"מ אם מתיירא שבזה לא יספיק ליצרו, מותר לו להוסיף עוד נדר ממש – ערוה"ש›.

[**בטור** קרי לזה מצוה דגופיה, ‹וז"ל: ואם פוסקין צדקה וצריך לפסוק עמהם, יאמר בלא נדר, ומיהו אם מצוה דגופיה ומיחייב ביה ורמי עליה, כההיא דאמר אשנה פרק זה ואשנה מסכתא זו, וירא שמא יתרשל בדבר וכו'›, **ונראה דזה החילוק בין צדקה למצוה דתלי בגופיה, כי יצרו של אדם יותר מתגבר עליו בנתינת ממון, מדבר התלוי בטורח גופיה, ועל כן יש לחוש שמא יעבור על נדרו ולא יתן, ויש מפרשים הטעם, דבממון חיישינן שמא לא יהיה לו, או שמא לא ירצה העני לקבל, וזה אינו נכון, דא"כ הוא** פטור מן הנדר].

וכן אם ירא שיתקפו יצרו ויעבור על איזו מצוה ממצות לא תעשה, או יתרשל מקיום מצות עשה, מצוה לישבע ולנדור כדי לזרז עצמו - אע"ג דשבועה אינו חל על דבר מצוה, כדלקמן סי' רל"ט, מ"מ שרי ליה לאינש לזרוזיה נפשיה, ש"ס. ‹**שם** לא נזכר רק דנשבע לבטל מצוה, שנשבע שלא לישב בסוכה, וכן בנשבע שלא יאכל נבילות, לא חל, דאין איסור חל על איסור, **אבל** נשבע שאשב בסוכה, חל, דלא בעינן איתא בלאו והן אלא לענין קרבן, אבל לענין הלאו לא, כ"כ הר"ן נדרים – רעק"א›.

סעיף ה – מי שנודר נדרים כדי לתקן מדותיו הרי זה זריז ומשובח. כיצד, הרי שהיה זולל, ונדר שלא יאכל בשר איזה זמן, או שהיה שוגה ביין, ואסר עליו את היין ושאר משקין המשכרין, וכן מי שהיה מתגאה ביפיו, וקבל עליו נזירות וכיוצא בזה, נדרים כאלו המה עבודת השי"ת, ועל אלו אמרו חכמינו זכרונם לברכה: נדרים סייג לפרישות. **ומ"מ** גם בנדרים כאלו, אין לו לאדם להרגיל את עצמו, אלא יש להתגבר על יצרו גם בלא נדרים.

סימן רג, ס"ז - מי שנדר נדרים כדי לכונן דעותיו ולתקן מעשיו, הרי זה זריז ומשובח. כיצד, מי שהיה זולל, ואסר עליו הבשר שנה או שנתים; או שהיה שוגה ביין, ואסר היין על עצמו זמן מרובה; או אסר השכרות לעולם; וכן מי שהיה רודף שלמונים ונבהל להון, ואסר על עצמו המתנות או הניית אנשי מדינה זו; וכן מי שהיה מתגאה ביופיו, ונדר בנזיר וכיוצא בנדרים, כולם דרך עבודה לשם הם; ובנדרים אלו וכיוצא בהם, אמרו חכמים: נדרים סייג לפרישות; ואף על פי שהם עבודה, לא ירבה אדם בנדרי איסור ולא ירגיל עצמו בהם, אלא יפרוש מדברים שראוי לפרוש מהם, בלא נדר.

סעיף ו – אין הנדר חל אלא אם היה פיו ולבו שוים, אבל אם נדר בטעות, שלא היה דעתו כמו שהוציא בשפתיו, או שהרהר בלבו נדר ולא הוציא בשפתיו, אין זה נדר.

סימן רי ס"א - אין הנדר חל עד שיוציא בשפתיו – [שנאמר לבטא בשפתים], **ויהיו פיו ולבו שוים** - ‹דכתיב גבי שבועה לבטא בשפתים, שיוציא בשפתיו מה שמחשב בלבו, וה"ה לנדרים דשוין הן – לבוש›.

לפיכך היה בלבו לידור מפת חטים, והוציא בשפתיו פת שעורים, מותר בשניהם – [בפת חטים מותר, דהא לא הוציא בשפתיו, ובשעורין מותר, דהא לא גמר בלבו, ואנן בעינן פיו ולבו שוין]. ‹וכן במתכוין לנדור ונשבע, או מתכוון לישבע ונדר – רעק"א›.

אבל אם היה בלבו פת חטים (או פת שעורים), והוציא בשפתיו פת סתם, אסור בשל חטים לבד - כשהיה בלבו פת חטים, **(או בשל שעורים לבד)** - כשהיה בלבו פת שעורים לבד, דשניהם בכלל פת סתם, **(דכן משמע בסי' רי"ז ס"ט)** - ‹ומבואר מזה, דאע"ג דצריך דוקא שני הדברים, הסכם לבו ודיבור פיו, מ"מ בהפרט לא איכפת לן על דיבור פיו, והולכין אחרי לבו, אף שלפי הלשון לא נשמע כן, כגון זה שאמר פת סתם, דמשמע כל מיני פת, ומ"מ מדבלבו היה רק פת חטין, נאסר בפת חטין ולא בשארי מיני פת – ערוה"ש›.

‹**יש** להסתפק, אם זהו מפני שרוב פת בימיהם היתה של חטין כידוע, ולכן אין חוששין מה שלא הוציא זה בפיו, **אבל** אם חשב בלבו על פת שעורין, והוציא בלבו פת סתם, אינו נדר כלל, דבזה אמרינן שאין כאן ביטוי שפתים כלל, שהרי הפת שהוציא בפיו אינו במשמע כלל שיהא רק פת שעורים, {**וגם** דברי רבינו הרמ"א יכולני לפרש, דעל מדינתינו כוונתו, דאצלינו פת שעורים הוא סתם פת כפת חטים, דהדגן שאנו אוכלים הוא מין שעורים}, **או** אפשר דגם בכה"ג הוי נדר ואסור בשל שעורים, ובכל מיני פת מותר, דכיון שאין הפה מכחיש להלב, לא מקרי דברים שבלב, והוי דיבור פה, **ונ"ל** שדבר זה תלוי בשני תירוצי התוס' בשבועות, ע"ש – ערוה"ש›.

וכתב הב"ח, דהיינו דוקא כשהוציא בשוגג פת סתם, ולא נתכוין לאסור עליו פת סתם, [דהא גמר בלבו בפת חטין, ולמה יגמור בלבו לומר בפיו סתם דוקא, אלא פשוט דשכח לגמור תיבת חטין, שהוצאת פיו הוא בטעות, דבלבו היה לומר פת חטין, הלכך הוצאת פיו

אינה כלום, ומן הדין גם מחשבתו תיבטל כיון שלא הוציא מחשבתו, אלא דרבינן מפסוק לכל אשר יבטא, דאזלינן בתר מחשבתו כל שפיו אינו מכחיש, דפת חטין נמי פת שמיה], **אבל** אם הוציא בשפתיו פת סתם בכוונה, ומתכוין שלא להוציא פת חטין בשפתיו, אלא לחשוב בלבו פת חטים, אסור בכל פת, דדברים שבלבב אינן דברים, כן משמע מכל הפוסקים. ‹וזה אינו לחוד תירוץ של תוס', דאין נ"מ בזה כמו שבררנו בס"ד – ערוה"ש›.

(**ועיין** בתשו' חות יאיר שפקפק בזה, ודעתו דאפי' אם כוון להוציא פת סתם, מותר בשל שעורים, אלא דמסתפי לחלוק על כמה גדולים קמאי ובתראי שדעתם כדברי הב"ח).

(**וכתב** עוד, דאם היה מחשבתו לסתם פת, והוציא בפיו פת חטים, בין בטעות בין בכוונה, פשיטא דמותר בשל שעורים, **ואפשר** דאפילו מוכח כוונת הנודר, לא מהני אפילו להחמיר, מה שאין במשמעות לשון הנודר כלל).

ואם נדר על דעת אחרים - כגון שאמר שבועה שלא אוכל היום, ועל דעתכם אני נשבע, **אינו תלוי בלבו, אלא כפי מה שיאמר אחרים שהוא דעתם, כך יחול הנדר** - אין זה יכול לומר: כך וכך היה בלבו, שלא נשבע זה על דעתו אלא על דעת אחרים, וכיון שהיה פיו ולבו של אחרים שוים שנשבע על דעתם, חייב, מפני שלבם של אלו במקום לבו הם, עכ"ל רמב"ם.

סעיף ז – מי שנהג איזה חומרא בדברים המותרים מדינא, מחמת סייג וגדר ופרישות, כגון תעניות שבימי הסליחות, או שלא לאכול בשר ושלא לשתות יין משבעה עשר בתמוז ואילך, וכיוצא בו, אפילו לא נהג כן רק פעם הראשונה, אלא שהיה בדעתו לנהוג כן לעולם, או שנהג כן שלש פעמים, אע"פ שלא היה בדעתו לנהוג כן לעולם, ולא התנה שיהא בלי נדר, ורוצה לחזור מפני שאינו בריא, צריך התרה, ויפתח בחרטה, שהוא מתחרט על מה שנהג כן לשם נדר. **לכן** מי שהוא רוצה לנהוג באיזה חומרות לסייג ופרישות, יאמר בתחלה שאינו מקבל עליו כן בנדר, וגם יאמר שאין בדעתו לנהוג כן אלא בפעם ההיא, או בפעמים שירצה, ולא לעולם.

סימן ריד ס"א - דברים המותרים, והיודעים בהם שהם מותרים נהגו בהם איסור - מחמת סייג וגדר ופרישות, **הוי כאילו קבלו עליהם בנדר, ואסור להתירם להם** - ‹בלא התרת נדר›.

הלכך מי שרגיל להתענות תעניות שלפני ראש השנה, ושבין ראש השנה ליום כיפורים, ומי שרגיל שלא לאכול בשר ושלא לשתות יין מר"ח אב או מי"ז בתמוז - כמו שנתבאר באו"ח סי' תקנ"א ס"ט, **ורוצה לחזור בו מחמת שאינו בריא, צריך ג' שיתירו לו** - ראיתי מי שהקשה, דכאן סתם הרב כדברי המחבר דצריך התרה, ובאו"ח סי' תקס"ח סוף ס"ב כתב בהג"ה, דתעניות בה"ב או י' ימי תשובה שאירע ברית מילה, מצוה לאכול ואין צריך התרה, כי לא נהגו להתענות בכה"ג כו', **וא"כ** הכא אמאי צריך התרה, ה"נ נימא לא נהגו להתענות כשאינו בריא, **ולאו** קושיא היא, דהתם לא נהגו להתענות כשאירע ברית מילה ונהגו לאכול, א"כ כל המתענה אדעתא דהכי מתענה, דכשאירע ברית מילה יאכל, **אבל** הכא לא אסיק אדעתיה דכשלא יהא בריא לא יתענה, והלכך צריך התרה, **תדע** דהא דברי הרב שם לקוחים מהגמ"י בשם הר"מ, ודברי המחבר כאן ג"כ לקוחים מהמרדכי והגמ"י בשם הר"מ, א"כ בע"כ צריך לחלק כדפי' כדי שלא יסתרו דברי הר"מ אהדדי, **ובזה** ניחא הא דכתב הרב באו"ח סימן תקנ"א ס"ג, דהנוהגין שלא לאכול בשר ולשתות יין מר"ח אב ואילך, מותרים בסעודת מצוה, ומשמע אפי' התרה א"צ, אלא ודאי התם היינו טעמא משום דלא נהגו בכה"ג.

‹**א"צ** לזה, דודאי כאן אין הכוונה שאינו בריא שהוא חולה, דבחולה א"צ התרה, דאטו עדיף תענית שקיבל על עצמו יותר מת"צ הקבועים כי"ז בתמוז ועשרה בטבת, והרי גם באלו אינו מתענה כשהוא חולי, וכ"ש בזה שקיבל על עצמו, **אלא** כלו' שאינו חזק בבריאותו, ואלמלי היה ת"צ היה מתענה, רק בזה מתעצל להתענות, ולכן צריך התרה – ערוה"ש›.

(**עיין** בדגמ"ר שכתב, דהמחבר מיירי שרוצה לחזור לגמרי ושלא לשוב למנהגו לעולם, לכך צריך התרה, **אבל** אם אירע לו איזה מיחוש ורוצה לאכול היום, ושוב לעתיד חוזר למנהגו, א"צ התרה, ע"ש).

אם בשעה שהתחיל לנהוג היה דעתו לנהוג כן לעולם, ונהג כן אפי' פעם אחת, צריך התרה, ויפתח בחרטה, שמתחרט שנהג כן לשם נדר - ‹כוונתם דאין זה חרטה ככל חרטת נדרים, שמתחרט מעיקרו על מה שעשה, דא"כ אבד כל המצוה שעשה, ובדבר מצוה א"א להתיר ע"י חרטה מעיקרו, כמ"ש בסי' רכ"ח, אלא שמתחרט שנהג כן לשם נדר, כלומר והיה לו לנהוג כן בלי נדר, **אבל** אינו מובן, דהא באמת לא נדר כלל, אלא שאמרנו דהמנהג הוה כמו נדר, וא"כ על מה מתחרט, **אך** אפשר לומר, שמתחרט על מה שלא אמר מפורש בלא נדר, **ובאמת** יש מהגדולים שמפקפקים מאד על חרטה כזו [מח"א הל' נדרים], **ונלע"ד** שטוב יותר לעשות זה לפתח, ולומר אלו הייתי יודע שיגיע זמן שיהיה התענית קשה לי, הייתי עושה תנאי מפורש שאיני מקבל זה לנדר – ערוה"ש›.

כתב מהרש"ל, דאין שייך לומר להתיר בחרטה אלא מה שנהגו מקצת ההמון ולא כולו, כדמשמע הלשון: ואחרים נהגו בו איסור, אבל מה שנהגו כל ישראל וקבלו עליהם, א"א להתיר בכל ענין, ופשוט הוא. ‹**ואם** הוא חולה וצריך לבשר ויין, יאכל וישתה, אבל לא לבטל להאיסור, ודרך המינות הוא לבטל לגמרי – ערוה"ש›.

לפיכך הרוצה לנהוג בקצת דברים המותרים, לסייג ופרישות - ‹כלומר שגומר בלבו לנהוג תמיד דבר זה, וכן הרגיל להתענות וכו'›, **יאמר בתחלת הנהגתו שאינו מקבל עליו כן בנדר; וגם יאמר שאין בדעתו לנהוג כן אלא בפעם ההוא או בפעמים שירצה, ולא לעולם** - ‹וכתב הלבוש, דזה שכתב: וגם יאמר שאין בדעתו לנהוג כן לעולם וכו', זהו רק להיש מי שאומר דמחמיר טובא, אבל לדעה ראשונה סגי באמירתו שיאמר בתחלת הנהגתו שאינו מקבל עליו כן בנדר, ע"ש. **ואם** אינו גומר בלבו על תמיד ואינו רגיל להתענות, אלא שבפעם זה עלה בדעתו להתענות, ומחשב בלבו לעשות היום דבר זה או ב' פעמים או ג' פעמים, א"צ כלום, דאינו בגדר נדר כלל, **ולפ"ז** יש מבני אדם שעולה בלבו להתענות בער"ח זה או בה"ב זה או בעשרת ימי תשובה אלו, כיון שלא גמר בלבו לעשות כן לעולם, אין זה נדר, ויכול בפעם השני לבלי להתענות, אפילו אינו חלוש, **ורק** אם היה בדעתו לנהוג כן תמיד, וחושש דבזה יהיה כנדר, לכן צריך אמירת פיו בפירוש שאין מקבל זה לנדר, כלומר אף שגמר בלבו לעשות כן, מ"מ מפורש הותנה שמתי שירצה יכול לחזור בו, ואפילו הוא בריא – ערוה"ש›.

אבל הנוהגים איסור בדברים המותרים מחמת שסוברים שהם אסורים - ‹ועכשיו נתברר שהוא מותר ומנהגן היה בטעות, שנסתפקו בדבר ועכשיו שנתברר שמותר›, **לא הוי כאילו קבלום בנדר** - ‹ונראה דה"ה אם היו סוברים שהוא איסור גדול, ואח"כ נתברר שאין בו איסור כ"כ ,לא הוי נדר, כדלקמן סימן רל"ב ס"י. ‹אלא יאמר להם טועים אתם בדין, ומותרים אתם – לבוש›.

ויש מי שאומר שאם טועה ונהג איסור בדבר המותר, נשאל ומתירים לו בשלשה כעין התרת נדרים; ואם יודע שהוא מותר ונהג בו איסור, אין מתירין לו אפילו כעין התרת נדרים, דהוי כאילו קבלו על עצמו כאיסורים שאסרתן תורה, שאין להם היתר לעולם. (והמנהג כסברא הראשונה).

סעיף ח – כיצד מתירין את הנדר או השבועה, הולך אצל שלשה אנשים בני תורה, ואחד מהם יהיה בקי בהלכות נדרים, שידע איזה נדר יכולין להתיר ואיזה מהן אינן יכולין להתיר, ואיך מתירין, והם יתירו לו. **ומי** שנדר בחלום, טוב שיתירו לו עשרה בני תורה.

סימן רכח ס"א - מי שנדר ונתחרט, יש תקנה ע"י חרטה, ואפילו נדר באלהי ישראל - ‹כלומר נשבע, דהא באלקי ישראל שבועה היא, ב"ח ופשוט הוא›. **כיצד יעשה, ילך אצל חכם מומחה, דגמיר וסביר** – [פי', שהוא כבר יודע בקבלה מרבותיו, ויודע סברות גם מעצמו].

ואם אין יחיד מומחה, ילך אצל שלשה הדיוטות, והוא דגמירי להו וסבירי – [פי' שמבינים מה שלומדים עמהם], **והעט"ז** כתב, והוא דגמיר להו וסברי קצת כדי שידעו מה שיתירו כו', משמע שא"צ שיהו סברי היטב, אלא כל שסברי קצת כדי שידעו מה יתירו, סגי, וכן נוהגים.

{סמ"ע}   [ט"ז]   ‹רעק"א או ש"א או הוספת הסבר›   (פת"ש)

ומשמע אפילו לית בהו חד דגמיר מעצמו, אלא כל דגמרי להו אחרים וסברי, מתירין, **ולא** דמי למש"כ בחו"מ סי' ג', דבדיינים אי לית בהו חד דגמיר ויודע סברות בדינים פסולים לדון, דהתרת נדרים לאו דין הוא כמו שיתבאר, וזה הוא דלא כהדרישה.

(**משמע** דאם יש יחיד מומחה, לא מהני ג' הדיוטות, **מיהו** אין זה מוכרח, די"ל דלהכי כתבו הפוסקים ואם אין כו', מפני שודאי טריחא מלתא בג' טפי מבאחד, לכן אמרו באם אין מומחה צריך ג' דוקא, ולעולם בג' סגי אפי' במקום יחיד מומחה, **מיהו** בש"ס בכורות דף ל"ו: לענין היתר בכורות, מפורש דאין ג' בני הכנסת יכולים להתיר במקום שיש מומחה, ועיין בפי' הרע"ב במשנה שם, שכתב בהדיא דגם גבי נדרים אין ג' מועילים ביש יחיד מומחה. **ולפי"ז** נראה דאף שכתבו הפוסקים דאין מומחה האידנא, מ"מ ראוי לחוש לחומרא, במקום שיש חכם או אב"ד, שלא להתיר בג' הדיוטות רק לצרף ב' עם הרב, **ובפרט** דיש לחוש לדברי הרמב"ם בפ"ו מהל' שבועות ה"ה, דכל חכם מובהק בדורו הוא יחיד מומחה לנדרים, **ומצאתי** בתשובת חות יאיר שהאריך בזה להוכיח, דגם במקום שיש מומחה יכולים ג' הדיוטות להתיר, ובסוף הביא דברי הר"ן בנדרים דף כ"ג, שכתב בהדיא דלכתחלה אין יכולין משום כבודו של חכם, אבל בדיעבד אישתרי ליה נדרא, ע"ש). (**ולכן** אם אין הרב מקפיד על זה, מותר אף לכתחלה, וכמדומני שאצלינו לא נהגו להקפיד בזה, וכן המנהג בכל מדינתינו – ערוה"ש).

וגם יודעים לפתוח לו פתח, ויתירו לו - אע"ג דלא בעינן פתח לכל הדברים, מ"מ אינם ראוים להתיר אפי' ע"י חרטה, אם לא שיכולין להתיר ג"כ ע"י פתח, דשמא יבא לפניהם נדר שצריך פתח, ולא ידעו להבדיל בין נדר לנדר, פרישה. (**ונלע"ד** דענין פתיחות הפתח די כשאחד מהם יודע היטב, וכן דין דחרטה, דזיל בתר טעמא, **אבל** מסברי וסברי, שלא יהיו ע"ה גמורים, ודאי דכולם בעינן, דאל"כ אינם בגדר כלל להתיר נדרים, וכמאן דליתניהו דמי – ערוה"ש).

(**צ"ע** מה היה המקור להקשו"ע שכתב: ואחד מהם יהיה בקי בהל' נדרים, לכאורה רק צריך שיודע לפתוח לו פתח, ודלמא לרווחא דמלתא שעי"ז בודאי ידע לפתוח פתח).

והאידנא אין מומחה שיהא ראוי להתיר ביחיד - ואין להתיר אלא בג' דגמרי להו וסברי קצת כמ"ש, וכל שאינו כן, אפילו יש בהן אחד חכם גדול, לא כלום הוא, **וכן** כל שאינם ג', אפילו הם שניהם חכמים גדולים, אין התרתם התרה, ואפילו דיעבד, וצריך לחזור ולהתיר בג', וכ"כ הב"ח ופשוט הוא.

סימן רי ס"ב - הנודר בחלום, אינו כלום ואינו צריך שאלה - [כ"כ הרא"ש, דדוקא בנידוהו בחלום אמרו בגמרא דצריך התרה בעשרה בני אדם, כיון שהרחיקוהו מן השמים צריך קירוב, **אבל** בנשבע אפילו בהקיץ, בעינן פיו ולבו שוין, כ"ש בחלום שאין כאן לא פה ולא לב].

וי"א שיתירו לו עשרה דידעי למקרי - כדלקמן סימן של"ד סל"ה בנידוהו בחלום, (**וז"ל** השו"ע שם: וצריך עשרה בני אדם ששונים הלכות להתירו; לא מצא, טורח אחריהם עד פרסה; לא מצא, מתירין לו אפי' עשרה ששונים משנה; לא מצא, מתירין לו אפילו עשרה שיודעים לקרות בתורה; לא מצא, מתירין לו אפי' עשרה שאינם יודעים לקרות; לא מצא במקומו עשרה, מתירין לו אפילו שלשה. (וי"א דאין לו התרה רק ע"י עשרה ששנו הלכות או משניות, ומיהו סגי אם יתירו לו בזה אחר זה), ע"כ. [**הוא הרשב"א, כתב דלחשש בעלמא יש להחמיר אפי' בשבועה בחלום**]. (**ותמיהני** למה הצריך עשרה בנדר – ערוה"ש).

ונראה דלסברא זו, אפי' חזרו והתירוהו בחלום אינו כלום, כמו התם גבי נידוי, דא"א לחלום בלא דברים בטלים, ושמא ההיתר דברים בטלים.

(**ועיין** בתשו' פרח שושן, לענין מי שנדר בחלום ותכ"ד חזר בו, אי נימא דהחזרה הויא חזרה או לא, **וכתב** דלפי דברי ש"ך שרוצה ללמוד מנידוי לנדר, דאף שהתירו לו בחלום צריך התרה, ה"ה בנידון דידן דחזרה תכ"ד לא מהני, כיון דחיישינן שהחזרה הוא דברים בטלים, **אך** באמת נראה דאין ללמוד מנידוי לנדר, דדוקא גבי נידוי שמן השמים הרחיקוהו, הוא דהחמירו בו כ"כ, **משא"כ** גבי נדר דאיכא מ"ד שאין צריך התרה כלל, והבו דלא לוסיף עלה כו').

(ויתירו לו בחרטה כאלו נדר בהקיץ), ויש לחוש לדבריהם - והכי נהוג.

ונראה דה"ה באשה שנדרה בחלום, שצריכה י' כמו האיש, ואין הבעל יכול להפר לה ביום שמעו, דדין נדר זה כמו נדוי, עכ"ל ב"ח, וכן נוהגין. [**ונראה** לענ"ד דאם אשה נשבעת בעינוי נפש, שבעלה מפיר לה ביום שמעו תוך מעת לעת, דלא תהא שבועה זו דהיא

חומרא בעלמא, עדיפא משבועה בהקיץ, **ואע"ג** דלענין דצריך עשרה לכתחלה, החמירו יותר מבהקיץ דסגי בשלשה, מ"מ אין ללמוד מחומרא, **אלא שמו"ח** ז"ל כתב דאין הבעל יכול להפר, כיון דמן השמים השביעוה. **ומצאתי** למהר"ל מפראג שהשיב בתשובה הלכה למעשה כהרא"ש, דאין צריך התרה כלל}.

(מיהו אי לית ליה בקלות עשרה דידעי למקרי, יתירנו בשלשה כשאר נדר).

(**ועיין** בתש' הרדב"ז, באחד שחלם לו שנשבע לפרוע חובו ביום פלוני, **והשיב** דהכא אפילו הרא"ש מודה, כיון דפריעת ב"ח מצוה, א"כ משמים הראו לו לזרוזי נפשיה למצוה, וע"כ יפרע חובו באותו היום, או ישתדל שהמלוה יאמר לו הריני כאלו התקבלתי, ע"ש, **ומשמע** מדבריו דלזה לא מהני היתר נדרים, דלאו מטעם נדר אתינן עלה, אלא משמים הטילו עליו לזרוזי נפשיה, ועיין בס"ק שאח"ז).

(**ועיין** בתשובת חתם סופר, במי שחלם לו שנדר שלא לאכול מצה מבושלת בפסח הזה על דעת רבים, ונסתפק השואל בג' דברים. **א'**, אי פסח זה דוקא, אי נימא אין חלום בלא דברים בטלים ונאסר בכל פסח לעולם. **ב'**, אי בכלל מצה מבושלת הוא אפילו בכלי שני, כדמחמירין לענין שבת. **ג'**, אם יש לו היתר כיון דהוא על דעת רבים, **והשיב** לענין ספק הא', ודאי דאין אסור אלא בפסח הראשון שלפנינו, ואין לומר ד"הזה" הוא דבר בטל, דא"כ נימא ד"פסח" דבר בטל, ויהיה אסור בכל יום, וכן "מבושלת" דבר בטל, ויהיה אסור בכל מצה, **אבל** באמת דוקא ענין בפני עצמו שאינה צריכים זה לזה אמרינן א' בטל, אבל בכאן "הזה" הוא ביאור לפסח שאמר. **ובענין** הספק ב' פשיטא דאסור אפילו בכלי שני, ואפי' שרויה בצונן י"ל דאסור. **ולענין** הספק ג', הנה בתשובת הרשב"א דמייתי הרב"י מבואר, אפי' על דעת רבים יש התרה, **ואף** מתשובת הרדב"ז {שהובא בס"ק הקודם} משמע בנ"ד דמצוה הוא ופרישות שלא לאכול מצה שרויה בפסח, לא מהני היתר אפילו בלא על דעת רבים, **נ"ל** דהרדב"ז לא אמר זה אלא במצוה גמורה, כגון פריעת בע"ח, אבל בנדרים שהם כעין חסידות, לא, **דבאמת** גם הגאונים שחשו לנדר בחלום, לא איירי אלא בנדר מצוה, ומטעם דאין מראין לו לאדם אלא מהרהורי יומא, וחששו שמא קיבל בלב בהקיץ דבר זה, **ואנו** מחמירין להתיר הסכמה בלב לדבר מצוה, {לא הבנתי לפי"ז אמאי מחמירים להתיר בעשרה ולא סגי בג'}, ואפ"ה כתב הרשב"א מדינא לא בעי היתר, אלא דיש לחוש לדברי הגאונים, ש"מ דעכ"פ בהתירא סגי, וע"כ צריכים לחלק כהנ"ל, **וע"כ** בנידון דידן אם אין החולם חפץ בקיומו, יתיר לו בפני עשרה אנשים).

סעיף ט - אע"פ שלענין כל המצות שבתורה, אין הבן נעשה גדול עד שיהיו לו שלש עשרה שנה והביא שערות, והבת אינה גדולה עד שיהיו לה שתים עשרה שנה והביאה סימנים, **אבל** לענין נדר ושבועה יש להם קדימה שנה אחת, שהקטן בן שתים עשרה שנה ויום אחד, והקטנה בת אחת עשרה שנה ויום אחד, אפילו לא הביאו סימנים, אם מבינים לשם מי נדרו ונשבעו, נדריהם נדר ושבועתם שבועה, **אבל** פחותים מזמן זה, אפילו מבינים אין דבריהם כלום, ומ"מ גוערין בהם ומכין אותם שלא ירגילו לשונם בנדרים ושבועות, **ואם** הוא דבר קטן וקל שאין בו עינוי נפש, גוזרין עליהם שיקיימוהו.

סימן רלג ס"א - קטן בן י"ב שנה ויום אחד וקטנה בת י"א שנה ויום אחד, אם יודעים לשם מי נדרו ונשבעו, נדריהם נדר ושבועתם שבועה, אע"פ שלא הביאו ב' שערות.

<**פשוט** הוא דבבת מיירינן כשאין לה אב, דאלו יש לה אב נדריה תלוין בהאב, וכן כשיש לה בעל, ויתבאר בסי' רל"ד. **ונדרים** ושבועות ונזירות והקדישות דין אחד להם, ואם הקדישו דבר בשנה הסמוכה לשני גדלות כשיודעים להפלות, ואחרים אכלום, לוקים על זה, כדין האוכל דבר של הקדש, וכן אם נהנו לוקין, כדין הנהנה מן ההקדש. **וזהו** לאחרים, אבל הם עצמם אם חללו נדרם ושבועתם והקדישן, אינם לוקים עד שיגדילו ויביאו שתי שערות – ערוה"ש>.

ובודקין שנת י"ג לזכר ושנת י"ב לנקבה - שאפילו בדקם בתחלת השנה ונמצאו שיודעים לשם מי נדרו, אם נדרו אחר כך בסוף שנה, אינו נדר עד שיבדקם פעם אחרת, טור ועב"י. <**דשמא** שכחו, וכן להיפך, אם בדקום מקודם ונמצא שאינם יודעים לשם מי נדרו, מ"מ אם נדרו אח"כ, לא אמרינן דודאי גם עתה אינם יודעים, אלא צריכים בדיקה, דאולי עתה יודעים – ערוה"ש>.

וקודם שיש י"ב לזכר וי"א לנקיבה, אפילו יודעים לשם מי נודרים, אינו נדר. הגה: וגוערים בהם ומכין אותן שלא ילמדו לשום בנדרים ושבועות; ואם הוא דבר קטן וקל ואין בו עינוי נפש, אומרים להם שיעמדו בנדרם ושבועתם, כדי שלא ירגילו עצמם בזה.

ומי"ג ויום א' ואילך לזכר, ומי"ב ויום א' לנקיבה, אע"פ שאין יודעים לשם מי נודרים, נדריהם נדר - אע"פ שלא הביאו ב' שערות. ‹כ"כ הרמב"ם, אבל תמוה לי, דהא להדיא אמרינן בסוגיא דנדה אי דלא אייתי ב' שערות קטן הוא, אח"כ ראיתי שתמה כן המשל"מ, **ואולם** לדינא נראה, דאף דלא הביא ב"ש נדרו נדר, והיינו מטעם דחיישינן שמא נשרו, כדקי"ל בשו"ע אה"ע סי' קנ"ה – רעק"א›.

סעיף י – האב מפיר נדרי בתו עד שתתבגר, דהיינו שיהיו לה שתים עשרה שנה וששה חדשים, והוא שלא נשאת, והבעל מפיר נדרי אשתו. **כיצד** מפירין, אומר שלש פעמים "מופר" או "בטל", או שאר לשון המורה שהוא עוקר את הנדר מעיקרו, בין שאומר כן בפניה או שלא בפניה. **אבל** לשון התרה לא מהני באב ובבעל. **וגם** אין יכולין להפר רק ביום שמעם, דהיינו אם שמעו בתחלת הלילה, מפירין כל הלילה וכל היום שלאחריו, ואם שמעו מיד סמוך לצאת הכוכבים, אין מפירין רק עד צאת הכוכבים, ויותר אינן יכולין להפר. **בשבת** לא יאמר לה "מופר ליכי" כמו בחול, אלא מבטל בלבו, ואומר לה "טלי אכלי" וכיוצא בזה. **ואם** האב או הבעל אמר תחלה שהוא מרוצה על הנדר, אע"פ שלא אמר בפירוש, אלא שאמר לשון שהוא מורה שהוא מרוצה, ואפילו אם רק בלבו חושב שהוא מרוצה בנדרה, שוב אינו יכול להפר.

סימן רל"ד ס"א - האב מפר נדרי בתו - וה"ה שבועת בתו ואשתו, וכדלקמן סעיף ל"ז, **כל זמן שהיא קטנה או נערה** - ‹ואפילו אינה סמוכה על שולחנו. **ואינן** צריכות התרת חכם, וגם אינו מועיל התרת חכם אם הבעל והאב קיימו הנדר. {**מיהו** אין זה מוסכם, דהמרדכי כתב כן בשם ר"י, אמנם התשב"ץ כתב ממש להיפך}. **ואם** נדרו נדר והתירוהו אצל חכם קודם ששמעו הבעל והאב, ואח"כ שמעו ורוצים לקיים הנדר, אין ספק בזה, ובודאי הנדר כאלו אינו, והקיום בטל – ערוה"ש›.

אפי' נדרה על דעת רבים - וכן בעל מפר נדרי אשתו אפי' נדר על דעת רבים, ‹דכיון שהתורה נתנה להם רשות להפר בלא דעתן ובלא חרטתן, כמו כן אין להם לחוש לדעת הרבים›. **ואפי'** ביטל הבעל דעתו ונתן לה רשות לדור על דעת רבים, וה"ה אם נתן האב רשות לבתו לדור על דעת רבים. ‹**כיון** שהאשה נודרת על דעת בעלה, וכן הבת על דעת אביה, והתורה תלתה ההפרה בהבעל והאב, יכולין לחזור ממה שנתנו רשות, **ואינו** דומה לקיים ליכי, שקיימו את הנדר, והכא לא קיימו, דקיום אינו אלא אחר הנדר, ועל מה שדיברו קודם הנדר יכולים לחזור, דדברים בעלמא הן – ערוה"ש›.

בגרה (פי' כשהאשה עברה שתים עשרה שנה ויום אחד, אז אם הביאה ב' שערות, נקראת נערה עד ו' חדשים אחר כך, שאז נקראת בוגרת, כלומר מלאה שער, כי תרגום ירושלמי של "איש שעיר", גבר בגר), או נשאת, שוב אינו יכול להפר לה.

האב והבעל מפירים דוקא דברים שיש בהם עינוי נפש או בינו לבינה, כדלקמן סעיף נ"ה ונ"ח, **אבל** החכם מתיר כל נדריה.

סימן רל"ד ס"ב - הבעל מפר נדרי אשתו לבדו, משתכנס לחופה עד שתתגרש והגיע הגט לידה - כתב הב"ח, דאשמועינן דכל שלא הגיע הגט לידה, אע"פ שמסר לשליח ואינו יכול לבטלו שלא בפניו, אפ"ה כיון שעדיין לא הגיע הגט לידה ויכול לבטלו בפניה, הו"ל אשתו, ומיפר הנדרים שבנתיים. ‹**דגזירת** התורה היא שהבעל מיפר נדרי אשתו, אלא שחז"ל נתנו טעם שלא יהא תמוה כל כך שהיא נודרת והוא מיפר, משום שנודרת על דעתו, ולכן הנדר מופר אע"פ ששלח לה גט וודאי אינה נודרת על דעתו – ערוה"ש›.

היתה מגורשת מספק, לא יפר לה - ומשמע דאפי' דיעבד אינו מופר, וכן משמע בב"ח. ‹דמספק אזלינן לחומרא באיסורא דאורייתא – ב"ח›.

סימן רלד סכ"א - אין האב מפר נדרי בתו, ולא הבעל נדרי אשתו, אלא ביום שמעם; ודוקא כל היום, ולא מעת לעת, שאם שמע בתחלת הלילה מפר כל הלילה ויום המחרת, ואם שמע סמוך לחשיכה, אינו מפר אלא עד שתחשך.

‹**ויש** להסתפק בשמע בין השמשות מה דינו, דהא בה"ש ספק שמא מקצתו מן היום ומקצתו מן הלילה, וא"כ שמא רגע השמיעה היה מן היום, ורגע ההפרה מן הלילה, וזהו ספיקא דאורייתא, **ונלע"ד** דהנה בירושלמי אומר, אם שמע בתחלת היום ונשתתק שאינו יכול להפר, אין זמן ההשתתקות מן החשבון, והטעם, דשעות שאינן ראויות להפרה מפני שתיקותו אינם מן המנין, **וא"כ** כ"ש דכששמע בה"ש שאין זמן זה ראוי להפרה, דאינו מן המנין, ונותנין לו יום שאחר כך, **ותמיהני** על הפוסקים שלא הביאו כלל הירושלמי הזה לענין נשתתק, ומ"מ לדינא נלע"ד כמ"ש – ערוה"ש›.

(**עיין** בתשובת ראש יוסף, שנשאל: אשה שנדרה לאחר ל' יום, ושמע בעלה ביום שנדרה ולא הפר לה, {דאף שעדיין לא חל הנדר, יכול להפר כדלקמן סעיף ס"ט}, **ועיין** ב"ח שכתב הטעם דבעל יכול להפר קודם שיחול, כיון דצריך להפר ביום שמעו, מש"ה יכול להפר קודם שחל הנדר, דאם לא יפר עתה, שוב אינו יכול להפר, ע"ש – רעק"א}, **אם** יכול להפר לה ביום שחל הנדר, או נאמר כיון שלא הפר ביום שמעו, שוב לא יכול להפר לה, **והעלה** דבתר יום שנדרה אזלינן, וכיון שלא הפר ביום שמעו, אינו יכול להפר, **ואף** אם זה הבעל לא הפר לה ביום שמעו משום שהיה סבור שלא יכול להפר אלא כשחל הנדר, או היה יודע שיכול להפר, אלא שיש לו זמן, וא"כ מה שלא הפר היה משום שטעה בדין, אפ"ה אינו יכול להפר, דזה דמי למש"כ המחבר בסעיף שאח"ז, {וז"ל: וה"ה למי שיודע שיש בידו להפר אותו נדר שנדרה, אבל לא ידע שצריך להפר ביום שמעו, כיון שעבר יום שמיעה, אינו יכול להפר, ע"ש}.

ואם עבר היום ושתק, אפילו לא כוון בשתיקתו אלא לצערה, אינו יכול להפר - שוב, כיון שעבר היום, ‹אפילו כוונתו היתה להפר אח"כ, והסברא נמי כן הוא, דכיון דהפרה בלב אינו מועיל, א"כ מה מועיל מחשבתו – ערוה"ש›. **ואם** שותק ע"מ לקיים לאלתר, שוב אינו יכול להפר אפילו בו ביום, הר"ן ומביאו ב"י וד"מ, וכן הוא לקמן סעיף מ"א, דקיום בלב הוי קיום.

ואם שתק מפני שאינו יודע שיש ביד הבעל להפר, או אפילו יודע, אלא שנדרה נדר שסבור שאינו יכול להפר, כגון שסבור שאינו עינוי נפש, יכול להפר אפילו לאחר כמה ימים ולא הויא שתיקתו קיום, ושעת ידיעתו כאילו הוא שעת הנדר או יום שמיעה, ויפר לה כל אותו היום - ‹דהתורה אמרה יום שמעו, שיהא ביכולתו להפר, וזה כיון שלא ידע הרי אין ביכולתו להפר – ערוה"ש›.

סימן רלד סכ"ד - מפירין נדרים בשבת, אף על פי שאינם לצורך השבת - ‹כגון שנדרה על ימות החול›, אף על גב דחכם אינו מפר אלא לצורך, כדלעיל סימן רכ"ח ס"ג, ‹מפני שזה דומה לדין, ואין דנין בשבת – ערוה"ש›, **בעל** שאני, כיון דאינו מפר אלא עד שתחשך, ואם לא יפר היום לא יוכל שוב להפר.

‹**ואין** לומר דאם מן הדין אינו יכול להפר בשבת, לא נקרי ביה יום שמעו, כמו נשתתק דירושלמי, **דאינו** כן, דודאי אם מן התורה לא היה רשאי להפר בשבת, היינו נותנין לו יום אחר, אבל מן התורה מותר להפר בשבת, וממילא דקרינא ביה יום שמעו. **וגם** אין לומר הרי אפילו יעבור היום, הא ביכולתה להתיר אצל חכם, **דאינו** כן, דלפעמים שלא תמצא פתח או חרטה, או אפילו תמצא והיא לא תרצה להתיר, והבעל רוצה להתיר, ולפיכך מוכרח להפר לה גם בשבת – ערוה"ש›.

ולא יאמר לה: מופר ליכי, כמו שאומר בחול - ‹משום כבוד שבת ישנה מעט›, **אלא מבטל בלבו, ואומר לה: טלי אכלי, וטלי ושתי, וכיוצא בזה** - ‹דברים המראים שהוא מפירו, כדי שתדע היא שיפירנו בלבו, וגם משום שלא יהיו דברים שבלב – לבוש›.

סימן רלד סל"ז - מפר אדם או מקיים נדרי אשתו ובתו בכל לשון, ואע"פ שאינה מכרת.

(**וכל לשון שיאמר שמורה שקיים לה** - ‹כגון שאמר יפה עשית, אין כמותך, ואם לא נדרת הייתי מדירך – לבוש›, **אפילו עשה כדי לצערה, הוי קיום**) – [הטעם בב"י בשם הרא"ש, כיון שאם שתק ביום שמעו הוי מקיים, מועיל בו לשון כל דהו לשלא יוכל להפר עוד

אפי' בו ביום, עכ"ל. ‹והטעם, משום דהקמה די בלב בלבד, והפרה צריך להיות בפה, ולכן צריך בהפרה לשון מבורר, ובהקמה אינו כן, דלא גרע מהקמה בלב – ערוה"ש›.

וכיצד מפר, אומר ג' פעמים – ‹כדי לחזק ההפרה, אבל בפעם אחד נמי הוי הפרה, וכן בהקמה בפעם אחד הקמה היא – לבוש›, **מופר, או בטל, או אין נדר זה כלום, וכיוצא בדברים שעניינם עקירת הנדר מעיקרו, בין בפניה בין שלא בפניה** – [יש להקשות ממה שכתב בסי' זה סעיף נ"א, שאין הבעל עוקר הנדר מעיקרו, וכן הוא תלמוד ערוך בפרק נערה, דבעל מיגז גייז, **נראה** דכאן אמר שהבעל אומר הלשון שיהיה מכאן ולהבא כאילו לא נדר מעולם, דהיינו שיהיה לה רשות לעשות מה שתרצה, וזה יש לו כח לעשות, אבל לא יועיל למפרע כאילו לא נדרה מעולם, כמו שהוא בהתרת חכם].

אבל אם אמר לה: אי איפשי שתדורי, או אין כאן נדר, הרי זה לא הפר – ‹א"א שתדורי אינו רק גילוי דעת, שהרי עכ"פ כבר נדרה, וכן אין כאן נדר, הרי בע"כ יש כאן נדר, ואינו רק גילוי דעת, **ודע** דלשון אי אפשי שתדורי דאינו מועיל, אינו מפני שלשון שתדורי הוא על להבא, ולפ"ז אם אמר אי אפשי מה שנדרת, הוי הפרה, **דאינו** כן, משום דלשון אי אפשי הוי רק גילוי דעת, דמה מועיל מה שאינו חפץ בזה, כיון שלא ביטלו, **וזה** שאמר שתדורי, הוא לשון הוה, כלומר אי אפשי בנדריך, או עתיד במקום עבר – ערוה"ש›.

וכן האומר לאשתו או לבתו: מחול ליך, או מותר ליך, או שרוי ליך, וכן כל כיוצא בענין זה, לא אמר כלום - דבכה"ג מהני גבי חכם לעיל סי' רכ"ח ס"ג, בבעל לא מהני אף בפתח וחרטה. ‹**שהתורה** אמרה "זה הדבר" למעט, לומר החכם כשמתיר יאמר דוקא בלשון התרה, ובכל הלשונות שהוא עוקר הנדר מעיקרו, ולא בלשון הפרה, מדכתיב "לא יחל" אבל אחרים מוחלין, **והבעל** והאב יאמרו דוקא בלשון דכתיב גבייהו, "והניא" שהוא לשון הפרה, כלומר שמפירו מעכשיו בעל כרחוה, ולא בלשון התרה – לבוש›.

ויש מי שחולק ואומר דהאומר אין נדר זה כלום, לא הוי הפרה - אבל באומר בטל מודה.

סימן רלד סמ"א - המקיים בלבו, הרי זה קיום – ‹דהא אפילו החריש לה קיים – לבוש›. **והמפר בלבו, אינו מופר; לפיכך אם הפר בלבו** - ולא אומר טלי ואכלי כדלעיל סעיף ל"ט, **הרי זה יכול לחזור ולקיים. ואם קיים בלבו, אינו יכול לחזור ולהפר, אלא אם חזר בתוך כדי דבור.**

סעיף יא – איזה נדרים יכולין האב או הבעל להפר, דוקא דברים שיש בהם עינוי נפש, כגון רחיצה, קישוט, כיחול, ופרכוס וכיוצא בזה. **והבעל** יכול להפר גם דברים שאין בהם עינוי נפש, אם הם מן הדברים שבין איש לאשתו, וגורמים איבה ביניהם, **אבל** אלו אינם מותרים אלא כל זמן שהיא יושבת תחתיו, ולאחר שנתאלמנה או נתגרשה אסורה בהם.

סימן רלד סנ"ה - אלו נדרים שהבעל מפר, נדרים שיש בהם עינוי נפש – ‹דכתיב: כל נדר וכל שבועת איסר לענות נפש אישה יקימנו ואישה יפירנו›, **ודברים** - כלומר או דברים **שבינו לבינה** – ‹דכתיב בסוף הפרשה: אלה החקים אשר צוה ה' את משה בין איש לאשתו וגו' – לבוש›.

אלא שנדרים שיש בהן עינוי נפש, כשמתירים לה מותרת בהם לעולם - ואפי' לאחרים, ‹דסתם אמרה התורה אישה יפירנה, וכשהוא מיפר מופרין לה לעולם משמע›, **ודברים שבינו לבינה, אין ההתרה אלא לעצמו, כל זמן שיש לו בו תועלת, דהיינו כל זמן שהיא תחתיו; ולאחר שתתגרש כל זמן שלא תנשא** - לאחר, **שאפשר שתחזור אליו** - ‹והקשו"ע לא הזכיר פרט זה, וצ"ע›, **אבל לאחר שתנשא, חל הנדר גם לדידיה** – ‹דכתיב בין איש לאשתו, משמע כל זמן שהיא אשתו – לבוש›.

ונדרים שאין בהם עינוי נפש ואינם בינו לבינה, אינו יכול להפר – ‹וזה שאמרה תורה: ונדר אלמנה וגרושה כל אשר אסרה על נפשה יקום עליה, כלומר דאשה שיש לה בעל יש הפרש בין נדר לנדר, דנדר שאינו מעינוי נפש ומבינו לבינה יקום עליה, ומאלו שני הדברים לא יקום, אבל אלמנה וגרושה, כל מה שאסרה, אפילו עינוי נפש,

יקום עליה – ערוה"ש. ‹אלא היא כמו אחר, והחכם או ג' הדיוטות מתירין לה – לבוש›.

‹**ואם** נדרה שתאסר בקישוט אחר שתתגרש, להסוברים דהקישוט הוי בינו לבינה, עיין בר"ן, דלתירוצו הראשון אינו יכול להפר, כיון דלא חל עד אחר שתתגרש, לא מקרי בינו לבינה, ולתירוצו השני יכול להפר, **אחר** זה מצאתי בירושלמי, דלא מיקרי בינו לבינה, כיון דלא חל הנדר עד אחר הגירושין – רעק"א›.

(**עיין** בתשובת מהרי"ט שכתב, דבעל יכול להפר נדרי אשתו שנדרה בנזירת שמשון, כיון דנזירת שמשון הוא מדברים שיש בהם עינוי נפש, **ואף** דאמרינן בסוף מכות דנזירת שמשון ליתא בשאלה, היינו דוקא חכם אינו יכול להתיר, אבל בעל מפר, ושוב מצא כן בתשובת הרדב"ז, **אכן** בש"ך לקמן סי' רצ"ט הביא תשובת מבי"ט, שכתב בשם מהר"י בי רב, שאין הבעל יכול להפר מה שנדרה בנזירת שמשון, ע"ש).

סימן רלד סנ"ט - איזו הם דברים שיש בהם עינוי נפש: כגון רחיצה וקישוט, כיחול ופרכוס, כגון שנשבעה שלא תרחץ או שלא תתקשט, או שאמרה הנאת רחיצה וקישוט עלי אם ארחץ או אתקשט.

אפילו לא תלתה אלא ברחיצה וקישוט של היום, ואפשר שלא תרחץ ולא תתקשט היום ולא תיאסר, הוי עינוי נפש, אע"פ שאין חל הנדר אלא ליום א' - ‹דניוול יום אחד שמיה ניוול – לבוש›. ‹**דהתאוה** מתעוררת רק לדבר איסור, וכיון שבדבר זה יש עינוי נפש, לכן גם לפי שעה מקרי עינוי נפש. **ולא** אבין, הו"ל לומר בקצרה, אפילו אסרה עליה רחיצה רק יום אחד, **ונ"ל** דרבותא קמ"ל, דאע"ג דהרחיצה ביום זה אינו כלל מעיקר הנדר, אלא לתנאי בעלמא, וכיון שהוא רק לתנאי היה אפשר לומר דאין הדבר למשא עליה, קמ"ל דלא – ערוה"ש›.

וי"א דרחיצה וקישוט הוי דברים שבינו לבינה - כתב הב"ח ט"ס הוא, וצ"ל: וי"א דבכיחול וקישוט כו', דברחיצה ליכא למאן דאמר דלא הוי עינוי נפש, **ונראה** דאינו ט"ס, והוא דעת הרמב"ן שהביא הב"י שהזכירו הרא"ש, ע"ש. **מיהו** צ"ע על הב"י גופיה, וע"כ ט"ס הוא, וצ"ל הרמב"ם, ודעת הרמב"ן להדיא דרחיצה הוי עינוי נפש, וצ"ע.

‹**רחיצת** הפנים בכל יום בקומו ממטתו, ודאי הוי עינוי נפש לכו"ע, ואינו מיירי אלא ברחיצה דכל הגוף, אבל רחיצת הפנים והידים, החוש מעיד דהוי עינוי נפש – ערוה"ש›.

הגה: וכל זה לא מיירי אלא בקישוט הפנים, אבל קישוט של מטה, לכולי עלמא לא הוי רק דברים שבינו לבינה.

{סמ"ע} [ט"ז] ‹רעק"א או ש"א או הוספת הסבר› (פת"ש)

§ סימן קעט – הלכות הלואה. ובו ט"ו סעיפים §

סעיף א – מצות עשה להלוות לעניי ישראל, שנאמר: אם כסף תלוה את עמי את העני עמך וגו', ואף על גב דכתיב "אם", קבלו חכמינו זכרונם לברכה, ד"אם" זה אינו רשות אלא חוב. הכי אמרינן במכילתא: אם כסף תלוה את עמי, חובה, אתה אומר חובה או אינו אלא רשות, (מדכתיב "אם"), תלמוד לומר: העבט תעביטנו, חובה ולא רשות, והא דכתיב בלשון "אם" פירושו: אם כסף תלוה, את עמי תלוהו ולא לעובדי כוכבים, ולאיזה מעמי לאותו שעמך, מכאן אמרו עני שהוא קרובו קודם לעניים אחרים, ועניי עירו קודמים לעניי עיר אחרת. **וגדולה** מצות הלואה לעני יותר ממצות צדקה לעני השואל, שזה כבר נצרך לשאול וזה עדיין לא הגיע למדה זו. **והתורה** הקפידה על מי שמונע מלהלוות לעני, שנאמר: ורעה עינך באחיך האביון וגו'. **והמלוה** לעני בשעת דוחקו, עליו הכתוב אומר: אז תקרא וה' יענה.

סעיף ב – אפילו עשיר אם צריך ללוות, מצוה להלוות לו, ולההנותו אף בדברים, ולייעצו עצה ההגונה לו.

סימן צז ס"א - מצות עשה להלוות לעניי ישראל – {דכתיב בפ' משפטים: אם כסף תלוה את עמי את העני עמך לא תהיה לו כנושה. ופירש"י שם והוא מהגמרא, ד"אם" זה הוא מלשון "אשר", וחובה הוא, וכן משמעו, כאשר תלוה כספך, את עמי תלוהו ולא לנכרי}.

והיא מצוה גדולה יותר מהצדקה – {כן כתבו הרמב"ם והטור ז"ל, שהמקבל הצדקה כבר נצטרך לשאול – פירוש, ואף אם לא יתן לו, ישאל מהגבאים שיתנו לו צדקה – וזה שלוה עדיין לא הגיע לידי כך, עכ"ל}. [**פירוש**, אם יש לפניו ב' מצוות, הא' לתת לעני מתנה, ב' להשאיל לעני, יעסוק תחילה בהלואה לעני, דאותו הנצרך לקבל מתנה כבר הורגל בכך ומשתדל לו בקלות, משא"כ זה שאין דרכו לקבל מתנות אלא ללוות].

וקרובו עני קודם לעניים אחרים, ועניי עירו קודמים לעניי עיר אחרת – {ולאיזה מעמי, את העני, ולאיזה עני, את שעמך. **ובפרשת** ראה כתיב: כי יהיה בך אביון מאחד אחיך באחד שעריך, ודרשו רז"ל ג"כ ממנו עניי עירך קודמין, וממ"ש מאחד אחיך, דרשו דאח מאב קודם לאח מאם, ומינה, דקרוביו קודמין לאחרים. **ולא** כמ"ש בעיר שושן דלמדו ממה שכתוב בישעיה: ומבשרך לא תתעלם, שהרי הרמב"ם והטור והמחבר ממצות עשה שבתורה איירי, וק"ל}.

ואפילו עשיר שצריך להלוות, מצוה להלוותו לפי שעה – {מדכתיב סתם "את עמי" ולא מיעט אלא לנכרי, ש"מ דמצות עשה היא אפילו להלוות לעשיר הצריך לפי שעה, אלא שעני קודם לו}. **ולההנותו אף בדברים, וליעצו עצה ההוגנת לו** – {וכל זה בכלל גמילות חסד הוא – לבוש}.

[קשה, למה אמר כאן "לפי שעה", ולא אמר סתם כמו בריש הסימן, ותו, מאי שייכות יש למש"כ ולההנותו אף בדברים, מאי שייכות לזה כאן, **ונראה** דיש לו ב' דיוקים בקרא ד"אם כסף' 'תלוה' את העני" וגו', דסמיך העני לב' דברים אלו, משמע דגם לעשיר יש מצוה מה שאינו נוגע לב' דברים אלו, דהיינו "אם כסף", דוקא כסף יש לעני ביחוד מצוה, משא"כ להנותו בדברים וליעצו כראוי יש מצוה אף לעשיר, **תו יש דיוק**, דדוקא סתם הלואה שהיא ל' יום העני קודם, משא"כ הלואה לפי שעה, יש בה מצוה אפילו לעשיר, ועל כן אמר מצוה להלוותו לפי שעה, כלומר, ולא בסתם שהיא ל' יום].

סעיף ג – אסור להלוות בלא עדים, ואפילו לתלמיד חכם, אלא אם כן מלוהו על המשכון, והמלוה בשטר משובח ביותר.

סימן ע ס"א - אסור להלוות בלא עדים, ואפילו לתלמיד חכם – {פירוש, אף דמסתמא הת"ח לא יכפרנו מדעתו, ולית ביה משום "לפני עור לא תתן מכשול", ואז ג"כ לא יבוא לידי שיגרום קללה לעצמו, מ"מ

סימן קעט – הלכות הלואה
סעיף ג–סעיף ו

יש לחשוש שמחמת טירדת לימודו ישכחנו וישבע שאינו חייב, ויגרום לעצמו קללה}.

[בגמ' סוף פרק איזהו נשך אמרינן, דרבינא לא רצה להלוות לרב אשי עשרה זוז בלא שטר ועדים, ואמר ליה רב אשי אפילו אנא, שלח ליה כל שכן מר דטריד בגירסא ומשתלי וגורם קללה לעצמו, **משמע** דת"ח הוא כ"ש, והטור והמחבר כתבו אפילו ת"ח, **נ"ל** דלמ"ד בגמ' גורם קללה לעצמו, הוי הת"ח כ"ש משאר אנשים, אבל למ"ד עובר משום "לפני עור לא תתן מכשול", הייתי אומר בת"ח אין שייך זה, על כן כתב הטור אפילו ת"ח, והטור רוצה לפסוק כמ"ד משום "לפני עור", דיש נפקותא בין הנך טעמי, דלטעמא משום קללה, אי אמר לא איכפת לי בקללה, אין מוחה בידו, אבל לטעם משום "לפני עור", יש איסור, וע"כ כתב אסור להלוות, ומאי דאיתא בגמ' וכ"ש ת"ח, דזה שייך שהוא שוכח יותר, ממילא אין שייך ביה עונש של "לפני עור", אבל מ"מ אף לת"ח אסור, ולכן כתבו הטור והמחבר לשון אפילו, דשייך לענין איסור, והיינו כמ"ד "לפני עור" וכו'].

אלא אם כן הלוהו על המשכון – {דאז לא שייך בו הני טעמי, והיינו טעמא דלית ביה משום כפירה, דהמלוה יהא נאמן בשבועתו עד כדי דמי המשכון, וגם אין קללה מהבריות, כיון דהמשכון בידו יאמינו לו שודאי הלוהו}.

והמלוה בשטר משובח יותר – {משום דבהלואתו על המשכון אכתי יש קללה קצת, כשהן חלוקין כמה הלוה עליו, משא"כ כשהלוה בשטר, דהכל רואין הסך שכתב בו, ויודעין ברור שחייב לו, והפרעון הוא טענה גרועה, דא"כ שטרו בידו מאי בעי, וק"ל}, **ולפי"ז** משמע, דה"ה כתב יד, **אבל** בתשו' מהרשד"ם כתב, דדוקא שטר אבל לא כתב יד, וע"ש.

וכל המלוה בלא עדים, עובר משום "לפני עור לא תתן מכשול" – {פירש רש"י שיבוא הלוה לכפור מדעתו}, **וגורם קללה לעצמו** – שהבריות יקללוהו מחמת שתובע לחבירו מה שאינו חייב לו.

‹**ומה** שאין נזהרים עתה בזה, ולוים זה מזה גמ"ח בלא עדים ובלא שטר, משום דמכירין זה את זה ונאמנין זה לזה ויודע המלוה שלא ישכח ולא יכפור לו – ערוה"ש›.

סעיף ד – אסור לנגוש את הלוה כשיודע שאין לו לפרוע, ואפילו לעבור לפניו אסור, מפני שהוא נכלם בראותו למלוה ואין ידו משגת לפרוע, ועל זה נאמר: לא תהיה לו כנושה.

סימן צז ס"ב - אסור לנגוש את הלוה לפרוע, כשיודע שאין לו, ואפילו להראות לו, אסור, מפני שהוא נכלם בראותו למלוה ואין ידו משגת לפרוע – {לא תהיה לו כנושה, לא תתבע ממנו בחזקה אם אתה יודע שאין לו}. ‹**ואם** עובר לפניו, כאילו דנו באש ובמים, ולכן יזהר המלוה מאד מזה. **ואם** נתיישן הדבר והורגל בכך עד שאין לו צער ובושה מזה, והמלוה אין כוונתו לצערו ולביישו, אין איסור בזה – ערוה"ש›.

סעיף ה – וכשם שאסור למלוה לנגוש את הלוה, כך אסור ללוה לכבוש ממון חבירו שבידו לומר: לך ושוב, כשיש לו, שנאמר: אל תאמר לרעך לך ושוב.

סימן צז ס"ג - אסור ללוה לכבוש ממון חבירו ולומר לו: לך ושוב ומחר אתן, ויש אתו - ‹שנאמר [משלי ג, כח] אל תאמר לרעך לך ושוב ומחר אתן ויש אתך – לבוש›.

סעיף ו – אסור ללוה ליקח את ההלואה ולהוציאה שלא לצורך, עד שתוכל להאבד ולא ימצא המלוה ממה לגבות, ואפילו אם המלוה הוא עשיר גדול, והעושה כן נקרא רשע, שנאמר: לוה רשע ולא ישלם, וצוו חכמים: יהי ממון חברך חביב עליך כשלך, **וכשהמלוה** מכיר את הלוה שהוא בעל מדה זאת, שלא להשגיח על ממון אחרים, מוטב שלא להלוות לו, ממה שילוהו ויצטרך לנגשו אחר כך, ויעבור בכל פעם משום "לא תהיה לו כנושה".

סימן צז ס"ד - אסור ללוה לקחת הלואה ולהוציאה שלא לצורך ולאבדה עד שלא ימצא המלוה ממה לגבות חובו - {פי' אפי' אין כונתו דהלוה לאבדה בידים, אלא כל מי שמוציא שלא לצורך גדול

מיקרי לאבדה, שאיבדה מהמלוה}. **ואם עושה כן נקרא רשע** – {שנ': לוה רשע ולא ישלם, שהרשע לוה שלא ישלם, שאינו מוציא המעות לעסק ולצורך – ערוה"ש}. **וכשהמלוה מכיר את הלוה שהוא בעל מדה זו, מוטב שלא ללוותו, ממה שילוהו ויצטרך לנגשו אח"כ, ויעבור בכל פעם משום "לא תהיה לו כנושה".**

סעיף ז – המלוה על המשכון, צריך ליזהר שלא ישתמש בו, מפני שהוא כמו ריבית. **ואם** הלוה לעני על מרא וקרדום וכיוצא בו, ששכרו מרובה ואינו נפחת אלא מעט, יכול להשכירו אף בלי נטילת רשות מהלוה, ולנכות לו דמי השכירות בחובו, דמסתמא ניחא ליה להלוה בכך, **ויש** מי שאומר, דדוקא לאחרים יכול להשכירו, אבל לא לעצמו, שלא יחשדוהו דמשתמש בו בחנם רק בשביל ההלואה.

סימן ע"ב ס"א - המלוה על המשכון, צריך ליזהר שלא ישתמש בו, מפני שהוא כמו רבית – {דקדק וכתב "כמו" ריבית, דריבית ממש ליתא אלא בדבר שגוף ההלואה נתרבה בו, שהלוה לו דינר ומחזיר לו דינר ופרוטה, דהיינו פירושו של ריבית}.

{**ואם** השתמש בו, והמשכון עשוי להשכיר וליטול שכר, לא חשדינן ליה בגזלן, וחייב לשלם להלוה שכירות בעד זה, ואף אם אומר שכוונתו היתה לגזול, אינו נאמן – ערוה"ש}.

{**ועיין ביו"ד** ריש סימן קס"ו שכתב הטור בשם הרמב"ן וגם המחבר כתבו שם, בדין המלוה מעות לחבירו דאסור לדור בחצירו חנם, וכתב ע"ז ז"ל, דוקא לכתחילה, אבל אם כבר דר בו, כיון דהחצר לא קיימא לאגרא, אפילו הוא גברא דעביד למיגר, אפילו לצאת ידי שמים א"צ לתת לו, עכ"ל. **ונראה** דה"ה כאן, אם כבר עבר ושימש, א"צ לתת לו שכרו אם לא קיימא לאגרא, וכ"ש הוא}. **ונראה** דלדעת הרמב"ם שהביא שם, דאפילו הוא חצר דלא קיימא לאגרא וגברא דלא עביד למיגר, צריך לתת לו שכר לצאת ידי שמים, ה"ה הכא.

ואם הלוה לעני על מרא וקרדום וכיוצא בו, ששכרו מרובה ואינו נפחת אלא מעט, יכול להשכירו שלא ברשות בעלים, ולגבות לו דמי השכירות בחובו – {דמסתמא ניחא ליה והוה כמשיב לו אבידה. **והטור** מסיק בזה וכתב ז"ל, אבל בדברים אחרים שפחתן מרובה לא. פי', שלא ישכיר שלא מדעת הבעלים}.

ויש מי שאומר דדוקא לאחרים יכול להשכירם, אבל לא לעצמו, משום חשדא – {פירוש, דיחשדו אותו דמשתמש בו בשביל הלואתו בלא נכייתא}. **והב"ח** כתב וז"ל, ולפעד"נ דכיון דתנן מותר להשכיר מפני שהוא כמשיב אבידה, אין לחוש במשיב אבידה לחשדא, דבאבידה תניא בפרק אלו מציאות, מכאן ואילך שם דמיהן ומניחן, ומפרש ר"י והרא"ש, שיכול לשומם בעצמו בלא ב"ד, דכיון דמשיב אבידה הוא לא חשדינן ליה, וכתבו רבינו לקמן סימן רס"ז סעיף כ"ב, א"כ כאן נמי דינו כמשיב אבידה דלא חשדינן ליה, עכ"ל. **ולפעד"נ** דלא דמי, דהתם כבר השיב אבידה במה שהכניסן לביתו, שלא חשדינן ליה, דאם היה רוצה לגזול לא היה אומר שהוא אבידה, **משא"כ** הכא שאינו משיב אבידה אלא עתה בשעת השכירות, א"כ שפיר יש לחושדו שמשכיר לעצמו בפחות, כן נלפע"ד ברור.

הגה: ודוקא שלא התנה עמו מתחלה, אבל אם התנה עם הלוה מתחלה, שרי (ב"י). ועיין ביו"ד סימן קס"ו וקע"ב – {והיינו דוקא בנכייתא, וקמ"ל דתו לית ביה משום חשדא, דהיודע שהוא משכון בידו, ידע נמי שהתנה עמו להשתמש בו בנכייתא, דהא מיד בשעת ההלואה התנה עמו כן, **אבל** בלא נכייתא אסור, כמו כל ריבית או אבק ריבית, אף על גב דרוצה ליתנו לו במתנה מתחילה או בסוף, דאסור, כמ"ש הטור ביו"ד סימן ק"ס}.

[**ולכאורה** משמע דבשעת הלואה דוקא צריך להתנות, וכן משמע מדברי הסמ"ע, **אבל** לענד"נ דהא דאמר ב"י "מעיקרא", ר"ל קודם שנשתמש, אבל לעולם ה"ה דמותר אחר דאוזפיה אם התנה קודם שנשתמש, דתו לא גזרו משום חשדא, וכנ"ל כונת רמ"א שכתב: התנה עם הלוה מתחילה, ר"ל קודם שנשתמש].

דינו של הרב בהתנה עמו צ"ע, די"ל דגם בזה איכא משום חשדא לדעת הטור, דאיכא מאן דידע שהוא ממושכן אצלו, ולא ידע שהתנה עמו, וצ"ע. (**ועיין** בשו"ת חכם צבי, שכתב שדברי הש"ך תמוהים בזה, ומסיים שדינו של הרב רמ"א ברור, ע"ש).

מחבר רמ"א ש"ך ונקה"כ

י"א דאין חילוק בין ספרים לשאר דברים, ואם למד בספרים שהלוה עליהם – ‹באיסור, ערוה"ש›, **מקרי שולח יד בפקדון** – {מרדכי בשם ראב"ן. **ונ"מ** דמשם ואילך אף אם נאנסו מידו חייב הוא באחריותן, **וגם** אם אומר הממשכן שכך וכך נתקלקלו מחמת לימודו, וזה שלמד מתוכו אומר שלא נתקלקלו, אינו נאמן בשבועה לפטור נפשו, אלא הממשכן נשבע על פחיתתו ונוטל. ‹נ"ב תמוה לי, דמה בכך דהוי שולח יד ופסול לשבועה, הא טוען שלא נתקלקלו ומחזיר לו פקדונו, דאינו מחוייב כלל שבועת שומרים כיון שטוען שמחזיר לו פקדונו כמו שהפקיד אצלו, וצ"ע – רעק"א›. **ודוקא** כשיש עדים שלמד מתוכו, דאל"כ נאמן בשבועה במיגו דלא למדתי מתוכו, ואין אדם נעשה גזלן ופסול ע"פ עצמו}.

ויש מחלקין, משום דקסבר מלוה קעביד – {מרדכי בשם ראבי"ה}. **ועיין ביו"ד סימן קע"ב** – {דאף שלכתחילה אסור בלא נכייתא אפילו בספרים, מ"מ אי עביד וקרא בספרים, לא מיקרי שולח יד להיות פסול לשבועה, דכיון דסבר מצוה קעביד המשאיל ספריו לאחרים לקרות בו, והקורא בו מזכה "המשאיל", והוא הדין "הממשכן" או "המפקיד", אלא נשבע שלא קלקל הספרים ופטור, **וזהו** שכתב מור"ם כאן "מצוה קעביד", פירוש הממשכן, **ודוקא** בדיעבד, אבל לכתחילה אסור בלא נכייתא}. **לשון** העיר שושן, ויש מתירין ללמוד בהן משום דמצוה קעביד כו'. **ולא** דק, דליכא מאן דמתיר ללמוד בהן לכתחילה.

{**וצ"ע** למה כתב מור"ם בהגהותיו ביו"ד סימן קע"ב ס"א, דיש מתירין להלוות על ספרים וללמוד מתוכן, ועל מקומות דבית הכנסת ולישב עליהן, אפילו בלא נכייתא, **הא** ראבי"ה זה דחולק ומתיר היינו דוקא בנכייתא, ‹להיות לכתחילה, ובדיעבד מתיר בלא נכייתא›, **ואפשר** דמור"ם מיירי שם כשהתנה עמו בתחילה בשעת ההלואה שילמוד מתוך ספרו או ישב על מקום דבית הכנסת, וס"ל דמועיל התנאי כיון דמצוה הוא, **וראבי"ה** מיירי דלא התנה עמו מתחילה, ועיין מש"כ עוד מזה שם ביו"ד}.

אין נלפע"ד, דכיון דלראבי"ה אסור משום ריבית, א"כ מה בכך שהתנה, ואדרבה יותר שייך איסור ריבית כשהתנה עמו, **אבל** כבר כתבתי בספרי ש"ך שם דלק"מ, דהיש מתירים שכתב הר"ב הם מהרי"ל ואגודה, דס"ל דאפילו בלא נכייתא שרי משום מצוה, **ושגם** מהר"ב לא נעלם דעת ראבי"ה וסיעתו, ועל פי דבריהם כתב שם בהג"ה, וטוב להחמיר ולעשות בנכייתא, ע"ש. ‹הא הוא עצמו השיג על העיר שושן, שכתב ויש מתידין ללמוד לכתחלה, דליכא מאן דפליג דלכתחלה אסור, וקשה הא כאן כתב בשם מהרי"ל דמותר לכתחילה – תפארת יעקב›.

{**עיין** לקמן בסוף סימן רצ"ב ס"כ, דכתב מור"ם בהג"ה במפקיד ספרים ז"ל, דבהפקיד ביד ת"ח מותר לקרות ולהעתיק ממנו, כי ודאי אדעתא דהכי הפקידו אצלו, והוא ג"כ מהמרדכי. **היינו** דוקא בפקדון, אבל בממושכן אסור אפילו לת"ח משום חשש ריבית. **ובפקדון** נמי, דוקא בהפקיד לת"ח די"ל דאדעתא דהכי הפקידו כנ"ל, אבל לא באדם אחר, לראב"ן הנ"ל דמחשבו לשולח יד בפקדון}. **אינו** מדוקדק, דהא גם ראבי"ה מודה לראב"ן לענין לכתחילה. {**וכל** זה דוקא כשבא הספר לידו מדעת בעליו, אבל לילך לבית חבירו ולקרות מתוך ספרו שלא מדעתו, אסור אפילו לת"ח ובלא חשש ריבית, שמא חבירו יקפיד ע"ז מחמת שיקרע ספרו, וכן פסק מור"ם באו"ח סוף סימן י"ד ס"ד, ע"ש}.

מיהו היינו דוקא ספר דיש לחוש שיתקרע, אבל טלית ותפילין וכה"ג, כתב הר"ב באו"ח שם דמותר ליטול אפילו בלא ידיעת חבירו, דמסתמא ניחא ליה לאינש דליתעבד מצוה בממוניה, **ואה"נ** אילו רוצה שיהיו שלו ממש להשתמש בהן בקבע, יפסידן דרך תשמישן, אבל אם רוצה להשתמש בהן דרך עראי, מותר, ובספרים אפילו דרך עראי אסור לכתחילה. **ולפי"ז** נ"מ כאן דלא הוי שולח יד בפקדון לכו"ע.

‹**וכן** עתה שהספרים נדפסים ומצויים, נ"ל שיכול ליטול ללמוד בו שעה קלה שלא מדעתו, ולא גרע מטלית ותפילין, אם לא שיודע שהבעלים מקפידים בזה. **ולשאול** ספר מאשת הבעלים נראה דמותר, דודאי אין אדם מקפיד על אשתו בזה, כמו שאילת כל כלי בית – ערוה"ש›.

סעיף ח – אם רוצה המלוה לקחת משכון מן הלוה שלא בשעת הלואה אלא אחר כך, לא יעשה כי אם על פי בית דין.

סימן צז ס"ו - אם בא למשכנו שלא בשעת הלואתו – {פירוש, שהגיע זמן הפרעון והוא דוחה אותו, ואז ממשכנו כדי שיהא בטוח במעותיו}, **לא ימשכננו הוא בעצמו, שאם משכנו הוא בעצמו**

עובר בלאו. (ועיין לעיל סימן ד') – {עיין דרישה, שם כתבתי דמלשון הרמב"ם והטור והמחבר מדוקדק, דאפילו משכנו המלוה שלא מרצונו "בחוץ", עובר בלאו דכי תשה ברעך משאת מאומה לא תבוא אל ביתו לעבוט עבוטו, "דביתו" לאו דוקא הוא, אלא ה"ה או כ"ש דלא ישמט בחזקה מה שעליו או ממה שבידו בפגעו בחוץ, ומשו"ה כתבו סתם דאם משכנו המלוה בעצמו עובר בלאו, **אלא** דלשליח ב"ד אין איסור אלא שלא יכנס לביתו, וזה למדו מיתורא ד"והאיש", דוהאיש "אבחוץ תעמוד" קאי}.

(**עיין** בתשו' בית אפרים שכתב, נראה דהא דעובר בלאו, היינו כשתופס בחזקה מיד חבירו, אבל דרך הערמה שרי, דאל"כ קשה, היאך משכחת דינא דתופס לבעל חוב במקום שחב לאחרים. **ויש** סוברים דע"י שליח עדיף. **ולכאורה** היה מקום לומר בזה אין שליח לדבר עבירה כו').

אלא בית דין ישלחו לו שלוחם; ואף שלוחם לא יכנס לביתו למשכנו.

הגה: ואפילו אם ביקש המלוה ליכנס לבית הלוה ולכתוב כל מה שבביתו, אין ב"ד נזקקין לו ליכנס לביתו כלל – {דמדהקפידה התורה וכתבה "בחוץ תעמוד", משמע דכניסה לצורך העבוט, אפי' לא יעבוט אותו, אסור. **ובסימן** צ"ט יתבאר, דמחרימין על הלוה עד שיוציא כל אשר לו, או שיביא כל אשר לו בכתב לב"ד והם מסדרין לו}.

אלא אם ימצא לו דבר בחוץ, יקחנו. ויש לשליח בית דין ליקח המשכון מיד הלוה, בזרוע, ונותנו למלוה – {כתב רבינו ירוחם, דשליח בית דין יכול להכותו אם יסרב בו כשמשכנו בזרוע בשוק, משא"כ בעל הבית, אם הזיק בין בגופו בין בממונו, חייב, **וי"מ**, אם לאחר שתפס המלוה בא הלוה להחזיק ולהוציא מיד המלוה, יכול המלוה להציל את עצמו אף ע"י הכאה}.

ואפילו בחוץ, לא ימשכננו שלא בשעת הלואה דבר שעושים בו אוכל נפש, כמו רחים ורכב של יד שהם מטלטלים – {ודוקא שלא בשעת הלואתו הוא דאסור, דאז ממשכן להלוה שלא מדעתו, **אבל** אם מתחילה מביא הלוה כלי אוכל נפש שלו ומבקש מהמלוה שילונו עליו, הו"ל כאילו מכרו לו מדעתו ומותר, טור בשם הרא"ש, ולאפוקי רמב"ם}.

{**הטור** והמחבר דקדקו וכתבו כמו רחיים כו', ורצונם לומר דשאר כלים דאוכל נפש אסורים כמו רחיים ורכב דאסרה התורה בפירוש, דכתיב לא יחבול רחיים ורכב כי נפש הוא חובל, ולמדו מנתינת הטעם "דכי נפש הוא חובל", דה"ה לשאר כלי אוכל נפש דאסור למשכנו. **גם** למדו מזה, דאין בכלל איסור חבילת כלי אוכל נפש, עד שיהא כלים הקרובים לעשות בהן אוכל נפש דומיא דרחיים, לאפוקי רחת ומזרה, וכמו שכתבו הטור והמחבר בסמוך סעיף ח'}.

אבל בתי רחים של מים הרי הם כקרקע, ולא שייך ביה משכון, אלא גוביינא כשאר קרקעות, שאין בית דין ממשכנין ליקח קרקע למשכון – {ר"ל, אין הב"ד שולחין שלוחם לסגור בתי הרחיים שטוחנין בו עד שיפדנו, שאין ממשכנין קרקע, אלא אם תבעו לבית דין לפרוע לו, אז פוסקין הבית דין שיפרע לו ממנו אם אין לו דבר אחר. **ואם** הוא בעצמו סוגר הרחיים למשכנו, אינו עובר בלאו דלא תבוא אל ביתו לעבוט, שאין זה בכלל עבוט, וגם אינו מחויב להחזירו בשעת מלאכה, וזה שמסיק וכתב דמ"מ אם נכנס "ונטל" כו' כבר נעשו כו', משמע דוקא נטל}.

ומכל מקום אם המלוה עצמו נכנס לבית הרחים ונטל רחים העליונה או הברזל והסובב והגלגלים, כבר נעשו מטלטלים, ויש להם דין כלי אוכל נפש, ומחזיר אותם בשעת מלאכה – {ומ"מ אם המלוה כו', כן הוא לשון הטור ג"כ, **אבל** הנמוקי יוסף כתב: אם עבר ונכנס, דאיסור יש בדבר לכתחילה לעשות כן, אף בהני דהן מחוברים}.

[ויש להם דין כו', פירוש, מיד שסילקם מהמחובר הו"ל מטלטלין, ואפילו שליח בית דין אסור למשכנם כדין כלי אוכל נפש. **ועוד** הו"ל מטלטלין דצריך להחזיר בשעת מלאכה, וזה אף בכלי שאין אוכל נפש כמבואר בסעיפים שאחרי זה].

{**ויש** להם דין כלי אוכל נפש ומחזיר אותן בשעת מלאכה, ומוכח מזה דס"ל, דבכל כלי אוכל נפש שחבלם דינא הכי, אף דעבר בלאו דלא יחבול רחיים ורכב כו', מ"מ מהני מעשיו דאין צריך להחזירם אלא בשעת מלאכה, ושצריך להחזירן הלוה לידו אחר שעשה בהן מלאכתו, וכן לעולם. **ונ"מ**, שלא נעשו מטלטלים אצל בניו, ואין שביעית משמטתו, וכמש"כ הטור והמחבר בסמוך סט"ז. **ועיין** דרישה שהוכחתי שם שגם בחבל בגד אלמנה, אף דעבד איסור, מ"מ אי עביד

א"צ חזרה אם לא בעת צרכה, דמה שכתוב השב תשיב, דלמדנו ממנו השבות הרבה, והיינו ליקחנו בכל יום אחר שהחזירו לו בכל לילה וכן איפכא, קאי אאפילו חבלו באיסור, בין שהמלוה נכנס לבית הלוה, בין שהשליח בית דין חבלו כלי אוכל נפש או בגד אלמנה ונתנו למלוה, בכל ענין אין על המלוה להחזירה להן כי אם בעת צרכן ולחזור וליקחן מידן}.

סעיף ט - לעולם ירחיק אדם את עצמו מן הערבות ומן הפקדונות בכל מה דאפשר.

‹יבמות ק"ט. ובגמרא שם דוקא פקדון מבן עירו, וערבות במקום שמניחין את הלוה ותופסין את הערב – מצודת ציון›.

סעיף י - מי שיש לו שטר חוב על חבירו והשטר בלה והולך להמחק, יבא לב"ד ויעשו לו קיום.

סימן מא ס"א - מי שבלה שטר חובו והרי הוא הולך להמחק - ‹אבל רישומו עדיין ניכר, וירא שמא ימחק לגמרי עד שלבסוף לא יוכלו לקרותו כלל – לבוש›, **מעמיד עליו עדים** - {פירוש, בין אותם עדים החתומין על השטר, בין עדים אחרים, וכמו שיתבאר}, **ובא לב"ד, והם עושים לו קיום** - {היינו ‹אף› כשכבר נמחק, **וזהו שכתב המחבר אח"כ, הוציא פלוני בן פלוני שטר נמחק לפנינו, דאל"כ ל"ל עדים הא הב"ד יכולין לראות השטר כשעדיין לא נמחק**}. ‹אלא דטוב יותר להמלוה שיעמיד עדים, אף כשהשטר עדיין לא נמחק לגמרי, דשמא עד בואו לב"ד מתמחק עד שהב"ד לא יוכלו לקרות – ערוה"ש›.

‹זה שאמרנו דב"ד עושים לו קיום כשנמחק, דוקא כשידוע בעדים שנמחק באונס ע"פ איזה סיבה או מפני יושנו, אבל כל שאינו מתברר שנמחק ע"פ סיבה, אין עושים לו קיום, דחוששין כיון שלא חשש לשמור את השטר והניחו במקום שראוי להמחק, שמא הוא שטר פרוע, ולכן בלא הלוה אין לעשות בזה קיום, וכ"ש אם נתודע שהמלוה מחק השטר מרצונו, ודאי דאמרינן שטר פרוע הוא – ערוה"ש›.

הגה: ויש אומרים אפילו נמחק לגמרי, מאחר שהעדים יודעים מה היה כתוב בו - ‹כתב הסמ"ע דאין כאן מחלוקת, וכו"ע מודים לדין זה, רק נחלקו בפירוש המשנה [מקור של השו"ע], **ועיין** תומים מש"כ, דהוא מחלוקת גדול בין הפוסקים – אורים. **ועיקר** המחלוקת הוא, שהר"י {שיטת המחבר} ס"ל דלא מהני עדים רק אם ראו השטר בשעה שהולך לימחק, שאז נתכונו להעיד, שאז ודאי דקדקו בטוב כדי להעיד על כל הלשונות שראוי להסתפק, **אבל** {כשרק} ראוהו בשעה שלא היה הולך להימחק כלל, אף שראוהו, הא לא נתכונו להעיד, והוי מילתא דלא רמיא עליה דאינש, ובודאי לא היה אדעתייהו לדקדק בכל הלשונות והספיקות שבשטר, משום הכי לא מהני עדים אחרים, **והחולקים** {שיטת הרמ"א} ס"ל דאף בכה"ג מהני – נתיבות›.

ועדות זו שמעידין על השטר יכולין להעיד שלא בפני בעל הדבר - דברי הרב תמוהים לי, דהיאך יעלה על הדעת שיעידו שלא בפני בע"ד לחייב אותו שלא בפניו, **ומיהו** כשלא נמחק לגמרי ורישומו ניכר בפני הב"ד, והעדים מעידים רק על החתימות, יכולים להעיד שלא בפני בע"ד, וכדקי"ל לקמן סימן מ"ו ס"ה דמקיימים את השטר אפילו שלא בפני בע"ד, **אבל** בנמחק לגמרי ומעידים על השטר מה היה כתוב בו, דבר תימה שנקבל עדות זו שלא בפני בע"ד, ואם יאמרו העדים שהיה כתוב בו סך רב, נחייבו על פיהם, **והכי** מוכח נמי ממה שהביא ב"י תשובת הרשב"א, דטעמא דמקיימין שטר שלא בפני בע"ד, מפני שהמקיימים לא על מנה שבשטר הן מעידים, אלא על חתימת העדים, ע"כ, **ע"כ** הכא שמעידים על מנה שבשטר, אין מקבלין שלא בפני בע"ד, וא"כ דברי הר"ב צל"ע.

‹**והטעם**, דאם נצריך להמתין על הלוה, שמא ישכחו הדבר ויפסיד המלוה, והתירו בזה כמו ברוצים לילך למדינת הים, שנתבאר בסי' כ"ח שמקבלים שלא בפני בע"ד, או"ת – ערוה"ש›.

אבל עידי השטר עצמם - וכ"ש עדים אחרים, **אין כותבין לו שטר אחר** - {הטעם, מפני שכבר עשו שליחותם}, **כי** הוא מתחילה לא עשאן שלוחים אלא לכתוב שטר אחד כו', ולפיכך אפילו הוא מצוה עתה לכתוב להם שטר אחר מזמן הראשון, אין להם לעשות, דשליחותן הראשון כבר נפקע, והוא אינו יכול עתה לעשות שליחות על שעבוד דלמפרע שאין בידו, **ואין** צ"ל כי בלא דעתו אינם יכולים לעשות שטר אחר ואפילו מזמן שני, כ"כ הנ"י שם. {**ומהאי טעמא כתבו הרא"ש והטור, והמחבר הביאו בסימן מ"ט ס"ו, שאם טעו בכתיבתן ראשונה ונתבטל השטר, נמצא שלא עשו שליחותן, חוזרין וכותבין וחותמין העדים עצמן שנית**}, **וגדולה** מזו כתב הרשב"א בתשובה, דאם לא כתבו בשטר הנאמנות מפורש על הפרעון, אם רצו קורעים אותו שטר וכותבים אחר בנאמנות, דהו"ל לא עשו שליחותן, עכ"ל. **וכתב** נ"י וז"ל, ושטר חוב או שטר מכר באחריות שנתחתם בו אחד

{סמ"ע} [ט"ז] ‹רעק"א או ש"א או הוספת הסבר› (פת"ש)

מן העדים בלבד, ואבד או נמחק, אומר מורי הרב שיכולים לחזור ולכתבו ולחתום בו שניהם, דכל זמן שלא עשו שניהם מעשה שטר, אף הראשון לא עשה שליחותו, **אע"פ שנמחק בפניהם** – {ר"ל אפילו כשעדי השטר עצמן לפנינו ומכירין חתימתן והשטר שנמחק, אפ"ה לא יכתבו הן, אלא באין לפני ב"ד, ומשום הכי חזר וכתב באין לפני ב"ד, משום דברישא איירי מעדים אחרים, וק"ל}.

ולשון הטור, אבל עדים בלא ב"ד לא יעשו לו שטר אפילו מזמן שנמחק, עכ"ל. **ור"ל** בלא דעת הלוה, דמדעת הלוה יכולים לכתוב מזמן שני, **ואם** נתעכב מזמן שנמחק עד זמן שמצוה, אין כותבים אפילו ברשות הלוה מזמן שנמחק, ודוק.

אבל באים לבית דין ובית דין עושים לו קיום – {דהפקר ב"ד הפקר}. **כיצד מקיימים שטר זה, כותבים שטר אחר** - וגובה בזה השטר ממונו מזמן הראשון, **ואומרים: אנו בית דין פלוני ופלוני ופלוני, הוציא פלוני בן פלוני שטר נמחק לפנינו, וזמנו ביום פלוני, ופלוני ופלוני עדיו** – {פירוש, עדים החתומים בשטר. **ובטור** כתב דבעינן להזכיר בקיום ג"כ עדים שהעידו לפניהם מה היה כתוב בהשטר הנמחק, **והטעם**, כדי שיוכל הלוה לעמוד עליהם ולפוסלם באם הוא שהעידו שקר, וכ"כ התוס'. **והרמב"ם** והמחבר לא כתבו אלא מה שצורך לכתוב בהקיום עכ"פ, **והיינו** עדי השטר, משא"כ עדי המחיקה כשעדי השטר עצמן באים לפני הב"ד, דאז הן עדי השטר ועדי המחיקה, **אבל** במרדכי פסק דא"צ לכתוב מי הן עדי המחיקה}.

ואם כתבו: והוזקקנו לעדותם של עדים ונמצאת מכוונת – {פי', בין שהעידו עדי השטר עצמן על חתימתן, בין שהעידו אחרים עליהם, וכנ"ל כל חד לפי ענינו, וק"ל}, **גובה בשטר זה שכתבו לו, ואין צריך קיום אחר** – «כי מסתמא עשו כהוגן, ודקדקו בכל מה שראוי, עכ"ל הסמ"ע – אורים». **ואם לא כתבו כן** – «לא הזכירו בו שנזקקו לעדות העדים, אלא כתבו סתם פלוני ופלוני העידו בפנינו על ענין השטר – פרישה», **צריך להביא ראיה על העדים הראשונים עד שתתקיים עדותם (ע"כ לשון הרמב"ם). הגה: ואם אינן מקויימים, הוי כאלו הוציא עליו שטר שאינו מקוים** – «זהו פי' על "ואם לא כתבו כן צריך" כו' – גר"א».

{**כלשון** הזה כתב ג"כ ברמב"ם, ודוק בלשונם שלא כתבו עד שתתקיים חתימתן, אלא עד שתתקיים עדותן, ור"ל שתתקיים כל דברי העדות הכתוב בשטר, כי אף שהעדים הראשונים באו ואמרו שחתמו ע"ז השטר והיה כתוב בו כך וכך, וכשטר דעלמא דסגי באמרם זהו חתימתינו, וכמ"ש בסי' מ"ו, **שאני** הכא שכבר כלה השטר לפנינו, והרי הוא כעדות חדשה שבאו להעיד בע"פ לפני ב"ד, שצריך הב"ד לחקור לכל אחד ואחד בפני עצמו, «שיעידו זה שלא בפני זה – נה"מ», ולהוודע אם דבריהן הן מכוונין, וכמ"ש הטור בסימן כ"ח מסעיף י"א והלאה, **ומשו"ה** כתב המחבר, כל שלא נכתב בהקיום שחקרו ועמדו על דבריהן, הרי הקיום כאילו אינו, עד שיביא ראיה על העדים הראשונים, ר"ל על מ"ש בקיום בשם עדים הראשונים, ותתקיים עדותן שכן היה המעשה כדבריהן, ואז מועיל הקיום לענין לגבות בו ממשעבדי ושלא יוכל לומר פרעתי וכמ"ש, **וכ"ש** אם הקיום נעשה ע"פ עדים אחרים, שאף שאמרו שמכירים החתימות דהראשונים וגם ראו הכתוב בשטר, מ"מ צריכים דרישה וחקירה על כל מה שהיה כתוב בו, כיון שאין השטר לפנינו שכבר נמחק. **ואינו** דומה לקיום שטר אחר שסגי באומרים שמכירים חתימות העדים, דכיון שהשטר כתוב לפנינו וחתימת העדים מקוימת, אמרינן ביה כל שטר שבא לב"ד כאילו נחקרה עדותן דמי}.

{**מ"מ** צריכין קיום הראשון ג"כ, «העמדת העדים הראשונים וקיומו דבית דין – פרישה», **לענין זה**, שלאחר שיביא עליהם ראיה גובה אפילו ממשעבדי ואינו יכול לומר פרעתי, **משא"כ** אם לא היה לו אלא ראיה האחרונה, דהיינו שנעשה הלואה או מקח לפני עדים ושכתבו וחתמו לו שטר, דיכול לומר אח"כ פרעתי כיון שאין בידו שטר, וכמ"ש הטור והמחבר בסמוך ס"ד, וכ"ש דאינו גובה ממשעבדי, וק"ל}.

ויש מי שאומר שצריך לכתוב בקיום שקרעו השטר הראשון; ואם לא כן, פסול הוא, דחיישינן שמא ילך לב"ד אחר ויעשו לו קיום אחר, ויגבה ויחזור ויגבה – {פירוש, שיעמיד שתי כיתי עדים על השטר שידעו מה היה כתוב בו, וילך עם כל כת אל ב"ד בפני עצמו, ויכתוב לו ב' שט"ח, **משא"כ** עתה שצריך לקרוע השטר הראשון, דאז לא יכתבו לו קיום אחר כשלא יראו בידו השטר הראשון. **והא** דצריך לכתוב בשטר שקרעו, אף על גב דלא חיישינן לב"ד טועין, מ"מ לשכחה חיישינן,

שיחשבו לקרעו וישכחו בידו, משא"כ עתה, דודאי לא יכתבו שקרעוהו עד שכבר יהיה נקרע, וק"ל}.

ובתשובת מהר"ש די מודינא כתב, דאפשר דמש"כ דאל"כ פסול, אינו ר"ל שאם לא כתבו, שהוא פסול, **אלא** מיהדר אקריעה, שאם לא קרעו פסול, שמא כו', דהיינו דהיכא דידעינן דלא קרעו, פסול, ולכך צריך לכתוב כדי שלא יסתפקו, **אבל** מסתמא כפי האמת לא חיישינן לב"ד טועין, וע"ש.

אבל שטר מתנה - ומקח בלא אחריות, **שנמחק, כותבים לו אחר** - אפי' עדים עצמם, וא"צ להעיד בפני ב"ד, אפי' בנאבד, **אע"פ שלא נקרע הראשון** – {דלא שייך ביה חשש שיגבה בו שתי פעמים, כיון שהמתנה היא בשדה מיוחדת, אם לא שכתוב בו אחריות וכדמסיק}. **הגה: וכותבים בשטר מזמן הראשון, ולא מזמן שכותבין לו בית דין (ב"י בשם תוספות)** – {הטעם, דחיישינן דילמא אחר המתנה חזר המקבל ומכרה או נתנה להנותן בקנין גמור, ואח"כ יוציא שטר קיום זה ויאמר חזר ונתנה לי במתנה אח"כ, וק"ל}. **ולפי** זה אם המוכר או הנותן בפנינו ומצוה לכתוב, כותבים אפילו מזמן שני.

אבל אם היה במתנה אחריות, וכן בשטרי מקח וממכר - כלומר, דבשטרי מתנה בעינן דוקא שיהא מפורש בה אחריות, דסתם מתנה אין האחריות על הנותן, וכן בשטרי מקח וממכר אף בסתם אחריות טעות סופר, כדלקמן סימן רכ"ה.

{**דחיישינן** שמא שדה זו גזולה היא ביד המוכר או הנותן, ויעשה זה המקבל המתנה או הלוקח קנוניא עם הנגזל לטרוף או לגבות ב' פעמים, כיצד, מתחילה יבוא הנגזל עם עדי אבות שהוא שלו ויוציא מיד זה הלוקח, והלוקח יטרוף עם שטר הלקיחה שבידו מהלקוחות שקנו מהמוכר אחריו, או יגבה מבני חרי שביד המוכר, ואח"כ יאמר הלוקח להנגזל הניחני לישב בשדה זו זמן מה ותחזור ותוציאנו מידי בעדי אבהתך, ויחזור הלוקח לטרוף שנית מהלקוחות או מהמוכר בשטר קיום שבידו}.

צריך לקרוע הראשון, או לכתוב בשני: שטר זה לא נכתב לטרוף בו ממשעבדי ולא מבני חרי – {צריכים לכתוב ג"כ זה, ‹מבני חרי›, כדי שלא יגבה בהאי קיום מבני חרי דהמוכר, ואח"כ יחזור ויגבה בהגוף ‹בשטר מעליא – נה"מ› מלקוחות, דשובר אצל לקוחות ליכא}, **אלא כדי להעמיד שדה זו ביד מקבל המתנה או הלוקח, שלא יוציאנו מידו הנותן או המוכר** – {אבל בשטר הלואה לא שייך למיכתב לו כן, דהא לא כתבינן ליה אלא לגבות בו, משא"כ בשטרות הללו שנכתבין כדי להעמיד שדה זו בידו, וק"ל}.

סעיף יא – אסור להשהות שטר פרוע בתוך ביתו, שנאמר: אל תשכן באהליך עולה.

סימן נז ס"א - אסור להשהות שטר פרוע בתוך ביתו – {דכתיב אל תשכן באהליך עולה, שמא **יחזור ויתבענו**}, ‹**ובאיסור** להשהות שטר פרוע, אין חילוק בין שטר בעדים לשטר בחתימת יד הלוה – ערוה"ש›.

‹**ואפילו** מרצון הלוה אסור לו להשהות שטר פרוע, דשמא תתגבר יצרם ויעשה בו איזה קנוניא, כמו לגבות מלקוחות וכיוצא בזה, נה"מ – ערוה"ש›.

(וה"ה שטר שנמחל שעבודו) – {אעפ"י שכל שטר פרוע הוא שטר שנמחל שעבודו, מ"מ מצינו שטר שנמחל שעבודו אף דעדיין לא פרעו, והיינו שמחל לו שעבוד קרקעות שלו, ונתן לו רשות למוכרן למי שירצה ולא יטרפנו מהלקוחות}. **אינו** נלפע"ד, אלא כיון שיכול בשטר זה לגבות מבני חרי, לית ביה משום אל תשכן באהליך עולה, וכל שכן לפי מ"ש לקמן, דאפילו בשטר של ק' שפרע לו נ' לית ביה משום אל תשכן. {**גם** י"ל שנמחל שעבודו, ר"ל שפרעו וחזר ולוה על אותו השטר, וכמ"ש הטור והמחבר בסימן מ"ח, וק"ל}. **ובאמת** לא היה צריך לזה, דאשמועינן בשטר שנמחל שעבודו, שאע"פ שלא פרעו רק שהמלוה מחלו מעצמו, אסור להשהותו וק"ל.

ואם אינו רוצה להחזיר שטר פרוע, ראוי לנדותו עד שיחזירנו – ‹או יקרענו בפני עדים, אם הלוה אינו מקפיד על תשמיש הנייר שיוחזר אליו – ערוה"ש›.

ואין לו לעכב השטר בשביל פשיטי דספרא - ומדברי התוספות פ"ב דכתובות והרא"ש שם מבואר להדיא, דיכול לעכב השטר בשביל פשיטי דספרא, ומביאם הב"י בספרו בדק הבית, וכתב שכן כתב ג"כ הריטב"א, **וצ"ע** למה סתם כאן בשו"ע כדברי הר"ן, **מ"מ** נלפע"ד דאם רוצה לקרעו או לכתוב על גבו שהוא פרוע, רשאי לעכבו משום פשיטי דספרא לכולי עלמא, ודלא כנראה מדברי המחבר, ודוק.

סימן קעט - הלכות הלואה
סעיף יא-סעיף יב

הגה: ובמקום שאין הלוה נותן שכר הסופר, אין צריך להחזיר השטר - ‹כיון שהנייר שלו›, **ובלבד שיקרענו** - {אבל אם הלוה נותן שכר הסופר, אפי' במקום דאין דרך הלוה ליתנו, צריך להחזיר השטר לידו, דשלו הוא}.

נראה מדברי הר"ב, דמה שכתוב קודם לכן: ואין לו לעכב השטר בשביל פשיטי דספרא, היינו אפילו כשיקרענו, ומטעם דהלוה נותן השכר וגופו של שטר של לוה הוא, וכן משמע יותר בעיר שושן. **אבל** לפענ"ד זה אינו, דהא באיסורא קמיירינן הכא, ודין זה דאין לו לעכב השטר בשביל פשיטי דספרא, הוא מהר"ן פ"ב דכתובות, דאיסורא הוא משום אל תשכן באהליך עולה. **אלא** מיירי כשהלוה חייב לתת השכר והמלוה נתן אותו השכר, ואסור לו להשהות השטר פרוע בשלימותו לעכבו משום פשיטי דספרא.

אבל מותר להשהות שטר של מנה, אע"פ שאינו חייב אלא חמשים, והוא שיכתבו שובר על גביו ממה שנפרע, או יכתוב שובר בפני עצמו וימסרנו ללוה - ‹דליכא למיחש שיבא לידי עולה - לבוש›.

‹**ואם** כבר הגיע זמן הפרעון מכל השטר, יכול להשהותו אפילו בלא כתיבת שובר, כדי שיוכרח הלוה לפורעו - ערוה"ש›.

‹**והש"ך** חולק ע"ז, וס"ל דאפי' בלא שובר, כיון שיש לו שייכות בזה השט"ח, שחייב לו עוד חמישים, לכו"ע אינו עובר משום אל תשכן, **וגדולה** מזו, אפי' אם השט"ח כולו פרוע הוא, יכול לתפסו בשביל דבר אחר, ודלא כהמחבר, וע"ש - באה"ט›.

‹**ועיין** בספר קרבן נתנאל שחולק על הש"ך, ע"ש›.

סעיף יב - כמו שצריך ליזהר בשמירת פקדון, כך צריך ליזהר בשמירת המשכון ביותר, מפני שהוא כמו שומר שכר על המשכון. **וכשם** שהנפקד אינו רשאי למסור את הפקדון לאחר לשמרו, כמו שיתבאר בסימן קפ"ח, כך אין המלוה רשאי להפקיד את המשכון ביד אחר, או למשכנו שלא מדעת הבעלים.

‹**פירשנו** את הסעיף רק ע"פ דברי הערוה"ש, מחמת אריכות דברי הנושאי כלים, ומפני שרוב הפרטים שבסעיף אינם נוגעים לעיקר דברי הקיצור שו"ע. **והמצודת** ציון ציין "סעיף ע"ב מס"ב ואילך"›.

סימן ע"ב ס"ב - המלוה את חבירו על המשכון, בין שהלוהו מעות בין שהלוהו פירות, בין שמשכנו בשעת הלואתו בין שמשכנו אחר שהלוהו - ‹ע"פ ב"ד כמ"ש בסי' צ"ז›. **וחייב** המלוה לשמור את המשכון, דכיון דבידו הוא, עליו לשומרו, דמי ישמרנו אם לא הוא›, **הרי זה שומר שכר** - ‹שאם יגנב או יאבד יתחייב לשלם, ובאונס כשיאבד פטור, **וכן** אם היה המשכון בעד הקפת סחורה או בעד שכירות, דינו כשומר שכר›.

הגה: ואין חלוק בין אם פירש שקבלו למשכון בכדי שוויו, בין קבלו סתם - ‹ולא אמרינן כיון שקבלו סתם, קבלו על כל החוב›.

לפיכך אם אבד המשכון או נגנב - ‹וכ"ש כשנאבד בפשיעתו›, **חייב בדמיו; ואם היה שוה המשכון כדי דמי החוב, אין לאחד על חבירו כלום; ואם החוב יתר על המשכון, משלם הלוה היתרון.**

הגה: וי"א דאם פירש ואמר בשעת הלואה שמקבל המשכון בכל החוב, אפי' אם קבל קתא דמגלא באלפא זוזי, אבד המשכון אבד הכל - ‹ואם קבל שני חפצים, ופירש שמקבלם בעד כל החוב, אם נאבד אחד מהם, אבד חצי חובו, כששניהם שוים, **ואם** אחד שוה יותר, כגון שהלוהו עשרה דינרים ונתן לו שני חפצים, האחד שוה ארבעה והשני שוה שני דינרים, אם לא קבלם בעד כל החוב ונאבד אחד מהם, מפסיד כפי שויו של החפץ, **ואם** קבלם בעד כל החוב, מפסיד כפי שיווי החפץ שנאבד, והמותר ארבעה דינרים מפסיד שני דינרים על כל אחד, נה"מ, דבהמותר אין חילוק בשוויים, כיון ששניהם אינם שוים כל החוב והוא קבלם בעד כל החוב, סובל החפץ הקטן את ההפסד מהמותר כפי הגדול›.

ואם דמי המשכון יתרים על החוב, נותן המלוה ללוה היתרון. ואם נאנס המשכון, כגון שנלקח בלסטים מזוין וכיוצא בו משאר אונסים - ‹אם יש עדים שנאנס, פטור המלוה, ואפילו עד אחד פטור, דעד אחד המסייעו פוטרו משבועה, כמ"ש בסי' ע"ה, והלוה

חייב לשלם לו כל חובו. **ואם** אין עדים, **ישבע המלוה** – ‹שבועה דאורייתא› **שנאנס, וישלם לו בעל המשכון את חובו עד פרוטה אחרונה** – ‹ואפילו אם פירש שמקבל עליו אחריות, אין אחריות אונסים בכלל, אם לא שפירש אחריות אונסים›.

‹**וכ"ז** כשאין הלוה טוען ברי שלא נאנס, אבל אם טוען ברי שלא נאנס, נשבע הלוה היסת ונפטר, **ואע"ג** דבשבועת שומרים אין חילוק אם המפקיד מכחיש את השומר אם לאו, **שאני** התם שהשומר בא לפטור עצמו, לכן נשבע ונפטר, **אבל** בכאן שהמלוה נשבע ליטול מהלוה, לכן כשטוען הלוה ברי, הוה כאיני יודע אם נתחייבתי לך, שיתבאר בסי' ע"ה דנשבע ונפטר, **ועוד** דבכאן אינו נפטר הלוה בשבועה אלא כשיש לו מיגו דפרעתיך, אבל כשאין לו מיגו, כגון שהיא מלוה בשטר או שיש עדים שלא פרעו, באמת אין הלוה נאמן, וישבע המלוה ויטול, ולא שייך בזה לומר דהוה כאיני יודע אם נתחייבתי לך, דהרי השטר או העדים מעידים שחייב לו, והוא בא לפטור עצמו בטענת המשכון, והתורה האמינה לכל שומר בשבועה, וכיון שנשבע נפטר משמירתו, והחוב הוא בתקפו, ועל החוב אין לו מיגו›.

הגה: וי"א דמלוה על המשכון לא הוי אלא שומר חנם, לענין זה שאם דמי המשכון יתריס על החוב, אין המלוה נותן ללוה היתרון, אלא אבד מעותיו ולא יותר – ‹שחולקים ואומרים, דבמקום שאין להמלוה טובה מעסק, כגון המשכון בהלואות גמ"ח, אין עליו רק דין שומר חנם, אף במשכנו שלא בשעת הלואתו, לענין זה שכשנגנב או נאבד, אינו משלם מה שהמשכון שוה יותר על החוב, **אבל** חובו אבד, דבזה הוי כאלו פירש שאם יגנב או יאבד יפסיד חובו, **אבל** כשנאבד באונס, חייב הלוה לשלם לו וכמ"ש, **אמנם** כשמקבל טובה מהעסק, כגון הקפת סחורה ושכירות והלואת עיסקא, הוה ש"ש גמור, **וכן** אם עשה את המשכון לאפותיקי מפורש, שבאם לא ישלם לו עד זמן פלוני נשאר המשכון להמלוה, ג"כ הוה שומר שכר אפילו בהלואת גמ"ח, דהוה קצת כשלו, **ומ"מ** באונס חייב הלוה לשלם לו›.

‹**ולפי** דעה זו, אם נגנב או נאבד מקצת המשכון, גובה חובו מהנשאר, וא"צ לשלם בעד מקצתו שנאבד, דעל היתר מחובו אינו רק ש"ח, **אמנם** אם הנשאר אינו מספיק להחוב, הוה הפסידו של המלוה, דכנגד חובו הוה ש"ש. **ואם** המשכון הוא קרקע, אפילו כשכתוב בהשטר לשון מכירה, מ"מ כיון דהמנהג להחזירה כשמחזיר לו המעות, לא הוה רק כמשכון, **ולכן** אם המשכנתא היתה בית, והשכין לו הבית עם הקרקע שהבית נבנה עליה, ונשרפה הבית שלא בפשיעתו של המלוה, גובה חובו מהקרקע, **ואם** המשכנתא היתה הבית בלא הקרקע, אבד מעותיו, **ודוקא** כשהשריפה לא היתה באונס גמור, אלא כעין גניבה ואבידה, אבל אם נשרפה באונס גמור, גובה חובו מהלוה כמ"ש, דאין שום חילוק בין משכנתא דקרקע למטלטלי›.

ומספיקא לא מפקינן ממונא – ‹כיון שיש מחלוקת בזה אם דינו כשומר שכר או כשומר חנם, כתב רבינו הרמ"א דהוה ספיקא דדינא ומספיקא לא מפקינן ממונא, ואפילו תפיסה לא מהני, **והלוה** שבא לגבות מהמלוה את היתר על חובו, ידו על התחתונה, ואין על המלוה רק להביא ראיה או שישבע שנגנבה או נאבדה שלא בפשיעתו, ופטור מהיתר על חובו, **אבל** בפשיעה חייב לשלם, **וכן** אם לקח המשכון שלא בשעת הלואה שלא ברשות ב"ד ושלא ברצון הלוה, הוה כגזלן וחייב אפילו באונסים›.

ואם נאבד או נגנב בפשיעה, חייב לשלם לדברי הכל.

סעיף יג – המלוה את חבירו על המשכון, שאם לא יפרענו לזמן פלוני יהא המשכון חלוט לו, יזהר לומר לו בשעת הלואה: אם לא תפדה אותו עד זמן פלוני יהא קנוי לי מעכשיו.

סימן עג סי"ז - המלוה את חבירו על המשכון, על מנת שאם לא יפדנו לזמן פלוני, שיגבה כדי חובו מהמשכון, והמותר יהיה מתנה מעכשיו, הוי אסמכתא - כתב הסמ"ע, דלא דמי למה שכתב אחר זה, **דהתם** כיון דקנוי לו כל המשכון מעכשיו, לית ביה משום אסמכתא, משא"כ הכא שלא אמר מעכשיו אלא על המותר כו', {כיון דמה שאמר שיגבה מעצמו **חובו הוי** אסמכתא, **גם** בהמותר הו"ל אסמכתא}.

ואין חילוק זה מחוור לפענ"ד, דכיון דבמעכשיו ליכא אסמכתא, מה לי כולו או מקצתו. **אלא** נראה לפענ"ד, דמידי הוא טעמא דמהני מעכשיו בדין שאחר זה, ע"כ הוא דכיון דאמר מעכשיו מיחזי כזביני, וכמו שכתבו התוס' פרק איזהו נשך דף ס"ו והרא"ש ופוסקים לשם, ומשמע שם להדיא מדבריהם דהיכא דלא מיחזי כזביני אלא כקונס עצמו, הוי אסמכתא. **ומהאי** טעמא כתב הנ"י פרק הזהב ויש פוסקים בשם הרמב"ן והר"ן, דהא דבמשכון ליכא משום אסמכתא, הני מילי באומר: אין לי

עליך כלום ולא לך עלי אלא יצא חובך במשכוני, דבכי הא איכא למימר דמשעה ראשונה קנייה, דזביני נינהו, **אבל** אם אמר לו אם לא פרעתיך מכאן ועד יום פלוני משכוני יהא שלך ואני אפרע לך חובך, בכהאי גוונא לאו זביני נינהו אלא ערבון וקנס, ואסמכתא היא ולא קניא, עכ"ל. **ה"נ** אע"ג דלא אמר ליה אפרע לך חובך, מ"מ כיון דאמר לו שיגבה כדי חובו מהמשכון והמותר יהא מתנה, פשיטא דקנס הוא ולא מיחזי כלל כזביני, כן נלפע"ד.

‹**ועוד** דזהו ריבית גמור, כיון שאינו אומר שיהיה במכירה, אלא שיגבה החוב והמותר מתנה, אין לך ריבית גדולה מזו - ערוה"ש›.

ואם התנה עמו שאם לא יפדנו לזמן פלוני יהיה מוחלט, הוי נמי אסמכתא - דברי המחבר צל"ע, דהרבה פוסקים חולקים על זה, ושכן נלפע"ד עיקר, דבמשכון מטלטלים אפי' לא אמר לו קני מעכשיו, לית ביה משום אסמכתא. ‹**כיון** שהוא ביד המלוה הוה כמכירה, וע"מ כן הלוה לו שאם לא יפדנו יקנה המשכון. **ונ"ל** דודאי אם המשכון אינו שוה הרבה יותר מחובו, והיינו שלפעמים כשהמוכר דחוק למעות מוכרו במקח כזה, וודאי דלית ביה אסמכתא, **אבל** כשהמשכון שוה הרבה יותר מהחוב, הוה אסמכתא, דהא עיקרא דאסמכתא הוא כשגזים ועביד מילתא יתירתא, כמו שיתבאר בסי' ר"ז, ולכן בלא מעכשיו וב"ד חשוב לא מהני כמ"ש שם, אע"ג דהמשכון הוא ביד המלוה, מ"מ וודאי הלוה לא נתכוין רק לאסמכתא, אא"כ אמר מעכשיו, דאז מכירה גמורה היא - ערוה"ש›.

ואם אמר לו: קנה מעכשיו אם לא אפדנו עד זמן פלוני, יש מי שאומר דלא הוי אסמכתא - תמיה לי אמה שכתב המחבר דין זה בשם יש מי שאומר, שלפע"ד דין זה הוא ש"ס ערוך פרק איזהו נשך ומוסכם מכל הפוסקים. ‹ע"ש שהאריך בזה›.

ושאם הלוה טוען: לא יצא מפי "קנה מעכשיו", נאמן המלוה בשבועה. (וע"ל סימן ר"ז בדיני אסמכתא).

‹**ועיין** בספר מקור חיים שכתב, נסתפקתי בתנאי זה שהתנה הלוה ואמר: מעכשיו יהא שלך אם לא אפרע לך לזמן פלוני, אם כשהגיע הזמן הוזל המשכון ואינו שוה אף החצי מדמי חובו, אם המלוה יכול לתבוע חובו מהלוה ולכופו לפורעו, או שנאמר שהוחלט המשכון בעל כרחו של המלוה, ואין המלוה יכול לכופו ולגבות חובו ממנו כלל. **ונראה** לענ"ד שהמלוה יכול לכוף ללוה כשהגיע הזמן ולתבוע חובו, דתנאי שהתנה הלוה לא היה רק חוב וקנס על הלוה כדי שיפרע, ולא לבטל ההלואה מכל וכל כו', ע"ש באורך. **ועיין** בתשובת בגדי ישע שחולק עליו ודחה ראיותיו, ומסיק דהמלוה אינו יכול לכופו לפרוע חובו, אלא הוחלט המשכון בעל כרחו להמלוה, ע"ש היטב›.

‹**ועיין** בתשובת שבות יעקב אודות ראובן שהשכין אצל שמעון, ואמר לו: אם לא אפדנו עד זמן פלוני יהא שלך מעכשיו, בענין שאין בו אסמכתא, כבסימן ע"ג סי"ז, וכשהגיע זמן לא היה המלוה בעיר כי נסע למרחוק, וכשראה ראובן שאין שמעון פה נסע גם הוא למרחוק, ועתה כבוא ראובן ושמעון לביתם ביקש ראובן לפדות המשכון, ושמעון טוען שכבר עבר הזמן וקנה המשכון, אף שלא היה בעיר היה לו להשליש מעותיו בב"ד. **והשיב**, דהדין עם ראובן, כיון שלא היה המלוה בביתו לזמנו, לא חל עליו חיוב הזמן כלל, כמבואר לעיל סעיף ח' כו', **אכן** אם הניח המלוה משכונו בביתו אצל אשתו ובניו שיוכל הלוה לפדות משכונו, אם הודיע לו, אזי החיוב מוטל עליו לפדות בזמנו, ואם לאו נחלט לו משכונו›.

מי שיש בידו משכון מחבירו, וכשהגיע הזמן אמר ליה: צא ומכרו, והלך ומכרו, ואחר כך בא הלוה לבטל המכר, ואמר שלא כוון אלא לדחותו, אין בדבריו כלום, והמכר קיים - שאין צריך קנין לדבר זה, שלא הוזכר קנין אלא לקיום מכר או מתנה או שכירות, אבל כשאדם מצוה לחבירו לעשות דבר ועושה ציוויו, אין צריך קנין, עכ"ל טור.

הגה: אבל כל זמן שלא מכרו, יכול לחזור בו ולומר שלא ימכרנו - אף שכתב לו אם לא פרעתיך לזמן פלוני יהא לך רשות למכור, וקנה בקנין על זה, יכול לחזור בו ולמחות, ואפילו מכרו אחר שמיחה בו שלא ימכרנו, מכרו בטל, {**דמתחילה לא עשאו אלא שליח למכרו, ואדם יכול לבטל שליחות השליח**}.

וכן אם דחקו המלוה לפרוע, ואמר ליה הלוה: המשכון יהא שלך, יכול לחזור בו - עיין מה שכתבתי לעיל סימן ע"ב סעיף כ"ו על דין זה שצל"ע.

סעיף יד – מי שהוא יודע שחייב לחבירו, וחבירו אומר לו: ודאי לי שאינך חייב לי, פטור מלשלם לו, שהרי מחל לו.

סימן עה סי"א - אמר ליה: חייב אני לך מנה, והלה אומר: ודאי לי שאינך חייב לי כלום, פטור - אבל אם לא אמר לשון ודאי, לא, ומטעם שיתבאר ‹בדבריו לקמן בסמוך›, עכ"ל סמ"ע. **ולפעד"נ** דלשון "ודאי" בטור ומחבר הוא לאו דוקא, וכן משמע עוד ממ"ש המרדכי וז"ל, וראיה ממי שטענו חטים והודה לו בשעורים פטור, ופירש"י שמחל לו שעורים מדלא טענו אלא חטים, עכ"ל. **וגם** בסוף דברי מהר"מ במרדכי שם כתוב, אלא ודאי מה שאמר אינך חייב לי מחל לו בלבב שלם, ולא כתב לשון ודאי, משמע דאין קפידא בכך, וכן משמע בתשובת הר"ב סי' ל"ג, ע"ש.

אף על פי שיודע בודאי שהוא חייב - נראה דר"ל דאפילו בבא לצאת ידי שמים פטור כו', ב"ח וע"ש, וכן משמע ממ"ש אף על פי שיודע בודאי כו', וכ"כ מהרש"ל, **דהוי כאילו מחל לו** - בטור מסיים בזה, ולא הוי מחילה בטעות, דכיון שאמר לו אני חייב לך, היה לו להשים אל לבו לדקדק, והוא לא עשה כן אלא אמר בודאי אינך חייב לי, בודאי מחל לו בלב שלם, ע"כ. **ומזה** נלמד דאף אם חזר התובע ואמר טעיתי בחשבוני תחילה, ועתה דקדקתי ומצאתי שנשארת חייב לי, לא מהימנינן ליה, דהו"ל כאילו מחל אדם לחבירו בפירוש מה שחייב לו, ולא יכול לחזור בו, עכ"ל סמ"ע. **והב"ח** חולק עליו. **ומתשובת** מהר"מ בטור ובאשרי ובמרדכי שם נראה לכאורה כהסמ"ע, ע"ש ודוק.

‹**דמחילה** א"צ קנין, והיה לו לדקדק מקודם, דע"פ רוב למי שמגיע מעות מדקדק היטב ואינו שוכח, ולכן תלינן שגם מקודם ידע אלא שמחל לו, ועתה רוצה לחזור בו, **ולכן** אם ראובן יודע בשמעון שאינו משקר, וקרוב שכן הוא ששכח ואח"כ נזכר, חייב בבא לצאת ידי שמים, **וכן** אם הב"ד מבינים לפי הענין שמתחלה לא ידע שמעון מחוב זה, מחייבין את ראובן מדינא לשלם, כמו שיש בעלי עסקים גדולים או עשירים גדולים שביכולתם לשכוח על איזה חוב, אם אומרים אח"כ שנזכרו, חייב לשלם, ולא אמרינן שמחל לו, **וכן** בדבר שאין מחילה מועיל, כמו בפקדון חפצים וכה"ג, כמו שיתבאר בסי' רמ"א, אם ברור לראובן שחייב לו, חייב לשלם מדינא – ערוה"ש›.

סעיף טו – לוה שבא לפרוע להמלוה על ידי שליח, מיד כשמסר את המעות לידי השליח, זכה השליח במעות עבור המלוה, וכשהלוה מתחרט ורוצה לקחתו מיד השליח ושיפרע לו אחר כך, אסור, משום דהוי לוה שלא מדעת, וגם על השליח יש איסור להחזיר ללוה.

סימן קכה ס"א - ראובן שהיה חייב מנה לשמעון, או שהיה לו פקדון בידו, ואמר ללוי: הולך מנה זה לשמעון, אם בא לחזור וליטלו ממנו, אינו יכול, דהולך כזכי דמי - {דוקא בחוב ופקדון ולא במתנה, דלא מהני לשון הולך, וכמ"ש בסמוך ס"ה מילתא בטעמא}, **וכן** אם אמר: תן מנה זו בחוב ופקדון, הוי כזכי. **וי"א** דבתן והולך בעינן דוקא שנותן לו עתה, **מיהו** אף בזכי לכו"ע בעינן שיגיע לרשות השליח קודם שיחזור בו הנותן, **ומיד כשהגיע ליד לוי, זכה בשבילו לשמעון** - ‹דזכין לאדם שלא בפניו – לבוש›. {**בסמוך** ס"ב יתבאר דבפקדון לא אמרינן הכי כי אם כשהנפקד הוחזק כפרן}. [**נראה** דמ"מ יש חילוק, במלוה אם בא המלוה, אינו יכול לדחותו אצל השליח, משא"כ בפקדון, יכול לדחותו אצל הנפקד השני אם נתנו לנאמן].

{**וכתב** רבינו ירוחם דה"ה אם נתן לשלוחו שטר מתנה או שום שטר שיתננו לפלוני, אזי זכה, והיינו כשאומר לו זכה לפלוני, כמ"ש המחבר בס"ו}, **וצ"ל** דהסמ"ע לא קאי אלא אסוף דברי ר' ירוחם, שהיינו כשנותן לו שטר אחר, אבל בנתן לשלוחו שטר מתנה, מועיל ‹לשון תן והולך› כמו בחוב. ‹**וכשנתן** לשליח שטר מתנה שיזכה בו לפלוני, אם כל קנין המתנה הוא ע"י השטר, דינו כמתנה, **ואם** קנה המתנה בקנין אחר, כגון בקנין סודר או בחזקה, והשטר הוא רק לראיה, דינו כחוב, דאמרינן ביה הולך ותן כזכי, נה"מ – ערוה"ש›.

לפיכך בין מת לוה, ‹יתנוהו לשמעון› – {**פירוש**, ולא מצו יורשי הלוה לומר נתבטלה שליחותך, כדאמרינן בשליח דעלמא, כמ"ש הטור והמחבר ריש סימן קכ"ב, דשאני הכא דכבר זכה זה להמקבל}, **או מלוה, יתנוהו ליורשי שמעון** – {פירוש, ואין המשלח יכול לומר לא נתתי בידך אלא כדי לתת לשמעון ולא ליורשיו}, כדלקמן

סוף סעיף ח' גבי מתנה, דהלואה או פקדון שאני, {וע"ז סיים וכתב: **אלא יתנוהו ליורשי שמעון, דכיון דמיד זכהו לשמעון, ממילא יורשיו יורשין זכותו**}. **אע"ג** דהתחיל בחוב ופקדון, סיים רק בלוה ומלוה, משום דפסיקא ליה, אבל בפקדון איכא גוני דיכול לחזור כדלקמן ס"ב.

ומכל מקום ראובן חייב באחריותו עד שיגיע ליד שמעון – "וטעמא דמסתבר הוא, דהיאך יהיו באחריות שמעון, והוא לא ידע ולא צוה לו שיתנהו לו על אחריותו, ואם יהיו באחריות שמעון הו"ל חוב לו, ואין חבין לאדם שלא בפניו – לבוש. {**פירוש, ואין לשמעון המקבל עם לוי כלום, אלא עם ראובן, שהיה לוה או נפקד שלו, ועל אחריותו קיבלו בידו, ולא נתנו רשות ליתנם ליד לוי**}. "ושנאמר שתהא באחריות השליח, הלא אין ביכולתינו לחייבו יותר משארי שומרים שאינם חייבים באונס. **ואין** הלוה יכול לערער ולומר: ממ"נ, אם אני חייב באחריותם, למה לא תהא ביכולתי ליטלם ממנו, **דודאי** כן הוא, דמדינא הרי חייב באחריות עד שיגיעו ליד המלוה או שלוחו, ולערער על השליחות לקבל בחזרה מהשליח אין ביכולתו, דהרי הוא בעצמו בחר בו לשלוח על ידו – ערוה"ש".

כתב בתשו' מהר"ר שלמה כהן, מי שהיה חייב מעות לחבירו, ובתוך זמן הלך המלוה למדינת הים, ובהגיע זמן יש חשש מחמת נפילת המטבע, מהני ללוה כשיזכה המעות למלוה ע"י אחר בהולך או זכי לפוטרו מאונסים דנפילת המטבע שיגיע, **ודמי** לשואל שאע"פ שחייב בגניבה ואבידה כשהחזירו שלא מדעת אחר זמן השאלה, מ"מ פטור מאונסים, **א"כ** ה"ה לענין לוה, נהי דלא מפטר מחיוב גניבה ואבדה בזיכוי ע"י אחר שלא מדעתו, מ"מ מועיל לפטור מאונס גזירת המלך, **ועוד** דכיון שאינו ניכר ההיזק, שהמטבע לא נשתנה מצורתו, י"ל לו הרי שלך לפניך, כמו בגזל מטבע ונפסל, עכ"ל. **ואין** דבריו נ"ל, דלא דמי כלל לשואל דהדרא בעיניה, א"כ מיד שכלה זמן השאלה, כל היכא דאיתא ברשותא דמרא איתא, **אבל** הכא כיון דפשיטא דחייב באונסים, אף על גב שמסרן ליד אחר וא"ל הולך או זכי, וכדפירש"י להדיא ספ"ק דגיטין, וכמו שמשמע ג"כ להדיא מכל הפוסקים שכתבו סתמא חייב באחריותו, משמע בכל מיני אחריות אפי' דאונסים, **והיינו** ע"כ כיון דהלואה להוצאה ניתנה, א"כ המעות הוא לעולם ברשות הלוה, וא"כ ה"ה לענין אונס דגזרת המלך, **וגם** לא דמי לגזל מטבע, דהתם דוקא כשהמטבע עצמו שגזל בעין, וכמ"ש לקמן ר"ס שס"ג ע"ש, וא"כ כ"ש בהלואה כשאינו משלם לו אותו מטבע עצמו שהלוהו, שהוא באחריות הלוה, **ועוד** דבהלואה נראה דאפי' משלם לו אותו מעות עצמו, הוא באחריות הלוה כיון דלהוצאה ניתנה, וכה"ג כתבתי לעיל סי' ע"ד ס"ז בשם התוס' והפוסקים ע"ש.

הגה: והוא הדין אם אמר: שא מנה זו לפלוני, או: יהא מנה זו לפלוני, כולם הוי כהולך והוי כזכי (ר"ן); אבל אמר: החזיר לפלוני, לא הוי כהולך ולא הוי כזכי. (ב"י בשם הריטב"א) – {ק"ק, דהמעיין בתשובת הריטב"א בעל דין זה, יראה דשם בתשובה איירי ממתנה, וא"כ י"ל דדוקא במתנה דלא מהני גם לשון הולך, כתב בה נמי דלא מהני בה לשון החזר, **אבל** בחוב ופקדון מהני כמו דמהני לשון הולך. **ובאמת** דכתב שם בתשובה ז"ל, החזיר הוא גרוע מהולך, אבל נראה דלא כתב כן אלא שלא תאמר דלשון החזר מהני טפי במתנה מלשון הולך, קמ"ל, אבל בחוב ופקדון קרוב לודאי דס"ל דמהני גם לשון החזיר, ע"ש וצ"ע}. **ונ"ל** כדעת הרמ"א וגם לשון הריטב"א מורה כן, דכתב שאינו זיכוי כלל, משמע דלא הוי זיכוי בשום ענין כו', ע"ש.

ואם החזיר לוי המנה לראובן, והעני (ראובן) אחר כך ולא היה לו ממה לפרוע, בענין שהפסיד שמעון שלו, לוי חייב לשלם, שהוא פשע במה שהחזירו לראובן.

פי' בסמ"ע, דלסברא זו אין לוי חייב אא"כ העני ראובן, הא לא"ה אע"פ שהחזירו אין שמעון יכול לתבוע אלא לראובן, וכן פי' הב"ח וכתב דהכי מסתברא, ודלא כמ"ש בשו"ע דלא הכריע, עכ"ל. [**דדוקא העני קאמר דחייב השליח, והו"ל כפושע, דכל זמן שהוא ביד השליח הוא בעין, וכשיחזירו ללוה יוציאם, דמלוה להוצאה ניתנה, וכן בנפקד בענין שהוא כפרן כמש"כ, וא"כ בודאי יוציאם, אבל בשאר פסידא כגון נאבד וכיוצא בזה, פטור השליח**].

ואיני רואה טעם להכרעתו, דאדרבה איפכא מסתברא, כיון שזה זכה לו ואלו היה הלוה רוצה לחזור לא היה יכול, נמצא שהוא ממש מעות של שמעון, א"כ זה שהחזירו הרי כאלו נתן מעות של שמעון לראובן, ושמעון יכול לחזור על איזו שירצה, **ונלפע"ד** דגם הסברא הראשונה מודה לזה, דאל"כ הו"ל להטור

והמחבר לפרש כן בסברא הראשונה דוקא כשהעני חייב, דזה דוחק לומר דסברא האחרונה חולקת על הדיוק, **ועוד** דא"כ קשה מנ"ל להטור כן דדוקא העני ולחלוק על הרמב"ם, והלא לא נזכר סברא זו בשום פוסק, וכן בהגהת אשר"י ספ"ק דגטין משם אר"ז פסק דיכול לתבוע מי שירצה, **ומש"כ** הטור והעני, אורחא דמילתא נקט, דאל"כ אין דרך שהמלוה יתבע את לוי, דפשיטא דניחא ליה לחזור על ראובן שהלוהו, אבל אה"נ שיכול לתבוע את לוי אם ירצה, **אלא** דעל מש"כ הטור לכתחלה, דאם איים עליו כו' פטור, והוא מדברי הרשב"א, כתב אח"כ והרמב"ם כתב, החזירו לו, שניהם חייבים באחריותו כו', ר"ל דהרמב"ם כתב סתם כשהחזירו שניהם חייבים באחריותו, ולא חילק בין איים עליו או לא, משמע דאפי' איים עליו חייב, וכן יש לפרש דברי הרמב"ם.

ואם מחמת אונסו החזירו לראובן, שאיים עליו בדבר שיש בידו לעשות, עד שהוצרך להחזיר, פטור – {ולא דמי למה שכתב מור"ם בסמוך בהג"ה והוא מהמרדכי, שכתב שבכזה הדין עם המפקיד. **ודוחק** לחלק דשם לא אמרו אלא שלכתחילה לא יחזיר, וכאן אמר שאם החזיר בדיעבד פטור. **אלא** נראה דשאני התם, דראובן עשה ללוי שליח לקבלם, ומיד שקבלם לוי לידו הרי הוא ממון של ראובן, ואם יחזירו לשמעון מחמת האיום, הרי מציל נפשו בממון של חבירו}.

[קשה, הא קי"ל בהכונס, אסור להציל עצמו בממון חבירו,

וא"כ כיון שמעות חבירו בידו, אסור להציל עצמו במה שיחזיר, וי"ל דהכא עיקר האונס בשביל אותו ממון, כמש"כ רבינו הטור סוף סימן קכ"ו. וקשה מאי קמ"ל, תיפוק ליה אפילו באו עליו גזלנים אחרים דפטור, וי"ל דהכא אפילו אין עליו אלא אונס בעלמא פטור המחזיר. ובזה ניחא מאי דאיתא פ"ק דגיטין, דרב אחא בר' יאשיה היה לו פקדון, ושלח אחריו ר' יוסי ור' דוסתאי וקיבלו הפקדון, וביקשו הנפקדים שיחזירוהו להם ולא רצה ר' יוסי, ור' דוסתאי נתרצה, ושאל רב אחא אם יש סוסים ופרדים לאותן הנפקדים או שהם קרובים למלכות, אמר להו אין, א"כ שפיר עבדת, וקשה לאיזה צורך שאלו כן, אלא כמש"כ, דכיון דמכה איום בעלמא סגי, והיה חוקר אם היה קצת ממש באיום. ובמה שכתבנו ניחא מה שהקשה הסמ"ע ממה שאמר רמ"א בסמוך הדין עם ראובן, ושם לא היה אונס רק ששמעון היה רוצה לעכב ממון של לוי בידו, ואונס ממון לא מיקרי אונס כמו שכתבנו, אלא הכאות ויסורין. ומה שתירץ הסמ"ע דהתם הוי ליה שליח, לא נראה לענ"ד, דבפ"ק דגיטין שזכרנו, היו ר' דוסתאי ור' יוסי שלוחין של רבי אחא, ואפ"ה ילפינן משם דמכח אונס פטור].

ויש אומרים שכשהחזיר לו המנה לראובן, שניהם חייבים באחריותו עד שיגיע ליד שמעון כל חובו – {פירוש, אפילו לא העני ראובן, אפ"ה הרשות ביד שמעון לגבות ממונו מאיזה שירצה מלוי או מראובן, וזה שכתב שניהם חייבים באחריותו, ר"ל מאיזה שירצה גובה כולו}. ‹ועיין לעיל בש"ך›.

הגה: ראובן שהיה לו מעות ביד שמעון, ואמר ללוי לקבלן משמעון, והלך לוי וקבלן, ואחר כך אמר שמעון ללוי שיחזיר לו מעותיו שקבל בשביל ראובן, (כי בטעות פרעו), ואם לא יחזירם, יכפור לו חוב שחייב שמעון ללוי ממקום אחר; והנה לוי אומר לראובן: לא קבלתי בשבילך כדי שאפסיד את שלי, ורוצה להחזירם, וראובן אומר שלא יחזירם, מאחר שכבר עשה שליחותו וזכה בשבילו – ‹הרי המעות שבידך הם שלי, ולא תציל ממונך בממוני – לבוש›. **הדין עם ראובן (מרדכי והגהות אשירי ספ"ק דגיטין)** - שהרי זכה לו כיון שחוב מלוה היה, ואפי' אם פקדון היה, זכה לו ולא מצי למהדר, **דכי** פרכינן התם גבי פקדון לימא ליה אין רצוני שיהא פקדוני ביד אחר, ומוקמינן ליה בשהוחזק כפרן, **ה"מ** היכא דמדעתיה א"ל הנפקד הולך, אבל אמר ליה המפקיד הבא לי פקדון, ונפקד א"ל תן, הו"ל כזכי ולא מצי הדר ביה, **ומה** שאמר לוי לא זכיתי לך ע"מ שאפסיד, דברים שבלב הם ואינן דברים, עכ"ל מרדכי והג"א שם.

{סמ"ע} [ט"ז] ‹רעק"א או ש"א או הוספת הסבר› (פת"ש)

§ סימן קפ - הלכות שמיטת כספים. ובו ט"ז סעיפים §

סעיף א - הסכמת רוב הפוסקים דשמיטת כספים נוהגת גם בזה"ז, ואפי' בחוץ לארץ, **והעולם** נהגו להקל, וכבר הרעישו על זאת גדולי ישראל זכרונם לברכה, וקצת מהם טרחו ללמד זכות על המנהג, שסומכין על קצת מקילין, **אבל** מי שרוצה לדקדק במצות, בודאי מחויב לעשות כדעת רוב הפוסקים זכרונם לברכה, ובפרט שיוכל לתקן את הדבר על ידי פרוזבול ולא יבא לידי פסידא. **ושנת** השמיטה היתה בשנת תרל"ה, ותהיה אם ירצה השם בשנת תרמ"ב.

סימן סז ס"א - אין שמיטת כספים נוהגת מן התורה, אלא בזמן שהיובל נוהג - {בפרשת ראה כתיב: מקץ שבע שנים תעשה שמטה; וזה דבר השמטה שמוט כל בעל משה ידו אשר ישה ברעהו לא יגוש את רעהו ואת אחיו כי קרא שמטה לה'; את הנכרי תגש ואשר יהיה לך את אחיך תשמט ידך. **וילפינן** מדכתיב: וזה דבר השמטה שמוט כל בעל משה ידו כו', שבשתי שמיטות הכתוב מדבר, בשמיטת קרקעות, והיינו יובל שאינו נוהג בו אלא השמטת קרקעות שהיו חוזרין לבעליהן, ובשמיטת כספים, דנשמטה הלואה מהמלוה, **והוקשו** להדדי לומר, שבזמן שאין שמיטת קרקעות {דהוא היובל} נוהג, דהיינו בזמן שאין כל יושביה בארץ ישראל, וכמו שכתוב ביובל: וקראתם דרור בארץ לכל יושביה, שמיטת כספים גם כן אינה נוהגת}.

ומדברי סופרים שתהא שמיטת כספים נוהגת בזמן הזה, בכל מקום - {וטעמם, כדי שלא תשתכח תורת שביעית מישראל, **אבל** חרישה וזריעה לא אסרו בשביעית וביובל כדי שלא תשתכח, שלא היו רוב הציבור יכולין לעמוד בו, ליאסר בעבודת קרקע שתי שנים שביעית ויובל, כ"כ התוס' בפרק השולח, דדוקא בזמן שהיה שמיטה ויובל נוהג מן התורה, היתה מקויימת בהן הברכה לגדל בשנה ששית לשלש שנים. **ולענ"ד** היה נראה טעם אחר, והוא, דכיון דקדושתן תלויה בארץ ולא שייכא בחו"ל, וכיון דלא שייכא לעשות בהו דבר בחו"ל, גם בא"י לא תיקנוהו, משא"כ שמיטת כספים שהיא חובת הגוף, וק"ל}. (וצע"ג דהתוס' לא כ"כ אלא איובל, אבל שמיטת קרקע דחרישה בשביעית פשיטא שנוהג בזה"ז בא"י ובמדינות הקרובות, וכמבואר ריש מס' מו"ק ע"ש, ושם דף ד. משמע אפי' מדאורייתא אסורה, זה נראה דעת הרמב"ם - חי' חת"ס).

הגה: כן הוא הסכמת הפוסקים. אבל י"א דאין שמיטה נוהגת בזמן הזה; ונראה שעליהם סמכו במדינות אלו, שאין נוהגים דין שמיטה כלל בזמן הזה; והמנהג היו נוהגים עדיין בזמן הרא"ש, כמו שכתוב בתשובה שהיה צווח ככרוכיא לבטל המנהג, ולא השגחו ביה - {כן כתב גם כן הטור בשמו, וכתבו בסוף ז"ל, ואני מיום בואי לכאן איני דן שלא תשמט שביעית, וגם איני סותר מנהגם, אלא אני מניחם לדון כמנהגם}.

וכבר כתבו גם כן האחרונים ז"ל טעם למנהג שאין נוהגין שמיטה, כמבואר בדברי מהרי"ק שורש ל"ב, ומהר"ר איסרלן בתה"ד סימן ש"ד, ובמהרי"ל, ואין לדקדק אחריהם - {גם בתשובות הרא"ש כתב טעם על שהניחם על מנהגם, ז"ל, כיון שפשט המנהג שלא להשמיט והכל יודעים זה, הו"ל כאילו התנה המלוה על מנת שלא תשמט בשביעית, עכ"ל}. (ויש שכתבו דלא גזרו רק אמדינות הסמוכות לא"י כבבל ומצרים, ולא בהרחוקות, וכעין זה איתא בירושלמי לענין תרומות ומעשרות, **ויש** שכתבו דלא נהגו כן רק כל זמן שקידשו השמיטות בב"ד הסמוכין שבא"י, ולא מזמן שבטלוה הב"ד הסמוכים, **וכל** אלו טעמים חלושים הם - ערוה"ש. **עיין** בב"ח מה שכתב בזה, וסיים, והנמנע ועושה על פי הדין תבוא עליו ברכה.

(**ועיין** בלבוש כתב וז"ל, ומנהגינו שאין אנו חוששין כלל לשביעית, קולא גדולה היא לעבור על דברי חכמים שיש בה מיתה בידי שמים וישכנו נחש, וגדולי חכמים האחרונים הם רבינו יוסף קולון בשורש צ"ב ורבינו ישראל בעל תרומת הדשן חתרו דרכים לקיים המנהג, אבל הם דחוקים מאד וליתנייהו אליבא דהלכתא, ועיין בדבריהם ותמצא שאין לנו על מה לסמוך, עכ"ל. **ועיין** באר הגולה אות ח' בשם השל"ה והרב בעל הב"ח ז"ל. גם בתומים האריך בזה בדברי תוכחת מוסר שיש להחמיר, **ובפרט** כי רמב"ן סבירא ליה דהוא דאורייתא גם בזמן הזה, וא"כ הירא וחרד לדבר ד' מי לא יחוש לדבריו, ע"ש).

מחבר רמ"א ש"ך ונקה"כ

ובחשבון שנת השמיטה נפלה מחלוקת, והעיקר שנת ש"כ ושנת שכ"ז היתה שמיטה, ואם כן יהיה שנת של"ד הבא עלינו לטובה שמיטה, יהי רצון שיבנה בית המקדש ויחזרו אז למנות שמיטין ויובלות, כי יבא של"ה לפרט – {והיינו על פי חשבון הרמב"ם, שעל פי חשבונו שנת פ"ט לאלף השישי היתה שנת שמיטה בימי בעל הטור, ובימי ר' לוי בן חביב שנת הרס"ד, ובימי הרב ב"י שנת ש"ו וש"ג, ובימי הרב מור"ם ז"ל שנת שכ"ז, והכל עולה לחשבון הרמב"ם, ומחשבון זה תדע ממילא שבזמנינו היתה שנת השמיטה בשנת שס"ט, ותהיה עוד במהרה בימינו בשנת שע"ו, יהי רצון שנזכה במהרה בימינו לקיים המצוה כתיקונה בשמיטת כספים ושביתת הארץ לה'}.

סעיף ב – שביעית משמטת את כל מלוה, בין מלוה על פה בין מלוה בשטר, ואפילו יש בו אחריות נכסים. **ומי** שנתן לחבירו מעות בתורת עיסקא, שהדין הוא שחציו מלוה וחציו פקדון, החצי שהוא מלוה משמטת, והחצי שהוא פקדון אינה משמטת.

סימן סז ס"ב - שביעית משמטת את המלוה – {ילפינן לה מדכתיב: ואשר יהיה לך את אחיך כו', והיינו הלואה שלך שהיא ביד אחיך, תשמט ידך, ולא כשיש משכון בידך מאחיך. **ואפילו** כשהוא ביד אחיו ואינו בידו בתורת הלואה, כי אם בתורת פקדון, אינו משמט, דכל מקום שהוא ברשותו דמריה הוא, ולא מיקרי את אחיך, וגם אינו צריך לנוגשו}.

ואפילו מלוה שבשטר שיש בו אחריות נכסים – {דמ"מ הרי הוא מחוסר גוביינא}.

סימן סז ס"ג - מי שיש לו עסקא משל חבירו, שביעית משמטת פלגא שהיא מלוה – {פי', הנותן סחורה לחבירו למחצית שכר, ונותן לו שכר עמלו, דקי"ל דפלגא הוי פקדון, ואחריות הפסד ושכר הוא על הנותן, ופלגא שניה הו"ל הלואה, דאחריות הפסד ושכר על המקבל}.

סעיף ג – המלוה את חבירו על המשכון, אינו משמט. **ואם** הלוהו על משכון קרקע, יש בזה חילוקי דינים.

סימן סז ס"ב - והמשכנתא – {פירוש, כשמלוה לחבירו על שדהו, והמלוה אוכל פירות ממנו בנכייתא, והיינו שמנכה לו דבר מועט בכל שנה מחובו, וכמבואר ביו"ד סימן קע"ב בראשו ובסופו, ע"ש}, **במקום שדרכם לסלק המלוה בכל עת שיביא מעותיו, שביעית משמטתה; ומקום שאינו יכול לסלקו עד סוף זמנו, אין שביעית משמטתה** – {להגמרא בפרק איזהו נשך, הוא סתם, האי משכנתא באתרא דמסלקי, שביעית משמטתו, ובאתרא דאינו יכול לסלקו, אינו משמט, וכתבו גם כן הטור סתמא ביו"ד סוף סימן קע"ב. **והמחבר** דכתב כאן ברישא "באתרא דמסלקין בכל עת", ואח"כ כתב "באתר דלא יכול לסלקו עד סוף זמנו", הדיוקים קשיין אהדדי. **ואין** לומר שהסדר כן הוא, דבאתרא דלא מסלקי, אין מסלקין עד סוף זמנו, **דהא** מסיק המחבר וכתב בסוף סעיף זה, שאינו יכול לסלקו אפילו יום אחד מיקרי אתרא כו', **וגם** דוחק לומר דסוף זמנו דכתב, ר"ל הזמן שקבעו ביניהן לסילוק, ור"ל אפילו יום אחד, דמדסתם וכתב עד סוף "זמנו", משמע דר"ל סוף זמן המשכנתא. **לכן** נראה דמשום דגמרא הנ"ל סתם וקתני דמסלקי ודלא מסלקי, נקט לחומרא וכתב, דבאתרא דמסלקי בכל עת פשיטא דמשמטי, ובאתרא דלא מסלקי דקאמר בגמרא דאינו משמט, אין בידינו להקל ולומר דאינו משמט, כי אם כשאינו יכול לסלקו עד סוף זמנו, וק"ל}.

ואם אינה משכנתא, אלא שסיים לו שדה בהלואתו, אינו משמט – {פירוש, שהגביל לו מיצרי השדה, ואמר לו מכאן תגבה חובך, דאז הו"ל מיוחד יותר לחובו וכגבוי בידו דמי. **ועיין** בר"ן שבשם הרמב"ן כתב, שאם סיים לו שדה, הוא משמט טפי מבמשכנתא דהמלוה מוחזק בה, משא"כ בסיים לו שדה שאינו אלא כאפותיקי באם לא יפרע לו, **אבל** מסיק הר"ן שם דלהרמב"ם צ"ל דבמשכנתא משמט טפי מבסיים לו שדה, כיון שייחדה להלואתו, משא"כ במשכנתא, ע"ש. **וזו** ג"כ דעת המחבר שנמשך אחר דעת הרמב"ם, ומשום הכי כתב, דבסיים לו שדה לסברא קמייתא אינו משמט כלל, והיא דעת הרמב"ם שכתב כן, **ואפילו** להי"א דכתב עליו, ג"כ מקילין בסיים לו

טפי מבמשכנתא, וס"ל בסיים לו דאפילו לא יוכל לסלק רק יום אחד אינו משמט, משא"כ משכנתא הנ"ל, וק"ל}.

וי"א דה"מ באתרא דלא מסלקי ליה, וכל שאינו יכול לסלקו אפילו יום אחד, מקרי אתרא דלא מסלקי ליה – [הסמ"ע הבין, דהיש אומרים קאי אסיים לחוד, ובזה מהני מניעת סילוק יום אחד, אבל במשכנתא דרישא הוי מניעת הסילוק דוקא עד סוף זמנו, וגם מדברי מהרמ"י {עיר שושן} משמע כן. **ואני** תמה על שני המאורות הגדולים שלא נתנו לב לעיין במקורן של דברים, ומאין להו לחלק בלא מסלקי בין משכנתא לסיים. **והעיקר** בזה דהי"א הוא הרשב"א, וחד דינא אית להו לרשב"א לסיים ולמשכנתא. וי"א זה הוא חולק בשני דברים, דדעה א' צירף המחבר לדעת הרא"ש, דלא מיקרי לא מסלקי אלא עד סוף זמנו כמש"כ, ולדעת הרמב"ם דבסיים הוה עדיף ממשכנתא, דבסיים אינו משמט בכל מקום, ועל זה חולק היש אומרים שהוא רשב"א בתרתי, חדא בסיים יש חילוק בין סילק או לא. ועוד, שעיקר החילוק שבין מסלקי או לא מסלקי הוא אפילו בשביל יום אחד. **ובסמ"ע** הקשה הדיוקים אהדדי בדעה הא', דמתחילה כתב אם יכול לסלקו בכל עת דוקא, ואח"כ כתב באין יכול לסלקו עד סוף זמנו, ומתוך כך דחק לישב. **ולפי** מה שביארתי אין כאן קושיא כל עיקר, דתחילה כתב המחבר במה דכו"ע לא פליגי, דהיינו במסלקי בכל עת, ואח"כ כתב מפלוגתא דידהו בפירוש איזה מיקרי דלא מסלקי, דלהרא"ש הוי דוקא עד סוף זמנו, ולרשב"א אפי' יום אחד, כנלע"ד ברור].

סימן סז סי"ב - המלוה על המשכון, אינו משמט מה שכנגד המשכון – {כבר נתבאר טעמו, דכיון שיש בידו, לא שייך ביה לא יגוש}. ‹**ואפילו** צריך לקיים בהמשכון מצות השבת העבוט, כמש"כ בסי' צ"ז, מ"מ אינו משמט, דמה שמחזיר להלוה המשכון הוה רק כשאלה, והמשכון הוא של המלוה – ערוה"ש›. **ויש מי שאומר שאף היתר על המשכון אינו משמט** – {דכיון דמתחילה נטל המשכון בעד כל ההלואה, הו"ל כאילו יש בידו משכון שוה ככל ההלואה}.

סעיף ד – ערב שפרע למלוה, וקודם שפרע לו הלוה להערב הגיע שנת השמיטה, משמט.

סימן סז ס"ה - ערב שפרע למלוה, וקודם שפרע הלוה הגיעה שנת השמיטה, משמט – {דמיד שפרע בשביל הלוה, נתחייב לו הלוה בתורת הלואה אותו סך שפרע בעבורו}.

סעיף ה – מי שנתחייב לחבירו שבועה על ממון, שאילו היה מודה לו היתה שביעית משמטת את הממון, משמטת גם כן את השבועה.

סימן סז ס"ו - כל דבר ששביעית משמטת, גם כן משמטת שבועתו; לפיכך שבועת הדיינים וכיוצא בה, שאם היה מודה בו היתה שביעית משמטתו, משמטת שבועתו – {ילפינן לה מדכתיב: וזה דבר השמטה, אפילו דבור השמיטה משמטת, והיינו שבועה}. **אבל שבועת השומרים והשותפים וכיוצא בהם, שאם היה מודה בו לא היתה שביעית משמטתו, לפי שהם פקדון ולא מלוה, אין שביעית משמטת שבועתו.**

הגה: מי שחייב לחבירו ונשבע לשלם לו, כל דבר שהשביעית משמטת, פטור ג"כ לשלם מכח השבועה, דלא נשבע לשלם רק כל זמן שחייב לו ממון (מהרי"ק ותשובת רמב"ן). וע"ל סימן ע"ג סעיף ז' – {ז"ל הרמב"ן, אם הגיע הזמן שנשבע עליו לפרוע קודם שביעית, אם לא פרעו בזמן שנשבע, כבר עבר על שבועתו, אבל השמיטה משמטת, דלא נשבע לשלם לו רק כל זמן שהוא חייב לו, ואילו מחל לו זה חובו, אין חיוב שבועה חל עליו, דזה יאמר הרי הוא כאילו התקבלתי, ומתיר את שבועתו שלא על פי חכם, וזה הוא כמחילה דאפקעתא דמלכא הוא, ‹**ואע"ג** דשמיטה בזמן הזה דרבנן והשבועה היא דאורייתא, אין השבועה חלה, דהפקר בי"ד הפקר גם כן מדאורייתא, כדילפינן לה מאלה הנחלות אשר נחלו ראשי האבות וגו' – לבוש›, **אבל** אם לא הגיע זמן השבועה עד אחר השמיטה, אין השמיטה משמטתו, דהו"ל כמלוה לעשר שנים דאינו משמט, עכ"ל. **ועיין** בעיר שושן שכתב בדין זה ז"ל, נשבע לשלם, אע"ג דהגיע זמן פרעון ההלואה קודם השמיטה

כו׳, עד שביעית משמטתו כו׳. דמלשון ״אע״ג״ דכתב, משמע לכאורה דס״ל דמכ״ש אם הגיע זמן פרעון אחר השמיטה דשמיטה משמטתו ופטור מלשלם, וזה אינו וכמו שנתבאר, וכן כתב המחבר בסמוך בסעיף י׳. **מיהו** י״ל דכונתו היא כגון שקבע לו זמן הפרעון קודם שמיטה, ואח״כ נשבע לו שלא יעכב לו הפרעון מליתנו לו עכ״פ בזמן פלוני, ואותו זמן הוא אחר שמיטה, דבכה״ג ג״כ השמיטה משמטת, כיון דקבע לו זמן הפרעון קודם שמיטה, ובידו לנוגשו מאז מכח הזמן, ולומר: לא היה דעתי מעולם להמתין לך עד זמן שנשבעת עליו. **ונראה** דמזה שכתבתי איירי מור״ם, מדלא הזכיר דעבר על השבועה ושיתיר לו שבועתו וכמ״ש הרמב״ן, **אבל** בכה״ג דזמן השבועה הוא לאחר השמיטה והשמיטה כבר שמטו, אתי שפיר, דנראה דבכה״ג אין צריך התרה לשבועתו, דלא נשבע אלא לשלם כשהוא חייב, **משא״כ** להרמב״ן הנ״ל דכבר עבר שבועתו קודם שביעית, דצריך התרה לאפקועי מאיסורא ונדרו למפרע, וק״ל).

סעיף ו – מי שהיה חייב לחבירו ממון, וכפר ועמדו לדין ונתחייב, וכתב הבית דין פסק דין ונתנוהו לידי המלוה, אין השביעית משמטתו.

סימן סז ס״ז - (הלוהו ותבעו), וכפר ונשבע לו, והגיעה שמיטה והוא בכפירתו, ולאחר שעברה שמיטה הודה או באו עדים, אינו משמט - {דהא בשעת שמיטה כיון שכבר נשבע לא היה למלוה עליו **שום חוב**, ‹דהא לא היה יכול לכופו לשלם לו ע״פ ב״ד, כדכתיב בשבועה: ולקח בעליו ולא ישלם, כיון שלקח בעליו השבועה לא ישלם, ולא קרינן ביה לא יגוש, גם השמטה אינה משמטת – לבוש›, ואחר השמיטה כשהודה, הו״ל כהלואה חדשה}.

אבל כפר ונשבע והודה אחר כך, או שבאו עדים קודם סוף שביעית – ‹שאין שביעית משמטת אלא בסופה – לבוש›, **הרי זה משמטת** – {דכשהודה קודם השמיטה, השמיטה הבאה אחר ההודאה משמטת לאותה הלואה החדשה}.

סימן סז ס״ח - תבעו ממון וכפר, והביא עדים וחייבוהו בית דין וכתבו לו פסק דין, הוי כגבוי ואינו משמט – {דכל מעשה ב״ד כגבוי דמי. **ומה** שכתוב בסעיף שלפני זה דאם כפר ונשבע והודה קודם סוף שמיטה דמשמט, התם מיירי בדלא כתבו לו הב״ד פסק דין, וכן כתב הב״י ע״ש. **הגה:** וכתב הרא״ש, דאף אם פסקו הב״ד הדין אלא שלא כתבו הפסק דין, משמט החוב}.

סעיף ז – המלוה את חבירו והתנה עמו שלא תשמיטנו שביעית, אפילו הכי משמטתו, **אבל** אם התנה עמו שלא ישמיט הוא חוב זה, אפילו היתה זאת בשנת השמטה, אינה משמטתו. **וכן** אם כתב בשטר לשון פקדון, אינה משמטת.

סימן סז ס״ט - המלוה את חבירו, והתנה עמו שלא תשמיטנו שביעית, הרי זה נשמט – {דתנאי זה קאי אשמיטה, שלא תשמטהו, והרי הוא מתנה על מה שכתוב **בתורה**}, ‹שאין השביעית מסורה בידו שיכול הוא להתנות עליה שלא תהא השביעית משמטת – לבוש›.

אבל אם התנה עמו שלא ישמיט הוא חוב זה – {פירושו, הלוה לא ישמט נפשו מלשלם לו חוב זה}, **ואפילו בשביעית, תנאו קיים, שנמצא שחייב עצמו בממון שלא חייבתו תורה, שהוא חייב** – {דלא קאי התנאי אשביעית כי אם אהלוה, והו״ל כאילו אמר אע״פ שהשביעית משמטת ואין אתה רשאי לתבעני, אני מקבל עלי לשלם לך, ואדם יכול לחייב נפשו בממון שלא **חייבתו תורה**, וק״ל}. **עיין** לקמן סימן רכ״ז סכ״א גבי אונאה דלא מהני לשון זה, שאני התם דלא ידע דאית ביה אונאה, משא״כ הכא, כן כתבו הטור.

(**עיין** בספר תבואות שור שכתב, לכאורה איכא למידק א״כ אמאי הוצרך הלל לתקן פרוזבול כו׳. **ונראה** לי דלא קשיא מידי, דבאמת כשהיה הלוה מרוצה ללוות בתנאי זה, לא היה צריך יותר, אבל אם כשבא הלוה ללוות, והמלוה לא רצה כי אם בתנאי שלא ישמיטנו, והלוה לא רצה להסכים לתנאי זה, ומתוך כך נמנע המלוה להלוותו, מיד הוא עובר על השמר לך וגו׳, שאסור למנוע בשביל שמיטה, **אבל** בתיקון פרוזבול אין שום איסור, דלאו בלוה תליא מילתא, והוא מלוה לו בלא שום תנאי, ופרוזבול מילתא אחריתא, **ונראה** דהיינו דקרי ליה פרוזבול, פי׳, תיקון עשירים כו׳, עכ״ל ע״ש. **ועיין** בתשו׳ חת״ס, שמדבריו נראה דאפי׳ אם הלוה מרוצה והמלוה

מלוה לו בתנאי זה, עביד איסורא על מה שמתנה כן, ועובר על מה שכתוב בתורה פן יהיה דבר עם לבבך בליעל, וכתב, דאל"ה לא היה צריך הלל לתקן פרוזבול מפני שהיו נמנעים להלוות, הא אפשר להו להתנות כן בשעת הלואה, אלא ע"כ דהיא גופא הו"ל דבר בליעל כו', ע"ש. **ותימה** דשניהם לא זכרו דברי בדק הבית בסי' זה בשם הריטב"א, יע"ש וצ"ע}. ‹**וז"ל**: י"ל שאין כל אדם זכור להתנות כן בשעת הלואה, **וגם** אינו רוצה שנראה כמתייאש מלגבות חובו בזמנו. **ועוד** שנראה כמראה עין רעה לשמטת שביעית. **ועוד** שתשכח תורת שביעית, אבל בפרוזבול יהא זכר לשביעית, דאוושא מילתא כשבאים כולם לעשות פרוזבול, עכ"ל›.

הגה: וכן אם כתב בשטר לשון פקדון, אינה משמטת, דלהכי כתב לשון פקדון, שלא ישמט.

‹**ומכאן** נתפשט היתר במדינות אלו שגובין כל השטרות שעברה עליהם שביעית, שסומכין על יפוי לשונות הרבה שאנו כותבין בשטרות, שבדעתם לפרשם, או כאילו אמר: על מנת שלא תשמטני בשביעית, או שמפרשין אותו בלשון פקדון, כאילו קבל עליו הלוה שיהא אצלו בתורת פקדון שקבל עליו אחריות וכהאי גונא. **אבל** באמת טועין הם, שאין לשונות השטרות משמעותן כן, ולא יפה הם עושין – לבוש›.

אם נהגו לכתוב כן בשטרות – {אדלעיל קאי, אמה שכתב על מנת שלא ישמיט הוא **חוב זה בשביעית**}, ‹**ואם** יש מנהג בעיר לכתוב כן בכל השטרות, כותבין כן ואינו משמט – ערוה"ש›, **ובשטר אחד לא נמצא כך, לא אמרינן דהוי כאילו נכתב, אע"פ שלטנין שאר דבריס אמרינן כך, כדלעיל סימן מ"ב** – {בסוף הסימן. **ויש** ליתן טעם לחלק ביניהן, כיון דמדין מצות שביעית מופקע ועומד הוא ממנו, אין בידו לתובעו ולהוציא מידו מכח מנהג הכתיבה, דהלוה יאמר דהמלוה בכיון לא כתב כפי המנהג כדי לקיים מצות שביעית, וק"ל}.

‹**נ"ב** במשנה למלך כתב ע"ז: ואין ספק שלא ראה שו"ת הרשב"א במקומה, כי שם ביאר הטעם, דשאני הכא דסמיא בידיה לכתוב פרוזבול, אבל אותם השנויים בסי' מ"ב, אותם התנאים תלויים בשעת מעשה – רעק"א›.

‹**דלא** דמי שביעית לאחריות, דהתם סתמא דעתיה אאחריות, דלא שדי איניש זוזי בכדי, **אבל** לענין שביעית אפילו אם כתב אחד מאלו הלשונות {של יפוי הנ"ל}, ברור הוא דלא אסיק דעתיה אשביעית בשעה שהלוהו, ולא כיון בלשונות אלו אשביעית, **אם** לא שפירש כן בפירוש שכותבין כן משום שלא ישמט בשביעית – לבוש›.

סעיף ח – המלוה את חבירו לאיזה שנים והגיע זמן הפרעון לאחר השמטה, אינה משמטתו, כיון שלא היה יכול לתובעו קודם.

סימן סז ס"י - המלוה את חבירו וקבע לו זמן לעשר שנים או פחות או יותר – ‹באופן שודאי תגיע שנת השמיטה תוך הזמן – לבוש›. ‹**אפי'** לע' שנה דיש בו שמיטות הרבה, דמאי שנא שמיטה אחת או הרבה, בדק הבית – אורים›. {**לשון** הגמרא הוא לעשר שנים, ומתחילה נקט המחבר לשון הגמרא, וכתב עליו דלאו דוקא הוא, אלא ה"ה או פחות או יותר}, **אין שביעית הבאה בתוך הזמן משמטתו, דהשתא לא קרי ביה לא יגוש.**

סעיף ט – המוסר שטרותיו לבית דין ואמר להם: אתם גבו לי חובי, אינו נשמט.

סימן סז סי"א - המוסר שטרותיו לבית דין, ואמר להם: אתם גבו לי חובי, אינו נשמט – {דהתורה לא הזהירה אלא דלא יגוש המלוה להלוה בשביעית, משא"כ זה דכבר סילק המלוה נפשו מזה ומסרו לב"ד, ואין הב"ד מוזהר על זה}.

{**אין זה כדין פרוזבול דבסמוך סעיף י"ח**, ‹דא"כ למה נישנית בשו"ע בב' מקומות›, **דשם מיירי דאינו מוסר גוף השט"ח ביד הדיינים, אלא אומר בפניהן בעל פה שהוא מוסר בידם החובות, ומשום הכי בעי דיכתבו לו פרוזבול, וכאן מיירי שמסר ביד הדיינים השט"ח, ומשום הכי לא בעי שום כתיבה, וכן פירשו התוס' בפרק השולח**, ע"ש. ‹נמצא דיש נ"מ למעשה, דבמוסר שטרותיו א"צ כתיבה, משא"כ בפרוזבל›. **ולפי מה שכתבו הטור ומור"ם בסמוך בסעיף כ', דאפילו כל אדם יכול לומר כן בעל פה**, ‹בלא כתיבת פרוזבל›, **צריך** לומר דמן דין תורה לעולם משמט עד שימסור שטרותיו לב"ד, והלל בא ותיקן פרוזבול שיהא מהני דיבור בעלמא בלי מסירת גוף השט"ח להדיינים, ‹והיינו הגם דאינו נ"מ למעשה, אבל נישנית בב' מקומות, דדין דסעיף זה הוי מדאורייתא, ודפרוזבול הוא דרבנן›. **ועיין פרישה, שם כתבתי דנראה מהגמרא ומהרא"ש ובישוב דברי הטור, דהלל לדריה תיקן כתיבת פרוזבול, ורב נחמן בא אח"כ ותיקן דאמירת בעל פה בלא כתיבת פרוזבול סגי, וזהו שכתב מור"ם בהג"ה דס"כ, דיש אומרים דכל אדם נמי יכול לומר דבריו בעל פה**}.

סעיף י - המוכר איזה דבר לחבירו בהקפה, הוי ליה כאילו הלוהו מעות ומשמט. **אבל** חנוני המוכר לאחרים בהקפה, ואין דרכו לתבוע עד שמתקבץ איזה סך, אינו משמט, **ואם** זקפן עליו במלוה, דהיינו שחשב הכל ביחד, וכתב בפנקסו סך הכולל, אזי הוא כהלואה ומשמט.

סימן סז סי"ד - הקפת (פי' מקנה באמנה) חנות, אינה משמטת; ואם זקפה עליו במלוה, משמטת. הגה: ומקרי זקיפה משעה שקבע לו זמן לפרעו - {ולא תימא דוקא משעת העמדה בדין, כמו בקנס בסעיף שאחר זה}. **ויש אומרים דמקרי זקיפה מיד שכתב בפנקסו כל החשבון ביחד** - ‹אעפ"י שלא קבע לו זמן לתשלומין, ומשמט - לבוש›.

{**כתב** ב"י, אבל המוכר דבר לחבירו, מיד כשמכרו לו הו"ל כאילו הלוהו, ומשמטתו השביעית. **והטעם**, לפי שדרך החנוני להקיף שנה ושנתיים ובסוף נוטל חובו, ואין דרך לנוגשו, והו"ל כאילו הלוהו וקבע לו זמן לאחר שביעית דאין השביעית משמטתו, משא"כ במוכר כו'. **וכן** דרך השכיר להניח שכר שנה או שנתיים ביד שוכרו ואינו נוגשו לתיתם לו, אלא הם בידו בפקדון או בהלואה עד אחר שביעית, עכ"ל. ‹עיין בסעיף הבא בהאורים›. **ועיין בעיר שושן דלא הזכיר טעמים הללו, וכתב טעמים אחרים, ואינן נראין בעיני}**.

‹**הקפת** חנות שהוא מקיף לו סתם מעט מעט שישלם לו, ובכל יום הוא זמנו, אינו נקרא הלואה, ואין זה בכלל בעל משה ידו וגו', לפיכך אינה משמטת - לבוש›.

סעיף יא - שכר שכיר אינו משמט, ואם זקפו עליו במלוה משמט.

סימן סז סט"ו - שכר שכיר, אינו משמט; ואם זקפו עליו במלוה, משמט - ‹וכתב סמ"ע הטעם, דדרך השכיר להניח שכירתו שנה או שתים ואינו תובעו. **וזהו** דוחק, דחכמים אמרו, חזקה אין שכיר משהה שכרו, ואין בעה"ב עובר בבל תלין, וע"כ איירי דנשלם שכירתו קודם סוף שביעית, דאל"כ בלא"ה שכירות אין משתלמת אלא לבסוף, **ולכן** הטעם פשוט, דהתורה לא אמרה רק במלוה ולא בשכר שכיר וכדומה, וכן משמע בתוס' בכמה דוכתי - אורים›.

סעיף יב - הבא מכח אינו יהודי, הרי הוא כאינו יהודי, לכן מי שקנה מאינו יהודי שטר חוב על ישראל, אינו משמט, שהרי אינו יהודי היה גובה בשטרו לעולם, **וכן** מי שערב לאינו יהודי בעד ישראל ולא פרע הישראל, והוצרך הישראל הערב לפרוע להאינו יהודי, ונטל מן האינו יהודי את השטר שעל הלוה, אינו משמט, **אבל** אם לא היה שטר, אלא שתובע לחבירו בעל פה על שהוצרך לפרוע בעדו לאינו יהודי, הרי זה פטור.

סימן סז סי"ז - המגרש את אשתו קודם השמיטה, אין כתובתה נשמטת - ‹דאין כתובתה נקראת מלוה - לבוש›. **ואם פגמתה** - {משמטת, דיצאה בהמותר משם סתם חיוב כתובה, והו"ל כמלוה}, **או זקפתה עליו במלוה** - ‹שנתנה לו זמן לתשלומין, הרי זה מלוה - לבוש›, ‹דהיינו משעת העמדה בדין, ולא כתבו פסק דין - ערוה"ש›, **משמטת**.

הגה: הבא מכח עובד כוכבים, הרי הוא כעובד כוכבים - {ואע"ג דהוא למעליותא, וכן פסק מור"ם לקמן סימן קנ"ד בהג"ה סעיף י"ח. **מיהו** י"ל דאפילו המחבר דפסק שם דלא אמרינן הבא מכח גוי הרי הוא כגוי כי אם לגריעותא, מודה בהא, כיון דבשטרותיהן גובין בו מדינא דמלכותא, וכמ"ש בסימן מ"ה סעיף י"ז, דשם ג"כ פסק המחבר גופיה דאמרינן כן אפי' למעליותא}. **ולכן מי שקנה שטר מן העובד כוכבים, על חבירו, אין השביעית משמטתו (תשו' הרשב"א)** - {וסיים שם רשב"א, אבל אם זקפו עליו במלוה, ‹שעשה שטר עליו - ערוה"ש›, משמט}. **וכן מי שערב בעד חבירו נגד עובד כוכבים, ופרע לעובד כוכבים, ולקח השטר מן העובד כוכבים ותבע חבירו באותו השטר, אין השביעית משמטת; אבל בלאו הכי** - {פירוש, שאינו תובע באותו שטר, אלא שתבעו שהוצרך לפרוע בשבילו}, ‹ולא תבעו באותו כח שיש לו מן הגוי - לבוש›, **משמטת, אף על פי שפרע לעובד כוכבים בשבילו** - ‹וכן ישראל שהיה חייב לגוי מלוה בעל פה, ולקח ישראל אחר החוב מהגוי, משמטתו שביעית, וכן ערבות בעד הלואה בעל פה - ערוה"ש›.

סעיף יג – אין שביעית משמטת כספים אלא בסופה, לפיכך המלוה את חבירו בשנת השמטה עצמה, גובה חובו כל השנה, וכשתשקע החמה בערב ראש השנה, אבד החוב.

סימן סז ס"ל – ‹אע"ג דשאר דיני שמיטה מתחילין בהתחלת השנה השביעית ונוהגין כל השנה, כדמשמע מפשטא דקרא – לבוש›, **אין שביעית משמטת כספים אלא בסופה** – {דכתיב: מקץ שבע שנים תעשה שמטה, וזה דבר השמטה שמוט כל בעל משה ידו כו'}, **לפיכך המלוה את חבירו בשביעית עצמה, גובה חובו כל השנה בבית דין, וכשתשקע חמה בליל ראש השנה של מוצאי שביעית אבד החוב** – ‹ומיד אסור לו לתובעו, ובלא זה היה מותר לו לתובעו ביהש"מ, אף שהוא ספק יו"ט, דספק דרבנן לקולא – ערוה"ש›.

סעיף יד – לוה שבא לפרוע להמלוה חוב שעברה עליו שמטה, יאמר לו המלוה: משמט אני את החוב וכבר נפטרת ממני. **אם** אמר לו הלוה: אף על פי כן רוצה אני שתקבל ממני, מותר להמלוה לקבל ממנו. **ואל** יאמר הלוה: בחובי אני נותן לך, אלא יאמר לו: שלי הם ובמתנה אני נותנם לך, **ויכול** המלוה לעשות השתדלות והתפעלות שיאמר הלוה שהוא נותנם לו במתנה, ואם אינו יכול לפעול זאת, אל יקחם.

סימן סז סל"ו - **המחזיר חוב שעברה עליו שביעית, יאמר לו המלוה: משמט אני וכבר נפטרת ממני. אמר לו: אף על פי כן רצוני שתקבל, יקבל ממנו. ואל יאמר לו: בחובי אני נותן לך, אלא יאמר לו: שלי הם, במתנה אני נותן לך. החזיר לו חובו ולא א"ל כן, מסבב עמו בדברים עד שיאמר לו: שלי הם ובמתנה נתתי לך** - ועיין בב"ח מה שכתב לישב פירוש רש"י, דפירש אף יכול לתלות אותו שיאמר: אף על פי כן, ע"ש דהמקיל כרש"י הרי זה זריז ונשכר. ‹**אבל** אין לו להכריחו על כך, ודלא כרש"י, כי כל הפוסקים חולקים, וכ"כ התרוה"ד – אורים›. **ואם לא אמר, לא יקבל ממנו, אלא יטול מעותיו וילך לו** – {פירוש, הלוה שבא ליתנם לו וזה השיב לו משמט אני, **יחזור הלוה ויטלם וילך לו**}. ‹**ואם** אח"כ בא עוד הפעם ואומר לו דברים אלו, מועיל ומקבל המלוה מעותיו. **וכשיצא** הלוה ממנו עם המעות, יכול המלוה להעמיד אנשים שיאמרו להלוה: לך עוד הפעם ואמור לו: רצוני שתקבל המעות ובמתנה אני נותנם לך – ערוה"ש›.

סעיף טו – פרוזבול אינו משמט. ומהו פרוזבול, המלוה הולך אצל שלשה בני תורה שיהיו בית דין, ואומר אליהם: אתם דיינים, מוסר אני לכם שכל חוב שיש לי על פלוני ועל פלוני, שאגבה אותן חובות כל זמן שארצה, והמה כותבים לו פרוזבול בזה הלשון: במותב תלתא כחדא הוינא, ואתא פלוני המלוה ואומר לפנינו מוסר אני וכו'. ושלשתן חותמין למטה בלשון דיינים או בלשון עדים. **יכולים** לעשות זאת גם בסוף השנה, דהיינו בערב ראש השנה קודם שקיעת החמה. **ויש** אומרים שאינן צריכין דוקא לכתוב את הפרוזבול, אלא די במה שהוא אומר לפניהם, **ואפילו** אם אין במקומו ב"ד, יכול לומר: אני מוסר שטרותי לבית דין שבמקום פלוני.

סימן סז סי"ח - **פרוזבול, אינו משמט** - {כן הוא במשנה במסכת שביעית ז"ל, כשראה הלל שנמנעו מלהלוות ללוה ועוברין על מה שכתוב בתורה: השמר לך פן יהיה דבר עם לבבך בליעל כו', התקין הלל פרוזבול. **ופירש** רש"י: פרוז הוא לשון תקנה, ובול הוא לשון עשירים, ור"ל תיקון לעשירים עשה שלא יעברו על מה שכתוב בתורה, **ושם** בגמ', דאע"ג דמן הדין משמט, מ"מ יש כח ביד חכמים לתקן שלא ישמט, כי הפקר ב"ד הפקר, **וכיון** שמכח הפקר ב"ד הוא דאינו משמט, מש"ה אמרו ג"כ, דאין כותבין פרוזבול אלא בב"ד חשוב שראויים להפקיר, כדמסיק המחבר}. **ואינו נכתב אלא בבית דין חשוב, דהיינו שלשה בקיאים בדין ובענין פרוזבול, ויודעים ענין שמיטה, והמחום רבים עליהם**

באותה העיר. וי"א דכותבין פרוזבול בכל בית דין, ונראה לי דיש להקל בזמן הזה - {פירוש, אפילו במדינה שנוהגין בהן שמיטה, כי לא כתב מור"ם בריש סימן זה אלא דבמדינות אלו אין נוהגין, אבל יש מדינות שנוהגין בו}.

סימן סז סי"ט - זה גופו של פרוזבול - {פירוש, דברים הללו הן לשון המלוה שאומר כן להדיינים בעל פה, והדיינים כותבין דבריו בנוסח זה}: **מוסרני לכם פלוני ופלוני הדיינים שבמקום פלוני, שכל חוב שיש לי שאגבנו כל זמן שארצה, והדיינים או העדים חותמים מלמטה** - {וחותמין שלשתן למטה, פלוני דיין ופלוני דיין כו', או חותמין בלשון עדים, ור"ל שהם עדים בדבר שאמר לפניהן כן כשהיו יחד במותב תלתא}.

{**ומה** שכתב "מוסרני", אינו ר"ל מוסר השטרות, דבפרוזבול אין צריך למסור השט"ח, אלא ר"ל מוסרני דברים הללו לכם הב"ד}.

‹**וכי** תימא אם כן מה צורך לתקנה, הלא דאורייתא הוא, דדוקא איש את אחיו ולא בית דין, כדכתבינן סעיף י"א, **דמדאורייתא** צריך שיתפוש שטרותיו בידו ולמוסרן ליד בי"ד שהם יגבוהו, **ועוד** חובות שבעל פה לא היה יכול למסור לבי"ד, **ומן** התקנה ואילך אפילו לא מסר לבי"ד שטרותיו אלא כתב להם כן, דיו - לבוש›.

(וה"ה שיוכל למסור בבית דין חובותיו שבעל פה) - {לא הו"ל למור"ם לכתוב כן, דמהיכי תיתי לחלק, כיון דלא כתב המחבר דבשט"ח איירי}

סימן סז ס"כ - תלמידי חכמים שהלוו זה את זה, ומסר דבריו לתלמידים, ואמר: מוסרני לכם שכל חוב שיש לי שאגבנו כל זמן שארצה, אינו צריך לכתוב פרוזבול, מפני שהם יודעים ששמיטת כספים בזמן הזה מדבריהם, ובדברים בלבד היא נדחת. הגה: וי"א דכל אדם נמי יוכל לומר דבריו בעל פה לפני ב"ד, ומהני, ואין צריך פרוזבול. ואין חילוק בין אם המלוה בעיר הדיינים או לא, כי יכול לומר - ‹בפני ב' עדים, לבוש›, **אפילו שלא בפניהם: אני מוסר שטרותי לבית דין פלוני שבעיר פלוני.**

(עיין בב"ח מה שכתב בזה, ומסיים דראוי לעשות מעשה כהרמב"ם, דדוקא תלמידי חכמים, וכמו שהעיד ב"י שהיו נוהגים כן במצרים, ע"ש).

‹**ואם** הוא בדרך, יכול לכתוב להדיינים שמוסר להם כל חובותיו ושטרותיו - ערוה"ש›.

(**ועיין** בתשובת חתם סופר שכתב להשואל וז"ל, קיבלתי מכתבו, ושם כתוב נוסח מכירת שטרותיו לפנינו ב"ד דפ"ק כו'. **והנה** מדכתבו הפוסקים מהא דרבנן דבי רב אשי מסרי מיללייהו אהדדי, דתלמידי חכמים היודעים ששביעית בזמן הזה דרבנן, סגי במסירת דברים לב"ד, ואין צריכים הב"ד שיכתבו הפרוזבול כמו שכתב הרמב"ם, **משמע** מזה, שמעיקר הדין לא הוה די בהודעה לב"ד שמוסר להם חובותיו, אלא דוקא כתיבת נוסח הפרוזבול כרתי, ר"ל השטר ההוא עושה ההפקעה, **אלא** שבזמן הזה מקילין לתלמידי חכמים דסגי באמירתם לב"ד מבלי שיכתבו הנוסח בשטר, **ואם** כן האמירה היא מפקיעה איסור שמיטה, וא"כ אפשר דבעינן דוקא אמירה לפני ב"ד, ואותה האמירה היא פועלת ההפקעה, כמו בחליצה, שאם יכתוב לא חפצתי לקחתה, לא מהני, וכמ"ש תוספות גיטין, **ועוד**, אפילו היכי דמהני, היינו אם יעמוד לפני הב"ד ויכתוב דבריו, ויועיל כאילו אמרם, **אבל** מעלתו כתב כן בביתו, ואז בשעת כתיבה שלא בב"ד, לא הועיל, ועכשיו בבוא הכתב לב"ד פשיטא שלא יועיל, **אלא שבא** להודיע לנו רצונו וחפצו לעשות פרוזבול, על כן אי אפשר מבלי שנכתוב אנחנו פרוזבול, ויהיה הפרוזבול ההוא מפקיע איסור שביעית, ואין לנו לכותבו אלא מזמן שנכתב כתבו בעירו, כי פרוזבול המאוחר פסול. **וזה** נוסחו: במותב תלתא כחדא הוינא, ואתא קדמנא מכתב הנודע לנו ב"ד חתומי מטה, וניכר לנו היטב שהוא כתיבת וחתימת ידי החתום מטה, וזה היה נוסח הכתב ההוא: מוסרני לכם פלוני ופלוני הדיינים שבמקום פלוני, שכל חוב שיש לי שאגבנו כל זמן שארצה, הק' פלוני, ומדאתברר לנו שכן הוא, אשרנוהו וקיימנוהו כדחזי, ויהיה לפרוזבול זה כל תוקף ועוז, עד יום ב' כ"ד מנחם אב, יום כתיבת כתב הנ"ל, באנו על החתום פה ק"ק פלוני שנת תקס"ה שהוא שמיטה, הק' פלוני ופלוני ופלוני, עכ"ל, ע"ש).

סימן סז סל"א - כל זמן שהוא יכול לגבות החוב, כותבין פרוזבול - ‹וכן הוא המנהג בארץ ישראל וסביבותיה לכתוב פרוזבול אפילו בערב ראש השנה

של מוצאי שביעית קודם שקיעת החמה, וכל שכן קודם לכן אפילו הוא תוך שנה השביעית – לבוש}.

{**הרא"ש** בפרק השולח והטור כתבו, דאע"ג דאין השמיטה משמטת אלא בסופה, מ"מ אין כותבין פרוזבול אלא עד סוף שנה ששית. **אבל** גם הרא"ש מודה דאין ביד המלוה לתבוע חובו כל שנה שביעית, ולא אמרו דאין שביעית משמטת אלא בסופה, אלא לענין שאם משלם הלוה מעצמו, יכול לקבל ממנו. **אבל** הרמב"ם ס"ל, דיכול לתבוע חובו בב"ד כל שנה שביעית עד סופה. **נמצא** דכו"ע ס"ל האי כללא, דכ"ז שיכול לגבות חובו, דהיינו ע"י הדיינים, כותבין פרוזבול, אלא שמחולקין עד היכן יכול לגבות חובו, וכ"כ בד"מ, ע"ש}.

(**ועיין** בתשו' חת"ס, אודות תלמיד אחד שרצה לעשות פרוזבול בסוף שנה ששית, כי חשש לדעת העיטור והרא"ש והטור, דאין כותבין פרוזבול משנכנסה שנת שביעית. **והשיב** לו, אנא עובדא ידענא, שמורי ורבי החסיד זצ"ל מסר דבריו לפני וחד דעימי בסוף שנת תקמ"ד הנכנס לתקמ"ה, דהיינו סוף שמיטה, וידענא שלא עשה פרוזבול בסוף תקמ"ג, כי לא זזה ידי מתוך ידו ממש לידע כל דרכיו כו'. **והאריך** שם בדברי הב"ח שרצה להשוות דעת הרמב"ם עם דעת הרא"ש, רק דהרמב"ם מיירי במלוה בשביעית גופיה, יכול לנוגשו כל השנה, ובהא מודה הרא"ש, אבל זולת זה מודה הרמב"ם להרא"ש. **וכתב** עליו שדבריו דחוקים מאד בכונת הרמב"ם, וגם הראב"ד ע"כ דלא ס"ל כהרא"ש והעיטור, **אלא** שביעית אינה משמטת כלל רק בסופה, אבל בתחילתה כלל וכלל לא, וכותבין פרוזבול בתוך שנה השביעית, והכי הלכתא, **והאריך** עוד בזה, ומסיים דמעיקר הדין אין לחוש כלל, ומ"מ אם נפשו איותה ויעש, אין מזחיחין אותו, ואין כאן משום יוהרא, דחש מהרש"ל, והביאו מג"א, דהא פרוזבול המוקדם כשר, וכל שעתא ושעתא זימניה הוא, וזכור לטוב, ע"ש. **גם** בתומים כתב, דהירא וחרד יש להחמיר לעשות פרוזבול בערב שביעית, אם לא בהלואה שנעשתה בשביעית, דאז בלא"ה הרדב"ז והב"ח סוברים, דאף הרא"ש מודה דיכול לעשות פרוזבול עד סוף שביעית)

סעיף טז – לא מהני פרוזבול אלא אם יש להלוה קרקע, ואפילו כל שהוא סגי, ואפילו אין לו אלא עציץ נקוב סגי, **ואפילו** אין ללוה כלום, אלא שיש להערב, או שיש למי שהוא חייב לו ללוה, זה נמי מהני. **ואם** גם לאלו אין להם כלל, אם יש להמלוה קרקע כל שהוא, יכול לזכות לו להלוה, ואפילו על ידי אחר ואפילו שלא בפניו, ומהני לפרוזבול.

סימן סז סכ"ב - אין כותבין פרוזבול אלא על הקרקע – {רש"י מפרש הטעם, משום דלא תיקנו פרוזבול כי אם אסתם הלואה, וסתם הלואה אינו כי אם למי שיש לו קרקע וסמוך עליה בגביות חובו. **ויש** מפרשים הטעם, משום דכשיש לו קרקע מחשב טפי כגבוי ועומד ביד הב"ד}. ‹**ואם** היה לו קרקע בעת פרוזבול, ובעת שמיטה לא היה לו כי כבר מכרה, תליא בשני דיעות – אורים›.

ואפילו קרקע כל שהוא סגי – {ולשני הטעמים, בקרקע כל שהו סגי, משום דאיכא מרבוותא דס"ל דאין אונאה לקרקעות כלל, **ולאינך** היינו טעמא, דקרקע ראויה לגבות ולחזור ולגבות ממנה עד שישתלם לו חובו}.

ואפי' אין לו אלא עציץ נקוב מונח ע"ג יתידות באויר, אע"פ שאין מקום היתידות שלו, סגי – {דדרך הנקבים יונק וצומח מן הקרקע ומחשב כקרקע}.

אפילו אין ללוה כלל, ויש לחייב לו – {פירוש מי שחייב להלוה, דהיא משועבדת להמלוה מדרבי נתן}, **או לערב, או למי שחייב לו, כותבין.**

ואפילו אין לזה ולא לזה, ויש למלוה או למי שחייב לו, מזכהו אפילו על ידי אחר, ואפילו שלא בפניו – {דאע"ג דאין חבין לאדם שלא בפניו, מ"מ כיון דבזיכוי שם זכות הוא לו, אע"ג דיבוא לו ע"י הזיכוי חובה, הולכין אחר שם זיכוי דמעיקרא, והטעם, דקיל הוא שמיטת כספים בפרט בזמה"ז}. ‹**והטעם**, דאנן סהדי דניחא ליה להלוה בזכיית הקרקע ובכתיבת הפרוזבול, כדי שימצא מי שילויהו, דהא עיקר התקנה היתה מפני זה, שלא לנעול דלת בפני לוין – ערוה"ש›.

הגה: מיהו אם הלוה לפנינו וצווח: איני רוצה לזכות בקרקע של אחרים, אין מזכין לו לאדם בעל כרחו.

מחבר רמ"א ש"ך ונקה"כ

§ סימן קפא - הלכות טוען ונטען ועדות. ובו כ"ב סעיפים §

סעיף א - כשנפל בין שני בני אדם איזה סכסוך, ראוי להם להתפשר בטוב, ושיוותר כל אחד נגד חברו, כדי להתרחק מזילותא דבי דינא בכל מה דאפשר.

סעיף ב - אם אי אפשר להם להתפשר בטוב, ומוכרחים לבא במשפט, יבאו לפני בית דין ישראל. ואסור לדון בפני דייני עובדי כוכבים ובערכאות שלהם, אפילו בדין שדנים כדיני ישראל, ואפילו נתרצו שני בעלי דינים לדון בפניהם, אסור. **ואפילו** נתקשרו בקנין על זה, או שכתבו כן בשטר, אינו כלום. **וכל** הבא לדון בפניהם הרי זה רשע, וכאלו חרף וגידף והרים יד בתורת משה רבינו עליו השלום. **ואפילו** בדבר המותר למיעבד דינא לנפשיה, כאשר יתבאר אם ירצה השם בסעיף ט', מכל מקום אסור לעשותו על ידי עובדי כוכבים. **ואפי'** אינו דן לפני עובדי כוכבים, אלא שכופהו על ידי עכו"ם שיעמד עמו לדין ישראל, ראוי למתחו על העמוד.

סימן כן ס"א - אסור לדון בפני דייני עובדי כוכבים ובערכאות שלהם (פי' מושב קבוע לשריםס לדון בו), אפי' בדין שדנים בדיני ישראל - {ילפינן לה מדכתיב: ואלה המשפטים אשר תשים לפניהם, ולא לפני גוים, דמשמע אפילו אלו המשפטים עצמן שדנין דייני ישראל, לא ישמע על פיהן לדון לפניהן}.

ואפילו נתרצו ב' בעלי דינים לדון בפניהם, אסור - {כתב בתרומת הדשן, אפי' בדבר המותר למעבד דינא לנפשיה, מ"מ אסור לעשותו ע"י גוים, הביאו ד"מ כאן, וכתבו מור"ם בהגהת שו"ע לעיל בסי' ד' ע"ש}.

וכל הבא לידון בפניהם, הרי זה רשע, וכאילו חרף וגדף - {ילפינן לה מדכתיב בפרשת האזינו: כי לא כצורנו צורם ואויבינו פלילים, כשאויבינו פלילים זהו עדות לעילוי יראתם, כן פירש"י ורמב"ן בריש פרשת ואלה המשפטים}. **והרים יד בתורת מרע"ה** - {דמדהניח דייני ישראל והלך לפני דייני גוים, מראה כאילו תורת מרע"ה ומשפטיו אינו אמת ח"ו}. ‹והרי זה חילול ה' יתברך - לבוש›.

‹נ"ב ואם הוציא ממון ע"י דין ערכאות, אם אין כן בדיני ישראל, הממון גזל בידו, ואם קדש בזה אינה מקודשת, והוא פסול לעדות כמו כל גזלן, תשב"ץ - רעק"א›.

‹**ואפילו** קבלו קנין סודר על זה לדון בדיני גוים, אין בקנין זה שהוא לעבור על דברי תורה כלום - לבוש›.

הגה: ויש ביד ב"ד לנדותו ולהחרימו עד שיסלק יד העובדי כוכבים מעל חבירו; וכן היו מחרימין המחזיק ביד ההולך לפני עובדי כוכבים.

ואפילו אינו דן לפני עובדי כוכבים, רק שכופהו על ידי עובדי כוכבים שיעמוד עמו לדין ישראל, ראוי למתחו על העמוד - {ואפילו שהוא אלם וסרבן מלציית דין ישראל, הו"ל להלוך לפני דייני ישראל ליטול רשות מהם, ואז הן היו נותנין לו רשות להוציא את שלו ע"י דייני גוים, ולא שהגוים יכפוהו לעשות מה שדייני ישראל אומרים לו, כי א"צ לכך להרא"ש והטור, וכמשמעות דברי המחבר בסעיף שאחר זה}. **ועי"ל סימן שפ"ח.**

מי שהלך בערכאות של עובדי כוכבים ונתחייב בדיניהם, ואחר כך חזר ותבעו לפני דייני ישראל, יש אומרים שאין נזקקין לו; ויש אומרים דנזקקין לו, אם לא שגרם הפסד לבעל דינו לפני עובדי כוכבים - {נראה דהאי גרם הפסד לבעל דין לאו דוקא הוא, אלא ה"ה אם כבר שילם לו ע"פ דיניהן, אף שבדין ישראל נתחייב לו יותר, אין שומעין לו לדונו מחדש}. **והסברא ראשונה נראה לי עיקר** - ‹ואפילו נתחייב מחמת ששכנגדו נתן שוחד לעוות המשפט, אפילו הכי אין נזקקין, משום קנס, **אבל** אם הבעל דין בעצמו יודע שחייב לו על פי דין תורה, ודאי דצריך לשלם לו, **ואפילו** אם הוא מסופק, צריך לדון לפני דייני ישראל, שלא יהיה ספק גזל תחת ידו - נה"מ›.

סעיף ג - היתה ידם תקיפא ובעל דינו גבר אלם, יתבענו לדייני ישראל תחלה, אם לא רצה לבא, נוטל רשות מבית דין ומציל בדיניהם.

סימן כו ס"ב - היתה יד עובדי כוכבים תקיפה, ובעל דינו אלם, ואינו יכול להציל ממנו בדייני ישראל, יתבענו לדייני ישראל תחלה; אם לא רצה לבא - ‹דהיינו שמבורר לנו בבירור שאינו רוצה לבא, אבל שליח ב"ד דהוא עד אחד, הואיל והוא מילתא דממון אין עד אחד נאמן, וצריך ב' עדים, כדאמרינן בב"ק לענין ממון צריך שני עדים, כ"כ הכנה"ג, **ולא** ראיתי נוהגין כן, אלא כשהשליח ב"ד מתרה בו ואמר שאינו רוצה לבוא, נותנים רשות ב"ד לשכנגדו לקבול עליו בערכאות. **ואפשר** דהואיל ולא פסיקא לן דהוי מילתא דממון, דאפשר דחבירו יזכה בדין אומות העולם ג"כ, והעיקר הוא מילתא דאיסורא לילך לדייני גוים, וקי"ל ע"א נאמן באיסורין הקילו, **ומ"מ** יש לחוש להוראת בעל כנה"ג הנ"ל, דמסתברים דבריו, מבלי ליתן רשות ב"ד כי אם ע"י שני שלוחי ב"ד – אורים›.

נוטל רשות מבית דין ומציל בדייני עובד כוכבים מיד בעל דינו – {כתב בעל התרומות בשם רב שרירא, דהמורד בדין, מתרין בו התראה מפורסמת, ואם אינו מקבל, מעידים עליו וגובין ממנו בדייני גוים, ומנהג שלנו לעכב ג' פעמים בבית הכנסת ואח"כ מתירין לו, עכ"ל. **הגה**: וכתב בעל התרומות, דאין מתירין לו לילך בפני גוים אא"כ אין יכולין להוציא מידו ע"י אדרכתא, ע"ש. **ועיין** בד"מ ובסמ"ע לעיל סוף סימן י"א, מש"כ בענין הקובלין ג"פ לבטל התפלה, באיזה יום ובאיזה בית הכנסת קובלין, ע"ש}.

‹**ודווקא** שהב"ד יודעים שהמסרב חייב לו ע"פ דין תורה, כגון שיש לו שטר וכיוצא בזה, אבל אם לא נתברר להם שחייב לו, אין נותנים לו זה הרשות שידון שמה, דשמא יוציאו ממון שלא כדין, אלא נותנים לו רשות שיפעול שיכריחו את המסרב לדון בב"ד, **ונראה** שאם אין ביכולת לעשות כן, ולהב"ד אינו מבורר הענין, יכולים ב"ד לקבל טענות מן התובע, ולקבל עדות ולברר מה שביכולתם לפי ראות עיניהם, ואם יראה להם שהמסרב חייב להתובע, אע"פ שא"א לידע ברור מצד אחד, מ"מ כיון שהמסרב אין רצונו להשיב בב"ד, כאשר עשה כן יעשה לו, ושלא יהא חוטא נשכר, נותנים רשות להתובע שידון עמו שמה, כיון שנראה להם שעכ"פ יש לו תביעה חזקה על המסרב – ערוה"ש›.

‹וכל שכן אם דן בפני ישראל וטען בפניהם ופסקו ביניהם, ואינו רוצה לקיים הדין, שיוכלו לכוף אותו ע"י גוים בכל מיני כפיות, עד שיאמר רוצה אני לקיים דין ישראל – לבוש›.

הגה: ויש רשות לבית דין לילך לפני עובדי כוכבים ולהעיד שזה חייב לזה (בה"ת בשם ר' שרירא) – {כתב בעל התרומות בשם רב שרירא ז"ל, מי שחייבוהו בחוב או בפקדון ואינם יכולים להוציא מידו, ויש ביניהן מקום בי דואר של גוים שאינו לוקח שוחד, ומקבל עדות מישראל חבירו, {לאפוקי יש מקומות שאין מקבלין עדות מישראל, אפילו מישראל על ישראל, מפני שאין נאמנין בעיניהן}, יש רשות לזקנים ותלמידים שילכו לפני השופט ויעידו שזה חייב לזה, ומצוה לעשות כן, אפילו נגזל גוי וגזלן ישראל, מעידים אצל השופט ושפטו כו', והב"י והד"מ הביאו. **וצ"ע** למה סתם מור"ם כאן בהג"ה, ולא כתב שבעינן שלא יהא לוקח שוחד}.

הג"ה: ונלפע"ד דודאי גם רב שרירא ס"ל, אפילו בלוקח שוחד, אם הגוי מקבל העדות מעידין לפניו, רק שכתב אם אינו לוקח שוחד, כלומר דאילו לוקח שוחד, לא יקבל עדותן ולא יעשו עדותן פירות, ובאמת אם מקבל עדות אין חילוק אם הוא בעל שוחד או לא, כיון שהמה יודעין באמת שהוא חייב, והלכך לא כתב מור"ם דבעינן שלא יקבל שוחד, ובזה נסתלקה תמיהת הסמ"ע.

‹**הרמ"א** ס"ל כהרא"ש, דסתמא אינם בחזקת מקבלי שוחד, אף כאן כל כמה דלא ידעינן בבירור דמקבלי שוחד מותרים להעיד, **ואם** ברור שמקבלים שוחד, פשיטא ואין צריך להודיענו כמש"כ, דבזה לא דיבר הגאון, דפשיטא דמי יעיד לפני חמסנים מעקלי משפט והדין ואתי שפיר – תומים›.

(**ועיין** בתשובת חתם סופר שכתב, דנ"ל כונת רב שרירא במש"כ שצריך שהערכאות של גוים לא יקבלו שוחד, היינו לפי מה דקיי"ל, אין ת"ח מתחייב להעיד לפני ב"ד דזוטר מיניה, כמ"ש בסימן כ"ח סעיף ה', ועיין סוף סימן רס"ג, אי ת"ח רשאי למחול על כבודו ולזלזל בעצמו במקום שאינו חייב, **והוה** ס"ד בב"ד של ערכאות של גוים בודאי אסור לת"ח להעיד, **קמ"ל** רב שרירא דאדרבא יקר ותפארת הוא לדייני ישראל שפסקו הדין עם פלוני, אלא שאין בידם להציל עשוק, הולכים ומעידים כן לפני

ערכאות של גוים, פלוני יצא מאתנו חייב כך וכך, **וע"ז** התנה רב שרירא דוקא באם אינם מקבלים שוחד, ויוציאו הדין כמו שפסקו דייני ישראל, **משא"כ** אם מקבלים שוחד, שאפשר שאחר שביזו ת"ח את עצמם להעיד במקום שאינו לפי כבודם, אתי חמרא ובטש לשרגא ולשוא צרף צורף, אין להם רשות לוותר על כבוד תורתם מספק).

(**וראיתי** להרב מקור ברוך ולמהר"א ששון שכתבו, דמה שהוצרך הגאון לומר שילכו החכמים והזקנים ולא שאר עמא דארעא, הוא מפני תיקון העולם, שאם נתיר להם להעיד ילמדו גם הם ויבואו לפניהם על כל דיניהם אפילו בלא רשות ב"ד. **ועוד** האריך בזה, דדוקא לחכמים ותלמידים הותר, ודימה זה למ"ש הרמב"ם בחילול שבת לחולה, שיהיה ע"י גדולי ישראל וחכמיהם כו', עש"ב, **ונעלם** מהם מ"ש הרב העיטור בסוף אות בירורין כו', דמבואר דלאו דוקא הוא, עכ"ל. **ולענ"ד** נראה לכאורה דמ"ש רב שרירא יש רשות לזקנים ולתלמידים, הוא לרבותא, דאפי' להם הותר דבר זה, דלא נימא אדם חשוב שאני, כעין מש"כ חז"ל בכתובות דף נ"ב: ודף פ"ה ע"ב).

וכל זה דווקא כשאינו רוצה להיות ליית דין, אבל בלאו הכי אסור לבית דין להרשות לדון לפני עודדי כוכבים.

(**עיין** בתשובת חות יאיר שכתב, בענין כתב יד שנכתב בו שאם לא יפרע לזמן פלוני יתחייב קנס מאה ר"ט להשרדה, **ודאי** מצד הדין אסור למלוה לתבוע להלוה בערכאות של גוים כבחו"מ סימן כ"ו, רק באם בעל דין אלם, דקיי"ל שנוטל רשות מב"ד ודן בערכאות של גוים, **ובכתב** יד זה מוטל מאד על הב"ד להיות מתון, ולהתרות בלוה על היזק דאפשר להגיע לו מלבד חובו, ואם לא ישגיח והמלוה תובע את שלו, והמה תובעים הקנס, אין ללוה על המלוה שום תרעומות, **משא"כ** בלי רשות ב"ד, ודאי לא מהני תנאו, אפילו נכתב בפירוש שתיכף שיעכב יורשה זה להגיד הקנס להשרדה ולא יהיה לו דין מסור לאנס, כל זה לא יועיל למלוה לתבוע אותו בערכאות של גוים, או להגיד להשרדה מהקנס לבד, **ואפי'** נימא דמש"כ שלא יהיה לו דין מסור לאנס כאילו התנה ע"מ לפטור, כמו גבי קרע את כסותי ע"מ לפטור, **מ"מ** יש לחלק, דהתם אחר דאין הנאה להאומר, ודאי פטר ליה בלב שלם, דאל"כ למה א"ל, משא"כ כאן כו', ע"ש עוד).

(**וע"ש** עוד בתשובת חתם סופר, בענין צוואת שכיב מרע שהגיד בפני עדים שחייב לפלוני כך וכך, ואחר שנפטר והניח יתומים קטנים, נתיירא המלוה בדבר חובו מאחר שלא יוכל לגבות עכשיו עד שיגדלו היתומים, פן ישכח מלב העדים מה שציוה לפניהם, ולגבות העדות ע"פ ב"ד קשה, כי הב"ד חוששים לדעת אחרונים שבסימן ק"י סעיף ט', שאפילו צואה אין לב"ד לגבות בעדים במקום שיש יתומים קטנים, ע"כ רצה המלוה להעלות דברי העדים בכתב אצל ערכאות של עכו"ם, לכתוב בפראטיקאל שלהם שיהיה שמור ליום מועד כשיגדלו היתומים, אי רשאי לעשות כן או לא, אי יש בזה מיקר שם פלילים או לא. **והאריך** בסוגיא דגיטין מ"ד ע"א המוכר ביתו לנכרי כו', ומסיק וז"ל, היוצא מדברינו בנידון זה שלא עשאום פלילים כלל, רק מפקיד דברים אצלם, ליום שיצטרך יוציא הדברים ויביאום לדייני ישראל, איני רואה בזה שום נדנוד איסור אפילו בלי רשות ב"ד, מכ"ש ברשות ב"ד. **ולכשיגדלו** היתומים ויבואו הדברים לפני ב"ד צדק, אם העדים יכולים לחזור ולהגיד לשנות ממש"כ בראשונה, כיון שאמרו שלא בב"ד, או אם יעמדו בדבריהם, אם יאמנו משום דעבידי לאחזוקי שיקריידהו, בזה אין אני אדון בדבר, כי השופט אשר יהיה בימים ההם יוציא לאור משפט צדק, **אך** מ"מ הועיל במה שאמרו וכתבו בערכאות של עכו"ם, שקרוב לודאי כשיגדלו היתומים יאמינו ולא יערערו וישלמו מעצמן, וכעין לשון רש"י בע"ז י"ג ע"א כו', עכ"ל ע"ש).

סעיף ד - מי שתובעים אותו ממון שהוא מוחזק בו, אסור לו לבקש צדדים להשתמט כדי שיתרצה הלה לעשות עמו פשרה וימחול לו על השאר, ואם עבר ועשה כן אינו יוצא ידי שמים עד שיתן לו את שלו.

סימן יב ס"ו - מי שתובעים אותו ממון שהוא מוחזק בו, אסור לבקש צדדים להשמט כדי שיתרצה הלה לעשות עמו פשרה וימחול לו על השאר. הגה: ואם עבר ועשה, אינו יוצא ידי שמים עד שיתן לו את שלו - ‹גזל הוא בידו עד שיתן לבעל דינו מה שמגיע לו ע"פ הדין - ערוה"ש›.

‹**ולא** יאמר הרי כבר פשרתי עמו ומחל לי, שאין מחילתו מחילה, דהוי מחילה בטעות ובאונס, שהיה מתירא שמא יפטרוהו על הכל מחמת צדדי התואנות שבקש - לבוש›.

‹**ודוקא** שיודע שהצדק הוא עם בעל דינו, אבל אם יודע שהצדק עמו, אלא שבפני הב"ד אין ביכולתו לברר זה, כי לא יאמינו לו ויחייבו אותו, מותר לו לבקש תחבולה כדי שיבא לידי פשר, ובלבד שלא יתראה כרשע לפני ב"ד, נה"מ בשם תומים - ערוה"ש›.

‹**עיין** בתומים מ"ש בכוונת התוס' בב"ק דף מ' ע"ב שלא יהיו סותרים לדין זה, ‹דין דלעיל דהביא נה"מ בשמו, והביא שם ג"כ דברי התרומת הדשן ודברי מהרש"ל בזה, ע"ש. **ועיין** בתשובת שבות יעקב שכתב לחלק בענין אחר, דודאי אם מבקש הנתבע תואנות בידים כדי לפשר אסור, **משא"כ** התם קאמר דהוה מעריקנא לאגמא, דזה הוי רק שב ואל תעשה, שלא לשמור שור שעבודו של חבירו כדי לפשר, זה ודאי שרי, ע"ש עוד›.

סעיף ה - אסור לבעל דין לספר ענין המשפט לפני הדיין שלא בפני בעל דין חבירו, **ולא** יקדים את עצמו לבוא לפני הדיין קודם לחבירו, שלא יהא נחשד שמקדים כדי לסדר טענותיו שלא בפני חברו.

סימן יז ס"ה - אסור לדיין לשמוע דברי בעל דין האחד שלא בפני בעל דין חבירו -

{נלמד מדכתיב: שמוע בין אחיכם, גם כתיב: לא תשא שמע שוא, דכשישמע דברי האחד שלא בפני השני, לא יבוש מלטעון שקר ושוא}.

אבל אם שמע מותר, עיין בתשובת ן' לב ‹וז"ל: יראה דמילתא דפשיטא היא, דלא מצי אותו הבעל דין לפסול הדיין שברר בעל דינו, לפי שנשאל כבר על זה הענין וכו', וכ"כ ר"ש מדינא. ‹**משמע** לכאורה דא"צ אפי' שיתרצה השני, ודלא כרמ"א וסמ"ע, ועיין באורים לקמן בסמוך, דמשמע מיניה שהש"ך אינו חולק עליהם, וצ"ע›.

אכן אם כבר נשאל מדיין וכתב לו פסק ודעתו עליו, אין רשאי לפסוק, דחשיב כנוגע, כ"כ שם, וכ"כ ר"ל ן' חביב. ‹**וצ"ל** דהיינו אעפ"י שנתרצה חבירו לדון בפניו, מ"מ הוי כפסול גמור וצריך קנין, דאל"כ אפילו בשמיעה לבד יכול בע"ד לומר איני דן לפניך, כמש"כ בשם מהרי"ל וסמ"ע - אורים›. ‹**ובגליון** שו"ע דהגר"ע איגר זצ"ל נכתב בצידו, עיין בתשובת ח"צ, ובתשובת מהרי"ט, עכ"ל. **ועיין** בספר ברכי יוסף שהאריך הרבה בזה, ובסוף עמד על דעת הש"ך שכתב בפשיטות אכן אם כבר נשאל כו', ולא זכר שמהריב"ל בתשובה זו שהזכיר הש"ך מקודם, חולק בזה, וגם מש"כ דכ"כ ר"ל בן חביב כו', הוא ע"פ דברי מהרשד"ם שם, אבל יש פנים לומר דהרלב"ח מודה למהריב"ל בנידון זה, כמ"ש הרב עדות ביעקב כו'. **ומסיק** וכתב, ולענין הלכה נראה דקי"ל כמהריב"ל כאשר הסכימו מהרש"ח והרב דינא דחיי, וכן נראה שהיא דעת מהרי"ט, ולזה נוטה דעת הרב בני משה והרב עדות ביעקב. **והראיות** שהביא הרב באר שבע, הרואה יראה שאין ראיה מהם שיהא אסור לדון, ע"ש. **וכתב** עוד, דאף לדעת מהרשד"ם דאסור לחכם שכתב פסק לדון אותו נידון, אם עבר ודן אותו נידון להבע"ד עצמם, דינו דין, מהר"ם עוזיאל הביאה הרב דבר משה›.

הגה: ודוקא שיודע הדיין שיהיה דיין בדבר -

{פירוש, ויודע ג"כ שבע"ד השני יצטרך לעמוד לפניו, וכ"כ בהדיא שם המהרי"ל, ואז לא ישמע לכתחילה, שמא לא יהא ניחא להשני, שידון בדבר שכבר שמע טענה של שכנגדו, וגם כשיודע שיהיה דיין בדבר, נכנסו דבריו באזניו, **משא"כ** כשאינו יודע שיהיה דיין בדבר, מותר לו לשמוע, **ואח"כ** לא ידון אא"כ נתרצה גם השני לדון לפניו אף שכבר שמע}. ‹**ולפי** האורים דלעיל, היינו אפי' בלא קנין›.

אבל אם שמע טענת האחד ואחר כך נתרצה השני לדון לפניו, מותר להיות דיין בדבר (תשובת מהרי"ל) - {והשתא אתי שפיר מש"כ מור"ם ז"ל, אבל אם שמע טענות האחד ואח"כ כו', דקשה דאין לשון זה דבר והיפוכו עם מש"כ לפני זה, והל"ל: אבל אם אינו יודע שיהיה דיין מותר לשמוע, **אלא** ודאי השמיעה מצד עצמה לית בה איסור, אלא במה שהוא דיין ויצטרך הלה לעמוד לפניו הוא דאסור, וע"ש בתשובת מהרי"ל}.

[**דברים** אלו אינם מבוארים היטב בסמ"ע, ואבארם כפי משמעות תשו' מהרי"ל, שכתב, שאם שמע דברי בע"ד ולא ידע בשעת השמיעה שיהיה דיין, ונעשה אח"כ דיין ברצון, דמ"מ לא עבר הרב בלא תשא, כיון ששמע בשעה שלא היה יודע שיהיה דיין. **וה"נ** קאמר רמ"א, דלא תימא דאע"פ שהשמיעה היתה בהיתר, מ"מ אם אח"כ

נעשה דיין, יהיה למפרע עליו איסור מחמת השמיעה כיון שמוזהר הדיין בלא תשא, קמ"ל דכל שאין איסור בשעת שמיעה, שוב אין כאן איסור מחמת הדיינות].

‹**ומי** שהוא דיין קבוע, מהנכון ליזהר שלא לקבל דברים מאדם דרך סיפור, כשמבין הדיין שיש לו דין תורה בזה, ויכול לומר להמספר לו: דע לך שבשמעי המעשה ממך א"א לי להיות דיין בדבר – ערוה"ש›.

(**כתב** כנה"ג וז"ל, איסור זה מדאורייתא, הרד"ך והרשד"ם בשם מהר"י פורמון. **וכתב** הראנ"ח דאין חילוק בזה בין דיין יחידי או ב"ד השוה לשניהם לברורים שזה בורר לו אחד וזבל"א וכו'. **ועיין** עוד בכנה"ג, דדוקא לכתחילה, אבל בדיעבד אינו פסול, מהריב"ל רשד"ם, וכן מוכיחין דברי הסמ"ע, ‹היינו אם נתרצה השני וכדמבואר מדבריו›. **וצ"ע** אם חולקין על הרד"ך שסובר שאיסור זה מדאורייתא, ולדידיה אפשר שאפילו בדיעבד פסול, עכ"ל. **ועיין** בספר ארעא דרבנן שכתב בפשיטות, דמדברי מהריב"ל דכתב דדוקא לכתחילה אבל בדיעבד אינו פסול, נראה שחולק על הרד"ך, וס"ל דאין האיסור אלא מדרבנן, דהא בדאורייתא אין חילוק בין לכתחילה לדיעבד, עכ"ד. **ובהגהות** עפרא דארעא שם כתב, דפשוט כדברי הרד"ך דאיסורו מדאורייתא, דהא ילפינן לה מקרא, **ומדברי** מהריב"ל אין ראיה, שהרי מצינו אין דנין בלילה דאיסורו מן התורה, ואף על פי כן הרבה מהפוסקים סוברין דבדיעבד דינו דין, וכן טבילת גר בלילה אף על גב דמשפט כתיב ביה כו', ע"ש. **עיין** בספר ברכי יוסף, מענין זה אי בדאורייתא איכא לאפלוגי בין לכתחילה לדיעבד).

(**ושם** כתב תוכחת מגולה על הדיינים שאין נזהרים בזה, ושומעים בע"ד אחד לבדו הבא אל ביתם, והביא דברי הזוהר פרשת וישב דאיתא שם, כל דיינא דקביל מבר נש מלה עד לא ייתי חבריה, כאילו מקבל עליה טעווא אחרא למהימנותא כו' ‹כל דיין מקבל דברי טענותיו של אדם עד שלא יבא חבירו בעל דינו, נחשב כאילו מקבל עליו אלהים אחרים להאמין בו ולעובדו›. **וכתב** ומאנה הנחם נפשי ע"ז, וכיוצא בזה שראיתי לאיזה מורים, וכבר ארז"ל: כל פירצה שאינה מן הגדולים אינה פירצה).

(**וכתב** עוד ברכי יוסף, אף אם הבע"ד אחד אומר לדיין טענותיו וטענות חבירו, אסור לשמוע, ולזה איצטריכו תרי קראי, מדבר שקר ושמוע בין אחיכם. עדות ביהוסף, והדין דין אמת ופשוט מאד, ע"ש).

(**עיין** בתשובת זכרון יוסף שכתב, דודאי מותר להדיין לשמוע בדרך קובלנא היולי וחומר אופן התביעה, אמנם לא צורתה ואיכותה ומהותה על גדר מרכז הויתה. **על** דרך משל אם קיבל אחד לפני מי שיודע שיהיה דיין בדבר, קבען פלניא, אסור לחקור ולומר לו איך קבעך ובמה ומתי קבעך ובפני מי וכדומה לזה כו'. **ומיהו** מלשון מהרי"ל שהביא בד"מ, משמע קצת דאפילו קובלנא בעלמא אסור לשמוע, עכ"ל, ע"ש).

ולא יכתוב שום הכם פסק לאחד מבעלי הדינין בדרך אם כן – ‹פי' א"כ הוא כאשר אמר לפני בעל דין זה, אז הדין כן הוא – באר הגולה›, **או שיכתוב לו דעתו בלא פסק, כל זמן שלא שמע דברי שניהם, שמא מתוך דבריו ילמדו לשקר; גם משום שאח"כ יטעון השני בדרך אחר ויצטרך לכתוב להיפך, ואיכא זילותא לחכם.**

(**עיין** בתשובת רמ"א, שהתנצל עצמו שהשיב לאחד מתלמידיו לענין דינו אודות ירושת אשתו, אף כי נאמר שמוע בין אחיכם, מ"מ שאני כאן כי אין זה תלוי בטענה שבין איש לחבירו, רק בדיני נחלות, ואין חילוק בזה בענין טענה כו', ע"ש עוד. **ועיין** בתשובת שבות יעקב שעשה סמוכות לדבריו, וכתב דהמקרא מסייע קצת, שנאמר ותקרבנה בנות צלפחד כו', תנה לנו אחוזת נחלה כו', ולא נזכר שאחי אביהם טענו נגדם, ואעפ"כ שמע משה ואהרן והזקנים דבריהם לפסוק להם הדין ע"פ שאלתם).

(**וע"ש** עוד שכתב דהרבה אחרונים צידדו להקל בכל ענין להשיב להשואל לבדו. **וכ"כ** בכנה"ג, אכן דעתו לאסור, וכן העליתי בספרי משפטי יעקב שכן עיקר, וכ"ש בדורות הללו שאין ידינו תקיפה לכוף לדון בדיני ישראל, יש לחוש דאם יאמר לו הדין אפילו בעל פה, ויראה שלא יזכה בדינו, ישמיט עצמו מד"ת, לכן הירא וחרד ימנע עצמו שלא להשיב כלל לשואל לבדו, ע"ש).

(**ושם** השיב לצד אחד בענין מי שביזה לת"ח, וכתב הגם שאין להשיב לאחד מן הצדדים, אמנם כבר הזהירו חז"ל דאסור לשמוע זילותא דצורבא מרבנן ולשתוק, ובודאי ראוי להפך בזכותא דצורבא מרבנן. **גם** בתשובת מהרש"ל מתיר כה"ג להפוך בזכות על אלמנה אחת, אם השאלה רחוקה ממנו ולא יהיה דיין בדבר. **ובתשובת** הרשד"ם

כתב, דבאפרושי מאיסורא אפי' מדת חסידות ליכא, ואין לך אפרושי מאיסורא גדול מזה, דהרי הוא כאפיקורס המבזה חבירו בפני ת"ח, מכ"ש המבזה ת"ח עצמו, וכן נראה ראיה מש"ס גיטין דף ז', שלח מר עוקבא לר' אלעזר בני אדם העומדים כו', הדבר יצא מפי ר"א כו', עכ"ד ע"ש).

(**ועיין** בתשובת עבודת הגרשוני שהשיב לצד אחד בענין באיזה מקום ידונו, וכתב הגם שגדולי ראשונים לא היו משיבים בדיני ממונות לאחד מן הצדדים, מ"מ בנידון דידן אם אין אנו משיבים להתובעים, לא ישיגו לברירת דיינים, כי על דא הם מידיינים, ויהיה שורת הדין נלקה כו', ע"ש. **וכן** עשה מעשה בתשובת שב יעקב, ע"ש, גם בתשובת מים חיים, ע"ש).

(**ועיין** עוד בתשובת עבודת הגרשוני שכתב, דבתשובת מהר"ם פדואה כתב, דבדבר שיש בו דררא דמצוה, אין לחוש לחששא זו כו', ועל זה סמך גם הוא ז"ל, והשיב לאחד מן הצדדים לפי שהיה שם דררא דמצוה לבל ינתק ויתפרד השידוך מיתומה אחת, ע"ש).

(**ועיין** בתשובת מעיל צדקה, דמתחילה פקפק ומתמה על האחרונים שסמכו להקל בענין זה, לחלק חילוקים מלבם היכא שהשואל בדוק להנשאל שכונתו לידע האמת אתו או לא, ואין כונתו ח"ו ללמוד לשקר, וכן היכא שיש בו דררא דמצוה כו', אחרי שזה האיסור נובע מהזהרות דאבות העולם, שאמרו: אל תעש עצמך כעורכי הדיינין, וכמ"ש רש"י בשם מר יהודאי גאון ז"ל כו'. **אמנם** מסיים, עם כל זה אמינא פוק חזי רבני קשישאי דסמכי להשיב למי שהוא בדוק להו כו', ע"ש).

וכן הבעל דין מוזהר על כך - {דמאי דכתיב: לא תשא שמע שוא, דרשינן נמי "לא תשיא"}.

ותלמיד שיש לו דין לפני רבו, לא יקדים לבא קודם בעל דינו, שלא יהא נראה כמקדים כדי לסדר טענותיו שלא בפני חבירו - {עיין פרישה, שם כתבתי דהב"י כתב, דדוקא נקט תלמיד, שיש חשד שיסדר טענותיו לפני רבו מאהבתו אותו, **ואני** כתבתי, די"ל דלרבותא נקט תלמיד, אע"פ שאיכא למימר שהלך שם ללמוד, דלפעמים לומד רבו עמו בשעה שהוא פנוי אף בשעה שאינו קבוע לו, אפ"ה אסור, וכל שכן אחר שאין לו עסק אצל הת"ח הדיין, שיש חשד בכניסתו אצלו לבדו}. ‹ואם אירע שבא קודם, לא ישב אצל הדיינים - ערוה"ש›.

ואם יש לו עת קבוע לבא ללמוד לפניו, ובא העת ההיא, מותר.

סעיף ו - כשם שהדיין הלוקח שוחד אפילו לזכות את הזכאי עובר בלא תעשה, כך הנותן את השוחד עובר בלא תעשה דלפני עור לא תתן מכשול.

סימן ט ס"א - מאוד מאוד צריך הדיין - (לאו דוקא דיין אלא ה"ה נאמנים על הצבור אף שאין דיניהם דין תורה), **ליזהר שלא ליקח שוחד** - {ובפרישה כתבתי, דמשום דחמדת ומשיכת האדם אחר הממון, הזהיר באזהרה כפולה וכתב מאד מאד, ואב לכולן מה שהזהירו חכמי המשנה בלשון זה, ואמרו: מאד מאד הוי שפל רוח, מפני שטבע האדם למשוך אחרי הגאוה}.

‹נ"ב ואף לאחר שדן הדין, ובא הבע"ד ליתן לו מתנה על שהיפך בזכותו, אסור לקבלו, לקמן סי' ל"ד ס' י"ח בהגה - רעק"א›.

אפי' לזכות את הזכאי - {כן הוכיחו בגמ' דכתובות דמדכתיב: ושוחד לא תקח, דאילו להטות משפט כבר הוזהר ע"ז כמ"ש: לא תטה משפט, לא תעשה עול במשפט. **והטעם** מפורש בקרא שנאמר: כי השחד יעור, ודרשו רז"ל "שחד" נוטריקון "שהוא חד", ר"ל הנותן והמקבל נעשים גוף אחד, וא"א להשמר שלא יטה אחריו, **וכיון** דאסור לקבלו מחד, אסור ג"כ לקבל מתרווייהו בשוה, ואפילו משניהן יחד, אף על גב דלא שייך שם האי טעמא, וכמ"ש בדרישה, ע"ש}.

ואם לקחו, צריך להחזירו, כשיתבענו הנותן - ‹שיאמר שלא מחלו לו, אלא שירא ממנו שלא יקלקל דינו לכך נתנו לו›. {**אבל בלא תביעה א"צ להחזירו**, כיון דלא קיבלו אלא מרצון הנותן, וכדי לזכות את הזכאי}, ‹שודאי בלב שלם נתנו לו ומחלו לו - לבוש›.

(**ועיין** בתשובת שבו"י, מבואר שם דאף אם לא תבעו זמן רב, כל שלא מחלו לו בפירוש יוכל לתבעו כל זמן שירצה. **אך** כל זמן שלא תבעו אין הב"ד נזקקין לו, רק אם רוצה לצאת ידי שמים ולשוב בתשובה, אזי צריך להחזיר אף אם אינו תובעו, ע"ש. **אבל** מפשט דברי הרמב"ם ומרן שכתבו צריך להחזיר כשיתבענו, משמע אף בבא לצאת

ידי שמים אינו חייב להחזיר השוחד מעצמו בלי שיתבענו, דעל הרוב מחל לו, משא"כ בריבית, **וטעמא**, דגבי ריבית לא מהני מחילה בעת נתינת הריבית, ומשו"ה אף אם לא תבעו צריך להחזיר מעצמו, דהמחילה שמחל כשנתן לו לא מהני, **אבל** בשוחד המחילה שמחל בעת נתינתו מהני, וגם יותר מצוי דהשוחד נותנו ברצון גמור טפי מריבית, משו"ה כתבו דא"צ להחזיר רק כשיתבענו, דפשט הדברים משמע דמיירי במחזיר מעצמו כו').

{**ולא דמי לריבית, דכתיב ביה: וחי אחיך עמך, עליך להחזיר לו כדי לחיות בו**}.

[**אשתמיטתיה דברי רש"י פרק איזהו נשך וז"ל, ריבית קצוצה, וכופין אותו ב"ד להחזיר אם תובעו בחייו, עכ"ל, הרי גם בריבית בעינן תביעה, והא קמ"ל דיוצא בדיינין כשיתבענו**]. (**וכן** מבואר בב"ח, וכן הסכימו התומים ובספר שער משפט ובתשובת שבות יעקב).

[**ומעשה באחד שאין לו ממון רק מה שלקחו ממנו בריבית קצוצה ועדיין לא החזירוהו לו, ובא המלוה לקחת אותו ריבית מיד אותו האיש מדרבי נתן, ונ"ל דא"צ ליתן, כיון שאין כאן תביעה מן הלוה שיחזירם, אין כאן ממון כלל, דהרי בעינן תביעה כנ"ל, ועוד ראיה מיו"ד סימן קס"א, דכתב שכופין אותו לקיים עשה דוחי אחיך עמך, אהדר ליה כי היכי דניחי, וכאן לא מטי הריבית ללוה שיוכל להחיות עצמו, ע"כ אין מוציאין מדרבי נתן, וק"ל**].

(**ועיין** בתשובת אא"ז פנים מאירות שחולק על הט"ז בזה, וכתב וז"ל, ולפענ"ד לא ברירא לי האי הוראה, דכיון דנכסיו נשתעבדו למלוה, כל זכות שתבוא לידו נשתעבד, ואין בידו למחול כהיום, **ואף** דמחל בשעת נתינת הריבית, מ"מ כיון דהתורה לא מחלה ובידו לתבוע, אם כן הוי כאילו המלוה בעל דבר של מי שלקח ריבית, והוא מוכרח לתבוע. **ומאי** דקאמר דלא בא לחיותו של לוה, לא ידענו, חדא דאין זה המעות של לוה כלל. **ועוד**, אם חסה התורה על חיותו של גופו של לוה, ק"ו שחסה תורה על נפשו ונשמתו שלא יקרא לוה רשע ולא ישלם, עכ"ל. **גם** בתשובת שבו"י שם כתב שבספרו משפטי יעקב השיג על הט"ז בדין זה, ע"ש. **ועיין** בספר ברכי יוסף שכתב, דכפי דברי האחרונים דפליגי על הט"ז, ה"ה נמי אם אחד שנתן שוחד לדיין, ואין כל מאומה בידו רק אותו השוחד שנתן לדיין, והנושה בא לקחת את השוחד ההוא מדרבי נתן, דצריך הדיין ליתנו, וכופין הבע"ד שיתבענו מהדיין, דפריעת בע"ח מצוה וכופין אותו, **ומאחר** דכדי לפרוע לבע"ח יש לו לקבל הגזל והריבית אף דבזה בעלמא אין רוח חכמים נוחה הימנו, ה"ה נמי דאם המלוה לא מצא לגבות כי אם משוחד או ריבית, צריך ליתנם, והלוה או נותן השוחד צריכים לתובעו ודלא כהרב ט"ז. **וכתב** עוד, אך כל זה בסתם, שהלוה או נותן השוחד אינם טוענים כלום, אמנם אם הם טוענים שמחלו השוחד או הריבית אחר נתינתו מחילה גמורה בינם לבין קונם, בזה צריך להתישב אי מהימנינן להו בדיבורם להפסיד למלוה שלהם כו').

וכשם שהלוקחו עובר בלא תעשה, כך הנותנו עובר בלפני עור לא תתן מכשול - (ועיין בחות יאיר, טעם למה לא כתבה תורה לאו בנותן שוחד כמו בריבית, ע"ש).

ולא שוחד ממון בלבד - ‹דא"כ הוה ליה למכתב בצע לא תקח - לבוש›, **אלא אפילו שוחד דברים** - {בפרישה כתבתי דר"ל שוחד ענינים, כמו ההוא דנטל גדפא מהדיין, או כיסה רוק שלפניו, וכן משמע בגמ'. **מיהו** אפילו שוחד דברים ממש ג"כ אסור, כמו להקדים לו שלום, ולא היה דרכו להקדים לו שלום, וכל כיוצא בזה, וכמו שאסרו דברים כאלו באיסור ריבית}.

וכל דיין ששאל שאלה, פסול לדון לזה שהשאילו - ואי עביד לאחשובינהו שפיר דמי, טור. ‹**אם** הוא באופן שהשכנים מתהנין ביה במה שהוא שואל מהם, שיש להם חשיבות לשכנים, ומתחשבים בעיני הבריות שהחכם יש לו עסק עמהם, אפילו אינו חוזר ומשאילם, כשר להם, ואפילו מדת חסידות ליכא להרחיק מדינא - לבוש›.

במה דברים אמורים, כשלא היה לו לדיין להשאיל, אבל היה לו להשאיל, כשר, שהרי גם זה שואל ממנו - {פירוש, אפילו לא השאילו עדיין, כיון דיש לו להשאיל, אז שאלתו ששאל ממנו אין עליו תורת שוחד, שהרי גם זה יכול לשאול ממנו כשירצה, כן מוכח מלשון הגמ'}. ‹**שמה** שמשאילים לו אינו אלא פירעון על מה שמשאיל הוא להם - לבוש›.

הגה: ודוקא ברגיל לשאול ממנו, אבל באקראי בעלמא, ולא מוכח שעושה משום הדין, לא.

(**ועיין** בב"ח מחלוקת הראשונים אי שוחד דברים פסול מדינא או רק ממדת חסידות, ומתבאר מדבריו דהא דכל דיין ששאל שאלה כו', לכו"ע פסול מדינא, ע"ש. **גם** בספר ברכי יוסף האריך בזה, וכתב בסוף, דאף שמהר"י בן לב נראה כמסתפק קצת אי הא דשאיל שאילתא חמיר טפי מהנך, מ"מ מהריק"ש בתשובותיו כתב עליו דמלישנא דהגמ' והטור, הדבר ברור דבהא פסול אפילו בדיעבד, וכן משמע מדברי הרב חקות הדיינים, וכ"כ הב"ח ובתשובת דבר שמואל, ע"ש. **וכתב** עוד בשם הרב חקות הדיינים, דיש מי שאומר דכל הני דלאו מדינא רק מתורת חסידות, זהו בדליכא אחרינא בהדיה, אבל אם היה דיין אחר עמו, אפילו מדת חסידות ליכא, ע"ש).

(**עיין** בספר ברכי יוסף שהביא דבתשובת דבר שמואל נשאל, ברופא חנם הרגיל אצל הדיין ומרפאהו תמיד, ובא לפניו לדין עם בעל דינו, אי שרי ליה למידייניה. **והשיב**, שאם הוא מרפאהו בחנם יש בו לתא דשוחד, כדיינא דשאיל שאילתא, **אך** יש לחלק בין כשהיה רופאהו כבר מקודם טרם יצטרך לדון לפניו, ובין כשהתחיל לרפאותו בזמן הדין או סמוך לו לפניו או לאחריו, **שאם** היה דרכו בכך מקדם, ואח"כ נולדה התביעה בין הבע"ד, כשיתמיד מנהגו ברפואת הדיין, לא מיפסיל בהנאה זו משום שוחד, **ושמא** ה"ה נמי ברגיל מקודם לשאול כלים ואח"כ נתמנה לדיין, דאף שיאחז דרכו לשאול, אפשר דלא פסיל משום שוחד, וילפינן לה ממש"כ ביו"ד סימן ק"ס, שהנאת הלוה שהיה עושה מקודם מותרת כו', **אבל** מחמת האהבה שיש בין הדיין והרופא אותו בחנם מקודם, אסור לכתחילה לדונו. **ואם** הוא רופא בשכר, הנה מקום לומר דמדת חסידות לסלק עצמו, אך אין כח בבעל דינו לפוסלו, זה תורף דברי הרב דב"ש. **והוא** ז"ל פקפק עליו, וכתב דמה שצידד הרב כשהיה מרפאהו מקודם, וכן ברגיל מקודם לשאול כלים, לא פסול משום שוחד, לא נהירא לי כו', וכן משמע מלשון הטור דקאמר, כל דיין שצריך לשאול כלים משכיניו פסול, משמע בשגם עתה בזמן הדין אין בידו כלים מושאלים, כל ששאל וצריך לשאול פסול, וכן משמע מדברי רש"י כו').

(**עיין** בתשובת חות יאיר בענין אי גם בנותן שוחד לשופט בן נח שייך לפני עור, היותו מצווה על הדינין כו', ובתומים כתב לחלק, כיון דבן נח מותר לדון לקרובים, אף על שוחד אינו עובר, ע"ש. **ועיין** בספר דברי משפט שפקפק עליו, ושוב הביא דברי הרמב"ן פרשת וישלח, דכתב בשם ירושלמי דאף בן נח מוזהר בלא תקח שוחד, ע"ש, וא"כ אין היתר. **גם** בליקוטי שו"ת חתם סופר כתב מענין זה, ומסיק שם דלית דין ולית דיין להתיר לתת שוחד לבן נח להטות לו משפט ח"ו, מלבד עולה דהנותן עצמו, שרוצה לעשות עול עם שכנגדו ומזה לא עסקינן, אך אנן עסקינן בהא דעבר על לפני עור, שמכשיל השופט הזה שמקבלו וגורם לו לעוות משפט צדק, **ואפילו** יתנהו לאחר כגון לאוהבו של השופט וכדומה, שיתן לזה בחריקתו להטות לו משפט, ג"כ עובר על לפני עור, ולא שייך כאן לפני דלפני כו', **אך** לפעמים היה מותר, כגון בדורות הקודמים ובארצות רחוקות שלא היה משפט ישר בארץ, ורוב פעמים היה הישראל יודע ברור שהדין עמו, ושכנגדו מודה, או שידוע ומבורר שהוא חייב לו, אלא שקשה להוציא חובו מיד העובד כוכבים הלוה, והשופט מתרשל ומרחם על העובד כוכבים שהוא בעל דתו, וסובר שעשה מצוה בזה שלא לנגוש העובד כוכבים עבור ישראל, **בזה** היה מותר ליתן שוחד להשופט לעשות משפט צדק, ולא מיבעיא דלא היה הישראל עובר על לפני עור, אדרבה מצוה היה עביד, דלולא שוחד שלו השופט מטה משפטו של ישראל, והיה עובר על ז' מצוות שלו, ועכשיו ניצול מזה, בשוחד כזה וכיוצא בו מיירי בשו"ע חו"מ סימן קע"ו סעיף כ"ח, ומכל שכן בש"ס גיטין כ"ח ע"ב כו', ע"ש).

(**ועיין** בספר ברכי יוסף, בדיין שנתמנה מכח השררה, והוא רודה במקל וביד חזקה הוא שופט כרצונו, ובאו לדון לפניו ראובן ושמעון, ודחה דינם עד למחר, וראובן ירא שמים ונודע לו כי שמעון בעל דינו אמר לדיין לתת לו שוחד שיטה את הדין ונתרצה, ואם הוא יקדים לתת שוחד יהא מוצל מאש בעל דינו, **ע"כ** שאל ראובן אם מותר לו לתת שוחד לדיין הנ"ל לזכות את הזכאי, כיון שהדבר ברור שאף אם הוא לא יתן, יקח הדיין שוחד משמעון, תו ליכא לפני עור, דבלא"ה בדין זה עצמו הדיין לוקח שוחד, וגם כי עי"ז יציל להדיין מהטות משפט, ואת שמעון מגזל, **והאריך** בזה, ומסיק דאין שום היתר בזה, ע"ש ומש"כ בפת"ש ליו"ד סימן ק"ס סק"א).

סעיף ז – אסור לטעון שקר בכל ענין, ואפילו אם יודע בעצמו שהוא זכאי, ואם יטעון האמת יתחייב בדין, מכל מקום לא יטעון שקר. **הכי** איתא בגמרא, תנו רבנן מנין לנושה בחבירו (פירוש שהלוה לחבירו) מנה, שלא יאמר אטעננו במאתים כדי שיודה לי במנה, ויתחייב לי שבועה, ואגלגל עליו שבועה ממקום אחר, תלמוד לומר מדבר שקר תרחק. **מנין** לנושה בחבירו מנה וטענו מאתים, שלא יאמר הלוה אכפרנו בבית דין, ואודה לו חוץ לבית דין, כדי שלא אתחייב לו שבועה, ולא יגלגל עליו שבועה ממקום אחר, תלמוד לומר מדבר שקר תרחק. **מנין** לשלשה שנושין מנה באחד, שלא יהא אחד בעל דין ושנים עדים, כדי שיוציאו המנה ויחלקו, תלמוד לומר מדבר שקר תרחק.

אסור לטעון שקר כדי לעוות הדין או כדי לעכבו, אף על פי שהוא זכאי, כגון מי שהיה נושה בחבירו מנה, לא יטעננו מאתים כדי שיודה במנה ויתחייב שבועה, ויגלגל עליו ממקום אחר. **היה** נושה מנה וטענו מאתים, לא יאמר אכפור הכל בב"ד ואודה לו במנה בינו לביני, כדי שלא אתחייב לו שבועת התורה. **היו** שלשה נושים מנה באחד וכפר בהן, לא יהיה אחד תובע ושנים מעידים, וכשיוציאו ממנו יחלקו. **היה** טוענו מנה ע"פ עד אחד וכפר בו, לא יאמר לאחד בוא אני ואתה ונעידנו ונוציא גזילה מתחת ידו. **כל** זה מתבאר מהש"ס פרק שבועת העדות דף ל"א. והתוספתא דשבועות פ"ה ה"ב, ורמב"ם סוף הלכות טוען ונטען, וסמ"ג עשין ק"ז. **ולא** ידעתי למה לא הזכירו הטור והמחבר בשום מקום דינים אלו - ש"ך חושן משפט סימן עה ס"ק א'.

סעיף ח – לפעמים הבעלי דינים בוררים להם אנשים שיעשו פשרה ביניהם, אם בצירוף הבית דין או שלא בבית דין, ודבר זה הגון הוא, שכל אחד הוא מצדד בזכותו של זה אשר בחרו, ויצא הפשר כראוי, **ודוקא** לצדד בדרך הישר, אבל חלילה לו לעוות את הפשר, שכשם שמוזהרין שלא להטות את הדין, כך מוזהרין שלא להטות את הפשר.

סימן יב ס"ב - מצוה לומר לבעלי דינים בתחלה: הדין אתם רוצים או הפשרה; אם רצו בפשרה, עושים ביניהם פשרה - {עיין דרישה שהוכחתי, לפי מאי דקי"ל דמצוה בפשרה, צריך הדיין להסביר לבעלי דינים שבפשרה נוח להם, ולדבר על לבם אולי יסכימו על הפשרה, וכן היא ג"כ כונת המחבר במ"ש שאומר להם הדין אתם רוצים, ר"ל במה שבאתם לפנינו לדון, אם כונתכם דוקא אדין או הפשרה, כי כן הוא נכון לעשות פשרה, ע"ש}.

[**כתב** מהר"ל מפראג, מדאמר רב הונא אי דינא בעיתו אי פשרה בעיתו, נראה שאין לרדוף כל כך אחר הפשרה, רק דאמרי להו אי דינא בעיתו כו', עכ"ל], ‹דכן משמע הלשון, או דין אתם רוצים וכו', דמשמע דשניהם שקולים לדיין, ואין אחד עדיף מחבירו, והוא נכון – אורים›.

וכשם שמוזהר שלא להטות הדין, כך מוזהר שלא יטה הפשרה לאחד יותר מחבירו - {שנאמר: צדק צדק תרדוף, אחד לדין ואחד לפשרה}. ‹נ"ב וכשם שבהטיית דין אם טועה בדין חוזר, ה"נ בהטיית פשרה אם טועה בפשרה חוזר, כנה"ג בשם מהרי"ט - רעק"א›.

(**ועיין** בתשובת שבות יעקב אודות הפשר שנעשה בקנין בין ראובן לשמעון שותפו, ועתה מערער ראובן על הפשר לפי שנכוה ברותחין, כגון בשביל השבועות שהיה הוא חייב לשמעון, עשו פשר שיפדה בממון הרבה, ועל השבועות שהיה חייב שמעון לא עשו כל כך, ואיזה שבועות ויתרו לגמרי, הרי שהיטו הפשרה לצד שמעון יותר, והוי כפשר בטעות וחוזר. **ועוד** טען ראובן לבטל הפשר, לפי שמבואר בהקנין שדייני הפשר יעשו פשרה רק על אודות השבועות שביניהם, ולא לזולתן מה שמבואר בהחלט בפסק דין, והם עשו פשר גם על זה, נמצא שהפשר בטל. **והשיב** דטענה א' של ראובן לאו כלום היא לבטל כח הפשר שנעשה בקנין, ודייני הפשר יכולין לתרץ דבריהם, שכפי ראות עיניהם לא היה אפשר לראובן לישבע על דבריו עד שצריך פדיון הרבה לשבועתו, משא"כ שמעון היה יכול לישבע באמת, וכה"ג יכולין לתרץ בכמה אנפי, ודבר המסור ללב נאמר בו ויראת מאלהיך, וכל כמה דלא מברר שלקחו שוחד להטות כח

{סמ"ע} [ט"ז] ‹רעק"א או ש"א או הוספת הסבר› (פת"ש)

הפשר, נשאר הפשר בתקפו ואין אחר הקנין כלום. **וטענה** הב', הא ודאי שיכול לבטל מקצת הפשר, מה שנעשה בענין זה שמוחלט בפסק דין בלי שום הטלת שבועה, **אך** לא משום זה יבטל שאר כל הפשר מה שנעשה בענין שבועות שביניהם, דלא אמרינן בכה"ג שטר פשר שבטל מקצתו בטל כולו כו', **וכ"כ** להדיא בתשובת מהר"ם טראני, דבמה שטעו הפשר בטל, ולא במה שלא טעו, **אך** אם יטעון ראובן שכל הפשר תלוי זה בזה, דלכך חייבו אותו ע"פ הפשר בכמה דברים לפי שזיכו אותו מצד אחר באיזה דברים שמבואר בפסק דין להדיא לחובתו, ועכשיו שזה בטל גם זה בטל וכיוצא בו, אזי אפשר לבטל הפשר מכל וכל, מ"מ הדבר צריך מיתון ועיון היטב כו', עכ"ד).

(**וע"ש** בשבות יעקב עוד, שנשאל מדיין אחד שקיבלו אותו שני צדדים על סך שלש מאות ר"ט לפשר ביניהם בפשר שקרוב לדין, כיצד ינהוג עצמו בפשר בזה שהדין נותן שמחויב לשלם כל הסך, כיצד יעשה לצאת י"ש. **והשיב** כי סתם פשר הוא מלשון פושרין לא קר ולא חם, וכדאמרינן בב"ב דייני חצצתא, פירש"י דייני פשרה שחולקין הדבר והוא מלשון מחצה, כן הוא ע"פ הרוב, **אלא** דמ"מ יש רשות ביד הפשרן לעשות כפי מהות הדבר לפי ראות עיניו לעשות שלום בין הצדדים בלי נטיית צד, **ובנידון** זה שקיבל לעשות פשר קרוב לדין, נ"ל דפחות שליש מיקרי קרוב לדין, דהיינו אם חייב ע"פ הדין שלש מאות, יפשר בשתי מאות, שליש פחות, וזה מיקרי קרוב, ומביא שם כמה סמוכות לזה, **ומסיים**, אך עכ"פ לא יהיה זה שיעור מוחלט שלא לפחות מזה, ואם יראה בעיניו שבדבר מועט יכול לפשר בעל דינו בענין שיהא שלום ביניהם, ודאי טפי עדיף, כיון שע"פ הדין זוכה לגמרי. **כלל** הדבר הכל תלוי בראות עיני הפשרן, ועכ"פ לא יותר משליש שחייב או פטור ע"פ הדין, כי פחות משני שלישים מיקרי רחוק, ע"ש).

וכל בית דין שעושה פשרה תמיד, הרי זה משובח - {בגמרא ובטור יליף לה מדכתיב: אמת ומשפט שלום שפטו בשעריכם, איזה משפט שיש בו שלום, זו פשרה}.

במה דברים אמורים, קודם גמר דין, אף על פי ששמע דבריהם ויודע להיכן הדין נוטה, מצוה לבצוע - {ואין בזה משום מטעה לחבירו, כי נוח לחבירו שיוותר מה לבעל דינו, כדי שיתווך השלום ביניהם}.

אבל אחר שגמר הדין ואמר: איש פלוני אתה זכאי, איש פלוני אתה חייב, אינו רשאי לעשות פשרה ביניהם - {פירוש, שוב אסור לומר לזכאי עשה פשרה עמו, כי ירא אני שמא טעיתי ודיינים אחרים יהפכו את דיני}. ‹נ"ב ואם אחר כך עשו פשרה בקנין, אז הפשרה בטילה, דהוי כטועה בדבר משנה - רעק"א›.

(**והב"ח** כתב דיש להחמיר כהתוספות (בסנהדרין דף ו' ע"ב שכתבו, כגון שכבר דקדקו בדין היטב, וכמו גמרו את הדין, דלא מיחסר אלא איש פלוני אתה חייב, דכיון דנתברר כ"כ אין להטעותו כו', ועיין במהרש"א שם). **ולא** נהירא דהא מצוה לבצוע, וכן נראה עיקר כרוב הפוסקים.

(**ובספר** ברכי יוסף כתב עליו וז"ל, מש"כ הש"ך דהא מצוה לבצוע, קצת קשה, דהא לדעת התוס', כל שהדין ברור להם כל הצורך אינו רשאי לבצוע, ואיסורא איכא כו', **ואנן** מסתברא לן כהרב ב"ח, שהרי ר"י ורשב"א ואור זרוע והאגודה ורבינו יונה והר"ן והגמ"י, שבעה רועים, כולהו סברי דכל שהדין ברור להם, ואין מחסור אלא לומר איש פלוני כו', אסור לבצוע, ונכון להחמיר כמ"ש הב"ח, עכ"ל. גם בפרישה כתב דכן פסק מורו רש"ל, ע"ש).

מדברי התוספות פרק מרובה ופרק שנים אוחזין מבואר להדיא, דמיד שאמר איש פלוני אתה חייב לו, אף על פי שלא אמר צא תן לו, הוי גמר דין, וכן נראה להדיא מדברי הנ"י בשם המפרשים. **אכן** בסמ"ג מבואר להדיא, שאין זה גמר דין עד שיאמר צא תן לו, ע"ש.

כתב בשלטי גבורים ‹בשם ריא"ז› וז"ל, נראה בעיני שאין כל הדברים הללו אמורים אלא כשדיינים רוצים להטיל פשרה כפי הנראה בעיניהם, שלא מדעת הבעלי דינים, **אבל** אם הם מודיעים להם טיב הפשרה ומפייסים אותם עד שהם מתרצים למחול אחד לחבירו, או לתת אחד לחבירו דבר ידוע, אפילו אחר גמר דין ראוי לעשות כן, **ובלבד** שלא יהא שום צד הכרח בדבר, אלא פיוסים ופיתויים, וזו היא מצוה גדולה והבאת שלום שבין אדם לחבירו, ע"כ.

(**ועיין** בספר ברכי יוסף שכתב עליו וז"ל, גם הרב כנה"ג כתב ומנהגינו כדברי ריא"ז ע"ש, **אבל** בארץ הצבי

ובארץ מצרים לא נהגו כך, וגם משמעות הפוסקים דלא כוותיה, ומה גם לשון הרמב"ם ומרן כו', וכ"כ הב"ח, וסיים דליתא להא דהש"ג ע"ש, וכן משמע מלשון האגודה פ"ק דסנהדרין כו', עכ"ל. **גם** בתומים פקפק על הש"ג ע"ש, **ועיין** בנה"מ מזה), ‹וז"ל: וטעם השלטי גבורים נראה, דדוקא פשר שהבעלי דינים מתרצין שהדיינים יעשו פשר לפי דעתן, כיון דהבעל דין יודע שהוא זכאי, כל מה שמגרעין מזכותו נראה כהטיית פשר, **אבל** פשרה שמפייסין הדיינין למחול סך כך, מותר. וכן מסתבר, דמהיכי תיתי יהיה אסור לפייס לאחד שימחול לחבירו. וכן כל הסוגיא דפשרה בג' גם כן על כרחך מיירי בהכי, דהפיוס ודאי אף ביחיד סגי – נה"מ›.

אבל אחר שאינו דיין, רשאי לעשות פשרה ביניהם שלא במושב דין הקבוע למשפט – {כי מה שנעשה לפני הדיין, הוה כאילו הוא עשאו בדעת הדיין ובהסכמתו}.

ואם חייבו בית דין שבועה לאחד מהם, רשאי הבית דין לעשות פשרה ביניהם כדי ליפטר מעונש שבועה - גם בכאן כתב הב"ח, דלהתוספות אין רשאי לעשות פשרה, ויש להחמיר כדבריהם, עכ"ד. ‹נ"ב אפיק תיבת דלהתוס', וכצ"ל דלפירוש רש"י היכי דאמרו איש פלוני אתה זכאי, אף בנתחייב שבועה אינו יכול לעשות פשרה – רעק"א›. **ואין** דבריו נכונים ע"ש, גם חומרא זו קולא היא, והעיקר כמו שכתב הטור.

(ואין בית דין יכולין לכוף ליכנס לפנים משורת הדין, אף על פי שנראה להם שהוא מן הראוי (ב"י בשם ר"י ובשם הרא"ש). ויש חולקים (מרדכי).

עיין ב"ח מה שכתב מזה ‹וז"ל: וכן נוהגים בכל בית דין בישראל לכוף לעשיר בדבר ראוי ונכון, ואף על פי שאין הדין כך, ואפשר דהר"ר ירוחם בשם הרא"ש נמי לא קאמר אלא באינו עשיר, **והיכא** דאין לזה הפסד ממון, אפילו באינו עשיר הוה ליה מדת סדום, דזה נהנה וזה לא חסר, והכל מודים דכופין... ופוק חזי מאי עמא דבר›.

(**וכן** משמע דעת הש"ך לקמן סימן רנ"ט סק"ג ע"ש. **ועיין** בתומים שכתב דהך כפיה היינו בדברים, שאומרים לו חייב אתה לעשות כן, ואם אינך שומע אתה עבריין, אבל כו"ע מודים דאין כופין בשוטים ונידוי וכדומה, כיון דאין שורת הדין כך כו', **ומעתה** י"ל דגם הרא"ש מודה לזה ואין כאן מחלוקת כלל, ע"ש, וכ"כ בתשובת שבות יעקב, **ודלא** כתשובת צמח צדק דמסיק להלכה דכופין ע"י שמתא, וזה אינו ע"ש. **ועיין** בתשובת חתם סופר, הזכיר שם דברי הצמח צדק הנ"ל, ומשמע קצת שמסכים עמו, ע"ש. **ועיין** בתשובת שב יעקב כתב על נידון דשם, דמה שרצה רב אחד לחייב הבע"ד משום לפנים משורת הדין ואפילו לכוף, ע"פ דברי הב"ח שכתב דנוהגין בכל ב"ד לכוף לעשות דבר ראוי ונכון כו', אין דעתי מסכמת עמו כלל, **חדא**, דהב"ח גופיה לא כתב כך אלא בעשיר כו'. **ועוד**, הלא רמ"א העתיק כל המנהגים, ובמקום שיש מנהג כתב וכן נוהגין, וכאן הביא שתי דעות, דעה אחת בסתם ואח"כ ויש חולקין, וידוע היכא שכתב כן, דעה ראשונה היא עיקר, **ואפילו** בדין גמור היכא דיש מחלוקת אין מוציאין מהמוחזק, ואפילו אחר הרוב דעות אין הולכין, דיכול המוחזק לומר קים לי, והכא הוא איפכא, דרוב דעות דפסקו דאין כופין הם עיקר כו', **ובפרט** בזה"ז ח"ו ליתן רשות לב"ד לילך אחר הסברות כדי לכוף להוציא ממון לפנים משורת הדין, ע"כ אין דעתי כלל עם הרב הנ"ל כו', עכ"ד. **ואפשר** דגם הוא ז"ל לא קאמר אלא לפי מה שנראה דעת הב"ח לכוף בשוטין או ע"י שמתא, אבל בדברים לבד גם הוא מודה, ובפרט היכא שנזכר בפוסקים שחייב לפנים משורת הדין).

‹**ומחלקותם** אינה אלא לענין כפייה גמורה, אבל בדברים הכל מודים שצריכים לכופו, כמו לומר לו שאתה מחוייב לעשות לפנים משורת הדין, וכהאי גוונא דברי תוכחה והתעוררות רחמים – ערוה"ש›.

סעיף ט - יכול אדם לעשות דין לעצמו, אם רואה חפץ שלו ביד אחר שגזלו, יכול לקחתו מידו, ואם האחר עומד כנגדו, יכול להכותו עד שיניחנו אם לא יוכל להציל בענין אחר, אפילו הוא דבר שאין בו הפסד אם ימתין עד שיעמידנו בדין. **ואם** יש עדים הרואים שהוא תופס את החפץ מיד האחר, אינו יכול לתפסו על ידי הכאה, אא"כ יכול לברר אח"כ שנטל את שלו, כי אם לא יברר, לא מהני ליה תפיסתו כיון שהיו עדים בדבר, **אבל** אם אין עדים, דאז מהני תפיסתו, יכול לעשות כן אע"פ שלא יוכל לברר.

סימן ד ס"א - יכול אדם לעשות דין לעצמו; אם רואה שלו ביד אחר שגזלו, יכול לקחתו מידו - {לשון הטור בסוף סימן זה, או שבא לגוזלו והוא עומד עליו ומציל את שלו, וכתבו מור"ם ג"כ בסמוך}, **ואם האחר עומד כנגדו, יכול להכותו עד שיניחנו, (אם לא יוכל להציל בענין אחר) (טור)** - ‹נ"ב דוקא היכי דעי"ז מציל עצמו, אבל לקרותו ממזר וחרופים דאין תועלת לענין ההצלה, אינו רשאי, הראנ"ח הובא בכנה"ג - רעק"א›.

אפילו הוא דבר שאין בו הפסד אם ימתין עד שיעמידנו בדין - ‹כגון בקרקע וכיוצא בזה, דאז אסור להכותו, נה"מ›, מ"מ יכול להציל מידו בלא רשות ב"ד - ערוה"ש›. ‹**ודלא** כסתימת הקשו"ע, דאף בזה מותר להכותו›.

עיין בטור שכתב, ואם בעל דינו מתרעם עליו והביאו לב"ד ומצאו שעשה כהלכה, אין סותרין דינו. **ופירושו** כפשוטו, שהבעל דין אומר אני עומד בדין, יחזיר לי את שלי, ואני אציית בפניכם לדין מיד ואסלקנו בדברים אחרים, ‹**הכונה** שאומר שיניח ביד בי"ד קודם הדין, מחמת שבלאו הכי רוצה לסלק אותו בדברים אחרים, ובודאי שיכול לסלק אותו אף שתפס, כיון דהתורה ברצון הלוה תלה, דהוא יוציא אליך את העבוט כתיב, **ודוקא** במשכון שהשכינו מדעת אינו יכול לסלקו בדברים אחרים, דמשכונא סתם דינו כאפותיקי סתם - נה"מ›, **או** נ"מ לדברים אחרים, קמ"ל דאין סותרים דינו. **ובב"ח** פירש בענין אחר, ולפענ"ד נראה כדפירשתי, ודוק.

[**ונראה** דנתכוין בזה, דאפילו הבעל דין עצמו שעשה כהלכה, דהיינו הלכה ואין מורין כן, דסד"א דוקא בדיין שיפה כחו הוא דלא מהדרינן עובדא, **אבל** לא בבעל דין גופיה, קמשמע לן דאפילו הכי דין שלו שעשה בעצמו אין סותרין אותו, כמו דאם נעשה לפני דיין].

והוא שיוכל לברר ששלו הוא נוטל בדין - {פי', דאם אינו יכול לברר שהוא שלו, לא מיבעיא דאסור להכותו ולהוציאו מידו, אלא אפי' בלא הכאה נמי אינו רשאי להוציאו מידו. **מיהו** זה דוקא כשבא להוציא בעדים, דבלא עדים יכול לתופסו, דיהיה נאמן לפני ב"ד במיגו אטענתו}.

‹**אבל** אם אינו יכול לברר שכדין עשה, מוציאין אותו ממנו ומחייבין אותו על ההכאה, דלאו כל כמיניה לומר שלי הוא ולהציל את שלי אני רוצה - לבוש›.

מ"מ אין לו רשות למשכנו בחובו. הגה: מטעם שיתבאר לקמן סימן ד"ז ס"ו - ‹כתב בספר שער משפט, ונראה דאם כופר לו חובו, רשות בידו למשכנו שלא בעדים כדי שיהיה נאמן במיגו דלא תפסתי, **דהא** דאסור למשכנו בעצמו, היינו היכא שיכול למשכנו ע"פ ב"ד, אבל בכה"ג דלא יוכל לגבות ממנו ע"י ב"ד, יכול לתפסו בעצמו, וכמבואר לקמן סימן צ"ז סט"ו לענין שליח ב"ד ליכנס לביתו למשכנו, וראיה גדולה לזה מסימן ס"א ס"ו, באם לא מצא דיין שרוצה לדונו כו', ע"ש עוד. **אולם** בספר קצוה"ח בסימן זה ובסימן צ"ז חוכך לאסור, ומסיים שם דאפילו לדעת המתירין ליכנס לביתו היכא דלא אפשר לאשתלומי מיניה באנפי אחריני כמבואר בטור שם, היינו דוקא לב"ד שיהיה כונת ב"ד לשמים, והן רשאין ולא אתה, ומשום הפסד ממון לא שרי לעבור על ד"ת, והמקום ימלא חסרון כיס במקום מצוה, ע"ש›.

וי"א דוקא בחובו ממש, אבל אם חייב לו בלא הלוואה, או שאין צריך למשכנו כי הוא כבר אצלו בפקדון או מלאו ביד אחר, מותר לתפסו (ריב"ש) - ‹בסימן צ"ז סי"ד מבואר, דיכול למשכן לערב גם להשוכר בעד שכירותו, וכך הוא מבואר בברייתא פרק המקבל, וא"כ לא היה צריך מור"ם להסיק ולכתוב זה כאן בשם י"א, דאם חייב לו בלא הלואה דיכול למשכנו. **לכן** נראה להגיה, מותר למעבד דינא לנפשיה, ור"ל אפילו בהכאה,

וה"ה אם רוצה להוציא בחזקה הפקדון מידו, יכול להכותו עד שיניחנו בידו, וכ"כ בד"מ בשמו, והשתא אתי שפיר דקמ"ל דמותר למעבד דינא לנפשיה בהכאה}.

[נראה ביאור הדברים, דפליגי בפירוש הברייתא פרק המקבל, שאמרה לא תבוא אל ביתו, שהריב"ש ס"ל, דאתה יכול לכנוס לביתו של הערב ובכל מידי שאין חוב ממש אפילו בלא רשות ב"ד, משא"כ בחוב ממש לא מהני אפילו רשות ב"ד, וכאן אין צריך אפילו רשות ב"ד, נמצא תרתי למעליותא. וכן מבואר בריב"ש שכתב וז"ל, אלא שמטעם עביד איניש דינא לנפשיה יכול לעכב את שלו אף על פי שיכול להציל בב"ד כו', וי"א בתרא שהוא המרדכי ס"ל, במידי דאינו חוב צריך רשות ב"ד, דהא מביא ראיה מפ"ק דברכות, רב הונא היה נענש על שעיכב זמורות של האריס בידו, שהיה עושה דין לעצמו, ואע"ג דאין זה איסור לא תבוא אל ביתו, וא"כ פירוש הברייתא דלעיל, אבל אתה נכנס לביתו של ערב, היינו ברשות ב"ד, ובחד דרגא לחוד עדיף דבר שאינו חוב מדבר שהוא חוב. והסמ"ע דחק עצמו בחנם להגיה, ולא עיין יפה במקור הדברים בכאן].

כבר אצלו בפקדון - (עיין בקצוה"ח שכתב, דמדברי הזוהר פרשת במדבר מבואר, דאפילו בפקדון איסור גמור לעכבו, ומסיים, ולכן בעל נפש ירחיק מזה ע"ש. **ועיין** בספר ברכי יוסף שכתב, דהדרמ"ע מפאנו בהגדה כ"י מספר הזוהר מחלק בזה בין אם קדם הפקדון ואח"כ הלוהו, ובין אם קדם החוב לפקדון, דאם קדם הפקדון לחוב מותר לעכבו).

וי"א דלא אמרינן עביד איניש דינא לנפשיה רק בחפץ המבורר לו שהוא שלו, כגון שגזלו או רוצה לגוזלו או רוצה להזיקו, יכול להציל שלו; אבל אם כבר נתחייב לו מכח גזילה או ממקום אחר, לא (מרדכי וני"י) - {ור"ל דאסור להכותו ולתופסו, והברייתא הנ"ל דמתרת איירי בתפיסה בלא הכאה, וק"ל}.

כגון שגזלו כו' - (עיין בתשובת חות יאיר שכתב על נידון דידיה, דע"כ לא אמרינן עביד איניש דינא לנפשיה, אלא כשבא חבירו להזיקו בכונה ורצון, יכול לעמוד מנגד להציל ממונו כו', **משא"כ** כשבהמת חבירו מזקת אותו בלי ידיעת ובלי רצון חבירו כו', עיין שם בארוכה).

ודוקא הוא בעצמו יכול למעבד דינא לנפשיה, אבל אסור לעשות על ידי עובדי כוכבים (ת"ה); מיהו אם עבר ועשה על ידי העו"ג, אם לא היה יכול להציל שלו בענין אחר, מה שעשה עשוי (עיין במהרי"ק) - הגה: ואם היה יכול להציל והלך לפני ערכאות של גויים ולקח את שלו והעליל עליו, צריך לשלם הזיקו כדין מוסר, מהרש"ל.

‹נ"ב בתקפו כהן סי' קי"ד כתב, דמ"מ לענין תפיסה בספיקא י"ל דלא מהני בתפס ע"י עכו"ם - רעק"א›.

י"א דלא מיקרי עביד דינא לנפשיה אלא כשמזיק לחבירו, כגון שמכהו - ועושה עצמו כדיין, **ולכן לא יוכל לעשות אלא אם כן יוכל לברר שהוא שלו; אבל תפיסה בעלמא שתפסו למשכון, יכול לעשות בכל ענין, ויורד אח"כ עמו לדין (מהרי"ק)** - {צ"ע, שמשמע דלפני זה ‹שיטת המרדכי דלא התיר› אפילו מתפיסה בעלמא איירי, **וי"ל** דאותו י"א אמ"ש המחבר בריש הסימן קאי, דכתב דדוקא כשיוכל לברר עביד דינא לנפשיה, דמשמע כשאינו יכול לברר אפילו תפיסה בעלמא אסור, אזה כתב די"א דהתפיסה גרידא מותרת בכל ענין כו'}.

{**משמע** דאפילו אין לו עדים שהוא שלו, ובא לתופסו מידו לפני עדים, אפ"ה שרי, דדוחק לומר דמש"כ בכל ענין לא קאי אלא אאע"ג דאינו יכול לברר, ומיירי דתפסו בלא עדים, דזהו פשיטא דהא יש לו מיגו. **ונראה** לישב זה אחר שנדקדק בשינוי לשון שכתב מור"ם כאן בשו"ע ממש"כ בזה בד"מ, כי שם כתב ז"ל, אבל לתפוס ממנו הדבר שגזל ממנו, יכול לעשות במקום דמהני תפיסתו, וכאן כתב אבל תפיסה שתפסו למשכון כו', ולא הזכיר דבר שגזל, **ונראה** דהיינו טעמא, משום דכשבא לתופסו הדבר שאומר שגזלו ממנו, ובודאי הוא כופר, אז אינו יכול לתופסו אלא בלא עדים, דאז דוקא מהני וכמ"ש, **משא"כ** כשבא לתופסו במשכון שטוען עליו שחייב לו מענין אחר כך וכך, וירא שמא ילך מכאן ולא יפרענו או יטעון אין לו, בזה יכול למשכנו אף בעדים, דהא אינו ודאי שהנתפס יכפור החוב, ונמצא זה התופס זריז ונשכר, ומשו"ה סיים וכתב ויורד עמו אח"כ לדין, ור"ל אם יודה הרי טוב, ויהיה המשכון בידו עד שישלם לו, ואם יכפור יחזירנו לו, וק"ל}. **עיין** ביש"ש שהאריך לחלוק על מהרי"ק ע"ז, וכדברי הסמ"ע משמע מפירוש הב"ח.

{סמ"ע} [ט"ז] ‹רעק"א או ש"א או הוספת הסבר› (פת"ש)

(ועיין בתשובת שבות יעקב שהביא דכן דעת הב"ח והש"ך בספרו תקפו כהן, דאפילו לכתחילה יוכל לתפוס כל שיש לו מיגו, אם הדבר ברור לו שהוא שלו, ודלא כדעת מהרש"ל דאסור לכתחילה, **והעלה** דאין אדם יכול לתפוס מחבירו למשכון, אפילו במידי דליכא איסור למשכנו, כגון עבור גזילה וערב, אם לא בחפץ המבורר לכל שהוא שלו, **ומ"מ** נראה, דהיינו דוקא שתופס משלו, אבל היכא שיש בידו משכון או פקדון, יכול לעכב אפילו לכתחילה, כדי להציל ממון שלו, וזה לא נקרא עביד דינא לנפשיה, שהרי לא תפס, אלא שמעכב את שלו בשב ואל תעשה, עכ"ל. **אבל** הש"ך בספר תקפו כהן השיג, והעלה דהיכא דבריא ליה, יכול לתפוס בענין שיש לו מגו, ע"ש – קצה"ח). **והוא** ז"ל כתב על זה דבתופס ת"ח, נ"ל דמותר לכו"ע לתפוס את שלו אפילו לכתחילה במקום דאית ליה מיגו, וכדאיתא במו"ק דף י"ז ע"א אמר רב יוסף צורבא מרבנן עביד דינא לנפשיה במילתא דפסיקא ליה כו', **ואפשר** דאף בזה"ז יש דין ת"ח לענין זה, כיון דבלא"ה דעת רוב האחרונים דבכל ענין יכול לתפוס לכתחילה, וגם מדקאמר צורבא מרבנן, דהוא רק בחור חריף, יש לת"ח עכ"פ בזמן הזה דין זה, וכמ"ש לקמן סימן קמ"ד, **ועיין** בקצוה"ח שהזכיר ג"כ דברי הש"ך בספרו תקפו כהן הנ"ל מה שהשיג על מהרש"ל, וכתב עליו, ונראה פשוט דהיינו דוקא היכא דליכא לאו דלא תבוא אל ביתו לעבוט עבוטו, כגון בשכירות וערבות וכיוצא, **אבל** בהלואה דאיכא איסור למשכנו, אסור לו לתפוס, ואפי' בשוק אסור כו', ע"ש. וכבר כתבתי בזה לעיל).

(מכאן עד סוף הסעיף פירשנו רק ע"פ הערוה"ש, מחמת אריכות הענינים, ומשום דאינו נוגע כ"כ להלכה שבפנים בהקשו"ע, ועיין בשו"ע לדברי יתר המפרשים).

וכל זה מיירי ביחיד נגד יחיד, אבל יחיד נגד רבים, והוא מבני העיר, עבדי דינא לנפשייהו אם יודעים שהדין עמהם, אף על פי שאין יכולים לברר לפני בית דין, כי אינם יכולים להעיד, שכולן נוגעין בדבר – (מ"מ כיון שהם בעצמם יודעים שאתם הצדק, עבדי דינא לנפשייהו). **עיין בסי' ז' סי"ב וסי' ל"ז.**

ואם יש חלוקים וטענות ביניהם – (וצריכים לירד לדין), **הקהל נקראים מוחזקים לגבי היחיד** – (וצריך היחיד לתת להם משכון קודם שירדו לדין, ואומרים להיחיד ברר ראיותיך, כי המוציא מחבירו עליו להביא ראיה, והרבים נקראו מוחזקים. **והברירה** ביד הרבים, או שישבעו קצת מהם ופטורים, או שמטילים השבועה על היחיד. **וגם** יכולים לומר, קים לי, במקום שיש מחלוקת הפוסקים, סמ"ע).

והא דנקראים מוחזקים לגבי יחיד, דווקא בעניני מסים, אבל לא בשאר דברים – (והטעם, מפני שהמס ניתן לממשלה, והממשלה נקראת תמיד מוחזקת ועביד דינא לנפשיה, ולכן גם הציבור הבאים מכחה יש להם ג"כ דין זה, **אבל** נגד יחיד מעיר אחרת, או אפי' נגד יחיד מעירם שלא בעסקי מס, אינם נקראים מוחזקין, ולא עבדי דינא לנפשייהו).

ומכל מקום צריך לתת משכון קודם שירדו לדין עמו – (מפני שרבים הם יתעצלו בתביעתו, שכל אחד יסמוך על חבירו, דקדירא דבי שותפי לא חמימי ולא קרירא, ולכן צריך ליתן משכון מקודם).

וכל זה כשאין היחיד תלמיד חכם, אבל אם הוא תלמיד חכם שתורתו אומנתו, ויש לו דין בזה מחמת מסים, אין צריך לתת להם משכון, גם אינם נקראים מוחזקים נגדו.

ומותר לכוף בענייני מסים ע"י עכו"ם ולהפסידו, אם אינם יכולים להוציא ממנו המס בענין אחר.

סעיף י – בני העיר שמעמידין להם בית דין, צריכין לידע שיש בכל אחד מהם שבעה דברים אלו: חכמה בתורה, ענוה, יראה, שנאת ממון אפילו שלהם, אהבת האמת, אהבת הבריות להם, בעלי שם טוב במעשיהם. **וכל** המעמיד דיין שאינו הגון עובר בלא תעשה, שנאמר: לא תכירו פנים במשפט, כלומר לא תכירו פני האיש לומר: פלוני עשיר הוא, קרובי הוא, אושיבנו בדין. **וכל** דיין שנתמנה בשביל כסף וזהב, אסור לעמוד לפניו או לכבדו בשאר כבוד, ועליו דרשו רבותינו זכרונם לברכה: אלהי כסף ואלהי זהב לא תעשה לך.

סעיף יא – עיירות שאין בהם חכמים הראויים להיות דיינים, ממנים הטובים והחכמים שבהם

לדעת אנשי העיר, והם ידונו אע"פ שאינם ראויים לדיינים, כדי שלא ילכו לפני ערכאות של אינם יהודים, וכיון שמקבלים עליהם בני העיר, אין אחר יכול לפוסלן, וכל מעשיהם יהיו לש"ש.

סימן ז סי"א - ב"ד של ג' צריך שיהיה בכל אחד מהם ז' דברים: חכמה; ענוה; יראה; שנאת ממון - {ברמב"ם ובטור מבוארים יותר, ז"ל, שאפילו ממון שלהם אינם נבהלים עליו, ולא רודפין לקבץ ממון}; **אהבת האמת** - {שיהיו רודפין אחר הצדק מחמת עצמן בדעתן, ‹כלומר שתהא זו תכונתם הטבעית הנפשית, גם מבלי היותם שופטים – דבר המשפט›, אוהבין האמת ושונאים את החמס, ובורחין מכל מיני עול}; **אהבת הבריות להם** - {שרוח הבריות נוחה מהם, ובמה יהיו אהובים, בזמן שיהיו בעלי עין טובה, ונפש שפלה, וחברתן טובה, ומשאן ומתן שלהן באמונה, ודיבורן בנחת עם הבריות}, ‹אבל לא שיחניפו לבריות – אורים›; **בעלי שם טוב** - {שיהיו גבורים במצוות ומדקדקים על עצמם, וכובשים את יצרם עד שלא יהא עליהן שום גנאי ולא שם רע, ויהא פרקן נאה, ויהיה להם לב אמיץ להציל עני מיד גוזלו}. **(וע"ל סי' ח' ס"א)**.

‹**שכל** אלו הדברים הם מפורשים בתורה, אמר הכתוב: חכמים ונבונים הרי חכמה. **וידועים** לשבטיכם, אלו שהבריות נוחים מהם, כי ידועים מלשון ולנעמי מודע. **ובמה** יהיו אהובים לבריות, בזמן שיהיו בעלי עין טובה ונפש שפלה וחברתן טובה, ומשאן ומתנן בנחת עם הבריות. **ולהלן** הוא אומר אנשי חיל, שיהיו גבורים במצות, ומדקדקים על עצמן וכובשים את יצרם, שלא יהא להם שום גנאי ולא שם רע, ויהיו פרקן נאה. **ובכלל** אנשי חיל שיהיה להם לב אמיץ להציל עשוק מיד גוזלו, כענין שנאמר: ויקם משה ויושיען, וכל זה וכיוצא בו הוא בכלל בעלי שם טוב. **ומה** משה ע"ה היה עניו, אף כל דיין צריך להיות עניו. **יראי** אלקים כמשמעו. **שונאי** בצע כמשמעו, שאף ממון שלהם אינם נבהלין עליו ולא רודפין לקבץ ממון, שכל מי שהוא נבהל להון חסר יבואנו, {מלשון חסרון, ופסוק הוא במשלי: נבהל להון איש רע עין ולא ידע כי חסר יבואנו, ופירש רש"י חסרון יבא לו, שהמארה משתלחת במעשי ידיו – פרישה}. **אנשי** אמת, שיהיו רודפין הצדק מחמת עצמן בדעתן. **אוהבים** את האמת ושונאים את החמס ובורחין מכל מיני עול – לבוש›.

‹**כתב** כנה"ג וז"ל, וכולהו הוו לעיכובא, הר"ם מטראני, עכ"ל. **אולם** בספר ברכי יוסף כתב, דלאו לעיכובא הוא, וכמש"כ הלח"מ, והוא ברייתא דספרי וקרא בהדיא מוכח הכי, **ואל** ישיאך לבך ממ"ש הר"ם מטראני דהוו כולהו לעיכובא, דכונת הרב, אם ימצאו בעיר אנשים שלמים בכל המדות האלה, הוי לעיכובא שלא למנות אחרים אשר יחסר מהם איזה מדות, **אמנם** פשיטא דאם לא נמצאו כולם, משום אחד אינם לעיכובא, כמבואר בכתוב ובספרי וכמש"כ הלח"מ ופשוט, עכ"ד ע"ש›.

סימן ח ס"א - כל המעמיד דיין שאינו הגון ואינו חכם בחכמת התורה - {עיין פרישה שכתבתי, דנראה מוכח שהאי וי"ו "ואינו" חכם היא וי"ו החולקת, ותרתי קאמר, הן שמעמיד דיין שאינו הגון במעשים אף שהוא ת"ח, או שאינו ת"ח אף שהוא הגון במעשים, וכמו שמסיק וכתב אפילו כולו מחמדים, ע"ש}, **ואינו ראוי להיות דיין, אף על פי שהוא כולו מחמדים ויש בו טובות אחרות, הרי זה שהעמידו עובר בלא תעשה** - {דכתיב: לא תכירו פנים במשפט, ור"ל שלא יכיר פני האיש לאמר: פלוני עשיר הוא או קרובי הוא אושיבנו דיין}.

‹**דהאי** לא תכירו ע"כ לא מיירי בדיין עצמו להזהירו שלא יכיר פני א' מן הבעלי דינין להצדיקו שלא כדין ולעשות עול, דהא בפרשת מינוי הדיינים כתיב שופטים ושוטרים תתן לך וגו', **ועוד** שכבר נאמר כמה לאוין ואזהרות על זה, לא תעשו עול, לא תטה משפט, ודל לא תהדר, ולא תהדר פני גדול וכמה לאוין, **אע"כ** אינו מדבר אלא בסנהדרין או מלך או ראש גולה או בכל מי שיש כח בידו למנות דיינין, שלא יכיר פני אדם ויאמר איש פלוני נאה הוא אושיבנו דיין, או איש פלוני גבור הוא אושיבנו דיין, או איש פלוני קרובי אושיבנו דיין, או איש פלוני יודע בכל לשון אושיבנו דיין, נמצא מחייב את הזכאי ומזכה את החייב, לא מפני שהוא רשע אלא מפני שאינו יודע, לכך נאמר לא תכירו פנים במשפט – לבוש›.

הגה: ואסור להעמיד ע"כ לדיין על סמך שישאל כל פעם לחכם - {דשמא לא ישאל ונמצא דיטה את הדין, רש"י, **ודלא** כעיר שושן שכתב טעם אחר מנפשיה}, ‹וז"ל: שכיון שאינו בקי בדינים, א"א לו להציע ולהטעים דברי טענות הבעלי דינים לפני החכם בשאלותיו על נכון›.

‹**ומה** שנתבאר בסי' ג', דדי באחד שגמיר וסביר, היינו באקראי במקום שאין ב"ד קבוע, אבל בקביעות למנות דיינים קבועים, צריכים להיות כולם חכמים ויראי אלקים – ערוה"ש›.

ועיירות שאין בהם חכמים הראוים להיות דיינים, או שכולן עמי הארץ, וצריכים להם דיינים שישפטו ביניהם שלא ילכו לפני ערכאות של עובדי כוכבים – ‹שיש בו עון גדול וחלול השם›, **ממנים הטובים והחכמים שבהם (לדעת אנשי העיר), אף על פי שאינם ראויים לדיינים, וכיון שקבלו עליהם בני העיר, אין אחר יכול לפוסלן; וכן כל צבור יכולין לקבל עליהם בית דין שאינם ראוים מן התורה** – ‹ובלבד שיכוונו לשם שמים – לבוש›.

וכל דיין המתמנה בשביל כסף או זהב, אסור לעמוד לפניו; ולא עוד אלא שמצוה להקל ולזלזל בו – {שהכתוב קראן אלהי כסף ואלהי זהב, כמ"ש: אלהי כסף ואלהי זהב לא תעשו לכם, ודרשינן: אלהים הנעשה בשביל כסף, ודומיא דע"ז דמצוה לזלזל בהו}. (**וכתב** ברכי יוסף, ולפ"ז הנהנה ממנו כנהנה מע"ז, והמתנות שנותנין לו, לא די דלא הוי בכורים, אלא הוי כמהנה ע"ז, והמכבדו כמכבד לע"ז). **(וע"ל סוף סימן ג').**

(**עיין** באר הגולה בשם הב"ח, דזהו באינו חכם בחכמת התורה, אבל אם הוא חכם בחכמת התורה, אף על פי שיש גדולים ממנו בעיר, אין בזה איסור כו'. **ובב"ח** גופיה מסיים בזה"ל, מיהו נראה דוקא שלא נתן ממון כדי שיתמנה, אלא שהם מינוהו לפי שהוא ג"כ עשיר, **אבל** אם נתן ממון כדי שיתמנה, אפילו הוא גדול טפי משאר גדולים בחכמה ובמנין, אסור לעמוד לפניו כו', עב"ל עיין שם, וכן כתב בכנה"ג בשמו עיין שם. **ועיין** בתשובת חתם סופר שכתב, דבתוס' ישנים יומא גבי יהושע בן גמלא מבואר, דוקא אי איכא דעדיף מיניה הו"ל רשע, **והב"ח** שכתב דאפילו ליכא דעדיף מיניה נמי נקרא רשע, אולי נעלמו ממנו דברי תוס' ישנים הנ"ל).

(**ועיין** שם עוד בחת"ס, בעיר אחת שהוצרכו לקבל עליהם רב, ונתנו עיניהם בד' רבנים ליתנם אל תוך הקלפי, ומי שיעלה מהם ראשון יעמדו עליו למנין, אם ירבו המתרצים בו הרי הוא הרב, ואם לאו יקחו שני מן הקלפי ויעשו עמו כראשון, וכן בשלישי ורביעי. **והנה** רובם מיאנו בראשון ושני עד השלישי זכה ע"פ רוב דעות, ואחר איזה ימים נשמע קול, כי הרבה מהבוחרים בו קיבלו שוחד מקרובי הרב, וגם מצאו כן במכתב אחד, ע"כ טוענים ראשי העדה כי לא יחפצו בו כלל אף אם יחזרו וימנו עליו. **והשיב**, בודאי אם ימצאו ב' עדים כשרים שאינם מבני הקהילה ולא מקרוביהם ולא מקרובי הרב, שיעידו שקיבלו שוחד, א"כ פשוט דהקבלה ההיא שע"י אותו המינוי בטלה מעיקרא, שהרי היו צריכים לומר דעתם לשם שמים, כמ"ש ריש סימן קס"ג בהגה, והם אמרו ע"י שוחד, **לא** מיבעיא בקבלת הרב ההוא, אלא נמי במה שמיאנו בראשונים היה הכל שלא לש"ש, **ואפילו** אם יהיו מקבלי השוחד מעטים, וישארו לו רוב דעות שלא קיבלו שוחד, מ"מ הם יאמרו מפני שכבר מאנתם בראשונים על כרחנו היינו מתרצים בזה השלישי, וע"כ בטל כל המעשה ההוא כו'. **ואם** יש עדים שהרב בעצמו אמר ליתן להם שוחד, פסול הוא להיות רב כלל עד שישוב בתשובה על זה, ואפילו אם הוא ראוי לכך כו'. **אמנם** אי ליכא עדים בהכי שהרב בעצמו ידע מנתינת שוחד, אלא קרוביו ומיודעיו, הרי הוא בחזקת תמותו, ולא יוגרע זכותו בזה, וימנו הקהל מחדש על שלשה אלה, ומי שירבו המתרצים על הממאנים הוא יעלה ויקום לראש. **אמנם** אותם המקבלים שוחד לא יבואו לתוך האסיפה כלל, אפילו אחר שהחזירו השוחד ויקבלו עליהם באלה ושבועה שלא יקבלו תו שום שוחד עבור זה, מ"מ לא יבואו אל המינוי הזה כלל, ואפשר אפילו לעולם פסולים להתמנות עד שישובו בתשובה כו'. **ואפשר** אפילו אם הם הרוב, לא מצו למימר איך יקבלו המיעוט לרב ומורה עלינו על כרחנו את מי שאין אנו חפצים בו, **י"ל** דהא עכ"פ כבר הסכימו כולם על א' מד' אלו שהניחו אל הקלפי, ואין כאן הפסד כל כך, **והעיקר** שא"א בלא"ה, והכי דיינינן להו ולכל אלמי דכוותייהו. **אך** כל זה אי איכא כאן עדים כשרים על זה, אבל זולת זה לא יפסיד הרב מינויו על שום פנים. **ואפי'** יודו המקבלים וגם קרוביו הנותנים, לאו כל כמינייהו להפסידו בעדותן, אלא שבזה צריכים הם המקבלים לחזור ולשלם להנותנים השוחד שקיבלו, שהרי הודו שקיבלו שוחד, אע"ג דאין אדם משים עצמו רשע, פלגינן דיבוריה שקיבלו מהם מעות פקדון או הלואה וצריכים להחזיר. **ואם** יכפרו המקבלים, יוכלו הנותנים להטיל עליהם היסת בטענת ברי שלהם, **ובכל** זאת לא יפסיד הרב, ואפי' האיגרת שמצאו כתוב בו בסתר שקיבלו שוחד, לאו כל כמיניה להפסידו עבור זה. **מיהו** אנשי הקהילה יוכלו להטיל חרם סתם על מי שיודע בעצמו שנתמנה ע"י שוחד ונוהג שררה עליהם, כל זה נלע"ד פשוט מאד, עב"ד ע"ש).

סימן קפא - הלכות טוען ונטען ועדות
סעיף יב-סעיף יג

סעיף יב - כל מי שיודע עדות לחבירו וראוי להעידו, ויש לחבירו תועלת בעדותו, והוא תובעו שיעיד לו בפני ב"ד, חייב להעיד לו, בין שיש עוד עד אחר עמו, בין שהוא לבדו, ואם כבש עדותו, חייב בדיני שמים. **ואסור** לאדם להעיד בדבר שאינו יודע, אע"פ שאמר לו אדם שיודע בו שאינו משקר, **ואפילו** אמר לו הבעל דין: בוא ועמוד עם עד אחד שיש לי, ולא תעיד רק שיפחד בעל חובי, ויסבור שיש לי שני עדים ויודה לי, לא ישמע לו שנאמר: מדבר שקר תרחק.

סעיף יג - הא דעד אחד מעיד, זהו דוקא בדבר שבממון, דמהני גם עד אחד לענין שבועה, וכן בדבר איסור אם עדיין לא נעשה האיסור, יעיד כדי לאפרושי מאיסורא. **אבל** אם כבר נעשה האיסור, לא יעיד עד אחד, דכיון דעד אחד אינו נאמן, אינו אלא כמוצא שם רע על חבירו.

סימן כח ס"א - כל מי שיודע עדות לחבירו וראוי להעידו

וראוי להעידו - {לאפוקי קרוב או פסול, ‹או נוגע בעדות, או שאינו יודע בבירור רק מפי השמועה או מאומדנא - ערוה"ש›, **ואפילו למ"ד החרם חל על הקרובים, מ"מ כל זמן שלא נתנו חרם אינו בכלל נשיאות עון, כיון דאף אם יעיד אינו מחייבו ממון**}, (**ועיין** בתשובת שבות יעקב שהביא תשובת הלכות קטנות, דאפילו קיבל עליו והכשירהו, אינו מחויב להגיד, כיון שאינו ראוי להעיד משעת ראיה. **והוא** ז"ל חולק עליו ודעתו דחייב להגיד, כיון שהכשירוהו מיקרי ראוי להעיד, והוא ג"כ בעונש אם לא יגיד, כיון שגרם להפסיד ממונו, ע"ש. **וכבר** השיג עליו בתומים, **ועיין** בנה"מ שכתב, דאם הכשירו קרוב או פסול שיעיד, נהי דאינו עובר באם לא יגיד, מ"מ מחויב מדאורייתא להעיד משום השבת אבידה לבעלים, ע"ש).

ויש לחבירו תועלת בעדותו - {לאפוקי אם לא ראו ההלואה אלא שהלוה הודה בפניהן שחייב לזה, ולא אמר אתם עדי, דאין תועלת בעדותן, דיכול הלה לומר שלא להשביע את עצמי כיונתי, **ואפילו** אם שמעו שהודה לו ע"פ תביעתו, נראה דאין צריכין להעיד כדי דע"י עדותן יצטרך לישבע שלהשטות נתכוון, דגם בלא עדותן, אם יאמר זה הלא הודית לפני פלוני ופלוני, צריך לישבע שלהשטות נתכוין, **אם** לא שיטעון להד"ם, ובזה אף אם יעידו העדים ויטעון להד"מ יהיה פטור מהשבועה, וכמ"ש הטור בריש סימן ל"ב}, [**הוא תמוה בעיני, ונ"ל דחייב שבועה**].

(**עיין** בתשובת חות יאיר, אודות ת"ח אחד שהיה בחזקת עני, והיו בעלי בתים מהנים אותו בממון, ושמעון הוציא עליו קול שיש לו ממון שמלוה אותו בריבית שיכול להסתפק בו די והותר, ועי"ז נמנעו הבעלי בתים להההנותו, והקהל ביקשו שישא בעול, וביקש זה התלמיד חכם משכינו הרגיל אצלו, שיגיד בתורת עדות באם לא יגיד ונשא עונו, אם יודע שום אדם שחייב לו, **או** אם שמעון כיחש שלא הוציא עליו קול זה, ומבקש ממנו שיגיד באם לא יגיד ונשא עונו, **ונסתפק** שם אם מחויב שכן התלמיד חכם או שמעון עצמו להגיד, כי אף על פי שאינו עסק ממון, מ"מ יש לו תועלת בעדותו, עוד נסתפק שם בכמה פרטים כיוצא בו, ולא העלה דבר ברור, ע"ש).

חייב להעיד - {כמ"ש בפרשת ויקרא: **והוא עד או ראה או ידע אם לא יגיד ונשא עונו, ואע"ג דלפני זה כתיב: ושמעה קול אלה, מ"מ הוכיחו רז"ל ד"ונשא עונו" לא עליה קאי, דא"כ "ישא עונו" מיבעי ליה, אלא הכי פירושא דקרא, "ושמעה קול אלה" להעיד בדבר עדות, שבלא"ה נמי היה בכלל "אם לא יגיד ונשא עונו", אז אחרי שמעו קול אלה ולא הגיד חייב נמי קרבן המפורש שם בפרשה**}.

אם יתבענו שיעיד לו - {**דכמו דבלא תביעה אינו חייב קרבן על שמעו קול אלה, הכי נמי לענין נשיאות עון אינו בלא תביעה**}. (**עיין** בתשובת משכנות יעקב שכתב דזה צע"ג, דהא יש בזה גם בלא תבעו משום לא תעמוד על דם רעך, כל שיודע לו זכות והוא מפסיד ע"י מניעתו להעיד, וכ"כ להדיא הרמב"ם בספר המצוות מצוה ל"ת רצ"ז בשם ספרי כו', וגם יש בזה משום השבת אבידה כו', ע"ש. **ועיין** בספר שער משפט שהאריך ג"כ לתמוה בזה, ובסוף כתב, ולולא דברי הב"י והסמ"ע הייתי אומר, דמש"כ הרמב"ם והטור והוא שיתבענו שיעיד לו, היינו לאפוקי כשאדם יודע עדות לחבירו, והבעלי דינים עדיין אין דנין זה עם זה, או שדנין זה עם זה אלא שאינו יודע אם הדבר תלוי בעדותו, אינו מחויב לילך לב"ד להעיד, **משא"כ** בדבר איסור או דיני נפשות מחויב לילך מעצמו כו', **אבל** פשיטא אף בדיני ממונות מחויב להעיד כשיודע

סימן קפא - הלכות טוען ונטען ועדות
סעיף יג

שהבע"ד דנין ביחד והדבר תלוי בו, ע"ש דמסיים, כנלע"ד ברור דלא כהב"י והסמ"ע).

‹**ונראה** שאם יודע העד שבמשך זמן ידונו זה עם זה, והוא לא יהיה אז בביתו, שמצוה עליו לבא לב"ד ולספר מה שיודע, דהא מצוה להציל ממון חבירו - ערוה"ש›.

(בב"ד) - {**דמדכתיב אם לא יגיד ונשא עונו, ודרשינן כיון שהגיד שאינו יודע לו עדות שוב אינו חוזר ומגיד, והיינו דוקא בב"ד**}, ‹אבל אם תבעו חוץ לב"ד שיעיד לו, והוא אומר איני יודע להעיד, אין לחוש, שהרי יכול לחזור ולהגיד בב"ד - לבוש›.

בין שיש עד אחד עמו - {**פירוש אפילו אותו עד אינו בכאן, ורוצה להמתין עד שיבוא ויעידו יחד ויחייבו ממון בעדותן, קמ"ל דלא, אלא חייב להעיד מיד**}, **בין שהוא לבדו** - {**דעד אחד מביא לידי שבועה דאורייתא, ואולי ישלם ולא ישבע, ונמצא מרויח זה בעדותו**}, ‹מחוייב מדרבנן להעיד, נה"מ - ערוה"ש›.

ואם כבש עדותו, פטור מדיני אדם וחייב בדיני שמים - {**ואפילו ב' עדים הן שכבשו, פטורים בדיני אדם, פי', אף אם אחר שכבשו עדותן וזה כבר פרע, כגון שתבעו התובע בשטר והן ידעו שהוא פרוע, וכ"ש אם יודעים עדות שחייב הנתבע וכבשו עדותן מתחילה, וחוזרים ומודים שידעו לו עדות שאינו חייב לו, ושוב אינם נאמנים, דכיון שהגיד שוב אינו חוזר ומגיד, והו"א שיהיו נאמנים לחייב עצמן מדיני דגרמי, דגרמו היזק לחבירו, קמ"ל בכאן דאינם חייבים**}. ‹שלא חייבה התורה להעיד אלא ממדת גמילות חסדים, כמו השבת אבידה, לפיכך אין בו חיוב תשלומין בדיני אדם - לבוש›.

‹**והב"ד** אומרים להם או לו, דעו או דע שבדיני שמים חייבים אתם או חייב אתה, רק אנחנו אין בכוחנו לחייב אתכם או אותך, ואינו נמחל לו מן השמים עד שישיב הממון לחבירו כפי מה שהפסידו בכבישת עדותו - ערוה"ש›.

‹**נ"ב** אף דלכאורה י"ל, דוקא אז דעדיין לא נתקנה היסת, מש"ה קרוב שהעד מפסיד אותו בעדותו, דעפ"י הרוב אינם נשבעים לשקר, וישלם ולא ישבע, **אבל** עכשיו דגם בלא העד צריך לשבע היסת, א"כ לא מפסיד מידי בכבישת עדותו. **וצ"ל** דמ"מ מפסיד, דאפשר דימנע יותר, דירא לשבע שמא יצטרף בעל דינו והעד ויפסלוהו לעדות, או דאינו יעיז לשבע לשקר בפני העד. **ומ"מ** נ"ל דדוקא במטלטלין, דהעד מחייב שבועה דאורייתא, אבל במקרקעי לא, כדמשמע לשון הטור. **אף** דאפשר דמיראתו מודה, מ"מ כיון שאין עדותו פועל כלום בשום התחייבות, דבלא"ה חייב שבועה דרבנן, לא מקרי עליו שם עדות, ולא מחייב במה שאינו מפחיד לחבירו, דמשום זה לחוד לא מחייב, רק במטלטלין דנקרא שם עדות עליו להתחייב שבועה דאורייתא, שפיר מחייב בדיני שמים, מהפסד דאפשר שיודה ולא ישבע, וק"ל - רעק"א›.

{**כתב** מהרי"ו, **דאם שום עד יאמר שאין רשאי להעיד מחמת שקיבל עליו בסוד שלא לגלות הדבר, אז אותו בעל דין שאמר לו בסוד שלא לגלות, יתיר לו לגלות הדבר, עכ"ל**}.

[**תמוה הוא דהא אפילו התרה אין צריך, כמו שכתב רמ"א ביו"ד סימן רכ"ח סעיף ל"ג אם נותנין חרם, וה"ה כאן שיש עליו אם לא יגיד**].

‹**ועיין** בספר עטרת צבי ובספר שער משפט שכתבו לישב תמיהה זו של הט"ז הנ"ל, ודבריהם צ"ע, **אולם** עיקר הישוב בזה מבואר מדברי התומים, שכתב על דברי הסמ"ע בשם מהרי"ו הנ"ל וז"ל, ואם מה שקיבל עליו שלא לגלות הוא רק באמירה בעלמא, ודאי לא נתכוין מהרי"ו רק למילתא יתירתא, אבל ודאי אם אינו רוצה או שאינו כאן, לא איכפת לן בקבלתו, והבית דין גוזרים עליו שיאמר, דלא כל כמיניה לכבוש עדותו. **אך** אם נשבע בפועל בדין שבועה שלא לגלות לשום אדם, בזו יש חילוקים רבים, **אם** נשבע שלא להעיד והוא עד אחד, אזי חלה שבועה וצריך חרטה והתרה, ואין כאן נשבע לבטל המצוה, דכיון דהוא עד אחד, אינו עובר ‹מן התורה› על אם לא יגיד וכו' כמבואר בב"ק נ"ו וכו', ‹ומצוה להתיר לו השבועה ע"י חרטה, והוא דבר מצוה כדי להציל ממון חבירו›, **אבל** אם יש שני עדים, אם נשבע שלא להעיד, הו"ל נשבע לבטל המצוה, ולא חלה שבועתו. **אבל** בנשבע שלא לומר לשום אדם ואף לבית דין להעיד, א"כ הרי כאן כולל, דמיגו דחל לאמירה לשאר אדם, חל נמי על אמירה לבית דין, ותליא בשני תירוצים שכתבו התוספות בשבועות דף כ"ד בד"ה אלא הן כו', עכ"ל. ‹**ואם** יש בלעדו שני עדים, ודאי דחלה השבועה, ואין מתירין לו דא"כ לא נתקבלה עדותן של האחרים מאיזה סיבה, **ולשון** נדר אינו חל על זה כלל, שאין הנדרים חלים על דבר שאין בו ממש, ודיבור אין בו ממש, אם לא שאמר קונם פי מדבר העדות, **ויראה** לי דבכה"ג גם כשיש עוד אחד חל הנדר, דנדרים חלים על דבר מצוה, ולכן צריך התרה, משא"כ שבועות אינם חלים על דבר מצוה, וחלים אף על דבר שאין בו ממש - ערוה"ש›. **ועיין** בספר בת עיני בחידושי חו"מ שם שכתב לתרץ תמיהת הט"ז הנ"ל, דלכך צריך הבע"ד להתיר לו, כי חיישינן שמא לא תהיה

114 סימן קפא - הלכות טוען ונטען ועדות
סעיף יג

תועלת בעדותו, ונמצא שלא היתה הגדתו חיוב מן התורה, ועבר בחנם על השבועה, לכך כייפינן לבעל דין להתיר לו שבועתו, וצ"ע ע"ש).

כתב מהרש"ל ביש"ש וז"ל, ונראה כל היכא דאמרינן חייב בדיני שמים, אי תפס מפקינן מיניה, **אפילו** לפירוש רש"י שפירש בפרק השוכר את הפועלים, גבי חוסם פרה ודש בה שפטור בקים ליה בדרבה מיניה, ואפילו הכי חייב לצאת ידי שמים, והיכא שתפס הניזק לא מפקינן מיניה מאחר שמחויב לצאת ידי שמים, וכן פסק הא"ז, **מ"מ** כהאי גונא לכו"ע מפקינן מיניה, בשלמא בקים ליה בדרבה מיניה, דחייב הוא, רק דלא קטלינן בתרי קטלא ועבדינן החומרא, הלכך היכא דלא עבדינן החומרא, כגון בשוגג או שלא בהתראה או בזמן הזה, א"כ נוכל לומר שהסברא נותנת שאי תפס לא מפקינן מיניה, דהא סוף סוף חייב הוא, **אבל** היכא שגרמא בנזיקין הוא, ואין בו חיוב מן הדין אלא לצאת ידי שמים, א"כ פשיטא דאי תפס מפקינן מיניה, עכ"ל, וכ"כ ריב"ש סי' שצ"ב.

‹נ"ב והוכיחו כן מדינא דאבק ריבית ביו"ד סי' קמ"א ס"ב וס"ג, **ועיין** בנמוקי יוסף פרק איזהו נשך בסוגיא דמשכנתא באתרא דמסלקי מ"ש בשם הרשב"א והר"ן, ומבואר דהיכי דחייב לצאת ידי שמים, מהני תפיסה, נמצא דין זה תלוי באשלי רברבי במחלוקת הראשונים. **ולדינא** יש לעיין אם יכול התופס לומר קים לי כהסוברים דמהני תפיסה - רעק"א.

‹**ולדינא** אפשר דלא מצי התופס לומר קים לי כדעת הרשב"א והר"ן, לדעת המל"מ פ"ד ה"ו ממלוה בסוף דבריו, שכתב שם היכא שהתפיסה עצמה במחלוקת שנויה אי מהני או לא, אין לומר קים לי, ע"ש, ועיין בתומים בדיני תפיסה, עכ"ל. ‹נ"ב בתשובת משאת משה חלק חו"מ סי' ס"ג כתב, דהכא יכול לומר קים לי כריא"ז ורבינו ירוחם שכתבו כן, עדים שכובשין עדותן דחייבין בדיני אדם לשלם - רעק"א. **ועיין** בתשובת שבות יעקב, שדעתו להכריע דוודאי באבק ריבית דרבנן, וכן בכל הני גרמא בניזקין דפרק הכונס, שמן התורה פטור גם בדיני שמים, אלא שחכמים אמרו שחייב לצאת ידי שמים, בזה אי תפס מפקינן מיניה, **אבל** היכא דהחיוב בדיני שמים הוא מן התורה, כגון בקים ליה בדרבה מיניה, וכן בכובש עדותו, ודאי דאי תפס לא מפקינן מיניה, ע"ש. **וכבר** השיג עליו התומים, ומסיק לדינא, בכל החיובים בדיני שמים לא מהני תפיסה, זולת בקים ליה בדרבה מיניה מהני תפיסה, ע"ש, וכן הסכים בנה"מ ע"ש).

עוד כתב שם במהרש"ל, שאפילו בדברים בלי כפייה אין לדוחקו, וע"ש.

(**כתב** בספר ברכי יוסף וז"ל, ומ"מ כופין אותו בתחילה ככל מצות עשה שכופין לקיימה, הרב תורת חסד. **ועיין** במשאת משה, וכתב בחינוך משם התורת כהנים, דבכלל לא תעמוד על דם רעך, הוא כובש עדותו, עכ"ל).

הגה: ועד אחד לא יעיד אלא בדבר ממון שמביא אחד לידי שבועה, או בדבר אסור ולאפרושי מאיסורא - (עיין בתשובת נודע ביהודה שכתב, דהיינו אפילו אם יש ספק אם יאמינו דבריו, ע"ש), **אבל אם כבר נעשה האסור, לא יעיד, דאינו אלא כמוציא שם רע על חבירו** - {ועל כזה אמרו: טוביה חטא וזיגוד מנגיד}.

ואסור לאדם להעיד בדבר שאינו יודע, אע"פ שאמר לו אדם שיודע בו שאינו משקר - ‹דשמא עכשיו שקר לו - לבוש›. {**דמה** שנאמר בתורה או ראה או ידע, ידיעה זו היינו דוקא ע"פ עצמו של לוה, שהודה לו בפניו בהודאה גמורה, או אמר אתם עדי, לכל מר כדאית ליה}.

‹**או** כשמשער לפי הענין שהמעשה היה כן, אסור לו להעיד שהמעשה היה כן, אלא יאמר לפי השערתי, או לפי מה שאמר לי פלוני, נראה שהענין כן הוא, והב"ד בעצמם ידונו בזה כפי הדין, או ידרשו ויחקרו - ערוה"ש›.

ואפילו אמר לו: בא ועמוד עם עד אחד שיש לי ולא תעיד, רק שיפחד בעל חובי ויסבור שיש לי שני עדים ויודה לי, לא ישמע לו - {וזה אסור משום מדבר שקר תרחק, גמ', ור"ל שמא ע"י פחד זה, ישווה עמו הנתבע שלא כדין, שלא היה חייב לו. **ולא** כמ"ש בעיר שושן ע"פ מ"ש הב"י, דשקר שבזה הוא, שיגרום שיוציאו ממון ע"פ עד אחד, **דזה** אינו, דהרי כאן מיירי שאינו מבקש ממנו אלא שיעמוד כדי שיסבור בעל חובו שיש לו ב' עדים ויודה לו, וכשיראה זה שלא יודה לו, יפרוש משם ולא יעיד, ואז לא יוציאו הב"ד הממון על פי עד אחד}.

סעיף יד - הנוטל שכר להעיד, עדותו בטלה, **ודוקא** כשכבר ראה המעשה דמחוייב להעיד בחנם, אבל לילך לראות את הענין שיהיה אחר כך עד בדבר, מותר לו ליקח שכר, אבל רק שכר הראוי לפי הטירחא שלו ולא יותר, **וכן** אם יש לו טירחא ללכת לפני הבית דין, יכול ליטול שכר טירחא כפי הראוי בעד טירחא זו, ולא יותר.

סימן לד סי"ח - הבזויים, פסולים לעדות מדבריהם; והם האנשים שהולכים ואוכלים בשוק בפני כל העם - ‹תדיר אכילת קבע - ערוה"ש›. {**אבל** כשאינו בפני כל העם, אמרו בגמרא דגנאי הוא לתלמיד חכם לעשות כן, אבל אין אדם נפסל בכך}.

וכגון אלו שהולכים ערומים בשוק בעת שהם עסוקים במלאכה מנוולת, וכיוצא באלו, שאין מקפידים על הבושת - {פי', וחיישינן נמי שיעידו שקר, ולא יחששו שיוודע הדבר ותבוא עליהן חרפה ובושה, דהא אין מקפידין על הבושה, רש"י}, **שכל אלו חשובים ככלב ואין מקפידים על עדות שקר; ומכלל אלו המקבלים צדקה מהעכו"ם בפרהסיא, אע"פ שאיפשר להם שיזונו בצנעא, מבזים עצמם ואינם חוששים, כל אלו פסולים מדבריהם.**

הגה: כל מי שנוטל שכר להעיד, עדותו בטלה - ‹נ"ב במהריב"ל נסתפק אם הוא דרבנן או דאורייתא - רעק"א›. (**ומלשון** הרמ"א ז"ל דלקמן משמע להדיא דהוא רק פסול מדרבנן, והיינו באופן שאינו נוגע, וכן היא דעת תשובת נודע ביהודה, וגם דעת הבית מאיר כן).

כמו הנוטל שכר לדון, כמו שנתבאר לעיל סימן ט' ס"ה - {ומשנה היא בבכורות, ונלמד ממה שכתוב: ראה למדתי אתכם חקים ומשפטים כאשר ציוני ה' אלקי, מה אני נצטויתי מהשי"ת בחנם, שלא נתתי לו שכר, אף אתם נצטויתם ממני בחנם, שלא נתתם לי שכר, וכן תעשו לדורות, שע"ז אמר לו ראה למדתי כו', כלומר ממני תראו וכן תעשו אתם לדורות, ופירוש זה הוא שם באשר"י דבכורות}.

‹נ"ב בב"ח כתב, דא"צ העד להחזיר שכר שקיבל - רעק"א›.

ואינן צריכים הכרזה, אלא הדין והעדות בטל מעצמו. ואם החזיר הממון, דינו ועדותיו קיימים, שאין זה כשאר פסולים שצריכין הכרזה ותשובה, אלא קנס קנסוהו חכמים שיתבטלו מעשיו כל זמן שנוטל שכר - (ומ"מ צריך להעיד מחדש, כן מבואר להדיא בר"ן סוף פרק האיש מקדש, ע"ש. **ובתשו'** נודע ביהודה כתב בפשיטות דבנוטל שכר להעיד, תיכף כשהחזיר השכירות עדותו כשרה, ואין צריך אפי' להעיד מחדש, ע"ש, ואישתמיטתיה דברי הר"ן הנ"ל).

‹וכל זה הוא דוקא כשנוטל משני הצדדים, אבל כשנטל מצד אחד, פסול מטעם נוגע, ואפילו החזיר הממון אחר שהעיד, פסול, נה"מ, **כיון** שהיה נוגע בדבר בשעת הגדת העדות, ושיגיד פעם שני אחר חזרתו אינו מועיל, דא"א לו לחזור בו אחר שהגיד פעם אחת - ערוה"ש›.

וכל זה בעדים שכבר ראו המעשה ומחוייבים להעיד, כמו שאדם מחוייב לדון בין אדם לחבירו; אבל מי שאינו מחויב להעיד, ונוטל שכר לילך ולראות הענין שיהיה עד, מותר - ‹דהא אינו מחוייב לראות הענין, ונוטל שכר טרחתו שילך לראות המעשה ולהיות עד אח"כ, כמו עידי הגט שנוטלין שכרן שיעמדו בכתיבת הגט ושיהיו עדים, **וגם** זה אינו מותר רק כשנוטל משני הצדדים בשוה, או שהבע"ד השוו ביניהם מי יתן שכר טרחתם, כמו בגט שהאיש ואשתו עושים ביניהם מי יתן שכר הגט, דבזה הוי כנוטל משניהם, **אבל** מצד אחד גם זה אסור לו להיות עד, אם לא שנוטל שכר בטילה דמוכח, כגון שמתבטל ממלאכתו ומפרנסתו - ערוה"ש›.

עיין לעיל באבן העזר סימן ק"ל סעיף כ"א ודו"ק. ‹נ"ב דמשמע דמ"מ אסורים ליקח שכר יותר משכר בטילה דמוכח - רעק"א›.

[**משמע** אם כבר ראה, אין ליטול שכר על הליכה להגיד העדות, ונ"ל דהיינו בדבר שאין לו טירחא, אבל במקום שיש לו טירחא, יכול ליטול שכר על ההליכה. **וראיה** דאמרינן ס"פ האיש מקדש, הנוטל שכר להזות מי חטאת, דההזאה פסולה, ואמרינן שם דמ"מ שכר ההבאה ממקום למקום, ושכר מילוי המים, שרי ליטול, דלא רמיא עליה האי טירחא, ובהדיא מדמה לה התם, נוטל שכר לדון

סימן קפא - הלכות טוען ונטען ועדות
סעיף יד-סעיף טו

ולהעיד לנוטל שכר הזאה, מש"ה יכולים ליטול שכר טירחת ההליכה, ואין זה בכלל מה אני בחנם, כנלע"ד].

דיין שדן כבר, ובא הבעל דין ליתן לו מתנה על שהפך בזכותו, אסור לו לקבל. (כן משמע מהמאירי) - {בהג' דרכי משה כתבתי לשון הרא"ש, בו נתישב דלא תקשה על זה מעובדא דבר חמא קטל גברא, ורצה הריש גלותא לכיוהא לעיניה, ורב פפא היפך בזכותיה, וקם בר חמא וקיבל עליו כרגא דכולי שני, **וכתב** הרא"ש, דדוקא פטירה ממס שרי לקבל, מטעם דבלאו הכי הוה רב פפא פטור ממס כדין תלמיד חכם, ע"ש}. (**ובכנה"ג** הקשה על זה, דא"כ לדעת הרמב"ן שהביא הטור לקמן סימן קס"ג סעיף י"א, דכרגא דמלכא שיתן כל אחד כסף גולגלתו, גם ת"ח חייב, והביא ראיה מהך עובדא דבר חמא, הדרא קושיא לדוכתא, איך קיבל רב פפא מבר חמא כו', ע"ש. **ועיין** בתשב"ץ, מבואר מדבריו ישוב אחר לזה וז"ל, אבל יש בזה ענין אחד מצינו לו היתר בגמ', והוא מי שלימד זכות בפני דיין על אחד, יכול לקבל ממנו מתנות ואין בזה משום כיעור, דהא רב פפא מפני שלימד זכות על בר חמא קביל עליה כרגא דכולהו שני, ואף על פי שהיתה מצוה על רב פפא ללמד עליו זכות, אי משום ולא תעמוד על דם רעך כדאיתא בספרא, אי משום לא תגורו מפני איש כדאיתא בפרק קמא דסנהדרין, אי משום מדבר שקר תרחק כדאיתא בפרק שבועת העדות, אעפ"כ קיבל מבר חמא כרגא דכולהו שני ולא חש לכיעור, אבל הדיין עצמו בכיוצא בזה לא מצינו כו', עכ"ל ע"ש).

{**וצריך** ליתן טעם למה סידר מור"ם ז"ל דין זה דדיין שדן, כאן בהלכות עדות, דבהלכות דיינים בסימן ט' הו"ל לכותבו}. (**עיין** בספר תפארת יעקב שכתב, דנ"ל טעם בזה, דהרב רצה להשמיענו, דדוקא דיין אסור לקבל מתנה ממי שהפך בזכותו, דנראה כשוחד מאוחר, **אבל** עד לאחר שהעיד, אם נתן לו בע"ד מתנה, אפשר דמותר, דגבי עדות לא שייך שוחד, רק דנוטל שכר להעיד קנסו חכמים דלא אהני מעשיו, אבל לאחר שהעיד לא שייך זה כו', ע"ש).

(**עיין** בס' פלפולא חריפתא מהבעל תוי"ט שכתב, עוד דבר גדול נשמע מדברי הרא"ש, דשוחד אסור אף בדבר שאינו דין תורה אלא דרך קנס בעלמא כו', **וכתבתי** זה להורות לנאמנים על הציבור, אע"פ שאין דיניהם דין תורה ולא נתקבלו לכך, אפ"ה יזהרו מלקבל מתנות על דיניהם, עכ"ל).

כל מה שאדם מעיד לסיבת יסורין ויראה, אין בו ממש (מהרי"ק).

סעיף טו - כל עדות שיש לאדם הנאה בה, ואיזה צד נגיעה אפילו בדרך רחוקה, פסול להעיד.

סימן לז ס"א - כל עדות שיש לאדם הנאה בה, פסול להעיד - {בעיר שושן כתב בזה ז"ל, ולא משום דחשדינן ליה, אלא משום דאדם קרוב אצל עצמו, עכ"ל. **ולא** ידעתי מנין לו הא, ופשוט הוא בעיני דהטעם הוא משום דחשדינן ליה בדבר שיגיע לו הנאה ממנו, וכמ"ש הטור והמחבר בס"ס זה, ומש"ה כתב נמ"י פרק חזקת הבתים, דנוגע בעדות יכול להעיד לחובה, משא"כ בפסול קורבה, עכ"ל, ולא אמרו דאדם קרוב אצל עצמו אלא היכא דבעדותו משים עצמו רשע, ולא בדבר של הנאת ממון, וק"ל}.

לי נראה שטעם העיר שושן, משום דקשיא ליה אמאי דחיישינן שהוא מעמידה בפני בעל חובו, שלא יהא לוה רשע ולא ישלם, והיאך נימא שיעיד שקר שהיא עבירה חמורה, בשביל שלא יהא לוה רשע ולא ישלם, וניחא ליה, דכיון שיש לו הנאה בדבר, אדם קרוב אצל עצמו ופסול. **וכ"כ** מהר"מ מלובלין בחידושיו וז"ל, מקשין העולם על מילתיה דשמואל, דאמר שמעמידה בפני בעל חובו, וכי חשוד אינש להעיד שקר שהיא עבירה חמורה בשביל שלא יהא לוה רשע ולא ישלם, **ומתרצים** שעדות שקר הוא דבר שאינו מפורסם, כי מי יודע שהוא משקר בעדותו כו', **ולי** נראה דאינה קושיא כל כך, משום דכל דבר שיש לאדם הנאה בו ומעיד עליו, יש לו דין עד הקרוב, שאדם קרוב אצל עצמו, וקרוב פסול לעדות מן התורה אפילו ידעינן בודאי שאינו משקר בעדותו, שהרי אפילו משה רבינו ע"ה פסול להעיד לאהרן אחיו מן התורה, עכ"ל. **ומ"מ** אין זה עיקר, דנוגע לאו כקרוב הוא, דהא קרוב פסול להעיד אפילו לחובה, ונוגע כשר להעיד לחובה, וכדמוכח לקמן סוף סעיף י"ז בהג"ה וכמה דוכתי. **ואע"פ** שאפשר לקיים דברי העיר שושן ולומר, דהיכא דיש לו הנאה ומיקרי נוגע חשיב כקרוב, אבל היכא דמעיד לחובה לאו נוגע הוא ולא חשיב כקרוב,

מ"מ אין זה עיקר, והעיקר כתירוץ הראשון של מהר"מ מלובלין, וכ"כ הרמב"ן בחידושיו.

(**עיין** באר היטב שכתב, כתב הסמ"ע הטעם דחשדינן ליה כו', ודלא כעיר שושן, ועיין בש"ך דאף שצידד מאיזה מקום יצא לו להעיר שושן כן, מ"מ הסכים לדברי הסמ"ע ע"ש. **ובגליון** שו"ע דהגר"ע איגר זצ"ל נ"ב, ובספר עזרת נשים סי' י"ז סק"ל כתב דכן מוכח מסימן ק"מ סעיף ט', עכ"ל. **ועיין** בנתיבות המשפט שכתב, דנפקא מינה באם חתם בשטר עד שלא נעשה נוגע ונעשה אח"כ נוגע, דאי אמרינן דאינו פסול מטעם חשד רק מטעם קרוב, אחרים מעידין על חתימתו, כמו בחתם בשטר עד שלא נעשה חתנו בסימן מ"ו סעיף ל"ה, **ואי** הטעם משום דחשוד לשקר, אפילו אחרים אין מעידין על חתימתו, כמו בחתם בשטר עד שלא נעשה גזלן בסימן מ"ו שם סעיף ל"ד, **והעיקר** כהסמ"ע וש"ך דפסול מטעם חשד כו', ע"ש).

(**וכ"כ** בתשובת נאות דשא, גם כתב דכן מבואר בשו"ע סימן ס"ו סעיף כ"א כו', וכן מבואר בש"ס ב"ב דף קנ"ט ע"א בחתם בשטר עד שלא תיפול לו בירושה כו', ומכאן סתירה להאומרים דפסול נוגע לאו מטעם חשד אלא בתורת קרוב, **והאריך** בזה, ומסיק דבנידון זה עצמו, באם חתם בשטר קודם שנעשה נוגע ונעשה נוגע, ברור לדינא דאין אחרים מעידין על חתימתו, אא"כ ראו עדים את השטר קודם שנעשה נוגע, **מיהו** באיזה ענין אחר שיש נפקא מינה לדינא בין אי נימא דנוגע כקרוב ובין אי נימא דחשיד לשקר, יש להסתפק אי מצי המוחזק לומר קים לי כדעת האומרים שהוא כקרוב כו' ע"ש).

‹**וכן** לא דמי נוגע לכל הפסולים דבעינן תחלתם וסופם בכשרות, ונוגע אינו כן, דאפי' אם מסתלק עצמו מנגיעתו בעת הגדת העדות, מקבלים עדותו, **ויש** חולקים בזה וס"ל דגם בנוגע בעינן תחלתו וסופו בכשרות, כמ"ש בסי' ל"ג ס"ט, **והש"ך** כתב, שהמוחזק יכול לומר קים לי כדעה זו - ערוה"ש›.

‹**מכאן** עד סוף הסעיף פירשנו רק ע"פ הערוה"ש, מחמת אריכות הענינים, ומשום דאינו נוגע כ"כ לההלכה שבפנים בהקשו"ע, ועיין בשו"ע לדברי יתר המפרשים›.

לפיכך קרקע של שני שותפים, ובא האחר להוציא מתחת יד האחד, לומר שאותו שמכרה להם גזלה ממנו - ‹או שיש לו שטר חוב באחריות על המוכר, והשטר חוב קדם להמכירה, והביא המערער עידי הגזילה או עידי השטר›, **אין שותפו** - ‹ויש עוד עד אחד עמו› **מעיד לו עליה לפסול עידי המערער** - ‹והנה זהו פשיטא שעל חלקו הוא בעל דבר ואינו נאמן, דאינו בגדר עד›, **ואפילו על חלק השותף לא יועיל עדותו** - ‹דאם נאמין לו על חלק השותף ונעמיד חצי השדה ביד שותפו, הרי יחזור ויחלוק עמו, כיון דשותפים נינהו, **אא"כ** חלקו השדה מכבר, ואז מועיל עדותו להשותף, **ולא** יהיה ביכולתו לומר אח"כ חלוקתינו היתה בטעות אחרי שחלקו נלקח, כמו שיתבאר כעין זה בסי' קע"ה, **דכיון** דבעצמו אומר שעידי שקר הם, ורק על חלקו אינו נאמן, אינו יכול לומר חלוקתינו היתה בטעות ונסתחפה שדהו, **ועוד** דבשותף לאחר חלוקה י"א שאינו חוזר עליו›.

‹**וכל** זמן שלא חלקו הוי נוגע בדבר, ואין תקנה שיתכשר עדותו›, **אלא אם כן סלק עצמו ממנה, וקנו מידו שנתנו לשותף** - ‹חלקו במתנה גמורה›, **ואפילו לא סלק עצמו עד לאחר הערעור, מהני.**

וצריך שיקבל עליו שאם יבא בע"ח ויטרפנה מיד השותף, ישלם לו דמיה - ‹דאל"כ יש חששא דנוגע גם לאחר הסתלקותו, דשמא יש עליו בע"ח ואין לו במה לשלם, ורוצה שתשאר ביד השותף כדי שהבע"ח יגבנה בחובו, ולא יהיה לוה רשע ולא ישלם, וניחא ליה לעבור עבירה בסתר להעיד שקר, משתהיה עבירה בגלוי שלא ישלם, לפיכך צריך לקבל עליו אחריות שבאם בעל חובו יטרפנה מהשותף, שיהיה חייב לו לשלם, וא"כ לא ירויח כלום, דישאר רשע כנגד השותף כשלא ישלם לו›.

וצריך להתנות שאם יבא לחטפה ממנו בטענות אחרות לומר שהיתה גזולה בידו וכיוצא בזה, שאינו מקבל אחריות - ‹דאל"כ פשיטא שנוגע בדבר כשזה המערער יטרפנה, כיון שקיבל עליו אחריות›.

אבל אם אין המערער טוען אלא על חלק השותף בלבד, כגון שטוען שמכרה לו השותף, יכול להעיד לו, שאז אינו נוגע בעדות כלל - ‹ושנחשדנו שטוב לו להיות שותף עם זה משיהיה שותף עם המערער, ושבעבור זה יעיד שקר, אין סברא לחשוד שום אדם בזה שֶׁבְּעַד פנייה כזו יעיד שקר›.

‹**וזהו** לדיעה ראשונה דלעיל, דלהיש חולקין, דגם בנוגע בעינן תחלתו וסופו בכשרות, לא מהני הסתלקותו עתה›.

סעיף טז – כתיב: ואשר לא טוב עשה בעמיו, ודרשינן זה הבא בהרשאה ומתעבר על ריב לא לו, **ודוקא** כששני בעלי הדינים המה בעיר, אלא כגון שהלוה הוא אלם ובעל טענות, וירא המלוה לטעון עמו, ומרשה לאחר, זהו מתעבר על ריב לא לו, **אבל** אם הנתבע הוא בעיר אחרת, והתובע אינו יכול לטרוח את עצמו, ומרשה לאחר, זה המורשה מצוה קעביד להציל העשוק מיד עושקו, **וי"א** דהבא בהרשאה כדי ליהנות מן השכר לא בשביל אלמות, מותר.

סימן קכג סט"ו - ואשר לא טוב עשה בעמיו, זה הבא בהרשאה - ‹דמתעבר על ריב לא לו, ומי בקש זאת מידו, ואין רוח חכמים נוחה הימנו›. **בד"א, כשהנתבע והתובע בעיר אחת; אבל אם הנתבע בעיר אחת והתובע בעיר אחרת, הרי זה עושה מצוה** - ‹דאל"כ כל אחד יטול ממון חבירו וילך לו, בידעו שהתובע לא יוכל לבא למקומו – ערוה"ש›.

הגה: וי"א דאין חילוק בין אם היה עמו בעיר או לא, אלא שכל זמן שהמורשה הוא אלם ובעל טענות, מתעבר על ריב לא לו; אבל אם עושה כדי להציל עשוק מעושקו, מצוה קעביד (ב"י בשם תוספות) - לפענ"ד דברי הרב מגומגמים, וגם מש"כ שכל זמן שהמורשה הוא אלם כו', נראה שהבין מש"כ הב"י בשם התוס' דה"מ כשהוא אלם ובעל טענות שמתעבר על ריב לא לו, ר"ל שהמורשה אלם, **ולפענ"ד** זה אינו, דממ"נ אם יטעון המורשה אמת, מה בכך שהוא אלם ובעל טענות, ואם מתוך שהוא אלם ובעל טענות יטעון שקר, או יזכה שלא כדין, ל"ל דמתעבר על ריב לא לו, תיפוק ליה דפשיטא דאסור למורשה לטעון שקר, **וגם** אינו תלוי במורשה, דפשיטא דאפי' בע"ד בעצמו אסור לטעון שקר וכמש"כ המרדכי בפ' המפקיד תשו' מהר"מ, וששאלתם אם האנטלר יכול לטעון כל מה שיכול לטעון להערים אפי' בדבר שיודע שאינו, לא, כי חלילה מעשות כן להיות חוטא ולא לו, ואפי' לעצמו אינו רשאי לשקר כו', והוא פשוט, {**והא דאפטרופוס מותר, משום דאם היה אביהם קיים היה טוען כן**}, **אלא** כוונת התוספות לומר, דלפעמים המלוה אינו רוצה לדון עם הלוה, מחמת שהלוה הוא אלם ובעל טענות, ואינו רוצה לריב עמו, א"כ זהו שהוא מורשה לא טוב עושה, שמתעבר על ריב לא לו, ומה לו בזה, יתבענו המלוה עצמו, **אבל** כשטורח להביא לחברו מעותיו שאין חברו יכול לטרוח, מצוה קעביד, שהרי אין חברו יכול לטרוח כמו הוא, **ולפי"ז** נראה דהראב"ד וטור ומחבר לא פליגי עם התוס', דאדרבה כוונתם אחד, דכל שהמורשה עושה מחמת שהוא בענין שאין המרשה היה יכול לעשות כן, כגון שטורח הוא לו להמרשה ולא להמורשה, או כגון שהמרשה הוא בעיר אחרת וכה"ג, מצוה קעביד, **רק** כשהוא בעיר א' והמרשה יכול לעשות כמו המורשה, ומה שאינו עושה כן בע"כ הוא מפני שהלוה הוא אלם ובעל טענות, א"כ מתעבר על ריב לא לו, **ונמצא** דגם מה שכתב הר"ב וי"א דאין חילוק כו', אינו מדוקדק, **ומה** שכתב בכסף משנה דתרוייהו איתנהו, דכל שאינו יכול להוציא מיד הלוה מפני אלמותו או מפני ריחוק המקום, מצוה קעביד כו', **נראה** דכוונתו שיודע שהלוה יחזיק בו שלא כדין מחמת אלמותו, ולא יעיז פניו באלמותו נגד המורשה, והיה מעיז נגד המרשה, כגון שהמורשה הוא אדם חשוב, או יודע עסקיו ועניניו ותחבוליו וכה"ג, נמצא דהוי כעין מש"כ התוס', שטורח להביא לחברו מעותיו שאין חברו יכול לטרוח, ודו"ק.

‹**הרב** הש"ך השיג על רמ"א בכוונת התוספות, ומפרש מה שכתבו התוספות שהוא אלם, היינו הנתבע אלם, ולכך התובע נמנע לילך עמו ומעמיד להמורשה במקומו. **ומלבד** דדין זה ליתא, דאדרבא בזה יפה עושה מורשה דאינו גר מפני איש, ואם זה התובע יש לו מורך לבב ונפסד על ידי כן, והוא המורשה אוזר חיילם לקום נגדו ולא יחת מפני איש וכושל יקימון מילו, אני אומר תבוא עליו ברכה, וכמה שקדו חז"ל לשבר מתלעות האלמים וזרוע רמה, עד שהכריחו להביא עדות מה שכנגדו, עיין סי' כח ס"ה, ואיך לא נשקוד שהמורשה יקום בחריקאו של איש נעזב, **אף** גם הא מבואר בפסקי תוספות למסכת שבועות להדיא, אלם ובעל טענות לא יתעבר לטעון בשביל חבירו, עד כאן, והדבר מבואר כמש"כ הרמ"א. **ובעיקר** קושיתו דמה יהיה באלמתו וטענותיו, הא אסור לו לטעון שקר, לא קשה מידי, כי חדא, לרב טענותיו יתרצה הנתבע על כרחו לפשר דבר, כי יהיה נלאה נשוא דברי ריבות שלו וטרחא דבית דין, **וגם** העדים אפשר דיגורו ממנו כעובדא דמרי בר איסק (ב"מ לט:). **ועיין** תרוה"ד ויש"ש, אם יכול אדם

להרבות בתואנה ועלילות כדי לכוף חבירו לפשר, ועיין שם דבטענה שיש בו ממש מותר, ודברי רמ"א פה עיקר – תומים›.

‹ומיהו הבא בהרשאה כדי ליהנות מן השכר, לא בשביל אלמות, נראה דאינו בכלל ואשר לא טוב עשה בעמיו, גידולי תרומה, וכן פשט המנהג, כנה"ג – באה"ט›.

י"א דאין אדם יכול לעשות מורשה שלא בפניו – {פירוש, שלא בפני המורשה, שלא יקנה המרשה בפני עדים בקנין סודר שלא בפני המורשה, ויאמר הריני מקנה ומרשה לפלוני על חובי להוציאו מיד פלוני, דאין העדים קונין לו שלא מדעתו דבר כזה שיש לו בו חובה}, **דאין חבין לאדם שלא מדעתו, והרי כתיב: ואשר לא טוב עשה בעמיו; ולכן אפילו אם נתרצה אחר כך בדבר, אינו כלום (מרדכי פרק מרובה)** – {כיון דהקנין לא חל מעיקרא. **וע"ש** במרדכי דכתב כן תחילה בשם ר' יודא בר קלונימוס, וכתב עליו ז"ל, אמנם לפי מש"כ ר"י ניחא, דפירוש דההיא איירי דוקא כשהוא עושה שליח בשביל שהוא אלם ובעל טענות, **אבל** כשהוא טורח להביא מעותיו לחבירו שאין חבירו יכול לטרות, אין זה חובה, ואדרבה מצוה קעביד להציל עשוק מיד עושקו, עכ"ל. **וצריכין** ליתן טעם לדברי מור"ם, למה השמיט מסקנת המרדכי, דנראה ממנו דס"ל דלכל הפחות אם נתרצה אח"כ דשרי. **ובעיר** שושן כתב מסקנא זו לחוד, דכתב, ולכן אם נתרצה אח"כ בדבר וקיבלו, קנאו שגילה דעתו למפרע, עכ"ל. **ונראה** דדעת מור"ם להכריע כדברי ר"י בר קלונימוס דמסתבר טעמיה, משום דאף אם מצוה קעביד, מ"מ על הרוב אין אדם מתרצה להיות מורשה ולהכניס ראשו בריב לא לו, ולפעמים קוראין עליו ואשר לא טוב עשה, משום הכי ס"ל דאף אם נתרצה אח"כ, אין אומרים דאיגלאי מילתא למפרע, כיון דאין דרך העולם להתרצות בזה, ואין לנו אלא מהריצוי ואילך לא למפרע, ומתחילה לא חל הקנין, ודלא כעיר שושן}.

ולפענ"ד זה דוחק, דמור"ם הכריע כריב"ק ולא כר"י, ועוד שהרי לא הזכיר בד"מ מזה כלום, **אלא** נראה דפשיטא דגם ר"י לא פליג היכא דלא טוב עשה, דאינו יכול לעשות מורשה שלא בפניו, דאין חבין לאדם שלא בפניו, וכשאין יכול לעשות מורשה שלא בפניו, פשיטא דאפי' נתרצה אח"כ אינו כלום לכו"ע, **אלא** דריב"ק קאמר סתמא דאינו יכול לעשות מורשה שלא בפניו, משמע דבכל גווני אינו יכול לעשות מורשה שלא בפניו, משום דס"ל דהא דאמרינן דלא טוב עשה בעמיו, בכל גווני היא, ע"ז קאמר המרדכי אמנם לפי מש"כ ר"י ניחא כו', דא"כ כשטורח להביא מעותיו דמצוה קעביד, ודאי יכול לעשות מורשה שלא בפניו, **וא"כ** הי"א שכתב הרב ודאי מיירי בענין שביאר מקודם, דהיינו היכא דלא טוב עשה, כגון שהוא אלם ובעל טענות וכה"ג, והלכך בכה"ג פשיטא דאפי' נתרצה אח"כ אינו כלום, **ואם** כן העיר שושן שכתב דאינו יכול לעשות מורשה שלא בפניו, ואם נתרצה אח"כ קנאו, לא כוון יפה, דליכא מאן דפליג בהא, דהיכא דא"י לעשות מורשה, בין לריב"ק בין לר"י לא מהני אם נתרצה אח"כ, כיון דהקנין לא חל מעיקרא, ודוק כי זה נ"ל ברור, ודלא כהעיר שושן והסמ"ע.

[**נראה מדעת רמ"א דאין מחלוקת, שהביא המרדכי** בסוף דעת ר"י להוציא חילוק, אחר שמצינו הרשאה בהיתר ואפי' מצוה קעביד, וא"כ גם בהרשאה שלא בפניו אם הוא באופן זה ודאי מהני, ומשום הכי נראה דדקדק רמ"א כאן וכתב דאין חבין לאדם שלא בפניו, להורות דאם הוא באופן דודאי מצוה קעביד מהני, מדקאמר והרי כתיב אשר לא טוב וכו', משמע דוקא במקום דשייך קרא דלא טוב וכו', דוקא מיקרי חובה, דבמקום מצוה לא שייך חובה, דניחא ליה לאינש למעבד מצוה].

‹**וכיון** וי"א דאפילו בכה"ג לא יעשה שלא בפנינו, מפני שע"פ רוב אין אדם מתרצה להיות מורשה ולהתעבר על ריב לא לו, ולא חל הקנין אף כשנתרצה אח"כ, סמ"ע, **לכן** טוב לישאל מקודם במכתב את המורשה אם מתרצה לזה, ואז יכתוב לו ההרשאה – ערוה"ש›.

סעיף יז – לעולם ירחיק אדם את עצמו אפילו משבועת אמת בכל מה דאפשר.

או"ח סימן קנו ס"א - ויזהר מלישבע, אפי' באמת, שאלף עיירות היו לינאי המלך, וכולם נחרבו בשביל שהיו נשבעים שבועות, אע"פ שהיו מקיימים אותם – ‹כן דרכן של בני ישראל, להפסיד ממון עצמם ולעשות כל טצדקי שלא לשבע אפי' באמת... ומנהג ישראל תורה ואין להרהר – חת"ס חו"מ סי' צ'›.

סעיף יח - מי שחבירו נתחייב לו שבועה, ורואה בו שהוא רוצה לישבע בשקר חס ושלום, יתפשר עמו כפי האפשרי, ולא יניחנו לישבע לשקר, שנאמר: שבועת ה' תהיה בין שניהם, ודרשינן: מלמד שהשבועה חלה על שניהם.

סימן פז ס"כ - אם אמר: הריני נשבע, וחבירו תובע, העומדים שם אומרים זה לזה: סורו נא מעל אהלי הרשעים האלה - {נראה דדקדק לכתוב וחבירו תובע, כדי ליתן טעם למה אמרו סורו נא מעל אהלי האנשים הרשעים האלה, דמשמע על הנשבע ועל המשביעו. והיינו טעמא, כיון שזה רואה שהוא מוכן לישבע, הו"ל להשוות עמו באופן שלא יגרום שהשבועה תצא מפיו של זה על ידו, והוא לא עשה כן אלא תבע השבועה}.

‹מ"ט יהיב סמ"ע טעם אחר שלא כפי רש"י, שפי': שלא דקדק למסור ממונו ביד נאמן ובאו לידי חלול השם, **והשתא** אתי שפיר, דרש"י פי' על פסוק שבועת ה' חלה על שניהם, רוצה לומר אם ישבע לשקר יהיה על שניהם, וסגר בפי' רש"י ובטעמו, ואם נשבע באמת אפשר שאינו חל אפי' על א' מהם, **אך** הסמ"ע יהיב טעמא על מה שמחליטין את שניהם לרשעים, וע"כ מטעמא דסמ"ע דאפי' נשבע באמת מ"מ גם הנשבע רשע שהיה לו לפשר - חת"ס חו"מ סי' צ'›.

סעיף יט - ישראל היודע עדות לעובד כוכבים, שיש לו דין עם ישראל בערכאותיהם, אם יגרום בעדותו לחייב את הישראל יותר ממה שהיה חייב בדיני ישראל, אסור להעיד לו, ואם לאו מותר להעיד לו, **ואם** מתחלה יחדו העובד כוכבים להישראל שיהיה לו עד, הואיל ויהיה חילול השם אם לא יעיד לו, יעיד לו בכל ענין.

סימן כח ס"ג - אם עובד כוכבים תובע לישראל, ויש ישראל יודע עדות לעובד כוכבים נגד ישראל, ואין עד אלא הוא, והעובד כוכבים תובעו שיעיד לו במקום שדיני העובדי כוכבים לחייב ממון ע"פ עד אחד, אסור להעיד לו - ‹כיון שהוא נגד תורתינו - לבוש›. {**הכלל** בזה, דכל היכא שאינו גורם בעדותו שיתחייב הישראל בדין הגוים טפי מאילו היה מעיד עליו בדין ישראל, הרי זה מותר להעיד לו, הן אחד והן שנים, ואם מתחייב על ידי עדותו טפי, אזי אסור}. **ואם העיד, משמתין אותו** - ל' יום. **ועיין** במהרש"ל, דאם רוצה לשלם מתירין לו, וה"ה דלא משמתינן ליה.

(**עיין** בספר ברכי יוסף, שעמד בזה אמאי משמתין, לימא האי סהדא אנא בקושטא ידענא דהאי ישראל חייב לגוי, ומה נפשך, אי אתאי בבי דינא דישראל, ואיהו לא בעי לאשתבועי ושלים לגוי, השתא נמי לא אפסדתיה, ואי איהו הוה משתבע לשיקרא, דטבא ליה עבדי ליה, שיפרע ולא לשתבע אשיקרא כו'. **והביא** בשם מהריט"ץ שפירש בזה, דכיון דהתורה לא האמינתו ואינו חייב אלא שבועה, יניח לו לישבע לשקר ואין לו להתחכם על בוראו כו' ע"ש).

הגה: אבל אינו חייב לשלם, דיכול לומר: אמת העדתי - {צ"ע, דביו"ד סימן של"ד קחשיב הטור והמחבר בסעיף מ"ג, כ"ד דברים שמנדין אותן עליהם, וכתבו שם ז"ל, התשיעי, המעיד על ישראל בערכאות של גויים והוציאו ממנו ממון שלא כדין, מנדין אותו עד שישלם. **ודוחק** לומר דשאני הכא דתבעהו הגוי להעיד, משום הכי הקילו בו שאין צריך לשלם, **דאכתי** קשה, דלא היה לו לסתום שם אלא לחלק, דאם תבעהו פטור מלשלם. **ואפשר** דלצדדין כתב שם, דלפעמים מנדין אותו לחוד, והיינו אם אין יכול לברר ששקר העיד, ופעמים מנדין אותו עד שיתן, והיינו כשיכולין לברר. **גם** י"ל בדוחק דה"ק, מנדין אותו, כשאינו רוצה לשהות עוד בנידוי, ישלם. **אלא** שקצת קשה, מאי שנא זה ממי שנתחייב לישבע שבועת היסת ואינו רוצה לישבע, דג"כ אין יורדין לנכסיו אלא שמנדין אותו ל' יום, ואח"כ מתירין נידויו ופוטרין אותו, וכמ"ש בטור בסימן פ"ז, וה"נ כאן דלא החרימוהו אלא משום חציפותו. **ואין** לומר דר"ל אם אינו רוצה לשהות אפילו ל' יום בנידוי ישלם, דלשון עד שישלם לא משמע הכי}.

(**ועיין** בתשובת חתם סופר, שביאר דבר זה בהסבר יותר וז"ל, והענין בזה, דאם הבעל דין מודה שחייב להגוי, רק שאומר שרוצה להפקיע הלואתו, אין כאן שמתא, כמו בשני עדים, **ואם** עד אחד רוצה להעיד שקר על חבירו, פשיטא שצריך לשלם נמי, ובהכי מיירי רמב"ם פ"ו מתלמוד תורה, ושו"ע יו"ד סימן של"ד, **אך** הכא מיירי שהנתבע אומר שאינו חייב להגוי, ועד אחד אומר יודע אני שאתה חייב, והנה הב"ד ששומעים דבריהם לא מהימן

ע"א נגד זה הנתבע, ע"כ הוי גבי דידן כאילו אין הישראל חייב להגוי וזה רוצה להעיד בו שקר, על כן אנו מתרין להעד שלא יעיד, **ואם** לא ישמע, משמתין ליה על שהחציף נגד הבית דין, כמ"ש בהגהות מרדכי, **אבל** לא נוכל להוציא ממונו ממנו, כי נגד ממון שהוא מוחזק הוא נאמן שהאמת אתו, כנלע"ד ברור, ומיושב בזה כמה פקפוקי אחרונים ז"ל, עכ"ל ע"ש).

אבל אם יש לברר ששקר העיד, חייב לשלם - (משום דינא דגרמי - לבוש). {**בישראל לישראל לא שייך זה, דבדיני ישראל אין מוציאין ממון על פי עד אחד, ובב' עדים אין שייך בירור, דתרי כמאה**}. (**ועיין** בתשובת נודע ביהודה, שכתב דדברי הסמ"ע לאו דוקא, מ"ש דלא משכחת כלל בישראל כהאי גוונא, דודאי משכחת גם בישראל עד אחד שמחייב ממון, ונסכא דר' אבא יוכיח וכיוצא בזה, ע"ש).

(**ועיין** בתשובת שבות יעקב, במי שתבע לגוי בערכאות של גויים שחייב לו, והגוי כפר והביא עד אחד ישראל שאינו חייב לו, ופטרו על פיו, ואח"כ נתברר מפי אחרים ומפי עצמו ששקר העיד, אי העד מחויב לשלם או לא, **ופסק** שאין לחייב העד בדיני אדם, דאנן קיי"ל בשבועות דף ל"ב, משביע עד אחד פטור, דדבר הגורם לממון לאו כממון דמי, וא"כ אין לחייבו במה שפטרו משבועה, ואין זה רק גרמא בניזקין דפטור, ומכ"ש בהעיד כן לגוי. **ומ"ש** בשו"ע סימן כ"ח ס"ג בהג"ה, אבל אם יש לברר ששקר העיד חייב לשלם, קאי אמ"ש בשו"ע בהעיד לחייב ממון, **משא"כ** במעיד לפטור שמבואר בס"ד לא כתב כן, משום דהתם אין לחייבו לשלם כו'. **וגם** מדברי הסמ"ע שם ס"ק כ"ב מוכח כן, שהרי כתב, בישראל לישראל לא שייך דין זה, דבדין ישראל אין מוציאין ממון על פי עד אחד, ואם איתא, גם בישראל לישראל שייך דין זה במעיד לפטור, אלא ודאי דכל כהאי גוונא אין מחייבין אותו ממון כו', ע"ש עוד).

ואם בעל דבר מודה שאמת העיד, אין משמתין אותו (הגהות מרדכי) - (שהרי הודאתו מחייבו אפילו בדינינו - לבוש). **ומהרש"ל** כתב, דוקא היכא דהודה על הלואה סתם וכפר להרויח, דאיכא חילול השם, *לא משמתינן ליה, **אבל** בהפקעת הלואה שלא יודע לגוי, דליכא חילול השם, משמתינן ליה.

*נ"ב ומ"מ לא שרינן ליה לכתחלה להעד, דס"ס על עדותו יוצא ממנו ממון שלא כדין, דהא לא הודה בפני ערכאותיהם. **ובב'** עדים דקי"ל בס"ד דיכולים להעיד, היינו דוקא בהלואה סתם דאיכא חילול ה', אבל היכא דלא יודע להעכו"ם דליכא חילול ה', אינם רשאים להעיד, כיון דזכה ישראל מדין הפקעת הלואתו, ומ"מ לא משמתינן להו. **והיכי** דב' ישראל מריבים והלכו לדון בערכאות, ואתא חד וקמסהיד ואפקינן ממונא, אף שלא טוב עשה בעמיו, שעשה אויבינו פלילים ונגמר הדין גוי על פיו, וראוי להענישו כפי ראות עיני הדיין לפי הענין והסיבה, ואף ב' עדים לא יעידו בלתי רשות המורה וטובי העיר, **ומ"מ** לא משמתינן ליה, כן מבואר ביש"ש שם, {מאחר דקי"ל כדברי המרדכי, דאין משלם, ולא משמתינין אלא משום דהרויח לגוי, וקא מפסיד לישראל, אבל הכא דהרויח לישראל אחר לא, שם}. **ובתשובת** רמ"א סי' נ"ב כתב, דוקא בדין שיש לגוי עם ישראל מותר להעיד היכי דדנין בדינינו כן, אבל אם ישראל דן עם חבירו, אסור להעיד, דמסייע ידי עוברי עבירה, ואף על גב דלית ביה משום לפני עור, מאחר דבלאו דידיה יוכל לעשות האיסור, מ"מ אסור מדרבנן - רעק"א.

ואם מתחלה יחדו העובד כוכבים לישראל להיות עד, איכא חילול ה' אם לא יעיד לו, (ויעיד לו) - וכתב מהרש"ל, או שהם מרגישים שהישראל יודע בדבר, ואיכא למיחש לביטול קיומם של יהודים, מעיד לכתחילה.

סעיף כ - כל זמן שהאדם זוכר יכול להעיד לעולם, ואינו חושש שמא מתוך שנתישן הדבר הרבה אינו זוכרו על בוריו, **אפילו** אינו נזכר לעדות אלא מתוך הכתב, שכשמסרוהו לו כתבו בפנקסו לזכרון דברים, ושכח את הדבר, ואינו נזכר אלא מתוך הכתב, יכול להעיד. **ודוקא** שכאשר ראה את הכתב נזכר לדבר, **וכן** אם נזכר לדבר על ידי אחר שהזכירו לו, יכול להעיד אפילו היה המזכיר העד השני, **אבל** אם הבעל דין בעצמו מזכירו ונזכר, לא יעיד, **אך** יכול הבעל דין למסור את הדברים לאחר, והוא יזכירו, דהוי ליה נזכר על ידי אחר.

סימן כח סי"ג - כל זמן שזוכר האדם, יכול להעיד לעולם, ואינו חושש שמא מתוך שנתיישן הדבר הרבה אינו זוכרו על בוריו - {לא מיבעיא אם נעשה מתחילה עד בדבר, דאז מתחילה רמיא אנפשיה ואינו שוכחו, אלא אפילו לא נעשה מתחילה עד בדבר, מ"מ כשעתה רמיא אנפשיה לזכורה מעיד לו}.

‹**ולא** אמרינן דמסתמא נשכח ממנו באורך הזמן, דהאדם יכול לזכור משך רב מהשנים, אבל צריך שיזכור הענין על בוריו מה שמעיד, **ואם** נשכח ממנו איזה פרטים או אינו זוכרם בבירור, יאמר כן, את זה שכחתי ואת זה איני זוכר על בוריו, ולא יעמיד על דמיונו והשערתו, דאין זה עדות אמת - ערוה"ש›.

אפילו אינו נזכר לעדות אלא מתוך הכתב, שכשמסרוהו לו כתבו בפנקסו לזכרון דברים - ‹פלוני העיד אותי על ענין זה ביום פלוני כך וכך - לבוש›, **ושכח הדבר ואינו נזכר אלא מתוך הכתב, יכול להעיד; והוא שאחר שראה הכתב נזכר לדבר** - ‹אחר שמצא בין כתביו הענין כתוב, נתן אל לבו ונזכר בהמעשה על בוריו - ערוה"ש›. ‹**אבל** לא יסמוך על הכתב לבדו כשאינו זוכרו מבחוץ, דרחמנא אמרה מפיהם ולא מפי כתבם - לבוש›. ‹**אלא** יאמר את זה מצאתי בין כתביי ואני איני זוכר, וממילא דהבי"ד לא ידונו ע"פ זה אלא יחקורו וידרושו - ערוה"ש›. **(ועיין לקמן סי' מ"ו סעיף י').**

סימן כח סי"ד - וכן אם נזכר לדבר על ידי אחר שהזכירו לו - ‹ואחר שהזכירו נתן אל לבו ונזכר המעשה על בוריו - ערוה"ש›, **יכול להעיד, אפילו היה המזכיר העד השני** - {כן הוא בגמרא, ויש רבותא בהזכרת העד יותר מבאחר, דהו"א דהעד יחשב קצת נוגע בדבר, דניחא ליה דדברי עדותו יעשו פרי כשיסכים השני עמו לכל דבריו. **והטור** לא כתב על ידי העד, אלא על ידי אחר, ר"ל אפילו אם העדים שניהן שכחו הדבר ואחר הזכירם, ויש בזה ג"כ צד רבותא טפי, וק"ל}.

אבל אם הבעל דין בעצמו מזכירו ונזכר, לא יעיד - ‹דחיישינן שמא הטעימו לו הענין כל כך, עד שהטעו אותו שלא ירגיש שאינו זוכר בטוב, ומדמה בדעתו שזוכר אף על פי שאינו זוכר היטב - ערוה"ש›.

‹**וכתב** התומים, שאפילו העד כאן והבית דין חוקרים אותו, ואמר שלא נזכר כי אם מעצמו, מ"מ זולת ת"ח אסור, ודלא כמ"ש בית יוסף, **והבית** יוסף גופיה נראה דחזר בו מדהשמיט דין זה בשו"ע›.

‹**עיין** בתשובת שבות יעקב שכתב, דקרובו של הבע"ד כאחר דמי ומותר להזכירו, **אך** אשתו ובניו הוי כהזכרת הבעל דין עצמו, ע"ש›. ‹**דהם** כגופו - ערוה"ש›.

‹**וכתב** עוד התומים, דאם הבעל דין שם דברים בפי בית דין או שליח בית דין להיות מזכיר להעד, ‹שיגידו להעד בשמו שכך וכך היה המעשה ובאותו זמן ובאותו מקום, והם הגידו להעד, ונזכר העד מעצמו›, אף דהדברים נובעים מבטן בעל דין, שרי, דמ"מ מזכירו אחר›, ‹דכיון דלא שמע מהבע"ד עצמו אין כאן חששא - ערוה"ש›.

ואם העד תלמיד חכם, אף אם הבעל דין בעצמו מזכירו, שפיר דמי, שודאי אי לא היה נזכר לא היה מעיד - ‹דת"ח לא יניח את עצמו שהבע"ד יטעהו - ערוה"ש›. {**כן כתב רש"י והטור. והרמב"ם** כתב אם הבע"ד המביאן הוא תלמיד חכם, והב"י הקשה עליו, ומשום הכי השמיט כאן דבריו. **והטור** הביא דברי רש"י ודברי הרמב"ם אחריו, משמע דס"ל כהרמב"ם או כדברי שניהן. **וכן** נלע"ד}.

‹**ועיין** בתשובת רמ"א, דבזה"ז ליכא תלמיד חכם לענין זה, **והכנסת** הגדולה בהגהות הטור חולק עליו, ע"ש, וכן הסכים בתשובות שבות יעקב, דאף האידנא יש דין ת"ח

לענין זה, **וכתב** דיש לומר דגם רמ"א לא פסק כן בהחלט, רק סניף לשאר צדדים, ע"ש. **ובתומים** כתב על דברי רמ"א הנ"ל, הגם כי יש לפקפק, מ"מ כבר הורה הרמ"א, ומי יחלוק עליו בלי ראיה מבוארת. **ויש** שכתבו דאין לזה דין ת"ח בזמה"ז, **ואין** זה כלל בכל העניינים, ותלוי בראיית עיני הדיינים, לפי חכמתו ויראתו – ערוה"ש.

סעיף כא – עד שהוא קרוב לאחד מבעלי הדינים, או לאחד מהדיינים, או שהעדים קרובים זה לזה, ואפילו קורבה על ידי נשותיהם לפעמים פסולים להעיד, ואפילו קרובים רק להערב ולא להלוה, גם כן פסולים להעיד להלוה. **וזה** שפסלה התורה עדות הקרובים, לא מפני שחזקתם אוהבים זה את זה, שהרי פסולים להעיד בין לזכותו בין לחובתו, אלא גזירת הכתוב הוא, ואפילו משה ואהרן לא היו כשרים להעיד זה לזה. **לכן** כל עד שהוא איזה קרוב לאחד מן הנזכרים, או שהיה קרוב ונתרחק, והדיינים אינם יודעים, צריך להודיע להם, והם יגידו לו על פי התורה אם יש בקורבה זו כדי לפוסלו או לא.

סימן לג ס"י - זה שפסלה תורה עדות הקרובים, לא מפני שהם בחזקת אוהבים זה את זה - {ושמא ישקרו}, **שהרי פסולין להעיד לו בין לזכותו בין לחובתו, ואפילו משה ואהרן אינם כשרים להעיד זה לזה** - {וכן שני קרובים ביחד אסורים להעיד, אף שאינם קרובים לבעלי הדין}, **אלא גזירת הכתוב הוא** - {הטור סיים וכתב: לפיכך אוהב ושונא כשרים להעיד. **והוא** כמו הוכחה אחרת, ור"ל דאי טעמא דפסול קרובים הוא משום אוהבים, הוי אוהב פסול לעדות, **ואנן קי"ל דהוא כשר**}. {**ואף** שלדין פסולים, דמפני שהדין תלוי בדעת הדיין, חיישינן שמא מפני אהבה ושנאה יטה דעתו בלי כוונה, **אבל** לעדות כשירים, דהעד אינו מעיד רק מה שראה ושמע, ולא נחשדו ישראל שמפני אהבה ושנאה יעידו שקר – ערוה"ש}.

סעיף כב – שני עדים שאחד יודע בחבירו שהוא רשע ופסול לעדות מן התורה, ואין הדיינים מכירים ברשעו, אסור לו להעיד עמו אף על פי שהיא עדות אמת, שנאמר: אל תשת ידך עם רשע להיות עד חמס, **וגזירת** הכתוב הוא שכל העדות בטלה, אפילו הם רבים, אם אחד ביניהם פסול. **ואיזהו** רשע שפסול לעדות מן התורה, כל שעבר על דבר שפשט בישראל שהוא עבירה, והוא דבר שבלא תעשה מן התורה, ועבר בזדון ולא עשה תשובה, **אבל** אם יש לתלות שעשה בשגגה, או בטעות שלא ידע את האיסור, לא נפסל לעדות.

סימן לד ס"א - רשע פסול לעדות, ואפילו עד כשר שיודע בחבירו שהוא רשע, ואין הדיינים מכירים רשעו, אסור לו להעיד עמו, אף על פי שהוא עדות אמת.

{**לשון** הטור, רשע פסול להעיד, שנאמר אל תשת ידך עם רשע להיות עד חמס, ואפילו עד כשר היודע בחבירו שהוא רשע כו'. **והוכחתי** בפרישה דהכי קאמר, מדכתיב אל תשת ידך עם רשע, נלמד דאפילו עד כשר היודע בחבירו שהוא רשע, ושניהן ראו ענין אחד, אסור להצטרף עמו להעיד על אותו ענין שראה, מפני שזה הרשע הוא כאילו אינו, שפסול לעדות, והדיינין לא ידעו מרשעו, ונמצא שעל פי הכשר לבדו נגמר הדין, ויהיה זה הכשר עד חמס, שהוא גורם שהדיינים יפסקו על פי עד אחד כמו שפוסקין על פי שני עדים, ומכלל זה נלמד דרשע פסול להעיד}.

ואצ"ל עד כשר שהוא יודע בעדות לחבירו, וידע שהעד השני שעמו עד שקר - {פי', שאינו יודע מעדות זו כלל}, **שאסור לו להעיד** - {ואע"פ שהוא פשוט ואצ"ל הוא, ומה"ט לא כתבו הטור, מ"מ כתבו הרמב"ם והמחבר, כדי שלא תימא דילמא הא דכתיב אל תשת ידך עם רשע, לא הקפיד אלא שלא יעיד עם אחד שאינו יודע מהעדות כלל, ולכך כתבו שזה אצ"ל הוא, ולא בא הכתוב אלא להזהיר שלא יצטרף עם היודע מהדבר, אלא שהוא רשע מצד אחר, וק"ל}.

צע"ג בדין זה שהוא רחוק מסברא, שיודע שהענין אמת ולא יעיד בשביל שהשני פסול, **ואי** לאו רש"י ורמב"ם וטור והמחבר, הייתי מפרש הגמ' דמיירי לענין להצטרף לכתחילה לראות העדות. **ואפשר** דרש"י

ורמב"ם וטור והמחבר מיירי שאין העדות מועיל רק כשהם שנים אע"פ שהענין הוא אמת, כגון עדי קדושין, שהמקדש בפני עד אחד אין חוששין לקדושיו אפילו שניהם מודים בדבר, וכגון המוכר שדהו בעדים, דאינו גובה ממשעבדי אלא דוקא כשמכרו לו בפני שני עדים, אבל בפני עד אחד לא אע"פ שהענין הוא אמת, וכה"ג, **או** אפשר דמיירי כפשוטו ויש לקרב הדין אל הסברא, דכיון דקי"ל דשלשה עדים שהעידו ונמצא אחד מהן קרוב או פסול בטלה כל העדות כולה, וכדלקמן סימן ל"ו ס"א, א"כ אף שנשארו שני עדים כשרים, מ"מ גזירת הכתוב הוא כשיש עד אחד פסול בטלה כל העדות, א"כ ה"נ אע"פ שהענין אמת, גזירת הכתוב הוא כיון שיש עד פסול, העדות בטלה ואסור להעיד עמו, ודו"ק.

‹**כי** כוונת הקרא אל תשת ידך עם רשע, דאפי' שהעדות אמת, מ"מ ע"י הב"ד מוציאין ממון עפ"י עד אחד, כי הב"ד לא ידעו מרשעו, ואסור עליו לצרף עמו, ומכ"ש שיודע בו שגוף העדות שאומר שראה שקר הוא, וא"כ פשיטא דאין לו לצרף עמו לגרום לב"ד להוציא ממון עפ"י עדים, ובאמת הוא רק עד אחד, כי חבירו משקר. **והש"ך** טרח למצוא טעם במילתא דממון, דלא איברי סהדי אלא לשיקרא, למה לא יעיד, דמה בכך דהעדות של חבירו שקר, מ"מ הוא יודע האמת ועושה כן להציל ממון חבירו, **ונתן** הש"ך הטעם, משום דנמצא אחד מהן קרוב או פסול כל עדות בטלה ואף עדותו בטל. **ועם** כל זה לא הועיל, דסוף כל סוף יודע שממון חבירו ביד זה, ולמה לא יעשה כל טצדקאות להציל העשוק, **וגם** למה לא יצרף עם העד שמשקר ולא היה בעת העדות, וא"כ אין כאן צירוף כיון דבשעת ראיה לא היה שם, ולכו"ע בעת ראיה בעינן, ובפרט אם יעיד לאחר כדי דיבור, דלכו"ע אין מצטרף, **ומה** יאמר הש"ך בשלשה שמלוים, ואחד יהיה בע"ד ושני עדים, דהא ג"כ אמת שהלוה, ומ"מ אסרה תורה, כי אין לנו לעשות תחבולות רשע וה' לא צוה, וכך גזרת המלך הוא, ואין לנו להרהר ולחפש בטעמים - אורים›. ‹**לכאורה** שייך לומר דזה היה ג"כ כוונת הש"ך, ורק נקט דין של עדות שבטלה מקצתה כדוגמא, דגם שם הוי ענין דאינו מסברא, וכן משמע מדבריו, ומש"כ "העדות בטלה" דלמא הוי לאו דוקא›.

‹**עיין** בספר ברכי יוסף שכתב, נראה דלבוא ולהעיד יחידי שפיר דמי לחייבו שבועה, **ומיהו** אם בשעת ראיה נתכוין הוא והפסול להעיד, הוא פלוגתא דרבוותא אם בטלה עדות הכשר נמי, כמבואר בסימן ל"ו ס"א ע"ש›.

‹**וכיצד** יעשה, אותו העד הכשר יעיד לבדו בב"ד, וב"ד יפסקו הדין כע"פ עד אחד - ערוה"ש›.

‹**וכתב** עוד וז"ל, אם זה הפסול הוא שעבר עבירה דרבנן, וזה הכשר יודע בו, אפשר דיכול לבוא ולהעיד עמו, דהא מבואר לקמן סכ"ג, דעבר עבירה דרבנן צריך הכרזה, וקודם שהכריזו עליו עדותו כשירה, וכתב הרמב"ם כדי שלא לאבד זכות העם שלא ידעו שהוא פסול, **הרי** דאף שנודע לבית דין שפסול מדבריהם, כל שלא הוכרז מקבלין עדותו, ה"ה דהכשר יכול לבוא ולהעיד עמו אף שהוא יודע שהוא פסול, שהרי לא הוכרז כו'. **וכתב** מיהו יש להסתפק אם עבר עבירה דאורייתא שאין בה מלקות, דלא מיפסל מדאורייתא לדעת הרמב"ם ומרן וסיעתם, ופסול מדרבנן ולא בעי הכרזה כמו שכתבו האחרונים, וזה הכשר הוא לבדו יודע בו, אי שרי להעיד עמו, או דילמא אסור מדרבנן כיון דאידך פסול מדרבנן ולא בעי הכרזה, ואילו ידעו בו תיכף היה פסול מדרבנן, עכ"ל. **ולעד"נ** לכאורה לפי מש"כ הש"ך בטעם הדבר, דאסור להעיד עמו אף על פי שהענין אמת, כיון דקיי"ל דשלשה עדים שהעידו ונמצא אחד מהם קרוב או פסול בטלה כל העדות, ואף שנשארו ב' עדים כשרים, מ"מ גזירת הכתוב הוא כו', ע"ש, **לפי"ז** הכא דאידך הוא רק פסול מדרבנן לא שייך טעם זה, דהא כתב בתשובת נודע ביהודה בשם תשובת בית יוסף, דפסול מדרבנן לא אלים פיסולו לפסול הכשר שעמו כו', וכ"כ בכנסת הגדולה בשמו. **אכן** בתומים שם חולק על זה, ויובא בדברינו שם, ע"ש וצ"ע›.

‹**מי** שיודע בעצמו שעבר עבירה במזיד, והוא פסול לעדות, והב"ד אינן יודעין מפסולו, אסור לו להעיד אפי' עדות אמת, תשו' חו"י - רעק"א›.

‹**עיין** בתשובת חות יאיר שכתב, דצ"ע לדינא אם ראובן מבקש מלוי שיעיד לו נגד שמעון עדות אמת, רק שלוי יודע שפסול הוא מחמת נגיעה או קורבה או מחמת עבירה, רק שהבית דין לא ידעו, אם רשאי להעיד, **ובמחמת** עבירה צ"ע יותר, כי איך יעשה, אף אם יפרסם קלונו, אין אדם משים עצמו רשע, לכן אם לא יגיד עובר, **וא"ת** הלא ק"ו הוא ממ"ש רז"ל מקרא דמדבר שקר תרחק, שלא יצטרף עם חבירו שיודע בו שהוא רשע להעיד, וא"כ ק"ו ביודע בעצמו, **ע"כ** נפרש שם שר"ל לא יצטרף עמו להיות אצל הדבר לעד או לחתום שטר, ובזה אפשר דק"ו אם יודע בעצמו, ובכה"ג נמי מיירי חזרה דמועלי שבועות דלקמן סעיף ל"ג, משא"כ אם כבר ראה וזה מבקש ממנו שיעיד, עכ"ל. **ועיין** באורים לעיל סימן

כ"ח שהביא דברי החות יאיר הנ"ל בקצרה וכתב עליו וז"ל, ונראה דאם הוא פסול משום קורבה, ודאי דלא יעיד, אלא יבוא ויגיד לב"ד קרוב אני, **אבל** מחמת עבירה, כיון דאין ידוע אלא לו, הרי אין אדם נפסל על פי עצמו, **ועוד**, הטעם דפסול רשע להעיד הוא דנחשד להעיד שקר, וא"כ הוא דיודע בנפשו דהאמת אתו למה לא יעיד, **וכן** הטעם בפסול מחמת נגיעה, דכל טעם הפסול, דיעיד שקר, וא"כ הוא שיודע בעצמו שהאמת אתו למה לא יעיד, ועיין לקמן בסימן ל"ז אם הנוגע יכול להעיד לחובה, עכ"ל. **ובנתיבות** המשפט שם הסכים עם האורים בדין הפסול מחמת קורבה, וגם בדין הפסול מחמת עבירה, **אך** בענין פסול מחמת נגיעה חולק עליו, וכתב דאם יודע בעצמו שהוא נוגע, לא יעיד כו', ע"ש).

(נ"ב אין מחרימין בבה"כ מי שיודע שהעד פסול להעיד שיבוא ויעיד, אבל יכול להחרים מי שיודע להזים עדותו, תשובת הראנ"ח - רעק"א).

סימן לו ס"א - עדים רבים - שראו עדותן כאחד דוקא, **שנמצא אחד מהם קרוב או פסול, עדותן בטלה** - {ילפינן לה מדכתיב על פי שנים עדים או שלשה עדים וגו', אם העדות מתקיימת בשנים למה כתב שלשה, אלא להקיש שלשה לשנים, מה שנים נמצא אחד מהן קרוב או פסול עדותן בטלה אף ג' כן, ומנין אפילו מאה, תלמוד לומר עדים}.

(**ואשה** ועבד וקטן אין להם דין זה, ולא בטלה עדות הכשירים מפניהם, נה"מ, דאינם בכלל עדות כלל - ערוה"ש).

(**עיין** בתשובת נודע ביהודה שהביא בשם תשובת ב"י, שפסק שם גאון אחד והב"י הסכים עמו, דהא דקיימא לן נמצא אחד קרוב או פסול עדות כולם בטלה, הוא דוקא בפסול מן התורה, אבל בפסול מדרבנן לא אלים פסולו לפסול הכשר שעמו ע"ש, גם בכנה"ג כ"כ בשם רבינו ב"י בתשובה. **אכן** בתומים הזכיר דברי כנה"ג אלו וכתב עליו וז"ל, ואני חיפשתי ולא מצאתי בתשובה לב"י דבר כזה ולא דכוותיה, רק מה שפלפל שם אי הוה פסול דרבנן ולא נתבטלה שאר עדות, היינו דלא היתה לו הכרזה ואף הוא אינו פסול, אבל בהיתה הכרזה ודאי דמבטל כל העדות. וכן הנכון וברור לדינא בלי פקפוק, עכ"ל. **וצ"ע** בתשובות ב"י שם, כי רחוק מאד ששני גדולי עולם הכנה"ג והנו"ב ז"ל יעתיקו בשמו דבר שאינו שם. **ועיין** עוד בנודע ביהודה, ובתשובת רבינו עקיבא איגר ז"ל, בענין אי גם בעדות אשה אמרינן דבטלה כל העדות היכא שנמצא אחד מהעדים פסול מחמת רשעו, שהוא פסול גם לעדות אשה, ע"ש).

(**מכאן** עד סוף הסעיף פירשנו רק ע"פ הערוה"ש, מחמת אריכות הענינים, ומשום דאינו נוגע כ"כ להלכה שבפנים בהקשו"ע, ועיין בשו"ע לדברי יתר המפרשים).

במה דברים אמורים, בזמן שנתכוונו כולן להעיד; אבל אם לא נתכוונו כולם להעיד, תתקיים העדות בשאר. וכיצד בודקים הדבר, אומרים להם בית דין: כשראיתם דבר זה, באתם כדי להעיד או כדי לראות בלבד, כל מי שאמר: להעיד באתי, מפרישים אותו, אם נמצא באלו שנתכוונו להעיד קרוב או פסול, עדותן בטלה (אפי' לא ידעו זה מזה) - (ואם הפסולים הוזמו, לא נתבטלה עדות הכשרים, דכיון דהוזמו ולא היו כלל בשעת ראיה, אין להם שייכות עם הכשרים).

ואם היו כל העדים כשרים, אחד שנתכוון להעיד ואחד שלא נתכוון להעיד וראה הדבר וכוון עדותו, חותכין הדין על פי עדותו - (דלאו משום דעדות בכוונה תלי, דעדות לא בעי כוונה, דראיה וידיעה הצריכה התורה, כדכתיב או ראה או ידע, ולא כוונה, **ומ"מ** כיון שהכשרים כוונו להעיד, והפסולים לא כוונו, אין בכחם לפסול את הכשרים, **ולפ"ז** אם גם הכשרים לא כוונו להעיד, עדותן בטלה כיון דשוין הן, ש"ך, **ולכן** כששואלים על הכוונה, שואלים לכולם, דאין תועלת במה שהפסולים לא כוונו להעיד, אם גם הכשרים לא כוונו, וכ"ש אם הפסולים כוונו להעיד והכשרים לא כוונו, דבטלה עדותן).

הגה: אבל אינן יכולים לכתוב שטר על כך, אף על פי שראו הקנין, וסתם קנין לכתיבה עומד, הואיל ולא הזמינם לכך (וע"ל סימן ל"ט ס"ה).

וי"א שאפילו כוון לראות כדי להעיד, אינו פוסל אלא אם כן בא לבית דין והעיד; דתרתי בעינן, כוון לראות כדי להעיד, ובא לב"ד והעיד - (וטעמא דמסתבר הוא, דעיקר קרא דעדות אתרוייהו קאי, על הראייה ועל ההגדה בב"ד, כדכתיב: והוא

עד או ראה, ו"עד" היינו בשעת הגדת העדות בב"ד, ו"ראה" היינו שעת ראייה, ועל עניינא דעדות כתיב: ע"פ שנים עדים או שלשה עדים, דמזה למדנו דכשנמצא אחד קרוב או פסול עדותם בטלה, לבוש, **ועוד** דאל"כ ברוב פעמים לא יתקיים העדות, דהפסולים יראו בכוונה כדי לפסול העדות, סמ"ע}.

‹**ואף** לדיעה ראשונה שנפסלים בראייתם יחד בלבד, מ"מ בעינן שעכ"פ יבואו הפסולים לב"ד, אף שלא העידו עדיין, אבל אם לא באו כלל לב"ד, נכרים הדברים שלא ראו לשם עדות כלל, **אם** לא שגילה הפסול דעתו בשעת ראיית העדות דלהעיד בא בראייתו, כגון שהתרה בו וכיוצא בזה, נה"מ, **וכן** אם אין הכשרים יודעים כלל שהיו הפסולים בשעת ראייה, אין הפסולים נאמנים לומר שהיו שם בשעת ראייה ולבטל העדות, שם, אם לא שמביאים עדים על זה שהיו שם, **וכן** זה שנתבאר דכשכולם לא נתכוונו להעיד נפסלים הכשרים מפני הפסולים, אינו אלא דווקא כשהעידו הפסולים יחד עם הכשרים בב"ד, או שהעידו תוך כדי דיבור של הכשרים, **אבל** אם העידו אחר כדי דיבור, וכ"ש כשלא העידו כלל, אין הכשרים נפסלים אף לדיעה ראשונה, שם, **וטעמא** דמסתבר הוא, דכיון שכולם לא נתכוונו להעיד, אין להם שייכות זה לזה כשלא העידו כולם יחד בב"ד, **ולדיעה** השנייה אף כשנתכוונו כולם להעיד, אין הכשרים נפסלים אלא אם העידו יחד, או תוך כדי דיבור דהוי כיחד›.

‹**מה** שצריכים לשאול לעדים אם כוונו להעיד אם לאו, זהו דוקא כשנמצא קרוב או פסול ביניהם, אבל בלא זה א"צ לשאול, דאין נ"מ בזה, **ואפילו** כשהוכחשו מקצת מן העדים, דבטלה כל העדות, דבזה היה מן הדין להצטרך לשואלם, דיש נ"מ בזה, דאם המוכחשים כוונו להעיד, עדות כולם בטלה, ואם לא נתכוונו להעיד, עדות אותם שלא הוכחשו קיימת, כשהם כוונו להעיד, וכמ"ש בקרוב או פסול, **מ"מ** אין שואלין אותם, דאמרינן דמסתמא כוונו להעיד, ונתבטל כל העדות, ש"ך ונה"מ, **דדוקא** בקרוב או פסול יש סברא לומר שלא כוונו להעיד, כיון שיודעים שפסולים הם, ולכן צריך לשואלם, אבל לא בשארי עדות›.

הגה: שטר שחתם עליו עד פסול ונתבטל כל העדות, מכל מקום אם העדים הכשרים זוכרין העדות ע"י ראיית השטר, יכולין לחזור ולהעיד לבד לפני בית דין, ובית דין יכתבו עדותן וחשוב שטר - {דכיון דעדיין לא הגידו עדותן בב"ד רק בשטר, יכולים עתה להעיד עדותן בעל פה, והב"ד יכתבו שטר ע"פ עדותן, **אבל** אם העידו בעל פה ביחד עם הפסולים ונתבטל העדות, אין יכולים אח"כ לבא ולהעיד, דכיון שהעידו פעם אחת ונפסלה עדותן, שוב אינם ראוים לעדות זו, כדאמרינן בעלמא כיון שהגיד שוב אינו חוזר ומגיד, **אבל** הגדת השטר לא חשיבא הגדה בזה, שלא יהיה ביכולתו לחזור ולהעיד אותה עדות עצמה, להדיעה דבעינן ראייה והגדה}.

‹**וי"א** דאין חילוק בין חתום בשטר לעדות בעל פה, דעדים החתומים על השטר הוה כמו שנחקרה עדותן בב"ד, ולכן גם בשטר אם ראו העדות ביחד, נפסלו לכל הדיעות כיון שחתמו ביחד, ש"ך. **ויש** מי שאומר דכל זמן שב"ד לא דנו בעסק השטר, אין חתימתם כהגדת העדות, אבל משדנו ב"ד על עסק שטר זה, וודאי חשיבא כהגדה, ט"ז, **ונראה** לי עיקר כדיעה זו, וגם דיעה ראשונה מודה בזה, וכן נראה דעת רבינו הרמ"א, והסברא נותנת כן, דוודאי עדים החתומים על השטר הוה כנחקרה עדותן בב"ד, אבל אין זה רק כשב"ד דנו ע"פ שטר זה, אבל בלא זה הלא אין ב"ד עדיין על זה, ואין בו תועלת, וא"כ אם קודם שדנו הב"ד מבטלים כל העדות מפני הפסולים, הלא הכשרים לא העידו עדיין בב"ד, ויכולים להעיד להדיעה דבעינן ראייה והגדה›.

תקנת הקהל שחתום עליה עד פסול - ‹כגון הנוגעים בדבר התקנה›, **או שטר שחתם עליו בעל דבר עצמו, כשר באחרים, דהלו לא נתכוונו להעיד, ועי"ל סי' מ"ה סי"ב וי"ג** - ‹מפני שבעל דבר אינו בגדר עד, ולא שייך בו לומר שכוונתו היתה להעיד›.

ואם הזמין התובע עדים כשרים, ועמדו שם קרובים ופסולים, אפי' נתכוונו להעיד, והעידו, לא נתבטלה עדות הכשרים - ‹דאיך יעשו את עצמם בעל כרחו לעדים›. **וכן כשאדם צריך לעדות, ומצוה להחרים כל מי שיודע לו עדות שיבא ויעיד, והעידו כשרים ופסולים, לא נתבטלה עדות הכשרים, שלא היתה כוונתו אלא בראויים להעיד.**

‹**ולא** עוד אלא אפילו אם התובע ראה הרבה בני אדם, ואמר שנים מכם יעידו לי, בוודאי אין כוונתו רק על הכשרים להעיד, ואז אין ביכולת שום קרוב ופסול לפסול העדות, אפילו בראייה והגדה יחד בב"ד, דודאי לא ניחא לי' להתובע שיעשו את עצמם בעל כרחו לעדים ולפסול עדותו, **אבל** כשרים שלא ייחד אותם, כשרים להעיד, אם הלכו אותם שייחד. **וזה** שנתבאר אינו אלא כשאמר שנים מכם יעידו לי,

{סמ"ע} [ט"ז] ‹רעק"א או ש"א או הוספת הסבר› (פת"ש)

דבודאי כוונתו רק על כשרים, אבל אם אמר לכל החבורה אתם עדי, אם יש ביניהם קרוב או פסול, נפסלים כולם, לפי הדיעות שנתבארו}.

{לפי מה שנתבאר, מהראוי כשהולכים לחופה ויש שם הרבה קרובים, אף שבודאי אינם מתכוונים להיות עדים על הקדושין והחופה, מ"מ נכון וכשר הדבר לייחד עדים על הקדושין, ש"ך, **וכן** נהגו בכמה קהלות, שהש"ץ או השמש אומר לעד אחד כשר נהיה עדים על הקדושין, ושומעים היטב כשהחתן מקדש את הכלה, והם הם העדים ולא אחרים, **ולכן** מאד צריך ליזהר שיהיה הרב בשעת הקדושין, למען יצאו קדושין כשרים בלי פקפוק}.

סימן לד ס"ב - איזהו רשע, כל שעבר עבירה שחייבים עליה מלקות - {מפני שהתורה קראה להני רשע, דכתיב והיה אם בן הכות הרשע, וחייבי כריתות בכלל חייבי מלקות נינהו}, **ואצ"ל אם חייבים עליה מיתת ב"ד** - {וכתיב אשר הוא רשע למות}. **ל"ש אם עבר לתיאבון, ל"ש אם עבר להכעיס** - {שהרי בכולן חייב מלקות או מיתה אם התרו בו, ולענין פסול לעדות פסול אפי' לא התרו בו, דמ"מ רשע הוא – לבוש}.

הגה: עבר עבירה שאין בה מלקות, פסול מדרבנן - {עיין בתומים שכתב, נראה דכל לאו שניתן לאזהרת מיתת ב"ד, דקיי"ל דאין לוקין עליו, מ"מ נפסל, דזהו אינו לקלות האיסור רק לחומר האיסור, וכמו כן לאו הניתק לעשה כו', **אבל** לאו שאין בו מעשה דקיי"ל דאין לוקין עליו, והוא לקלות הענין הואיל ולא עביד מעשה, בזו לא נפסל מן התורה כו', ע"ש ובנה"מ. **גם** בספר ברכי יוסף כתב בעבר על לאו שאין בו מעשה, לכאורה יש מקום לצדד דאף לדעת הרמב"ם פסול מדאורייתא, וכן צידד מהרימ"ט והרב כנה"ג, וכ"כ בביאור מהר"ר אורי כ"י דמשמע מדברי הדרכי משה דלאו שאין בו מעשה פסול מדאורייתא. **אמנם** נראה דעיקרן של דברים דלדעת הרמב"ם אינו פסול מן התורה רק מדרבנן, וכן נראה הסכמת מהרימ"ט, וכן הסכימו להלכה הרב כנה"ג עצמו בתשובה שבספר עדות ביעקב והרב עדות ביעקב, וכ"כ בתשובת חוט השני ע"ש. **ועיין** בתשובת בית שמואל אחרון, בענין הא דקיי"ל אין עשה דוחה לא תעשה ועשה, אם עבר ועשה העשה במקום ל"ת ועשה, אי פסול לעדות מדאורייתא או רק מדרבנן, וכתב דזה תלוי בפלוגתא, שדעת התוס' בחולין דף קמ"א ע"א בשם ריב"א, דאף דאין עשה דוחה ל"ת ועשה, מ"מ אין חייב מלקות, דהלאו נדחה מפני העשה ולא נשאר רק עשה, ולפי"ז כיון דאין בו מלקות, פסול רק מדרבנן, **אבל** דעת המשנה למלך באם יש עשה, אלים הלא תעשה ולא דחי אף הל"ת לחוד, וחייב מלקות, א"כ פסול מדאורייתא. והאריך שם להוכיח שגם דעת רש"י ז"ל כהריב"א, וא"כ להלכה יש לפסוק דאינו פסול רק מדרבנן, עכ"ד ע"ש. **ובעיקר** הדין לענין עדות, נראה לענ"ד לכאורה דבכה"ג כשר לעדות אף מדרבנן, משום דסובר מצוה קעביד, דוגמת מש"כ לקמן סעיף ד' וצ"ע. **ועיין** בנתיבות המשפט שכתב, דאם ביטל מצות עשה, נ"ל מוכח מכמה דוכתי דלא נפסל לעדות, עד שיעבור בקום ועשה, או שהוא פורק עול לגמרי, ע"ש. וכ"כ בתשובת חוט השני והביאו בספר ברכי יוסף, דלא אשכחן בשום דוכתא שהמונע מן עשיית סוכה או לולב שיפסל אפילו מדרבנן, ע"ש}.

{**עיין** בס' ברכי יוסף שכתב וז"ל, ראיתי להרב מהרימ"ט שכתב, דמידי דלא מיפסיל מדאורייתא דלאו בר מלקות הוא, מ"מ פסול מדרבנן, ואף על גב דקיי"ל דפסולי עדות מדבריהם צריכין הכרזה, דילמא לא אמרו אלא בעבירה דרבנן דלא משמע להו לאינשי ולא מחזקי להו לרשיעי, אבל עבירה דאורייתא הכל יודעין שזו עבירה היא, ואין לך הכרזה גדולה מזו כו'. **וכן** הסכים הרב כנה"ג בתשובה הובאה בספר עדות ביעקב, וכתב דהגם דרבו {מהרימ"ט} אמרה כמסתפק, איהו פשיטא ליה כו', **ובחידושי** הריטב"א לב"מ משמע לחד שינויא, דאף באיסורי תורה ופסולי תורה במילתא דלא ידיע, בעי הכרזה. **ולעיל** בס"א כתב הברכי יוסף בפשיטות דאם עבר עבירה דאורייתא שאין בה מלקות, דלא מיפסיל רק מדרבנן, לא בעי הכרזה כמ"ש האחרונים ע"ש, והובא בדברינו לעיל. **ועיין** בתשובות כנסת יחזקאל, אודות פלוני שקיים כלאים אילן באילן שהרכיב אביו, והתרו בו ולא היטה אוזן, ואחר זמן העיד עדות, וכתב דעדותו כשירה, דלית הלכתא כר' עקיבא בריש מועד קטן, דאמר אף המקיים, רק כתנא קמא שם, וכמ"ש הרמב"ם ובשו"ע יורה דעה סימן רצ"ז ס"ב, דמקיים אינו לוקה, **לפי"ז** הוא בכלל עבר עבירה שאין בה מלקות, דאינו פסול רק מדרבנן כמו שפסק הרמ"א ז"ל, ואז צריך הכרזה, **ובאשר** לפי לשון השאלה לא הכריזו עליו וגם לא ענשוהו ברבים על

העבירה ולא הוציאוהו מבהכ"נ, בכן עדותו עדות. **וכתב** עוד דלכאורה יש לפקפק, מאחר שכתב הרמב"ם, הפסול מדרבנן צריך הכרזה, לפיכך כל עדות שהעיד קודם ההכרזה מקבלין, כדי שלא לאבד זכות העם, שהרי לא ידעו שהוא פסול כו'. לפי"ז י"ל באם ידע זה שהזמינו לעד שהוא מקיים כלאים, אף בלי הכרזה פסול. **וכיוצא** בזה כתב בתשובת מהר"ם טראני, במעשה שהוא ובית דינו פסלו לעד אחד שהוברר לפניהם שעבר על מצוות דרבנן, ובית דין אחר שידעו שפסלו מהר"ם ובית דינו, אעפ"כ קיבלוהו לעד באשר לא הוכרז עליו, וכתב כיון דידעו ב"ד אחרינא שב"ד קדמאי פסלוהו, אין צריך הכרזה, וראיתו מלשון הרמב"ם הנ"ל. **אך** באמת הא ליתא כו', ונידון של מהר"ם טראני שאני, דמאחר שפסלוהו בב"ד, הוי כאילו הוכרז שהוא פסול כו', ע"ש. **ותימה** שלא הזכיר מדברי מהרי"ט הנ"ל, דלפי סברתו, בנידון דידן שהוא איסור תורה, פסול גם בלי הכרזה, וצ"ע. **ועיין** בתשובת שבות יעקב, שנשאל אודות ראובן שבא לב"ד לפסול את שמעון לעדות, כי הוא ועד אחד מעידין עליו שגנב ליהודה, ושמעון אומר שראובן עצמו הסיתו לעשות הגניבה ומביא עדים על זה, אי שמעון נפסל ע"י עדות ראובן או לא. **והשיב**, לא ידעתי איך עלה על דעתך להכשיר ראובן לעדות זו, על זה נאמר, כל הפוסל במומו פוסל, אף דקיי"ל אין שליח לדבר עבירה דדברי הרב וכו', ופטור מדיני אדם, אבל מ"מ בדיני שמים חייב, אפילו באמירה לבד שמתעה את חבירו ועובר על לפני עור, וגדול עונש מסית לאו דוקא בעבודה זרה אלא אפילו בשאר עבירות, כמבואר בתשובת חות יאיר כו', וכמבואר בחו"מ סימן ל"ד ס"ב, בעובר עבירה שאין בה מלקות, פסול מדרבנן מידהא, {**נ"ל** כונתו, אף דפסול מדרבנן בעי הכרזה, מ"מ הא כתב הנמוקי יוסף הובא בסמ"ע לקמן סעיף סכ"ג ובבה"ט שם, לאותה עדות שנפסל בשבילה, אפילו בלא הכרזה פסול, וזהו שמדייק וכתב, איך עלה על דעתך להכשיר ראובן לעדות זו. או אפשר דס"ל כמהרי"ט והרב בעל כנה"ג הנ"ל}, **ואולי** ידעת שעשה ראובן תשובה, לכך עלה על דעתך להכשירו, **גם** זה אינו, דאם עשה תשובה לצאת ידי שמים צריך לומר שהחזיר מעות הגניבה לבעליו, וא"כ פשיטא שהוא פסול לעדות לומר ששמעון גנב, כדי שיחזיר הגניבה ויחזיר לו מה ששילם עבורו כו', לכן אין לפסול שמעון על פי הגדת עדות דראובן, והוא פסול במומו עד שיקבל תשובה, עכ"ד ע"ש).

סימן לד ס"ד - קוברי המת ביום טוב ראשון, כשרים; אפילו נידו אותם ושנו בדבר, כשרים, מפני שהם סוברים שמצוה הם עושים ושלא נידו אותם אלא לכפרה - {וה"ה במלוה על ספרים ולמד בהן, אף למ"ד דאם למד בהן מיקרי שולח יד, מ"מ לא נפסל בזה לעדות משום דסבר מצוה קעביד}. ‹או שמלוים מעות יתומים בריבית קצוצה, שלדעתם מצוה קעבדי לטובת יתומים – ערוה"ש›.

(עיין בתשובת חות יאיר שכתב, הגם דמלשון זה משמע, דאנן אמרינן כן אף שהם אין טוענים כך, מ"מ ברור לפענ"ד דבאם הם לפנינו לא אמרינן זה, רק שואלים אותם, ואם לא ישיבו כך, הם פסולים ע"ש. **ולכאורה** לא נראה כן מדברי תשובת רע"ק איגר זצ"ל, שכתב, ועוד נ"ל לדון בעיקר הדבר כו', א"כ י"ל דהשחתה בתער דנתפשט בעוונותינו הרבים אצל הרבה, לא חשב שזהו איסור כ"כ, ואף דלא התנצל עצמו כן לפני הב"ד, מ"מ זה אינו מגרע, כמ"ש בתשובת מהרי"ט, דאפילו הודה אין אדם משים עצמו רשע כו', ע"ש).

הגה: וה"ה בשאר דבר איסור שנוכל לומר שעברו מכח טעות, וע"ל סעיף כ"ד. המגביה ידו על חבירו להכותו, פסול לעדות, מדרבנן (ב"י) - {אסמכוה אקרא שנאמר: רשע למה תכה רעך, "הכית" לא נאמר אלא "תכה", שקראו רשע על שביקש להכותו, והיינו בהרמת יד עליו. **אע"פ** שהוא איסור דאורייתא, מ"מ מאחר שאין בו מלקות, אינו פסול אלא מדרבנן, ב"י. **ובמרדכי** פרק החובל סיים בזה, דפסול לעדות ולשבועה עד שישוב מרשעו ויקבל עליו דין, אפילו לא תבעו זה אלא אחר, עכ"ל ד"מ}.

‹**אבל** בהכאה שיש בו כדי שוה פרוטה, דהדין דממונא משלם מלקו לא לקו, מ"מ פסול מה"ת, כיון דהלאו יש בו מלקות אלו הכהו הכאה שאין בו שוה פרוטה, מש"ה גם ביש בו שוה פרוטה מפסיל, כ"כ הב"י בתשו' דיני קדושין – רעק"א›.

סימן לד סכ"ד - כל מי שהעידו עליו שעבר עבירה פלונית, אף על פי שלא התרו בו, שהרי אינו לוקה, פסול - עיין לעיל ס"ב בהג"ה וצ"ע. {**הג"ה**: ר"ל דכתב שם, עבר עבירה שאין בה מלקות, פסול מדרבנן, וכאן משמע דפסול דאורייתא. **ויש** ליישב, דכאן כיון שחייב מלקות על אותה עבירה רק

שלא התרו בו, פסול דאורייתא, וק"ל}, **והוא שעבר על דברים שפשט בישראל שהם עבירה** – ‹כגון שנשבע לשקר או לשוא או גזל וכיוצא בו – לבוש›.

אבל אם ראוהו עובר על דבר שקרוב העושה להיות שוגג, צריכים להזהירו ואח"כ יפסל; כיצד, ראוהו קושר או מתיר בשבת, צריכים להודיעו שזה חילול שבת, מפני שרוב העם אינם יודעים זה – ‹או כגון בלאו דלא תחמוד, דמשמע להו דאין האיסור רק אם חומד שיתננו לו בחנם, אבל כשישלם בעד זה, מדמים שאין איסור בדבר, **וכן** מלוה שהולך לבית הלוה ליטול משכון בעד חובו שלא בשעת הלואה, או שנוגש את הלוה ויודע שאין לו במה לפרוע, דזה אסור מן התורה כמ"ש בסי' צ"ז, צריכים להודיע לו מקודם שיש איסור בדבר, וכשלא ישמע נפסל לעדות, וכן כל כיוצא בזה שנראה להההמון כהיתר אין נפסלים לעדות – ערוה"ש›.

‹**אבל** עבירות שידועות לכל שהן עבירות אלא שהההמון נתפרץ בזה באיזהו מקומות, כמו שמודדין ושוקלין במדות ומשקלים של שקר, או שמטלטלים מעות בשבת או שארי מוקצות הידועים, וכ"ש אם יושבים בחנויות בשבת, או שמגלחים זקנם, או שותים יין נסך, או הולכים בבתי זונות וכיוצא בהם, פסולים לעדות עד שיעשו תשובה גמורה, בחרטה על העבר ובקבלה על להבא שלא לעשות כן, שזהו עיקר התשובה – ערוה"ש›.

וכן אם ראוהו עושה מלאכה בשבת או ביום טוב, צריכים להודיעו שהיום שבת, שמא שוכח הוא.

וכן המשחק בקוביא תמיד, או מי שנעשה מוכס או גבאי שמוסיף לעצמו – {אגבאי לחוד קאי, שצריך להיות ידוע שמוסיף לעצמו, וכמ"ש לפני זה בסי"ד ע"ש}, **צריכים העדים להודיעו שהעושה דבר זה פסול לעדות, שרוב העם אינם יודעים דברים אלו, וכן כל כיוצא בזה.**

{נקט ג' מיני הודעות בכאן, הא', דאפילו אם אנו יודעין בו שהוא יודע שהוא שבת, מ"מ אם אין איסור המלאכה ידוע, צריך להודיעו. **השני**, אף אם הוא מלאכה מפורסמת לאיסור בשבת, מ"מ כל שאין ידוע שיודע שהוא שבת, צריכין להודיעו. **השלישי**, אף שהוא ידוע שהוא יודע להמעשה שהוא עושה שעושהו באיסור, מ"מ אי איכא למימר שאינו יודע שיפסל על ידי זה, צריך להודיעו}. ‹**ומשמע** מדבריו, דאפילו באיסור דאורייתא שיש בו מלקות, בעינן גם כן שידע גם כן שנפסל על ידו, ע"ש. **ולפענ"ד** נראה דבזה ודאי פסול, דהא רשע נקרא, והתורה אמרה אל תשת רשע עד, ולא חילק רחמנא. ועוד, דחשיד על עדות שקר, **ובמידי** דאינו נפסל רק מדרבנן שייך חילוק זה, דהם אמרו והם אמרו – נה"מ›.

(**ועיין** בספר ברכי יוסף שהביא דברי תשובת בית יעקב, בענין אם גר כשר להעיד אחר שנתגייר, כל זמן שלא עשה תשובה על העבירות של ז' מצוות בני נח שעבר בהיותו גוי כו', והשיג עליו ע"ש).

§ סימן קפב – הלכות גניבה וגזילה. ובו ט"ז סעיפים §

סעיף א – אסור לגזול או לגנוב אפילו כל שהוא, בין מישראל בין מנכרי. **איתא** בתנא דבי אליהו, מעשה באחד שסיפר לו שעשה עולה לגוי במדידת התמרים שמכר לו, ואחר כך קנה בכל מעות שמן, ונשבר הפך ונשפך השמן, ואמרתי, ברוך המקום שאין לפניו משוא פנים, הכתוב אומר: לא תעשוק את רעך ולא תגזול, וגזל הגוי גזל.

סעיף ב – אם הוא דבר מועט כל כך שאין מי שיקפיד עליו כלל, כגון ליטול מהחבילה קיסם לחצוץ בו שיניו, מותר, ומדת חסידות למנוע גם מזה.

סימן שמח ס"ב - כל הגונב אפילו שוה פרוטה עובר על לאו דלא תגנובו – {פי', לא תגנובו הכתוב בפרשת קדושים, דמיירי בגניבת ממון, דנלמד מענינו דכתב בצידו לא תכחשו ולא תשקרו, **אבל** לא תגנוב הכתוב בי' הדברות, איירי בגונב נפשות דחייב עליה מיתה, נלמד ג"כ מענינו דכתב בצידו לא תרצח לא תנאף}, **וחייב לשלם.**

אחד הגונב ממון ישראל או הגונב ממון של גוים – {דומיא דגזל הגוי דאסור}. **משמע** מכאן דאסור דאורייתא, וכ"כ מהרש"ל דס"ל להרמב"ם וטור וסמ"ג שכתבו בלשון הזה, דאסור מדאורייתא, ע"ש.

‹**והגונב** מן הגוי אע"ג שאינו עובר בלאו, עובר מדאורייתא, דכתיב גבי עבד עברי הנמכר לגוי: אחרי נמכר גאולה תהיה לו, כלומר תגאלנו ממנו ולא תוציאנו ממנו בעל כרחו דהוי גזילה. **ועוד** כתיב: ואכלת את כל העמים אשר ה' אלהיך נותן לך, בזמן שהם מסורין בידך ולא בזמן שאינם מסורין בידך, וש"מ דגזילת גוי אסור והוא הדין גניבתו – לבוש›.

וקשה מכאן על מש"כ הרב בהג"ה באה"ע ריש סי' כ"ח, קדשה בגזל או בגניבת עכו"ם הוי מקודשת, דהא אינה צריכה להחזיר רק משום קידוש השם, עכ"ל, **ומה** שהוציא הרב שם כן מתשובת מהרי"ו, כשתעיין בתשובה רי"ו שם תראה שאינו כן, וצ"ע, ועמש"ל ר"ס שנ"ט.

‹**ולפענ"ד** נראה ליישב, דנהי דהגניבה הוא איסור דאורייתא מ"וחשב" או מ"ואכלת" כדאיתא בב"ק, מ"מ הא בישראל גופיה אילו לא הוה כתיב עשה דוהשיב את הגזילה, הוי אמרינן אף דעבר אלאו דלא תגנובו, מ"מ איסורא דעבד עבד ובהשבה אינו חייב, רק דבישראל רחמנא נתקיה לעשה דוהשיב את הגזילה, **אבל** בגוי נהי דקרא ד"וחשב" לדרשה גמורה אתי, מ"מ היכן מצינו דחייביה רחמנא בהשבה לגוי, והשבה לגוי אינה אלא משום קידוש השם, וזהו שדקדק הרב בהג"ה באה"ע דא"צ להחזיר רק משום קידוש השם – נה"מ›.

‹**ויש** מי שרוצה לומר דהשבה ליכא בעכו"ם, ולא משמע כן מהפוסקים – ערוה"ש›.

ואחד הגונב מגדול או מקטן.

הגה: טעות עובד כוכבים, כגון להטעותו בחשבון או להפקיע הלואתו, מותר; ובלבד שלא יודע לו, דליכא חילול השם.

ויש אומרים דאסור להטעותו – {ולמדו זה מדאסרו אפילו גניבת דעת גוי}, **אלא אם טעה מעצמו, שרי** - עיין ביש"ש, {הג"ה: שפסק שם, דמ"מ יאמר לו ישראל: ראה שעל חשבונך אני סומך, **וגם** הפקעת הלואה אינו מותר אלא כשחייב לשלם לו דרך מכס או דרך חוב, אבל מה שהוא דרך מקח אסור, עכ"ל וע"ש}. ‹**אסור** להטעותו בחשבון בנתינת מעות בעד החפץ, כמו שנאמר: וחשב עם קונהו, שהרי אין הנכרי מקנה לו החפץ אלא בעד סכום הדמים שפסק לו, והמטעהו בחשבון המעות, הרי זה כגונב החפץ ולא כמפקיע חובו. **ואפילו** גניבת דעת שאין בה חסרון מעות אסורה במקח וממכר – הגר"ז›.

‹**ובמקום** חילול השם אסור מן התורה. **וכתבו** הגדולים שראו בעיניהם, שאותם האנשים שהרויחו מטעותים, לא הצליחו ונכסיהם ירדו לטמיון, ולא הניחו אחריהם ברכה, **ורבים** אשר קדשו שם שמים והחזירו טעותים בדבר חשוב, וגדלו והעשירו והצליחו והניחו יתרם לעולליהם {ספר חסידים ובאה"ג}, והרי אפילו גניבת דעת אסרו חז"ל, כמ"ש בסי' רכ"ח. **ובזמן** הזה בכל מדינות אלו, אסור מן התורה שום הטעאה והערמה, ואין שום חילוק בין ישראל לאינו ישראל – ערוה"ש›.

(**ועיין** בספר שער משפט שכתב, דאף לשיטת מהרש"ל נראה, אם גוי נותן מעות לישראל שיקנה לו סחורה, והישראל נשתכר בו, אף דלכתחילה אסור לעשות כן,

דלא גרע מגניבת דעת הגוי דאסור, **מ"מ** אינו צריך להחזיר לו, דכיון דאין שליחות לגוי, א"כ הוי כאילו קנה ישראל הסחורה לעצמו, ושלו הוא ומשתכר בשל עצמו, וראיה ממ"ש באו"ח סימן ת"נ סעיף ו' בהג"ה כו', ע"ש).

(**נ"ב** גנב דבר מחבירו, שאותו דבר היה שאול ביד הנגנב, ונתפשר הנגנב עם המשאיל בדבר מועט, אין הגנב חייב לשלם לו רק כפי מה שנתפשר עם המשאיל, ש"ג – רעק"א).

סימן שנט ס"א - אסור לגזול או לעשוק אפילו כל שהוא - (דחצי שיעור הוא איסור דאורייתא, כמו שאסור חצי שיעור באיסורין).

בין מישראל בין מעובד כוכבים - (דגזל הגוי וגניבתן אסור, ולא התירו אלא להטעותן בחשבון או הפקעת הלואתו, ודוקא בדבר שלא יוודע לו, כגון שהיה חייב לאבי הגוי, וכמ"ש בריש סימן שמ"ח, ומור"ם כתב שם בהג"ה דעת האומר דאפילו בכה"ג אסור, כי אם בטעה מעצמו, ע"ש). (**יש** לתמוה על זה שכתב שאסור לעשקו, דהא קרא לא תעשוק את רעך כתיב, דמשמע לאפוקי עובד כוכבים, ועוד קשיא דאמרינן דהפקעת הלואתו מותר, ועושק היינו הפקעת הלואתו, **וי"ל** שרבינו סובר כדפירש"י, הפקעת הלואתו שאין גזל ממש שרי כי ליכא חלול השם – כסף משנה).

כתב הכסף משנה, דדייק הרמב"ם לכתוב אסור לגזלו או לעשקו גבי עכו"ם, ולא כתב שעובר עליו, לומר שאין איסור זה מן התורה, **ומדברי** הרמב"ם ריש הל' גנבה שהעתיק המחבר לעיל ר"ס שמ"ח, לא משמע כן, וכן כתב מהרש"ל פרק הגוזל, שמדברי הרמב"ם אלו וסמ"ג משמע, שאסור מן התורה, **מיהו** לענין דינא הכריע מהרש"ל שם כפירש"י בסנהדרין, דאינו אלא מדרבנן, ע"ש, ועמ"ש לעיל ר"ס שמ"ח.

(**נ"ב** ורבי עקיבא דיליף מאחרי נמכר גאולה תהיה לו, הוי אסמכתא, כ"כ היש"ש שם, **ותמוה** לי, הא אמרינן בבכורות דף יג, הניחא למ"ד גזל נכרי אסור וכו', וכן בפ' המקבל גבי כרם רעיך, הניחא למ"ד גזל נכרי, הרי מדמצרכינן קרא באונאה ובכרם, מוכח דמ"ד גזל נכרי אסור, היינו מדאורייתא, וצע"ג. **גם** ראיתי בדפוס ש"ס הישנים (כי בדפוס החדשים השמיטו) דאיתא שם בב"ק, ישראל ונכרי שבאו לדון, באין עליו בעקיפין דברי רבי ישמאל, רבי עקיבא אומר אין באין מפני קידוש השם, טעמא דאיכא קידוש השם, הא ליכא קידוש השם באין וכו', כאן בגזילה כאן בהפקעת הלואה, **הרי** מפורש דלדברי עקיבא דאורייתא אסור – רעק"א).

(**ועיין** בפמ"ג שכתב, חמסן דיהיב דמי צ"ע בגוי, ע"ש).

בש"ס ריש בבא קמא משמע, דבגזלן חייב לשלם מעידיות כמזיק, וכ"פ הרי"ף והרא"ש והנ"י וכן מהרש"ל.

ואם הוא דבר דליכא מאן דקפיד ביה, שרי; כגון ליטול מהחבילה או מהגדר לחצות בו שיניו - (עיין בתשובת נודע ביהודה וז"ל, מיהו אף דשרי ליטלו ואין בו משום גזל, דבסתמא אין בעה"ב מקפיד, **אבל** מ"מ לא זכה הנוטלו להיות חשוב שלו, דכל זמן שלא הפקירו בעליו בפירוש אי אפשר לזכות בו, וכמ"ש המג"א בשם ספר יראים, דאפילו למ"ד גזל עובד כוכבים שרי, מ"מ לא מיקרי לכם, ע"ש, עכ"ל).

ואף זה אוסר בירושלמי, ממידת חסידות - (טעם כתב הב"י, דאילו עושה כן כל אחד, נמצא החבילה כלה והגדר נהרס, עכ"ל).

(**ובימינו** נהגו, כשבא לבית חבירו וחבירו שואף עלי מרורים בנחיריו או בפיו, שנוטל גם הוא שלא בשאילת הבעלים, וכן ליטול עצי גפרית להדליק בו, וכן כששותים מים חמים מאנטיכי עם נופת, נוטל צלוחית ושותה גם הוא, מטעם שאין מקפידין ע"ז, **אמנם** ממדת חסידות ודאי דראוי ליזהר, וכ"ש כשיודע שהבעלים הוא גברא קפדנא, ואסור מדינא, **וכן** יש ליזהר כשבא אורח לבית ראובן, ומכבדו, ובתוך כך בא שמעון שאינו אורח, ומפני הדרך ארץ מבקש ראובן את שמעון לשתות ולאכול, אם אינו יודע בבירור שרצונו באמת, ירחיק את עצמו מזה, וכן כל כיוצא בזה – ערוה"ש).

סעיף ג - אפילו לגנוב על דעת להחזיר, אלא שרוצה לצערו קצת או בדרך שחוק, גם כן אסור.

סימן שמח ס"א - אסור לגנוב אפילו כל שהוא דין תורה - (דכמו שחצי שיעורין לענין איסור חלב ודם אסור מה"ת, אע"ג דאין לוקין עליו, כמבואר במקומו ביו"ד ובאו"ח בהלכות יום כפור, כן חצי שיעור לענין ממון ג"כ אסור מן התורה, אע"ג דאין לוקין עליו). (ועוד דגם פחות משוה פרוטה גזל הוא, אלא דישראל מוחל, ובעכו"ם עובר בלאו גם בפחות משוה פרוטה – ערוה"ש).

בש"ס ריש ב"ק משמע דגנב חייב לשלם מעידית כמזיק.

ואסור לגנוב אפילו דרך שחוק, ואפילו על מנת להחזיר - (ר"ל שלקחו לצורכו ולהחזירו בעינו

אח"כ}, **או כדי לשלם תשלומי כפל** - {פי' רש"י, שרוצה להנותו ויודע בו שלא יקבלנו ממנו}, **או כדי לצערו, הכל אסור, כדי שלא ירגיל עצמו בכך** - ‹והוא לשון הרמב"ם ז"ל, מדבריהם הללו מוכח דלא הוי אלא איסור דרבנן מפני הרגל עבירה, וקרא אסמכתא בעלמא הוא, **אבל** מדברי הרא"ה שכ', ומדיני המצוה הזאת מ"ש ז"ל שאסור מן התורה אפי' למיקט וכו' ולהחזיר לו הדבר וכו', עכ"ל, וכן מוכח מדברי תלמידי הריטב"א, דס"ל דאיסור דאורייתא הוא - משכנות הרועים›. ‹**ובנים** קטנים הרגילים לגנוב, חייב האב ליסרם ולהכותם, שלא ירגילו עצמם בזה - ערוה"ש›.

(**כתב** בספר שער משפט וז"ל, ובסמ"ק כתב בשם רבינו יונה, וכן אסור לגנוב את שלו מאחרי הגנב, שלא יראה כגנב, והוא ש"ס ערוך בריש פרק המניח, בן בג בג אומר אל תיכנס לחצר חבירך ליטול את שלך שלא ברשות כו', **אך** במקום דאיכא פסידא מותר אף ליכנס לחצר חבירו, כמ"ש התוס' והגהות אשר"י שם. **ותמיהני** מה שהשמיטו הרמב"ם והטור והמחבר דין זה, עכ"ל).

(**עיין** בשיטה מקובצת ריש פרק איזהו נשך שכתב וז"ל, על מנת למיקט, יש מפרשים דאיירי שהוא אינו רוצה לעכב הגניבה בידו אלא גונב כדי לצערו, ולא נראה דהא מעשים בכל יום שעושים כך, **לכך** יש מפרשים דודאי בדעתו לעכב הגניבה בידו, אבל אינו גונב בשביל שום הנאה אלא כדי לצערו, עכ"ל. **ועיין** בקצוה"ח שכתב, דמלשון הרמב"ם בספר המצוות נראה, דאפילו רצונו להשיב הגניבה נמי הוי על מנת למיקט כו', וא"כ מה שכתב דמעשים בכל יום, ראוי ליזהר בזה).

(**וכתב** עוד הקצוה"ח, ונסתפקתי בגונב על מנת למיקט, אם הו"ל דין גנב ממש להתחייב באונסין, **ומדברי** השיטה מקובצת סוף פרק המפקיד בסוגיא דשליחות יד, נראה דגוזל על מנת לשלם אינו חייב באונסין כו', ומכ"ש גונב על מנת למיקט ולהשיבו בעינא אח"כ, ואכתי צ"ע, ע"ש). ‹**ובכל** אלו שנתבאר אינו חייב באונסים, אבל בגניבה ואבדה חייב, דמי ישמור אותם - ערוה"ש›.

סעיף ד - אסור לעשוק את חבירו אפילו כל שהוא, שנאמר: לא תעשוק את רעך, ואיזהו עושק, זה שבא ממון חבירו לידו ברצון חבירו, כגון שיש לו בידו הלואה או שכירות, ואינו רוצה לשלם לו, או שמדחהו בלך ושוב, לך ושוב. *(**וכיון** דכתיב רעך, אינו אסור בא"י, **והוא** שאין חילול השם בדבר, כגון שלוה מא"י ומת, רשאי לכחש לבנו, שאינו יודע בבירור שהוא משקר, **אבל** כשהא"י יודע שהוא משקר, אסור מפני חילול השם, **ואף** במקום שאינו יודע, אינו רשאי אלא להפקיע הלואתו או שאר חובו שהוא חייב לו, אבל חפץ שהוא בעין...) **וכן** אם נמצא בידו חפץ שהוא בעין מאינו יהודי, אסור לכפור, שהרי זה הוי גזל ממש, **ולא** עוד אלא אפילו קנה ממנו חפץ, אסור להטעות אותו בחשבון בנתינת מעות, כמו שנאמר: וחשב עם קונהו, דמיירו בעובד כוכבים, שהרי אינו מקנה לו החפץ אלא בעד הסכום שהשוו, והמטעהו בחשבון המעות, הרי זה כגונב את החפץ ולא כמפקיע חובו, ואפילו גניבת דעת שאין בה חסרון מעות אסור במשא ומתן, כמו שכתבנו בסימן ס"ג.

*‹חסר כאן מדברי הקיצור וכמובן, ומסתמא מפני הסנזור, וכן נמצא בנוסחא אחרת, ומכוון לדברי הגר"ז שהם מקורו›.

סימן שנט ס"ח - איזהו עושק, זה שבא ממון חבירו לתוך ידו ברצון הבעלים, וכיון שתבעוהו כבש הממון בחזקה ולא החזירו, כגון שהיה לו ביד חבירו הלואה או שכירות, והוא תובעו ואינו יכול להוציא ממנו מפני שהוא אלם וקשה.

‹**ולאו** זה אינו אלא בישראל, אבל לא בנכרי, שנאמר רעך. **והוא** שאין חילול השם בדבר, כגון שלוה מנכרי ומת הנכרי, רשאי לכחש לבנו, שאינו יודע בבירור שהוא משקר, **אבל** כשהנכרי יודע שהוא משקר, אסור לכחש לו שום דבר מפני חילול השם - הגר"ז›.

‹**ואף** במקום שאין הנכרי יודע, אינו רשאי אלא להפקיע הלואתו או שאר חובו שהוא חייב להנכרי, אבל כשהחפץ של הנכרי הוא בעין, אסור לכפור בו, שהרי זו גזלה ממש. **ולא** עוד אלא אפילו קנה חפץ מנכרי, אסור להטעותו בחשבון בנתינת מעות בעד החפץ, כמו שנאמר: וחשב עם קונהו, שהרי אין הנכרי מקנה לו החפץ אלא בעד סכום הדמים שפסק לו, והמטעהו בחשבון המעות הרי זה כגונב החפץ ולא כמפקיע חובו. **ואפילו** גניבת דעת שאין בה חסרון מעות אסורה במקח וממכר כמ"ש בהלכות אונאה - הגר"ז›.

סעיף ה - כל החומד ביתו או כליו של חבירו, או כל דבר שאין בדעת חבירו למכרו, והוא הרבה עליו ריעים, או שהפציר בו בעצמו עד שמכרו לו, הרי זה עובר בלא תחמוד, **ומשעה** שנפתה בלבו וחשב איך יקנה חפץ זה, עבר בלא תתאוה, כי אין תאוה אלא בלב בלבד, והתאוה מביאה לידי חימוד, **והקונה** את הדבר שהתאוה לו, עובר בשני לאוין, ולכך נאמר לא תחמוד ולא תתאוה.

סימן שנט ס"י - כל החומד עבדו או אמתו או ביתו או כליו של חבירו או כל דבר שאיפשר שיקנהו ממנו, והכביד עליו רעים והפציר בו עד שלקחו ממנו, הרי זה עובר בלא תחמוד - {אבל בלא לקיחה אינו עובר בלא תחמוד, ולמדו מדכתיב לא תחמוד כסף וזהב עליהם "ולקחת" לך}. ‹דלא תחמוד הוא דוקא כשיעשה מעשה, אע"פ שממדת חסידות שלא לחמוד לכל אפילו בלב מה שיש לחבירו - ערוה"ש›.

{**הא** דהתחיל הרמב"ם והמחבר באיסור לאו דלא תחמוד, קודם שכתב איסור לאו דלא תתאוה, אף שהמחשבה "דתאוה" קודם למעשה "דחימוד", הן כתבוהו אחר זה, **משום** דבמאי דסיים פתח, דבס"ט סיים וכתב דהכופה את חבירו למכור כו', הוא בלאו דלא תחמוד וכמ"ש, משו"ה כתב ברישא ביאור דאותו לאו דהוא כל החומד כו'}.

כל המתאוה ביתו או אשתו וכליו של חבירו וכל כיוצא בזה, כיון שחשב בלבו איך יקנה דבר זה, ונפתה בלבו בדבר, עבר בלא תעשה של לא תתאוה - {גם באשת חבירו שייך זה שיגרום שיגרשנה בעלה והוא ישאנה, ואפשר דמפני שהוא קשה יותר משאר דברים וצריך עליו מחשבה טפי, משו"ה נקטו הרמב"ם והמחבר בלאו דלא תתאוה}, **ואין תאוה אלא בלב בלבד** - ‹אע"ג דתאוה היא בלב, מ"מ אינו עובר בתאות לבו בלבד אא"כ מחשב בלבו איך להשיגה מחבירו, וכיון שגומר דבר זה בלבו, עובר על לא תתאוה - ערוה"ש›.

{**ברמב"ם** מסיים בזה ז"ל, וכן כל כיוצא מדברים "שאפשר" לקנותן ממנו כו', **וטעם** נ"ל, דלדוקא כתב שאפשר לקנותן, דאילו דברים שאי אפשר לקנותן, אינו עובר בלא תתאוה, כיון דלא יבואו לידי מעשה, כמו דאינו עובר על לא תחמוד, כל שלא בא לידי לקיחה}. ‹נ"ל שכיוון למה שדרשו במכילתא, לא תחמוד כלל, בית שדה ועבד ואמה ושור וחמור פרט, וכל אשר לרעך חזר וכלל, והוי כלל ופרט וכלל, מה הפרט דבר שהוא קונה ומקנה, אף הכלל דבר שהוא קונה ומקנה, עכ"ל, **וביאור** הדבר נראה, שאם ראובן למד איזה חכמה ואיזה מלאכה, ושמעון חמד בלבו חכמה זו או מלאכה זו, והשתדל והרבה רעים על ראובן עד שלמדו, והייתי אומר שגם זה הוא בכלל דלא תחמוד, לזה מיעטה התורה, דוקא דבר שהוא בקנין, שכשהיא אצל ראובן איננו אצל שמעון, לאפוקי חכמה ומלאכה אינם בקנינים - ערוה"ש›.

{**אבל הטור כתב בשם הרמב"ם לשון אחר ז"ל, וכל כיוצא באלו מדברים "שאי אפשר" לקנותן, כתב רבותא, דאפי' בדברים שא"א לקנותן עובר, כ"ש בדברים האפשריים**}.

‹**עוד** דרשו במכילתא, מה הפרט מפורש בדבר שאינו בא ברשותך אלא ברצון הבעלים, אף כל דבר שא"א לבא ברשותך אלא ברצון הבעלים, יצא שאתה חומד בתו לבנך או בנו לבתך. **וביאור** זה נראה, דזהו ודאי כשאדם מתאוה לישא אשה פנויה בחופה וקדושין, דמותר, שהרי אינה אשת רעך, **אבל** להסית אבי הבת שיקדש בתו לבנו, או להסיתו שיצוה את בנו לקדש את בתו, הייתי אומר שזהו בכלל וכל אשר לרעך, דהבנים והבנות הם של אביהם, וגם ישנן בקנינים, דהאשה היא קנין בעלה, **לזה** מיעטה התורה, מפני שזה א"צ דעת בעלים, שהרי אם בנו יהיה רצונו לקדשה ברצונה, א"צ דעת האב, וכן אם בתו תתרצה לקבל קדושין, א"צ דעת אביה, ואף בבתו קטנה שהיא ברשות האב, מ"מ כשתתגדל אינה עוד ברשותו, ואינו דומה לקרקעות ומטלטלין שלעולם הם ברשות הבעלים - ערוה"ש›.

סימן שנט סי"א - התאוה מביא לידי חימוד, והחמוד מביא לידי גזל; שאם לא רצו הבעלים למכור אע"פ שהרבה להם בדמים והפציר ברעים, יבא לידי גזל - ‹כלומר יבא שיקחנו ממנו בכח וחזקה ובלא דמים - לבוש›, **שנאמר: וחמדו בתים וגזלו; ואם עמדו הבעלים בפניו להציל ממונם או מנעוהו מלגזול, יבא לידי שפיכות דמים, צא ולמד ממעשה אחאב ונבות.**

סימן שנט סי"ב - הא למדת שהמתאוה עובר בלאו אחד, והקונה דבר שהתאוה בהפצר שהפציר בבעלים, עובר בשני לאוין,

לכך נאמר: לא תחמוד ולא תתאוה – «שכשיבא לעבור בלא תחמוד, מסתמא לא תתאוה הוא בכלל, שתחלה התאוה ואחר כך חמד – לבוש». **ואם גזל** – «אחר ההשתדלות – ערוה"ש», **עובר בשלשה לאוין.**

סעיף ו – מצות עשה על הגוזל להחזיר את הגזילה עצמה, אם היא בעינה ולא נשתנית, שנאמר: והשיב את הגזלה אשר גזל, וה"ה לגנב. **ואינו** יוצא ידי חובתו בנתינת דמים, אפילו אם כבר נתייאשו הבעלים. **אבל** אם אבדה או שנשתנית בשינוי שאינו חוזר לברייתו, או ששקעה בבנין שיהיה לו הפסד גדול לסתור את הבנין, יוצא ידי חובתו בנתינת דמים כמו שהיתה שוה בשעת הגזלה. **ואם** הגוזל הוא במקום אחר, אינו צריך לשלוח את המעות למקומו, אלא מודיעו שיבא וישלם לו. **אם** מת הנגזל יחזיר ליורשיו.

סימן שס ס"א- כל הגוזל חייב להחזיר הגזילה עצמה – {דוקא הגזילה ולא כפל, דאין כפל כי אם בגנב}, **שנאמר: והשיב את הגזילה אשר גזל** – «והוא הדין לגנב, ואינו יוצא ידי חובתו בנתינת דמים אפילו אם כבר נתייאשו הבעלים – הגר"ז», «**אם** הנגזל אינו מתרצה בכך, **ואם** הנגזל מתרצה, יצא, ומ"מ עובר בלא תחמוד, אא"כ הנגזל מוחל לו לגמרי, דאז א"צ השבה כלל – ערוה"ש».

«**ודע**, דלא מצינו בפוסקים חילוק במצות השבה בין ישראל לגוי, להפוסקים דס"ל דגזל גוי הוא מן התורה. [ועיין בנה"מ לעיל בסעיף א' סימן שמ"ח ס"ב]. **ודע** דיש מרבותינו דס"ל דעובד כוכבים שגזל ליכא ביה השבה, אבל ברמב"ם ובטור ושו"ע לא מצאנו דבר זה, וכן עיקר לדינא, כי רוב הפוסקים סוברין כן – ערוה"ש».

ואם אבדה או נשתנית, משלם דמיה – {ילפינן מדכתיב: אשר גזל, דדוקא אם כשהיא כאשר גזלה צריך להחזירה בעינה, הא אם נשתנית שינוי שאינו חוזר לכמו שהיתה כבר, קנאה בשינוי, ואין עליו אלא חוב דמי שויה כמו שהיתה בשעת גזילה, וכמו שנתבאר בהלכות גניבה, ששוין הן בזה}. **בין שהודה מפי עצמו בין שבאו עליו עדים שגזל** – {ולא כדין גנב שבאו עליו עדים שגנב דחייב לשלם כפל}.

אפי' גזל קורה ובנאה בבירה גדולה, הואיל ולא נשתנית, דין תורה הוא שיהרוס כל הבנין ויחזור הקורה לבעלים; אבל תקנו חכמים, מפני תקנת השבים, שיהיה נותן את דמיה ולא יפסיד הבנין – «דזה נהנה וזה לא חסר – ערוה"ש».

אפילו גזל קורה ועשאה בסוכות החג, ובא בעל הקורה ותובעה בתוך החג, נותן לו את דמיה – {פי', אף דסוכה בנין עראי הוא, מ"מ המצוה קובעה כל ז' ימי החג לעשותה כבנין קבע}. **אבל אחר החג, הואיל ולא נשתנית ולא בנאה בטיט** – {דטיט מחשביה לבנין קבע}, **מחזיר את הקורה עצמה.**

הגה: גזל קרקע ובנה עליה בניינים גדולים, צריך לסתור הכל ולהשיב קרקע לבעלים, דלא עשו תקנת השבים בקרקע (ר' ירוחם) – {דכיון דהוא דבר קבוע ועומד, הו"ל למידע דשל הנגזל הוא, ולא היה לו לבנותו}. [**דברי הסמ"ע בזה אין להם ביאור. ונראה הטעם, דקרקע אינה נגזלת, ובע"כ יבוא אח"כ לידי השבה, דמצויים הן בעלי זרוע ליפול, כמ"ש המחבר בסימן קי"א סי"ג, משו"ה לא עשו תקנה בזה, משא"כ בקורות שאפשר שיתרקבו או שישרפו, ולא יבואו לידי השבה**].

«**דעיקר** התקנה הוא מפני תקנת השבים, שאם נצוה אותו לסתור בירתו ולהשיב הקורה, לא יעשה כן, ותרקב הקורה, ובקרקע לא שייך זה, העמידו אדין תורה, והגזלן היה לו לידע זאת, ולא היה לו לבנות על קרקע גזולה, סמ"ע – ערוה"ש».

(**ועיין** בלבוש שכתב טעם אחר, דלכך לא עשו תקנת השבים בקרקע, דטעמא מאי עשו תקנת השבים, כדי שלא יעלים הגזלן שגזל ולא יעשה תשובה, ובקרקע לא שייך זה, דאי אפשר להעלימה, ע"ש).

(**ועיין** בתשובת המבי"ט שכתב, דאם לא נעשה ההשגת גבול מדעתו, רק שהבנאים הכניסו חצי אמה מקרקע חבירו שלא מדעתו, אפשר שגם הגאונים [מקור דברי רבינו ירוחם] יודו שעשו בו תקנת השבים, ויפרע לבעל הקרקע מה ששוה החצי אמה, כי לא החמירו אלא מפני מה שעבר על לא תסיג גבול רעך, והכא לא עבר כיון שלא ידע, עכ"ל. (**ונראה** דה"ה אם הגזלן מכר הקרקע והלוקח לא ידע שהיא גזולה, ובנה עליה בנין, דמחזיר דמים

{סמ"ע} [ט"ז] ‹רעק"א או ש"א או הוספת הסבר› (פת"ש)

כיון שלא ידע שגזולה היא – ערוה"ש. **ועיין** במשנה למלך שהביאו בקצרה וכתב עליו, ואין נראים לי דבריו כלל, ע"ש. **ועיין** בתשובת רשמי שאלה שהביא דברי המשנה למלך הנ"ל על נידון דידיה, ומסיים דצ"ע ע"ש. **ועיין** בספר שער משפט שכתב, דנ"ל דהאי דינא תליא בפלוגתא שהביא הרמ"א בסימן רע"ד, במי שהיה לו נחיל של דבורים ויצאו וישבו על אילן חבירו, אי יכול לקוץ הענף כו', וכן בשנים שהיו באים בדרך זה בחבית של יין וזה בכד של דבש ונסדק הכד של דבש, אי בעל היין חייב לשפוך את יינו כדי להציל דבש של חבירו וישלם לו דמי היין מפני השבת אבידה, כמבואר בסימן רס"ד סעיף ה' בהגה כו', ע"ש}.

סימן שס ס"ה - נשתנית הגזילה, אף על פי שלא נתיאשו הבעלים, אין צריך להחזיר אלא דמיה כמו שהיתה שוה בשעת הגזילה, והוא שלא יהא שינוי החוזר לברייתו.

כיצד, הגוזל עצים ודבקם במסמרים ועשה מהם תיבה, אינו שינוי, שהרי אפשר לפורקן וחוזרים לוחות כשהיו – ‹ודוקא שהעצים בעצמן לא נשתנו כלל, כגון שגזל נסרים הראוים לעשות מהן תיבה – ערוה"ש›.

גזל עפר ועשאו לבינה, לא קנה, שאם ידוק הלבינה תחזור עפר כשהיתה – {דעת הרשב"א, דדוקא שייבשן בחמה, ולא כשצרפן אותן בכבשן, דאז א"א לכותשן לעפר דק כבתחילה. **ומלשון** הטור משמע, אפילו שרפן בכבשן, והיינו טעמא, דבעפר דאינו חשוב אין קפידא אף כשלא הוחזר לגמרי דק וכתוש כבראשונה, **משא"כ** בנמטי להעשות צמר, דקפדינן אצמר דהוא דבר חשוב להעשות בו מלאכתו הראשונה}.

גזל לשון של מתכת ועשאו מטבע, לא קנה, שאם יתיך המטבע יחזור לשון כשהיה – {**ואף דא"א לצמצם**, ‹והרי לא תחזור לשון ממש כמו שהיה באורכה ועוביה או ריבועה וכה"ג›, **אין קפידא בנסכא**, ‹דאין אדם מקפיד על ריבועה ותיקונה, אלא שתהא חתיכה בעלמא, ואין זה שינוי – לבוש›, **וכן כל כיוצא בזה.**

{**ובאם** עשה ממנו כלי כסף, **יש בו פלוגתא, התוס'** סבירא להו דקנה, **והרשב"א** חולק, וד"מ הביאם ע"ש}. **ולחנם** הביא דברי התוספות, דהתוס' עצמם מדמי לה לנסרים ועשאו תיבה, למ"ד דשינוי החוזר הוי שינוי, וא"כ אנן דקי"ל דשינוי החוזר לא הוי שינוי, וכמ"ש הפוסקים והטור, בנסרים וכה"ג, א"כ ה"ה בעשה ממנו כלי לא הוי שינוי, וכן הוא בראב"ן, וכ"פ מהרש"ל, וכן עיקר.

סימן שס ס"ו - אבל הגוזל עצים ושיפן וקצצן – {בטור כתב, דשיפוי לא מיקרי שינוי אא"כ שיפן ונעשה בזה שינוי שם, כגון שיפה העץ ועשה ממנו מכתשת, ודוחק לומר שכונת המחבר היתה שעבד תרתי ששיפן וקצצן}, **או חקק בהם ועשה כלים** – ‹כגון שעשה מהם מכתש לכתוש בו, או שעשה מהם נסרים או קורות וכיוצא בזה, שנשתנה שמם מחמת מעשיו – לבוש›.

או שגזל צמר וצבעו – {היינו בצבע שאינו יכול להעבירו}, **או נפצו או לבנו** - תימה דבש"ס ריש הגוזל אמרינן דלבנו לא הוי שינוי, כמו בראשית הגז, וכן פסק המחבר עצמו ביו"ד סי' של"ג ס"ג, **מיהו** ברמב"ם לא קשה מידי, דכתב ונפצו ולבנו, ובהלכות בכורים פ"י גבי ראשית הגז לא כתב רק לבנו לחוד, ונראה דס"ל דלר' חייא דקאמר דכבריה כברויה בגפרית, היינו דבתר הנפוץ מלבנו, וכן פסק הרא"ש וטור ומהרש"ל, דדוקא בלבנו ע"י גפרית הוי שינוי, **אבל** על המחבר שכתב או לבנו, קשה, וצריך לומר דט"ס הוא בספרי המחבר, וכן בעיר שושן, ‹או נפצו ולבנו, כצ"ל – גר"א›, **או עשאו לבדים.**

או שגזל לבינה ועשאה עפר, או אבנים וסתתן, או מעות והתיכן, ה"ז שינוי בידו, שאם יעשה מעות אחרות פנים חדשות הן – {דא"א לצמצם לעשות כבראשונה, ובזה יש קפידא, וכן בגזל לבינה ועשה ממנה עפר}, ‹ואף אם יעשנה בדפוס מכוון כבראשונה, מ"מ המראה ישתנה קצת – ערוה"ש›, **וכן כל כיוצא בזה.**

(ואין נקרא שינוי אא"כ נשתנה שם הגזילה מכח השינוי) – ‹ואין כוונתו דכל שינוי מעשה צריך גם לשינוי השם, דא"כ למה לי השינוי מעשה, הא גם שינוי השם לבדו הוי שינוי, **ועוד** דהא צמר וליבנן אין בזה שינוי השם, וקנה אם אינו חוזר לברייתו, **אלא** דהאי כללא סימנא בעלמא הוא לענין רוב השינוים, להסביר הטעם, כמו בעצים כשחתכן לחתיכות קטנות, אין זה שינוי, וכששיפן הוי שינוי, משום דקטנות עדיין שם עצים עליהם, אבל בששיפן נשתנה לשם

אחר, וכ"כ הטור וכ"כ התוס', וכן בלבינה ועשאו עפר, הוי שינוי, ואם ישבור הלבינה לשברי שברים, ודאי דלא הוי שינוי, דעדיין שם לבינה עליהם, אבל כשעשאו דק כעפר נשתנה שמו. **וכלל** הדברים כן הוא, דאם השינוי שולט בכל החפץ, כמו בצמר ולבנו או צבעו, או מעות חדשים וישנן, אבנים וסתתן, וכיוצא בזה, דהוי שינוי גמור, אף דאין בזה שינוי השם, כיון דהשינוי ניכר בכל החפץ, הוי שינוי, **אבל** שינוי מעשה שהקטין הדבר ההוא, כמו קורות גדולות ועשאן קטנות, מ"מ אין זה שינוי, דהא הקטנות שנשארו אין בהם שום שינוי מכמקדם, דאותה צורה עליהם, ולא הוה שינוי רק כשנשתנה שמן, כגון שעשאן קרשים, דאז ניכר השינוי בכל, ויש באמת גם שינוי השם, אלא דא"א להיות באופן אחר - ערוה"ש›.

‹**וכל** שינוי מעשה, אף דהשינוי לא הוי למעליותא רק לגריעותא, כגון שגזל עץ גדול ועשאו קרשים, והעץ יקר מהקרשים, מ"מ קנה, דכן משמע מכל הפוסקים, שלא הזכירו שינוי לשבח, וכן מוכח ממה שיתבאר דלבנה ועשאה עפר הוי שינוי - ערוה"ש›.

סימן שסב ס"א - הגזילה שלא נשתנית, אלא הרי היא כמו שהיתה, אע"פ שנתיאשו הבעלים ממנה - {דביאוש לבד לא קנה, אם לא בהדי שינוי רשות}, **ואע"פ שמת הגזלן והרי היא ביד בניו, הרי זו חוזרת לבעליה בעצמה** - {דרשות יורש לאו שינוי רשות מיקרי}, **ואם נשתנית ביד הגזלן, אף על פי שעדיין לא נתייאשו הבעלים ממנה, קנאה בשינוי, ומשלם דמיה כשעת הגזילה.**

סימן שסז ס"א - הגוזל את חבירו, אף על פי שכפר בו - {פירוש, ולא תימא כיון שכפר בו נתיאש הנגזל ולא יתבענו עוד, וכדמסיק המחבר כשכבר נשבע}, **הואיל ולא נשבע, אם חזר והודה, אינו חייב לרדוף אחר הבעלים להחזיר להם** - {גם זה מפני תקנת השבים הוא}. **ולא** נהירא, דבש"ס משמע דמדינא אינו חייב לרדוף אחריו, אלא דבנשבע כיון דצריך להביא קרבן להתכפר, לא סגי עד דמטא לידיה, וה"ה האידנא אע"ג דאין קרבן, מ"מ אינו יוצא ידי כפרתו עד דמטא לידיה, וכ"כ הרא"ש.

אם חזר והודה - אע"פ שבא לצאת ידי שמים, אינו חייב לרדוף אחריו, כן איתא להדיא בש"ס פ' הגוזל, כ"ש כשלא הודה, רק שבאו עדים שגזל לו, אינו חייב לרדוף אחריו, רק שיודיענו.

אלא יהא בידו עד שיבואו, (ויודיע אותם) (טור ס"א) ויטלו את שלהם - {ז"ל הטור, אלא יודיענו לומר לו כך וכך גזלתיך בוא וקחנה, עכ"ל. **ולכאורה** משמע מלשון הטור, דצריך לשלוח להודיעו במקום שהוא שם שכך וכך גזלתיו, אלא שא"צ לטפל בשליחות הגזילה שם, ולקבל עליו אחריות הדרך. **אבל** בלשון הרמב"ם מוכח דלא ס"ל הכי, אלא שיהא בידו עד שיבואו מעצמן, **ומור"ם** שהוסיף לכתוב ויודיע אותם, כונתו, שבבואם לעיר הגזלן, אזי הגזלן מודיע אותם שכך וכך גזלם, ושיטלום מידו כי הוא יתן להן, וק"ל}. **וכ"כ** בב"ח לדעת הרמב"ם, וכן נראה מדברי מהרש"ל ותוס' יו"ט שהבאתי לקמן לדעת הרמב"ם.

ונלפע"ד דגם הרמב"ם והמחבר מודים דצריך לשלוח להודיע לו, ולא באו אלא לומר דאינו חייב לרדוף אחריו, וזה שהגיה הרב ויודיע אותם, וכן משמע בעיר שושן ע"ש, וכן משמע לפענ"ד בש"ס ריש דף ק"ד, גבי האי דקאמר כיון דידע למאן גזלה ואודי ליה, כמאן דאמר ליה יהיו לי בידך דמי כו', משמע דוקא דאודי ליה שהודיעו, ואז כמאן דא"ל יהיו לי בידך דמי, דאל"כ חייב לצאת ידי שמים לכו"ע, **ולפי"ז** צריך לעשות כל מה דאפשר שיודיע לו, דכל זמן שאינו מודיע לו אינו יוצא ידי שמים לרבי טרפון, ולרבי עקיבא אף מדינא חייב, ודוק.

‹**ונראה** דזהו דוקא כשגזלו כאן והנגזל הלך למקום אחר, אבל אם גזלו במקום האחר שהנגזל גם עתה שם, מחוייב להוליך לו למקום שגזלו, דכל הגזלנים צריכין להשיב לאותו מקום שגזלו - ערוה"ש›.

אבל אם נשבע על שוה פרוטה ומעלה, חייב לרדוף אחר הבעלים עד שיחזיר להם, אפילו הם באיי הים, מפני שכבר נתייאשו מאחר שנשבע, ואינם באים עוד לתובעו - {דכתיב לאשר הוא לו יתננו, ובנשבע לשקר מיירי, כדכתיב שם בפרשה ביום אשמתו, דהיינו שמביא קרבן אשם על שבועתו. **מיהו** אי לאו מפני תקנת השבים, מן הראוי היה להתחייב הגזלן להביאו אחריו למקום שהוא שם אפילו לא נשבע, מאחר שמצינו שקפיד עליו קרא}. **וליתא**, דבש"ס מסיק טעמא דנשבע, כיון דבעי כפרה לא סגי עד דמטא לידיה, ואולי מפרשים דש"ס מפרש טעמא דקרא, אבל לא היו צריכים לזה, ודוק.

מפני שכבר נתייאשו מאחר שנשבע ואינם באים עוד לתובעו - הוא לשון הרמב"ם, וכ"כ הסמ"ג, וכתב התוס' יו"ט, דלפי"ז באינו נשבע, אפי' להודיעו א"צ, משמע דסובר דלהרמב"ם בנשבע סגי כשיודיענו, וכ"כ מהרש"ל לדעת הרמב"ם, **ולא** נראה לי, דהא כתב חייב לרדוף אחריו כו', אלא נ"ל שר"ל, דאף שמודיעו, אינו בא זה לתובעו, שחושב מאחר שכבר נשבע ונתייאשתי לא יחזיר לי אף על פי שמודיע לי, **מיהו** תימה למה המציא טעם חדש מלבו, דהא בש"ס משמע להדיא דטעמא הוא, כיון דנשבע ובעי כפרה, לא סגי עד דמטא לידיה, וכ"כ הרא"ש ומהרש"ל שם, **ולפי"ז** אפי' יודע הגזלן בבירור שלא נתייאש, צריך להוליך אחריו, ולא סגי כשמודיע לו, ודברי הרמב"ם והסמ"ג והמחבר צ"ע.

‹**ונ"ל** דהרמב"ם הוה ק"ל, למה אמרו חכמים בלא נשבע שא"צ להוליך לידו, ומשמע דמעיקר דינא כן הוא, ולא מפני תקנת השבים, ש"ך, והרי אין לנו כתוב אחר על השבת הגזילה לבד האי קרא דוהשיב את הגזילה, וכן קרא דנשא דוהשיב את אשמו בראשו, והני קראי מיירי בנשבע, וא"כ מנלן לחלק בין נשבע ללא נשבע, **וזה** אין לומר דעל נשבע גלי קרא דבעינן דמטא לידיה, ולא כשלא נשבע, דהא עכ"פ בדגלי האי קרא למדנו ג"כ פירושא דקרא דוהשיב את הגזילה דכתיב ג"כ בהאי ענינא דנשבע, דהכוונה הוא להשיב לידו דוקא, וא"כ מנ"ל דבלא נשבע סגי בהודעה לבד, והרי אין לנו פסוק אחר על השבת הגזילה, **ולכן** מפרש הרמב"ם ז"ל, דקים להו לחז"ל דמה שהצריכה התורה להשיב רק לידו, אין זה גזירה בלא טעם, אלא טעם יש בזה, וה"פ דקרא, והשיב את הגזילה עד שהנגזל יהיה בטוח שיושב לו גזילתו, ולפיכך כשלא נשבע בטוח הוא בהודעתו בלבד, וכשנשבע אינו מאמינו עוד אפילו כשהודה בפניו, אא"כ יביאנה לידו, וזה דגלי אידך קרא לאשר הוא לו יתננו ביום אשמתו, כלומר כיון דנאשם ע"י שבועה, אין הנגזל מאמין לו עוד עד שיתננו לידו - ערוה"ש›.

וכתב מהרש"ל שם, דאפי' הודיעו לו, וזהו שלח לו יהיו לי בידך, אפ"ה כיון דנשבע לא סגי עד דעביד השבה מעליא, ע"כ, וכן משמע בש"ס, גבי הא דקאמר התם, הלכך נשבע אף על גב דקאמר ליה יהיו לי בידך, כיון דבעי כפרה לא סגי עד דמטא לידיה, **מיהו** היינו דקאמר ליה הכי ע"י שלוחו, אבל בפניו לא, דכיון שהניחו בידו והלך לו, הרי הוא כהפקידו בידו, וכ"כ התוס' שם.

סימן שסז ס"ב - אפילו החזיר הגזילה כולה חוץ משוה פרוטה, חייב הגזלן להוליכה אחר הנגזל.

ולא יתן לא לבנו של נגזל ולא לשלוחו - ‹**גם** בריש בלא נשבע, אסור ליתנו לבנו כו', אלא אורחא דמילתא נקט, דכל שלא נשבע דא"צ לשלח הגזילה למקום שהנגזל שם, מסתמא מחזיקו בידו עד שיבוא, וק"ל›, **אא"כ עשה הנגזל השליח בעדים. וכן אם עשו בית דין שליח בעדים, ונתן לו, יצא; ואין צריך לומר אם נתן לבית דין, שיצא** - והיינו דוקא כשנותן לב"ד שישלחוהו לידו מתי שירצו, ולא שהשליח או הב"ד ישמרו בידם עד שיבוא דוקא בעצמו.

‹**גם** זה מפני תקנת השבים, הקילו עליו שלא יצטרך הרבה בהוצאת הדרך, כן פירש"י. ויהיה ביד שליח ב"ד עד שיבוא הנגזל ויקחנו מידו, והגזלן פטור מהאחריות מיד שמסרו לשליח ב"ד›. ‹ולהרמב"ם י"ל שכן הוא מדין התורה, דכיון דלטעמו הוא מפני שמתייאש, וכשיהיה אצל ב"ד שוב אינו מתייאש - ערוה"ש›.

סימן שסז ס"ג - החזיר לו כל הגזילה, או שמחל לו עליה, חוץ מפחות שוה פרוטה, א"צ להוליך אחריו, אלא יבא הנגזל ויטול השאר - ‹ור"ל אף שהוא פחות משוה פרוטה, בתורת השבה הוא, כיון דמתחילה גזל יותר משוה פרוטה ולא החזיר כולו, אלא שאינו מחויב להוציא עליה הוצאה בהשבתה. **ועוד**, דגם פחות משוה פרוטה איסור גזל יש בו, כמ"ש הטור והמחבר בריש סימן שנ"ט, אלא שאין הב"ד נזקקין לפחות משוה פרוטה להוציאו מידו, וכן עיקר›. **ואע"פ שהגזילה עצמה קיימת, אין חוששין שמא תתייקר, ונמצא הנשאר שוה פרוטה** - ‹ואם נתיקר, כתב הטור בשם ר"י, דא"צ להחזירו, כיון שפעם אחת לא היתה שוה פרוטה, ושהרמ"ה כתב שצריך להחזיר לו›.

סימן שסז ס"ד - מת הנגזל, כשבא הגזלן לעשות תשובה, יחזיר ליורשיו, אם הגזילה בעין; ואם אינה בעין (או שנשתנית), יחזיר להם דמיה, כשם שהיה מחזיר למורישם - ‹דכל יורש עומד במקום מוריש - ערוה"ש›.

סעיף ז - הגוזל את הרבים, כגון שהיה חנוני ומדד במדה חסרה, או ששקל במשקל חסר וכדומה, או שהיה ממונה בקהל, והקיל על קרוביו והכביד על אחרים, וכן מי שנטל ריבית מרבים, תשובתו קשה, לפיכך יעשה צרכי רבים, שגם הנגזלים יהנו מהם, **ומ"מ** אותן שהוא יודע שגזל מהם, מחוייב להחזיר להם, ואינו יוצא ידי חובתו במה שעשה צרכי רבים.

סימן רלא סי"ט - עונש המדות והמשקלות קשה מאד, שאי אפשר למודד או לשוקל שקר לשוב בתשובה הגונה - {פי', משום דא"א להשיבו לבעלים, כיון דלא יוכל לידע למי מדד, וכמה פעמים מדד להן, **ואף** דיש לו תשובה קצת במאי דיכול לעשות בו צרכי רבים, וכמו שאמרו בגזלנים ובמלוה בריבית דאינן יודעין ממי גזלו וממי לקחו ריבית, מ"מ אין זה תשובה הגונה, **משא"כ** בשאר עבירות, אפילו גדולות כעריות ועבודה זרה, דהן חטאים בינו ובין המקום יתברך, יש להן תשובה בחרטה ובוידוי ובסיגופים}.

והרי הוא ככופר ביציאת מצרים - {מפני דכל המעוות במדות, הוא מסתיר דרכו שלא יביטו בו בני אדם, ומהקב"ה אינו מתירא, בסברו שאין השגחה מהש"י על מעשה בני אדם, וכל הכופר בהשגחה כופר ביציאת מצרים, ששם נתברר גודל השגחה שנגלה עלינו הש"י בכל אותות ומופתים שעשה למצרים}.

סימן שסו ס"ב - הרועים והגבאים והמוכסים - ‹שנטלו יותר מקצבתם שנתן להם המלך, וכן הגבאים הממונים מן המלך לגבות המס, והם מקילים לקרוביהם ומטילים על אחרים, שהרי הם גזלנים גמורים, וכן ממוני הקהל שעושים כמעשיהם, [עיין רמ"א סי' לד סי"ד], וכן המלוה ברבית לרבים ואינו יודע למי, [סי' לד סכ"ט] - הגר"ז›.

תשובתן קשה, מפני שגזלו את הרבים ואין יודעים למי יחזרו, לפיכך יעשו בו צרכי רבים - {דאז גם הנגזל יהנה מן הדברים הנעשים מדמי הגזילה}, ‹וכשיעשה צרכי רבים, יסבב ה' שכל אחד מהנגזלים או מיורשיהם יהנה כפי ערך גזילתו, ושימחלו לו, והבא לטהר מסייעין אותו מן השמים - ערוה"ש›, **כגון בורות שיחין ומערות** - ‹ומ"מ אותם אנשים שהם מכירים שגזלו מהם, חייבים להחזיר להם, ולא די במה שנהנים ממימיהם - הגר"ז›.

‹**ואע"פ** שאם ביכולת ב"ד לכוף לגזלן שיחזיר גזילתו, כופין אותו, מ"מ בגוזלי רבים אין כופין אותם לעשות צרכי רבים, דהא לאו השבה מעליא היא, אלא דאם מתעורר בעצמו לעשות תשובה, אומרים לו עשה בהם צרכי רבים, כי א"א לתקן באופן אחר, ולא שב"ד יכופו לזה - ערוה"ש›.

(**עיין** בהרא"ש שכתב, ובגזילה קיימת איירי, וכ"כ בקיצור פסקי הרא"ש וביש"ש ע"ש, ‹דאם אין הגזילה קיימת, אין מקבלין ממנו מפני תקנת השבים, כבס"א›. **ובב"ח** תמה על הטור והמחבר שסתם ולא הזכיר זה, ותירץ שסמך עצמו על מה שכתב תחילה ס"א גבי גזלן מפורסם, ע"ש. **ועיין** בתשובת שיבת ציון שכתב דתירוץ הב"ח הוא דחוק, אך נראה דס"ל להטור והמחבר, דהאי תקנה דאין מקבלין מהם, הוא רק אם יודע למי גזל ורוצה להחזיר להנגזל עצמו, אבל אם אינו יודע למי גזל, ומדינא צריך לעשות צרכי רבים, בזה לא שייך האי תקנה שלא לקבל מהם. **וטעם** הדבר הוא על פי מ"ש הש"ך ביו"ד סימן קס"א ס"ק י"ג בשם הריב"ש, דגזלן חייב להחזיר הגזילה, רק על הנגזל גזרו שלא יקבל ממנו וימחול לו, א"כ באינו יודע למי גזל, שאין הנגזל לפנינו, מי ימחול לו, וכל זמן שאין הנגזל מוחל לו, עדיין מחויב הוא להחזיר כו', ע"ש וצ"ע).

הגה: גזלן שהחזיר, אם צריך דעת בעלים, דינו כמו בגנב, ועיין לעיל סימן שנ"ה - {שם בסימן שנ"ה ס"א נתבאר, דאם לא ידעו הבעלים מהגניבה, אינם צריכים ג"כ לידע מהחזרה, **ודין** זה אין שייך בגזלן, שסתם גזילה הוא שגוזל מיד הנגזל, ונמצא דהנגזל ידע מהגזילה, **ולא** היה למור"ם לכתוב אלא גזלן שהחזיר צריך להחזירה מדעת בעלים, ועל דרך שנתבאר בסימן שנ"ה בגנב, וכ"כ בטור סעיף ג' ע"ש}.

סעיף ח - אסור לקנות מהגנב או מהגזלן את החפץ שגנב או גזל, ואין חילוק בין שהוא ישראל או נכרי, כי גם הנכרי נצטוה על איסור גניבה וגזילה אפילו מנכרי חבירו, והוא מז' מצות שנצטוו עליהם, **ועון** גדול הוא לקנות מן הגנב או מן הגזלן, שהרי הוא מחזיק ידי עוברי עבירה, ועל זה נאמר חולק עם גנב שונא נפשו, וגורם לגנב שיגנוב עוד גם גנבות אחרות, ואם לא ימצא לוקח לא יגנוב, ואע"פ שאפשר לו להוליך את הגניבה למקום שאין מכירין אותו, אין זאת מצוי לו כל כך, **ואם** הקונה מתכוין לטובת הבעלים להחזירו להם, כשיחזרו לו מעותיו, מותר, ודוקא כשלא היה באפשרי להבעלים בעצמם להציל. **וכן** אסור לקבל בפקדון דבר שנראה שהוא גנוב או גזול.

סימן שנו ס"א - אסור לקנות מהגנב החפץ שגנב, ועון גדול הוא, שהרי מחזיק ידי עוברי עבירה - {בגמרא אמרו משל על זה, דאמרי אינשי לא עכברא גנב אלא חורא גנב}, **וגורם לו לגנוב גנבות אחרות; שאם לא ימצא לוקח, אינו גונב** - {אע"ג דאפשר לגנב להוליכו במקום אחר שלא יכירו אותו שהוא גנב, מ"מ לא יהיו מצויים לגנוב, וה"ק כשלא ימצא לוקח מהגנב, ודאי לא היו גונבים, משו"ה כל אדם יחדל מלקנות, כדי שלא יהא רגיל לגנוב}.

‹אלא אם כן מתכוין לטובת הבעלים להחזירה להם, והם יחזירו לו מעותיו, והוא שהבעלים לא היו יכולים להציל בעצמן אם לא היה קונה הוא - הגר"ז, רמ"א רנ"ו ס"ב וש"ך ס"ק ח'.

(וכן אסור לסייע לגנב בשום דבר כדי שיגנוב (ב"י בשם ריב"ש) - {רימז למ"ש הריב"ש סי' ק"ח, דכתב ז"ל, אותו נפח שעשה לאשת ראובן שני מפתחות בהסתר פנים מבעלה, ונתנה לו שכר הרבה עבורם, ראוי לעונשו על בלי הגיד לבעלה, שכבר היה לו להבין שלא על חנם ריבתה במחיר שני המפתחות, אלא שהיתה כונתה לגנוב מנכסי בעלה, וסייע בגניבתה כו'}. [**אפילו** בספק אם הוא שייך לגניבה יש ליזהר בו, כן מבואר בריב"ש].

‹אפילו נכרי הבא לגזול או לגנוב מנכרי, וכן כל איסורי הנאה מגזלה או גנבה נוהגין גם בשל נכרי מנכרי, כי באיסור גזלה וגנבה אין הפרש כלל בין ישראל לנכרי, שלא נאמר רעך אלא בעושק לבדו, שנאמר לא תעשוק את רעך ולא תגזול, **וגם** הנכרים מוזהרים על הגזל והחמס כישראל, שהיא משבע מצות בני נח, וחייב מיתה אפילו גזל או גנב מחבירו נכרי - הגר"ז.

‹ורגמ"ה תקן בגזירה חמורה, שלא לקבל גנבות מעכו"ם, {משל כומרים, כגון גביע או בגדיהם וספרי תפלות ומשמשיהם, עיין פת"ש}, וכמה קלקולים אירע עי"ז לאנשים אחרים הנקיים מזה, ולכן יכולים לכוף למי שלא ישמע בכל מיני כפיות - ערוה"ש.

‹וכן אין מקבלין פקדונות מן הנשים ולא מן העבדים כנענים ולא מן הקטנים, שמא גנבום מן הבעלים, ואין מסייעים ידי עוברי עבירה - הגר"ז.

סימן שסט ס"א - אסור לקנות דבר הגזול מהגזלן, ואסור לסעדו על שינויו כדי שיקנהו - {פי', כדי שיצא מיד הגזלן ויהיה שינוי רשות, ויקנהו אח"כ ביאוש ושינוי רשות, וגם בלא שינוי רשות קנהו אם נשתנה שינוי גמור שאינו חוזר, או אפי' חוזר, אם יש יאוש עם שינוי השם, ואסור לסעדו שיבוא לידי אחד מהשינויים הללו}, **שכל העושה דברים אלו וכיוצא בהם, מחזיק ידי עוברי עבירה, ועובר על ולפני עור לא תתן מכשול.**

‹ונראה מדבריו, דאין אסור לקנות ממנו רק כשידע שאותו דבר גזול הוא, ואע"ג דליהנות ממנו אסור מכל ממונו, כמו שיתבאר, מ"מ לקנות אין זה הנאה כל כך, וכן לסעדו אין איסור רק בהדבר הגזול, **אבל** להטור אסור לקנות מהם שום דבר, ולסעדם בשום דבר - ערוה"ש.

והלוקח ממנו מטלטלין, דינו כלוקח מהגנב, שנתבאר בסימן שנ"ו - {פי', לענין אם נעשה בו תקנת השוק או לא, **ואם יש חילוק בין גנב מפורסם או לא, ע"ש ריש סימן שנ"ו, ושם עוד חילוקים בזה**}. **שאם** הוא גזלן מפורסם, צריך להחזירו לבעלים, והוא יתבע לגזלן, **ואם** אינו מפורסם, עשו בו תקנת השוק, שנוטל דמיו מן הנגזל ומחזיר לו הגזלה, והנגזל חוזר ותובע מן הגזלן, עכ"ל טור, וכ"כ הרמב"ם וכ"כ הרב המגיד שם,

וכן פסק ר"י וכ"כ הרא"ה, וכן נראה להדיא מדברי תשו' מהר"מ שבמרדכי ע"ש, וכן פסק בעה"ת, וכתב ג"כ שכ"כ הראב"ד ע"ש, ועיקר, **דלא** כמ"ש ב"י בשם הרשב"א וכ"כ הריב"ש בשם קצת מפרשים, דבגזלן אף על פי שאינו מפורסם, לא עשו בו תקנת השוק, דקול יוצא לגזלה, והו"ל כגנב מפורסם, ע"ש.

סעיף ט – אפילו ליהנות שום הנאה מן הגניבה או מן הגזילה, כל זמן שהיא ביד הגנב או הגזלן אסור, ואפילו הנאה מועטת שגם בעליה לא היו מקפידים עליה, כגון חילוף מטבעות בשויו, אסור במעות גנובות או גזולות, וכן ליכנס בבית גזול בחמה מפני החמה, ובגשמים מפני הגשמים, או לעבור בשדה גזולה, אסור.

סימן שסט ס"ב - אסור ליהנות בדבר הגזול - ‹להרחיק מהם משום לפני עור וגו', ועוד שלא יהיה לנו עסק עם הגזלנים, ויהיה זה סבה שהם בעצמם יפרישו מן העבירה – לבוש›, **ואפי' לאחר יאוש** - ‹דיאוש לחוד אינו קונה, והנאה שזה נהנה אינו שינוי רשות, דעדיין היא בחזקת הגזלן, ועוד דליהנות יש איסור אף כשקנה בשינוי – ערוה"ש›.

והוא שידע בודאי שדבר זה הוא הגזילה עצמה; כיצד, ידע שבהמה זו גזולה, אסור לרכוב עליה או לחרוש בה - ‹אפילו ברצון הגנב והגזלן – ערוה"ש›.

גזל בית או שדה, אסור לעבור בתוכה או ליכנס בה בחמה מפני החמה ובגשמים מפני הגשמים, ואם דר בה חייב להעלות שכר לבעלים אם היתה עשויה לשכר - {דקרקע בחזקת בעליה עומדת}. ‹ובזה אינו מועיל גם אם ימכור לו, דקרקע אינה נגזלת – ערוה"ש›.

‹ואפילו שלא בדבר הגזול אסור ליהנות מגזלן מממונו ומכל אשר לו, אם הוחזק שכל ממונו גזול הוא, ואף על פי שכבר נשתנית הגזילה וקנאה בשינוי, מ"מ הלא לא החזיר ממון להנגזל ואיך יהנה מממון של עבירה, **ואע"פ** שאמרנו דהלוקח קונה ביאוש ושינוי רשות אף אם ידע שגזולה היא, זהו ודאי דמדין קנייה קנה, אבל עשה איסור בזה, **ואם** יש להגזלן מיעוט ממון שידוע שאין גזולים, אע"פ שרוב ממונו גזול, מותר ליהנות ממנו עד שידע שדבר זה גזול בידו – ערוה"ש›.

גזל דקלים ועשה מהם גשר, אסור לעבור עליו, וכן כל כיוצא בזה - ‹ולא קנאם בשינוי, דזהו שינוי החוזר לברייתו, **ודוקא** כשלא עשה מהם קורות או קרשים, אלא כרתן לחוליות לחתיכות קטנות, דאין זה שינוי מעשה, אבל אם עשה קורות או קרשים, הוי שינוי מעשה וקנה – ערוה"ש›. **(מיהו אם מסרו לרבים, מותר ליהנות ממנו, דהא הוי יאוש עם שינוי רשות)** - [משמע אפילו אם נודע הגזילה קודם שינוי רשות]. ‹ואע"ג שגזלן במחובר ואינה נגזלת, מ"מ כשקצצן הרי היא כמטלטלין, ואין להחמיר בזה כיון דהוי דרך לרבים – ערוה"ש›.

אבל מלך שכרת אילנות של בעלי בתים ועשה מהם גשר, מותר לעבור עליו, אפילו שצוה המלך לעבדיו לכרות מכל אחד ואחד דבר ידוע, והלכו הם וכרתו הכל מאחד, מותר - ‹דדינא דמלכותא הכי הוא, שאין העבד צריך לטרוח לגבות מעט מעט מכל אחד, דעבד מלך מלך ואין צריך לטרוח, ואינהו דאפסידו אנפשייהו דאיבעי להו למינקט מכולי בגי ומשקל דמי, וזה שנטל ממנו יגבה מכל אחד חלקו – לבוש›.

וכן אם הרס בתים ועשה דרך או חומה, מותר ליהנות בה, וכן כל כיוצא בזה, שדין המלך דין; והוא שיהא מטבעו יוצא באותם הארצות, שהרי הסכימו עליו בני אותה הארץ וסמכה דעתם שהוא אדוניהם והם לו עבדים, שאם לא כן הרי הוא כגזלן בעל זרוע.

סעיף י – ולכן מי שהוא גנב או גזלן מפורסם, שאין לו מלאכה אחרת אלא זאת, וכל ממונו בחזקת גנוב או גזול, אסור ליהנות ממנו, ואסור לעני לקחת ממנו צדקה.

סימן שסט ס"ג - אסור ליהנות מהגזלן (שהוחזק ממונו שהא בגזילה) (טור ס"ה); ואם היה מיעוט שלו, אף על פי שרוב ממונו גזול, מותר ליהנות ממנו, עד שידע בודאי

שדבר זה גזול בידו – ‹דכיון דאיסור זה אינו אלא מדרבנן, אזלינן ביה לקולא, ותלינן ואמרינן האי מידי דיהיב ליה, מאותו מיעוט שהוא דידיה הוא – לבוש›.

{**ועיין לעיל ריש סי' שנ"ח**, ‹הובא לקמן בקשו"ע סי"א› **שפסקו הטור והמחבר וגם הרמב"ם, דאסור לקנות מהגנב דבר שרובו בחזקת גנוב, ושם** בדרישה כתבתי דיש לחלק, דברועים ואינך דלשם, דהן בחזקת גנבים, ומסתמא כל מה שבידם הוא בחזקת גנוב, כי כל מלאכתן בזה, אלא שיש מיעוט רועים שאינן גנבים כלל, ותלינן לזה שבא לקנות ממנו בהרוב, **משא"כ** כאן דמיירי בידוע בו שיש בידו של זה מיעוט ממון שאינו גזול. [והקשה רש"ל, סוף סוף מאי שנא, כמו שהולכין בדבר הנקנה אחר רוב אותו הדבר, אף על פי שהמוכר אינו בחזקת גנב וגזלן, ה"נ ניזיל בתר רובא גבי מוכר אף על פי שאותו דבר אינו בחזקת גניבה, **אלא** נראה שצריך לפרש שהמיעוט משלו הוא ודאי, והרוב הוא במוחזק, ומשו"ה עדיף האי מיעוט, עכ"ל. **ומלשון** הרמב"ם שכתב כאן אף על פי שהרוב ממונו גזול, משמע אפילו בידוע בודאי. **ונראה** לענ"ד, דכאן ודאי מן הראוי ליזיל לקולא, כיון דהמיעוט הוא ברור לפנינו שיש לו משלו מעט, והוי כאילו מונח בפני עצמו, וע"כ הו"ל קבוע, משא"כ בסימן שנ"ח אין היתר ברור לפנינו, אלא דרוב הוא גנוב, ע"כ אזלינן בתר רובא].

‹**ומה** שאין הולכין אחר הרוב של איסור, נ"ל דמפני שחזקה שכל הנמצא תחת יד האדם שלו הוא, רק מפני שזה האיש מוחזק לגזלן, אבד חזקתו, ולכן כשברור לנו שמיעוט יש לו משלו, מוקמינן שכל מה שנוטלים ממנו הוי בחזקתו כבכל אדם, כיון שלא ידעינן שדבר זה גזול הוא בידו, ואמרינן סמוך מיעוטא לחזקה ואיתרע ליה רובא, **ועוד** דאין הולכין בממון אחר הרוב במקום חזקת ממון, וזה הגזלן יש לו חזקת ממון, **וכדוגמא** לזה אמרינן, דמחבואה אחת מצלת על כל הכהנות להכשירן, כמ"ש באהע"ז סי' ז' – ערוה"ש›.

[**וכתב רש"ל**, ‹דבמיעוט גזול, ורוב ודאי משלו, פשוט דמותר לקנות ממנו›, דאין שייך כאן מטעם דכל קבוע כמחצה על מחצה, דלא אמרינן כן אלא במקום שהאיסור ניכר במקומו].

סימן שסט ס"ד - בני אדם שחזקתם גזלנים, וחזקת כל ממונם גזל מפני שמלאכתם מלאכת גזלנים, כגון המוכסים והלסטים, אסור ליהנות מהם, שחזקת מלאכה זו שהיא גזל. ואין מצרפים דינרים מהתיבה שלהם, שהכל בחזקת גזילה – ‹ואפילו לקבל מהם צדקה אסור, **ואין** תולין להקל שיש לו מעט משלו, כיון שאין לו אומנות אחרת אלא אומנות לסטים – הגר"ז›.

אבל ממה שיש לו בבית או בשוק שלא בתיבת המוכסים, מותר לצרף – {דוקא בצירוף שאין לו הנאה כל כך, יש חילוק בין מהתיבה שלהן שהוא ממעות המכס בעצמו דאסור, ובין צירוף שיש לו ממעות שבביתו דמותר, **אבל** בשאר הנאות גדולות, כתב לפני זה דאפילו ממה שיש לו בבית אסור ליהנות מהן, וק"ל}.

ואפילו מתיבתו, אם הוא חייב לתת לו חצי דינר ואין לו אלא דינר, נותנו לו ולוקח ממנו חצי דינר אפילו מתיבת המוכסין, מפני שהוא כמציל מידו.

סעיף יא – וכן אם אחד רוצה למכור איזה חפץ שנראה שהוא גנוב, כגון שומרי פירות שמוכרים פירות במקום צנוע, או מוכר אחד שנושא איזה דבר בהצנע למכרו, או שאומר להקונה: הטמן, אסור לקנות, **ואפילו** לקנות מאשה איזה דבר, שיש לחוש שהיא מוכרת שלא מדעת בעלה, או לקנות מאיש דבר מתכשיטי האשה ומלבושיה, שיש לחוש שהוא מוכרם שלא מדעת אשתו, אסור.

סימן שנח ס"א - כל דבר שחזקתו שהוא גנוב, אסור ליקח אותו – ‹שלא להחזיק ידי עוברי עבירה – לבוש›, **וכן אם רוב אותו דבר שהוא גנוב, אין לוקחין אותו** – ‹ולכן צריך כל אדם הלוקח חפץ שלא במקום גלוי כבחנות, לידע ולהרגיש אם המוכר מוכר לו דבר גנוב או לא – ערוה"ש›.

{**בטור** כתוב, או "שרוב" דבר "ההוא" גנוב, והמחבר העתיק לשון הרמב"ם, ור"ל הן שחזקת אותו דבר עצמו הוא גנוב, הן שאין חזקת אותו דבר עצמו הוא גנוב, אלא רוב דבר ההוא הוא בחזקת גנוב, וכמו שמפרש ואזיל, כגון שקונה מהרועה חלב וגיזה, ורוב רועים מוכרים אותן הדברים בלי ידיעת בעלי הצאן}.

{עיין דרישה, שם כתבתי לחלק בין הא להא דאיתא בגמרא ב"ק קי"ט. וכתבו ג"כ הטור והמחבר לקמן בסימן שס"ט ס"ג, ‹הובא לעיל בקשו"ע ס"י›, **דמותר** לקנות מהגזלן אפילו מיעוט ממונו הוא משלו ורובו גזול, **דשאני** התם, דמ"מ יש בידו משל היתר מיעוט ממונו, משא"כ כאן דכשנאמר דזה הרועה הוא מן הרוב המוכרים שלא ברשות בעליהם, נמצא שכל דבר ההוא שבידו הוא גזול וק"ל}. ‹וצ"ל דמיירי שאין להרועה צאן משלו כלל, ומש"כ הטוש"ע: אם רוב אותו דבר, אין פירושו על האיש הזה, אלא על כלל הדבר - ערוה"ש›.

לפיכך אין לוקחין מהרועים צמר או חלב או גדיים - ‹דסתם רועים גזלנים הם, ותולשין צמר מן צאן בעלי בתים שהם רועין, ומוכרין אותם, וכן חלב, שחולבין בהמות של בעלי בתים שהם רועין, וכן טלאים וגדיים, שהם גונבים אותם מן העדר שלהם ומוכרין אותם, ואומרים לבעלי בתים שמת או נאבד - לבוש›.

אבל לוקחים מהם חלב וגבינה במדבר אבל לא ביישוב - {לשון הטור, מפני שטורח הוא לבעל הבית להביאו לישוב ומניחו לו, עכ"ל, ‹ומוחלו לו לרועה›, **ודוקא** חלב וגבינה, אבל גדיים אין חילוק בין מדבר לישוב}.

ומותר ליקח מהרועים ד' צאן או ד' גיזות של צמר מעדר קטן - {שחסרונן ניכר טובא בעדר קטן, ולא מילא לבו של הרועה למכור כ"כ בלי רשות בעלים, משא"כ בפחות מזה שאינו ניכר כ"כ, ואף אם יוכר חסרונן יכול להשמט בב' ג' ולומר שמתו או נגנבו, משא"כ בהרבה}, **או חמשה מעדר גדול, שאין חזקתו שהוא גנוב** - ‹דכיון שהוא כ"כ הרבה, מרתת הרועה לגונבו, שמא ירגיש הבעה"ב, וודאי שלו הן - לבוש›.

כללו של דבר, כל שהרועה מוכרו, אם היה בעל הבית מרגיש בו, מותר ללוקחו; ואם לאו, אסור - {המחבר קיצר בהעתקתו דסוף לשון הרמב"ם, ובזה נתן מכשול לפני המעיינים לטעות בביאור ריש דבריו, ולפרש דמה שכתב כל שהרועה מוכרו אם היה הבעל הבית מרגיש בו, דר"ל אף אם היה הבעל הבית מרגיש בו ועומד בצידו היה מוכרו, בכה"ג דוקא מותר לקנות ממנו כו'. **ואין** כונת הרמב"ם לזה, כי שם סיים אריש דבריו וכתב ז"ל, אם היה הבעל הבית "מרגיש" בו - מותר ליקח אותו מן הרועה - ואם אין הבעל הבית מרגיש בו "אסור", עכ"ל. **מסוף** דבריו הללו נלמד לריש דבריו, דמש"כ אם היה בעל הבית מרגיש בו כו', דר"ל אם אותו דבר שהוא מוכר הוא דבר שירגיש בו בעל הבית בחסרונו, ויהיה נתפס עליו הרועה כגנב אם לא מכרו מדעתו, מותר לקנות ממנו, ואם לא מרגיש, אסור לקנות ממנו וק"ל}.

סימן שנח ס"ב - אין לוקחין עצים או פירות משומרי פירות, אלא בזמן שהם יושבים ומוכרים והסלים והפלס בפניהם, שהרי הדבר גלוי ויש לו קול; והוא שיהיה על פתח הגנה - ‹כדרך כל אדם בשלו שאין זה דרך גניבה, אבל אם מוכרין אחורי הגינה, דרך גניבה הוא ואסור - לבוש›.

סימן שנח ס"ג - וכולם שאמרו: הטמן, אסור לקחת מהם.

סימן שנח ס"ה - אין לוקחין מהנשים ומהעבדים ומהקטנים, אלא דברים שחזקתן שהם שלהם מדעת הבעלים.

כגון נשים שמכרו כלי פשתן בגליל, או עגלים בשרון - {ללשון שני דפרש"י ה"ק, גליל היה מקום שגדל וצמח שם פשתן הרבה והיה בזול, ודרך אנשים של גליל שלא להקפיד על נשותיהן לקנות לעצמן פשתן ולעשות ממנו בגד פשתן ולמוכרו לצורך עצמן, וכן שרון היה מקום גידול לבהמות הרבה, והיו הנשים קונין ומוכרין לנפשם ברשות בעליהן, וכן נראה שהוא פירוש דברי הרמב"ם ושל המחבר שהעתיק לשון הרמב"ם}. ‹וכן כשהאשה נושאת ונותנת בעסקי בעלה, ומוכרת שלא בהטמנה, מותר ליקח ממנה - ערוה"ש›.

ולוקחים ביצים ותרנגולים בכל מקום, (מכל אדם) - ‹מפני שבימיהם היו בזול ולא היו מקפידים בזה - ערוה"ש›. **וכולם שאמרו: הטמן, אסור. הגה: מעשה באשה אחת שהחזיקה בשל יתומים, וגזרו שלא ישא אותה שום אדם, כדי שלא להחזיק ידי עוברי עבירה.**

סעיף יב - מי שנתחלפו לו כליו בבית המשתה וכדומה, הרי זה לא ישתמש בכלים אלו שבאו לידו ואינם שלו, וכשיבא בעל החפץ צריך להחזירו לו, ואף על פי שהחפץ שלו נאבד, **וכן** כובסת המכבסת לרבים, והביאה לו חלוק שאינו שלו, אסור ללבשו, אלא צריך להחזיר לבעליו, ואף על פי ששלו נאבד, **אך** אם מונח אצלו ימים רבים, עד שאי אפשר שלא חקרו הבעלים בינתים אחר שלהם, אז מותר לו ללבשו, כי מסתמא סלקה הכובסת את בעליו ושלמה בעד החלוק הזה.

סימן קלו ס"ב - נתחלפו לו כליו בבית האבל או בבית המשתה - ‹או בבהכ"נ או בשארי מקומות, כגון שלקח כליו או חפציו וראה אח"כ שאינם שלו - ערוה"ש›, **לא ישתמש בהם** - ‹דהוי משתמש שלא לדעת בעליו שנקרא גזלן - לבוש›. ‹**ולא** תלינן דבעל החפץ נטל את שלו ומשתמש בו, וישתמש גם הוא בחפץ זה כדתלינן באומן, דבאומן יש רגלים לדבר שלא א"ל הילך טליתך, כמו שנתבאר, **אבל** כשידוע שבטעות נתחלף, לא אמרינן כן, דאולי בעל החפץ לא נטל את שלו, ואפילו נטל שמא לא יתרצה להשתמש בו - ערוה"ש›.

הגה: וכשיבא בעל החפץ צריך ליתן החפץ לבעליו, אעפ"י ששלו נאבד - ‹ואין לראובן לעכב חפצי שמעון בשביל שנאבדו שלו, דמה חייב שמעון בזה - ערוה"ש›.

וכן כובסת עובדת כוכבים המכבסת לרבים והביאה לאחד שאינו שלו (תרומת הדשן סימן ש"ט) - {שם בתרומת הדשן מסיק, דלא ישתמש בו, **וצריך להחזיר כלי זה לבעליו אף על פי ששלו נאבד**}.

[דין זה הועתק מתרומת הדשן, **והוא תמוה, ויש להקשות על תרומת הדשן עצמו, שהרי דין מפורש הוא במרדכי פרק הגוזל בתרא והוא לא הביאו. ולפענ"ד** נראה **ללמוד מדברי המרדכי בזה חידוש אחד, שכתב וז"ל, ומכאן הבאתי ראיה על כובסת גויה שהיתה רוחצת בגדים לכמה יהודים ואבדה סדין אחד, ונטלה סדין אחד מן האחרים ונתנה לו תמורת סדין שלו, וצויתי להחזיר, שהרי אותם יהודים אחרים לא נתיאשו מסדין שלהם, אלא היו מרדפין אחר הכובסת מפני הסדין שלהם, וגם קיי"ל, גנב ופרע חובו כו' דלא עשו תקנת השוק ומחזירו בחנם, אבל ודאי אם הכובסת משכנה את הסדין לאותו יהודי, הרי עשו תקנת השוק במשכנתא, עכ"ל. מדכתב שהרי הבעלים מרדפים אחריה והו"ל כאמת גמור, ולפי"ז היה נראה, במי שנתנה לו הכובסת סדין אחר תחת שלו ואינו יודע של מי הוא, וע"י זה הוא מונח ימים רבים אצלו, עד זמן שא"א לבני אדם שלא יחקור אחר שלו, ודאי מתיאש ממנו, והכובסת סילקה אותן בדבר אחר**, ‹או שהכובסת שלמה להבעלים, או שהחפצים הם שלה ובכוונה נתנתם לזה שנאבדו חפציו אצלה ונתנה לו תמורתן - ערוה"ש›, **ובתרומת הדשן הנ"ל לא מיירי אלא בשנים באים לפנינו וטוענים בעדו שיחזיר לו, משא"כ באם לא בא שום אדם וצועק על סדין שלו, אמרינן ודאי סילקה הכובסת אותו כל שנשתהא שם כמו שכתבתי**].

‹**והוא** קצת דחוק, דדין זה, לומר שכיון שאין הבעלים מרדפין דודאי נתיאשו, לא נזכר בשום פוסק. **וגם** הקצוה"ח תמה, דאימר נתיאשו אחר שבא לידו, דהוי שינוי רשות ואח"כ יאוש, ועוד דמנא ידעינן שסילקה אותו בדמים, שמא פטרה עצמה בטענת אונס. **ואפשר** דהט"ז כתב כן מסברא, כיון שאינה מכבסת רק לבני העיר, ודאי אילו לא סילקה את האחרים היה נשמע הרדיפה, **וגם** אם לא היה תחת יד הכובסת קודם שבא לידו זמן רב, היה נשמע הרדיפה, ובודאי הוא זמן רב תחת יד הכובסת עד שאינו נשמע שוב הרדיפה, ומקודם שבא לידו הוי היאוש - נה"מ›.

‹**ואם** נתן אחד סימן, אף על פי שהגויה הכובסת מכחישתו, מוציאים, כ"כ התרומת הדשן מרא דהאי דינא - אורים›.

‹**והמנהג** במקומות הגדולים, מקום שרבים מתאספים שם ומניחים המנעלים העליונים בפרוזדור, ובצאתם יתחלפו של זה בזה, אין מקפידין בדבר ומשתמש כל אחד בשל חבירו עד שיתראו פנים ומחליפים את עצמם, ואין בזה חשש גזילה שכך נהגו - ערוה"ש›.

סעיף יג - אסור ליהנות משום דבר של חבירו שלא מדעתו, אע"פ שברור לו שכשיודע לבעליו ישמחו ויגילו מפני אהבתם אותו, מכל מקום אסור. **לפיכך** הנכנס לפרדס או לגינת חבירו, אסור לו ללקוט פירות שלא מדעת הבעלים, אע"פ שבעל הפרדס ובעל הגינה אוהבו וריעו אשר כנפשו, ובודאי ישמח ויגיל כשיודע לו שנהנה זה מפירותיו, מ"מ כיון שעכשיו אינו יודע מזה, הרי הוא נהנה באיסור, **וצריך** להזהיר לרבים שנכשלין בזה מחמת חסרון ידיעה.

‹**ואפילו** ברור לו שכשיודע לבעליו שהוא נטלה אזי ישמחו ויגילו מפני אהבתם אותו, אסור לו ליהנות בה בלא דעת הבעלים. **לפיכך** הנכנס לפרדס או לגינת חבירו, אסור לו ללקוט פירות שלא מדעת הבעלים אע"פ שבעל הפרדס והגינה הוא אוהבו וריעו אשר כנפשו, ובודאי ישמח ויגיל כשיודע לו שנהנה זה מפירותיו, מ"מ כיון שעכשיו אינו יודע מזה, הרי הוא נהנה באיסור, וכן כל כיוצא בזה, **וצריך** להזהיר לרבים שנכשלין בזה מחמת חסרון ידיעה - גר"ז הל' מציאה ס"ד›.

סעיף יד - ומכל מקום מותר לבן ביתו של אדם ליתן פרוסה לעני או לבנו של אוהבו של בעל הבית שלא מדעתו, לפי שכך נהגו בעלי הבתים, ואין זה נקרא שלא מדעת הבעלים, כיון שכך נהגו והבעלים יודעים מזה המנהג. **ומטעם** זה מותר לקבל צדקה מן הנשים דבר מועט שלא מדעת בעלים, הואיל ודרכן בכך ויודעין הבעלים שדרכן בכך, **וכן** בפרדס אם הוא רגיל בו לאכול מפירותיו מדעת הבעלים, מותר, וכן כל כיוצא בזה.

‹**ומ"מ** מותר לבן ביתו של אדם ליתן פרוסה לעני או לבנו של אוהבו של בעה"ב שלא מדעתו, לפי שכך נהגו בע"ב, ומתחלה נתרצה בעה"ב בכך כשהכניס פת זו לתוך ביתו, ואין זה נקרא שלא מדעת הבעלים כלל, כיון שכך נהגו, והבעלים יודעים מזה המנהג. **ומטעם** זה מותר לקבל צדקה מן הנשים דבר מועט שלא מדעת בעליהן, הואיל ודרכן בכך, ויודעים בעליהן שדרכן בכך, **וכן** בפרדס אם הוא רגיל בו לאכול מפירותיו מדעת הבעלים, מותר, וכן כל כיוצא בזה - גר"ז›.

יו"ד סימן רמח ס"ד - גבאי צדקה, אין מקבלין מהנשים ומהעבדים ומהתינוקות, אלא דבר מועט, אבל לא דבר גדול, שחזקתו גזול או גנוב משל אחרים - ‹דאם לא כן מאין להם זה - לבוש›. **וכמה הוא דבר מועט, הכל לפי עושר הבעלים ועניותם** - (עיין בתשובת בית יעקב, דדוקא בצדקה לוקחין מהם דבר מועט, לפי שאין דרך הבעל להקפיד על דבר מועט לדבר מצוה, **אבל** כשאינה דבר מצוה, אפילו דבר מועט אסור).

והני מילי בסתמא, אבל אם הבעל מוחה, אפילו כל שהוא אסור לקבל מהם.

(**עיין** בתשובת נו"ב שכתב, דאם אמרה שנתנה בשליחות בעלה וברשות, נאמנת, ע"ש, וכ"כ בתשובת בשמים ראש, **ועיין** בפי' הספורנו על התורה פרשת ויקהל, בפסוק ויבואו האנשים על הנשים), ‹ז"ל: על הנשים, עם הנשים המתנדבות באו האנשים שלהן להסכים בנדבה, כדי שיקבלו הגבאין מהן, שאין מקבלים מן הנשים אלא דבר מועט›.

יו"ד סימן רמח ס"ו - בן שאוכל אצל אביו, ועבד האוכל עם רבו, נותן פרוסה לעני, או לבנו של אוהבו, ואינו חושש משום גזל, שכך נהגו בעלי בתים.

סעיף טו - המוצא פירות בדרך תחת אילן שהוא נוטה על הדרך, אם הם פירות שדרכן ליפול מן האילן, ובנפילתן הן נמאסות, או אפילו אינן נמאסות אלא שרוב העוברים שמה המה א"י, או שהן פירות שדרך הבהמות לאכול אותן, והן עוברות דרך שם, הרי הבעלים כבר נתיאשו מהן ומותרות, **אבל** אם הן פירות שאינן נמאסות בנפילתן, ורוב העוברים שמה המה ישראלים, אסורין משום גזל, **ואם** הן של יתומים קטנים, אסורים בכל ענין, כי הקטנים אין היאוש ומחילה שלהם כלום.

סימן רס ס"ו - המוצא קציעות - {הן תאנים שנתיבשו בשדה, שחותכין אותן מהאילן ומניחין בשדה ליבשן, כדי להיותן עומדין ומתקיימין זמן ארוך}, **בדרך, אפילו בצד שדה קציעות, הרי אלו שלו.**

וכן תאנה שהיא נוטה לדרך ונמצאו תאנים תחתיה, מותרים, שהבעלים מתיאשים מהם – {בגמרא אמרו דדרך תאנים ותמרים ליפול מהאילן, ומשו"ה נתיאשו מהנופלים מהאילן אפילו קודם נפילתן ממנו, דאל"כ הוי יאוש שלא מדעתו ובאיסורא באו ליד המוצאן. **גם** הקציעות בשעה שבא הבעה"ב ליטול מהן לישא לביתו, משום חשיבותן מרגיש מיד בנפילתן ומתיאש מהן קודם שבאו ליד המוצאן}.

מפני שהתאנה וכיוצא בה עם נפילתה נמאסת – {לכאורה היה נראה דזה הטעם הוא ג"כ בקציעות, דאל"כ הו"ל להרמב"ם והטור והמחבר לכתוב טעם בהן למה הן של מוצאן. **ועיין** פרישה דשם כתבתי דזה אינו, אלא הן של המוצאן מטעם שכתבתי לפני זה}. [**ונ"ל** מדנקט תלמודא שהנפילה סיבה לענין שתימאס, ש"מ בקציעות מונחות על השדה לא שייך לומר כן, **וא"כ** צ"ל דבקציעות לא שייך כלל מחמת החזותא, דכיון דמתיבשין תמיד על השדה, אין שם מראה כלל, ומעיקרא אייאש, ואין צ"ל נמאסת בזה, וכן משמע לשון רבינו].

אבל זיתים וחרובים וכיוצא בהם, אסורים. ותמרים שמשירם הרוח, מותרים, שחזקתן שהבעלים מחלום לכל אדם, מפני שהבהמות והחיות אוכלים אותם מחמת מתיקותם – ‹וכן אם יודע שעוברי דרכים שאינם חוששין משום גזל יטלום, רשאי המוצא ליטלן – ערוה"ש›.

ואם היו של יתומים שאינם בני מחילה, אסורים – ‹דשארי אנשים כיון שמתייאשים מוחלים, ולא יתומים שאין להם דעת למחול. **וזהו** דוקא כשידוע שהשדה הוא של יתומים, אבל מספק אין לנו לחשוש שמא היא של יתומים – ערוה"ש›. ‹**ולפי"ז** ה"ה באבידה בדבר שאין בו סימן, כשנתוודע לו בעדים שהוא של יתומים, חייב להחזיר, דאין יאוש מועיל בקטנים, דהוי יאוש שלא מדעת – נה"מ›.

וכן אם הקפיד בעל השדה והקיף מקום האילנות – {פי', שלא יכנסו בהמות וחיות שם}, ‹נ"ב וזהו פירש"י, דכרכתא היינו דמכח זה אין השרצים הולכים לשם, **אבל** מלשון הרמב"ם והטור והמחבר משמע דהטעם, דדוקא מסתמא הוי יאוש, אבל ע"י שהיקף מחיצות הרי חזינן דמקפיד ואינו מייאש. **ונ"מ** לדינא, דהיקף גדר ומת, דלטעמא דרש"י, מה שנופל גם אחר מיתה אסור, דהא ליכא שרצים, **אבל** לטעם המחבר, י"ל דגלוי דעת מועיל רק לאותו אדם עצמו, אבל לא ליורשים אחריו, דדנין אותם כסתם בני אדם דמייאש – רעק"א›.

‹**ואסור** ליטלן אף כשנפלו מעבר לגדר, דהוא לא ידע מזה, והוי יאוש שלא מדעת, אא"כ ענפי האילן הולכין עד חוץ לגדר – ערוה"ש›.

או תיקן מקום שיפלו בו הנובלות עד שילקטם, הרי אלו אסורים, שהרי גילה דעתו שלא מחל – {נראה דזה קאי גם אתאנים הנ"ל, דאם תיקנו מקום שיפלו שם לא נתיאש, **אם** לא שתאמר שבנפילתן ממקום גבוה אפילו על דבר נקי ורך הם נמאסים, **והוא דוחק**}.

‹**וענפי** אילן הנוטים לחצר ישראל אחר, אסור ליטול מהפירות הנושרים, שיודע שבעל החצר לא יטלן – ערוה"ש›.

סעיף טז – דינא דמלכותא דינא.

‹**והא** דאמרינן דדינא דמלכותא דינא, דוקא במה שהמלך יכול לעשות מחוקי המלכות, אבל אם המלך גוזל שדה אחת או בית אחד מישראל ונותנה לאחר, האחר אינו זוכה בה כלל, דבההוא לא אמרינן דינא דמלכותא דינא, שהמלך מן הדין אינו יכול לעשות כן, ודינא דמלכותא אמרו, חמסנותא דמלכא לא אמרו, **ובכלל** זה ג"כ אם המלך קובע עכשיו דין אחר בארצו, שיצוה שכל מי שלא יקח מתבואתו או ממלח שיפסיד כל מה שיש לו, והמלך מחוקי המלכות אינו יכול לעשות כן, ובני המדינה ג"כ לא נתרצו בזה, הא ודאי דינא דמלכותא לאו דינא הוא, שזה חמס הוא שהמלך עושה לבני המדינה או לבני מלכותו כשרוצה לקבוע דין זה, וכיון שלא נתרצו לו אינו רשאי, ודינו בהכי לאו דינא, דדינא דמלכותא אמרו, כלומר מה שהמלך עושה מחוקי המלכות, חמסנותא דמלכא לא אמרו, כך שמעתי בשם הרמב"ן ונכון הוא – ריטב"א גיטין דף י'›.

‹**גרסינן** בפ' הגוזל ומאכיל (קי"ג ע"ב) אמר שמואל דינא דמלכותא דינא, ואין ספק דקי"ל הכי, דהכי מסקנא דשמעתא התם, ועוד דהא בכל דוכתא פרכינן מהאי מימרא דשמואל, אלמא דהלכתא הכי, והכי פסקינן כולהו רבוואתא ז"ל, **והרמב"ם** ז"ל פסק ג"כ בפ"ה מה' גזלה ואבדה, דדינא דמלכותא בכל דבר שהוא מחקי המלכים, כגון להטיל מסים

וארנוניות או לענוש המורדים, וכיוצא באלו הדברים שדרכם ומנהגם של מלכים להנהיג במלכותא, והרי כל מה שיגזרו בזה הוא דין גמור, לפי שדין המלך דין הוא בכיוצא באלו הדברים. והאריך בזה הרב ז"ל בפ' הנזכר. **ורגיל** הייתי לומר שהרב סובר דלא אמרינן הכי אלא בדברים שמגיע למלך הנאת ממון, כגון מסים וארנוניות או לענוש נכסין למכעיסין אותו על פניו, שאלו הם החקים המוטלים על העם לעשות למלך, והרי זה הוא אל המלך כשאר זכיות שיש לאדם על חבירו, שהרי העם חייבים לתת למלך מכסים ומסים וארנוניות, כי זה משפט המלכים מאת העם, והמבריח מהם כלום הרי הוא גוזל מנת המלך וחקו אשר הוא חייב לו, וכן יכול לקנוס כל מי שכועס עליו, כי צריך להטיל אימה על העם, ומלך במשפט יעמיד ארץ, והלא בין אדם לחבירו אם ביישו או צערו חייב לשלם לו דמי בשתו וצערו, כ"ש המצער אדוניו והמכעיסו חייב להענש כאשר ישית עליו האדון, וכן בכל כיוצא בזה, כגון לכרות עצים לבנות גשרים לתקן מדינתו שהוא מחקי המלך דינו דין, **אבל** בדברים שאין לו למלך בהם הנאת ממון כלל, אע"פ שהם חקים חקוקים לו במלכותו, אין דינו דין כלל. **והיה** נ"ל שלפי דרך פסק הרב ז"ל בפכ"ז מה' מלוה ולוה, ששטרות העולים בערכאות של עכו"ם שאין בהם עדות נתינת ממון, כגון שטרי מתנה, שהם פסולים, ואע"פ שהמלך רוצה וגוזר בכל מלכותו שהשטרות ההם יהיו כשרים, אפ"ה כיון שאין בזה הנאת ממון למלך, אלא שהוא מפני הורמנותו הוא רוצה להכשירן, אין דינו דין בזה. **אבל** אחר זה נתישבתי בדבר ומצאתי שהוא סובר דבכל ענין של הורמנות דינו דין, אפילו בדברים שאין בהם שום זכות ממון, שהוא פוסק בפ"א מה' זכייה ומתנה, הא דאמרינן בפ' חזקת גבי נכסי העכו"ם הרי הן כמדבר, דדינא דמלכותא דינא, ומלכא אמר לא ליקני אלא באיגרתא, משמע דס"ל ז"ל שכל דיני המלך בממון הרי הם כדין גמור ועל פיהם דנין. **ולפי"ז** יש לתמוה עליו ז"ל מה ראה שלא לפסוק כן בשטרי מתנה העולים בערכאות של עכו"ם, כיון דבכל דוכתא קי"ל דינא דמלכותא דינא. **ויש** לתקן דברי הרב ז"ל ולומר שלא פסל שטרי מתנה אלא באתרא דליכא הרמנותא דמלכא בערכאות, ולא בא אלא ללמדנו מהו דין שטרות העולים בערכאות של עכו"ם מחמת הדין בעצמו, לא מחמת דינא דמלכותא, והכשיר שטרי מכר כדאיתא בגמ' והוסיף שטרי הלואות, דחד דינא וטעמא אית להו, דאי לאו דיהיב זוזי קמייהו לא מרעי נפשייהו, ופסל שטרי מתנה, כדאיתא בגמ', והוסיף שטרי הודאות ופשרות ומחילות›.

‹**ומ"מ** אף על גב דקי"ל דדינא דמלכותא דינא בכל ענין וכמש"ל, אפ"ה לא אמרינן הכי אלא בדברים שהם ידועים שהם מדיני המלכות וחקים שחקקו להם כבר, וכגון ההיא דאמרינן בפ' חזקת, דאריסא דפרסאי ארבעין שנין, שכן הוא חק קבוע מצד המלכות שאין חזקה מועלת אלא עד מ' שנין, וכגון הני זהרורי דזבני ארעא לטסקא, זבינהו זבוני, שכן דיני המלכות, דמאן דיהיב טסקא ליכול ארעא, כלומר שדין המלכות הוא שכל מי שהוא חייב למלך טסקא ואין לו במה יפרע, והעשירים הפורעים בשבילו הם קונין נחלותיהם בשביל מה שפורעין למלך, ואותה קנייה היא מועילה משום דינא דמלכותא, וכן כל כיוצא בזה ממכס וכריתת ארזים לתקן גשרים כדאיתא בפ' הגוזל ומאכיל, שהם חקים קבועים וידועים למלך בכל מלכותו, דיניה דינא, וכ"כ הראשונים ז"ל, **וטעמו** של דבר, שכל העם הם מקבלים עליהם כל מה שהנהיג המלך בכל מלכותו ברצונם, וכיון שקבלו עליהם הרי הוא דין גמור. **אבל** דברים שאינם מחקי המלכות, אלא שהמלך הוא רוצה להנהיג כן מעצמו, אפילו רצה להנהיג כן בכל מלכותו, אין דינו דין, דדינא דמלכותא אמרו, דינא דמלכא לא אמרו, וכ"כ המפרשים ז"ל, **וכ"ש** אם אותו דין שהוא רוצה להנהיג עתה לא הנהיגו בכל מלכותו אלא בקצת מלכותו, שאינו דין כלל, שאין זה מחק המלכים להנהיג בעיר אחת ענין אחד שאינו נוהג בכל מדינות מלכותו, ואם עשה כן אין דינו דין, וכ"כ הרמב"ם, **ואף** אם נודה שיהא רשות למלך להנהיג חקים שאינם נוהגין כבר, מ"מ אם הנהיגם בקצת ולא בכל מלכותו, אין דינו דין בזה, שתקנות וחקי המלכים כוללים הם ולא פרטים, **וכ"ש** שאם נאמר שאין המלך יכול לחקוק חקים אלא אותם שהם חקוקים כבר ע"פ המלכות, אם גזר וצוה מה שאינו נהוג, אפילו צוה כן בכל מלכותו, שאין דינו דין בזה, לפי שמשפטי המלוכה ידועים הם לכל וחקוקים הם כבר, וכמו שיש לנו חקי המלוכה, כמו שאמר להם שמואל לישראל, וכמ"ש בסנהדרין, כל האמור בפ' מלך מלך מותר בו, כך בשאר אומות יש דינים ידועים למלכים, ובהם אמרו דינא דמלכותא דינא, וכ"כ הרשב"א ז"ל בתשובה והרמב"ן ז"ל›.

‹**מעתה** יש לנו לומר בנדון שלפנינו, שאין לדון בו בכלל משום דמלכותא דינא, לפי שהדבר ידוע שאין זה מהדברים הנהוגים לאומה זו במלכותם, להעמיד לישראל דיין לדון בין איש יהודי לאחיהו, וכיון שאין דרכן בכך ולא הורגלו בזה ואינו מחקי המלכות, אם המלך רוצה עתה להנהיג זה מיום זה ואילך, דיניה לאו דינא הוא, **וכ"ש** שאין זה ענין שהנהיגו המלך בכל מלכותו אלא בעיר אחת ולאיש אחד, שהוא לא צוה שמיום זה ואילך יתמנה שופט ודיין על פיו, אלא שהוא מינה לפי שעה דיין אחד, ובכל כיוצא בזה ליכא מאן דאית ליה דדינא דמלכותא דינא, דלא אמרי הכי אלא בדברים שהם כללים בכל מלכותו בכל זמן על ענין אחד ומשפט אחד, אבל בענינים שמחדש בעיר אחת ולא בשאר ארצות לאיש אחד לפי שעה, אין דין המלך דין בזה, **שמא** תאמר כיון שדרכם למנות שופטים ביניהם, אף על פי שלא נהגו כן בין היהודים,

דינא דמלכותא הוא, שהרי מחקי המלכים הוא למנות שופט אחד, וכיון שמינה לזה הדיין מה שעשה עשוי, שהרי עשה מה שדרכו לעשות, **הא** ליתא, שבמה שנהגו בלבד הוא שדינו דין, אבל במה שלא נהגו כלל, אף על פי שנהגו כיוצא בו, אין דינו דין, והראיה מדאמרינן בפ' חזקת, דזהרורי דזבינו ארעא לכרגא לאו זבינהו זביני, ואף על גב דלטסקא זבוניהו זביני, לא אמרינן כיון שדרכן למכור בשביל חק המלך הנקרא טסקא וזביניהו זביני, הכי נמי כשמכרו בשביל הכרגא דלהוו זביניהו זביני, דכיון שלא נהג כן אלא בטסקא אבל לא בכרגא, משום דאקרקף גברי רמיא, במאי דנהג דיניה דינא, אבל במאי דלא נהג אף על גב דנהג בכיוצא בו, לאו דיניה דינא, **וכן** בנדון זה, אף על פי שנהג למנות דיין אחד לדון ע"פ ספריהם, כיון שלא נהג כן למנותו בישראל, אם עתה רוצה לחדש מנהג זה, אין דינו דין בזה. **וגדולה** מזו יש לך לומר, שאף במה שנהג לאו דיניה דינא, כלומר שאפי' מינוי השופט שהוא ממונה על העיר אינו מחמת דינא דמלכותא דינא, אלא שכן הוא מחייב דתם ונימוסם, לא שיהא מחקי המלכות לעשות כן, שאם היה מחקי המלכות, היית מבטל דיני התורה כלם, שהרי בכל המקומות נהגו המלכים למנות שופטים בכל עיר ועיר לדון ע"פ ספריהם, ואם דינא דמלכותא דינא בזה, נמצאת מבטל כל דיני תורה, אלא על כרחין יש לנו לומר שאין אלו ממשפטי המלוכה, אלא מחק דתם למנות שופט שידון להם ע"פ ספריהם, וכ"כ הרשב"א ז"ל בתשובה. וכיון שאף במה שנהגו דינייהו לאו דינא, שהרי אינו מצד חק המלכות אלא מפני חיוב דתם, כ"ש במה שלא נהגו והם רוצים להנהיג עתה מקרוב במקצת מקומות ולפי שעה ולבקשת יחיד, שאין ספק בדבר דדינייהו בהכי לאו דינא, אלא הרי הדבר לאחר המינוי כמו שהיה קודם לכן, לא נתוסף דבר ולא נשתנה בענין הדין›.

‹...**אפילו** תמצא לומר דדינא דמלכא דינא הוא, מ"מ א"א לומר כן בכל ענין, דמילתא פשיטא היא שבכל דבר שיש בו איסור, א"א לומר דינא דמלכותא דינא להתירו, דבענין ממון הוא דאמרינן הכי כדאמרינן לעיל, אבל דבר שיש בו איסור, זה לא אמרו אדם מעולם, **ואל** תשיבני מדין גזל שיש בו איסור ודינא דמלכותא ביה דינא, תדע דהא קטלי דקלי ועבדי גשרים ועברי עלייהו, ואי לאו משום דדינא דמלכותא דינא הוה אסיר למעבר עלייהו, ומשום דינא דמלכותא שרי, **דשאני** התם שהאיסור שבו אינו אלא מחמת ממון, וכיון שבממון דיניה דינא, חזר האיסור היתר גמור, שהרי אין כאן גזל, שבדין קטלי דקלי, דדיניה הוא בהכי, אבל באיסורא דלאו כה"ג ליכא למימר דשרי משום דינא דמלכותא דינא, וזה פשוט לילדים והאריכות בו מותר... אין הרמנות המלך מפקיע איסורי תורה ולא איסורין דרבנן כלל ואין דינו דין בדברים אלו – שו"ת תשב"ץ ח"א סימן קנח›.

‹**אך** לפענ"ד דברי הר"ב צל"ע... דכיון דעל פי דין תורה יכול למכרו לאחר ל' יום, היאך נלמוד מדיני גוים לבטל דין תורה, ח"ו לא תהא כזאת בישראל, **ולא** מיבעיא לאותן הפוסקים שסוברים דלא אמרינן דינא דמלכותא רק בדברים שהם להנאת המלך, ולא בין איש לחבירו, **וכן** הסכים בשלטי הגבורים וז"ל: ונראה בעיני, שלא נאמר דינא דמלכותא דינא אלא בדברים שהמלך גוזר להנאתו, כגון המכסים והמסיות וכיוצא בהן, אבל בדברים שבין אדם לחבירו, אין לנו לדון אלא על פי תורתנו, עכ"ל, **אלא** אפילו לשאר פוסקים דסוברים דאמרינן דינא דמלכותא בכל דבר, היינו דוקא מה שאינו נגד דין תורתינו, אלא שאינו מפורש אצלינו, אבל לדון בדיני הגוים בכל דבר נגד תורתינו, חלילה, ודאי לא יעשה כן בישראל – ש"ך סי' ע"ג ס"ק ל"ט›.

‹**ועיין** בסי' ג' ס"ד; סי' ס"ח ס"א; סי' ע"ד ס"ז; סי' קי"ד ס"ב; סי' קנ"ד סי"ח; סי' קס"ב ס"א; סי' ר"ז ס"ו; סי' רל"ו ס"ט; סי' רנ"ט ס"ז; סי' שנ"ו ס"ז; סי' שס"ט ס"ו ס"ח סי"א›.

§ סימן קפג - הלכות נזקי ממון. ובו ז' סעיפים. §

סעיף א - אסור להזיק ממון חבירו אפילו על דעת לשלם, כמו שאסור לגנוב ולגוזלו על דעת לשלם, **ואפילו** לגרום נזק לחבירו בין במעשה בין בדיבור אסור, כגון ראובן שמוכר סחורה לעובד כוכבים, ובא שמעון ואמר לו שאינו שוה כל כך, אף על פי שהאמת כן, אסור, **וכל** הגורם נזק לחבירו, אפילו בענין שפטור מדיני אדם, חייב בדיני שמים עד שיפייס את חבירו.

סימן שעח ס"א - אסור להזיק ממון חבירו; ואם הזיקו, אף על פי שאינו נהנה, חייב לשלם נזק שלם - {התחיל באיסור וסיים בחיוב תשלומין, ללמדינו דתרתי אית ביה, חדא, דאף אם ירצה להזיק ולשלם, מ"מ יש איסור בדבר, דומיא דגניבה וגזילה וכמ"ש הטור והמחבר לעיל ריש סימן שמ"ח ושנ"ט, משו"ה תלה הטור כאן איסור נזיקין באיסור גניבה וגזילה ע"ש. **והשני**, שחייב בתשלומין, ואפילו לא נהנה, ואפילו שגג, והטעם, דאדם מועד לעולם אם לא באונס גדול. **הגה:** וכתב נמוקי יוסף, הא דאמרינן האי מאן דבעי למהוי חסידא לקיים מילי דנזיקין, היינו כל הדינים האמורים בתלתא בבות, דהיינו נזיקין וגזל והשבת אבידה וריבית ואונאה וע"ש, ד"מ ריש סימן זה}.

‹נ"ב אם בשעה שהזיקו היה שוה ד', ואח"כ כשבא לשלם הוזל השער ושוה ג', אם יכול לפטור עצמו בג', עיין מחנה אפרים ריש הלנ"מ - רעק"א›.

בין שהיה שוגג בין שהיה אנוס; (ודוקא שאינו אנוס גמור, כמו שנתבאר) - הלשון מגומגם, וכך הל"ל: וי"א דוקא שאינו אנוס גמור, דמלשון הרמב"ם והמחבר משמע דאין חילוק, וכ"כ הרב המגיד דלהרמב"ם אין חילוק.

עיין מש"כ לקמן ריש סי' שפ"ו, דנראה דוקא כשהזיק בלא מתכוין, אבל מי שמזיק במתכוין, אפי' אונס גמור חייב, כמו נרדף ששבר את הכלים, לקמן סי' ש"פ סעיף ב', וע"ש.

כיצד, נפל מהגג ושבר את הכלי, או שנתקל כשהוא מהלך ונפל על הכלי ושברו, חייב נזק שלם - ‹שאין זה אונס גמור אלא קרוב לפשיעה הוא, שהיה לו ליזהר שלא יפול - לבוש›.

‹**עיין** בתשובת חות יאיר, בדבר אורח שהלך לישן לחדר משכבו, ושכח לכבות נר שעוה המשולב והניחו דולק, ונשרף השלחן וארגז עם כלי לבן של בעה"ב, **וכן** שפחה שמבלי השגחה להסיר העצים שעל התנור בעת שבוער, גרמה דליקה ונשרף קצת כלי בית, ופסק דמחויבים לשלם, כי אדם מועד לעולם כו', ע"ש›.

‹**ואפילו** לגרום נזק לחבירו בין במעשה בין בדבור אסור, כגון ראובן שמוכר סחורה לנכרי, ובא שמעון ואמר לנכרי שאינה שוה כל כך, אף על פי שהאמת אתו, אסור, שהרי אונאת נכרי מותרת - גר"ז. עיין בסי' רפו ס"ג ברמ"א›.

‹**וכל** הגורם נזק לחבירו, אפילו בענין שפטור מדיני אדם, חייב בדיני שמים - גר"ז›.

סעיף ב - אפילו מי שבא איזה נזק עליו, אסור לסלקו מעליו אם על ידי זה יגרום שיבוא על חבירו, כי אסור להציל את עצמו אפילו בגרם נזק ממון חבירו, **אבל** קודם שבא הנזק עליו, מותר לדחותו שלא יבא עליו, אף על פי שעל ידי זה יבא על חבירו, **כגון** אמת המים שבא לשטוף שדהו, עד שלא נכנסה לשדהו מותר לגדור בפניה, אף על פי שעל ידי זה היא שוטפת שדה חבירו, **אבל** משנכנסה לשדהו, אסור להוציאה בענין שתגיע לשדה חבירו, שכיון שהנזק מוטל עליו, אינו רשאי לסלקו מעליו ולהטילו על חבירו.

‹**ואפילו** אם בא הנזק עליו, אסור לסלקו מעליו אם על ידי זה יגרום שיבא על חבירו, שאסור להציל עצמו אפילו בגרם נזק ממון חבירו. **אבל** קודם שבא הנזק עליו מותר לדחותו שלא יבא עליו, אף על פי שעל ידי זה יבא על חבירו, **כגון** אמת המים הבאה לשטוף שדהו, עד שלא נכנסה לשדהו מותר לגדור בפניה, אף על פי שעל ידי זה היא שוטפת שדה חבירו, **ומשנכנסה** לשדהו אסור להוציאה בענין שתגיע לשדה חבירו, שכיון שמוטל הנזק עליו, אינו רשאי לסלקו מעליו ולהטילו על חבירו - גר"ז. עיין רמ"א סי' שפח סוף ס"ב›.

סעיף ג - וכן חיל מלך שבא לעיר, ובני העיר מחוייבים ליתן להם אכסניא, אסור לאחד ליתן שכר לשר החיל לפטרו, כי על ידי זה יגרם נזק לישראל אחר, וכן בכל שאר עניני מסים, אסור להשתדל אצל השר לפוטרו, אם על ידי זה יכביד על אחרים, והעושה כן נקרא מסור.

‹**וכן** חיל מלך שבא לעיר, ובני העיר חייבים ליתן להם אכסניא, אסור לאחד ליתן שכר לשר החיל לפוטרו מליתן אכסניא, כי על ידי זה יגרום נזק לישראל אחר, (**אלא** אם כן נותן לו עד שלא נכנס לעיר) (וצ"ע). **וכן** בכל שאר עניני מסים, אסור למי שחייבים במס להשתדל אצל השר לפוטרו, אם על ידי זה יכביד על אחרים, והעושה כן נקרא מסור - גר"ז.

‹**וכן** מלך או שר שמטיל איזה דבר על עשיר אחד או שנים, ויש לישראל אחד כח בהיכל המלך והשר להשתדל לפוטרם, אם הדבר ברור בודאי שאם יפטרם לאלו יטיל על אחרים, אינו רשאי להשתדל לפוטרם. **והוא** שהם אנשים ידועים למלך או השר, ופרט אותם בגזרתו, אבל אם לא פרט על אנשים ידועים, אלא יצאה הגזירה מלפניו להטיל על שני אנשים בסתם, הרי זה רשאי להשתדל על איזה איש או אנשים שרוצה שלא יהיו בכלל הגזירה, אף שבודאי יכנסו אחרים תחתיהם, שכיון שלא פרט על אנשים אלו, עדיין לא בא הנזק עליהם, ורשאי לדחותו ממי שרוצה להצילו, כמו שרשאי לדחותו מעל עצמו, וכן כל כיוצא בזה - הגר"ז. **וראיה** ברורה ממפיבשת בפרק הערל, שהתפלל דוד עליו שלא יקלטנו הארון - ש"ך, וע"ש ברמ"א סי' קס"ג ס"ג.

סעיף ד - אסור למסור ישראל ביד עובד כוכבים בין גופו בין ממונו, בין במעשה בין בדיבור, להלשין עליו או לגלות מצפוניו, וכל המוסר אין לו חלק לעולם הבא. **ואפילו** רשע ובעל עבירות אסר למוסרו לא גופו ולא ממונו, **ואפילו** הוא מצר לו ומצערו תמיד בדברים, **אבל** אם חבירו מוסר אותו, ואי אפשר לו להציל את עצמו אלא על ידי שימסור אותו, מותר.

סימן שפח ס"ט - אסור למסור לישראל ביד עובדי כוכבים אנסים, בין בגופו בין בממונו; ואפילו היה רשע ובעל עבירות.

ואפילו היה מיצר לו ומצערו - {בגמרא יליף לה מדאמר דוד: אמרתי אשמרה דרכי מחטוא בלשוני אשמרה לפי מחסום בעוד רשע לנגדי, דר"ל אף שרשע לנגדי ומצערני, ועוד אמר: דום לה' והתחולל לו כו', דר"ל שידום ויסבול, והשם יפילם לפניו חללים}.

הגה: ודוקא בדברים בעלמא, אבל אם מסרו, מותר למסרו, דהרי יוכל להרגו בדין, במקום שיש חשש שיחזור וימסרנו לאנסים, או אם אי אפשר להציל עצמו בדרך אחר - "במקום שיש חשש שיחזור וימסרנו אם א"א להציל עצמו בדרך אחר" כו', כן צ"ל. ‹או שלא נפטר עדיין ממסירה הראשונה, ואי אפשר לו להציל עצמו בענין אחר - הגר"ז. **אבל אם אפשר להציל עצמו בדרך אחר, הוי כשניס שמסרו זה את זה, וכל מי שהפסיד חבירו יותר, חייב לשלם המותר בנזק שלם.**

וכל המוסר ישראל ביד עובד כוכבים, בין בגופו בין ממונו, אין לו חלק לעולם הבא - ‹שכיון שיש בו כל כך אכזריות לב, שמוסר את ישראל בין בגופו בין בממונו ביד גוי, ואינו חושש לסכנה הגדולה שעומד בה הנמסר, שעליו נאמר שהוא כתוא למכמר, כל הנופל בידם אין מרחמין עליהם, והרי הוא כאילו מסרו הוא לידם להורגו, דשמא יעלילו עליו עלילה כל כך שלא יוכל לפדות עצמו, וימיתוהו בתפיסה, והרי המוסר הוא רודף, לפיכך אמרינן ודאי זה המוסר אין בו שום אמונה במציאות אלוה ממעל ובהשגחתו, כמו המין או המשומד - לבוש›.

ואמרינן נמי בפ"ק דר"ה דהמסורות יורדים לגיהנם ונידונין לדורי דורות, וגופן כלה ונשמתן כלה כו', ע"ש. **ועוד** הבאתי לקמן ס"ק ס' בשם התוס' והגהת אשרי, שהוכיחו דגריע מהשומדים, **וביו"ד** סי' ב' סעיף ט' בהג"ה נתבאר, דיש פוסלין שחיטת מוסר כמו שחיטת מומר, **וביו"ד** סי' רפ"א ס"ג נתבאר, דס"ת שכתבו מוסר או עכו"ם או ישראל מומר פסולה.

סעיף ה - אסור לכנוס לתוך שדה ניר של חבירו, מפני שהוא דש נירו ומקלקלו.

או"ח סימן שיב ס"ט - אסור לפנות בשדה ניר בשבת - היא שדה שנחרשת ועומדת לזריעה, **שמא יבא לאשוויי גומות** - דמצוי בה אז ע"י החרישה רגבים וגומות, וע"כ חיישינן שמא בעת שיפנה ישכח, ויטול מהרגבים שלפניו וישליך למקום הגומות, **ואמרינן**: היתה לו גומה וטממה, גבשושית ונטלה, בבית חייב משום בונה, שמתקן הבית בכך, **בשדה** חייב משום חורש, שהרי השוה בזה את פני הקרקע ויהיה טוב לזריעה - מ"ב.

(עיין בט"ז שכתב, דניר הוא חרישה ראשונה ועומד לזריעה, והוא מפי' רש"י שם בגמרא, ומשמע דבסתם שדה שלא נחרש עדיין, או בחרישה שניה שלאחר הזריעה, לא חיישינן לאשוויי גומות, **ואף** דעצם איסור אשווי גומות שייך בכל גווני, מ"מ לא גזרו שמא יבא להשוות גומות רק בשדה ניר, והטעם כמ"ש במ"ב, דבחרישה ראשונה מצוי בה רגבים – בה"ל).

ואם היה שדה חבירו, אפילו בחול אסור, מפני שדש נירו ומקלקל - (עיין בפמ"ג, דבשדה חבירו אסור גם בחרישה שניה שלאחר הזריעה, ובב"ק דף פ"א ע"ב משמע, דתלוי בירידת הטל, ע"ש – בה"ל).

סעיף ו - אסור לעמוד על שדה חבירו להסתכל בה בשעה שהיא עומדת בקמותיה, שלא יזיקנה בעין הרע, ומכ"ש שאסור להסתכל בחבירו, בענין שיש לחוש שיזיקו בעין הרע. **ואפילו** בעסקיו ובמעשיו שאין בהם חשש היזק עין הרע, אם עושה בביתו וברשותו, אסור לראות שלא מדעתו, שמא אינו חפץ שידעו אחרים ממעשיו ועסקיו. **ודרך** ארץ הוא כשאחד רואה שחבירו עוסק במלאכתו, יברכהו ויאמר לו: תצלח במעשיך.

סימן שעח ס"ה - ואפילו בראייתו, אם יש בו היזק לחבירו אסור להסתכל בו; לפיכך אסור לאדם לעמוד על שדה חבירו בשעה שעומדת בקמותיה - «וחייב בדיני שמים אם הזיק בעין מבטו לחבירו, **וכן** כל מיני היזק ראיה אסור, כמו להסתכל במה שחבירו עושה בביתו ובחצירו, כמ"ש בסי' קנ"ד – ערוה"ש».

{**הא** דכתבו הטור והמחבר היזק ראיה זה בלשונם, ולא נקטו בלשונם הני היזק ראיה דסימן קנ"ד, **משום** דשם הראיה מצד עצמה אין עושה בהן היזק אלא שגורמת היזק, כגון שחבירו לא יעשה עסקיו בחצר מכח שבושה ממנו, או שירא שיבוא לו היזק השגת גבול או שאר ענינים כיוצא באלו, **משא"כ** שדה בקמותיה, דהראיה מצד עצמה שולטת בה וגורמת היזק, **אבל** לענין איסור הנהו מכ"ש דאסור, דבזה איכא למאן דאמר בגמרא דלית ביה אלא מדת חסידות}.

***סימן קנד ס"ג - וי"א שצריך ליזהר אדם מלהסתכל בבית חבירו, עד שהוא נתפס כגנב בראייה ההיא כיון שאין לו טענה** - {נראה דמור"ם כתבו ללמדנו, דאף דאין כונת הרואה לראות ולהזיק בראיה ההיא, וגם אם אפילו אינו רואה לשם, מ"מ אסור לעמוד נגד בית חבירו להסתכל דרך שם, מפני שיהא נחשד בעיני הבריות שעומד שם כדי לראות}.

‹דרך ארץ לומר לאדם שעוסק במלאכה: תצלח מלאכתך (שבת דף פ"ט), ואפי' לעכו"ם, **אבל** מי שעוסק במלאכת איסור, אסור לומר לו כך – מ"א סימן שמ"ז ס"ק ד'›.

{סמ"ע} [ט"ז] ‹רעק"א או ש"א או הוספת הסבר› (פת"ש)

סעיף ז - אפילו לעשות ברשות שלו דבר שהוא מזיק לשכנו, אסור, לא יניח בחצירו סמוך לכותל של חבירו, כל דבר שיש בו חמימות ומוציא הבל ומזיק את החומה, כגון זבל וכדומה, אלא אם כן הרחיק שלשה טפחים, **וכן** צריך להרחיק שלא לשפוך מים סמוך לכותל חבירו, ולכן צנור המקלח מן הגג צריך להרחיקו מכותל חבירו שלשה טפחים, ומכל שכן שלא לשפוך עביט של מי רגלים בסמוך לכותל חבירו. **ולהשתין** מים סמוך לכותל חבירו, אם הוא כותל של אבנים או של עץ בלי טיט, די כשמרחיק טפח אחד, **ואם** היו האבנים צחיח סלע, אין צריך להרחיק כלל, ומשתין אפילו על הכותל, **ואם** הוא כותל של לבנים או של עץ מחופה בטיט, צריך להרחיק שלשה טפחים.

סימן קנה ס"ד - היו מימי העליון יורדים על התחתון ומזיקין אותו, אם אין שם מעזיבה - {שהוא טיח של טיט - ערוה"ש}, **בענין שכששופך מימיו מיד יורדים לתחתון ומזיקים אותו, חייב לסלק היזקו** - {דאז הוה גירי דיליה, דהו"ל כעומד בשלו ויורה בגירי דיליה לחבירו העומד ברשות אחרת, דצריך לסלק הזיקו}. **ואם יש מעזיבה שהמים נבלעים בה ואינם יורדים מיד, אלא לאחר מכאן יורדים ומזיקים, אינו חייב לסלק הזיקו** - {הוה גרמא בניזקין דפטור}.

הגה: והכל לפי הענין, דאם המים מועטין וכלין לאלתר, אפילו בלא מעזיבה אינו חייב לסלק היזקו - {ואף שנוטף מעט אח"כ איזה טיפין}. **ואם היו מרובים ומזיקים לו תדיר דרך המעזיבה, חייב לסלקו** - {אין המעזיבה מועיל כלל, וחייב לסלק הזיקו, ואף אם אין נופלין מיד אלא לאחר שעות, ג"כ הוה כמו היזק בידים - ערוה"ש}.

וכ"ז במי תשמיש דבעל עלייה ששופך על העלייה, אבל אם ירדו גשמים על העלייה ויורדין למטה, על הניזק לתקן שלא יוזק - {צ"ע, דלקמן סימן קס"ד כתב מור"ם בהג"ה בס"א ז"ל, וכל צרכי הגג על בעל העליה לתקן}. {ובלבד שירידת הגשמים לא יהא מפני קילקול הגג עצמו, דזה על בעל העליה לתקן, כמ"ש בסי' קס"ד, רק הקילקול הוא מפני הצינורות וכיוצא בזה, דבזה על הניזק לתקן, נה"מ שם - ערוה"ש}.

מרחיקין את הגפת (פירוש פסולת של זיתים) - {שנתעצרו בבית הבד}, **ואת הזבל ואת המלח ואת הסיד ואת הסלעים** - {אבנים שאש יוצאת מהן}, **וחול הלח, מכותלו של חבירו שלש טפחים** - {בגמרא דייק מלשון כזה, דהיינו כשכבר הכותל של חבירו הוא בנוי ועומד, הוא דאסור לסמוך אצלו הגפת והאינך, **משא"כ** כשהקדים המזיק להניזק, וזהו כדעת ר"ח ור"ת ורא"ש, ולא כדעת רש"י והרי"ף}, **או סד בסיד** - {דוקא בזה שייך לומר לסוד בסיד, משא"כ בסעיף שאחר זה גבי זרעים ומחרישה}.

תמיה לי, לפי דעת המחבר כהרמב"ם דבהזיקא דמתונתא פסק האבעיא לחומרא דבעי שניהם הרחקה וסד בסיד, וכמ"ש בסעיף י', וא"כ חול הלח היא היזק דמתונתא ודמי לאמת המים, וכדאיתא בש"ס דלהכי לא תני תנא דידן במתני', ואם כן למה כלל אותו שא"צ שתיהן, וגם על הטור יש לתמוה קצת ודוק וצ"ע, **וברמב"ם** לא נזכר חול לח כלל, וסמך אאמת המים וכתנא דמתני' ודוק נ"ל.

{**וכל** אלו מוציאין הבל וקשין לחומה, חוץ מחול הלח, דאדרבה מקרר, אלא שלחלוחו מקלקל החומה. **ואע"ג** דאיתא בגמרא ובפוסקים דחול הוא מוסיף הבל, **היינו** דוקא כשטומנין בו דבר חם, משא"כ כשהוא סמוך לחומה שהיא קרה, וכן מפורש בגמרא ורש"י ע"ש. **ולא** כמ"ש בעיר שושן חול "הגס" במקום חול "הלח" הנזכר בגמרא ופוסקים ושו"ע, וכתב על כולם הטעם משום דמוציאין הבל, ע"ש}.

[מדברי התוס' שם בגמרא מוכח, דבמקום ששולט השמש אצל הכותל, צריך להרחיק גם בחול יבש, כי כשיתחמם יוסיף הבל, כנלע"ד].

{**וכן** אסור לשפוך מים אפילו דרך מקרה בפחות מג' טפחים סמוך לכותלו, ולכן צנור המקלח מים מן הגג צריך להרחיקו בענין שיפלו המים ברחוק ג' טפחים מכותל חבירו, אף על פי שאינו מקלח אלא בימות הגשמים. **ויש** מתירים

במים שאינם קבועים, כגון לשפוך שופכין בפחות מג' טפחים סמוך לכותל חבירו אם אין שם גומא, מפני שהם כלים לאלתר, ולא אסרו אלא בחול שהלחות שבו אינו מתייבש במהרה. **וירא** שמים יחמיר לעצמו כסברא הראשונה – הגר"ז›.

סימן קנה ס"ה - מרחיקין את הזרעים ואת המחרישה – {טעם הרחקת הזרעים, משום דמחלידין הקרקע ומעלין עפר תיחוח ומתמוטט יסוד הכותל, וכן הטעם במחרישה, ואפילו בלא זריעה כגון שחורש לאילנות, ובזרעים אפילו בלא מחרישה, כגון שחפר במרא ואינו מעמיק בעומק המחרישה שהוא ג' טפחים, גמרא}.

ואת הגומא שמתקבץ בה מי רגלים, מן הכותל שלשה טפחים – {נראה פשוט, דגם בזרעים ובמחרישה אפילו בכותל של אבנים צריך להרחיק ג' טפחים, כיון דטעמייהו הוא משום התמוטטות הקרקע, **ודומיא** דגומא ומי רגלים דאיירי בכותל של אבנים כמ"ש הטור שם כן בהדיא, ומשו"ה צריך דוקא גומא, דבלא גומא בהרחקת טפח ממנו סגי, **אבל** בשל לבנים, אפילו בהשתנה בעלמא בלא גומא בעינן ג' טפחים, ע"ש}.

הגה: ובגומא צריך לסוד גם כן בסיד, ועי"ל סעיף יו"ד; ואפילו בלא גומא אסור לשפוך מי רגלים סמוך לכותל, פחות משלשה טפחים – {ור"ל, אסור לשפוך שופכין של מי רגלים הרבה תוך ג' טפחים לכותל, **ודוקא** בהשתנה בעלמא אמרינן דאין צריך להרחיק בכותל של אבנים אלא טפח, וכמ"ש המחבר בסעיף שאחר זה. **מיהו**, בשופכין בלא גומא וכל שכן בהשתנה, אין צריך ג"כ לסוד בסיד אפילו בכותל של לבנים, וסגי בהרחקה גרידא בכל חד וחד כדיניה, וקל}. ‹דכיון דאינן בגומא אף שהם הרבה, די בהרחקה לבד – ערוה"ש›.

סימן קנה ס"ו - לא ישתין אדם בצד כותל חבירו, אם הוא של לבנים, אלא אם כן הרחיק ממנו שלש טפחים; ואם היה כותל אבנים, די בהרחקת טפח; ואם היו האבנים צחיח סלע, משתין בצדו בלא הרחקה – {לכאורה נראה דוקא משתין בצידו קאמר, ‹אבל על הכותל אסור להשתין – ערוה"ש›, ‹**משתין** אפילו על גבי הכותל עצמו – הגר"ז›, **אבל** בגומא של מי רגלים בצידו אפילו בכה"ג אסור. **אבל** הב"י כתב, דס"ל להטור דלדעת הרמב"ם, אפי' בגומא א"צ הרחקה בצחיח סלע}.

‹**וכותל** עץ יראה לי דדינו כלבינים – ערוה"ש›. ‹**ואצ"ל** שצריך להרחיק כן מכותל של עץ מחופה בטיט מבחוץ, **אבל** כותל של עץ שאינו מחופה בטיט, אף את"ל שאינו דומה לשל לבנים אלא לשל אבנים, על כל פנים צריך להרחיק טפח. **אבל** י"א שלא אמרו להרחיק טפח משל אבנים משום האבנים, אלא משום שלא תתטשטש הקרקע שאצל היסוד במים ותתרפה, אבל האבנים אף על פי שאינן צחיח סלע אין המים מזיקין להן, ולא היה צריך להרחיק מהן כמו מן הלבנים שהם של טיט יבש, ואפילו על האבנים עצמן היה מותר אם לאו קרקעית יסודו. **ובכותל** של עץ שאין לחוש לקרקעיתו, אם דינו כאבנים ולא כלבנים אין צריך להרחיק כלל. **וירא** שמים יחמיר לעצמו כסברא הראשונה – הגר"ז›.

‹**ולחפור** בית הכסא צריך הרחקה הרבה כפי ראות עיני ב"ד. **וי"א** דאלו ההרחקות {הגפת והזבל וכו'} אינו בכותל של אבנים, לבד זרעים ומחרישה שזה מפני התמוטטות דשייך גם בכותל אבנים, וכן גומא של מי רגלים דזהו אפילו בשל אבנים. **וי"א** דכל ההרחקות אפילו בכותל אבנים, וזהו דעת הרמב"ם ז"ל – ערוה"ש›.

{סמ"ע} [ט"ז] ‹רעק"א או ש"א או הוספת הסבר› (פת"ש)

§ סימן קפד – הלכות נזקי הגוף. ובו י"א סעיפים §

סעיף א – אסור לאדם להכות את חבירו, ואם הכהו עובר בלא תעשה, שנאמר: אם בן הכות הרשע וגו' ארבעים יכנו לא יוסיף וגו', אם הקפידה תורה בהכאת הרשע שלא להכותו יותר על רשעו, קל וחומר בהכאת צדיק. **וכל** המרים יד על חבירו להכותו, אף על פי שלא הכהו, נקרא רשע, שנאמר: ויאמר לרשע למה תכה רעך, למה הכית לא נאמר, אלא למה תכה, אף על פי שעדיין לא הכהו נקרא רשע. **וכל** מי שהכה את חבירו היה מוחרם בחרם הקדמונים, ולא צרפוהו למנין עשרה לכל דבר שבקדושה, עד שהתירו לו בית דין את החרם כשקבל עליו לשמוע דינם. **ואם** אחד הכה אותו או לישראל אחר, ואי אפשר להציל את עצמו או את חבירו מיד מכהו אלא על ידי שיכה אותו, מותר להכותו.

סימן תכ ס"א - אסור לאדם להכות חבירו; ואם הכהו עובר בלאו, שנאמר: פן יוסיף, ואם הקפידה תורה בהכאת רשע שלא להכותו יותר על רשעו, קל וחומר בהכאת צדיק – {בסוף פרשת כי תצא כתיב: והיה אם בן הכות הרשע וגו', ארבעים יכנו לא יוסיף פן יוסיף להכותו כו'. והנה הטור והמחבר למדו הלאו מדכתיב פן יוסיף, לרמזו למ"ש: כל מקום שנאמר השמר פן ואל אינו אלא לא תעשה, **אבל** ברמב"ם למדו מדכתיב בהדיא בקרא לא יוסיף, וכן פירש רש"י שם בפירוש החומש ז"ל, לא יוסיף, מכאן אזהרה למכה את חבירו, **וניחא** ליה להרמב"ם ללמדו מלא יוסיף שהוא לאו מפורש, **והטור** והמחבר לא ניחא להו ללמדו מלא יוסיף, משום דקאי אהכאת הרשע, וי"ל דדוקא נקיט שם דנלקה כבר ל"ט מכות, ויש סכנה בהוספה לו עוד מכה אחת, משא"כ בהכאה לחבירו מכה אחת, משו"ה למדוהו מיתורא דפן יוסיף}.

והמרים יד על חבירו להכותו, אף על פי שלא הכהו, נקרא רשע – {דכתיב: רשע למה תכה רעך, "הכית" לא נאמר אלא "תכה"}.

הגה: וע"ל סי' תכ"א סעיף י"ג. ודין הכאת איש לאשתו, עיין באהע"ז סי' קנ"ד – «והמכה אשתו עונשו יותר חמור ממכה חבירו, דהרי חייב לכבדה, ואם רגיל הוא בכך, יש ביד ב"ד ליסרו ולהלקותו, ואם אינו ציית, י"א שכופין אותו לגרשה. **אמנם** אם מקללתו או מבזית אביו ואמו, והוכיחה בדברים ואין מועיל, י"א שמותר להכותה, וי"א שאסור, ונתבאר באהע"ז סי' קנ"ד ע"ש – ערוה"ש».

יש אומרים דיש חרם קדמונים באדם המכה לחבירו, וצריכין להתיר לו כדי לצרפו למנין עשרה, ומיד שמקבל עליו לעשות דין, מתירין לו אף על פי שאין (המוכה) מתרצה – {הלשון משמע דאין צריך לנדותו עתה מחדש, אלא מנודה ועומד זה המכה מהחרם שהחרימו על זה הקדמונים, וקאמר דצריך להתיר עתה אותו חרם למי שעברו. **ונ"ל** דה"ה היכן שנזכרו בדברי האחרונים שהקהילות החרימו ע"ז או שיש בו חרם רבינו גרשום, נמי פירושו הכי, שאין צריך לנדותו עתה מחדש, אלא שהוא מוחרם ועומד העובר על דברי תקנות. **ומדסתם** מור"ם וכתב ז"ל, וצריכין להתיר לו כו', משמע דר"ל כסתם התרת נדוי שהוא בג', וכמ"ש הטור והמחבר ביו"ד סימן של"ד, **ולא** כמו שעלה על דעת חכם אחד לומר, שכל מקום שנזכר בדברי האחרונים ז"ל שהקהילות החרימו ע"ז, דאין לו התרה כי אם בק' אנשים מג' קהלות מג' מדינות, **שלא** מצינו שהחמירו בזה כי אם בהרוצה לישא אשה על אשתו הראשונה משום צורך שהתירוהו עליו להנשא, ודוקא אחר היתר גדול כזה, אבל בשאר חרמות הקהילות או דרבינו גרשום לא מצינו זה, ודו"ק}.

(**עיין** בתשובת חתם סופר, על דבר איש רע מעללים שהכה באגרוף רשע לבן תורה עד שפוך דם, ובעו"ה רבו עוזרי זרוע רשע ואין דורש ואין מבקש, והנה המכה הוא אבל על אביו ואמו ומתפלל לפני התיבה, ונסתפק השואל אם לענות אחריו אמן יהש"ר וקדושה. **והשיב**, הנה אם הדברים כהוויתן, האיש הזה מוחרם בחרם קדמונים עד שיקבל עליו לעמוד לפני העדה למשפט על כל הנעשה, **אך** אין ברכותיו ותפלותיו כתפלת הכותים שאין עונים אחריהם אמן, שהרי ברכותיו כולם לה', אלא מחמת עונש וקנס נידוהו הקדמונים ז"ל, ולא יצורף לדבר שבקדושה, **ואם** יתפלל בחוקה, לא יענה הצבור אחריו אמן, והכל כדי לרדות ולכוף כאגמון ראשו עד ישוב. **אך**

בעו"ה בנידון זה אשר אין איש שם על לב לענשו ולהפרישו וכל הציבור על ימינו, ולשחוק יהיה בעיניו אם יודע שאין היחידים הללו עונין אמן אחר ברכותיו, נמצא הם יפסידו עניית יהש"ר וקדושה, והוא יעמוד במרדו ויוסיף חטא על פשע, יבוא בעל הכרם כו', ואין בידינו להעמיד הדת על תילה, **ואם** באנו לדון כמוחרמים כל המחויבים נדוי ע"פ תקנת רבותינו ז"ל בזה"ז, לא נוכל להתעסק עם רוב בנין אנשי הדור הזה, וגדולה מזו בסנהדרין דף ס' ע"א וברש"י שם ד"ה בזה"ז כו', עכ"ד ע"ש).

סימן תכא סי"ג - שנים שחבלו זה בזה, אם חבל האחר בחבירו יותר ממה שחבל בו הוא, משלם לו במותר נזק שלם - ‹ואפילו היו החבלות שוות, אלא ששבתו של זה מרובה יותר משל זה, או בושתו של זה מרובה משל זה, משלם לו המותר – ערוה"ש›.

ודוקא שהתחילו שניהם כאחד, או לאחר שחבל בחבירו חזר גם הוא מיד וחבל בו - {נראה דהאי "מיד" ט"ס הוא, דאם השני חזר וחבלו מיד בעודו בחימום, הוא פטור, **וה"ג** בדברי הטור והמחבר: או לאחר זמן שחבל זה בחבירו חזר גם הוא וחבל בו, אז החיוב על שניהן, ומשלם במותר נזק שלם, אבל אם התחיל האחד וחזר השני וחבל בו מיד, השני פטור, **והשתא** אתי שפיר הא דמסיק מור"ם וכתב אדברי המחבר ז"ל, וכן הוא לענין גידופים כו', עד וכן אם קרא לחבירו גנב והשני קראו ממזר דפטור, ולא מחייבינן להשני משום דהיה לו לתבעו בדין ודוק}.

[ולא מתישב כלל מש"כ אם התחיל האחד כו', דהא גם ברישא מיירי שהתחיל האחד, אלא היה לו לומר אבל אם חבל בו מיד פטור, דזה הוא היפוכא דרישא לפי דבריו. **ונ"ל** דאין כאן ט"ס, דתחילה כתב באם התחילו שניהם כאחד ממש, אז החיוב על שניהם בשוה, ואח"כ אמר אם לאחר שחבל האחד וישב לו, ‹ונפרדו זה מזה בענין החבלה›, **ובא** השני וחזר ‹מיד או לאחר שעה› **וחבל** בו, הוה מעשה חדש וחייב כמו הראשון, אז משלמין במותר נזק שלם, **אבל** אם ב' חבלו בשעה אחת אלא שאחד התחיל קודם לחבירו, ובעוד ברוגזו ‹בחמימותו› ועוסק להכות חבירו, חבל בו השני, המתחיל חייב, ‹ולכן אף על גב שכבר גמר הכאתו, מ"מ כיון דעודו בחמומו או ברוגזו, פטור השני, דאין אדם נתפס על צערו במה שהראשון התחיל – ערוה"ש›. **ומ"ש** השו"ע והטור, חזר בו מיד, בזה קמ"ל דתיכף לאחר גמר מעשה ראשון חייב גם השני בחזרתו לחבול, וכ"ש אם שהה בינתיים, והדברים ברורים כפשטן כמ"ש].

‹**ומדברי** הטור והשו"ע משמע, דמיד לאחר שגמר הראשון הכאתו, אם חבל בו השני, שניהם חייבים, ואין השני פטור אא"כ לא גמר הראשון הכאתו, וכ"כ הב"ח, **וכן** משמע ממש"כ, דאין השני פטור אא"כ לא היה יכול להציל את עצמו באופן אחר, ולכן צריך אומד ב"ד, ואם היה יכול להציל עצמו בחבלה מועטת וחבל בו הרבה חייב, ולדעת הט"ז למה יתחייב בכה"ג, והרי הוא בעוצם רוגזו וחימומו – ערוה"ש›.

אבל אם התחיל האחד, השני פטור, שיש לו רשות לשני לחבול בו כדי להציל עצמו - {דאפילו אחרים חייבין לחבול בהחובל כדי להציל חבריה}.

וכן הוא לענין גידופים וביזוים, המתחיל פורע הקנס - {וכתב מהר"ם מריזבורק, ראובן טען על שמעון שקראו ממזר, ושמעון אומר שמתחילה לחש לו באזנו שהוא ממזר, לכן נתרגז וא"ל כן, אומדנא דמוכח הוא כיון שקראו פתאום ממזר ודאי האמת אתו, עכ"ל, וא"צ לישבע ע"ז, וכמ"ש לעיל סימן ת"ך סעיף ל"ג, עכ"ל ד"מ י"ט}. ‹ואם העדים אומרים שראו שלא לחש לו מקודם באזנו, ודאי דחייב, ואף שאפשר שבזמן מקודם קראו כן, דלא גרע משמעון שהכה לראובן אחר שגמר ראובן הכאתו כמ"ש – ערוה"ש›.

ראובן שהכה לשמעון, וחזר שמעון ובא להכותו לראובן, ובאתה אשתו של ראובן והחזיקה בשמעון, והוא נתק ידיו והכה אותה, פטור - {וכתב בנימוקי מהר"ם מריזבורק, דדין אשה לענין בזיון כדין איש, ואם אין האיש רוצה שתתבזה אשתו, צריך לפדותה בממון כפי אשר ישיתו עליו הב"ד}. **(וע"ל סוף סימן תכ"ד איש ואשה שחבלו זה בזה).**

ומיהו צריך אומד, אם היה יכול להציל עצמו בחבלה מועטת וחבל בו הרבה, חייב.

(ודוקא לענין חבלה שמשלם לו ד' דברים, דהוי כאדם המזיק בשוגג; אבל פטור על הבושת, דהא לא כיון לביישו).

(ולכן המכה חבירו, וחבירו קראו ממזר, פטור, שנאמר: והיה כי יחם לבבו וגו'; וכן אם אחד קרא לחבירו גנב, והוא אומר לו: אתה מכזב כממזר, או קראו ממזר, פטור מהאי טעמא) – (עיין ביש"ש שכתב וז"ל, אם א' חירף את חבירו בשם רע וחזר זה והכהו, אף שעבר בלאו וצריך כפרה, מ"מ אין עליו דין רשע כלל, אלא אמרינן ליביה רתח ואין אדם עומד על צערו, שהרי יש בוטה כו', ואינו משלם אלא נזק וצער וריפוי ושבת, **והמוציא** שם רע, נהי שפטור מהבושת שהרי קיבל דינו, מ"מ צריך להתודות ולומר ברבים ששקר דיבר ומבקש מחילה, עכ"ל, והביאו להלכה תשו' שבות יעקב).

וכן הדין באדם הרואה אחד מישראל מכה חבירו – ‹אף על פי שאינו מכהו מכת נפש – לבוש›, **ואינו יכול להצילו אם לא שיכה המכה, יכול להכותו, כדי לאפרושי מאיסורא** – {בטור כתב עוד בבא אחת לפני בבא זו, וכן הדין באדם הרואה את חבירו שמכה לאביו או בנו או אחיו, והרואה הכה המכה כדי להציל את קרובו, שפטור, עכ"ל. **ודקדקתי** בפרישה מדלא כייל אחיו ובנו עם סיפא דרואה מכה לאחד מישראל, גם כתב בכל אחד טעם בפני עצמו, במציעתא כתב כדי להציל את קרובו, ובסיפא כתב כדי לאפרושי מאיסורא, **וכתבתי** דאיכא בינייהו נ"מ לדינא, והוא, דאם זה הבא להציל ולהכות המכה אינו בר הכי דרגיל לאפרושי מאיסורא, דכמה פעמים רואה שמכה אחד לחבירו ואינו חושש לאפרושי המכה מאיסורא, אז אמרינן דאסור להכות לזה המכה, דודאי מכח שנאה בא להכותו, ולא בא להפרישו מהאיסור, **משא"כ** ברואה מכה אביו ובנו ואחיו, דמותר להציל קרובו בהכאה אף שאין מדרכו להפריש אחרים, **והמחבר** דלא חילק בינייהו, אפשר משום דלא הרגיש בזה, דבאמת טעם הגון הוא לחלק בינייהו ודוק}.

[**ואיני** יודע טעם לזה החילוק, דכיון דדינא הוא שיכול להציל ע"י הכאה את המוכה, מה לי בזה שיש לו שנאה על המכה, מ"מ הוא עושה מצוה להציל את המוכה, וכי בכונת הלב תליא מילתא, ואף שאין דרכו כן בפעמים אחרות, הרי לא יפה עשה באותן הפעמים, אמנם בהאי מעשה שפיר קעביד ומצוה קעביד. **ומ"מ** נ"ל לחלק ביניהם, דבמכה למכה אחד מישראל, אין פוטרין אותו אם לא שיש בירור גמור שלא יוכל להציל בענין אחר, משא"כ במציל את קרובו, אין מדקדקים כ"כ, ואפילו במקום שאין בירור שלא היה יכול להציל בענין אחר, דקרובו כגופו דמי. **ואף** על גב דאיתא בסימן ד', דאין פטור על ההכאה אם יוכל להציל ממנו בלאו הכי, היינו במכה כדי להציל ממון, אבל כאן שזה מכה קרובו והוא כמכהו בעצמו, ואפילו בספק הצלה יכול להכות במכה, וזה נ"ל מדוקדק בלשון הרא"ש והטור, בקרובו כתבו כדי להציל קרובו, ובאחד מישראל כתבו אם אינו יכול להציל בענין אחר, מורה על החילוק שכתבנו, והוא נכון].

הגה: וכן מי שהוא תחת רשותו, ורואה בו שהוא עושה דבר עבירה, רשאי להכותו ולייסרו כדי להפרישו מאיסור, ואין צריך להביאו לבית דין.

סעיף ב – אפילו משרתו שאינו שומע בקולו, אסור להכותו, אבל מותר להכות בניו הקטנים או יתום שהוא מגדל בתוך ביתו, כדי להדריכם בדרך ישרה, שזהו טובתם.

‹**וכן** מותר להכות בניו הקטנים, אפי' שלא בשביל חינוך תורה ומצות אלא כדי להדריכם בדרך ארץ, הואיל ומתכוין לטובתם, וטובתם מוטלת עליו שהם ברשותו, וה"ה ליתום שברשותו. **ואם** אין בניו שומעים בקולו, מותר להכותם אפי' לטובת עצמו ולא לטובתם, כי יכול הוא לכופם שישמעו בקולו כמצווה עליהם, **אבל** אם שומעים בקולו, אסור להכותם שלא לטובתם, כמו שאסור להכות את אחרים. **ומשרתו** אפילו אינו שומע בקולו אסור להכותו, אא"כ הוא עבד כנעני. **ואם** התנה עמו מתחלה כשׂשכרו שיהיה רשאי להכותו כשלא ישמע בקולו, מועלת נתינת רשותו הואיל והיא לטובתו כדי שישכרהו. **ומ"מ** אם חזר בו המשרת מתנאו, אסור להכותו, שהרי יכול לחזור בו אפילו באמצע הזמן, כמ"ש בהלכות שכירות, **ועוד** שבצער הגוף אין תנאו מועיל לשלא יוכל לחזור בו, כמ"ש באה"ע סי' ע"ו לענין מחילת העונה, שהיא יכולה לחזור בה משום שהוא צער הגוף, ואינו ניתן למחילה עולמית, אלא כל זמן שמוחלו ברצונו לבד – הגר"ז.

סעיף ג - צריך ליזהר שלא להשליך שברי כלי זכוכית וכדומה במקום שיכלו להזיק.

***סימן תיז ס"א - לא יסקל אדם מרשותו לר"ה** - ‹לא יזרוק אדם אבנים מרשותו לרה"ר, ואם זרק והוזק בהם אדם או בהמה, חייב בנזקן, ומעשה באדם אחד שזרק מרשותו לרה"ר, ומצאו חסיד אחד וא"ל מפני מה אתה זורק מרשות שאינו שלך לרשות שלך, ושחק עליו אותו האיש, לימים הוכרח למכור קרקעו והלך ברה"ר ונתקל בהם, אמר יפה אמר לי אותו חסיד [ב"ק נ' ב] דרשותו של אדם כשהעני מוכרו, והרה"ר הוא תמיד שלו - ערוה"ש›.

סעיף ד - אם יש לשכנו חולי הראש רחמנא ליצלן, וקול ההכאה מזיק לו, לא יכתוש אפילו בביתו ריפות וכיוצא בהם, דברים שקול הכאתם מגיע בבית שכנו ומזיק לו.

סעיף ה - יש עוד הרבה דברים בענין נזקי שכנים או לבני רה"ר, והכלל הוא, שאסור לעשות שום דבר אפילו ברשותו, ומכל שכן ברשות הרבים, דבר שיכול להגיע ממנו איזה היזק לשכנו או להעוברים ברה"ר, **אם** לא בדבר שפשט המנהג שעושה כן כל מי שרוצה, שהרי זה כאילו מחלו כל אנשי העיר, כדי שיוכל כל אחד לעשות כן כשיצטרך לזה הוא או בנו אחריו.

סימן קנה סט"ו - הכותש הריפות (פי' חטים הנכתשים במכתשת) וכיוצא בהם בתוך שלו, ובעת שמכה מנדנד לחצר חבירו - {פירוש, כותל של חצר חבירו, וקיצרו, וסמכו ע"ז דאין שייך נדנוד בקרקעית החצר כי אם בבנין שעליה}, **עד שנדנד כיסוי החבית שעל פי החבית** - [ר"ל כשהחבית עומדת על הבנין, וכן פירש רש"י כן בגמרא], ‹פי' שהחבית וכיסויו עומד על קרקע החצר, וזהו שכתב לחצר כו' ולא הזכיר שהחבית עומד על החומה, דלא כרש"י - גר"א›. **(וי"א שאין צריך כל כך, רק שינדנד הכותל קצת), הרי זה מזיק בחציו, וחייב להרחיק כדי שלא ינדנד, או יבטל מלאכתו שמזקת. ואם הזיק בעת הנדנוד, חייב לשלם, שהרי מכחו בא הנזק. הגה: ואפילו נבנה החצר אחר שבא המזיק לכאן, צריך המזיק להרחיק נזקו** - ‹שהרי הוא כמזיק בידים - ערוה"ש›.

וה"ה אם אין מזיק לחצר, אלא שיש חולי הראש לבעל החצר - ‹או לאחד מבני ביתו›, **וקול ההכאה מזיק לו, צריך להרחיק עצמו** - ‹אבל אם מזיק לאחד משכניו, אינו יכול למחות בידו, דזה יכול לומר ישכור דירה אחרת - ערוה"ש›. ‹ונראה שלא ראה דברי הריב"ש שהוא מקור לדברי הרמ"א, דמשמע שאינו מחלק לגבי חולה בין חצר זו לחצר אחרת - פתחי חושן›.

סימן תיז ס"א - לא יסקל אדם מרשותו לר"ה. ואין עושין חלל תחת רשות הרבים, ולא בורות ולא שיחין ולא מערות - {כן הוא לשון הרמב"ם והטור דכתבו "ולא" בורות כו' בוי"ו, ומשמע דתרתי דברים נינהו, חלל ובורות, ואפשר משום דבורות מיירי שהן מגולין ועומדין וכן אינך, שיכולין בני רשות הרבים ליזהר מהן, ואפ"ה אסור. **אבל** במשנה קתני "לא" בורות בלא וי"ו, ופי' רשב"ם שם דחדא הוא, דקתני חלל, והדר מפרש דהיינו בורות שיחין כו', וכן משמע מדמסיק ותני עלייהו אע"פ שהעגלה יכולה לילך ע"ג כו', מוכח דמכוסות הן}.

ואף על פי שהעגלה יכולה להלך על גביהן והיא טעונה אבנים - ‹שיניח למעלה מהחלל הרבה עפר›, **שמא תפתח מלמטה שלא מדעתו** - ‹מעט מעט ולא ידע מזה עד שיארע נזק. **ואפילו** יעשה קירוי חזק באבנים בהחלל בתקרת הקרקע, אסור, דיש לחוש אפילו לסיבה רחוקה - ערוה"ש›.

{**ולא** סגי במה שמקבל עליו אחריות היזקן דהעוברים עליו, דניחא לבני אדם בשלהן, ולא שיזיקו בשלהן ולקבל עליו תשלומין וחילופיהן, **וגם** לא ניחא להו לירד בדינא ודיינא, וכמ"ש לעיל סימן תי"ד סק"ו}.

הגה: וי"א דאף על גב דהכי דינא הוא, מ"מ כבר נהגו לעשות ביבין ומרצפות תחת חלל ר"ה, וכן זיזין, וכולן מוחלין על כך מאחר שכן נהגו - {שהיום או מחר יצטרך גם הוא או בניו לעשות כן}. **ועוד שר"ה הם של מושלי העיר** - {פי', של שר העיר}, **ולכל מה שנותנין רשות אזלינן בתריה ולפי ענין המנהג (ב"י בשם רשב"א)** - {ז"ל הרשב"א, שהדבר ידוע

שהדרכים עם היותם מסורים לרבים, של אדוני הארץ הם, והם רשאים לסתום דרכים ולפתחן במקום אחר לפי שהדרכים שלהם הן, והרי זה כנכנס לתוך שלו על דעת שיוציא זיזין ומחילות לכשירצה, עכ"ל}. ‹דבאלו הדברים דינא דמלכותא דינא – ערוה"ש›.

והחופר בור לצורכי רבים, מותר.

סעיף ו – המבעית את חבירו, כגון שצעק עליו מאחריו, או שנראה לו באפילה וכיוצא בזה, חייב בדיני שמים.

סימן תכ סל"ב - המבעית את חבירו, אף על פי שחלה מהפחד, פטור מדיני אדם וחייב בדיני שמים – ‹דגרמא בעלמא הוא, כיון שלא עשה מעשה בגופו›. **והוא שלא נגע בו, כגון שצעק לו מאחוריו, או שנראה לו באפילה** – ‹אפילו בפניו, כיון שלא ראהו מקודם נבהל מהבעתתו – ערוה"ש›, **וכיוצא בו; וכן אם צעק לו באזנו וחרשו, פטור מדיני אדם וחייב בדיני שמים. אחזו ותקע לו באזנו וחרשו, או שנגע בו והדפו בשעה שהבעיתו, או שאחזו בבגדיו, חייב בתשלומין.**

סעיף ז – החובל בחבירו, אף על פי שנתן את הממון להנחבל מה שנתחייב לו עבור החבלה, וכן גנב או גזלן אף על פי שהחזירו או שלמו, מכל מקום אין מתכפר להם עד שיבקשו מחילה מאת הנחבל או הנגזל או הנגנב על הצער שהיה להם, והם ימחלו, ולא יהיו אכזרים.

סימן תכב ס"א - החובל בחבירו, אף על פי שנתן לו ה' דברים, אינו מתכפר לו עד שיבקש ממנו וימחול לו – {כן הוא לשון המשנה **והברייתא בפרק החובל, גם הרמב"ם כ"כ**, ‹סתם אינו מתכפר לו›, **אבל רש"י פירש שם דקאי אצער דבושת**, ‹מה שדואג על בושתו – ערוה"ש›, **וכ"כ בקיצור פסקי הרא"ש, גם בטורים המדויקים כ"כ בהדיא, אבל בדפוס ב"י כתב צער והבושת**}.

‹**מלשון** הטור משמע דא"צ החובל לבקש מחילה מהנחבל אא"כ היה בושת בהחבלה, וכן משמע מרש"י ז"ל, ומלשון הראב"ד ז"ל שהובא בשיטה מקובצת שם, **אבל** מלשון הגאון שהובא שם משמע, דהמחילה היא על הצער, דאין אדם מוחל צערא דגופא בעד ממון – ערוה"ש›.

{**בגמ'** למדו זה מדכתיב באבימלך: **ועתה השב את אשת האיש כו' ויתפלל בעדך, ונראה דהלימוד משם הוא, דאם רצה הש"י למחול לו היה מוחל לו בלא תפילת אברהם, אלא לימדונו שצריך לפייסו עד שימחל לו במחילה גמורה ואז יתפלל בעדו**}. ‹**וממילא** כיון שצוהו שיבקש מאברהם שיתפלל בעדו, מסתמא בקש ממנו מחילה, ומדהצריך הקדוש ברוך הוא שיבקש כן, ש"מ דבלא"ה אינו נמחל לו – ערוה"ש›.

ואסור לנחבל להיות אכזרי מלמחול – {גם זה נלמד מאותו מעשה, דהרי אברהם נתפייס מאבימלך והתפלל בעדו כמ"ש בכתוב}, **כי אין זה דרך זרע ישראל** – {ור"ל שג' סימנים יש לזרע אברהם, ביישנים רחמנים גומלי חסדים, ורחמנים הוא היפך אכזריות}.

אלא כיון שבקש ממנו החובל ונתחנן לו פעם ראשונה ושניה, וידוע שהוא שב מחטאו וניחם מרעתו, ימחול לו – {ובאו"ח סימן תר"ו כתבו הטור והמחבר ראשונה ושניה ושלישית, שם קאי אהמפייס, וקאמר שאם לא נתפייס בשתי פעמים ילך אצלו גם פעם שלישית, **וכאן** לימדונו שזה שמפייסין אותו יהיה רחמן ולא ימתין עד שילך ויבוא אצלו שלישית, אלא ימחול לו בראשונה או בשניה וק"ל}.

וכל הממהר למחול הרי זה משובח, ורוח חכמים נוחה הימנו – ‹יראה לי דבחבלות די כשבקש ממנו מחילה אף בינו לבין עצמו, אבל בחרופים וגדופים אם חרפו ברבים, צריך לבקש ממנו מחילה ברבים, ויאמר שקר דברתי – ערוה"ש›.

הגה: ועיין באו"ח סימן תר"ו – {שם כתב מור"ם **בהג"ה, דאם הוציא עליו שם רע א"צ למחול לו, עכ"ל. והטעם, דשם רע פגע בכבוד אבותיו או בניו לדורות, ושמא היו אנשים דשמעו השם רע ולא ישמעו החרטה והמחילה, ויסברו שהוא אמת**}. ‹**ומ"מ** גם בזה לא יהיה אכזרי, אך שיפרסם כמה פעמים ברבים ששקר דבר ושמתודה על חטאו, וחברך חברא אית ליה, ויתודע בכל מקום שיצא השם רע ששקר הוא, **וכן** הדין במכנה שם לחבירו והוא שם בזיון, יבקש מחילה ויעקור הכינוי מפי הבריות, ובלא זה א"צ למחול לו – ערוה"ש›.

אסור לבקש דין מן השמים על חבירו שעשה לו רעה; ודוקא דאית ליה דיינא בארעא - ‹וזה ציית דין, אבל אם אינו ציית דין, רשאי למסור דינו לשמים, **וכן** כשאין לו דיין במקומו, וזה אינו רוצה לילך לדון עמו במקום אחר, **ושרה** שנענשה, מפני שבית דין של שם ועבר היה קיים›. **וכל הצועק על חבירו, הוא נענש תחלה. וי"א דאפילו לית ליה דיינא בארעא, אסור לצעוק עליו אא"כ הודיעו תחלה** - ‹וכשלא יקבל עליו לילך לאיזה בית דין, אז ימסור דינו לשמים, ואין חולק בזה – ערוה"ש›.

סעיף ח - הרואה את חבירו בצרה רחמנא ליצלן, ויכול להצילו הוא בעצמו או לשכור אחרים להצילו, חייב לטרוח ולשכור ולהצילו, וחוזר ונפרע ממנו אם יש לו, **ואם** אין לו, מ"מ לא ימנע בשביל זה ויצילו בממון שלו, ואם נמנע, עובר על לא תעמוד על דם רעך. **וכן** אם שמע מאיזה רשעים מחשבים רעה על חבירו, או טומנין לו פח ולא גילה אזנו להודיעו, או שיכול לפייסם בממון בגלל חבירו ולהסיר מה שבלבבם, ולא פייסם, וכיוצא בדברים אלו, עובר על לא תעמוד על דם רעך. **וכל** המקיים נפש אחת מישראל, כאלו קיים עולם מלא.

סימן תכן ס"א - הרואה את חבירו טובע בים, או לסטים באין עליו, או חיה רעה באה עליו, ויכול להצילו הוא בעצמו או שישכור אחרים להציל, ולא הציל; או ששמע עובדי כוכבים או מוסרים מחשבים עליו רעה או טומנים לו פח, ולא גילה אוזן חבירו והודיעו; או שידע בעובד כוכבים או באנס שהוא בא על חבירו, ויכול לפייסו בגלל חבירו ולהסיר מה שבלבו, ולא פייסו, וכיוצא בדברים אלו, עובר על: לא תעמוד על דם רעך.

‹כ"ש שמחוייב להציל את חבירו מכל תקלה ונזק שאחרים רוצים להכשילו, **וכ"ש** שמחוייב להציל נזק רבים, לפיכך אם יודע באחד שעושה דבר שקרוב להיות נזק לרבים, או אפילו ליחיד, מחוייב למחות אם ביכלתו למחות – ערוה"ש›.

{**ובהג'** מיימוניות כתבו, דבירושלמי מסיק, דצריך אפי' להכניס עצמו בספק סכנה עבור זה, והביאו הב"י, וכתב ז"ל, ונראה שהטעם הוא, מפני שהלה ודאי, והוא ספק, עכ"ל. **גם** זה השמיטו המחבר ומור"ם ז"ל, ובזה י"ל כיון שהפוסקים הרי"ף והרמב"ם והרא"ש והטור לא הביאו בפסקיהן, משו"ה השמיטוהו גם כן}. (**ועיין** בספר אגודת אזוב מהגאון מהר"ם זאב זצ"ל, שכתב טעם נכון מה דהרי"ף והרמב"ם והרא"ש והטור לא הביאו דברי הירושלמי בזה, משום דס"ל דתלמודא דידן פליג על הירושלמי בהא, ע"ש. **ושם** בסוף הספר בהשמטות הביא בשם הרדב"ז שכתב כן בפשיטות, דספיקא דידיה עדיף מודאי דחבריה, {**עיין** מה שכתבתי בפת"ש ליו"ד סימן קנ"ז ס"ק ט"ו ‹סוף ס"א›, הבאתי דברי רדב"ז אלו, ע"ש}. **והוא** ז"ל כתב על זה, אולם צריך לשקול העניין היטב אם יש בו ספק סכנה, ולא לדקדק ביותר, כאותה שאמרו סוף פרק אלו מציאות דף ל"ג, גבי שלך קודם לכל אדם, שכל המדקדק בעצמו כך, סוף בא לידי כך, וכן הוא בשו"ע חו"מ סימן רס"ד סעיף א' ע"ש).

או שישכור אחרים - {דאילו להצילו בגופו, מוהשבותו לו נפקא, דאבידת גופו של חבירו צריך להשיב לו, ומלא תעמוד על דם רעך מרבינן, אפילו להוציא ממון ע"י שישכור אחרים להצילו, צריך. **וכתבו** הרא"ש והטור בסימן זה, ז"ל, מיהו אם יש לו ממון להציל עצמו, **חייב** לשלם לחבירו, והביא הרא"ש ראיה לדבר, **ומהתימה** שהשמיטו המחבר ומור"ם ז"ל}. **כבר** כתבו מור"ם ביו"ד סי' רנ"ב ס"ס י"ב בהגהה בשם מרדכי, ע"ש וע"ש בב"י סכ"ב בשם מהרי"ו.

(**ועיין** בתשובת צמח צדק שכתב, באחד שנהרג בדרך ונודע מי הוא הרוצח, ויכולין להנקם ממנו אם אחד מקרובי הנרצח יבקש דין עליו, **הא** ודאי דיש לכוף לקרובו של הנרצח שיהא רודף אחר הרוצח להעמידו בדין, כי מצוה מוטלת על גואל הדם להמית הרוצח, **ואם** אין הוא עצמו יכול להמיתו אם לא ע"י אחר ע"י הוצאת ממון, צריך להוציא ממונו על זה ככל מצות עשה שבתורה. **ועד** היכן מיקרי גואל וקרוב, נראה דאין שיעור לדבר, אלא כל שאין קרוב יותר ממנו והוא ממשפחת אביו שראוי ליורשו, מיקרי גואל ומוטל עליו מצוה זו להנקם מן הרוצח. **ומ"מ** נראה דאין לחייבו שיוציא יותר מהרגילות, והיינו מה שהוא חוק קבוע ליתן לשופטים ושוטרים ולסרדיוט הדן אותו, צריך הוא ליתן, **אבל** אם יצטרך להוציא שכר מליצים ושאר ענינים וכיוצא, ודאי דאין לחייבו. **והנכון** שאותן הוצאות היתרים יתנו מן הקהל כדי לגדור הפרצה, שאם ח"ו לא יהיו נוקמין מן הרוצח, יהיה דמן של בני

ברית ח"ו כהפקר. **וכן** נהגנו פעמים הרבה ועשינו עם פרנסי הדור, שהיו מעמידים גואלים לרדוף אחר הרוצחים, **ואפילו** לפעמים שהיינו יודעים שלא נוכל להוציא מכח אל הפועל להנקם מן הרוצח, אפ"ה היינו מעמידים גואלים לרדוף אותם בדין, כדי שיהא מפורסם שאין דמן של בני ברית הפקר, עכ"ד ע"ש).

סעיף ט – מי שעוסק בזיופים ויש לחוש שיסכן בזה רבים, דינו כמו רודף, ומתרין בו שלא יעשה, ואם אינו משגיח, מותר למסרו למלכות ולומר שאין אחר מתעסק בזה אלא פלוני לבדו, **וכן** יחיד שמעלילים עליו בגללו, יכול לומר להם: אני איני עושה אלא פלוני לבדו.

סימן שפח סי"ב - כל המוסר הצבור ומצערן - טעות הוא וצ"ל "כל המיצר", וכן הוא בטור ורמב"ם, **מותר למסרו ביד עובדי כוכבים אנסים להכותו ולאסרו ולקנסו; אבל מפני צער יחיד אסור למסרו** - {והיינו דוקא מפני צער בעלמא, אבל אם מסרו בממון, וכ"ש אם יסרו במכות ועונשי הגוף, מותר, כמ"ש בסעיף ט' בהג"ה}. **אבל** במוסר ליחיד, דינו כמוסר לצבור, **מיהו** אפשר דלהרמב"ם דס"ל, דאם כבר מסר אין הורגין אותו אא"כ הוחזק במוסר, ס"ל דבמוסר לצבור אפי' לא הוחזק, מותר למוסרו ביד עכו"ם.

הגה: (וע"ל סי' תכ"ה ס"א) מי שעוסק בזיופים וכדומה, ויש לחוש שיזיק רבים, מתרין בו שלא יעשה, ואם אינו משגיח, יכולין למסרו ולומר שאין אחר מתעסק בו אלא זה לבד - {ויחיד שבא לו עלילה בגינו, יכול לומר שהוא אינו עושה אלא פלוני - ד"מ}.

מי שרוצה לברוח ולא לשלם לעובדי כוכבים מה שחייב, ואחד גילה הדבר, אין לו דין מסור, שהרי לא הפסידו, רק שהוצרך לשלם מה שחייב; מכל מקום ברעה עשה, דהוי כמשיב אבידה לעובד כוכבים; ואם גרם לו היזק, חייב לשלם לו מה שגרם לו (מהר"ם מרוזבורג) - {נראה דר"ל היזק יותר ממה שחייב להגוי, אם בא לו על ידי שגילה לגוי מבריחתו, אבל בכדי מה שחייב לו, אינו נקרא היזק}.

{וכתב הבאר הגולה, שבימיו פשט המנהג והתקון, שמנהיגי הקהלה עומדים על המשמר שלא לעשות שקר ועולה להאומות, ומכריזים לגלות ולפרסם על האנשים שלוקחים בהקפה או לווים מעות ואין רוצים לשלם, ומנהג טוב ויפה הוא, וגודל קידוש ש"ש יש בזה, וראוי לתקן כן בכל מקום, ואז יאמרו בגוים ישראל אשר בהם יתפאר אלהי עולם - ערוה"ש}.

***סימן תכה ס"א - מי שמסכן רבים, כגון שעוסק בזיופים** - {כגון שמגזמים בדליקות (אפשר שכוונתו שרוצים להוציא ממון בערמה בתואנת דליקות, ולא מצאתי) **או שעוסקים בחתיכות המטבעות** (היינו זיופי מטבעות - פתחי חושן)}, **במקום שהמלכיות מקפידות** - {דקדק לכתוב שהמלכיות מקפידות, דאל"כ אין דינו כרודף}, **דינו כרודף ומותר למסרו למלכות, כמו שנתבאר לעיל סימן שפ"ח סי"ב.**

סעיף י – היו נוהגין ששבעה טובי העיר דנין דיני קנסות, כגון על חבלות וחירופים וכדומה, שאין להם לעשות דבר בלי בית דין, כי יש בענינים אלו הרבה חילוקי דינים, ואין לעשות יותר מן הראוי על פי הדת, ואל יהי קל בעיניהם כבוד הבריות.

סימן ב ס"א - כל בית דין - {אפילו ב"ד של חו"ל}, **אפילו אינם סמוכים בא"י, אם רואים שהעם פרוצים בעבירות (ושהוא צורך שעה), היו דנין בין מיתה** - {פי', ואפילו אינו חייב מיתה}, **בין ממון, בין כל דיני עונש.**

{**אף** דאין כל העם פרוצים אלא יחיד מהם, יכולים לענוש אותו היחיד ולקונסו שלא מן הדין כפי ראות עיניהם, אלא כשהעם פרוצים, יכולים לתקן ולגדור כלל העם ולענוש את כל אחד שיעבור על תקנתם, אף שלא ראו אותו האיש שהיה פרוץ במעשיו, אלא כדי לגדור העם}. (**ועיין** בספר או"ת שפקפק על זה, דאם יחיד פרוץ מה צורך שעה יש, ולמה נעשה לו שלא כתורה. **וכתב**, וצ"ל כונת הסמ"ע, דרואין אם יניחו להעובר, ילמדו ממנו קלי הדעת ויבואו להתפרץ כו', ע"ש. **גם** בתשובת שער אפרים כתב, דלא שייך מיגדר מילתא אלא היכא דיש לחוש לקלקול רבים

שהדור פרוץ, ע״ש. **אכן** בתשובת שבות יעקב כתב, דבספרו משפטי יעקב העלה, דהעיקר אף כשהיחיד רגיל בדבר עבירה, או שעשה עבירה בפרסום במידי דשכיח, ג״כ מיקרי מיגדר מילתא ורשות לב״ד לקנסו, וכמבואר ג״כ בתשובת מהר״ם לובלין ע״ש).

ואפילו אין בדבר עדות גמורה – ‹אלא שיש רגלים לדבר, וקלא דלא פסיק, וליכא אויבים דמפקי לקלא›. {**גם** אפילו בלא התראה, **שא״צ עדים והתראה אלא לדון בדין תורה, אבל למי שעובר על תיקוני המדינה, יכולים לעשות כפי צורך שעה**}. ‹**וכך** צריכים לעשות אם יש יכולת בידם, שאם נעמיד הכל על הדין ונצריך עדים והתראה, נמצא העולם חרב – ערוה״ש›. {**וכתב ב״י בשם רשב״א ז״ל, ולדיני נפשות צריך שיהיו מוזהרין לעשות בהסכמת זקני העיר, כדי שיעשו אחר צורך גדול ובמתון, עכ״ל**}.

ואם הוא אלם, חובטים אותו על ידי עובדי כוכבים – {מדלא סיים לכתוב: ואומרים לו עשה מה שישראל אומרים לך, כמ״ש הטור, משמע דס״ל דאפי׳ גמר דין יוכלו לעשות ע״י גוים, כיון שהוא אלם, ובפרט כשבאים לקונסו דלאו דין הוא}. [**הטור מדבר שאין צריך דיינים, אלא במי שעשה דבר שראוי לענוש ודינו פשוט, בזה כתב שהכפיה תהיה ע״י גוים, אלא שאומרים עשה מה שישראל וכו׳, ובשו״ע מיירי בענין שצריך לדון בפני דיינים, והוא אינו ציית לדין ישראל, ע״כ כופהו ע״י דייני גוים שידונו עליה, ובזה ודאי לא יאמרו לו גוים עשה מה וכו׳, דזה לא שייך אלא בעושה כפיה לקיים מה שנפסק כבר**].

(ויש להם כח להפקיר ממונו ולאבדו כפי מה שרואים לגדור פרצת הדור) – {סיים שם הטור ז״ל, ולקנוס אלם ולנדותו ולהחרימו ולקללו ולהכותו ולתלוש שערו ולאסרו בבית האסורים ולהשביעו בשם על כרחו שלא עשה ושלא יעשה הדברים, ובכל יהיה דעתו – פי׳ של דיין – לשם שמים, ואל יהיה כבוד הבריות קל בעיניו כו׳. **וכתב** עוד שם, וכן מלקין ומבזין למי ששמועתו רעה כו׳. **ובב״י** ובד״מ הביאו מ״ש הר״ן ע״ז, דה״מ באינש דעלמא, אבל ת״ח כסהו כלילה, עכ״ל, והוא מגמ׳ דמנחות וז״ל, אמר ריש לקיש ת״ח שסרח אין מנדין אותו בפרהסיא, שנאמר: וכשלת היום וכשל גם נביא עמך לילה, כסהו כלילה, עכ״ל}.

(**כתב** בספר ברכי יוסף וז״ל, כתבו קצת האחרונים דאין לב״ד כח אלא לאפקועי ממונא, אבל לא לזכות לאחר כל שלא בא לידו. **וגדול** דורינו הרב מהר״י בר דוד בספרו דברי אמת, הוכיח מגיטין דף ל״ו ומדברי הרשב״א שם והריב״ש, דהיה להם כח להפקיע מזה ולזכותו לזה קודם שבא לידו, והאריך בזה, עכ״ל).

וכל מעשיהם יהיו לשם שמים; ודוקא גדול הדור, או טובי העיר שהמחום ב״ד עליהם – {לשון הטור: שהמחום רבים עליהם, ולפי מש״כ המחבר בית דין, נראה דר״ל שהמחום הציבור לב״ד עליהם, וק״ל}.

‹וכל מי שיש כח בידו לעשות סייג לתורה ואינו עושה, אין לו סייג בעוה״ז ובעוה״ב, ולא נין ונכד ועצור ועזוב – ערוה״ש›.

הגה: וכן נוהגין בכל מקום שטובי העיר בעירן כב״ד הגדול, מכין ועונשין, והפקרן הפקר כפי המנהג – {ז״ל מרדכי בשם תשובת רבינו גרשון, כל מי שנתמנה על הציבור הוא כאביר האבירים, ויפתח בדורו כשמואל בדורו, וכל מה שעשה עשוי, **וכ״כ** הרשב״א דכל ציבור במקומו כגאונים לכל ישראל, שתיקנו כמה תקנות לכל ישראל}.

{**וכתב** מהרי״ק, דאפילו למ״ד טובי העיר יכולים לתקן מה שירצו, היינו דוקא מה שהוא צרכי הקהל, אבל להפקיע ממון מאחד לחבירו שאינו צורך הקהל, פשיטא דלא, וכן משמע בפסקי מהרא״י, **ודלא** אמרינן הפקר ב״ד הפקר אלא בגדול שאין בדור כמוהו}.

אעפ״י שיש חולקין וס״ל דאין כח ביד טובי העיר באלה, רק להכריח הנצור במה שהיה מנהג מקדם, או שקבלו עליהם מדעת כולם – {פי׳, דאז בדיבור בעלמא נתקיים אף בדבר שלא היה מנהג מקדם}, ‹דא״א לכל הציבור לעשות קניינים – ערוה״ש›.

אבל אינן רשאים לשנות דבר במידי דאיכא רווחא להאי ופסידא להאי, או להפקיע ממון שלא מדעת כולם (מרדכי) – {בד״מ כתוב, המרדכי סיים וכתב בזה, ולאו למיגדר מילתא הוא אין שומעין להן, עכ״ל. **ומשמע** מזה, דלמיגדר מילתא כו״ע מודים דיש כח לטובי העיר, **ולפ״ז** צ״ל דמור״ם לא כתב דיש חולקין אלא אמ״ש שכן נוהגין, ור״ל דנוהגין כן אפילו בלי צורך שעה דמיגדר מילתא, וא״כ קיצר במקום שהיה לו להאריך ולפרש. **ודע** שראיתי שכתב במרדכי "לאו מיגדר מילתא", ולא "ולאו" בוי״ו, ולא "למיגדר" בלמ״ד, ולפי״ז נראה דר״ל כל כה״ג אינו

בכלל היתר מיגדר מילתא ואין שומעים להן, ואפשר דלזה נתכוון מור"ם ז"ל ומשום הכי לא הזכירו כאן כלל, אבל הוא דוחק לפרש כן, וצ"ע}.

מכל מקום הולכין אחר מנהג העיר; וכל שכן אם קבלום עליהם לכל דבר, כן נ"ל (ועיין ביו"ד סי' רכ"ח דיני תקנות וחרמי צבור) – {וכתב המרדכי, דאין רשאין בני העיר לקיים שום דבר היכא שיש דיין מומחה או אדם חשוב בעיר, וכ"כ רבינו הטור והמחבר לקמן בסוף סימן רל"א, וי"א דוקא בדבר שהוא קנס, וכ"ז הביא ד"מ}.

{**עיין** בתשו' זכרון יוסף, לאחר שהאריך בנידון הש"ס דפוס זולצבך שנדפסו משך זמן הסכמות דאמשטרדם, דמותר ללמוד בתוכן, **כתב** בסוף וז"ל, ואי משום גזירת הני תלתא רבנן סמיכי בתראי שהספרים כו' טעונין גניזה, הנה לבד התמיהה שהיה להם לחקור תחילה את המדפיס מזולצבך, דשמוע בין אחיכם כתיב כו', **עוד** תמיהה אחת קיימת, דהאיך יוכלו לגזור אמילתא דאיכא רווחא להאי, דהיינו להאחים דאמסטרדם, ופסידא להאי, דהיינו לבני מדינתינו ושארי מדינות שכבר קנו מן הש"ס דזולצבך, והוי פסידא דלקוחות נפישין כו', וכי עדיפי מז' טובי העיר או ב"ד בעירם שהם כגאונים לכל ישראל, שאינם יכולים לגזור לדעת מהרי"ק ורוב פוסקים אמידי דאית ביה רווחא להאי ופסידא להאי, וכמ"ש בחו"מ סימן ב', **ואפילו** למש"כ הרמ"א שם שהמנהג שאפילו בבה"ג יכולין לגזור, היינו דוקא ז' טובי העיר בעירם דהוי כגאונים לכל ישראל, ודוקא מצד המנהג, מה דלא שייך בנידון דידן דאין שייך מנהג במילתא דלא שכיח כבנידון דידן, כדאיתא בחו"מ סי' של"א ס"א בהגה. **ואף** אם נודה שיש להם כח לגזור כה"ג על כל ישראל, מ"מ כיון שלא נתפשטה תקנתן וגזירתן במדינתינו רק עכשיו שכבר נקנו מהם בעד הון עצום ונתפשטו בקרב כל ישראל, הוי גזירה שאין רוב הציבור יכולין לעמוד בה, ולא עדיפי מתלמידי שמאי והלל שגזרו בכלל י"ח דבר על השמן, וב"ד דשרו משחא התירוהו כו', **ואם** התירו חז"ל איסור דאורייתא, דברים שבע"פ אי אתה רשאי לכתוב משום עת לעשות כו', מכ"ש גזירת חכמים, כי אין שארי הש"ס מצויים לכל אדם, ופן ח"ו תשתכח תורה מישראל כו'. **ואין** ספק אצלי דהנך רבנים וגאונים לא גזרו גניזה רק על הש"ס שעדיין ביד המדפיס והמחזיקים בידו, ולא על הנמכרים. **כללו** של דבר דמותר ללמוד מן הש"ס דזולצבך בלי פקפוק וגמגום כלל, עכ"ל ע"ש}.

{**עיין** בתשו' נודע ביהודה שכתב, דעל טובי העיר להביא ראיה שזה מנהג קבוע בעירם, להיות ידם על העליונה במה דאיכא פסידא להאי ורווחא להאי, {עיין בס"ק הקודם}, **ואפילו** אם יבררו שהמנהג כן, מ"מ בדבר שהם עצמם נוגעים בדבר, כמו בעסקי המסים שכולם נוגעים בדבר, לא מיחשב טובי העיר, והרי הם רק כשאר יחידים}.

כתבו האחרונים בתשובותיהם, דמי שנתחייב מלקות, יתן ארבעים זהובים במקום מלקות; ולאו דינא קאמר, אלא שהם פסקו כך לפי שעה, אבל ביד הב"ד להלקותו או ליטול ממון כפי ראות עיניהם, לפי הענין, למגדר מלתא (וע"ל ריש סימן תכ"ה בהג"ה).

{**בזה"ז** שאין לנו דיינים סמוכים, בטלו כל דיני קנסות מישראל, כגון דיני גנבות וחבלות שהכה איש את רעהו, וחירופים שחרפו וביישו בדברים ובהוצאת שם רע, ואין לנו רשות אלא לנדות החובל או המחרף עד שיפייס לבעל דינו. **ומכל** מקום שבעת טובי העיר יש להם רשות לדון דיני קנסות כפי ראות עיניהם, לגדור פרצת הדור כפי צורך השעה, לקנוס ממון או להכותו אם אין לו ממון, **וכן** העובר על אחת מכל העבירות שבין אדם למקום, אע"פ שבטלו דיני נפשות ומלקות, יש לטובי העיר רשות לעשות כפי ראות עיניהם במלקות או בממון או בבזיונות, הכל לפי החוטא ולפי החטא ולפי הענין, לגדור פרצת הדור כפי צורך השעה, **לפי** שטובי העיר שהוברו ונתמנו מדעת רוב הצבור, או על פי הגורל שהסכימו עליו רוב הצבור, הרי הם עומדים במקום כל הצבור, וכל צבור במקומו הם כגאונים ונשיאים לכל ישראל שיש להם רשות להפקיר ממון כפי ראות עיניהם, שהפקר בית דין הפקר אם הוא בית דין הגדול שאין כמוהו, וכן יש להם רשות לענוש עונש הגוף שאינו כתוב בתורה, כמו שכתוב בעזרא: ואכה מהם אנשים ואמרטם וגו', אף כל צבור וצבור במקומו כן}.

{**וכל** זה לצורך השעה לגדור פרצת הדור כשהדור פרוץ, וכן אם החוטא הוא פרוץ, יש לענשו קצת יותר מעונש הראוי לו על פי התורה, אף על פי שאין הדור פרוץ, ולא כל כך כמו שעונשים לגדור פרצת הדור, **אבל** אם אין הדור פרוץ ולא החוטא פרוץ, אלא שחטא דרך מקרה, אין רשות לטובי העיר לענשו כלל יותר מעונש הראוי לו על פי התורה, שהוא נידוי

או מכת מרדות, אף אם עבר עבירה שחייב עליה מיתת בית דין, הואיל ולא נתנה לנו התורה רשות לדון עכשיו דיני נפשות ולא מלקות ולא קנסות ממון, רק שחכמים תקנו לנדות או להכות מכת מרדות, אבל לא עונשים אחרים›.

‹**וגם** באלו השנים יש חילוק, פעמים שמנדין ופעמים שמכין, וגם יש חילוק בין תלמיד לחכם לע"ה, וגם יש חילוק בין העובר על ד"ת, לעובר על דברי סופרים, לעובר על המנהג, וגם יש עובר על דברי סופרים ופטור מעונש, שאין האיסור אלא לכתחילה, **ובחבלות** וחירופים יש חילוקים בין התחיל במריבה ללא התחיל, ופעמים שאף שלא התחיל חייב, וגם יש חירופים שחייב עליהם נידוי, ויש שחייב עליהם מלקות ארבעים לזכרון צער בלבד ולביישו, ויש שפטור לגמרי›.

‹**לפיכך** כל טובי העיר שיש בהם קצת יראת שמים, לא יקנסו שום אדם מישראל בשום קנס ועונש בלי שאלת בית דין שיורו להם כדת, ותהיה דעתם לשם שמים בלבד, ואל יהי קל בעיניהם כבוד הבריות, שהרי דוחה לא תעשה שבתורה, ובפרט כבוד בני אברהם יצחק ויעקב המחזיקים בתורת אמת, והם כבני מלכים שירדו מנכסיהם, ולא יפגעו בכבודם כי אם להוסיף כבוד המקום›.

‹**ואם** הבית דין שבעיר נתמנו מדעת רוב הצבור, ידונו הם גם דיני קנסות, ולא טובי העיר שאינם בקיאים בדיניהם כמותם. **וגם** בעניני מסים שנמסרו לטובי העיר, צריכים לירד לדין עם כל יחיד התובעם לדין, ולא בשביל שהמה הרבים יהיו גזלנים – הגר"ז›.

סעיף יא – מעוברת שהיא מקשה לילד, כל זמן שהעובר בתוך מעיה, מותרין לחתכו בין בסם בין ביד, שכל שלא יצא לאויר העולם אין שם נפש עליו, ובשביל להציל את האם מותרין לחתכו, משום דהוי ליה כמו רודף אחר חבירו להרגו, **אבל** משהוציא ראשו אין נוגעין בו, שאין דוחין נפש מפני נפש, וזהו טבעו של עולם.

סימן תכה ס"ב - לפיכך העוברת שהיא מקשה לילד, מותר לחתוך העובר במעיה, בין בסם בין ביד, מפני שהוא כרודף אחריה להרגה. ואם הוציא ראשו, אין נוגעים בו, שאין דוחים נפש מפני נפש, וזהו טבעו של עולם - {הוצרך לכתוב זה, **שלא תאמר הולד הרי הוא רודף ויצילו את אמו בנפשו, קמ"ל כיון שטבע של עולם בכך, אין דין רודף עליו**, ‹ואין דוחין נפש, דמאי אולמי האי מהאי›, **ואעפ"כ בעודו במעיה מותר לחתכו אע"פ שהוא חי, שכל שלא יצא לאויר העולם אין שם נפש עליו, והא ראיה, דהנוגף אשה הרה ויצאו ילדיה ומתו, משלם דמי הולדות, ואין שם רוצח ומיתה עליו, וכמ"ש לעיל סי' תכ"ג**}. ‹לפיכך אמו עדיפא וידחה הוא מפני אמו – לבוש›.

מפני שהוא כרודף - (לכאורה הוא תמוה), ‹**במשנה** ספ"ז דאהלות מפורש הטעם מפני שחייה קודמין לחייו, דעובר אינו עדיין נפש, ולא מפני שהוא רודף, דהא טבעו של עולם הוא, ועוד דאי מטעם רודף, מה הפרש יש בין הוציא ראשו ללא הוציא – ערוה"ש›. (**ועיין** בתשובת חות יאיר סי' ל"א שכתב לישב זה), ‹**ונ"ל** לישבו, שנדקדק עוד במש"כ לשון מותר לחתוך, דהל"ל חותכין העובר, כמש"כ שם ברישא מצילין את הנרדף, **אלא** דקמ"ל דבלי אמתלא נכונה דהצלת אמו, ודאי אסור הוא להמית עובר, ולכן איצטרך קרא למעט ההורגו ממיתה, ממש"כ מכה איש, ונהי דאיש לא מקרי, מ"מ אדם מקרי, וראיה דאיכא מ"ד דמחייב בן נח גם על העוברין, ממש"כ שופך דם האדם באדם, בפרק ד' מיתות נ"ז ע"ב, והוא לדעתי ג"כ כוונת רש"י, במש"כ אשה המקשה לילד ומסוכנת, **וה"ל** דוקא משום הצלת האם אמרינן, נהי דמן שמיא קא רדפין לה, וגם יש חטא בהמתות העובר, מ"מ מפני תכלית הטוב הצלת האם דנינן לעובר זה, כל קמי שלא הוציא ראשו, לרודף, **משא"כ** בהוציא ראשו לא דנינן ליה כך, כאשר באמת טבעו של עולם הוא, ואין זה רודף שניתן להציל הנרדף ממנו בנפשו של רודף בכוונה ורצון – חות יאיר סי' לא›.

(**עיין** בתשובת אא"ז פנים מאירות שכתב, דאם יצא דרך מרגלותיו, משיצא רובו. **וכתב** עוד, וצריך להתישב אם ידוע כשיצא דרך מרגלותיו ששניהם ימותו, אם מותר להציל האשה, כמעשה דשבע בן בכרי, שכתב רש"י בסנהדרין, דדחו נפש מפני נפש, משום דאפילו לא מסרו לו היה נהרג בעיר כשיתפשנו יואב והן נהרגים עמו, משמע היכא דשניהם ימותו מצילין ודוחין נפש מפני נפש כו', וצ"ע להתישב בדין זה, עכ"ל. **ועיין** מש"כ ביו"ד סימן קנ"ז סעיף א' בהגה. **ועיין** בתשובת נודע ביהודה, דהגאון השואל ה"ה מהר"ר ישעיה ברלין ז"ל, רצה לחדש דהא דתנן יצא ראשו אין נוגעין בו, היינו דוקא בדקים לן ביה שכלו חדשיו, שאז ההורגו נהרג עליו, אבל בלא קים לן שכלו חדשיו, אף שהוציא ראשו, מותר לחתוך אבר אבר להצלת אמו, **והוא** ז"ל האריך לחלוק עליו, ע"ש).

§ סימן קפה – הלכות שאלה ושכירות, ובו ו׳ סעיפים §

סעיף א – השואל או השוכר בהמה או מטלטלין מחבירו, אינו רשאי לא להשאילם ולא להשכירם לאחר שלא מדעת בעלים, **אפילו** ספרים שיש מצוה בהשאלתן, אין אומרים מן הסתם ניחא לבעלים שתעשה מצוה בממונם, כי שמא אין רצונם שיהא דבר שלהם ביד אחר, שאינו נאמן בעיניהם, **אבל** מותר להשואל ספר להניח לאחר ללמוד בו בתוך ביתו, ובלבד שלא ילמוד רק יחידי ולא שניהם ביחד. **ואם** ידוע שדרכן של הבעלים להאמין לזה השני בדברים כאלו, מותר השואל להשאיל לו והשוכר להשכיר לו.

סימן שז ס״ד - אין השוכר בהמה או מטלטלים רשאי להשכיר לאחר; ואם השכיר לאחר, דינו כדין ש״ש שמסר לשומר אחר, שנתבאר בסימן רצ״א.

סימן שמב ס״א - אין השואל רשאי להשאיל – ‹דשמא אין רצונו של משאיל לגמול חסד ולעשות טובה דשאלה אלא עמו – לבוש›. **אפילו שאל ס״ת, שעושה מצוה בשאלתו, אינו רשאי להשאיל לאחרים** – {ולא אמרינן בזה מסתמא דניחא ליה לאינש למיעבד מצוה בממוניה}, ‹דלא אמרינן סברא זו אלא בדבר מועט, ולא בספרים שדרכן להתקלקל בלימודם, **ולכן** להשאילו לעיין בהם בלבד ולא ללמוד בשקידה, מותר – ערוה״ש›. ‹**כי** שמא אין רצונם שיהא פקדונם ביד אחר שאינו נאמן בעיניהם כזה, אפילו הוא קל שבקלים והשני אדיר שבאדירים, ואסור להעביר על רצון הבעלים. **ואם** דרכם להאמין תמיד להשני דבר חשוב כזה, מותר – הגר״ז›.

ואם השאיל לאחרים, אפילו נתקלקל מחמת המלאכה ששאלו בשבילה, חייב - לפרוע משעת שאלה לאחרים, ונ״מ הדין שכתבתי לקמן סי׳ שד״מ ס״ד, ודוק היטב, נראה לי.

אלא אם כן יש לו ראיה שיכול ליפטר בה אילו היה בידו, כמו שנתבאר בסימן רצ״א סעיף כ״ו – {פי׳, דאם יש לו ראיה שמתה אצל השני מחמת מלאכה, ואילו היה עושה בבית שואל הראשון אותה מלאכה היתה ג״כ מתה בה, ‹דבכה״ג› פטור גם השני}.

‹**וצריך** להביא עדים שנתקלקלה מחמת המלאכה או שהוא ישבע ע״ז, אבל השני שהשואל השאילו אינו נאמן בשבועתו – ערוה״ש›, **ואם** המשאיל רגיל להשאיל לאותו אחר, פטור כשישבע האחר, **מיהו** היכא דרגיל להפקיד אצל אותו אחר, צ״ע אי נימא כיון דרגיל להפקיד אצלו, תו ליכא למימר את מהימנת לי בשבועה האיך לא מהימן לי, **או** דלמא מצי למימר דוקא להפקיד מהימן לי, אבל בהא דשמא שינה ונאנסה לא מהימן לי, ‹כצ״ל: "אבל בהא דשמא נאנסה לא מהימן ליה", ותיבת "שינה" ט״ס. וכונתו, דאפשר דדוקא בשומר שמסר לשומר מותר ברגיל להפקיד, די״ל דלהא לא חשיד ליה, שלא ישמור כראוי וגם לישבע לשקר, דבתרתי לא חשיד ליה, **אבל** הכא דיש לחוש שמתה כדרכה ונשבע לשקר, וליכא רק חשש שבועת שקר לחוד, דנגד מלאך המות א״א בשמירה, אימר לישבע לשקר לחוד חשיד ליה – נה״מ›. **ומסתברא** דפטור ודוק, ‹**דמה** לי שבועת שומר או שבועת שואל – ערוה״ש›.

וכתב הריטב״א, ומיהו ש״ח או שומר שכר שאין לו רשות להשתמש בפקדון, אם השכירו או השאילו, לכו״ע חייב באונסים, כדין שולח יד בפקדון, והיינו דנקט שוכר ושואל, עכ״ל ב״י.

הגה: מיהו דבר שאי אפשר להבריח ולכפור בו, כגון בית או ספינה, מותר להשאיל - ‹דס״ל דזה שאין השואל רשאי להשאיל, הוה הטעם שמא יבריח ויכפור – ערוה״ש›. ‹**ובלבד** שלא יהיו בני ביתו מרובים מבני ביתו של השוכר – הגר״ז›. **וע״ל סימן שט״ז.**

‹**השואל** ספר מחבירו, רשאי להניח לאחר לקרות בו ברשותו, ואינו חושש שמא אין רצונם של הבעלים שיהיה פקדונם ביד אחר, כיון שעדיין הוא בביתו וברשותו, **וגם** אין לחוש כלל שמא המשאיל אינו רוצה להשאיל ולעשות חסד אלא לזה ולא לזה, שכיון שאנו רואים שעשה חסד בממונו והשאיל ספרו ללמוד לזה, מן הסתם אינו מקפיד בחסד זה שעשה גם על אחר שילמוד, כל ימי משך שאילתו שהשאיל לראשון. **ובלבד** שילמוד יחידי ולא עם אחר, אפילו עם השואל, כי לא השאיל אלא לאחד ולא לשנים, ואין לנו לעשות חסד בממונו שלא מדעתו אפילו כל שהוא יותר ממה שראינו בעינינו שכבר עשה מדעתו – הגר״ז›.

סעיף ב - מצוה לתת שכר פעולת שכיר בזמנו, ואם איחר עובר בלא תעשה, שנאמר ביומו תתן שכרו ולא תבא עליו השמש, **וכמו** כן מצוה לתת שכר בהמה או כלי בזמנו, ואם איחרו עובר בלאו, שנאמר לא תעשוק שכיר עני ואביון וגו' ביומו תתן שכרו. **ואיזהו** זמנו, אם כלתה המלאכה ביום, זמנו כל היום, ואם עבר היום ולא נתן לו, עובר על ביומו תתן שכרו ולא תבא עליו השמש, **ואם** כלתה המלאכה לאחר שיצא היום ונכנס הלילה, זמנו כל הלילה, עבר הלילה ולא נתן, עובר על לא תלין פעולת שכיר אתך עד בוקר. **וכן** שכיר שבוע, שכיר חודש, שכיר שנה, יצא ממלאכתו ביום, יש לו זמן כל היום, יצא ממלאכתו בלילה, יש לו זמן כל הלילה ולא יותר.

סימן שלט ס"א - מצוה לתת שכר שכיר בזמנו, ואם אחרו עובר בלאו - {ילפינן לה מדכתיב לא תבוא עליו השמש. **ובסמוך** יתבאר דהכובש שכר שכיר עובר בחמשה לאוין, מ"מ לא כתבו הרמב"ם והטור והמחבר כאן אלא דעובר בלאו, משום דאאינך לאוין אינו עובר אא"כ אין דעתו לשלם לו כלל, משא"כ בלאו דלא תבוא כו', דעובר מיד שעבר זמנו אף שדעתו לשלם לו}.

אחד שכר אדם או בהמה או כלים - {ילפינן לה מדכתיב לא תעשוק שכיר עני ואביון מאחיך מגרך אשר בארצך בשעריך, דמדכתיב לא תעשוק שכיר כו' אשר בארצך, ילפינן שעל כל אשר בארצך חייב, על שכר אדם או בהמה או כלים}.

אבל על שכר קרקע, יש מי שאומר שאינו עובר - {דדרשינן אשר בארצך ולא ארצך ממש}. ‹והוא תמוה דזהו אליבא דת"ק דברייתא, אבל תנא דמתני' לא יליף שכיר שכיר, ויליף מאתך, כל שפעולתו אתך, ואף קרקע במשמע, וקי"ל כמתני', וכן פסק הרמב"ם, **ואף** לתנא דברייתא, למעט מבארצך קרקע, אינו מוכרח, וצ"ע - גר"א›.

(**כתב** בספר קצוה"ח וז"ל, ונראה דלדעת הפוסקים דבית מיקרי תלוש, כיון שהוא תלוש ולבסוף חיברו, ואפילו לפי מש"כ הרמ"א בסימן צ"ה ס"א, דבית הו"ל דין קרקע, אבתי יש לחלק בין איסורא לממונא כו', **ולכן** נראה דהכא לענין איסור בל תלין שהוא איסור דאורייתא, יש לחוש לדעת הפוסקים דהו"ל דין תלוש, עכ"ל. **ועיין** בספר שער משפט שדעתו להחמיר אף בקרקע ממש, לפי דבסמ"ג ובספר יראים הביאו לשון התורת כהנים, דאף בשכר קרקע עובר בבל תלין, וכן הוא בתו"כ שלפנינו פרשת קדושים כו', ומסיים, לכן אין להקל באיסור לאו דאורייתא, ע"ש. ועיין ביאור הגר"א ז"ל), ‹**העיקר** לדינא דגם בקרקע עובר, הגר"א - ערוה"ש›.

סימן שלט ס"ג- איזהו זמנו, שכיר יום, יש לו זמן ליתנו לו כל הלילה; לא נתנו לו, עובר עליו בבקר משום בל תלין - {דמש"כ לא תבוא עליו השמש, על כרחך לא איירי בשכיר יום, דהא שכירות אינו משתלמת אלא לבסוף, והיינו משתשקע השמש, ‹כלומר לאחר שהשלים מלאכתו, מדכתיב כשכיר שנה בשנה, שכירות שנה זו אינה משתלמת אלא לשנה אחרת, כלומר בתחלת שנה אחרת, אלמא לא משתעבד ליה לשכיר יום עד שתשקע החמה - לבוש›, ואיך כתב רחמנא לא תבוא עליו השמש, **אלא** על כרחך בשכיר לילה איירי, דשכירותו ניתן להתבע בסוף הלילה, ונתנה התורה זמן לבעל הבית להשתדל דמי השכירות כל היום, ואזהריה התורה שלא יבוא עליו השמש מליתן לו. **ומש"כ** לא תלין פעולת שכיר אתך עד בקר, מיירי בשכיר יום, ויש לו זמן כל הלילה, רק שיתנו לו קודם אור הבוקר, כן הוא בגמרא ורש"י}.

שכיר לילה, זמנו ליתן לו כל היום; לא נתנו לו, עובר עליו בערב משום ביומו תתן שכרו - {כן הוא לשון הגמרא והפוסקים. **ונראה** דנקטי רישא דקרא, ואחריו מיד כתיב לא תבוא עליו השמש, וכוונתן דעובר בתרווייהו בעשה ולא תעשה הכתובים במקרא זה אחר זה, שדרך הגמרא לנקוט רישא דקרא וכוונתו לסיפא דקרא, וכ"ש כאן דכונתו לתרווייהו, וק"ל}. ‹בין שכיר יום בין שכיר לילה כשלא שלמו בהחצי מעל"ע שאחרי המלאכה, עוברים על עשה דביומו תתן שכרו ג"כ, ואף דהאי קרא כתיב בשכיר לילה, מ"מ אין סברא לחלק, וביומו פירושו בזמנו - ערוה"ש›.

הגה: ופועלים דידן, שאין עושין מלאכה עד הלילה, כיון ששקעה עליו חמה עובר עליו משום ביומו תתן שכרו - {דהו"ל כשכיר שעות או שכיר שנה דבסעיפים שאחר זה}, **ואם עשה מלאכה עד**

בלילה, יש לו זמן כל הלילה אף על פי שלא שכרו (בפירוש כן) - {פי', ששכרו לעשות לו כסתם פועלים, והרי פועלים דידן אינן עושין מלאכה עד הלילה}, (ודאי) אדעתא דהכי אגריה.

סימן שלט ס"ד - שכיר שעות, אם כלה שכירותו ביום, יש לו תשלום כל אותו יום; אם כלה בלילה, יש לו תשלום כל אותו הלילה - {פי', ולא יותר, כיון דכלה מלאכתו קודם שקיעת החמה, חלו עליו האזהרות דביומו תתן שכרו ולא תבוא עליו השמש, וזהו הטעם דשכיר שבת כו' דבסעיף שאחר זה}.

סימן שלט ס"ה - שכיר שבת, שכיר חדש, שכיר שנה, שכיר שבוע, יצא ביום, גובה כל אותו היום; יצא בלילה, גובה כל אותו הלילה.

סעיף ג - וכן אם נתן טליתו לאומן לתקנה בקבלנות, והביאה לו ביום, יש לו זמן כל היום בלבד, הביאה לו בלילה, יש לו זמן כל הלילה בלבד, **אבל** כל זמן שהטלית ביד האומן, אע"פ שנגמרה וכלתה מלאכתו, אין הבעל הבית עובר, אפילו היא אצל האומן כמה ימים, ואפילו הודיעו שיביא לו מעות ויטול את שלו, מכל מקום אינו עובר.

סימן שלט ס"ו - נתן טליתו לאומן לתקנה בקבלנות, וגמרה, כל זמן שהטלית ביד האומן אינו עובר - {דאז אין פעולת שכיר מוטל על בעל הבית לעבור עליו, שהרי תופס משלו כנגדו}. (**ועיין** בשו"ע של הגה"ח מהר"ש זלמן ז"ל מלאדי שכתב, *דמזה יש ללמוד שאם נותן משכון לפועל, אינו עובר כלום, אף אם יש לו מעות כו', ע"ש. **אולם** בלבוש כתב הטעם, דכיון שאין האומן נותנו לו, מוחל לו על תשלום שכירותו כל זמן שהוא בידו, ע"ש, **לפי"ז** אין ללמוד מזה למשכון אחר).

***אבל** אין ראיה מכאן, דאין הטעם מפני שהאומן תופס משלו והוי כמשכון, אלא הטעם הוא דכל זמן שאין האומן מחזיר לו החפץ, אין לו רשות לתבוע, דאיך יתבע ממנו תשלומי החפץ כשאינו מחזיר לו את החפץ, **אבל** בשכיר, או שכבר מסר לו החפץ, וחייב לשלם אם יש לו מעות, אינו מועיל משכון, דהא טעמא דשכיר מפורש בקרא, מפני שאליו הוא נושא את נפשו, שזה העני צריך לאכול ומה יעשה בהמשכון, ועד שישיג עליו מעות ירעב, וכיון שיש לו מעות מזומן חייב ליתן לו - ערוה"ש.

(**ובאמת** עיקר טעמא דטלית ביד אומן אינו עובר, משום דכל זמן שטלית ביד אומן עדיין לא הגיע זמנו, דזמן פרעון של שכירות לכולי עלמא אינה אלא לבסוף, וסוף שכירות דאומן היינו כשמחזירים לו הכלי, **ותדע** דע"כ עדיין לא הגיע זמנו, דאל"כ גם אחר שנתנה אינו עובר, כמבואר פרק המקבל, דהיכא דאינו עובר בבקר ראשון, גם אח"כ אינו עובר ע"ש, אלא ודאי דעדיין לא הגיע זמנו כלל כל זמן שלא החזיר לו הכלי, ומשנתנה לו הוא בקר ראשון ועובר עליו - קצוה"ח סי' עב ס"ק כ"ג).

(**ועיין** בקצוה"ח לעיל סימן ע"ב ס"ק כ"ג האריך בענין זה, ומסיק וכתב, ומזה יוצא לנו דין מחודש, דשכירות שנתן בעה"ב לאומן משכון עליו, אע"ג דהחזיר לו המשכון, כיון דכבר קנה במשכון נגד שכרו, תו ליכא בל תלין, ע"ש). (**דכיון** דלמ"ד אומן קונה בשבח כלי, אינו עובר בל תלין, ואע"ג דלכו"ע אין אומן קונה קנין גמור, וקנינו אינו אלא כמו קנין דבע"ח במשכון, ממילא נמי מוכח דשכירות שיש עליה משכון, דעדיפא מקנין שיש לאומן בשבח כלי, דתו אינו עובר משום בל תלין, ואפילו החזיר לו טליתו, כיון דכבר קנה נגד שכרו, הוי כמו פרעון אצלו וחוזר ונתנו לו - המשך לשונו שם).

(**ועיין** בשיטמ"ק ב"מ קי"ב. שכתב בשם הר"ר יהונתן, דכל זמן שהטלית ביד האומן, אע"פ שנתן לו רשות שיטלנה מביתו ויוליכנה לביתו, שאינו רוצה לעכבה בשביל שכירותו, אפ"ה כל זמן שיש משכון תחת ידו אינו עובר).

נתנו לו אפי' בחצי היום, כיון ששקעה עליו חמה עובר משום בל תלין - {כן הוא שם בברייתא ובטור, וקשה דמשום ביומו תתן שכרו הוה ליה למימר, **ובפרישה** כתבתי משום דרוב שכירי יום אינן עוברין משום ביומו תתן כו' וכנ"ל אלא משום בל תלין, משו"ה נקטיה ג"כ כאן, וכאילו אמר חיובא דבל תלין דעלמא הוא חל כאן מיד ששקעה החמה}, שקבלנות היא כשכירות לפורעו בזמנו - {כתב כן לאפוקי ממ"ד אומן קונה בשבח כלי, דאליביה כשהשביחו עשה השבח לעצמו, וכשאח"כ מסר הכלי עם השבח לבעל הבית, הרי הוא כמכר לו הפועל משלו,

ולא מחשבי הדמים שכר פעולה אלא כהלואה, קמ"ל דקי"ל דאין אומן קונה בשבח כלי, והו"ל שכר פעולה לגבי בעל הבית}. **ולעיל** סי' ש"ו ס"ב כתבתי, דהך דהכא מיירי אפי' למ"ד אומן קונה בשבח כלי, ‹דמיירי ששכרו לדרכה, והתנה עמו סכום הדריכות, כל דריכה במעה, דשכיר יום הוא ולא קבלן דליקני בשבחא›.

(**עיין** בקצוה"ח שהביא בשם תשו' מהר"א ששון, על ראובן שציוה לסופר שיכתוב לו כתובה, והסופר כתבה וחתמה, אם עובר בבל תלין אם אינו נותן לו שכרו, **והעלה** דאינו עובר, ואף על גב דאיפסקא הלכתא דאין אומן קונה בשבח כלי, מ"מ היינו באומן שאין לו כלום בכלי, **אבל** באומן שהכלי עצמו הוא שלו, נראה דודאי נאמר דדמי למכר, וק"ו ממה דהוה ס"ד דאומן קונה בשבח כלי והוי הלואה כו', מכ"ש הכא שהכלי עצמו הוא שלו דהוי מכר והלואה).

‹**ומשמע** בב"ק צ"ט. דכשאין האומן נותן כלום, לכו"ע אינו קונה בשבח כלי, והפלוגתא היא כשהאומן נותן משלו, **ויראה** לי דעיקר הענין כן הוא, דהפלוגתא היא כששניהם נותנים בהמלאכה, כמו בחייטים שעיקר הסחורה נותנים להם, והחייט נותן משלו החוטים והקרסים ודברים קטנים, **אבל** בסנדלרים שהסנדלר נותן משלו העור וכל המכשירין, הוי כמכירה, **וכשהאומן** אינו נותן כלום משלו, לכו"ע אינו קונה בשבח כלי - ערוה"ש›.

סעיף ד - אינו עובר משום בל תלין ולא תבוא עליו השמש, אלא אם כן תבעו השכיר ויש לו מעות ליתן לו, אבל אם לא תבעו השכיר, או שתבעו ואין לו מעות, אינו עובר. **ומכל** מקום מדת חסידות היא ללות ולפרוע לשכיר בזמנו, כי הוא עני ואליו הוא נושא את נפשו. **ואותן** שדרכן שלא לפרוע להפועלים עד לאחר החשבון, ואפילו תבעו ממנו דבר מועט שבודאי מגיע להם, מכל מקום אינו עובר, כיון שידוע שדרכם כן, ועל דעת כן נשכרו אצלם.

סימן שלט ס"ט - שכיר שמכיר בבעל הבית שאין דרכו להיות בידו מעות אלא ביום השוק, אינו עובר בבל תלין, אפילו יש לו מעות - {פי', ואפילו תבעו בבוקר ראשון, דהא מתחילה אייאש נפשו שלא יתן לו עד יום השוק, ואז לאו בר אעבורי לאו הוא, ‹שאינו עובר, אלא בקר ראשון›, וכנ"ל סעיף ח'}.

ומיום השוק ואילך, אם אינו נותן לו, עובר משום אל תאמר לרעך וגו'.

הגה: וה"ה הני שאין דרכן לשלם עד שיחשבו עם הפועלים, אינם עוברים עד שיחשבו עמהם (נ"י פרק המקבל) - {וכתב שם, דאפילו תבעו בזמנו בדבר שודאי חייב לו בלא חשבון, מ"מ לאו בר חיובא הוא, כיון דלא הגיע זמן פרעונו עד שיחשבו, והרי עדיין לא חשבו}.

סימן שלט ס"י - אין בעה"ב עובר משום בל תלין אא"כ תבעו השכיר - ‹או ששלח שליח לתבוע ממנו - ערוה"ש›. {**הכי** דרשו מדכתיב לא תלין אתך, מדעתך, לאפוקי כשלא תבעו, דאז השהייה היא מדעתו דפועל}, **לא תבעו**, ‹אינו עובר› - (כתב בספר שער משפט וז"ל, ובזוהר קדושים מבואר, דאף דאמר לו הפועל יהא השכירות בידך, אין לעכב השכירות תחת ידו, אם לא לבתר דיהיב ליה, יע"ש, **וכן** משמע פשטא דמתני', דקתני לא תבעו אינו עובר עליו, משמע מיעבר הוא דלא עבר, הא איסורא איכא, וכה"ג דייק הש"ס בפרק הפועלים כו').

או שתבעו ולא היה לו מעות ליתן לו, ‹אינו עובר› - {דרשינן אתך, שיש לך אתך}. ‹**ואפשר** דגם בכה"ג מחוייב ליתן לו עכ"פ חפץ שימשכננו בשכרו - ערוה"ש›. (**ובשו"ע** של הגה"ח מהר"ש זלמן כתב בשם האר"י ז"ל, דמ"מ מידת חסידות ללוות ולפרוע לשכיר בזמנו).

ולא היה לו מעות - ‹וכן הוא בטור, ולא ידעתי דקדוק הלשון בזה, דמשמע דאם אין לו אף דיש בידו שוה כסף אינו עובר, ובברייתא קתני יכול אפי' אין לו, ת"ל אתך, משמע דוקא אין לו כלל. **ובחינוך** להרא"ה כתב: או שאין לו כלום לפרע ממנו וכו'. **ושם** בחינוך כ': אבל אם אין יכול לפרעו באותו יום אא"כ יאבד הרבה משלו, לא חייב הכתוב בזה לפי הדומה, עכ"ל - רעק"א›.

או שהמחהו אצל שולחני ליתן לו, וקבל עליו ליתן לו, אינו עובר - {דרשינן אתך, ולא כשהמחהו אצל **חנוני**}, ‹**ולאו** דוקא חנוני ושולחני, דה"ה אדם אחר, אלא דדרך להעמיד אצל חנוני ושולחני, ואין חילוק בין שהעמידם קודם המלאכה או באמצע או אח"כ - ערוה"ש›, **אפי' אין לבעה"ב ביד שולחני כלום** - (עיין בב"י שכתב וז"ל, וקצת משמע שאפילו לא נתרצה הפועל בהמחאה זו, כיון שקיבל עליו הלה ליתן לו, שוב אינו עובר עליו, ע"כ, והביאו ג"כ הפרישה). ‹**אבל** בעה"ב עדיין מחוייב לשלם לו וכדלקמן›.

ומכל מקום אם רצה השכיר לחזור בו שלא לקבל מהשולחני אלא מבעל הבית, הרשות בידו – {פי', ואפילו אם לא חזר החנוני מליתן לו, מ"מ כיון שאין לו בידו כלום, ולא נתחייב לו במעמד שלשתן, ואם רצה החנוני יכול לחזור בו, משו"ה גם הפועל יכול לחזור בו}. ‹דלא בשופטני עסקינן, שהשולחני והחנווני אם ירצו יחזרו בהן, והם יפטרו לבעל הבית ויפסידו את שכרן, ואפילו מחל לבעל הבית, מחילה בטעות הוא - לבוש›. ‹**ומ"מ** הבעה"ב אינו עובר עוד בבל תלין, **אך** בלאו דדברי קבלה עובר, אל תאמר לרעך לך ושוב ומחר אתן, כיון שביכלתו לחזור בו – ערוה"ש›.

הגה: ואם קנו מידו, לא יוכל לחזור בו – ‹ובלא קנין אינו קונה אפילו כשהיה במעמד שלשתן, כיון שאין החנוני חייב לו כלום לבעה"ב, **ולכן** אם החנוני היה חייב לבעה"ב ומסר לו במעמד שלשתן, אינו יכול לחזור בו לא הפועל ולא החנוני – ערוה"ש›.

לשון ספר חסידים: אם תשכיר סופר לכתוב לך, תתנה עמו שלא תהיה בבל תלין פעולת שכיר, שמא כשיתבע לא יהיה לך ליתן לו, (**ר"ל** שמא לא יהיו לך מעות בריוח שתוכל ליתן לו, כי תצטרך להוציאם, אבל אם לא יהיו כלל, אינו עובר אפילו בלא תנאי), **ואע"פ** שתעשה תנאי עמו, תתן לו כשיתבע אם תוכל, **ואין** בזה מתנה על מש"כ בתורה, שהרי אמרו חכמים אדם מתנה עם פועל להאכילו לחם צר ומים לחץ, אף על פי שחייב להאכילו כסעודת שלמה, עכ"ל.

סעיף ה – שכיר שעשה מלאכה לבעה"ב והפסידה אפילו בפשיעה, באופן שע"פ הדין הוא חייב בתשלומין, מצוה על בעה"ב להכנס לפנים משורת הדין ולמחול לו, שנאמר: למען תלך בדרך טובים, **ואם** השכיר עני הוא ואין לו מה יאכל, מצוה ליתן לו שכרו, שנ': וארחות צדיקים תשמור, וזו היא אורח צדיקים לשמור דרך ה' לעשות צדקה ומשפט לפנים משורת הדין.

טור סימן שד - המעביר חבית ממקום למקום ונתקל בדרך ישרה ונשבר החבית, הוי פשיעה וחייב אפילו אם הוא שומר חנם, מ"מ מצוה הוא לעשות לו לפנים משורת הדין, וליתן לו שכרו אם אין לו מה יאכל – ‹והביאו הסמ"ע›.

‹**ומשמע** לי דלענין תשלומין אפילו אם הוא עשיר אין לחייבו, וכן נראה לשון הגמרא שם, דגרסינן שם רבה בר בר חנן תברי ליה הנהו שקולאי לחביתא דחמרא, שקל לגלימייהו, אתא אמרו ליה לרב, אמר ליה הב להו גלימייהו, אמר ליה דינא כך, אמר ליה אין, למען תלך בדרך טובים, יהיב להו גלימייהו, אמרו ליה עניי אנן כו', אמר ליה הב להו אגרייהו כו', הרי לך אפילו קודם שידע שהיו עניים צוה רב שאין לחייבם בתשלומין, וקי"ל – פרישה›. ‹**ומשמע** דאם יש להם כדי סעודת היום, אף על גב דא"צ לשלם ההפסד, מכל מקום א"צ לשלם להם שכר, אבל אם אין להם אפילו לאכול, צריך ליתן להם שכרן, וכך הם דברי רבינו – ב"ח›.

‹**ואין** ליטול ממנו ההיזק אם לא שהזיקו בכוונה, אבל כשהזיקו בפשיעה אין זה מזיק. **ומשמע** בגמ' שהדיין מחוייב לומר לו כך שמהראוי לעשות כן, ויאמר לו דאף דלאו מדינא הוא, אמנם אנשים טובים וצדיקים עושים כן, ואם ישמע ישמע, ואם לאו אין כופין אותו על כך – ערוה"ש›. ‹**ולעיל** בסימן י"ב סעיף ד' הארכנו בדין זה, דמשמע דרב הוה כייף ליה לרבב"ח למיעבד לפנים משורת הדין – ב"ח›.

סעיף ו – כדרך שבעל הבית מוזהר שלא לגזול שכר העני ולא לאחרו, כך העני מוזהר שלא יבטל ממלאכת בעל הבית, **וחייב** לעבוד בכל כחו, כמו שאמר יעקב אבינו עליו השלום, כי בכל כחי עבדתי את אביכן. **לפיכך** אין הפועל רשאי לעשות מלאכה בלילה ולהשכיר עצמו ביום, שכבר נחלש מהלילה. **וכן** אינו רשאי לעשות מלאכה בבהמתו בלילה ולהשכירה ביום, **ואין** הפועל רשאי להרעיב ולסגף עצמו, שהרי מחליש כחו ולא יוכל לעשות מלאכת בעל הבית כראוי. **וכן** הוא דין המלמד, עיין לעיל סימן קס"ה סעיף י"ב.

סימן שז ס"ז - אין אדם רשאי לדוש בפרתו ערבית ולהשכירה שחרית - ‹שמחלישה ומטעה את השוכר שלא תוכל לעשות מלאכתו – לבוש›. ‹**דצריך** ליתן להשוכר בהמה שנחה ממלאכתה, כדי שיהא יכול

השוכר לעשות בה מלאכה כראוי, **ואף** לעצמו אסור לעשות כן מפני צער בעלי חיים, דהרבה חששה התורה לצער בעלי חיים, והרי אמרו חז"ל שאסור לאדם לאכול עד שיתן תחילה לבהמתו, שנא' ונתתי עשב בשדך לבהמתך והדר ואכלת ושבעת – ערוה"ש›.

סימן שלז סי"ט - אין הפועל רשאי לעשות מלאכה בלילה ולהשכיר עצמו ביום, ולא ירעב ויסגף עצמו ויאכיל מזונותיו לבניו, מפני ביטול מלאכתו של בעל הבית, שהרי מחליש כחו שלא יוכל לעשות מלאכת בעל הבית בכח – ‹ומי שעושה בקבלנות אין חשש בכל זה, כיון שאינו שכיר יום – ערוה"ש›.

‹**וכ"ש** מלמדי תינוקות שעושין מלאכת ה', שאינן רשאין לעשות כן – לבוש›, ‹**וכן** אסור לו להיות ניעור בלילה יותר מדאי, מפני שיהיה עצל ביום בלימודו, וכן אסור להרבות במאכל מטעם זה, שהמאכל מביא השינה ועצלה, **ואסור** לו לעסוק בשום מלאכה אחרת עם הלימוד, **וכן** המושיב חבירו בחנות, אסור לעסוק במלאכה בחנות, מפני שאין עיניו על החנות – הגר"ז›.

ויאכיל מזונותיו לבניו - {**פירוש, מזונותיו של עצמו שניזון** מהן בביתו, דאילו ממה שאכל מהכרם, כבר נתבאר סעיף ט"ז דאסור ליתן לאשתו ולבניו מהן. **והא** דכתבו הטור והמחבר בסוף סימן של"ח, דרשאי בעל הפרה להרעיב בהמתו כדי שתאכל הרבה מן הדישה, **התם** שאני דעיקר אכילת בהמה ושביעתה הוא מהתבואה, הלכך אף שמרעיבה תחילה, מ"מ מיד שנכנסה לדוש אוכלת מתבואה שבאה לדוש בה וחוזרת לכחה, **משא"כ** פועל שעיקר מזונות שלו שיש לו כח מהן אינו מהכרם, הלכך אסור להרעיב נפשו ממזונות העיקרים, וק"ל}.

[זה קאי אשאר פועלים ולא אפועל בכרם, דאילו בפועל בכרם כיון שיש לו לאכול בכרם והוא יכול להתקיים שפיר, ודאי יכול להרעיב עצמו תחילה כדי שיאכל אח"כ ענבים כדי שבעו, וכמ"ש בסימן של"ח, שאדם רשאי להרעיב בהמתו, ודברי הסמ"ע אינם נוחים לי, שהוא מפרש דין זה אכרם, וזה אינו].

סימן שלז ס"כ – ‹כתב הרמב"ם: כדרך שמוזהר בעה"ב שלא יגזול שכר עני ולא יעכבנו, כך מוזהר העני שלא יבטל מלאכת בעה"ב›, **מוזהר הפועל שלא יבטל מעט כאן ומעט כאן** – ‹ומוציא כל היום במרמה – טור›, **אלא חייב לדקדק על עצמו בזמן, שהרי הקפידו על ברכה רביעית של ברכת המזון שלא יברך אותה** – ‹וכ"ש בביטול בעלמא – ערוה"ש›.

{**בסור** כ' ז"ל, שהרי דקדקו חכמים בזימון ועל ברכה רביעית כו'. ותרתי קאמר, ור"ל בזימון, שלא הצריכו לפועל להמתין על אחרים עד שיברכו בזימון, כדי שלא לבטל ממלאכתו}.

וכן חייב לעבוד בכל כחו, שהרי יעקב הצדיק אמר: כי בכל כחי עבדתי את אביכן; לפיכך נטל שכרו אף בעולם הזה, שנאמר: ויפרוץ האיש מאד מאד.

§ סימן קפו – הלכות לא תחסום. ובו ד' סעיפים §

סעיף א – כל המונע את הבהמה מלאכול בשעת מלאכתה לוקה, שנאמר לא תחסום שור בדישו, אחד שור ואחד כל מיני בהמה וחיה בין טמאים בין טהורים, ואחד הדישה ואחד כל שאר מלאכות של גידולי קרקע, ולא נאמר שור בדישו אלא בהווה, **ואפילו** חסמה בקול, דהיינו שצעק עליה ועל ידי זה לא תאכל, חייב מלקות.

סימן שלח ס"ב - כל המונע הבהמה מלאכול בשעת מלאכה, לוקה, שנא': לא תחסום שור בדישו – {בזה מותר הבהמה מן האדם שאינו לוקה, וכמ"ש בריש סי' של"ז, דאיתמעט מדכתיב כנפשך}.

אחד שור ואחד כל מיני בהמה וחיה בין טמאים בין טהורים – {דילפינן לה שור שור משבת דכתיב גביה וכל בהמתך}, **ואחד חרישה ואחד כל שאר מלאכות של גדולי קרקע, ולא נאמר שור בדישו אלא בהווה** – {פי', השור רגיל לעסוק בדישה ולאכול ממנו. **ואע"ג** דאיתא שם בגמרא דאיצטריך למכתב דיש, למיגמר מינה דמותר לאכול מהתלוש עד גמר מלאכתו האחרון שבה המחייב במעשר או בחלה, ושור איצטריך למכתב לאקושי חוסם לנחסם, דהיינו שור לאדם ללמוד זה מזה, **מ"מ** מדפרט הקרא שור יותר משאר בהמה, ודיש יותר משאר דברים התלושים שאינם נגמרים למעשר, אמרו דדיבר הכתוב בהווה, וק"ל}.

סימן שלח ס"ג - אחד החוסם אותה בשעת מלאכה, ואחד החוסם אותה מקודם ועשה בה מלאכה והיא חסומה – {דלא תחסום משמע נמי לא תהא חסומה בשעת דישה, דומיא מש"כ יין ושכר אל תשת בבואכם כו', כן הוא בגמרא}, **אפי' חסמה בקול, לוקה** – {דקי"ל עקימת שפתים הוי מעשה}.

סעיף ב – ישראל הדש אפי' בפרתו של א"י ותבואה של אינו יהודי, עובר משום לא תחסום.

סימן שלח ס"ה - ישראל הדש בפרתו של עובד כוכבים, עובר משום לא תחסום – {פי', אפילו הדישה היא של גוי, דלא תחסום סתם כתיב}. ‹והאיסור הוא על הדש בחסימה, ולא הקפידה התורה של מי הוא השור והדישה – ערוה"ש›. **ועובד כוכבים שדש בפרתו של ישראל, אינו עובר משום לא תחסום** – {אפילו הדישה היא של ישראל, אינו עובר עליו, ומיירי באפילו הישראל יודע מזה, דמ"מ הוא אינו עושה החסימה בידים. **והטור** שכתב בזה ז"ל, אם הוא שלא בפני ישראל, לא כתב כן אלא לענין איסור, דאז אפילו איסור אין בו, וכמ"ש שם בפירוש}. ‹**משמע** דמ"מ איסור יש בזה כשהגוי עושה בפניו ואינו מוחה בו – ערוה"ש›.

סעיף ג – אם הבהמה אינה יכולה לאכול מפני שהיא צמאה, צריך להשקותה.

סימן שלח ס"ו - אמר לעובד כוכבים: חסום פרתי ודוש בה, ‹אסור ואינו לוקה›, **(דאמירה לעובד כוכבים אסור בכל איסורין, כמו בשבת).**

ישב לה קוץ בפיה ודש בה והרי אינה אוכלת, ‹אסור ואינו לוקה› – {כתבו התוס' דלא דמי לחסמה מבחוץ ודש בה כשהיא חסומה דלוקה, **די"ל** דשאני התם דחסמוה בידים כדי שלא תאכל, משו"ה אפילו חסמה אחר ודש בה לוקה, **משא"כ** בזה שנעשה מאליו, איבעיא אי יש לדמותה לחלתה היא, עכ"ל}. ‹**אבל** אם הושיב לה קוץ בפיה שלא תוכל לאכול, ה"ז לוקה, דזהו מעשה ממש – ערוה"ש›.

רבץ לה ארי מבחוץ – ‹ומפחדו אינה אוכלת, ולא הרחיק הארי, אסור ואינו לוקה, **אבל** אם הרביץ בעצמו את הארי מבחוץ, ה"ז כחסימה ממש ולוקה, ואף שאין זה מעשה על גופה, מ"מ כיון שפחד הארי גדול מאד על גופה, הוי כמעשה בגופה – ערוה"ש›.

הרביץ בנה מבחוץ – ‹וע"י שהבהמה שומעת קולו לא תאכל, אסור ואינו לוקה, דברביצת הבן אינה נחסמת כל כך, לכן אינו חשוב מעשה, **ובגמ'** משמע דכשהבן עמד בעצמו מבחוץ, אין בו איסור כשאינו מרחיקו, מפני שאינה נחסמת כל כך – ערוה"ש›.

סימן קפו – הלכות לא תחסום
סעיף ג-סעיף ד

הרי שצמאה ואינו משקה אותה - ‹וע"י זה לא תאכל, אף על פי שאינו עושה מעשה בידים וגם אינו גוער בה, הוי גרמא באיסור ואסור לעשות כן ואינו לוקה, כמו גרמא בנזקין שפטור מדיני אדם וחייב בדיני שמים – ערוה"ש›.

פרס עור על הדיש כדי שלא תאכל; כל זה וכיוצא בזה, אסור ואינו לוקה - ‹כיון שאינו עושה מעשה או דיבור על גופה, וגם הבהמה אינה רואה את התבואה, אינו לוקה – ערוה"ש›.

{**המחבר** כלל כל הני יחד כדי לסיים על כולן ולכתוב דאסור ואינו לוקה, דהן שוין בדינן בזה, אף שבגמרא זה דהאומר לגוי חסום פרתי כו' הוא איבעיא דאיפשטא דאיסור יש בה, ואינך הן איבעיות דלא איפשטא בגמ'. **ונראה** דכולם שוין ג"כ בזה, דאם שכר בהמה מאחר, ומכח אחד מאלו לא אכלה, דחייב לשלם, דהא משעה שמשכה אתחייב במזונותיה, והרי לא אכלה, אף על פי שלא נעשה בגרמתו ממש}.

ואע"ג דמלקות אינו נוהג האידנא, מ"מ נמשך הטור אחר לשון הרמב"ם, ועיין ביו"ד סי' כ"ז בהשמטות ספרי שפתי כהן, דגם יש נפקותא בזמן הזה היכא דאיכא מלקות. **והב"ח** כתב דהטור נתכוין לומר דמשלם ד' קבין לפרה וג' לחמור, אבל אי הוי לוקה לא הוי לוקה ומשלם, דמשום רשעה אחת אתה מחייבו ואי אתה מחייבו משום ב' רשעות. **ודבריו** תמוהין, דהא בחסימה אע"ג דלוקה, משלם, וכדאיתא בש"ס ובכל הפוסקים, וכמ"ש המחבר ס"ד והטור גופיה, וטעמא, דמשעת משיכה חייב במזונותיה כו'. **ועוד** נ"ל דבזמן הזה אפי' היא מלקות ותשלומין כאחד חייב ממון, דהא קי"ל דאם לא התרו בו או ששגג חייב בתשלומים, וכדלקמן סי' ש"ן, אלמא דגבי חייבי מלקות בעינן דוקא היכא דלוקה ממש, א"כ בזמן הזה הוי כלא התרה בו, וכ"מ מדברי מהרש"ל.

סעיף ד – בהמה שהיא עושה בדבר שהוא רע לבני מעיה, מותר לחסמה, שלא הקפידה תורה אלא על הנאתה, והרי אינה נהנית.

סימן שלח ס"ז - היה הדבר שהוא עושה בו רע לבני מעיה ומזיקה, או שהיתה חולה ואם תאכל מזה תתריז (פי' חולי מעיים שמו"יאל"ה רעי כמים), מותר למונעה, שלא הקפידה תורה אלא על הנאתה, והרי אינה נהנית - ‹ולמה לא הצריכו חז"ל לתלות לה איזה דבר מפני מראית העין, כמ"ש בסעיף ח', נ"ל מפני שהדבר ניכר לכל ואין כאן חשד – ערוה"ש›.

§ סימן קפז – הלכות אבידה ומציאה. ובו ה׳ סעיפים §

סעיף א – הרואה אבידת ישראל, חייב ליטפל בה להשיבה לבעליה, שנאמר: השב תשיבם. וכן כל ממון של חבירו שאדם יכול להציל שלא יאבד, חייב להציל, והוא בכלל השבת אבידה.

סימן רנט ס״א - הרואה אבידת ישראל, חייב ליטפל בה להשיבה לבעליה, שנאמר: השב תשיבם – {כן הוא ג״כ לשון הטור, ובפרישה כתבתי, דנראה דהאי ״הרואה״ לאו דוקא קאמר, דהא מסיק בטור והמחבר והוא מהגמרא, דאם המתין ולא נטלה עד אחר יאוש ונטלה לעצמו, אינו עובר אלא משום לא תוכל להתעלם, **אלא** הרואה והגביה ובאה לידו קאמר, דעובר נמי משום השב תשיבם כו׳, **ולישנא** דקרא נקט, דשם בפרשת כי תצא כתיב: לא תראה את שור אחיך או את שיו נדחים והתעלמת מהם השב תשיבם לאחיך כו׳, עד וכן תעשה לכל אבידת אחיך אשר תאבד ממנו ומצאתה לא תוכל להתעלם. **והקרא** גופיה מתחיל בלא תראה, משום דסמיך ליה והתעלמת, דדרשינן לא תראה להתעלם, ולאו דהעלמה עובר משום שרואה ומעלים עינו ממנו מליטלה ולהשיב, **אבל** אינו עובר על השב תשיבם עד דאתא לידו, וזה נרמז בקרא במש״כ וכן תעשה לכל אבידת אחיך אשר תאבד ממנו ומצאתה, ודרשו בגמרא בריש פ״ק דב״מ, ומצאתה דאתא לידו משמע, ע״ש. **א״נ** הטור ורבינו במה שכתבו שנאמר השב תשיבם, רישא דקרא נקטו, וכונתם לסופו דכתוב בו לא תוכל להתעלם, דהוא אזהרה משעה שרואה, וכמ״ש ודוק}.

[**אישתמיטתיה** דברי הנ״י וז״ל, דמיד שרואה עובר על לא תעשה ועשה, וכי אמרינן בהמתין לה כו׳, לפי שהמתין ולא הניחה באבידתה, ועדיין היה יכול להשיבה ולקיים עשה שבה, דודאי הרואה אבידה ולא נטלה מיד, כיון ששמר אותה לא עבר על עשה שבה, **אלא** כשביטלו והולך לו, וכשנתיאשו הבעלים ממנה, מחמת הבעלים נתבטל עשה זו ולא מחמת המוצא כו׳, וכך הם דברי הרמב״ם שכתב, הרואה אבידת ישראל כו׳, עכ״ל].

‹נ״ב כתב הר״ן והרשב״א והרא״ש בפסקי נדרים, דמצוה לרופא לרפאות בהמת חבירו, ואין לך השבה גדולה מזו, והרא״ש בפירושיו שם ובתשו׳ שם לא כ״כ – רעק״א›.

ואם נטלם ע״מ לגזלה, ועדיין לא נתייאשו הבעלים ממנה, עובר משום השב תשיבם לאחיך, ומשום לא תגזול, ומשום לא תוכל להתעלם; ואפי׳ אם יחזירנה אחר כך, כבר עבר על לא תוכל להתעלם – {לשון גמרא: איסורא דעביד עביד ומאי דהדריה מתנה בעלמא הוא דיהיב ליה, ומפרשי שם התוס׳, דהיינו אם לא הדרא עד אחר יאוש דכבר עבר על לא תוכל להתעלם, דאזהריה רחמנא שלא יעלים עיניו מלהחזירם לבעלים, והרי העלים עיניו עד אחר שנתיאש ממנו ונעשה כהפקר, **דאפ״ה** אינו עובר אלאו דלא תגזול, משום דניתק לעשה שנאמר והשיב את הגזילה, וממילא תו אינו עובר ג״כ על השב תשיבם, **אבל** אם מחזירה קודם שנתיאש, גם אלאו דלא תוכל להתעלם אינו עובר, אע״ג דכונתו היתה מתחילה להחזיקו לעצמו, וכן הוא בהדיא שם בתוס׳ דפרק אלו מציאות ובאשר״י שם, **ודלא** כעיר שושן שכתב, דמיד שכיון לגזלה עבר עליו ואי אפשר לתקנו, ע״ש}. ‹דלא תוכל להתעלם אינה אלא אזהרה לכובש עיניו ונמנע מלהציל כדי להחזירה, והרי מיד שכיון לגזולה, עבר עליו שהעלים עיניו ממנה שלא להחזירה, ולזה אין לו תקנה, ואיסורא דעבד עבד, וצריך תשובה כעובר על שאר לאוין – לבוש›.

והרמב״ם והסמ״ג כתבו, ואף על פי שהחזירה לאחר יאוש, מתנה היא זו וכבר עבר על האיסורים, וכן העלה הרמב״ן בס׳ המלחמות פרק אלו מציאות, דאע״פ שהחזירה עובר בכולן, וכן משמע פשט לשון הלכות גדולות והרי״ף ונוסחא ש״ס דילן, ע״ש. ‹דהנה בחפץ זה יש שני איסורים, איסור גזילה ואיסור אבידה, וזה שנטלה על מנת לגזולה הוי לענין אבידה כמונחת בקרקע כיון שלא נטלה להשיבה, וכשנתייאשו הבעלים ממנה קנה אותה ביאוש ככל אבידות הנמצאות אחר יאוש, **ואע״ג** דאבידה שבאה לידו קודם יאוש אינו מועיל היאוש אח״כ, כמ״ש בסי׳ רס״ב, זהו מפני שנחשב כשומרו של בעל האבידה, ולכן אינו מועיל יאוש הבעלים, כיון שהשומר עומד במקומו והשומר לא נתייאש, והוי יאושו כיאוש טעות, אבל כשנטלה על מנת לגזולה, נקנית לו לגמרי ביאוש מטעם אבידה – ערוה״ש›.

נטלה לפני יאוש על דעת להחזירה, ולאחר יאוש נתכוון לגזלה, אינו עובר אלא משום השב תשיבם – [פירש רש״י, לא תגזול לא

שייך אלא בשעת נטילה, כמו ויגזול את החנית, לא תוכל להתעלם אינו אלא לכובש עיניו ונמנע מלהציל].

המתין עד אחר יאוש ונטלה, אינו עובר אלא משום לא תוכל להתעלם.

סעיף ב - אף על פי שמן הדין במקום שרוב עובדי כוכבים מצויים, אפילו נתן בה ישראל סימן אינו חייב להחזיר, משום דמסתמא כבר נתייאש הימנה, מכל מקום טוב וישר לעשות לפנים משורת הדין להחזיר לישראל שנתן בה סימן, וכופין על זה, **ואם** המוציא הוא עני ובעל האבידה הוא עשיר, אינו צריך לעשות לפנים משורת הדין. **ובמקום** שיש דינא דמלכותא להחזיר אבידה, חייב בכל ענין להחזיר.

סימן רנט ס"ה - אף על פי שמן הדין במקום שרוב עובדי כוכבים מצויים, אפילו נתן ישראל בה סימן אינו חייב להחזיר, טוב וישר לעשות לפנים משורת הדין להחזיר לישראל שנתן בה סימן - וז"ל אגודה: וכן אנו נוהגים להחזיר, וכן פסק ראבי"ה וראב"ן, דכייפינן להחזיר היכא דהמוצא עשיר, עכ"ל. (**ועיין** מה שכתבתי לעיל סי' י"ב ס"ב בשם התומים ותשובת שבות יעקב, דהך כופין היינו בדברים, ע"ש). **ומפני** מה כופין במציאה על לפנים משורת הדין, מפני שאין לו היזק מכיסו – ערוה"ש.

(ואם הוא עני ובעל אבידה עשיר, אין צריך לעשות לפנים משורת הדין).

סימן רנט ס"ז - המציל מהארי והדוב וזוטו של ים (פי' לשון ים החוזר לאחוריו עשרה או ט"ו פרסאות ושוטף כל מה שמוצא בדרך חזרתו וכן עושה בכל יום) - {פירש רש"י פרק אלו מציאות, מקומות יש בשפת הים שדרך הים לחזור לאחוריו – נראה דכל שיוצא מחול הים, ששם השם יתברך את גבולו להיות עומד בתוכו, נקרא חוזר לאחוריו – י' פרסאות או ט"ו פרסאות פעמיים ביום, וחוטף מה שמוצא שם והולך, "זוטו" לשון גודל ושרוע בלשון יוני, כמו שכתבו הזקנים לתלמי המלך ואל אצילי ואל זאטוטי}, **ושלוליתו של נהר (פי' כשהנהר גדל ויוצא על גדותיו ופושט, רש"י)** - {דכשהוא גדול ויוצא חוץ לגדותיו, שולל שלל הנמצא}, **הרי אלו שלו אפילו הבעל עומד וצווח** – {אפילו בא לידו לפני יאוש, דשם בגמרא יליף לה מדכתיב: וכן תעשה לכל אבידת אחיך אשר תאבד ממנו ומצאתה, דמיתורא ד"ממנו"

דרשינן את שאבדה הימנו ומצויה אצל כל אדם, הוא בכלל אבידה וחזרה, יצאת זו שאבודה ממנו ואינה מצויה אצל כל אדם, ואפילו אמר לא מייאשנה, ואפילו מרדף אחר שטיפה, בטלה דעתיה אצל דעת כל אדם, והו"ל כצווח על ביתו שנפל}.

הגה: מ"מ טוב וישר להחזיר, כמו שנתבאר ס"ה - (עיין בתשובת בית אפרים, במי שנלקח מאתו סחורה מחמת העברת המכס, וקדם אחר וקנה מבעל המכס בזול ורוצה לזכות לעצמו. **וכתב**, אין ספק דאם זה שהסחורה שלו היה מחזר לקנותה, שחייב להחזיר, דאף אם היתה של בעל המכס ממש, הא קיי"ל עני המהפך בחררה כו', ולדעת ר"ת צריך להחזיר כו'. **ובנידון** דידן נראה דאפילו לא ידע שהיה זה מחזר לקנותה, מ"מ כיון שרגילות הוא שבעל הסחורה מחזר עליו לפדותה, כאילו ידע דמי. **ומש"כ** בשו"ע סימן רל"ז, דקונה בזול הוי כמו מציאה, דלפי סברא ראשונה אין דנין בה דין עני כו', **הרי** הש"ך שם בשם הרמב"ן חולק, **ועוד**, דבנידון דידן כו"ע מודים, דהתם טעמא, דדמי למציאה דהכל מחזרים אחריה ואין לזה התיחסות לחפץ זה יותר מאחר, משא"כ הכא דודאי זה ראוי לו שיחזור אחריה יותר מאחרים, **ולכן** גם הא דמחלקינן התם בהג"ה בין נגמר הפסיקה בינידם, אין לחלק כאן, דהתם כל שלא נגמר הפסיקה ידי שניהם שוים בה, משא"כ כאן. **ואמנם** בלא"ה נראה, שאפילו אם נרצה לחלק בינידם מטעמא דקנין בזול הוי כמציאה, או מטעם שלא נגמר הפסיקה, מ"מ בנידון דידן שהוא סחורה שלו, אף על גב דודאי נתיאש ממנה, מ"מ לא עדיף ממציל מזוטו של ים כו' בסימן רנ"ט סעיף ז', דכתב הרמ"א דטוב וישר להחזיר כמ"ש בסעיף ה', ושם בש"ך מבואר דכייפינן להחזיר היכא דהמוצא עשיר, והוא מצד תקנת ב"ד ומנהג המדינה, **ובנידון** דידן נראה דאין לחלק בין עני לעשיר כו'. **וגם** בסימן שנ"ו ובסימן שס"ח בהג"ה כתב דנהיגי עכשיו להחזיר כל גניבה אפילו לאחר יאוש ושינוי רשות כו', והך

תקנה שייך גם בזה. **ואין** לחלק דדוקא היכא שגנב וגזל דבאיסורא אתי לידיה, משא"כ בזה שעבר על דת המלך ובדין נלקח ממנו, ובכה"ג לא תיקנו, **הא** ליתא, דפשוט שלא עלה על דעת המלך רק שיובא לגנזי המלך, אבל מה שזה בעל המכס לקח והטמין לעצמו, לא נכלל בכלל הזה, ואין לדון בו רק מדין יאוש לבד, וא"כ חייב להחזיר מחמת תקנת הדור, כמבואר בסימן רנ"ט הנ"ל, דכייפינן להחזיר כו'. **וגם**, כי מנהג הכשרים, אף כשמוכרים בבית המכס ע"פ הכרזה, אם ידוע מי הם הבעלים, הקונים קונים לשם מי שהוא ומחזירים לו כו', **ומ"מ** אם זה רוצה שכר טרחתו, יש לב"ד לשום לפי הענין ולתת לו, עיין בסימן רס"ד סעיף ה' בהג"ה ובש"ך שם, וגם בעטרת צבי שם כו'. **ע"כ** בנידון דידן מוטל על הקונה לעשות כן מרצונו לקיים ועשית הישר והטוב, ואם אינו רוצה, דיינינן ליה מצד התקנה, עכ"ד. **ושם** בסי' נ"ט האריך עוד בזה בענין שבעל הסחורה רצה שיקבל זה בחרם כמה נתן, **ומסיק** וכתב, לדינא נראה לענ"ד שהכל לפי ראות עיני הב"ד, שאם אומד דעתם שרגילות הוא ליתן סך כזה, ואין לחשדו שהוא מרבה על המכר, וזה תואנה מבקש באמרו איני מאמינך, רשאים לבצע השורה ולהאמין לו על הן צדק שלו, ויכולין לוותר הקבלת חרם לנוכח, **ומ"מ** אם ירצה להחרים סתם בב"ד שלא בפניו על מי שרוצה לקחת ממנו בחנם, או אחר שיתן יחרים אמאן דגזליה ולא מהדר, אינו יכול למחות בידו, כדאיתא בסימן ע"א סעיף ו', שאפילו נאמנות בפירוש לא מהני על זה, **אך** אם יש כאן מקום חשד מחמת הוראת היתר וכיוצא, יש לפסוק שיקבל בחרם, ואין לו להתרעם על זה, אחרי שמקיים ועשית הישר והטוב, יקיים ג"כ והייתם נקיים כו', ע"ש).

ואף על גב דמדינא אין חייבין להחזיר באבידות אלו, אם גזר המלך או ב"ד, חייב להחזיר מכח דינא דמלכותא או הפקר ב"ד הפקר - {בסי' שנ"ו ס"ז כתב כה"ג, דבגניבה נוהגין מדינא דמלכותא להחזיר אף לאחר יאוש ושינוי רשות}. **ולכן פסקו ז"ל בספינה שטבעה בים, שגזר המושל גם הקהלות, שכל מי שקונה מן העובדי כוכבים שהוציאו מן האבידה ההיא, שיחזיר לבעליו, שצריכין להשיב, ואין לו מן הבעלים אלא מה שנתן.**

ואם יש מכשולות בנהר - {פירוש, עצים או אבנים הקבועים בנהר, ומעכבים הדבר הנופל לשם מלהלך למרחוק}, **שעל ידי כן דבר הצף בו עומד שם, אם הוא דבר שיש בו סימן, מסתמא לא הוי יאוש.**

הגה: ואם הוא דבר שאין בו סימן, אם הבעלים יכולים להציל והן רודפין אחר האבידה, או שאינו שם, שאילו היו שם אפשר שהיו מצילין, לא זכה בהן המוצא; אבל אם הוא דבר שאינו יכול להציל מיד - {היינו בקל - הלכה למשה}, **והוא עומד ואינו רודף אחריו, ודאי מייאש; וסתמא (לא) הוי יאוש** - {לפי הנוסחא זה הנדפס בספרים ישנים דסתמא "הוי" יאוש, צריכין לפרש דהכי קאמר, לא מיבעיא אם עמד שם ואינו רודף אחריו דהוה יאוש, אלא אפילו סתמא דלא ידענא אם עמדו שם או רדפו אחריו או לא, גם כן הוה יאוש. **אבל** קשה דדברי מור"ם נראים כסותרין זה את זה, דברישא כתב אם הבעלים יכולין להציל והן רודפין כו', לא זכה המוצא, דמשמע הא אם אינן יכולין להציל אפילו רודפין אחר האבידה מיד, לא מהני והוי יאוש. **ודוחק** לומר דברישא איירי ג"כ באינו יכול להציל מיד ומשו"ה בעינן שירדפו והרדיפה מהני, דא"כ למה ליה למור"ם בסיפא אריכות דברים ז"ל, אבל אם הוא דבר שאינו יכול להציל כו', כיון דברישא ג"כ מיירי מזה, והו"ל למימר בקיצור אבל עמד שם ואינו רודף או סתמא הוה יאוש. **ועוד**, דהתוס' כתבו בשמעתין בפירוש, דבאינן יכולין להציל מיד, אפילו רדפו הבעלים אחר האבידה לא מהני והוי יאוש. **גם** קשה מ"ש מור"ם בזה דסתמא הוי יאוש, ובטור כתב דסתמא לא הוי יאוש, ע"ש. **ודוחק** לומר דהטור מדבר מסתמא אחרינא, שכתב ז"ל, ואם סתמא הוא, שלא ידענא אם נתיאשו או לא, לא הוי יאוש, ומור"ם איירי כאן מסתמא שלא ידענו אם רדפו או לא, דהיא היא. **גם** קשה למה השמיט מור"ם דברי הטור בזה, וגם בשאר דינים שכתב בזה, ולקח שיטה לנפשו. **ע"כ** נראה לפרש דמש"כ והוא עומד ואינו רודף כו', דהאי וי"ו ד"והוא" הוי וי"ו החולקת, והו"ל כאילו כתב "או שעומד שם", ותרתי מילי נינהו, והכי קאמר, אבל אם הוא דבר שאינו יכול להציל מיד, או שהוא דבר שיכול להציל מיד והוא עומד שם ואינו רודף אחריו, ודאי מיאש. **ואח"כ** צריך להגיה תיבת "לא", וכן צ"ל "ובסתמא לא הוי יאוש", ור"ל סתמא שלא ידענו אם היה שם, וכלשון הטור, וכן מצאתי בהגהות מור"ם בכתיבת ידו

בהדיא, כתוב שם האי תיבת "לא", והשמטה בדפוס היה. **והשתא** עולין דברי מור"ם יפה, דהויין כהטור הבנויין ומיוסדים על דברי התוס', ודוק, **ולא** כעיר שושן דהעתיק לשון מור"ם, ולא שם לבו לאחד מהדברים שכתבתי}.

אווזין ותרנגולין שברחו מבעליהן, הוי הפקר, וכל המחזיק בהן זכה בהן; ודוקא שאי אפשר לבעליהן להחזיר.

סעיף ג - כל המוציא אבידה, בין שיש בה סימן בין שאין בה סימן, אם מצאה דרך הנחה, כגון טלית וקרדום בצד הגדר, ואפילו יש להסתפק אם הניחם שם בכוונה או אבדם שם, אסור ליגע בהם.

סימן רס ס"ט - כל המוצא אבידה, בין שיש בה סימן - ‹עיין ש"ך לקמן›, **בין שאין בה סימן, אם מצאה דרך הנחה אסור ליגע בה, שמא בעליה הניחוה שם עד שיחזרו לה** - {היינו כגון טלית או קרדום בצד גדר, וכמ"ש המחבר בסעיף שאחר זה, דדרך עובדי האדמה להניח שם בגדיהן וכלי עבודתן לפי שעה עד שיחזרו לביתן מעבודתן ויקחו מלבושן, או שתבוא השעה ביום שיצטרכו לכלי מלאכתן ויקחו משם}.

ואם יבא ליטלה, והיה דבר שאין בו סימן, הרי איבד ממון חבירו, שהרי אין לו בה סימן להחזיר בו; ואם היה דבר שיש בו סימן, הרי זה הטריחן לרדוף אחריה ולתת סימניה - וכל הפוסקים חולקים ע"ז, דביש בה סימן נוטל ומכריז, אם לא שהוא במקום המשתמר לגמרי, ‹משא"כ הרמב"ם שאינו מחלק בין משתמר קצת או משתמר לגמרי – גר"א›, וכמ"ש הרב לקמן ס"י, וכדבריהם מוכח בש"ס, ואף על פי שבב"י וכ"מ כתב ליישב דברי הרמב"ם ע"פ הש"ס, מ"מ כל מעיין ישפוט בצדק שדבריו דחוקים מאוד, ע"ש.

לפיכך אסור לו שיגע בה עד שימצאנה דרך נפילה - {כגון שמצא בסרטיא וכדמסיק בס"י, ואז אם יש בה סימן נוטלה ומכריז, ואם אין בה סימן הרי היא של המוצאה}.

אפילו נסתפק לו הדבר, ולא ידע אם דבר זה אבוד או מונח - {פי', כגון שמצא הטלית במקום שהוא משומר קצת, משו"ה יש להסתפק אם הניחו בעליה שם בכונה כיון שהמקום הוא משומר קצת, או אבוד מידו ובא שם בלי כונה כיון שאינו משומר כל צרכו}, **הרי זה לא יגע בו.**

ואם עבר ונטלו, אסור לו להחזירו לשם - {מדקאמר אסור לו להחזירו, ע"כ בדבר שיש בו סימן מיירי, דאי באין בו סימן, הא מסיק וכתב דזכה בו המוצאו, ואין שייך לומר אסור להחזירו בדבר שהוא זכה בו. **ונראה** דקאי דוקא אדסמיך ליה, אמצא במקום שיש להסתפק בהינוח או באיבוד, דאז מיד שנטלו בידו, אפילו לא הלך עמו לביתו, וראה שלא בא בעליהן ליקחנו, אסור לו להחזירו כשיש בו סימן, דכבר נתחייב בהשבה מעליא, ולא יחזירנו למקומו כיון שאין המקום משתמר היטב, **או** אפילו בודאי הינוח והלך עמו לביתו, דאז איכא למיחש שמא בא בעל אבידה וביקש ליטלו במקום זה שהניח שמה ולא מצאהו, ושוב לא ילך שם לבקשו, נמצא דיפסידו זה עתה בהנחתו שמה, וכ"כ הטור ומור"ם בס"י}.

ואם היה דבר שאין בו סימן, זכה בו ואינו חייב להחזירו - והראב"ד והטור השיגו ע"ז, דיהא מונח עד שיבא אליהו, וכמ"ש הרב לקמן ס"י, גם הרב המגיד כתב שהרמב"ן והרשב"א ס"ל דיהא מונח עד שיבא אליהו, **וטעם** הפוסקים הנ"ל הוא דהוה ליה יאוש שלא מדעת, כמבואר בהרב המגיד, **ולפענ"ד** אין כאן שום השגה על הרמב"ם, אדרבה פשט לישנא דש"ס דלא יחזור משמע שהוא שלו, דאל"כ הו"ל לפרושי דיהא מונח עד שיבא אליהו, **אע"ג** דהו"ל יאוש שלא מדעת, מ"מ א"צ להניחו עד שיבא אליהו, אלא כיון שאינו יודע למי יחזור, יכול לעשות בו מה שירצה, **והא** דקי"ל יאוש שלא מדעת לא הוי יאוש, וכדלקמן סי' רס"ב ס"ג, היינו דאם נתברר של מי הוא צריך להחזירו, ולא אמרינן כיון דנתייאש זכה זה בו, **אבל** כל זמן שלא נתברר של מי הוא, יוכל זה לעשות בו מה שירצה, **ואפשר** גם כוונת הב"י והכ"מ כן בישוב דעת הרמב"ם, אלא דלשונו קצת מגומגם. ‹דבריו תמוהין, דמהיכי תיתי יהיה רשאי להשתמש בו בדבר שאינו שלו, וגם לשון שזכה בו משמע לגמרי, שאפילו בירור עדים שוב לא מהני – נה"מ›.

אבל מש"כ בסמ"ע, דס"ל להרמב"ם כיון דבשעה שנטלו, אדעתא להחזירו לבעליו, אלא שטעה בזה שלא ידע שלא יהיה בידו להחזירו כיון דאין בו סימן, ס"ל דבזה כו"ע מודים דיחזקנו המוצאו לעצמו, עכ"ל, **אינו** נראה כלל, דהיכא רמיזא דמיירי דוקא שנטלו אדעתא להחזירו לבעליו, **ועוד** דמה חילוק יש, סוף סוף באיסורא אתי לידיה, וטעמא דיאוש שלא מדעת לא הוי יאוש הוא כיון דבאיסורא אתי לידיה.

{נ"ב נלענ"ד להמתיק טעם לשבח, כיון דנוטלו על דעת להשיב, ונתייאשו הבעלים אח"כ, ולאחר יאוש נתכוון לגוזלה, אינו עובר רק משום השב תשיבם, כדאיתא בסוגיין ולעיל רס"י ר"ס, ועיין בתוס', משום דע"י יאוש יצא קצת מרשות בעלים, ואין עליו רק עשה דהשב, בזה מספק הינוח אינו מחוייב בספק בעשה, ואפשר דאף בודאי הינוח, כיון דאין בו סימן וא"א לברר הבעלים, אין עליו העשה, **אח"כ** ראיתי בדרישה ומשמע להדיא כדברי, ע"ש, **ולפי"ז** יהא הדין דאסור להשתמש בו ולהחזיקו לעצמו עד דמשערינן דנודע לבעלים ונתייאשו – רעק"א}.

גם מש"כ הב"ח לדעת הרמב"ם, דאע"ג דבאיסורא אתי לידיה, מ"מ כיון דאין ממון זה יש לו בעלים בודאי, אינו בדין שיהא מונח עד שיבא אליהו, דלא אמרו כך אלא היכא שיש לו בעלים ולא נודע מי הוא, עכ"ל, **אינו** מובן לי, דגם הכא יש לו בעלים אלא דלא נודע מי הוא, **ואם** ר"ל דהכא אפשר דשל הפקר הוא, א"כ גם בפלוגתא דאביי ורבא ביאוש שלא מדעת אפשר כן הוא, ואפ"ה אמרינן דלא הוי יאוש, אלא הדבר ברור כדפירשתי.

וכל דבר שיש בו סימן, בין ספק הנחה בין בדרך נפילה, בין ברה"י בין בר"ה, חייב להכריז – {ברמב"ם לא כתב תיבת ספק, אלא ז"ל, בין בדרך הנחה כו', **והמחבר** דקדק וכתב ספק הנחה, משום דבודאי הנחה דהוא מקום המשומר, קי"ל דאף אם נטלה ממקומה, כל זמן שלא הוליכה לביתו, חוזר ומניחה במקום שנטלה, ואפילו בדבר שאין לו סימן, וכמ"ש הטור ומור"ם בס"י. **ולגירסת** הרמב"ם שכתוב בו בדרך הנחה, נראה לישב דקאי ג"כ אמקום שאין משתמר לגמרי כי אם קצת, אבל יש עדים שבכונה הניחם שם, ואפילו בזה קאמר דנוטל ומכריז, דאמרינן ודאי היתה דעתו לחזור וליטלו משם לפי שעה מאחר שאינו משומר לגמרי, ושכחו מליקחו, וניחא לבעליהן מסתמא שיקחנה משם ישראל ויכריז עליו, קודם שיקחנה גוי או ישראל דלא מעלי ויחזיקנה לעצמו}.

סימן רס ס"י - כיצד – {בא לפרש איזהו דרך הנחה}, **מצא טלית או קרדום בצד הגדר, הרי זה לא יגע בהם.**

{ודרך נפילה היינו כשמצאו} **בסרטיא (פי' דרך רחבה שהולכים שם רבים תדיר), נוטל ומכריז.**

מצא גוזלות מקושרים בכנפיהם ומדדין אחר הגדר (פי' גדר של אבנים) או אחר הגפה (פי' סתימת כותל של עצים או של קנים) – {חשבו למקום שאינו משתמר אלא קצת, ובצד הגדר חשבו המחבר למקום המשתמר בריש הסעיף, דיש חילוק בין צד הגדר לאחורי הגדר}, [**שאני** התם דדרך הפועלים להניח טלית שלהם בצד הגדר שעושין מלאכתן, ממילא הוי מקום המשתמר], **או בשבילין שבשדות, הרי זה לא יגע בהם, שמא בעליהם הניחום שם** – {בגמרא ובטור מפורש, דקשר כי האי לא הוי סימן, דכו"ע הכי קטרי להו, גם במקום אי אפשר לומר בו סימן, כיון דמדדין אמרינן דמעלמא נדדו שם ואין כאן סימן מקום, **דמיירי** שאין שובך סמוך להם בתוך נ' אמה, והו"ל ספק הינוח שם מבעליהן בכונה או ספק נפילה שלא בכונה, וכל ספק הינוח במקום שאין משתמר כ"כ, דינו דלא יגע בו}.

נראה דקשיא ליה, דא"כ הרי הוא של בעל השובך וכדלעיל ס"ח, וכ"כ בתיו"ט, **ובחנם** דחק ואדרבה נראה להיפך, דאי ס"ד שאין שובך תוך נ' אמה, ומשום דהוי ספק הניח או נפילה שלא בכונה, א"כ ל"ל מדדין, **אלא** ודאי מיירי שיש שובך קרוב תוך נ' אמה, והלכך לא חיישינן לנפילה, וכמ"ש התוס', דהיכא דמצינן למימר דמשובך בא לית לן למיתלי בנפילה כו', וחיישינן דמהשובך אתי, והוי נמי ספק הינוח, הואיל ומקושרין ונמצאו אחר הגדר או אחר הגפה, ואיכא למימר איניש אצנועינהו הואיל ומקושרים.

[**לא** שייך כאן לומר דתלינן בשובך, דשאני הכא דחזינן שהוא מקושר בכנפיו, וכבר הכינו איזה אדם לעצמו, נמצא שעכ"פ לא בא כאן מן השובך, רק שאין בירור אם הכינו אדם אחד כאן, או נאבד מן אדם אחד וע"י דידויי וטלטול בא כאן אחורי גדר, וכיון דאין בו סימן הוי יאוש, **משא"כ** בההיא דס"ח דאינם מקושרים, ודאי תלינן דמהשובך בא. **והך** מדדין שהוזכר כאן לא בא אלא

לאורויי דלא מיירי בקבועין ושוכבים במקום אחד, דאז הוי מקום סימן, וכמ"ש אח"כ וכן אם מצאן קבועים כו', כן נראה לענ"ד נכון וברור].

ואם נטלם, הרי אלו שלו – ‹גם ע"ז השיג הראב"ד: א"א זה שבוש, כל ספק הינוח יעמוד עד שיבא אליהו›.

ואם היו קשורים קשר שהוא סימן, חייב להכריז; וכן אם מצאם קבועים במקומם, חייב להכריז, שהמקום סימן.

הגה: כל אלו דברי הרמב"ס, אבל יש חולקין בכל זה וסבירא להו דג' חילוקים בדבר: דאם הדבר משתמר, כגון טלית או קרדוס בצד גדר - כלומר שהוא במקום המשתמר, דכיון שהוא במקום המשתמר לגמרי, אפי' יש בו סימן אינו חייב בהשבה, הלכך לא יגע בהן, **והוא ספק אם הניחו בעלים שם** - הלשון מגומגם, דהא כיון דיש בו סימן, טעמא דלא יגע בהן הוא משום שלדעת הונח במקום המשתמר, וא"כ הוי ודאי הניח, ‹ודאי הניחום שם מדעת, אע"פ שהוא אינו יודע אם הניחום מדעת אם לאו, זהו כוונת הטור והרמ"א, ואתי שפיר קושית הש"ך – ערוה"ש›, **לא יגע בהן, בין יש בו סימן בין אין בו סימן.**

עבר ונטלו והוליכו לביתו – ‹דאז איכא למיחש שמא בא בעל אבידה וביקש ליטלו במקום זה שהניח שמה ולא מצאהו, ושוב לא ילך שם לבקשו, נמצא דיפסידו זה עתה בהנחתו שמה, לכך יהיה בידו›, **אם יש בו סימן יכריז.**

ואם אין בו סימן, יהא מונח עד שיבא אליהו – {כיון דבאיסורא בא לידו כנ"ל}.

לא הוליכו לביתו – {פי', אלא הגביה ונטלו בידו אבל לא זז משם, דאז לא שייך טעם הנ"ל, דהרי ראה דלא בא בעל אבידה לבקשה}, **יחזור ויניחנו על מקומו** – {כיון דהמקום הוא משומר}.

[נ"ל, ה"ה אם הוליכו לביתו והעמיד שם אחד לראות אם יבוא שם אדם לבקש מידי, דג"כ יכול להחזירו אח"כ, כיון שלא בא שם שום אדם, **אבל** אם לא העמיד אדם שם, לא מהני ליה מה שיעידו עדים שלא היה שם אדם, דאפשר שבא ולאו אדעתייהו, דמילתא דלא רמיא עליה דאינש לאו אדעתיה].

ובמקום שאינו משתמר כלל, אפילו ודאי הונח, ואין בו סימן לא בחפץ ולא במקום, הוי של מוצאו - גם בכאן קיצר הרב בלשונו, דפשיטא דבודאי הניח ואין בו סימן, אפי' במקום שאינו משתמר כלל, לא הוי של מוצאו, אלא יהא מונח עד שיבא אליהו, מטעם דהוי יאוש שלא מדעת, **וע"כ** הוכרחו הטור והרא"ש לפרש כמו כריכות קטנות ברה"ר שאין בהם סימן, לפי שמתגלגלים ברגלי בני אדם, ומתחלה הניחום בעליהן שם להקל ממשאן ושכחום, ונתייאשו כיון שאין בהם סימן לא בחפץ ולא במקום, עכ"ל, **ר"ל** דדוקא בכה"ג שמסתמא מיד נתייאשו הבעלים קודם שמצאו זה, והילכך בהיתרא אתי לידיה, **אבל** בעלמא היכא דהוי יאוש שלא מדעת, יהא מונח עד שיבא אליהו לדעת הפוסקים והר"ב.

ואם יש בו סימן, נוטל ומכריז.

ובמקום שמשתמר קצת, כגון שבילין שבשדות, אפי' ספק הינוח, יש בו סימן נוטל ומכריז – {כיון שאינו משתמר כל הצורך, לכך נוטל ומכריז דבר שיש בו סימן}.

ואם אין בו סימן, לא בגופו ולא במקום – {כגון אלומות קטנות שמתגלגלין, או גוזלות מדדין דאיכא למימר שמא נדדו לשם}, **לא יטלנו** – {דשמא בעליהן הניחן שם ויבואו ויקחו שלהן, ואם יטלנו יפסיד לבעליהן שהרי אין בו סימן}.

ואם נטלו רק בידו ולא הוליכו לביתו – ‹וראה שלא בא בעליהן ליקחנו›, **לא יחזיר, שהרי אין המקום משתמר היטב** – ‹וכבר נתחייב בהשבה מעליא›, **ויהא מונח עד שיבא אליהו, וכן נראה לי עיקר.**

ומדברי הנ"י והר"ן פרק אלו מציאות, והרמב"ן והרשב"א והרב המגיד, נראה להדיא דבכה"ג יחזיר, כיון שלא הוליכו לביתו, **דממ"נ** אם הבעלים הניחום שם לדעתם, כיון שמקום זה משתמר הוא לדעת בעלים, יכול להחזירו, **ואי** מעלמא אתי, כיון שאין בו סימן, הרי הוא שלו, וכיון שיכול להניחו בביתו, למה לא יהא רשאי להניח במקום שנטל, **וכן** נ"ל עיקר.

{**בכל ג'** חילוקים הללו אין פלוגתא מבוארת אדברי הרמב"ם אלא בתרי ענינים. **חדא**, במש"כ הרמב"ם דבמצאו במקום שאינו משתמר כי אם קצת, ונטלו ואין בו סימן, דהוא

של מוצאו, **ושאר** הפוסקים ס"ל דיהא מונח בידו עד שיבוא אליהו, כיון דבא לידו באיסורא והו"ל יאוש שלא מדעת. **והשני**, בספק הינוח במקום שאין משתמר כ"כ ויש בו סימן, דכתבו המגיד משנה והכסף משנה, דנראה מדברי הרמב"ם דס"ל דלכתחילה לא יגע בו, **ושאר** הפוסקים חולקים וס"ל דלא אמרו ספק הינוח לא יגע בו אלא בדבר שאין בו סימן, אבל בדבר שיש בו סימן נוטל ומכריז, וכן מוכח סוגיתנו בגמ' שם, והמגיד משנה כתב דהיתה להרמב"ם גירסא אחרת בגמ'}

סעיף ד – מי שהוא זקן מכובד ומצא אבידה, והוא דבר מבוזה, שאפילו היה שלו לא היה נוטלו להביאו לביתו משום דהוי ליה בזיון, אינו חייב ליטפל בה. **ומכל** מקום יש לו לעשות לפנים משורת הדין וליטפל בה אף על פי שאינה לפי כבודו.

סימן רסג ס"א - מצא שק או קופה, אם היה חכם או זקן מכובד שאין דרכו ליטול כלים אלו בידו, אינו חייב ליטפל בהם – {ילפינן מדכתיב והתעלמת, ודרשינן בגמרא, פעמים שמותר לך להתעלם, כגון זה שכתב המחבר}. **ואומד דעתו, אילו היו שלו אם היה מחזירן לעצמו** – {פי', אם היו מונחין במקום שיש לחוש שיגנבו או יאבדו, לא היה בוש מחמת הזיקו, והיה מטפל בהן להכניסן}, **כך חייב להחזיר של חברו; ואם לא היה מוחל על כבודו אפילו היו שלו, כך בשל חבירו אינו חייב להחזיר.**

סימן רסג ס"ב - היה דרכו להחזיר כלים כאלו בשדה ואין דרכו להחזירן בעיר, ומצאן בעיר, אינו חייב להחזיר; מצאם בשדה, חייב להחזיר עד שיגיעו לרשות הבעלים, ואף על פי שהרי נכנס בהם לעיר ואין דרכו בכך.

{**בעיא** דלא איפשטא היא בגמרא, אי אמרינן כיון דהתחיל בהשבה חייב לעשות השבה גמורה, או לא, וכתב המחבר לשון הרמב"ם דפסק בה לחומרא}. ‹והעיקר כדעת הרמב"ם, הגר"א – ערוה"ש›.

(וי"א דלא יחזיר בעיר, אלא יכניס מן השדה לעיר ויניחנה) (טור בשם הרא"ש) – {ועיין דרישה, שם כתבתי דלא פסקו כן מכח דאזלינן בו מספיקא לקולא, ומשום דאין לזלזל בכבוד תורתו במקום די"ל שלא חייבתו התורה בזה, וכמ"ש הרא"ש ורבינו על הרמב"ם, **דא"כ** הו"ל להסיק ולכתוב דמכח ספק ישלם האבידה מכיסו, ועוד כתבתי לזה שאר הוכחות ע"ש, **אלא** ס"ל כגירסת הרי"ף דמסיק הרא"ש, דלפי גירסתו לא איבעיא בגמרא אלא אי כה"ג פטור אף בשדה, כיון דלא מצי לעשות השבה מעליא או לא, אבל בעיר פשיטא ליה דאין צריך להחזיר אף אם מצאה בשדה ודרכו לטפל בה בשדה, ע"ש}.

‹ובזה לא שייך לומר בבעלי חיים כיון שהרגילה לזוז ממקומה תברח, דאדרבא הא הוליכה למקום המשתמרת יותר מבשדה – ערוה"ש›.

וכן אם מצא בהמה והכישה, נתחייב ליטפל בה ולהחזירה אף על פי שאינה לפי כבודו, שהרי התחיל במצוה – {כלשון זה כתב ג"כ הרמב"ם, ודייק מיניה הר"ן והנמוקי יוסף, דמהאי טעמא לאו דוקא בבהמה קאמר דאנקטי נגרי ברייתא, אלא גם בשאר כלים דינו הכי, דשייך בהו האי טעמא כיון דהתחיל במצוה, **והא** דכתב הרמב"ם דינו בבהמה, לשון הגמרא נקט, ולרבותא כתב כן דאפילו לא עשה בה אלא הכאה בעלמא והזיזה ממקומה, חייב לטפל בה ולהחזירה, וכן היא דעת רש"י, **ויש** חולקין אזה. **והב"י** מסיק וכתב, שנראה לו עיקר שגם דעת הרמב"ם היא שדוקא בבהמה קאמרי, ומש"כ שהרי התחיל במצוה, הכי קאמר, מאחר שהתחיל במצוה, ואם לא יגמרנה ימשוך מההתחלה היזק לבעל האבידה, מאחר דאנקטי נגרי ברייתא. **אבל** בשאר דברים שאין דרכו ליטפל בהן, אפילו התחיל בה מותר לחזור בו ולהניחה, מאחר דאין לבעל אבידה היזק בהתחלת המצוה, ע"ש. ‹דאע"ג דבמצא כלים בשדה קאמר דחייב להחזירם אפילו בעיר, התם שאני דכיון דדרכו להחזיר בשדה, נתחייב בהם, אבל כשמצאם במקום שאין דרכו להחזיר, אפילו התחיל בהם יכול להניחם – ב"י›. **ומן** התימה למה סתם המחבר כאן לכתוב כלשון הרמב"ם דאיכא למיטעי ביה וכמ"ש}.

‹**ויראה** לי דבבעלי חיים אפילו לא היתה כוונתו להשיבה, כיון שהזיזה ממקומו חייב להחזירה, **ובשארי** דברים אינו חייב זולת אם היה דעתו להשבה, **וטעמא** רבה איכא בזה, דהא התורה לא פטרתו רק מלאו דלא תוכל להתעלם, וזה הלאו הוא כשלא התחיל עדיין, כמ"ש בריש סי' רנ"ט, **ומשהתחיל** בה נתחייב בעשה דהשב תשיבם, ומזה לא פטרתו התורה – ערוה"ש›.

סימן רסג ס"ג - ההולך בדרך הטוב והישר ועושה לפנים משורת הדין, מחזיר את האבידה בכל מקום ואף על פי שאינה לפי כבודו. הגה: ויש חולקין ואוסרין להחזיר, הואיל ואינו לפי כבודו – {כבר כתבתי בשם הרא"ש, דכתב דאסור לזקן לזלזל בכבוד תורתו, כיון דלא חייבתו התורה בזה}. ‹וזה לא שייך אלא שהוא ת"ח, אבל אם כבודו הוא מפני עושר או ענין אחר, מודים להרמב"ם שיכול להחמיר על עצמו – ערוה"ש›. **אלא אם רוצה ליכנס לפנים מן השורה, ישלם מכיסו (טור בשם הרא"ש סי' רע"ב).**

סעיף ה – מצא מציאה ואינו יודע מי אבדה, בין שיש בה סימן או אין בה סימן, יש בענינים אלו הרבה חילוקי דינים, ויעשה שאלת חכם איך יעשה.

סימן רסז ס"א - חייב ליטפל באבידה עד שיחזירנה לרשות בעליה במקום המשתמר – {לשון הטור, כיצד מצות השבת האבידה, אם הוא מכיר את הבעל, יטפל עד שיגיענה לידו, לא הגיע לידו אבל נתנו לגינתו או לחורבתו, יצא, אע"פ שלא ידעו הבעלים, ובלבד שתהא משתמרת שם, עכ"ל. **ור"ל** אעפ"י שהגנב והגזלן וד' שומרים הבאים להשיב בענין שיהדרוהו למקומן בידיעת בעלים, ואם הדרוה ולא הודיעו לבעלים ונגנבה משם או מתה מחמת רעב חייבים, **אבידה** שאני דכ' השב תשיבם, ריבתה תורה אפילו השבה שלא מדעת כשהוא משתמר שם, **והמחבר** תפס לשון הרמב"ם, והיא היא, ומש"כ בסעיף זה בסופו וא"צ דעת בעלים, קאי נמי אריש הסעיף, וק"ל}.

[**בדברי** רבינו הטור כתב בזה, יצא, וקשה למה אמר לשון דיעבד, כמו שדייקינן מלשון דיצא בהאל הקדוש בסוף פ"ק דברכות, **גם** לשון הרמב"ם כאן שסיים, הרי זה קיים המצוה, משמע דיעבד, וקשה דהא ילפינן ליה מקרא בגמרא, ונ"ל שמפרשים מש"כ בגמרא ריבתה התורה השבות הרבה, ר"ל שההשבה חלוקה, יש מהן לכתחילה ויש מהן דיעבד].

אבל אם החזירה למקום שאינו משתמר, כגון גנה וחורבה, ואבדה משם, חייב באחריותה.

החזיר את האבידה בשחרית למקום שהבעלים נכנסים ויוצאים שם בשחרית, אינו חייב ליטפל בה, שהרי הבעלים רואים אותה, אף על פי שאינו מקום המשתמר – {נקט בשחרית מפני שהבעלים אז בבית ונכנסים ויוצאים ורואים אותן, ומשו"ה אפילו החזירם למקום שאין משתמר שם, הו"ל כאילו מסר ליד בעליה}. ‹**אבל** בצהרים אין מדרך לצאת ולראות, דכל אחד טרוד אז במלאכתו – ערוה"ש›.

אבל בבעלי חיים, לעולם חייב ליטפל בה עד שיכניסנה לרשות הבעלים המשתמרת – {משום דכל שהוציאה ממקומה, נקטה לה דרך להיות הולך ממקום למקום, ומשו"ה צריך שמירה טפי}. ‹**ולמקום** שאינו משתמר, אף שדרך הבעלים לצאת לשם אינה השבה, דעד שיצאו הבעלים תברח, כיון שמלומדת לצאת – ערוה"ש›. **ואינו צריך דעת בעלים.**

ראה בהמה שברחה מן הדיר, והחזירה למקומה, הרי זה קיים המצוה, וא"צ דעת בעלים – ‹וביאור הדברים, דאע"ג דבבעלי חיים בעינן מקום המשתמר, כנ"ל, זה כשבריחתה לא היתה מן הדיר, **אבל** כשברחה מן הדיר, אין סברא שתחייבתו התורה להביאה לביתו, ואף שמלומדת לברוח, מ"מ די בהחזרתו לדיר שהוא מקום קבוע לבהמות, **ומ"מ** אם החזירה וברחה חייב להחזירה כמ"ש בס"ב – ערוה"ש›.

סימן רסז ס"ב - החזירה וברחה, אפילו מאה פעמים, חייב להחזיר, שנאמר: השב תשיבם, השב, אפילו מאה פעמים משמע – ‹והשב אינו פעולה, דליהוי משמע שיעשה הפעולה ודיו, אלא הוא מקור, כלומר השבה אף מאה פעמים – ערוה"ש›.

סימן רסז ס"ג - המוצא אבידה (ואינו מכיר את בעליה), מכריז עליה בבתי כנסיות ובתי מדרשות – {מכאן ראיה למה שנוהגים להכריז בבתי כנסיות גניבות ושאר ענינים בשעה שהציבור בבית הכנסת. **מיהו** נראה דהיינו דוקא בין מנחה למעריב או אחר יציאה מבית הכנסת, וכדי שלא להפסיק הציבור בתפילתם. **ומה** שנוהגין עתה קצת להכריז בין אשרי ללמנצח, לא שפיר עבדי, דאף דסדר קדושה ענין בפני עצמו הוא, כמו מעריב למנחה, מ"מ מיד אחר הקדיש דנפילת אפים מתחיל סדר

קדושה, לכן חוזרין ואומרין אשרי, ולכן מוטב להכריז קודם התחלת אשרי, וטוב יותר אחר גמר התפילה}.

{**הגה:** וכתב מהרי"ק, אם הכריז בבית הכנסת להחזיר אבידה בתקנת רבינו גרשום, ‹שתקן להכריז בבית הכנסת לכל מי שאבדה לו אבידה שיחזירוה המוצאים אותה, או שיודיעו לו היודעים ממנה דבר, למען יוכל לחזור אחר אבידתו›, **ויש** אנשים שאומרים שנמסר להם הדבר בסוד, יש לנדות מי שישתדל לבטל תקנת רבינו גרשום, ואפילו אם נשבע שלא לגלות לא יועיל, ‹שהרי נשבע לבטל את המצוה›, עכ"ל}.

ובזמן שיש אנשים שאומרים: אבידה הנמצאת של מלך היא, מודיע לשכניו ומיודעיו ודיו.

סימן רסז ס"ד - כיצד מכריז, אם מצא מעות מכריז: מי שאבד לו מטבע, וכן מכריז: מי שאבד לו כסות, או בהמה או שטרות, יבא ויתן סימנים ויטול; ואינו חושש (לרמאי) מפני שהודיע מין האבידה, לפי שאינו מחזירה עד שיתן סימנים מובהקים - {ר"ל הן שאבד מטבע הן שאר דברים, לעולם מזכיר שם האבידה שמוצא בפירוש, **וכתב** כן לאפוקי ממאן דאמר בגמרא, שיכריז סתם אבידה מצאתי ולא יזכיר מה היא, מחשש רמאי שידע בחבירו שאבד טליתו ומכיר סימניו, ויבוא ויאמר אני אבדתי הטלית ואלו הסימנים, וזהו שסיים, דלא חיישינן כולי האי, כיון דצריך לומר סימנים מובהקין שבה. ‹**ואם** באנו לחשוש שמא יודע סימניה, אין לדבר סוף, דגם אם יכריז סתם אבידה מצאתי, שמא יעלה הרמאי על לבו בשמעו כי פלוני אבד חפץ זה – ערוה"ש›. **והטעם** שאין מכריזין סתם אבידה, כדי לקרב הדבר לבעל האבידה בכל מה דאפשר, ליתן לב שאבידתו נמצא ויבוא ליתן סימניו}.

{**בדרישה** כתבתי לשון המגיד משנה, דג' מיני סימנים הן: סימן נקב בצד אות פלוני והדומה לו, והוא סימן מובהק גמור, דנחשב בשאר דברים כעדים. ‹כיצד הרי שבא ואמר נקב יש בבגד זה בצד ימינו בתחתיתו רחוק ג' אצבעות משפתו, או רושם יש במקום הזה, וכל כיוצא בזה, שמצמצם המקום ממש, דבסימן כזה מתירין גם בעגונה›. **וסימן ארוך וגוץ ומשקל ומקום**, ‹או סדר הנחתו, כמ"ש בסי' רס"ב›, **הוא** סימן בינוני, והוא סימן מובהק סתם מיקרי, ומיניה איירי הרמב"ם והמחבר כאן, וקאמר שמחזירין עליה האבידה מדין **תורה**, [כן הוא לשון הרמב"ם, וכתב ה"ה דפסק הרמב"ם כמ"ד סימנים דאורייתא, והקשה עליו הכ"מ ממה דפסק דלא מהני בעגונה]. ‹**רק** בעגונה מפני חומר אשת איש לא נקראו סימנים מובהקים, משום דאסתפק להו לרז"ל אם סימנים כאלו שמחזירין אבידה על ידם הוי דאורייתא, ומהני גם באיסור אשת איש, או המה מדרבנן, ובא"א אין מתירין בזה›, **וסימן חיור וסומק**, אינו מיקרי סימן מובהק כלל, ‹**ואפי'** הרבה סימנים גרועים אינו כלום – ערוה"ש›. **וילפינן ליה מקרא שנא'**: עד דרוש אחיך, ודרשו רז"ל: דרוש להבא לומר שלי הוא שלא יהא רמאי, ומדאורייתא כשיתן סימן מובהק תו לא חיישינן שהוא רמאי. **וזה** שמסיק בס"ו וקאמר בראשונה כו', ור"ל שדינו כדין תורה אא"כ הוחזק רמאי שבו החמיר להצריכו עדים – **ואי** סגי בודאי רמאי באומר נקב יש בצד אות פלוני או לא, עיין דרישה בזה, ‹ועיין בש"ך וט"ז לקמן› – **ומשרבו** הרמאים התקינו שלא להחזיר לסתם בני אדם אא"כ יביא עדים שהוא שלו, או שיביא עדים שאינו רמאי, וחוזר הדין לדין תורה להחזירו לו בסימנים מובהקים}.

עיין בסמ"ע וסימן ארוך וגוץ ומשקל כו', וטעות הוא, דארוך וגוץ לא הוי סימן כלל, וכן הוא להדיא בהרב המגיד ובהרא"ש, וכן מוכח בש"ס, [**דבמגיד** משנה חשבו גבי חיוור וסומק, **וצ"ל** דמ"ש הסמ"ע ארוך וגוץ, היינו שנותן מדה כמה הוא ארוך וגוץ, **ובמגיד** משנה מיירי שאינו אומר אלא ארוך וגוץ סתם].

סימן רסז ס"ה - בא בעל האבידה ונתן סימנים שאינם מובהקים, אין מחזירין. והרמאי, אף על פי שאמר סימנים מובהקים אין מחזירין לו, עד שיביא עדים שהיא שלו.

סימן רסז ס"ו - בראשונה, כל מי שאבד לו אבידה ובא ונתן סימנים, מחזירים אותה לו, אא"כ הוחזק רמאי; משרבו הרמאים התקינו ב"ד שיהיו אומרים לו: הבא עדים שאין אתה רמאי, וטול.

הגה: וי"א דבסימן מובהק מחזירין אפי' בזמן הזה, ואין צריך לעדים שאינו רמאי (טור בשם הרא"ש) - {הי"א לא פליגי אמש"כ בברייתא ובפוסקים בהדיא, דמשרבו הרמאים התקינו שאומרים לו הבא עדים דלאו רמאי את וטול, אלא דס"ל דאפילו לרמאי גמור מחזירין בסימן מובהק דארוך וגוץ או מדה ומשקל, **וס"ל** דבראשונה היו מחזירין לסתם בני אדם אפילו בסימן חיור וסומק דאינו מובהק כלל, **וממילא** גם עתה אם אינו מביא

ראיה שאינו רמאי או שהוא בחזקת צורבא מרבנן, ‹כלומר שאינו מביא ג"כ עדים שהוא בחזקת צורבא מרבנן – נה"מ›, **מחזירין לו בסימן ארוך וגוץ, וכמ"ש בסעיף שאחר זה. וטעם פלוגתתן תלויה בביאור הגמרא, כתבתיהו בדרישה, ע"ש שהבאתי ראיה לזה. וממאי** שכתבתי תלמד שהאי י"א שכתב מור"ם ז"ל לפלוגתא, קאי ג"כ אמש"כ בסוף סעיף שלפני זה, והרמאי אף על פי כו' עד שיביא עדים שהיא שלו, וק"ל}.

וכל מה שכתב בס"ק זה אינו, ואדרבה מוכח להדיא בהרא"ש, דאף בראשונה לא היו מחזירין לסתם בני אדם בסימן דחיוור וסומק וארוך וגוץ, אלא בסימן דמדה ומשקל כה"ג, **ולרמאי**, וכן האידנא, אף בסימנים אלו אין מחזירין, אלא בסימן מובהק שמועיל גם בעלמא, דהיינו *כגון נקב יש בצד אות פלוני, דבכה"ג מחזירין לרמאי, כל זה מוכח בהרא"ש להדיא, וכ"כ הב"ח לדעת הרא"ש, **ונראה** שהסמ"ע נמשך אחר דברי הטור והר"ב, שאחר שהביאו דברי הרא"ש כתבו, המדה והמשקל כו' סימנים מובהקים הן, ומשמע מדבריהם לכאורה דהיינו להחזיר בהן אף לרמאי, **אבל** כי דייקת שפיר תראה שאין כוונתם אלא לומר שהסימנים מובהקים הם לענין אבדה להחזיר כשידוע שאינו רמאי, לאפוקי חיוור וסומק וארוך וגוץ, דאף שמביא עדים שאינו רמאי לא מהני, כדמוכח באשר"י והרב המגיד שם, **וא"א** לומר דשום פוסק יסבור להחזיר לרמאי במדה ומשקל, דהא קי"ל כרב נחמן בדיני דגלימא מכריז, וכמ"ש כל הפוסקים וכמו שנתבאר בס"ד, ולרב נחמן צריך לאוקמי מתני' דאמר האבדה ולא נתן סימניה, דהיינו שאמר סימנים שאינם מובהקים ולא נתן סימן מובהקים, והרמאי אף על פי שאמר סימן מובהקים אין מחזירין לו, וכדאיתא בש"ס שם להדיא, וכמו שנתבאר ס"ה, וסימן מובהקים לכל הפירושים עכ"פ הוא מידה ומשקל וכה"ג, דחיור וסומק וארוך וגוץ לא הוי סימן כלל, ואין מחזירין בהן אפילו לידוע שאינו רמאי, אם כן מוכח להדיא דלרמאי אין מחזירין בסימן דמדה ומשקל לכל הפוסקים, ודברי הסמ"ע צל"ע.

***ולי** נראה דזה תלוי בפלוגתא דהרמב"ם והרא"ש שהביא הטור, והן הי"א שהביא הרב ס"ו, **ולענין** דינא נ"ל, כיון שאין בדברי הרא"ש הכרח כ"כ, וי"ל דהרא"ש מיירי בסתם בני אדם האידנא, ואפי' את"ל דפשט לשון הרא"ש משמע דמיירי אף בידוע שהוא רמאי, מ"מ פשט לשון הרמב"ם משמע דלרמאי אין מחזירין בשום סימן רק בעדים, וכ"כ ה"ה שזהו דעת הרמב"ם והראב"ד, וכ"כ הב"ח לדעת הרמב"ם, וכן משמע בהגה' אשר"י מאו"ז, **ע"כ** נ"ל להכריע, דבסימן מובהק לגמרי כגון נקב יש בצד אות פלוני וכה"ג, מחזירין האידנא לסתם בני אדם אפי' אינו מביא עדים שאינו רמאי או שהיה שלו, **אבל** בסימן מובהק דמדה ומשקל אין מחזירין אלא כשמביא עדים שאינו רמאי, או שהוא צורבא מרבנן, **אבל** בידוע שהוא רמאי, אין מחזירין אפי' בסימן מובהק לגמרי, וצריך דוקא להביא עדים שהיא שלו.

ונראה דאף האידנא יש דין ת"ח לענין זה, אף למאי דנסתפק בסמ"ע לעיל סי' רס"ב אם יש דין ת"ח האידנא לענין אבדה, **היינו** דוקא התם, דמדינא אינן מחזירין לכל אדם, אבל הכא דמדינא מחזירין לכל אדם, אלא דמשרבו הרמאים התקינו כך, כיון שהוא ת"ח, סגי בהכי אף האידנא לאפוקי מחזקת רמאי, כן נ"ל.

[**ונ"ל** דלא מהני סימן מובהק להרא"ש, אלא לענין החזקה שאנו מחזיקין סתם אדם לרמאי, על זה מהני סימן מובהק, אבל אם ברור שהוא רמאי, אין מועיל לו סימן מובהק, ועל כן כתב הרא"ש דבסימן מובהק מחזירין לכל אדם, דהיינו שאין שם בירור אלא החזקה. וזהו הפלוגתא בדברי רבינו הטור ס"ה בין רמב"ם להרא"ש, דלהרא"ש מהני סימן מובהק לדחות החזקה שהוחזקו רמאים, ולהרמב"ם אלים החזקה, דסימן לא מהני כאילו הוא ודאי רמאי, דבודאי רמאי כו"ע מודים דלא מהני סימן. **נמצא** דיפה כתב תחילה המחבר בס"ה דהרמאי לא מהני סימן מובהק, והיינו לכו"ע, ומשו"ה לא כתב הרמ"א שם כלום, **אבל** בס"ו דמיירי לענין הוחזק רמאי, כתב דיש אומרים דסימן מובהק מהני לזה, אבל לא לודאי רמאי. **וסמ"ע** הבין הדברים בדרך אחרת, והוא דחוק מאוד, הן בסידור דברי הרמ"א, הן בעיקר הסוגיא, דודאי רמאי לא מהני סימן כלל, כן נראה לענ"ד].

‹**ולדינא** נראה כדעה ראשונה, דבסימן מובהק מחזירין אף לרמאי, והרי אף באשת איש מתירין בזה – ערוה"ש›.

סימן רסז ס"ז – המדה או המשקל או המנין או מקום האבידה, סימנים מובהקים הם

– {פי', וסומכין עליהן גם לדעת הרמב"ם והמחבר ס"ו, למי שהביא עדים שאינו רמאי, או שהוא צורבא מרבנן שמסתמא אינו רמאי, וכ"כ רבינו ירוחם}. **לא** מצאתי דבר מזה ברבינו ירוחם, וגם לא מצאתי בשום מקום שצורבא

מדרבנן א"צ להביא עדים שהוא אינו רמאי, ומ"מ הוא מוכרח בעצמו.

סימן רסז ס"ח - באו שנים, זה נתן סימני האבידה, וזה נתן סימני האבידה כמו שנתן האחר - {ה"ה אם שניהן הביאו עדים}, ‹ושני עדים שוים כמאה – ערוה"ש›, **לא יתן לא לזה ולא לזה, אלא תהא מונחת עד שיודה האחד לחבירו, או יעשו פשרה ביניהם. הגה: או שיביא האחד עדים** - כתב בשלטי גבורים, נראה בעיני שאם אמר א' לחברו: או תשבע אתה שהיא שלך או אשבע אני שהיא שלי, שומעין לו, **וכן** אם באו לחלקה ביניהם, שומעים להם, וכן אם הודה א' מהם, שומעין לו, עכ"ל, **ונראה** שאם א' אומר אשבע ולא אתה, והב' אומר להפך, יניח.

‹**ואם** זה נתן סימנים אמצעיים, והשני נתן מובהקים, נ"ל דנותנים לו, ואף אם סימנים דאורייתא, מ"מ ודאי דקרוב יותר שהוא של בעל הסימנים המובהקים, דלא גרע מארכה ורחבה שיתבאר – ערוה"ש›.

הביא זה עדים, וזה עדים וסימנים, סימנים במקום עדים לאו כלום הוא, ויהא מונח (ריש הגהות מרדכי דב"מ) - ולפענ"ד הגה"מ שם לא מיירי אלא מדין שמיירי בש"ס, וכתבוהו הטור בסעיף שאח"ז, אבל דין זה לא נזכר כלל שם, **ואפשר** דכיון דהאי לא ידע סימניה, מוכחא מילתא דסהדי שיקרא נינהו, אם לא שהוא בענין דלא הו"ל לידע, וצ"ע.

סימן רסז ס"ט - נתן האחד סימנים והשני הביא עדים, יתן לבעל העדים; אפילו אין מעידים שנפלה ממנו, אלא מעידים שמכירים שהוא שלו - מחזקינן ליה בחזקתו ולא אמרינן שמכרה.

נתן הא' סימנים כו' - אפילו סימנים מובהקים, הרא"ש, ומשמע שם דר"ל אפילו מובהקים ביותר, וכן משמע מדברי מהרש"ל בח"ש, **רק** מה שכתב מהרש"ל שם דדעת רש"י לא נראה כן, לא נהירא לי ודו"ק.

סימן רסז ס"י - זה נתן סימנים, וזה נתן סימנים ועד אחד - ואפילו העד מעיד שראה שנפל, **העד אחד כמי שאינו, ויניח** - {ר"ל דא"צ לישבע נגד העד, כיון דאפילו לאחר השבועה אין נותנין לזה שנשבע}, וכן עיקר. **הגה: וי"א שזה שכנגד העד צריך לישבע שזה שלו הוא** - ‹ואעפ"כ אין נותנין לו, כיון שאינו בידו, ושכנגדו יש לו ג"כ סימנים – לבוש›, **ואם אינו רוצה לישבע, נותנין לבעל העד.**

סימן רסז סי"א - מצא שמלה וכיוצא בה, זה הביא עידי אריגה שארגוה לו, וזה הביא עידי נפילה, יתן למי שהביא עידי נפילה - ‹דהנפילה הוי סימן ברור, ועידי האריגה ג"כ אינם משקרים, שאמת שזה ארגה ומכרה להשני – ערוה"ש›.

סימן רסז סי"ב - זה נתן מדת ארכה וזה נתן מדת רחבה, יתן למי שנתן מדת ארכה, שמדת רחבה אפשר לשערו כשהיה בעליה מתכסה בה - {אבל לא מדת ארכה, משום דדרך גלימא וטלית שלהן שהיו מכסין בהן, היה רוחב הבגד לקומת איש, וארכו היה מעוטף סביבו, כדרך טליתות של מצוה שלנו, ומשו"ה יכול לשער הרוחב על גבי האיש, משא"כ האורך שהיה מעוטף ומכוסה כו'}. ‹**ולמה** נקראת הקומה רוחב, מפני שבגדים שלהם היו קצרים וארוכים – ערוה"ש›. **בספר** תורת חיים כתב, דהיינו דוקא בזמן התלמוד, אבל עכשיו הוא להפך, שמדת אורכו אפשר לשערו, וכן משמע לכאורה בסמ"ע, ומדברי כל הפוסקים והאחרונים לא נראה כן, **ונראה** שזה תלוי בראיות עיני הדיין, ולפי המלבוש ודרך הלבישה.

סימן רסז סי"ג - זה נתן מדת ארכה ורחבה, וזה נתן משקלה, יתן למי שכיוון משקלה - ‹עיין ברמ"א בסי"ד›.

סימן רסז סי"ד - זה אומר: כך ארכה וכך רחבה, וזה אומר ארכה ורחבה כך וכך, אבל איני יודע כמה באורך וכמה ברוחב, ינתן למי שאמר: כך ארכה וכך רחבה - לשון רמב"ם: זה נתן מדת ארכה ורחבה, וזה נתן האמריות שבה, ינתן למי שנתן מדת ארכה ורחבה, עכ"ל, וזה פי' הרמב"ם גמיו בש"ס, וכ"כ הרב המגיד, וכ"כ הכ"מ ז"ל: קשה שמדת האמריות היינו מדת ארכה, וכבר כתב דין זה בסמוך, ‹**כלומר** מבואר הוא ממ"ש בסמוך דזה נתן מידת

ארכה וזה רחבה יתן למי שנתן מידת ארכה, מכלל דאם נתן זה ארכה ורחבה וזה ארכה לבד, יתן למי שנתן מידת ארכה ורחבה - הלכה למשה}, **ושמא** יש לומר דנותן מדת האמריות שבה, היינו לומר שנותן מדת אורך ורוחב האמריות שבה, עכ"ל. **ואין** זה מוכרח, די"ל דאמריות אינו בכלל אורך הטלית, ואפשר דאם נותן אורך ורוחב האמריות שבה, לא ינתן לזה שאומר מדת ארכה ורחבה, וצ"ע, **ונראה** דהכל לפי ראות עיני הדיין, ולפי הדרך שעושין הטלית.

הגה: אחד אמר מדת ארכה ורחבה, ואחד אמר המשקל, יתנו לבעל המשקל, שאין דרך לשקול טלית, לפיכך הוי סימן מובהק (טור) - {ויתור הוא, דכבר כתבו המחבר בסעיף י"ג, ואי בשביל הטעם, כדי ללמוד ממנו דבדבר שדרך לשוקלו ולא למודדו הוה הדין איפכא, וכמ"ש הנמוקי יוסף והביאו בד"מ, הו"ל לכתבו אדברי המחבר, ולא להאריך ולכתבו בבא בפני עצמו. **ונראה** דמור"ם אגב שיטפא כתבה, מפני שהוא ז"ל נמשך אחר לשון הטור, והטור סידר דין זה דאורך ורוחב ומשקל אחר דין זה אומר כך ארכה וכך רחבה כו', וכשראה מור"ם שהמחבר לא כתבו אחר דין זה, סבר שהשמיטו וכתבו הוא, **והמחבר** נמשך אחר סדר דברי הרמב"ם שכתב בהאי סדר, אע"פ שלא נזכר שם האי דינא דסעיף י"ד בפירוש, המחבר כתבו ע"פ פירוש הכסף משנה שפי' שם בפי"ג ה"ז מ"ש הרמב"ם שם וזה נתן מדת האימריות שבה, דהיינו לומר שנתן מדת אורך ורוחב האמריות שבה דהיינו שפת הבגד, ע"ש ותמצא}.

סימן רסז סט"ו - הכריז ולא באו הבעלים, תהא המציאה מונחת אצלו עד שיבא אליהו - {שנאמר: ואם לא קרוב אליך אחיך ולא ידעתו ואספתו אל תוך ביתך}.

וכן כתב הרמב"ם, ואע"ג דלעיל סימן ר"ס ס"ט ס"ל להרמב"ם ומחבר דזכה בו, היינו בדבר שאין בו סימן, אבל הכא מיירי בדבר שיש בו סימן, דאיכא למיחש כל שעה שמא יבא בעליו, לכך יהא מונח עד שיבא אליהו ודו"ק.

סימן רסז סט"ז - כל זמן שהאבידה אצלו, אם נגנבה או אבדה, חייב באחריותה כדין שומר שכר. הגה: וי"א דשומר אבידה אינו אלא שומר חנם - {פלוגתא בזה בגמרא, איכא למ"ד דהוה עליה שומר שכר, משום דחייב ליטפל באבידה בניעור ושיטוח הכסות שלא תתקלקל, ובשאר אבידה ג"כ כל אחד כפי צורכו, וכמ"ש הטור והמחבר בסעיפים שאחר זה, ובזמן שעוסק בתיקון האבידה אם בא עני ומבקש ממנו דבר צדקה או פת לחם, הוא פטור מליתן לו, דהעוסק במצוה פטור מן המצוה, וזהו שכרו, משו"ה הו"ל עליה בחיוב גניבה ואבידה כשאר שומר שכר. **ואיכא** מ"ד דחולק ע"ז וס"ל, כיון דלא שכיח הוא דיבוא עני באותה עת דעוסק בצרכי האבידה, ואז לית שכר כלל על שמירת האבידה, משו"ה לא הוה דינו על שמירתו אלא כשומר חינם}.

ועיין לעיל סימן ע"ב סעיף ב' כילד נקטינן לענין משכון, והוא הדין כאן - [עיין שם דבמשכון כנגד מעותיו שהלוה לו, נתבאר שם בטור ובדברי מור"ם דלכו"ע מחשב כשומר שכר, משום דהו"ל כאילו קיבל עליו בפירוש בשעת הלואה להיות עליו כשומר שכר להתחייב בגניבה ואבידה כשיעור חובו, ולא לענין אונסין, ע"ש. **אלא** כונת מור"ם, כמו דנקטינן שם בשיווי המשכון ביותר מדמי חובו, כן הדין כאן בכל שיווי האבידה, ושם מסיק בסוף ס"ב דמספיקא לא מפקינן ממונא, והוי דינו כשומר חינם בהמותר]. **וא"כ** השומר אבידה פטור, ואם תפס בעל האבדה לא מפקינן מיניה, ‹**והתם** הכריעו התומים ונה"מ דלא מהני תפיסה - ערוה"ש› **ומהרש"ל** הכניס ראשו בין ההרים הגדולים, להכריע דהוי ש"ח לגמרי, ע"ש שהאריך, ודקדקתי אחר דבריו ומצאתי שאין בהם ממש.

‹ונראה, דאף אם באמת כבר נפטר פעם אחת מפרוטה דרב יוסף, דלא נעשה שומר שכר, מדלא חילקו הש"ס והפוסקים. **והטעם**, כיון דתחילת קבלה לעצמו לא היה בשכרו כדי שיהיה שומר שכר, כיון דלא שכיח, אף שהגיע לידו הנאה שוה פרוטה ממילא, לא הוי שומר שכר - נה"מ›.

סימן רסז סי"ז - כל זמן שהיא אצלו, חייב להיטפל בה שלא תפסד - [הרמב"ם כתב דלמדו זה מדכתיב והשבתו לו, ראה היאך תשיבנו לו. **ולא** כעיר שושן, דלמדו משור דכתב רחמנא, לרבות גיזת זנבו אע"ג דלית ביה שוה פרוטה, כדי שיחזור ויגדל ויהיה בו שוה פרוטה. **ודבריו** הן ע"פ פי' התוס' והרא"ש, אבל על ענין אחר הוא אמש"כ בגמרא, שור דכתב רחמנא לגיזת זנבו, וכמ"ש הטור והמחבר שו"ע אחר זה. **ודבריו** דעיר שושן תמוהין הן שם, דעירבב הדברים דברי הרמב"ם ותוס' יחד, והקשה שם

פשיטא אדבר שתוס' שם לא ס"ל דינא הכי, גם כתב תירוצים מסברתו שלא הוצרך להן ע"פ הטור, ע"ש **ותמצא**}.

ולהשביחה, כגון לגזוז הצאן; ואפילו גיזת זנב השור, שהוא דבר מועט, חייב ליטפל בו – ‹כתיב: לא תראה את שור אחיך או את שיו נדחים וגו' והשבות לו וכן תעשה לחמורו וכן תעשה לשמלתו וכן תעשה לכל אבידת אחיך וגו', ואמרו חכמינו ז"ל: למה לי דכתב רחמנא גבי אבידה שור חמור שה ושמלה, שהרי כולם הם כלולים בכלל כל אבידת אחיך ולמה פרטם, **ותירצו** כולם צריכי, שור למה לי, לרבות דאפילו גיזת זנבו צריך להשיב, כלומר אפילו שער שבסוף הזנב, אע"פ דמסתמא הוא פחות משוה פרוטה בשעה שגוזזה בפעם אחת, חייב להחזיר הגיזה, וכ"ש השה לגיזותיו שחייב להחזיר הגיזה, דמסתמא ודאי יש בה שוה פרוטה. **ואע"פ** דקימ"ל דפחות משוה פרוטה אין בו משום השבת אבידה, ה"מ כשמוצא דבר שאין בו שוה פרוטה, אבל הכא הא הוי בכלל השבה עם השור כשמצאו, ואע"ג שגוזזה ממנו, שוב לא פקע ממנה מצות השבה, **וכ"ת** הא נמי פשיטא, דאטו כל מי שימצא אבידה יקח ממנה מה שהוא שוה פחות משוה פרוטה מעט מעט, ולא יהיה חייב בהשבה, **אצטריך** לאשמעינן, דאע"ג דחייב לגוזזה בעתה כדי שתחזיר ותגדל, וא"כ בהיתר גזזה, אפ"ה חייב להחזירה, **וממילא** שמעינן, דהמוצא אבידה חייב לטפל בה כדי להשביחה, כגון הכא שצריך לגוזזה כדי שתחזור ותגדל. **לפיכך** אמרו רבותינו ז"ל: כל זמן שהאבידה היא אצלו, לא סגי שיטפל בה כדי שלא תפסד, אלא צריך אפילו להשביחה במה שדרכה כן, כגון לגזוז הצאן בזמנה ולהניח אצלו כדי שתחזור ותגדל, אפילו גיזת זנב השור שהוא דבר מועט, חייב לטפל בה לגוזזה בעתה כדי שתחזור ותגדל – לבוש›.

עיין בסמ"ע ולא ירדתי לסוף דעתו בכל מש"כ בס"ק זה, דנראה ברור דדברי העיר שושן נכונים, והרמב"ם והתוס' וטור שוין בכל דבר, דז"ל התוס': לגיזת זנבו, וא"ת אם יש בו שוה פרוטה פשיטא, ואם אין בו שוה פרוטה הא ממעטינן מהשבה, וי"ל דאצטריך שחייב לגוזזה בעתה אע"פ שאין בו שוה פרוטה בשעה שגוזזה, עכ"ל, וכך כתב הרא"ש וטור, וע"פ הדברים אלה הם דברי העיר שושן, ע"ש, אלא שדבריו הם ביאור לדברי תוס' והרא"ש, ודבריו מוכרחים למדקדק היטב בדבריהם, **והרמב"ם** דכתב דלמדו זה מדכתיב והשבות לו, ראה האיך תשיבנו לו, לא כ"כ בריש פרק י"ד גבי גיזת זנב שור, רק בפי"ג דין י"א כתב, וצריך לבקר האבדה ולבדקה כדי שלא תפסד ותאבד מאליה, שנאמר: והשיבות לו, ראה האיך תשיבנו לו, ר"ל דמקרא זה נלמד שלא יהא הפסד באבדה, וזהו משנה ובריייתא ערוכה פרק אלו מציאות סוף דף כ"ח, והשבות לו, ראה האיך תשיבנו לו, שלא יאכיל עגל לעגלים כו', **אבל** שחייב להתעסק כדי להשביח האבדה, מזה לא הזכיר הרמב"ם דבר, רק כתב בריש פרק י"ד ולמה פרט שור ושה, להחזיר אפי' גיזת השה או גז זנב שור, אע"פ שהוא דבר מועט, עכ"ל, ויש לפרש דבריו ג"כ כמו שפי' העיר שושן דברי תוס' ורא"ש, דהיינו שחייב לגוזזה אע"פ שאין בו שוה פרוטה, כדי שישביח אח"כ, הו"א דזה הגיזה שאינו שוה פרוטה לא יצטרך להחזיר אע"פ שבאה מדבר ששוה פרוטה, כיון שבדין גזז, קמ"ל דצריך להחזיר כיון שבאה מדבר שהיה שוה פרוטה.

סימן רסז סי"ח – וצריך לבקרה ולבדקה כדי שלא תפסד; כיצד, מצא כסות של צמר מנערה אחת לשלשים יום – {אבל טפי לא, מפני שתתקלקל, טור}. **ולא ינערנה במקל, ולא בשני בני אדם** – {מפני שמנתחין אותה וקורעין לה. **לשון** הטור, אלא אחד ינערה בידו, **בד"א** בשל פשתן, אבל בשל צמר הניעור קשה לה, כן פירש רש"י, **והרי"ף** פירש להפך, דבשל פשתן הניעור קשה, עכ"ל הטור. **והרמב"ם** כתב ג"כ דבכסות של צמר ינער, והיינו כהרי"ף, ואחריו נמשך המחבר}. ‹וזה תלוי לפי הבגדים לכל מקום ומקום כפי עשייתם – ערוה"ש›.

ושוטחה על גבי מטה לצרכה בלבד, אבל לא לצרכה ולצרכו – {הטעם, שמא ישכח על גבי המטה **(ויגנב)**. ‹**שמא** ישהה ע"ג המטה לצרכו לבד, ותיבת "ויגנב" שכתב הסמ"ע הוא ט"ס – נה"מ›, **ואע"ג דבספרים התירו לקרות בהן כיון שהוא ג"כ לצורכן, שאני התם דעביד מעשה בידים, לא חיישינן שיעבור במזיד לעסוק בה במה שלא התירו חז"ל, וכמפורש בטור ובסמוך ס"כ, משא"כ בשיטוח כסות דישכחנו שם בלי מעשה**}. [**התוס'** הקשו כן, ותירצו, דשאני בכסות דחשו שמא יניחנה שטוחה יותר מכדי צרכה, אבל בספר, כיון שקבעו לו זמן אחד לל' יום, לא חיישינן לכלום].

נזדמנו אורחים, לא ישטחנה בפניהם ואפילו לצורכה, שמא תגנב – ‹אא"כ מכיר אותם שאנשים כשרים הם – ערוה"ש›.

סימן רסז סי"ט - מצא כלי עץ, משתמש בהם לצורכן מעט, כדי שלא ירקבו; כלי נחשת, משתמש בהם בחמין - {וכ"ש בצונן}. **אבל לא ישים הכלי על גבי האור, מפני שמשחיקן** - {כן הוא לשון רש"י בגמרא, **והטור** מביא לשון רש"י שפי', שלא ישהה החמין ע"ג האור, עכ"ל, **ולכאורה** משמע שהייה אסור, אבל נתינה מועטת שרי, **אבל** בפרישה כתבתי דלאו דוקא שהייה קאמר, ע"ש, וגם ברמב"ם סתם וכתב כלשון המחבר}.

כלי כסף משתמש בהם בצונן, אבל לא בחמין, מפני שמשחירן - {פירש רש"י מפני ששמירתן בקרקע, הלכך משתמש בהן לפרקים כדי שלא יתעפשו שם. משמע מלשונו דבזמן שאינן טומנין אותן בקרקע, לא יגע להשתמש בהן. **ושל** זהב, אף שטמנם בקרקע מסיק דלא יגע בהן, ומטעם דזהב הוא מתכת היותר צלול, ואינו מתעפש משעה שנזדקק לעולם, וכסף דאינו צלול כ"כ, מתעפש בהיותו טמון בקרקע, לא בהיותו ע"ג קרקע, וכלי נחושת מתעפשין אפי' ע"ג הקרקע. **והטור** והמחבר וגם שאר מחברים לא הזכירו זה דטמון בקרקע, משמע שלא חילקו בזה}.

‹ועיין בתוס' שכתבו, דאפי' לצרכו מותר. **ואין** להקשות דא"כ יהיה שומר שכר בשביל היתר שימוש, שלפעמים השימוש שוה פרוטה. **ונראה**, כיון דדבר שאין מקפידין עליו הוא, ואפי' אם היה בביתו היה רשאי ליקח להשתמש בו בצונן בבית בעל החפץ, והוי כהפקירו לזה, **משא"כ** מעות לקמן סכ"ה, שהוא דבר שמקפידין עליו, משו"ה הוי כשכר – נה"מ›.

מצא מגריפות (פי' כלים שגורפין ומסירין בהם הדשן) - {פירש"י עשויים לגרוף הכירות ולהפריש תאנים המדובקות}, **וקרדומות (פירוש כלים שמבקעים בהם עצים), משתמש בהן ברך אבל לא בקשה, מפני שמפחיתן** - {פירוש, שנפגמים ממנו}. **מצא כלי זהב וכלי זכוכית וכסות של פשתן, הרי זה לא יגע בהן עד שיבא אליהו** - {כלי זהב אינו מתעפש וכנ"ל, וכלי זכוכית שישתבר}.

סימן רסז ס"כ - מצא ספרים, קורא בהם אחת לשלשים יום - ‹כדי שלא יתעפשו›, **ואם אינו יודע לקרות, גוללן כל ל' יום; ולעולם לא ילמד בהם דבר שלא למד מעולם** - ‹מפני שצריך עיון רב, ויבא להשהותו לפניו יותר מכדי צורך הספר – לבוש›.

{כ"כ ג"כ הרמב"ם, וכתב המגיד משנה ז"ל: מיהו כתב הרשב"א ז"ל בשם הרמב"ן ז"ל, דלא איתמר האי דינא אלא בספר תורה נביאים וכתובים, שמי שרגיל בהן אינו צריך ליגע בהן כלל, ושאינו רגיל בהן נוגע ומושך אילך ואילך, ויש לחוש שמא יקרע, **אבל** עכשיו שנהגו לכתוב גמרא, השונה פרקו מאה פעמים ומי שלא ראה אותו מעולם, אין לו ליגע ולמשמש, לפי שהוא צריך מחשבה יתירה וללמוד לכתחילה, עכ"ל רשב"א, **ואע"פ** שלא כתבו הרב אלא בדין השואל, נראה שה"ה לאבידה וצ"ע, עכ"ל המגיד משנה. **והנמוקי** יוסף הביא דברי הרשב"א הללו, ולא נסתפק כלל אם יש לחלק בין מציאה להשואל. **ומהתימה** שלא הזכירו המחבר ולא מור"ם ז"ל כאן, ובד"מ הביאו, ע"ש}.

‹**ודוקא** בספר תורה נביאים כתובים, אבל גמרות ושאר ספרים שצריכין עיון אסור לו ללמוד – נה"מ›.

ולא יקרא פרשה וישנה, ולא יקרא פרשה ויתרגם - ‹שלא יבא להשהות בה יותר מדאי›, **ולא יפתח בו יותר משלשה דפין** - ‹שיבא למותחה ולקורעה›, **ולא יהיו שנים קורין בשני ענינים** - ‹מפני שזה מושך לכאן וזה מושך לכאן, ויבואו לקורעה›, **אבל קורין בענין אחד שנים דוקא, אבל לא שלשה** - ‹שיבואו גם כן למשוך לכאן ולכאן ולקורעה – לבוש›.

{**כ"כ** הרמב"ם, **אבל** רש"י פירש בהיפך, דבשני ענינים קורין, דכל אחד קורא מענין שעומד לפניו, **ולא** מענין אחד, שזה מושך כאן וזה כאן ויקרע. **והטור** כתב דעת שניהן, אבל כתב דעת הרמב"ם באחרונה}.

סימן רסז סכ"א - מצא תפילין, שם דמיהן ומניחן עליו מיד, אם ירצה, שדבר מצוי הוא לקנות בכל שעה - {פירוש, מחזיק לעצמו ומניחן על ראשו ויוצא בהן ידי מצות תפילין, אם ירצה לקנותם לעצמו, דודאי בעליהן לא יקפידו, דהם מצויים לקנותן אצל סופרים. **והרמב"ם** מסיים בזה ז"ל, ואינן עשויין אלא למצותן בלבד, עכ"ל. **משמע** מלשון זה דבשאר דברים אף שמצויים לקנותן, מ"מ חביב לאדם דבר שרגיל בו, משא"כ תפילין דאין אדם רגיל להקפיד אם יוצא באלו או באלו, אם גם הם בחזקת כשרות. **אבל** הטור לא כתב אלא כלשון המחבר}.

לפעד"נ דה"פ, הואיל ואינה עשויה אלא למצותן בלבד ולא לשום תשמיש אחר, א"כ ניחא ליה לאינש שימכרו ויעשו בהן מצוה, משא"כ בשאר דברים.

{**וע"ש** בטור דכתב ז"ל, וכן פירות שהתחילו לרקוב וכן כל כיוצא בזה מוכרן מיד, עכ"ל. **ומהתימה** למה השמיטוהו בעלי השו"ע}.

לפעד"נ דלא קשה מידי, דטעמא דפירות שהתחילו לירקב, הוא משום שטיפולו מרובה משכרו, וא"כ כיון שכתב המחבר בסכ"ד, כל דבר שטפולו מרובה משכרו מוכרו כו', לא הוצרך לכתוב דין פירות שהתחילו לירקב, דפשוט הוא, וכ"ש הוא מהתם, כן נלפע"ד.

סימן רסז סכ"ב - מצא דבר שיש בו רוח חיים, שהרי הוא צריך להאכילו, אם היה דבר שעושה ואוכל כגון פרה וחמור, מיטפל בהם י"ב חדש מיום המציאה, ושוכרן ולוקח שכרן ומאכילן; ואם היה שכרו יותר על אכילתם, הרי היתר לבעלים. וכן התרנגולת, מוכר ביציהן ומאכילן כל שנים עשר חדש; מכאן ואילך שם דמיהן עליו והרי הם שלו ושל בעלים בשותפות, כדין כל השם מחבירו - {פירוש, עושה שומא כמה הוא שוה עתה, ובכך יקבלנה עליה להיות שותף בו עם בעל האבידה, שיחלקו בהשכירות ובשאר שבח שיהיה בו, ושאם ימות או יגנב יהיה ההפסד ג"כ לאמצע, כל זה הוא דעת הרמב"ם והטור, וכתב עוד דעות אחרות בזה, ע"ש}.

סימן רסז סכ"ג - מצא עגלים וסייחים של רעי - {כן הוא ג"כ לשון הרמב"ם, ופירושו, אם אינו צריך לפטמן בביתו, אלא מדרכן לרעות ולהשביען ברעייה מירק ועשב השדה}, **מיטפל בהם ג' חדשים; ושל פטם, ל' יום** - ‹שלא במקום מרעה, שצריך לפטמה על אבוסה ממה שבבית, שדמיהם יקרים וגם טיפולן מרובה, אינו מטפל בהן אלא שלשים יום - לבוש›.

סימן רסז סכ"ד - אווזים ותרנגולים זכרים (גדולים), מיטפל בהם שלשים יום - {ומש"כ זכרים אינו שם ברמב"ם וגם בטור, אבל מלשון רש"י על הגמרא הוא. **ומוכרח** לפרש כן, דאי נקבות כבר נתבאר בסעיף כ"ב, דכיון דיש מהן ביצים, מוכר הביצים ומאכילן כדין בהמה העושה ואוכלת}. **קטנים ביותר, וכל דבר שטיפולו מרובה משכרו, מיטפל בהם ג' ימים** - {כן הוא ג"כ ברמב"ם, **אבל** רש"י פירש איפכא, דגדולים שמזונותן מרובה, ג' ימים, וקטנים ל' יום, וכ"כ הטור ע"ש}. **מכאן ואילך מוכרן בב"ד** - {וכן הוא ברמב"ם, ולא כתב כאן דמחזיקין בשותפות כמ"ש בסוף סעיף כ"ב, דכיון דהם זכרים לית בהו ריוח, ומאי שותפות שייך בהו. **ונראה** דגם בסעיף כ"ב דכששם הבהמה לשותפות, ובסעיף כ"א כששם התפילין לעצמו, ס"ל דצריך בהן שומת בית דין, וא"כ ק"ק דהו"ל להרמב"ם לכתבו שם}.

(וי"א דאין צריך ב"ד, ויכול לשומן ולקחתן באותן הדמים) - {ואע"ג דגבאי הפורט מעות לדינרין, אמרו דפורטין לאחרים ולא לעצמו משום חשד, וכן במשכיר משכון, העושה שכר הרבה ואינו מפחית הרבה, לטובת הממושכן, אמרו דמשכירו לאחרים ולא לעצמו, וכמ"ש הטור והמחבר לעיל ריש סימן ע"ב ס"א, **שאני** הכא בזה המשיב אבידה שהוא בחזקת כשרות ואין חושדין אותו}.

‹ונ"ל דלשכור הבהמה למלאכה, לכו"ע יכול לשוכרה לעצמו, וכן ליקח הביצים לעצמו, ולא נטריחו להשכיר ולמכור הביצים בכל יום - ערוה"ש›.

סימן רסז סכ"ה - מה יעשה בדמים, ינתנו למוצא ויש לו רשות להשתמש בהם; לפיכך אם נאנסו חייב לשלם, ואף על פי שלא נשתמש בהם, שכיון שיש לו רשות להשתמש בהם, הרי הם אצלו כשאלה - {כ"כ הרמב"ם, ולטעמיה אזיל דפסק דכל שומר אבידה הוא שומר שכר, משו"ה בהני דמים דמותר להשתמש וליהנות מהן, מעלינן ליה חד דרגא וחייב באונסין. **ומשו"ה** סיים נמי וכתב הרמב"ם והמחבר, דאם מצא מעות דאז אסור להשתמש בהן, דנשתיירו על דינן כשאר שומרי אבידה, שאינן עליהן אלא כשומר שכר}.

בד"א שיש לו רשות להשתמש בהם, בדמי אבידה, מפני שטרח להטפל בה; אבל אם מצא מעות, לא ישתמש בהם, לפיכך אם

אבדו באונס פטור, שאינו עליהם אלא כשומר שכר.

{**לשון** הטור, וכן מי שהפקידו בידו מעות, לא ישתמש בהן כו', וכן הובא בגמרא ובפוסקים. **ומהתימה** שלא כתבו רמב"ם והמחבר ומור"ם ז"ל כאן}.

הגה: וכבר נתבאר סעיף ט"ז דיש חולקין וסבירא להו דאינו אלא שומר חנם - {ומינה נלמד, דס"ל דבמצא אבידה ומכרה, דאז מותר להשתמש בדמים, אינו אלא שומר שכר, ואע"ג דמותר להשתמש, מ"מ כל זמן שלא שימש לא מיחשב כשואל להתחייב באונסין, וכ"כ הטור בהדיא, **ומור"ם** קיצר במה שלא כתבו בהדיא, ואפשר שסמך על מש"כ דין שומר אבידה בסעיף ט"ז, אבל מ"מ הו"ל למימר גם זה, כדי שלא נטעה ולומר דדין שואל יש לו, כיון דכל הנאה שלו היא אי מטא סחורה לידו לקנותה. **ודוחק** לומר דמשו"ה לא כתבו, משום דלא ס"ל כהחולקין בזה מהאי טעמא, וצ"ע}.

וסברא זו דמעלינן חד דרגא, כבר דחוהו התוס' והרא"ש, **מיהו** גם הסמ"ג וריו פסקו כאן בדמי אבידה, דלא הוי רק ש"ש, והיינו מטעם כיון דשומר אבידה כש"ח, א"כ אין אנו מוכרחים לומר דמיירי במתני' לענין אונסים, אלא מתני' אשמועינן בדמי אבידה דהוי ש"ש, ולמה נוציא המשנה מפשטה, וגם כוונת הטור ע"כ כן הוא, **ואולי** גם כוונת הסמ"ע הוא כן, אלא שלשונו לא משמע הכי, ודו"ק.

‹**נ"ב** עיין מש"כ הש"ך סי' ע"ב ס"ק ל"א, דדוקא בדמי אבידה איכא דס"ל דהוי ש"ש, אבל אם הפקיד כלי אצל חבירו, ואח"כ נתן לו רשות להשתמש, כיון דלהדיא נתן לו רשות, גרע טפי וחייב באונסין - רעק"א›.

סימן רסז סכ"ו - כל אותן הימים שמיטפל באבידה קודם שימכרנה בבית דין, אם האכילן משלו, נוטל מהבעלים בלא שבועה, מפני תיקון העולם - {פי', אע"ג דבשאר ענינים אין אדם מוציא מיד שכנגדו בלא שבועה, אפילו הוציא ברשות, וכמ"ש לעיל בסימן צ"א ס"ג וסימן צ"ג סט"ו, כאן נוטל בלא שבועה, **וכ"ש** דאם שכרן ומהשכר שקיבל האכילן, דאין בעל האבידה יכול להשביעו כמה קיבל וכמה הוציא, ופשוט הוא}.

(**ועיין** בתשובת בית אפרים שכתב וז"ל, וגם הך דינא דסימן רס"ז שהוא מדברי הרב המגיד, דיליף לה מהא דמוצא מציאה לא ישבע, לעד"נ דצ"ע, דזה נאמר לענין עיקר המציאה אם זה טוען שמצא יותר, **אבל** בענין זה מה שמוציא הוצאות, י"ל שדינו כמו שאר מוציא הוצאות על נכסי חבירו, דמילתא דהאי ידע והאי לא ידע, משתבע האי דידע ושקיל, אבל בלא שבועה לא, **ואין** לומר דאית לן למיפטריה מפני תקנת השבים, שלא ירצה לטפל בה ויניחנה וילך לו, **זה** אינו, דבזה יכול להעמיד עדים או לעשות ע"י שומת ב"ד כו', **ומצאתי** דעת מהר"י ווייל בתשובה, בא' שהוציא הוצאות לפדות חבירו ממקום סכנה, שצריך לישבע וליטול, וכ"כ בשו"ת מהרי"ק כו', ומבואר מזה דאף בכה"ג דהוי השבת אבידה וגופו, לא חששו לתקנת חכמים, והצריכו שבועה אפי' בשמא כו', עכ"ל).

סימן רסז סכ"ז - המוצא מציאה לא ישבע מפני תיקון העולם, שאם אתה אומר ישבע, יניח המציאה וילך לו כדי שלא ישבע - ‹שיתיירא שבעל האבידה יאמר שהיה יותר ויחייבנו שבועה - ערוה"ש›.

אפילו מצא כיס, וטען בעל המציאה ששני כיסים קשורים היו, ואי אפשר שימצא האחד אא"כ נמצא האחר הקשור עמו - ‹וזה אומר לא מצאתי אלא אחד, או שאמר שניהם מצאתי והחזרתי לך אחד - לבוש›, **הרי זה לא ישבע.**

{**ואם טען ראיתי שהגבהת שני כיסים שלי**, ‹וכיוצא בזה בשארי אבידות כשטוען ראיתי שהגבהת יותר - ערוה"ש›, **נראה** שאין זה כדין אבידה ומציאה, אלא כשאר טוען ונטען, **וצריך** לישבע שלא מצא אלא אחד}.

[**הוא תמוה, דמאי שנא מטוען החזרתי לך אחד מהם, דיש** ג"כ חילוק דטוען ונטען ביניהם, ואפילו הכי חשו חכמים שמא ימנעו מלהגביה מציאה פן יבוא לידי שבועה, וה"נ כן הוא, כיון שזה המוצא אינו יודע שהבעלים רואים אותו, אם תזקיקהו לישבע כשיטעון הבעל ראיתי שהגבהת שניהם, כל אחד יתיירא מזה פן יטעון עליו הבעל אח"כ כן, ומכח זה ימנעו מלהגביה להשיב, וק"ו הוא מהחזרתי לך אחד, דשם יש תיקון בדבר, דיחזיר לו בפני עדים, ואפ"ה חכמים חשו בדבר, ק"ו בזה. **על כן** נלע"ד שבכל גווני שמוצא בענין שיש עליו שם מציאה, אין עליו שום שבועה, כן נראה לענ"ד].

§ סימן קפח – הלכות פקדון. ובו ה' סעיפים §

סעיף א - המפקיד מעות אצל חבירו, עתה בזמן הזה שכל עסקינו במשא ומתן והכל צריכין למעות, מן הסתם נתרצה המפקיד שהנפקד יוציאם כשיצטרך, ולכן מותר לו להוציאם והרי הן אצלו כמו מלוה, **אא"כ** גילה המפקיד דעתו שאין רצונו בכך, כגון שחתמם או קשרן בקשר משונה, אז אין הנפקד רשאי להוציאן.

סימן רצב ס"ז - היה הנפקד שולחני או חנוני והופקד אצלו מעות, אם אינם חתומים ולא קשורים קשר משונה, אעפ"י שהם צרורים - {פי', כמו שצר אדם כיס שלו}, **מותר לו להשתמש בהם** - {כיון דהמפקיד יודע שחנוני ושולחני צריכין למעות, ולא קשרם וחתמם בקשר משונה, ודאי אינו מקפיד הוא בשימושן במעותיו}.

{נ"ב בב"י ביו"ד סי' קס"ט ד"ה ומדברי הרמ"ה כתב, דבשולח מעות לחבירו מותרים, אף דהשליח חנוני, אינו יכול להשתמש בו, אלא בקיבל השליח אחריות, ע"ש – רעק"א}.

{**עיין** בנה"מ לעיל סימן קכ"א, מבואר בדבריו דוקא נפקד, אבל שליח אם הוא שליח להולכה, דהיינו שהמלוה עשה אותו שליח להוליך המעות ללוה, או שהלוה עשה אותו שליח למסור המעות להמלוה, אפילו הוא שולחני והן מותרין, אין לו רשות להשתמש בהם, כמ"ש הב"י ביו"ד סימן קס"ט, כיון שלא מסרם שישהא בידו שום זמן, אלא כדי שימסרם ללוה או להמלוה, **ומכ"ש** היכא שמסרן הלוה ואמר לו הולך וזכי, שנעשו מעות המלוה, והמלוה לא מסר בידו המעות מותרין, **אבל** שליח קבלה של המלוה שעשה אותו שליח לקבל המעות מיד הלוה, מותר השליח להשתמש בהם, דהוי כאילו הפקיד בידו מותרין}.

לפיכך נעשה עליהם שומר שכר - {בההיא הנאה שמותר לו להשתמש בהן אם היה צריך להם להרויח בהם בסחורה – לבוש}, **וחייב בגניבה ואבידה** - {ואפילו לדעת הרי"ף והרמב"ם דס"ל בדמי אבידה דמותר ג"כ להשתמש בהן, דחייב המוצא באונסיהן כאילו כבר נשתמש בהן, כמ"ש הטור בשמם בסוף סימן רס"ז, וגם המחבר כ"כ שם סעיף כ"ה, **ע"ש** דכתב הראב"ד דשאני הכא, דתשמיש בדמי הפקדון הוא גריעא, דירא לקנות בהן סחורה, שמא יבוא המפקיד פתאום ויתבע פקדונו, **משא"כ** בדמי אבידה דבטוח הוא ששהה אצלו זמן מרובה. **ומהאי** טעמא ג"כ אינו דומה לשואל מדעת דנתחייב באונסין אפילו עדיין לא שימש בה, דשם ניתן להשתמש בו ברשות, ואינו ירא דבעל הבית יבוא פתאום לתבוע ממנו}.

אפילו קודם שנשתמש בהם - מוכח בתוס, דאפי' תובע אותם המפקיד קודם שהוציאם הנפקד, א"צ להחזיר אותם המעות עצמם, אלא יכול ליתן לו ממעות אחרים.

{**אמנם** הגאון חכם צבי ז"ל השיג על הש"ך, וכתב ששגג שגגה גדולה, דאדרבה מוכח מהתוס' דלדידן דקיי"ל דהוי ש"ש, אם תובעם המפקיד קודם שהוציאם, ודאי צריך ליתן לו את שלו דוקא ולא מעות אחרים, ע"ש והביאו הבאר היטב בסימן ע"ג, וכן הסכים לדינא בתומים, גם הגאון מו"ה עוזר ז"ל בהגה שבבאר היטב לעיל סימן מ"ז השיג על הש"ך בזה, {**וכן** עיקר – ערוה"ש}. **ועיין** בנה"מ כאן שמישב דברי הש"ך וצ"ע, **גם** בתשובת בית אפרים מבואר שדעתו דלא כהש"ך בזה, אולם מבואר מדבריו, דזה דוקא אם הבעלים כאן ומקפידים להחזיר להם אותם מעות דוקא, **אבל** אם לא באו הבעלים, והוא צריך למעות אלו, ואינו רוצה ליקח אותם בתורת מלוה, רק שמזכה לבעלים אחרים תחתיהן, שפיר דמי ויכול הוא להחליף מטעם זה נהנה וזה לא חסר, כיון שאין קפידא לבעלים במעות אלו דוקא כו', **ומשמע** מדבריו דזהו אפילו באין לו היתר שימוש כלל, כגון שאינו שולחני או חנוני, ע"ש היטב, **ולענ"ד** צ"ע}.

{**ועיין** תשובת שארית יוסף דכתב, דאין הבעלים יכולים להקדיש, כיון דהמעות מותרים ויכול להשתמש בהן ולהוציאן, וצ"ע – רעק"א}.

ואם כבר נשתמש בהם - {ואפי' לא הוציא רק פרוטה, נה"מ – ערוה"ש}, **חייב גם באונסים** - לשון הרי"ף: הו"ל הלואה גביה וקמו ליה ברשותיה, ואי איתנסו ליה חייב, וכ"כ רב האי גאון ז"ל, עכ"ל, **ונראה** דר"ל דהו"ל אפי' לוה עלייהו, ונ"מ דאם נפסל המטבע, צריך לשלם לו מטבע היוצא באותה שעה, אפי' הוא בעין, **ולאפוקי**

אי הוי אמרינן דהו"ל שואל, אפי' היה שואל שלא מדעת דהו"ל גזלן, היה יכול לומר לו הרי שלך לפניך, קמ"ל דלא הו"ל שואל עלייהו, וגם כיון דמותר לו להשתמש לא הו"ל שואל שלא מדעת, אלא הו"ל לוה עלייהו.

אפילו אחר שהחזירם למקומם - {אע"פ דבשואל שלא מדעת דשימש בפקדון והחזירה למקומה פטור מאונסין, **שאני** מעות דעומד להשתמש בו עוד כל שעה כשיבוא לידו דבר שיש בו ריוח, וגם כבר שימש בה, ‹הוה לוה ממש, וצריך השבה מעלייתא ליד המלוה, ועד שלא באו ליד המלוה חייב אפילו באונסין - לבוש›, ומטעם זה כתב מור"ם שם בסעיף א' דבמעות בכה"ג חייב באונסין}, **עד שיחזירם לבעליהם.**

ואם היו המעות צרורים וחתומים, או קשורים קשר משונה, לא ישתמש בהם, לפיכך אבדו או נגנבו אינו חייב באחריותן.

ואם הופקדו אצל בעל הבית, אפילו הם מותרים, לא ישתמש בהם; לפיכך אבדו או נגנבו אינו חייב באחריותן, והוא שיטמנה בקרקע כמו שנתבאר (בסי' רצ"א סט"ו).

ובעל הבית שרוב עסקיו בריבית, דינו כשולחני, לפי שצריך תמיד למעות - {וכתב מהרי"ק, דאין חילוק בין מקום שהתגרים מצויים לאינן מצויים, וכן אין חילוק בין עשיר שאינו צריך לאלו המעות, לעני, עכ"ל. **במרדכי** כתב, דבזמנינו שאין לנו שדות וכרמים, כל עסקינו בריבית וקניית סחורה, וכו"ע דינם כשולחני}.

הגה: ודוקא במעות ממש, אבל בנסכא של כסף, לא - ‹שאין דרך להוציא כך - לבוש›. **ומיהו הכל לפי הענין.**

ואם הרויח במעות, בין היה לו רשות להשתמש בהן או לא, אין צריך לתת מן הריוח לבעל הפקדון - {מיירי כשגילה הנפקד דעתו, דאף דאין לו רשות להשתמש, מ"מ הוא משתמש בו כדי ליקח הריוח לנפשו, וזהו שכתב בסמוך אחר זה, או במקום שאסור להשתמש בו שמסתמא כו', דדוקא מסתמא היכא דלא גילה דעתו, וק"ל}.

מיהו אם בא בעל הפקדון ואמר: תן לי פקדוני ואני ארויח בהן בעצמי, והלה מעכב בידו, חייב ליתן הריוח מכאן ולהבא - ורש"ל ביש"ש פסק, דאפי' תבעו לדין, ואמר לו תן לי פקדוני כי יש לי ריוח ברור, ומברר דבריו, וזה מעכבו, פטור, דמבטל כיסו לא הוי אלא גרמא. ‹ולי נראה כדברי רבינו הרמ"א, דבירושלמי לא אמרו אלא כשגם הוא לא הרויח, אבל כשהרויח, וזה תבעו תן לי ואני ארויח בהם, חייב על להבא, דאין זה גרמא אלא כגרמי כיון שהרויח בהם, **ועוד** דאפשר דעיקר דין דמבטל כיס, אינו אלא על העבר, ולא על להבא כשתבעו, אף אם לא הרויח בהם, וכן נראה עיקר, **ודע** דכל זה הוא כשלא כוון לגזול, אבל אם כוון לגזול, הריוח שלו, ויש לו דין גזלן שמשלם כשעת הגזילה, נה"מ - ערוה"ש›.

אבל אם אומר הנפקד: הוצאתים בעסק, אם תרצה קבל עליך העסק בין לשכר בין להפסד - ‹וזה אומר לו איני רוצה בעסק, תן לי מעותי, אם היה לו רשות להשתמש בה›, **הדין עם הנפקד** - ‹ואם עסק באיסור, הדין עם המפקיד, **ויש** חולקין וס"ל דאפילו אם עסק בהיתר, מ"מ הרי פקדון הוא, ובכל עת שבא לבקש מעותיו, מחוייב ליתן לו, הגר"א - ערוה"ש›.

ואם נתעסק בהן לצורך בעל הפקדון, הריוח שלו - ‹ואין זה כריבית, מפני שלא באו לידו המעות בתורת הלואה - ערוה"ש›.

ואם גילה דעתו שעסק לצרכו, או במקום שאסור להשתמש, שמסתמא עסק בהן לצורך בעל הפקדון, אינו נאמן לומר: לעצמי עסקתי - ‹דאינו נאמן לומר שעשה איסור, ומסתמא בהיתר עשה›, **עד שיאמר כן לפני עדים** - ‹ויש מי שאומר דאע"פ שלא היה לו רשות להשתמש בהם ועסק סתם, הריוח לעצמו, אא"כ גילה דעתו שעסק לצורך המפקיד, או שיש הוכחה לזה, כגון שנתן לו פעם אחד מה שהרויח מהפקדון. **והעיקר** כדעה ראשונה, ט"ז, דאין לנו לתלות שעשה באיסור כל זמן שאינו אומר מפורש כן - ערוה"ש›. ‹**פירשנו** דברי הרמ"א בסוף הסעיף בעיקר ע"פ הערוה"ש, מפני אריכות הענין ומפני מה שאינו שייך לענינינו כ"כ, עיין בפנים לשאר המפרשים›.

סעיף ב – המפקיד שאר חפץ אצל חבירו, אסור להנפקד להשתמש בחפץ זה לצרכו, ואע"פ שאין החפץ מתקלקל כלל בתשמיש זה, מ"מ הוי שואל שלא מדעת, ושואל שלא מדעת גזלן הוא. **ואם** ידוע בבירור שאין המפקיד מקפיד עליו, מותר, **ויש** אוסרין גם בזה, משום דפקדון, אפילו בדבר שאין מדרך בני אדם להקפיד, אסור, משום דהוי שולח יד בפקדון גם בכהאי גונא, **ויש** להחמיר.

סימן רצב ס"א - אין הנפקד רשאי לשלוח יד בפקדון.

ואם שלח בו יד, אפילו אינו מכוין לגוזלו, אלא להשתמש בו, קם ליה ברשותיה וחייב באונסים אף על פי שעדיין לא נשתמש בו – {דכתיב ומת או נשבר או נשבה וגו' שבועת ה' תהיה בין שניהם אם לא שלח ידו במלאכת רעהו ולקח בעליו – השבועה – ולא ישלם, **הא** אם לא נשבע על זה, אלא מודה ששלח בה יד, חייב אפילו על מיתה ושבירה דנעשה לה מעצמה שהן אונסין גמורין, אע"פ שכבר החזירן למקומן, **והטעם**, דמשעה ששלח בה יד כדי לחסרה, עמדה ברשותו, ומתחייב לשלמה כמו שהיתה באותה שעה ששלח בה יד וכדין גזלן, כמ"ש המחבר בסמוך סעיף ה'}.

דשליחות יד אינה צריכה חסרון – {פי', אע"פ שעדיין לא נעשה החסרון רק שיגביהנה כו'}, **רק שיגביהה כדי להשתמש בה בתשמיש שמחסרו, אז חייב כאילו חסרו.**

אבל אם הגביהו לעשות בו תשמיש שאינו מחסרו, אינו חייב משעת הגבהה אלא משעת תשמיש, ולא משום שליחות יד, שהרי אינו שולח בו יד כיון שאינו מחסרו, אלא מפני שהוא שואל שלא מדעת דהוי כגזלן – {דקדק וכתב שלא מדעת, דאילו שואל מדעת, נתחייב באונסין משעה שמשכה מבית בעליה, אע"פ שעדיין לא נשתמש בה ולא הגביהה להשתמש בה, **והטעם** כתבו התוס', דבשאלה מדעת, כיון דמדעתו להשתמש בו למחר או ליומא אוחרא, כששאלה ומשכה מבית בעלים הו"ל כאילו כבר שימש בה, **משא"כ** זה שהופקד בידו כדי שיהא מונח אצלו בלא שימוש, כל שלא שימש בה, הו"ל ברשות בעליה כיון שאינו עומד לשימוש}.

הגה: ואם החזירה למקום שנטלה משם, חזר להיות דינו כשומר – {דדעת השומר חשיב דעת בעלים}, **הואיל ולא הוי עליו מתחלה רק שואל בעלמא (מרדכי)** – {היינו דוקא כשלא נטלה לשמש בה תשמיש שמחסרה, וזהו שסיים מור"ם ז"ל וכתב בטעמו ז"ל, הואיל ולא הוי עליו מתחילה רק שואל בעלמא. **ואם** נטלה לתשמיש שמחסרה, אז אין דין שואל עליה, אלא דין שולח יד דהוא כגזלן, וכל גזלן אינו מהימן למחשב חזרתו למקומו ברשותו, אם לא שהחזירן מדעת בעלים. **מיהו** צ"ע, דשם במרדכי משמע, דלא איירי אלא בדבר שאין הבעלים מקפידין על תשמישן בלא רשות, ובכה"ג לא מיקרי גזלן, וכאן לא איירי בכה"ג, מדקראו גזלן}.

(**עיין** בש"ך שכתב דדין זה תמוה הוא, דבש"ס פרק המפקיד איתא להדיא, דאפי' החזירה למקומה, חייב באונסים, ע"ש שהאריך להשיג, וסיים וז"ל, הלכך כל זמן שאין לנו יישוב ברור, אין בנו כח לפסוק כדברי הג"ה זו, שהוא נגד הש"ס וכל הפוסקים – בה"ט).

[נ"ל דהמרדכי לא איירי משואל שלא מדעת, דבזה הוי ודאי ממש כגנב, אלא דמיירי ששאל מן הבעלים החפץ שתחת ידו בפקדון, וע"ז פסק דא"צ להחזירו מדעת בעלים, דהא מהימן ליה].

(**עיין** בתשו' ברית אברהם שכתב ישוב נכון לדברי המרדכי, ומסיק שדברי המרדכי מדויקין מאד במ"ש אדם הנפקד ששאל חפץ אחד מפקדון שבידו כו', והיינו ששאל לעצמו מקצת שלא מדעת, ולא כלתה שמירתו ממילא, דעדיין לא נסתלק מעשה הראשון, דמשמר עדיין מקצת הפקדון, ולכן קאמר דאחר זה החזירו למקום שהיה מונח כו', דבמקום בעלים קאי, **ואפי'** לר"ע דאמר כלתה שמירתו, והיינו אפילו במקצת, בגונב טלה מן העדר וסלע מן הכיס, הני מילי גונב דלא מהימן ליה, ואף שלא גנב רק מקצת, מ"מ תו לא הוי שומר של הבעלים, דהבעלים אינם חפצים שיהיה עוד שומר שלהם, וצריך לדעת בעלים, דעכ"פ רשות בעלים בעינן, **אבל** שואל דמהימן ליה, דאף דחכמים הטילו עליו דין גזלן משום דעשה זאת שלא מדעת בעלים, מ"מ מהימן לבעלים, דלא יחשדוהו כלל בשום דבר כיון

שלא גנב ולא גזל מידי, וכדמשמע מסוגיא דפרק הגוזל קמא דף ק"ח: כו', **וא"כ** לא כלתה שמירתו, והיינו דתמיד היה שומר של הבעלים במקצת, דהא לא שאל רק מקצת, ועל השאר נשאר שומר, ובמקום בעלים קאי, והוי חוזרה לרשות בעלים, **והא** דחבית אתי שפיר, דמיירי שטלטל כל החבית להביא עליה גוזלות, ותו אין תורת שומר עליו, ולאו במקום בעליו קאי כו', עש"ב בתוספת ביאור›.

ובמעות בכי האי גוונא חייב באונסין (טור סי"א) – {הטעם, דשאני מעות דמוכנים תמיד לקנות בהן סחורה, כ"כ הרא"ש}. **ועיין לקמן סעיף ז'.**

‹**ואם** יודע בבירור שאין המפקיד מקפיד עליו, מותר, **ואצ"ל** אם הוא דבר שאין דרך בני אדם להקפיד כלל, מפני שאין חשש הפסד וקלקול כלל מתשמיש זה להפקדון. **אבל** תשמיש שקצת בני אדם מקפידין עליו מפני חשש קלקול, אפילו הוא חשש רחוק, אסור בין באבדה בין בפקדון משום שואל שלא מדעת, אפילו אם ברי לו שלא יקלקל כלל, אלא אם כן ידוע לו שהמפקיד לא יקפיד כלל בזה. **ויש** אוסרין בפקדון משום שליחות יד אפילו בתשמיש שאין דרך בני אדם להקפיד כלל, כי איסור שליחות יד גזרת הכתוב הוא בפקדון שהופקד אצלו, אפילו בדבר המותר אם לא היה מופקד אצלו, ובעל נפש יחוש לדבריהם – הגר"ז›.

סעיף ג – חייב לשמור את הפקדון באופן היותר טוב, כפי הדרך לשמור חפצים כאלו, ואפילו אם הוא אינו מדקדק כל כך בשאר חפצים שלו, בפקדון חייב לדקדק יותר.

‹**וכיצד** דרך השומרים, הכל לפי הפקדון, יש שדרך שמירתו להניח בחצר המשתמרת, כגון חבילות פשתן הגדולות וכיוצא בהן. **ויש** שדרך שמירתו להניחו בבית, כגון שמלה וטלית וכיוצא בהן. **ויש** שדרך שמירתו להניחו בתיבה ולנעול עליו, כגון בגדי משי וכלי כסף וכלי זהב, ומעות במקום שאין נוהגים להטמינם בקרקע, מפני שאין גנבים מצויים כל כך. **וכשמוליכן** בדרך, צריכים שמירה יתירה, שלא יעברו מכנגד פניו עד שיגיע לביתו וינעול בפניהם כראוי. **ותיבה** שיש בה אוכלין, לא יניח בה בגדים, כי סתם תיבה היא חתורה אצל עכברים כשיש בה אוכלים, וכל שכן חדר שיש בו אוכלין, אלא יתלה הבגדים על הנס. **ולא** יניח אחרים ליכנס בחדר שהפקדון מונח שם, אף על פי שאינם בחזקת גנבים, רק שאין ידוע לו שהם כשרים ונאמנים – הגר"ז›.

סימן רצא סי"ד - השומר שהניח הפקדון במקום שאינו ראוי לו, ונגנב משם או אבד, אפילו נאנס שם, כגון שנפלה דליקה ושרף כל הבית, הרי זה פושע, וחייב לשלם.

{**אינו** חייב על תחילתו בפשיעה וסופו באונס, אא"כ נוכל למצוא מקום לתלות בו, ולומר טעם דאילו לא פשע בתחילה לא היה אירע בו האונס, ה"נ צ"ל אם לא פשע והיה מניח הפקדון בארגז, היה נותן לבו להציל הארגז טפי}.

ואף על פי שהניח הפקדון עם שלו, אם ראוי לשמירה, פטור; ואם אין המקום ראוי לשמירה, חייב; בשלו הוא רשאי, ואינו רשאי בשל אחרים.

סעיף ד – אין הנפקד רשאי להפקיד את הפקדון ביד אחרים, אפילו כשרים ונאמנים יותר ממנו, אלא אם כן המפקיד גם כן רגיל להפקיד דברים כאלו אצלם.

סימן רצא סכ"ו - שומר שמסר לשומר, חייב, אפילו אם הוא שומר חנם ומסר לשומר שכר, דאמר ליה: את מהימן לי בשבועה היאך לא מהימן לי בשבועה - ומ"מ אם פשע השני, רצה גובה מהשני, ואינו יכול לומר לאו בעל דברים דידי את, דומיא דגזל ולא נתייאשו כו'. ‹**וחיובו** הוא מדר' נתן, דהא השני הוא שומר של הראשון, נה"מ. **ולכן** אם הראשון היה שומר חנם והשני ש"ש, ויש עדים שנגנבה, משלם השני, אף על פי שהראשון פטור מגניבה, מ"מ כיון דהשני חייב להראשון לשלם, ממילא דהתשלומין להבעלים, דאין הלה עושה סחורה בפרתו של חבירו, כמו בשם לענין אונס – ערוה"ש›.

אפילו אם ידוע לכל שהשני טוב וכשר יותר מראשון – {משום דמצי א"ל דלא היה לך להאמינו למי שאין לי עסק עמו}. ‹**ועיין** בנחלת צבי בענין אם הודה המפקיד לפני ב"ד, שגם הוא היה מאמין להשני, אם זה מהני לפוטרו כמו ברגיל להפקיד אצלו, ע"ש›.

הגה: מיהו שומר שמסר לשומר לפני המפקיד, ולא מיחה, פטור – ‹ואין דינו אלא עם השני, **ואם** מסר שלא בפני המפקיד, רק אח"כ הודיע זה להמפקיד, אין שתיקתו כהודאה, וחייב הראשון, ומה ששתק לפי שהיה אחר המעשה, אא"כ הסכים בפירוש, סמ"ע סי' קע"ו – ערוה"ש›.

לפיכך אם דרך הבעלים להפקיד תמיד דבר זה – {לאו דוקא קאמר, אלא הו"ל כאילו אמר "כזה", ור"ל דבר חשוב כזה, לאפוקי אם היה רגיל להפקיד דבר שהוא שוה פחות מזה, וכ"כ ב"י}, **אצל השומר השני, הרי השומר הראשון פטור מלשלם** – {בהאי תמיד, צ"ל דלא בא למעוטי אם הפקיד פעם אחת אצל אחר, אף על פי שרוב הפעמים מפקיד אצל זה, דזה אינו מן הסברא, **אלא** לאפוקי אם רוב הפעמים מפקיד אצל אחרים. וראיה לזה, דלקמן סימן ש"ה סעיף ה' כתב הטור האי דינא בשומר שכר, ולא כתב שם תיבת תמיד, וכ"ש כאן בשומר חנם}.

‹**וכתב** הריטב"א, דהא דאמרינן דאי מסר למי שדרך הבעלים להפקיד אצלו פטור, דוקא שלא העני ולא נעשה חשוד בינתיים, עכ"ל הובא בב"י, **וכתב** דגם מדברי הרמב"ם יש לדקדק כן כו' וע"ש. **ועיין** בתשובת ושב הכהן שכתב, דמש"כ הריטב"א שנעשה חשוד, לאו דוקא חשוד ממש, וה"ה אם איתרע חזקתו, יכול לומר איהו לא מהימן לי›.

וה"ה אם ידוע שהנפקד זה אינו רגיל לשמור בעצמו, אלא מוסר פקדונותיו ביד אחר, ודינו עם הב'.

והוא שלא ימעט שמירתו; אבל אם מיעט שמירתו, כגון שהראשון היה ש"ש והשני ש"ח, או שהראשון שואל והשני ש"ש, פושע הוא הראשון ומשלם – ‹דינו כאינו רגיל להפקיד אצלו, דהבעלים יכולים לומר, כיון שבפעם הזאת רציתי להחמיר בשמירה, פשעת שמיעטת בשמירה, ובכה"ג אין רצוני עתה גם אצל השני, אף שאני רגיל להפקיד אצלו – ערוה"ש›.

‹**עיין** בתשו' חתם סופר שכתב, דה"ה שומר שטרות שמסר לשומר, אם הראשון ש"ש ומסרו לש"ח, אף על גב דכל יומיה מפקיד גביה, מ"מ פושע הוא דגרועי גרעיה לשמירתו מש"ש לש"ח, אף על גב דלענין תשלומין אין נפקותא בשטרות, דבין ש"ש ובין ש"ח אינם חייבים אלא בפשיעה, מכל מקום מיקרי גריעותא בשמירה, דשמירת ש"ש אפילו בלי תשלומין הוה שמירה מעליא משמירת ש"ח כו' ע"ש›.

אף על פי ששאל או שכר בבעלים – {פי', השומר הראשון היתה שאלתו בבעלים, **ואם נאנסו אצלו היה פטור כמ"ש הטור והמחבר בסוף סימן זה, לא מהני זה לפטור מאונס שנעשה אצל השני. וסיים** המגיד משנה שם בטעמו וז"ל, **ואין שאלה בבעלים פוטרת אלא לשומר ששאל מהבעלים, אבל לא שומר שני שלא שאל מהבעלים הראשונים, והראשון מתחייב על רשות השני, עכ"ל}.** ‹אע"ג דבבעלים פטור אפילו מפשיעה כמו שיתבאר בסעיף כ"ח, **היינו** כשמתה הבהמה או נאבדה בפשיעתו ברשותו של השומר הראשון, אבל כשמסרה לשני, אין הראשון מתחייב אלא באותו שעה שמתה הבהמה ברשות השני, ואין שאלה בבעלים פוטרת אלא לאותו שומר ששאל מן הבעלים, אבל לא לשומר שני שלא שאל מן הבעלים, והראשון אינו מתחייב אלא על רשות השני – לבוש›.

ואף אם שומר הראשון שאל בבעלים, מ"מ הב' חייב, ולא מיקרי שאלה בבעלים, דכיון דאין הממון של שומר הא', כ"כ רש"ל ביש"ש. (**ולכאורה** אין הבנה לדברים אלו, ועיינתי במקור הדין ביש"ש שם וכתב שם בזה"ל, ואם השומר הראשון עם השני במלאכתו, לא נפטר השני, כי לא נקרא שמירה בבעלים מאחר דקמה ברשותא דבעלים, ולא פטרה התורה אלא שמירה בבעל שהממון שלו, וראיה נכונה מפרק השואל, דבעי היכא ששכרה האשה פרה מאחרים ואחר כך נישאת כו', עכ"ל. **ולפי"ז** נראה דט"ס יש כאן בש"ך, וצ"ל ואף אם שומר השני שאל בבעלים כו', אבל מדין שומר הראשון אם היתה שמירה בבעלים לא איירי כאן).

ואם יש עדים – ‹דהשתא ג"כ לא יוכל לטעון איהו לא מהימן לי, דהא יש עדים – לבוש› **ששמר השני כראוי** - ונגנב או נאנס בענין שהיה השומר הראשון פטור, **נפטר שומר ראשון** - אע"פ שאינו ברור שהיה נארע האונס כזה בבית השומר הא', פטור, ולא אמרינן מה שמסרו לשומר שני הו"ל פשיעה, והו"ל תחילתו בפשיעה וסופו באונס, דלא מיקרי פשיעה ש"ש שמסר לש"ח, כיון שמסרו לבן דעת, כן מתבאר מדברי הרא"ש. ‹**והוא** שהיה האונס שלא בא על ידי פשיעתו שמסרו לזה, שאף

מחבר **רמ"א** ש"ך ונקה"כ

אם לא מסרו לו היה אירע זה האונס, כגון מתה כדרכה, דאמרינן מלאך המות מה לי הכא ומה לי התם - לבוש›.

ה"ה כשיש עד א', מצטרף השומר הב' עם העד, והו"ל ב' עדים, **אבל** להפוסקים שתירצו דהשומר הוי נוגע, א"כ צריך הכא ב' עדים אחרים דוקא, וכן נראה עיקר.

ואפילו לא היו שם עדים, אם השומר הראשון ראה ויכול הוא לישבע, הרי זה נשבע ונפטר - {פי', שיכול הוא לישבע שלא פשע השני ולא שלח בה יד}. **לא** פי' יפה דברי הרמב"ם והמחבר, דס"ל לקמן סימן רצ"ד ס"ב, דהעיקר שבועה היא שנגנבה, ושבועה שלא פשע ושלא שלח יד היא רק מצד גלגול, ואם יש לו עדים שנגנבה, פטור, **א"כ** ה"ה הכא אם יש לו רק עדים שנגנבה, פטור, או שיכול רק לישבע שנגנב אצל השומר השני, פטור, וכן הוא בהרא"ש פרק המפקיד להדיא, דדין זה תלוי בהך דינא דלקמן סי' רצ"ד, וכן הוא ברי"ו בהדיא, **וגם** הטור שכתב לא נשאר שום שבועה, ר"ל שלא פשע, אבל שלא שלח יד א"צ, כמ"ש לקמן סימן רצ"ד בשם הירושלמי והרא"ש, ומביאם הרב בהג"ה שם, **ולא** כב"ח שפי' דבריו, שצריך עדים על כל הג' שבועות ע"ש. **ש"ש** שחזר והפקיד דבר השמור ביד הבעל דבר עצמו, ונגנב או נאבד אצל הבע"ד, חייב הש"ש לשלם, וכן נלמד מדברי הר"י שבמרדכי פ' האומנין, ואף הר' ברוך שחולק בהגהת מרדכי דסוף בבא מציעא, מודה כאן. **(ועיין סימן ע"ב סעיף ל').**

משמע אפילו מיעט בשמירתו, פטור ביש עדים, וכ"כ הב"ח בפשיטות, וכן משמע להדיא ברמב"ם וסמ"ג ע"ש, **ורש"ל** חולק, דהיכא דגרעיה לשמירתו, אפילו יש עדים חייב, מאחר שפשע, ע"ש, **ואני** אומר דאפילו בשבועה היה בדין שיפטר, אפילו היכא דגרעיה לשמירתו, אם דרכו להפקיד אצלו.

סעיף ה - **כשבא להחזיר את הפקדון לא יחזירו לאחד מבני ביתו של המפקיד שלא מדעתו, וכן כשבא להחזיר לו איזה חפץ שהשאיל לו או לפרוע חובו. אבל יכול להחזיר לאשתו, כי מן הסתם היא נושאת ונותנת בתוך הבית, והבעל מפקיד כל אשר לו בידה.**

‹**ואם** בא להחזיר הפקדון, לא יחזירם ליד אחד מבני ביתו של המפקיד שלא מדעתו, וכן אם בא להחזיר חפץ שהשאילו, וכן בפריעת חובו. **אבל** יכול להחזיר לאשתו, שמן הסתם היא נושאת ונותנת בתוך הבית, והבעל מפקיד כל אשר לו בידה - הגר"ז›.

עיין לקמן סי' רצ"א סעיף כ"א, שכתב מור"ם שם בהג"ה, דכמו דאמרינן כל המפקיד על דעת אשתו ובניו הוא מפקיד, כן אם הנפקד החזיר הפקדון לאשת המפקיד דפטור, עכ"ל. **ובסימן** ש"מ סעיף ח' כתב מור"ם בהג"ה ז"ל, וי"א דה"ה אם החזיר ליד אשת המשאיל ונאנס חייב, עכ"ל. **הרי** שחילק בין פקדון לשאלה, ונראה דהיינו טעמא, דבשואל כל הנאה שלו, משו"ה צריך ליזהר בשמירתו טפי, ובמשכון דהוא כקיבל שכר משום פרוטה דרב יוסף, משא"כ בפקדון. **והב"ח** כתב דהר"ב בהג"ה לקמן סי' רצ"א סעיף כ"א, מיירי באשה הנושאת ונותנת בתוך הבית, ודוחק, **ועוד**, דהא מדמי לה לכל המפקיד על דעת אשתו ובניו הוא מפקיד, והתם אין חילוק. **מיהו** לענין דינא י"ל כהב"ח, דאין חילוק בין נפקד לשואל, אלא בין שמירה לחזרה, ואינו פטור בהחזיר הנפקד לאשתו אלא כשהיא נושאת ונותנת בתוך הבית - ש"ך סי' עב ס"ק קלו.

‹**וכמו** שהמפקיד מפקיד על דעת אשתו ובניו של הנפקד, כמו כן כשהנפקד החזיר הפקדון לאשת המפקיד, פטור, והוה כהחזיר להמפקיד עצמו, **ואף** על גב דבשואל קיי"ל דלא מהני אם החזיר לאשת המשאיל, כמ"ש בסימן ש"מ, זהו רק בשואל מפני שכל הנאה שלו החמירו עליו, אבל לא בשארי שומרים. **וי"א** דאף בפקדון לא יצא אא"כ אשתו נושאת ונותנת במסחרו, אבל בסתם נשים לא, ש"ך, והוה כפרעון של הלואה בסי' ק"כ, {כתב הרמ"א שם: אם פרע לאשת המלוה, אם היא בת דעת נפטר הלוה בכך, כאילו נתנו למלוה עצמו}. **ולפי"ז** כשהחזיר הפקדון לבניו ובני ביתו של המפקיד, ודאי דלא יצא, **ולא** דמי חזרה לשמירה, דבשמירה יודע המפקיד שא"א להנפקד לשמור בעצמו יום ולילה, ובהכרח לסמוך על בני ביתו, אבל בחזרה שהיא אך רגע, מחוייב להחזיר להמפקיד בעצמו. **ואפשר** דגם לדעה ראשונה לא מהני בחזרה רק לאשתו דאשתו כגופו, ולא לבניו וב"ב, [**ואתי** שפיר הסתירה לסי' ע"ב סעיף ל"א, דכתב שם: ראובן שאל משמעון משכון שמשכן בידו, השיב שמעון: בנך הקטן בא ושאל אותו בשמך ונתתיו לו, וראובן אומר שלא בא לידו, שמעון פושע הוא, שמסרו ליד בן ראובן, אפילו אם היה גדול, שהממשכן או משאיל חפץ לחבירו צריך להחזיר לידו]. **ומה** שבפרעון חוב לא מהני אף לאשתו כשאינה נושאת ונותנת, יש לחלק בין הלואה לפקדון לדעה ראשונה, והלואה הוי כשאלה - ערוה"ש סימן רצא ס"ק נג›

§ סימן קפט – הלכות פריקה וטעינה. ובו ו סעיפים §

סעיף א – מי שפגע בחבירו ובהמתו רובצת תחת משאה, בין שהיה עליה משא הראוי לה, בין שהיה עליה יותר ממה שראוי לה, הרי זה מצוה לסייעו לפרוק מעליה, שנאמר עזוב תעזוב עמו, **ולאחר** שפרק לא יניח את חבירו בצער וילך לו, אלא יעזור לו לחזור ולטעון עליו, שנאמר הקם תקים. **ואם** הניח את חבירו ולא פרק ולא טען, ביטל מצות עשה ועבר על מצות לא תעשה, שנאמר לא תראה את חמור אחיך וגו'.

סימן רעב ס"א - מי שפגע בחבירו בדרך ובהמתו רובצת תחת משאה, בין שהיה עליה משא הראוי לה, בין שהיה עליה יותר ממשאה, הרי זה מצוה לפרוק מעליה, שנאמר: עזוב תעזוב עמו.

{**לאפוקי** ממ"ד דדרש מדכתיב בפ' משפטים כי תראה חמור שונאך רובץ תחת משאו, תחת משאו הראוי לו}, ‹ולא אמרינן כיון שהניח עליה יתר ממשאה, הרי מתחייב בעצמו, דאע"פ דהאמת כן הוא, מ"מ חייבתו התורה, דאולי בשגגה עשה כן, ועוד דאיכא צער הבהמה, וצער בעלי חיים הסכימו רוב הפוסקים דהוי מן התורה מצוה להצילן מצערן – ערוה"ש›.

(היה דרך הבהמה לרבוץ תמיד תחת משאה, או שהיא עומדת תחת משאה, אינו חייב) –

{דדרשינן רובץ ולא רבצן, רובץ ולא עומד}. ‹**רובץ** כלומר במקרה, ולא רבצן שהרגילו בכך, דהבעלים מזידים הם להנהיג בחמור כזה, **מיהו** אף על גב דמטעם מצות פריקה פטור, מ"מ משום צער בעלי חיים חייב בפריקתה, הגר"א – ערוה"ש›.

ולא יפרוק ויניחנו נבהל וילך, אלא יקום עמו ויטעון משאו עליה, שנאמר: הקם תקים –

‹בפריקה עצמה יש מצות טעינה, כשהוא פורק כל המשא מהחמור אם א"א באופן אחר – ערוה"ש›, {**פי'**, **כשהוא רובץ** תחת משאו מחמת שניתק המשא ממקומו שהניחו מתחילה ע"ג החמור, אזי יפרוק המשא מאותו המקום, ויחזור ויטעננו ויניחנו על מקום החמור שרגילין להניח בו המשא}.

ואם הניחו נבהל ולא פרק ולא טען, ביטל מצות עשה – {ר"ל, עזוב תעזוב הקם תקים הנ"ל}, **ועבר על מצות לא תעשה, שנאמר: לא תראה את חמור אחיך וגו'.**

‹**במדינתנו** שנוסעים ומוליכים משא בעגלה והסוס קשור בהעגלה, אם פגע בעגלה שנשקעה ברפש וטיט, מחוייב לסייע להעגלון לפרוק המשא ולהוציא את העגלה והסוס למקום יבשה, וזהו מצות פריקה, ואח"כ להטעינו כראוי, **וכן** אם נפלה המשא מהעגלה, מחוייב לסייע להטעינו, וזהו מצות טעינה, **וכן** אם נשברה אופן מהעגלה, או היד שהאופן מתגלגל בו, מחוייב לסייע ולתקן בכל מה דאפשר, וללותו מעט שיראה שהולכת יפה, וזהו ג"כ ממצות פריקה וטעינה – ערוה"ש›.

סעיף ב – פרק וטען וחזרה ונפלה, חייב לפרוק ולטעון פעם אחרת, ואפילו מאה פעמים, שנאמר עזוב תעזוב, הקם תקים עמו, לפיכך צריך לילך עמו עד פרסה, שמא יצטרך לו, אלא אם כן אומר לו בעל המשא איני צריך לך.

סימן רעב ס"ד - פרק וטען וחזרה ונפלה, חייב לטעון ולפרוק פעם אחרת, אפילו מאה פעמים, שנאמר: עזוב תעזוב, הקם תקים עמו – {לא מיתורא וכפל דעזוב תעזוב הקם תקים דרש כן, אלא עזוב והקם משמע אפילו ק' פעמים, ‹דהקם הוא מקור, ולא פעולה דליהוי משמע פעם אחת – ערוה"ש›, **ותעזוב ותקים** דרשינן בגמרא ללמד אתא, דאפילו אין בעליו עמו חייב להקים עמו, וכמ"ש המחבר בסמוך בסעיף ז} **לפיכך צריך לדדות עמו** – ‹דשמא יתקלקל – ערוה"ש›, **עד פרסה** – {כן איתא בגמרא ובפוסקים, ובטור כתב עד מיל. **ועיין** דרישה, שם כתבתי שנראה דהטור גריס בגמרא מיל, וכתבתי טוב טעם לדבריו}, **וברמזים** כתב הטור פרסה, וכ"כ בב"ח דט"ס הוא בטור, **אא"כ אומר לו בעל המשא: איני צריך לך.**

סעיף ג – מצות פריקה צריך לעשות בחנם, אבל לטעון אינו מחויב אלא בשכר, וכן בעד מה שהולך עמו מחויב לשלם לו.

סימן רעב ס"ו - מצוה מן התורה לפרוק עמו בחנם (כמו באבידה, ועי"ל סימן רס"ה) – {שם נתבאר דפועל מותר ליטול שכר, וכמה יטול, וכמה פרטי דינים מזה}. ‹וגם בפריקה אם יש לו היזק בזה, ישלם לו – ערוה"ש›.

אבל לטעון עליו, הרי זה מצוה ונוטל שכרו – {בגמרא הוכיח כן, דאל"כ קשה לא לכתוב רחמנא פריקה, דהא ילפינן לה בק"ו מטעינה, דלית בה צער בעלי חיים ולית בה חסרון כיס, וחייבה בה התורה, ק"ו בפריקה דאית בה חסרון כיס וצער בעלי חיים, אלא משום דבטעינה מותר לקבל עליה שכר, וכדי שלא נאמר דיו לבא מן הדין להיות כנדון להיות ג"כ בשכר, קמ"ל}.

וכן בשעה שמדדה עמו עד פרסה יש לו שכר – {ואפילו הולך משום פריקה מותר לקבל עליה שכר}. ‹**ויכול** לומר לו אם תתן לי שכר אעזור לך, ונוטל שכרו הראוי לו אפילו אם הוא איש בטל ממלאכה. **ואפילו** אם הוצרך להתנות עמו ביותר משכר הראוי לו, אין לו אלא שכרו הראוי לו, דמסתמא לא התירה התורה להעלות כמו שירצה ליטול יותר מן הראוי לו – לבוש›.

סעיף ד – בהמת עכו"ם, אם היה העכו"ם מחמר אחר בהמתו, בין שהמשא הוא של ישראל בין שהוא של עכו"ם, אינו חייב רק לפרוק משום צער בעלי חיים, ויכול לקבל שכר על זה, **אבל** לטעון אינו חייב כלל, רק אם איכא משום איבה, **ואם** אין שם העכו"ם אלא ישראל מחמר אחר הבהמה, חייב גם כן לטעון, משום צער הישראל, **וכן** בהמת ישראל והמשא של עכו"ם, חייב לפרוק ולטעון משום צער הישראל.

סימן רעב ס"ח - בהמת עו"ג והמשא של ישראל, אם היה העובד כוכבים מחמר אחר בהמתו אינו זקוק לה – {הרמב"ם לא איירי כאן אלא מטעינה, ומשו"ה אין זקוק לה, דמצות טעינה לא נצטוה ישראל על של גוי, **אבל** לפרוק מהבהמה, גם הרמב"ם ס"ל דחייב עליה מדאורייתא, משום צער בעלי חיים, אלא דמותר לקבל עליה שכר}.

{**והא** דכתב כאן אינו זקוק לה, ולא כתב דיזקק לה משום איבה, ס"ל דשאני הכא, דכיון דהמשא של ישראל ואינו מסייעו לטעון בשביל משא דישראל, לית ביה משום איבה הא דלא מסייעו בטעינה משום בהמתו, דלא עדיף הגוי מישראל דרואה דאינו מסייעו במשאו, משא"כ בשניהן של הגוי, וכ"כ ב"י בזה. **אבל** הטור ס"ל דגם בכה"ג שייך איבה, ומשו"ה השיג על הרמב"ם גם בזה, ע"ש}.

[**נראה** לישב מה שהקשה הטור על הרמב"ם ע"ש, דאה"נ דיש משום איבה בכל גווני, **דאין** לומר דדוקא כששניהם של גוי, אבל אם המשאוי של ישראל לא יקפיד הגוי, כיון שרואה שאין מסייעו אף לישראל, כמ"ש הב"י בשם המפרשים, **דא"כ** קמ"ל בסיפא שכתב אבל בהמת גוי כו' היפוכא דרישא, **דאם** היו שניהם של גוי, **אז** הוי דוקא משום איבה משא"כ ברישא, **וא"כ** הו"ל לומר בסיפא, אבל בהמת גוי ומשאו חייב משום איבה, ואמאי כתב לשון אינו חייב כו', דמשמע לקולא קמ"ל. **אלא** נלע"ד דקמ"ל בסיפא אבל בהמת כו', לאפוקי מחיובא דרישא דהוי מן התורה, ומשו"ה אתי שפיר, דברישא מחלק בין חיוב מן התורה לפטור. **וכי** **תימא** הא עכ"פ מיחייב לפרוק מן התורה משום צער בעלי חיים ולמה לי צער דישראל, **ונראה** דמיירי שהגוי המחמר הוא פורק וטוען, נמצא דאין שם צער בעלי חיים, ובזה אין הישראל צריך לסייע לגוי מן התורה, אלא דאם הישראל שם, חייב זה לסייע מן התורה, משום צער ישראל, דהוי בכלל צער בעלי חיים. **ומש"כ** בסעיף ט' וכן אם הבהמה של ישראל כו' משום צער ישראל, ולא קאמר משום מצות פריקה כמו שהקשה רבינו, **דמצות** פריקה אינה אלא כשהבהמה רובצת תחת משאה, משא"כ כאן שהישראל פורק, אלא שצריך לסייע משום צער שלו. **בכל** אלו נקיט חיובא מן התורה, **אבל** כששניהם של גוי, אין שום חיוב רק מדרבנן בשביל איבה, כנלע"ד, ובסמ"ע פירש בדרך אחר, ע"ש].

ואם לאו – {אלא הישראל ג"כ שם}, **חייב לפרוק ולטעון** – ‹וזה שמסיים חייב לפרוק ולטעון, הגם דברישא בטעינה פוטר ולא בפריקה, ר"ל כמו שחייב בפריקה כמו כן חייב בטעינה – ערוה"ש›, **משום צער ישראל** –

{פי', אם לא סייעו לטעון, אזי יצטרך הישראל לשהות שם. **ואע"ג** דצער דישראל לא נזכר בשום מקום, ס"ל להרמב"ם דלא גרע צער דישראל מצער דבעלי חיים דבהמה, וכ"ש הוא. **ומיהו** מותר לקבל עליה ג"כ שכר. **ונקט** צער ישראל ולא נקט צער בעלי חיים דבהמה, משום דבטעינה לית בה צער בעלי חיים דבהמה, וק"ל}.

סימן רעב ס"ט - וכן אם היתה הבהמה של ישראל והמשוי של עכו"ם, חייב לפרוק ולטעון משום צער ישראל - {כלל דמצות פריקה שחייב לפרוק בחנם, אינו אלא כששניהן של ישראל הבהמה והמשא, ומשו"ה כתב החיוב משום צער ישראל, ור"ל ומותר לקבל עליה שכר. **אבל** הטור השיג על זה, וכתב דבכה"ג דבהמה של ישראל חייב לפרוק בחנם משום מצות פריקה}.

אבל בהמת עו"ג ומשאו, אינו חייב להטפל בו אלא משום איבה - {איירי ג"כ בטעינה לחוד}.

הגה: וי"א לפרוק חייב אפילו אין העכו"ם שם, משום צער בעלי חיים דהוי דאורייתא - {נראה דקאי אמאי דמסיק הרמב"ם וכתב, דאם הבהמה והמשא של הגוי דאינו חייב ליטפל בה אלא משום איבה, ואיבה ליכא אלא כשהגוי רואה שהישראל זה עומד ואינו מסייעו, **ואזה** כתב מור"ם דחייב לפרוק אפילו אין הגוי שם, דאף דלית בה משום איבה, חייב משום צער בעלי חיים. **ולפי** מה שכתבתי בסמוך, דגם הרמב"ם ס"ל דצער בעלי חיים דאורייתא, אלא שקאי אטעינה ולא אפריקה, לא קשה מידי אהרמב"ם}. [**לפי** מש"כ בס"ח אף דעה קמא ס"ל כן].

וכן בכל מקום דפטור לפרוק, מ"מ משום צער בע"ח מיהו חייב - {פי', כשהבהמה היתה רבצנית או עמדנית, כנ"ל בסעיף א' בהג"ה, וכל כיוצא בזה הנזכרים לעיל, **אבל** אם הוא זקן ואינו לפי כבודו, אינו בכלל זה}.

ונפקא מינה שיכול לקבל שכר - {בלשון זה כתבו ג"כ הרא"ש והטור, **ובפרישה** כתבתי דדקדקו וכתבו מותר לקבל שכר, לאפוקי מה שהוא עליו לעשות משום מצוה, כגון פריקה ודין ולימוד תורה וכיוצא בו, דאסור לקבל עליה שכר אף אם ירצו ליתן לו. **וגם** כתבתי דאפילו בזה הוא אסור לתלות הפריקה בהשכר, ולומר אם לא תתנו לי שכר לא אפרוק, דאף אם לא ירצה ליתן לו הבעל שכר, חייב לפרוק משום צער בעלי חיים}.

‹**במקום** שפטור משום דין פריקה וחייב משום צער בעלי חיים לחוד, אם ירצה זה ליתן לו שכר, רשאי לקבלו – לבוש›.

סעיף ה – כתיב כי תראה חמור שונאך רובץ תחת משאו וגו', שונא זה לא מז' עממים הוא, (שהרי אינם במצות טעינה ופריקה אלא משום צער בעלי חיים), אלא מישראל, והאיך יהיה ישראל שונא לישראל, והכתוב אומר: לא תשנא את אחיך בלבבך, אמרו חכמים כגון שהוא לבדו ראהו שעבר עבירה והתרה בו ולא חזר, הרי מצוה לשנאתו עד שיעשה תשובה וישוב מרשעתו, ואע"פ שעדיין לא עשה תשובה, אם מצאו בצער על משאו, מצוה לפרוק ולטעון עמו ולא יניחנו כך, כי שמא ישהה בשביל ממונו ויבא לידי סכנה, והתורה הקפידה על נפשות ישראל בין רשעים בין צדיקים, מאחר שהם נלוים אל ה' ומאמינים בעיקר הדת, שנאמר: אמור אליהם חי אני נאם ה' אלקים אם אחפוץ במות הרשע כי אם בשוב רשע מדרכו וחיה.

סימן רעב סי"א - השונא האמור בתורה, לא מעו"ג הוא - {דאין מצות פריקה וטעינה בחמור דאומות העולם, וכנ"ל ס"ח וט'}, **אלא מישראל; והיאך יהיה לישראל שונא (מישראל), והכתוב אומר: לא תשנא את אחיך בלבבך; אמרו חכמים: כגון שראהו לבדו שעבר עבירה והתרה בו ולא חזר, הרי מצוה לשנאותו עד שיעשה תשובה וישוב מרשעתו; ואף על פי שעדיין לא עשה תשובה, אם מצאו נבהל במשאו, מצוה לטעון ולפרוק עמו, ולא יניחנו נוטה למות, שמא ישהה בשביל ממונו ויבא לידי סכנה, והתורה הקפידה על נפשות ישראל בין רשעים בין צדיקים, מאחר שהם נלוים אל ה' ומאמינים בעיקר הדת, שנאמר: אמור אליהם חי אני נאם ה' אלהים אם אחפוץ במות הרשע כי אם בשוב רשע מדרכו וחיה** - ‹ואף על גב דבטעינה לא כתיב שונא, מ"מ כיון דלגבי פריקה השוותה התורה שונא לאוהב, מסתמא גם בטעינה כן – ערוה"ש›.

סעיף ו – בני חבורה שאירע לאחד מהם שרגלי חמורו רעועות, אין בני חבורה רשאים ליפרד עם חמוריהם ולהניחו לבדו בדרך, **אבל** אם נפל חמורו ואינו יכול עוד לילך כלל, רשאים ליפרד ממנו, ואין צריכין להתעכב בשבילו יותר מדאי. **וכן** בני חבורה שנוסעין בעגלות, ואירע לאחד מהם איזה קלקול שצריך לשהות מעט לתקן, אין חביריו רשאים ליפרד ממנו, אלא אם כן צריך להתעכב הרבה יותר מדאי.

סימן רעב סי"ב - חמורים שרגליו של אחד מהם רעועות, אינם רשאים חבריו להקדים ולעבור מעליו; נפל, רשאים לעבור מעליו – {פי', כשסיעת אנשים הולכים בדרך כל אחד עם חמורו כולם טעונים או אינם טעונים, כיון שנתחברו לילך ביחד, ואירע שרגל של חמור אחד הוא רעוע מחמת מכה שאינו יכול לילך כ"כ במהירות, אין חביריו רשאין ליפרד עם חמוריהם ולהניח זה עם חמורו לבד בדרך, ‹שזה ג"כ בכלל עזב תעזב עמו הוא – לבוש›, **אם** לא שנפל ואינו יכול לילך כלל, אזי אין צריכין להתעכב בשבילו יותר מדאי}. ‹שהם אינם מחוייבין לישאר שם בשבילו, וכיון שקשה להם להקימו, הוא פשע בעצמו שהיה לו ליזהר, ודין זה אסמכו אקראי, דכתיב צדק צדק תרדוף, וכתיב בצדק תשפוט וגו', אחד לדין ואחד לפשרה, ודין זה כמו פשרה הוא, שדבר נכון הוא כן שבעוד שלא נפל ימתינו עליו, וכשנפל שוב אין צריכין יותר – לבוש›.

{**ומכאן יש ראיה שבני עיר אחת שנסעו יחד, ג' ד' אנשים על עגלה זו וג' ד' אנשים על עגלה אחרת, וכן הרבה עגלות, ונצטרך לעגל אחד לתקן דבר אחד בעגלה או בסוסים שבעגלתו, ולשהות עבור זה קצת בדרך, שגם בני עגלים אחרים ישהו עמו ולא יניחוהו לבדו, כמו באנשים עם חמוריהן**}. ‹**וצריכים** לסייעו בתקונו. **אמנם** כשזה הולך במשא וזה בלא משא, מסתמא אין נוסעים יחד, דזה נוסע במהירות וזה בכבדות, אין צריכים להמתין עליו, **אם** לא שצריך שיסייעוהו בתקונו, והוי כפריקה וטעינה – ערוה"ש›.

§ סימן קצ - הלכות שמירת הגוף ובל תשחית, ובו ג' סעיפים §

סעיף א - מצות עשה לעשות מעקה לגגו, שנאמר: ועשית מעקה לגגך. **גובה** המעקה אין פחות מעשרה טפחים גבוה, ותהא חזקה כדי שישען אדם עליה ולא תפול. **גגין** שלנו שאין משתמשין עליהן, פטורין. **ואמנם** לא הגג בלבד חייב במעקה, אלא כל דבר שיש בו סכנה שיכשל בו אדם וימות, חייב במעקה ותיקון, וכל המניחו בלי מעקה, ביטל מצות עשה ועבר על לא תעשה, שנאמר: ולא תשים דמים בביתך, **כגון** מי שיש לו בור בתוך חצירו, חייב לעשות לו חוליא גבוה עשרה טפחים, או לעשות לו כיסוי, שלא יפול בו אדם.

סימן תכז ס"א - מצות עשה לעשות אדם מעקה לגגו, שנאמר: ועשית מעקה לגגך; והוא שיהיה בית דירה - {שבני אדם מצויין שם ויש לחוש פן יפול הנופל - לבוש}, **אבל בית האוצרות ובית הבקר וכיוצא בהן, אינו זקוק לו** - {בסמוך ס"ג יתבאר, דלא נאמר בתורה גגך, אלא להוציא בתים שאינם עשויים לדירה, ע"ש. **וכתב** הכסף משנה על דברי הרמב"ם, אף על גב דבספרי מרבינן להני מקרא דחייבים במעקה, וכ"כ הסמ"ג, מ"מ תנאי יש בדבר לענין אם מחויבים המה במזוזה, ופוסק הרמב"ם כמ"ד דפטורים המה במזוזה, וס"ל דה"ה לענין מעקה דלא מיקרי ביתך, וס"ל דבספרי דמחייבי, אתיא כתנא דס"ל דגם במזוזה חייב, ולית הלכתא כוותיה, עכ"ל בקיצור. **וא"כ** תימה על המחבר, שבהלכות מזוזה ביו"ד ריש סימן רפ"ו, סתם וכתב דרפת בקר ולולין ובית אוצרות שמן ויין, חייבים במזוזה, וכדעת הרי"ף והרא"ש, ודלא כהרמב"ם, וכמ"ש שם, **וכאן** במעקה סתם המחבר וכתב דאין חייב במעקה, ודין מעקה נלמד מדין מזוזה וכמ"ש. **ונראה** דהמחבר הכריע וס"ל, דלענין מעקה כיון דאין דרך בני אדם להיות להן בית תשמיש ע"ג בית הבקר ובית האוצר ובית העצים, משו"ה אף אם לפעמים יקרה דידור שם אדם, מ"מ אין יוצאים ונכנסים כ"כ שם, למיחש שיפול משם להצטרך מעקה, **משא"כ** במזוזה דחייבה התורה בשביל הדר להיות מצות ה' נגד עיניו בביאתו וביציאתו, בזה פסק דהדר שם צריך לקבוע מזוזה באותו פתח, וק"ל}.

{**וכתב** הרמב"ם, דצריך לברך: אשר קדשנו במצוותיו וציונו לעשות מעקה, ושם כתב דמברך ג"כ שהחיינו, ע"ש. **אך** בספר נשמת אדם כתב, דהרמב"ם לשיטתו דכתב דגם על ציצית ותפילין מברכין שהחיינו, אבל למאי דקיי"ל באו"ח סימן כ"ב גבי ציצית, דאין מברכין, ה"ה במעקה אין מברכין שהחיינו, רק לעשות מעקה, ע"ש. **ועיין** בספר חיי אדם, שכתב דדוקא בעושה מעקה לגגו מברך, אבל בעושה חוליא או כיסוי לבורו דלקמן סעיף ז', אינו מברך, ע"ש. **ועיין** בספר מחנה אפרים, במי שרוצה לעשות מעקה ע"י אומן גוי, אי יברך עליו, ומצדד שם דשפיר יכול לברך, כיון דיד פועל כיד בעה"ב, **ומשמעות** דבריו שם דיש חילוק, אם עשהו ע"י אומן דקבלנות, אפילו ע"י אומן ישראל לא יברך הבעה"ב, ולדעת הכנסת הגדולה בשם רבותיו, יברך האומן המתקן אותו, **אבל** אם עשהו ע"י אומן פועל יום, אפילו האומן נכרי, שפיר מצי הבעל הבית לברך עליו, דחשיב כאילו הוא עצמו עשהו}. {**ואם** אחר עושה המעקה, מברך העושה על עשיית מעקה - רעק"א}.

{**עיין** לעיל סימן שי"ד סעיף ב', דמי ששכר בית מחבירו, השוכר חייב לעשות מעקה, ע"ש, **ועיין** בספר ארעא דרבנן שהביא דהכנסת הגדולה כתב, דשוכר אינו חייב במעקה אלא מדרבנן, **והוא** ז"ל כתב דחייב אף מדאורייתא, ע"ש}.

סימן תכז ס"ב - כל בית שאין בו ד' אמות על ד' אמות, פטור ממעקה - {שאז אינו בית תשמיש **ואינו ראוי לדירה**}. {**ואם** בכולל יש ד' על ד', והיינו שהאורך יותר מד' והרוחב פחות מד', נראה דהוי מקום דירה וחייבת במעקה, וגם במזוזה חייבת כמ"ש ביו"ד שם לענין מזוזה, **ואף** החולק שם במזוזה, מ"מ במעקה דהוא ספק סכנה יש להחמיר - ערוה"ש}.

סימן תכז ס"ג - בית של שני שותפים, חייבים במעקה, שנאמר: כי יפול הנופל ממנו, לא תלה אלא בנופל - {פירוש, אע"ג דכתיב לגגך, מ"מ מדתלה התורה טעם המעקה משום חשש דיפלו ממנו, מה לי שהבית הוא של אחד או של שנים}, **אם כן למה**

198 סימן קצ – הלכות שמירת הגוף ובל תשחית
סעיף א–סעיף ב

נאמר: גגך, למעט בתי כנסיות ובתי מדרשות, לפי שאינם עשויים לדירה – ‹ואף לבית האוצרות אינן דומות, לפי שאין בהם תשמיש כלל – ערוה"ש›.

{**ואפילו** המחייבים בית בקר ובית אוצרות במעקה וכנ"ל, מ"מ מודים בזה, מפני שבית הכנסת אין שום גגך שייך בו כלל, דאף של הבאים מעבר לים הוא}, [**ותירץ בזה** דלא תיקשי אמ"ש בסמוך דבשל שותפין חייב, **ופירש** דשאני התם דמ"מ אפשר לפסוק על השותפין שיסלקו ההיזק, משא"כ ברה"ר, כדאיתא בפרק חזקת הבתים בסופו, דבני רה"ר מאן פייס ומאן ישבוק], {**וכן פירש רש"י בפרק ראשית הגז קל"ו. ד"ה בתי כנסיות**}. ‹וז"ל: שאין חלק לאחד מהן בו, שאף לבני עבר הים הוא, ועוד שאינו בית דירה. **וסובר** הסמ"ע דרש"י הוסיף טעם ראשון אליבא דמ"ד בית הבקר חייב, **ומשמע** דלומד דהמחבר ג"כ קאמר ב' טעמים›.

ובשותף עכו"ם פסק ביש"ש דחייב, **אמנם** לפי מה שפסק מור"ם בי"ד סי' רפ"ו ס"א בהגה, במזוזה דפטורה, אפשר דהוא הדין במעקה, **ולפי** המרדכי יש להסתפק.

סימן תכז ס"ד - היתה רשות הרבים גבוה מגגו – {פירוש, ויש לחוש שיפלו מרה"ר ע"ג הגג}, **אינו זקוק למעקה** – {פירוש, ולא תימא שיעשה מעקה ע"ג גגו מלמטה למעלה עד שיהא י' טפחים גבוה מרה"ר, דכיון דבני רה"ר קדירא דבי שותפי נינהו, פשיטא דאין עליהן לעשות מעקה לרה"ר}, **שנאמר: כי יפול ממנו** – {פירוש, ודרשו רז"ל: ממנו ולא לתוכו. **וקצת** קשה ל"ל מיעוטא דממנו ולא לתוכו, הא בלא"ה נמי יכול הבעה"ב לומר: אי לא היה ביתי, מכ"ש שהיה נחבט וניזק או מת מנפילתו מגבהות רה"ר לארץ. **ובדוחק** י"ל דהו"א דהיו צריכין למלאת במקום ביתו בעפר כדי להשוותו ממטה לרה"ר}.

[**ובב"ק** מדמה לה לדין בור, ומשו"ה לק"מ מה שהקשה הסמ"ע ל"ל קרא, דודאי הו"א דחייב כמו בקונה קרקע עם הבור שבתוכו דחייב, אע"ג דאיהו לא כרה הבור, מ"מ עכשיו היא שלו, ה"ה נמי דחייב לסלק היזק הבא ע"י נפילה לקרקע שלו, דהא בהבל שלו וחבטה שלו ניזק הנופל, קמ"ל דפטור].

‹**ואם** יש חשש נפילה, יתקנוה בני רה"ר או ממוני העיר, ואע"ג דקדירא דבי שותפי כל א' יסמוך על חבירו ולא יעשו כלל, מ"מ עליו אין החיוב מוטל עליו, דהתורה פטרתו – ערוה"ש›.

נראה דחיוב מעקה בגגין אינו אלא בגגין שלהן שהיו שוין ולא בשיפוע, והיה להם הגג לתשמיש, **אבל** גגין שלנו שהן משופעין וא"א להשתמש בהן, אין בהן חיוב מעקה – ערוה"ש›.

סימן תכז ס"ה - גובה המעקה, אין פחות מי' טפחים, כדי שלא יפול ממנו הנופל – {משמע מכל סביבו, **והיינו** דלא כסמ"ג ודלא כהראב"ד **בהשגותיו**}, ‹**דס"ל** דא"צ י' טפחים רק בהצד שהולכין בו, ושאר הג' רוחות די בג' טפחים, **ואפי'** לדעה זו, במרתף ובור וכיוצא בהן, צריך י"ט מכל הצדדים, מפני שהולכין בכל סביבם – ערוה"ש›.

וצריך להיות המחיצה חזקה, כדי שישען אדם עליה ולא תפול.

סימן תכז ס"ו - כל המניח גגו בלא מעקה, ביטל מצות עשה ועבר על לא תעשה, שנאמר: ולא תשים דמים בביתך.

סימן תכז ס"ז - אחד הגג ואחד כל דבר שיש בו סכנה וראוי שיכשול בה אדם וימות, כגון שהיתה לו באר (או בור) בחצירו, בין שיש בו מים בין שאין בו מים, חייב לעשות חוליא גבוה י"ט, או לעשות לה כיסוי – ‹ולא חיישינן שמא יניחנו פתוח, דאם באנו לחשוש חששות כאלה, אין לדבר סוף – ערוה"ש›, **כדי שלא יפול בה אדם וימות** – {בספרי מרבה כל הני, מדכתיב ולא תשים דמים בביתך}.

סעיף ב – וכן כל מכשול שיש בו סכנת נפשות, מצות עשה להסירו ולהשמר ממנו ולהזהר בדבר יפה, שנאמר: השמר לך ושמור נפשך מאד, **ואם** הניח ולא הסיר את המכשולות המביאים לידי סכנה, ביטל מצות עשה ועבר בלא תשים דמים, **כגון** אם סולם רעוע עומד בביתו וחצרו, וכן המגדל כלב רע.

סימן תכז ס"ח - וכן כל מכשול שיש בו סכנת נפשות, מצות עשה להסירו ולהשמר ממנו ולהזהר בדבר יפה, שנאמר: השמר לך ושמור נפשך; ואם לא הסיר והניח המכשולות

{סמ"ע} [ט"ז] ‹רעק"א או ש"א או הוספת הסבר› (פת"ש)

199 סימן קצ – הלכות שמירת הגוף ובל תשחית
סעיף ב-סעיף ג

המביאים לידי סכנה, ביטל מצות עשה ועבר בלא תשים דמים - {ואין לוקין על לאו זה - ערוה"ש}.

{ומינקת חייבת ליזהר כששוכב אצלה הילד, שלא יארע לו סיבה ח"ו, ואם אירע ח"ו, נהגו שמקבלת תשובה, ואף שמדינא אינה כמכה נפש בשגגה, שהרי לטובת התינוק נתכוונה, ועדיף מאב המכה את בנו שפטור מגלות, מ"מ פושעת היא, **וטוב** שתניקהו בעריסתו או להניחו בעריבה במטתה, ואין לך יפה מן הזהירות - ערוה"ש}.

{**וז"ל ד"מ** בסימן תכ"ו, כתב הרמב"ם בהלכות אבל בפי"ד, מצות עשה מדבריהם ללוות אורחים, ואמרו רז"ל: כל מי שאינו מלווה כאילו שופך דמים, וכופין ללויה כדרך שכופין לצדקה כו', עד: אפילו המלווה לחבירו ד' אמות יש לו שכר הרבה, **וכמה** שיעור לוויה שחייב אדם בה, הרב לתלמיד עד עיבורה של עיר, ואדם לחבירו עד תחום שבת, ותלמיד לרבו עד פרסה, ואם היה רבו מובהק עד ג' פרסאות, עכ"ל רמב"ם. **ובילקוט** מהר"ש מצאתי, האידנא אין נוהגין ללוות תלמיד לרבו עד פרסה, משום דבזמן הזה מוחלים על כבודם, ויש לילך עמו או עם חבירו עד השער או לכל הפחות ד' אמות, עכ"ל. **וכתב** הרמב"ם עוד, גמילות חסדים שבגופו שאין להן שיעור כגון ביקור חולים וניחום אבלים והוצאת המת והכנסת כלה והלוית אורחים, אף על פי שכל מצות אלו מדבריהם, הרי הם בכלל ואהבת לרעך כמוך, כל הדברים שאתה רוצה שיעשון אותן לך אחרים, עשה אתה לאחיך בתורה ובמצות, **ושכר** הלויית אורחים מרובה מן הכל, והוא החוק שחקק אברהם אבינו ודרך החסד שנהג בהם, מאכיל עוברי דרכים ומשקה אותן ומלוה אותן, **וגדולה** הכנסת אורחים מקבלת פני השכינה שנאמר: וירא והנה שלשה אנשים וגו' וירץ לקראתם, ולוייתן יותר מהכנסתם, עכ"ל רמב"ם, וכן הוא במדרש פרשת וירא, עכ"ל ד"מ}.

סימן תכז ס"ט - הרבה דברים אסרו חכמים מפני שיש בהם סכנת נפשות - {מדכתיב השמר לך ושמור נפשך מאד}, **וקצתם נתבארו בטור יו"ד סי' קט"ז, ועוד יש דברים אחרים ואלו הם: לא יניח פיו על הסילון המקלח וישתה, ולא ישתה בלילה מהבארות ומהאגמים, שמא יבלע עלוקה והוא אינו רואה. הגה: וכבר כתבתי דברים אלו סימן קט"ז ביו"ד וע"ש.**

סימן תכז ס"י - כל העובר על דברים אלו וכיוצא בהם, ואמר: הריני מסכן בעצמי ומה לאחרים עלי בכך, או: איני מקפיד בכך, מכין אותו מכת מרדות - {ואין כוונתו דזהו רק איסור דרבנן, דודאי יש בזה איסור דאורייתא, אלא שאין לוקין עליו כהרבה לאוין שאין בהם מלקות - ערוה"ש}, **והנזהר מהם עליו תבא ברכת טוב.**

סימן תט ס"ג - אסור לגדל כלב רע - {דכשאינו קשור הוא נושך ומנבח, ואשה שבאה לביתו מפלת מיראתו - לבוש}, **אא"כ הוא אסור בשלשלאות של ברזל וקשור בהם** - {דאז טעם שישור, וגם טעם שמנבח ומפילות הנשים מיראתו, אין כאן, כיון דיודעין שהוא קשור, לא מתיראין ממנו ואינן מפילות}. **ובעיר הסמוכה לספר, מותר לגדלו; וקושרו ביום ומתירו בלילה. הגה: וי"א דהשתא שאנו שרוין בין העכו"ם ואומות, בכל ענין שרי, ופוק חזי מאי עמא דבר (הגהת אלפסי החדשים); מיהו נראה אם הוא כלב רע, שיש לחוש שיזיק בני אדם, דאסור לגדלו אלא אם כן קשור בשלשלאות של ברזל** - {ובמקום שאסור לגדלו, קם עליה בארור - ערוה"ש}.

{**וכלב** שאינו רע, שאינו מנבח על אדם, מותר לגדלו בכל מקום, וא"צ לקשרו כלל, **ועכשיו** נהגו להקל בגידול כלב שאינו קשור ביום, ויש שלימדו עליהם זכות אם אינו נושך, ונדחו דבריו, **לכן** כל יר"ש יזהר שיהא קשור בשלשלת של ברזל עד שעה שבני אדם הולכים לישן, אפי' אינו נושך אלא מנבח - הגר"ז ס"ג}.

סעיף ג - כשם שצריך להאדם ליזהר בגופו שלא לאבדו ושלא לקלקלו ושלא להזיקו, כמו שנאמר: השמר לך ושמור נפשך מאד, כך צריך ליזהר בממונו שלא לאבדו ושלא לקלקלו ושלא להזיקו, **וכל** המשבר כלי או קורע בגד, או מאבד מאכל או משקה או ממאסם, או זורק מעות לאיבוד, וכן המקלקל שאר כל דבר שהיה ראוי שיהנו בו בני אדם, עובר בלא תעשה שנאמר: לא תשחית את עצה וגו'.

{ואפילו כוונתו כדי להראות כעס וחימה להטיל אימה על בני ביתו שאינן נוהגין כשורה - הגר"ז סי"ד}. {**ואין** להוציא ממונו על דברים של מה בכך, רק על הכרחיותו כדרך האנשים המכובדים, ועל צדקות וגמ"ח - ערוה"ש סי' תכ"ז}.

§ סימן קצא – איסור צער בעלי חיים ואיסור סירוס. ובו ו' סעיפים §

סעיף א – אסור מן התורה לצער כל בעל חי, ואדרבא חייב להציל כל בעל חי מצער, אפילו של הפקר ואפילו של נכרי, **אך** אם הם מצערין לאדם, או שצריך האדם להם לרפואה או לשאר דבר, מותר אפילו להרגן ואין חוששין לצערן, שהרי התורה התירה שחיטה. **ולכן** מותר למרוט נוצות מאווזות חיות אם אין לו נוצה אחרת, רק שהעולם נמנעים משום אכזריות.

אבה"ע סימן ה סי"ד – כל דבר הצריך לרפואה או לשאר דברים, לית ביה משום איסור צער בעלי חיים; ולכן מותר למרוט נוצות מאווזות חיות, וליכא למיחש משום צער בעלי חיים; ומ"מ העולם נמנעים דהוי אכזריות – ‹ואינו ראוי לזרע אברהם לעשות כן, והעושה כן מורה על מדותיו הלא טובים – ערוה"ש›. [**ולפי"ז** גם כרבלתו של תרנגול לא יטול].

‹**ומשום** צער בעלי חיים לא חייבה תורה אלא להטריח גופו, אבל לא להפסיד ממונו, ולכן אין אדם חייב להאכיל בהמת חבירו או של הפקר משלו, **ומ"מ** נכון להשליך חתיכה קטנה לפני כלב, להדמות בדרכי הקב"ה שמרחם עליו ומשהה אכילתו במעיו ג' ימים מעת לעת, הואיל ומזונותיו מועטים, ויכנו במקל אחר שישליך לפניו, כדי שלא ירגיל לבא אצלו – הגר"ז›.

סעיף ב – סוסים המושכים בעגלה והגיעו למקום מקולקל או להר גבוה, ואינן יכולין למשוך בלי עזר, מצוה לעזור אף לנכרי משום צער בעלי חיים, שלא יכה אותם הנכרי מכה רבה למשוך יותר מאשר בכחם.

‹**וסוס** המושך בעגלה והגיע למקום מקולקל או להר גבוה, ואינו יכול למשוך לבדו בלי שיעזרו לו, אפשר שזהו דומה לפריקה, ומצוה לעזור אף לנכרי משום צער בעלי חיים, שהנכרי יכה את הסוס מכה רבה להכריחו למשוך יותר מכחו, וכשם שמצוה להציל בעלי חיים מצער שכבר נעשה להם, אף אם נעשה על ידי אדם, כגון פריקה, כך מצוה להצילם מצער שהאדם עושה להם עכשיו, כדין או שלא כדין – הגר"ז›.

סעיף ג – אסור לקשור רגלי בהמה חיה ועוף בענין שיהיה להם צער.

‹**נשאלתי**, אחד היה לו עופות שקורין רא"פ הינר הולכין בגנה, ומתירא שלא יפרחו לחוץ, אי שרי לקוץ עצם קטן בכנפים שלא יפריחו, או לאו. **והשבתי** ע"י עצמו יראה לאסור, דצער בעלי חיים במקום שאין צורך גדול, אסור, **וע"י** עכו"ם, הנה אם צער בעלי חיים דרבנן, י"ל אמירה בדרבנן כשבות דשבות בשאר איסורין, י"ל דשרי, חוץ שבת ויום טוב וחול המועד כמו שכתבתי לעיל, **ואם** צער בעלי חיים דין תורה, אסור. **ומיהו** י"ל אף אי צער בעלי חיים דין תורה, לית ביה לאו כי אם עשה, כמו ערב פסח לאחר חצות, מותר ע"י עכו"ם וכאמור – פמ"ג משב"ז או"ח סי' תסח ס"ב. ‹**וקצת** רמז להיתר מגמ' עירובין דף נ"ד: משל לצד צפרים, אם ראשון ראשון משבר כנפיו, משתמר, ע"ש ודו"ק – מצודת ציון›.

סעיף ד – אסור להושיב עוף על ביצים משאינו מינו, משום צער בעלי חיים.

‹**אמר** המאסף, מנהג העולם להושיב עוף טהור על ביצי עוף טהור אחר שאינו מינו, כגון האווז שנקראת פאטה על ביצי עוף תרנגולת או איפכא, ואין בזה חשש, דלא נאסר אלא מין בשאינו מינו, אבל לא בביצת שאינו מינו. **ושוב** נדפס ספר פנים חדשות, וראיתי שכתב בשם הרמ"ע מפאנו סי' כ"ב, שאסור משום צער בעלי חיים – כנה"ג יו"ד סי' רצז ס"א. ‹**והרשב"ץ** בתשובותיו ח"ב סימן ח"ן, כתב להושיב תרנגולת על ביצי פרגיות או בני יונה, לא הוזכר בזה שום חשש איסור בעולם, ושפיר דמי, ע"ש שהאריך קצת. **ומוכח** דסבר הרשב"ץ דלית בה אף משום צער בעלי חיים, הפך דברי הרמ"ע, וכמנהג העולם שכתב הרב כנסת הגדולה – ברכי יוסף סי' רצז›.

סעיף ה - אסור לסרס בין אדם ובין בהמה חיה ועוף, אחד טמאים ואחד טהורים, בין בארץ ישראל בין בחוץ לארץ, וכל המסרס חייב מלקות, **ואפילו** להשקות כוס של עקרין לאיש או לשאר בעלי חיים הזכרים, אסור.

אבה"ע סימן ה סי"א - אסור להפסיד אברי הזרע, בין באדם בין בבהמה חיה ועוף - (כתב בר"י, אפי' דגים אסור לסרס, שאלת יעב"ץ). **אחד טמאים ואחד טהורים, בין בא"י בין בחו"ל; וכל המסרס לוקה מן התורה בכל מקום.**

ואפילו מסרס אחר מסרס לוקה – [דכתיב לא תעשו, לשון רבים, כן כתב בפרישה, ותמהני שהרי בפרק שמונה שרצים דף קי"א ילפי לה מדכתיב ומעוך וכתות וכו'], **כיצד, הרי שבא א' וכרת הגיד, ובא אחר וכרת את הביצים או נתקן, ובא אחר וכרת חוטי ביצים; או שבא אחד ומעך את הגיד, ובא אחר ונתקו, ובא אחר וכרתו, כולם לוקים, ואף על פי שלא סירס אחרון אלא מסורס, בין באדם בין בבהמה, חיה ועוף.**

והמסרס את הנקבה, בין באדם בין בשאר מינים, פטור אבל אסור – [וכתב המ"מ, מדתני אין סירוס בנקבות, ולא אמר מותר לסרס הנקבות, ש"מ חיוב הוא דליכא אבל אסורא איכא, ומשו"ה כתב הרמב"ם כאן לשון פטור, **ולא** נראה לי דקדוק זה מהברייתא, דודאי גם לשון אין סירוס בנקבות מורה על היתר כמו לשון מותר, **אלא** הטעם, כיון שמסרס אותה ע"י מעשה כגון הכאה או בעיטה או שאר דברים הגורם סירוס, ובא על ידי מעשה שלו, אין לומר בו היתר, דאפילו בבהמה אסור משום צער בעלי חיים בלא איסור סירוס, **ובפרישה** נתן טעם לאיסור בנקבה, משום דלא תוהו בראה, וזה אינו, דא"כ אמאי מותר להשקות הנקבה עיקרים, כמ"ש סעיף שאחר זה, אלא כדפירשתי, **והא** דפטור בנקבה אפילו אם בא על ידי מעשה שלו, **נראה** הטעם, דבנקבה אין שייך סירוס בהפסד איברי זרע ממש, שאינה בחוץ כמו בזכר, על כן לא הוה הסירוס בידים ממש אפילו אם בא ע"י מעשה שלו, ועיין סעיף י"ב].

{**וכך** שנו חכמים בתורת כהנים, מנין שאף הנקיבות בסירוס, ת"ל כי משחתם בהם, ע"ש, וכיון דלא נכללו בל"ת דלא תעשו, לפיכך אין בהם מלקות, הגר"א, אבל לאיסור שוין הן, **ויש** שמשמע מדבריהם דבנקיבות אין האיסור רק מדרבנן, עיין מ"מ שהביא דר"י דת"כ, וכן נראה מלשון הרמב"ם, **ובתוס'** מכות פ"ד משמע דיש מלקות גם בנקיבות, וצ"ע - ערוה"ש}.

אבה"ע סימן ה סי"ב - המשקה כוס של עיקרין לאדם או לשאר בעלי חיים כדי לסרסו, הרי זה אסור, ואין לוקין עליו.

{**אפי'** שותה לרפואה ואין מתכוין להיות עקר, כיון דפסיק רישיה הוא, אע"ג דקי"ל פסיק רישיה דלא ניחא ליה בשבת מותר, מ"מ בשאר איסורים אסור, ואפילו אם הוא כבר קיים פו"ר, ואפילו אם הוא סריס, אסור - ב"ש}.

יש לדקדק למה תהיה בהמה חמורה מאשה, ודוחק לחלק דוקא היא מותרת לשתות ע"י עצמה, אבל אין משקין אותה ע"י אחרים, **וגם** דוחק לומר דאשה ג"כ אסורה לשתות אם לא מפני צער לידה, כמו שחילק בב"ח, דהא בטור לא הזכיר צער לידה כלל, **וראיתי** בסמ"ג ל"ת ק"ך, המשקה כוס של עיקרים לאדם כדי לסרסו, בנקיבה מותר, בזכר אסור, וה"ה לשאר מינים, **וכתוב** בביאורי מהר"ר אייזיק שטיין על הסמ"ג, בזכר אסור וה"ה לשאר מינים, משום דגזרינן זכר בהמה אטו זכר דאדם, או שמא איסור דאורייתא הוא כמו באדם, עכ"ל, נמצא מש"כ או לשאר בעלי חיים, היינו הזכרים מן הבעלי חיים - חלקת מחוקק.

{**ובזכרים** דשאר מינין נמי לא אמרן דאסור, אלא בכוס של עקרין שמגיע כח המשקה עד אברי ההולדה ומסרסן, **אבל** ליטול כרבלתו של תרנגול או כיוצא בזה, שמצוי להסתרס ע"י כך, מותר, [שם ברמ"א סי"ג, וע"ל בט"ז בסי"ד], שהרי אינו נוגע כלל באברי תשמיש, וגרמא רחוקה היא זו – לבוש}.

{**כתב** ברכי יוסף, ובמקום סכנה מותר לאיש לשתות. **ובהמת** ישראל שחלתה בחולי מסוכן, ולא יש לה תרופה רק בהשקותה כוס עקרין, הרמ"ח בתשו' בית יהודה מתיר לישראל להשקותה, **והרב** המחבר חולק, דאין היתר אלא ע"י אינו יהודי, ע"ש, **ופשוט** דמיירי בבהמה זכר}.

{**כתב** ברכי יוסף, שתה כוס עיקרין ונסתרס, מותר לבא בקהל, מהר"י הכהן בהגדת זרע אברהם, וכן הסכימו הרב מהר"י נבון בס' קרית מלך רב ובס' יד אהרן,

202 סימן קצא – איסור צער בעלי חיים ואיסור סירוס
סעיף ה–סעיף ו

עכ"ל. **ואין** הספרים הללו תחת ידי, אך כפי הנראה דבר זה במחלוקת שנויה בין רש"י והתוס', עיין בסוטה דף כ"ו ע"א בפירש"י ד"ה קא משמע לן, ובתוס' שם ד"ה אשת סריס). ‹**אינו** שייך לאיסור דלא יבא בקהל ד', דלא כמו שרוצה לעשות פלוגתא בזה, ומש"כ הפת"ש מרש"י סוטה כ"ו. ע"ש כ"ד. בד"ה ושאינה ראויה לילד, ודו"ק – ערוה"ש›.

ואשה מותרת לשתות עיקרין כדי לסרסה עד שלא תלד – [דכאן שאין בא אלא ע"י שתיה, אין איסור אפילו לכתחילה, **דאין כאן צער כלל. ומו"ח ז"ל** כתב דאין לחלק בין הך דמותר בשתיה, להיא דפטור אבל אסור, מכח מעשה, דבתוס' פ' שמונה שרצים כתבו דלא שייך סירוס בנקבה אלא ע"י השקאה, **אלא** החילוק הוא, דההיתר דכאן הוא משום דאית לה צער לידה, **וזה** שלא בדקדוק, דהתוס' שם בדף קי"א לא כתבו אלא דאין שייך סירוס באשה, ור"ל דאין איסור סירוס בה, וכההיא דר' יהודה שזכר שם, ואין שייך מסרס אחר מסרס אלא במקום שיש איסור לסרס להראשון ע"י, והחילוק דבין צער לידה אינה במשמע מן הפוסקים כלל].

(**ועיין** בר"י שהביא דמהרש"ל ביש"ש סבר, דאינו מותר לאשה אלא ביש לה צער לידה, וכ"ש אם אין בניה הולכים בדרך ישרה, ויראה שלא תרבה זרע כי האי, ע"ש. **וצ"ע** ממשנה ב"ב דף קל"ג ע"ב דלית הלכתא כרשב"ג שם ודוק). ‹**יש** מהפוסקים דס"ל דרק לרפואה או מפני צער לידה, כגון שהיא תמיד מקשה לילד מותרת, ולא באופן אחר, ב"ח ויש"ש, וכן נראה עיקר לדינא, והפוסקים לא הוצרכו להזכיר זה, דודאי באופן אחר אסור לשנות רצונו של הקדוש ברוך הוא – ערוה"ש›.

(**ועיין** בתשו' חתם סופר שנשאל על דין זה, באשה המצטערת בהריון ולידה, אי שריא לה למישתי כוס עיקרין, דאע"ג דמפורש בכל הפוסקים להיתר, מ"מ בספר עצי ארזים שדא ביה נרגא. **והאריך** שם ליישב קושיית הספר עצי ארזים בזה, ומסיק לדינא, דאשה שלא ילדה עדיין ולא קיימה שבת, לא תשתה כוס עיקרין, אם לא להציל מירקון וצער לידה וכדומה, **אבל** אם כבר קיימה שבת כל דהו, שריא אפילו בלא צערא כלל. **אך** לכאורה היינו בפנויה, וא"נ אפילו בנשואה כדביתהו דר"ח, ובימיהם שהיה יכול הבעל לישא אשה על אשתו או לגרשה בע"כ, וא"כ אם הוא מתואבי בנים ורוצה לקיים לערב אל תנח ידך, יכול לישא אחרת או לגרש את זו, **אבל** האידנא דאיכא חרם רבינו גרשום מאור הגולה, צריכה רשות מבעלה, או תתרצה לקבל גט ממנו. **אמנם** אם הוא אינו רוצה לגרשה, וגם לא ליתן לה רשות, נ"ל דאינה מחוייבת לצער עצמה מפני שעבודה שמשועבדת לבעל, והיינו ביש לה צער גדול לפי ראות עין המורה).

סעיף ו – אסור לומר לא"י לסרס בהמה שלנו, **ויש** אומרים דאפילו למכרה לא"י או ליתנה לו למחצית שכר, אם ידוע דיסרסה, אסור, משום דאינו יהודי גם כן מצווה על איסור סירוס, ואם כן הישראל עובר על לפני עור, **ומיהו** אם אין האינו יהודי הקונה מסרס בעצמו, רק נותן לאינו יהודי אחר לסרס, לכולי עלמא שרי, דאז הוי לפני דלפני ומותר.

אבה"ע סימן ה סי"ד - אסור לומר לעובד כוכבים לסרס בהמה שלנו – ‹ואפילו של ישראל אחר אסור – ערוה"ש›. **ואם לקחה הוא מעצמו וסרסה, מותר** – (עיין בספר ברכי יוסף, דאם האינו יהודי עושה מעצמו בפני הישראל, כיון דעומד ורואה, הוי כאומר לו לעשות, ע"ש עוד).

ואם הערים ישראל בדבר זה, קונסין אותו. (ואפי' לא הערים, והעובד כוכבים מכירו ומכוין לטובתו) – ‹כגון שיכוין הגוי שיחרוש בה הישראל, שבהמה מסורסת טובה לחרישה יותר משאינה מסורסת, אסור לאותו ישראל לקיימה, שלא יהנה מן העבירה, הוא עשה כדי שיהא יפה לחרוש בה, לפיכך קונסין אותו למוכרה ולא יחרוש בה. **ואין** קונסין אותו למוכרה דוקא לשחיטה, אלא אף לחרישה יכול למוכרה – לבוש›.

{**אע"ג דבכלאי בהמה אין קונסים אותו, כמ"ש בי"ד סי' רצ"ז, הכא ניכר האסור שאני, עיין דרישה, ב"ש**}, [**ותירץ הדרישה**, דשאני סירוס, דהבהמה לפנינו ויהיה נהנה באיסור, לכך קנסוהו, משא"כ בנרבעת דאין האיסור ניכר, **ואי** משום הולד, הרי הולד נולד ויש לו חיות בפני עצמו לא קנסו בו, עכ"ל, וקשה דהא איתא בפ' הפרה, פרה שהזיקה גובה מולדה, מ"ט גופה היא, **אלא** העיקר כמ"ש ביו"ד סימן רצ"ח ס"ג, דהרבעה באינו מינו מילתא דלא שכיח הוא אפי' גבי גוי, ע"כ לא גזרו קנס ביה, **ועוד** נראה לי, דשאני

{סמ"ע} [ט"ז] ‹רעק"א או ש"א או הוספת הסבר› (פת"ש)

סירוס, דבשעת עשיית העבירה הוה ברי דיהא נשתבח בודאי לחרישה, משא"כ בהרבעה, דבשעת העבירה לא הוה ברי שיהא שבח, דשמא לא תתעבר].

ומוכרן לישראל אחר - {ישראל אחר מותר לאכול, אף על גב שהוא בכלל תעבתי לך, מ"מ מדאסור לגבוה, ש"מ להדיוט שרי - ב"ש}, **ואפי' לבנו גדול מותר למוכרה** - ‹דלא החמירו בזה כ"כ - ערוה"ש›, **אבל לבנו קטן אינה מוכרה ולא נותנה לו** - ‹דהוי כאילו לא מכרה - לבוש›. **בטור** מתיר למוכרה לבנו קטן - ח"מ.

{**וישראל** שסירס או שסירס העכו"ם בשבילו, משמע דאסור לאכול ממנו, כמ"ש ביו"ד סי' צ"ט, וע"ש סי' ט"ז באותו ואת בנו איתא פלוגתא שם אם מותר להשוחט - ב"ש}. ‹ולא נראה כן מהש"ס ע"ז ס"ו, וגם הפוסקים המחמירים באותו ואת בנו שלא לאכול השני, זהו רק לאותו יום, כמ"ש ביו"ד סי' ט"ז, וגם זהו חומרא בעלמא, ורוב הפוסקים לא ס"ל כן, **ומש"כ** הב"ש מסי' צ"ט, אין ענין לזה, דהתם מרבה ההיתר על האיסור, ועושה מאיסור היתר - ערוה"ש›.

הגה: ומותר לתת בהמה לעובד כוכבים למחצית שכר, אף על פי שהעובד כוכבים בודאי יסרסנו, דעכו"ס אדעתא דנפשיה קא עביד.

ומותר למכור לעכו"ס בהמות ותרנגולים, אע"ג דבודאי העכו"ס קונה אותם לסרסם - ‹לדעת רוב הפוסקים דבני נח אינם מצווים על הסירוס, כמו שמותר למכור לו בהמה שיאכלנה שלא בשחיטה›. **ויש אוסרים** - {קאי על מכירה לכותי, ומכ"ש דאסור ליתן לו למחצית שכר, משום דבני נח מוזהרים על הסירוס, **ורבים** חולקים ע"ז, ומ"מ אין להקל, ב"ש}. ‹ולדינא העיקר כדעת רוב הפוסקים, וכן הוא דעת הרמב"ם, ומ"מ יש שחששו לדיעה זו - ערוה"ש›.

בפרק הפועלים דף צ' אבעיא להו, מהו שיאמר אדם לגוי חסום פרתי ודוש בה, מאי, כי אמרינן אמירה לגוי שבות ה"מ לענין איסור שבת דאיסור סקילה, אבל חסימה דאיסור לאו לא, או דילמא לא שנא, **ת"ש** דשלחו לאבוה דשמואל, הלין תורא דגנבין ארמאי ומגנחין {פי' מסרסין} יתהון מהו, שלח להו הערמה איתעבד בהו ארעימו עלייהו ויזדבנון, **אמר** רב פפא בני מערבא דשלחו הכי לאבוה דשמואל סברי להו כרבי חידקא, דאמר בני נח מצווין על הסירוס, וקעברו אלפני עור לא תתן מכשול, **וכתב** הרא"ש בשם הראב"ד, דהך בעיא דחסימא לא אפשיטא ואזלינן לקולא, **פי'** משום דהראב"ד ס"ל הואיל ורב פפא דהוא בתראי אמר דמשום דבני מערבא כרבי חידקא ס"ל שלחו ליה הכי, ודרבי חידקא הלכתא היא, וא"כ ליכא למפשט איסור אמירה לגוי מאיסור לפני עור, זה סברת הראב"ד, **הרא"ש** פליג על הראב"ד, וסבר דהא דרב פפא דחויה בעלמא הוא, ואיבעיא דחסימה אפשיטא מהא דאבוה דשמואל, והטעם משום איסור אמירה לגוי, וליתא לדרבי חידקא, **ובתרומת** הדשן מבואר דהיש אוסרין הם הפוסקים כרבי חידקא, וכבר פסק בחו"מ סי' של"ח ס"ו דבעיא דחסימה אפשיטא, ואסור משום אמירה לכותי דלא כרבי חידקא, **וכ"כ** הב"י כאן, דרוב הפוסקים הסכימו דבעיא דחסימא אפשיטא מההיא דאבוה דשמואל, ולדעת הפוסקים כרבי חידקא לא אפשיטא הבעיא, **וא"כ** בחנם הביא הרב מהרמ"א דעה זו כאן, ויש ליישב - חלקת מחוקק.

{**ופסקו** הרמב"ם והרא"ש והרשב"א והג' מיימוני דאינו מצווה בן נח על הסירוס, והסמ"ג והג"א פסקו דמצווה, **א"כ** אמירה לעכו"ם לסרס אסור מ"מ, או מטעם אמירה לעכו"ם אסור אפילו מה שהוא אינו מצווה, או י"ל דעכו"ם מצווה על סירוס, **ונ"מ** אפילו למכור לו אסור, כמ"ש בתה"ד, **ויש** לחוש הכא והכא לחומרא, ואמירה לכותי אסור בכל איסורים, כמ"ש ביו"ד סימן רצ"ו ובת"ה, וכן אסור למכור לו לסרס - ב"ש}.

{**אם** באפשר ליקח ממקום אחר, אין איסור משום לפני עור, וכמ"ש בש"ס בנזיר וביו"ד סימן קנ"א, **מיהו** כאן י"ל דאסור, דאפשר שיסרס כולם, **אלא** דבר העומד להקריב לע"ז או לאכילה, אז אמרינן בודאי לא יקריב כולם - ב"ש}.

ומיהו אם אין העכו"ס הקונה מסרסם בעצמו, רק נותנו לעכו"ס אחר לסרס, לכולי עלמא שרי - {דאז הוי לפני דלפני ומותר, [ולא מצינו אז אזהרה לזה]. **ואפי'** אם נתן לשלוחו, אין שליחות לעכו"ם, תה"ד, **ש"מ** אפילו עכו"ם בעכו"ם אין שליחות, ולא כמ"ב פסק בפשיטות עכו"ם לעכו"ם יש שליחות, ועיין תשו' רש"ך פסק נמי כתה"ד - ב"ש}. ‹**ועיין** בספר ברכי יוסף, מבואר מדבריו דאין זה הדין ברור, דמש"כ הב"ש דבתשו' רש"ך פסק כתה"ד, כתב דהרואה שם יראה דאדרבא סובר כמ"ב, וכ"כ בשמו הכנה"ג, גם מהריק"ש והש"ך ובתשו' חות יאיר סברי כמ"ב, דכותי בכותי איתא בשליחות, **אבל** מהר"ם מינץ והרב ברכת הזבח, נראה שהם מסופקים בדבר, ע"ש›.

This publication was made possible by Chazarah MP3.

Chazara MP3 is a series of recorded shiurim covering all of Shas, Mishna Berurah, sections of Yoreh Deah, and all the Mishnayos in Shisha Sidrei Mishna. The purpose is to enable someone to review material that they're familiar with, (ie; daf yomi) quickly and smoothly. Some have even been using it to learn new Gemara. Additionally, it helps people use their time productively when traveling etc.

The Gemara is read and translated in a clear and simple fashion, geared toward someone with a yeshiva backround. Almost all the Rashi's are spoken out as the Gemara is being explained. The approximate timing is 15 - 18 minutes a blatt.

For more information please call 718-646-1243. or email info@chazarahmp3.com or visit www.chazarahmp3.com